CAMBRIDGE LIBRARY COLLECTION

Books of enduring scholarly value

Religion

For centuries, scripture and theology were the focus of prodigious amounts of scholarship and publishing, dominated in the English-speaking world by the work of Protestant Christians. Enlightenment philosophy and science, anthropology, ethnology and the colonial experience all brought new perspectives, lively debates and heated controversies to the study of religion and its role in the world, many of which continue to this day. This series explores the editing and interpretation of religious texts, the history of religious ideas and institutions, and not least the encounter between religion and science.

The Didascalia Apostolorum in Syriac

The twin sisters Agnes Lewis (1843–1926) and Margaret Gibson (1843–1920) were pioneering biblical scholars who became experts in a number of ancient languages. Travelling widely in the Middle East, they made several significant discoveries, including one of the earliest manuscripts of the four gospels in Syriac, the language believed to have been spoken by Jesus himself. Previously published as part of the Horae Semitica series, this first fascicule contains the third-century Syriac text of the Didascalia Apostolorum, edited by Gibson. Traditionally attributed to the apostles, the text is a treatise on Church law and doctrine, covering topics including church organisation, charity and forgiveness. Gibson described it as a 'potent instrument' used to gain the 'unquestioning obedience of the Christian people.' An important resource for the Syriac scholar, the edition also includes additional material from a variety of sources, and is of considerable significance to ecclesiastical history.

Cambridge University Press has long been a pioneer in the reissuing of out-of-print titles from its own backlist, producing digital reprints of books that are still sought after by scholars and students but could not be reprinted economically using traditional technology. The Cambridge Library Collection extends this activity to a wider range of books which are still of importance to researchers and professionals, either for the source material they contain, or as landmarks in the history of their academic discipline.

Drawing from the world-renowned collections in the Cambridge University Library, and guided by the advice of experts in each subject area, Cambridge University Press is using state-of-the-art scanning machines in its own Printing House to capture the content of each book selected for inclusion. The files are processed to give a consistently clear, crisp image, and the books finished to the high quality standard for which the Press is recognised around the world. The latest print-on-demand technology ensures that the books will remain available indefinitely, and that orders for single or multiple copies can quickly be supplied.

The Cambridge Library Collection will bring back to life books of enduring scholarly value (including out-of-copyright works originally issued by other publishers) across a wide range of disciplines in the humanities and social sciences and in science and technology.

The Didascalia Apostolorum in Syriac

Edited from a Mesopotamian Manuscript with Various Readings and Collations of Other MSS

Edited by
Margaret Dunlop Gibson

CAMBRIDGE UNIVERSITY PRESS

Cambridge, New York, Melbourne, Madrid, Cape Town,
Singapore, São Paolo, Delhi, Tokyo, Mexico City

Published in the United States of America by Cambridge University Press, New York

www.cambridge.org
Information on this title: www.cambridge.org/9781108018968

This edition first published 1903
This digitally printed version 2011

ISBN 978-1-108-01896-8 Paperback

THE
DIDASCALIA APOSTOLORUM
IN SYRIAC

London: C. J. CLAY AND SONS,
CAMBRIDGE UNIVERSITY PRESS WAREHOUSE,
AVE MARIA LANE.
Glasgow: 50, WELLINGTON STREET.

Leipzig: F. A. BROCKHAUS.
New York: THE MACMILLAN COMPANY.
Bombay and Calcutta: MACMILLAN AND CO., Ltd.

HORAE SEMITICAE No. I

THE DIDASCALIA APOSTOLORUM IN SYRIAC

EDITED FROM A MESOPOTAMIAN MANUSCRIPT WITH VARIOUS READINGS AND COLLATIONS OF OTHER MSS

BY

MARGARET DUNLOP GIBSON M.R.A.S.

LL.D. (St Andrews)

LONDON

C. J. CLAY AND SONS

CAMBRIDGE UNIVERSITY PRESS WAREHOUSE

AVE MARIA LANE

1903

Cambridge:
PRINTED BY J. AND C. F. CLAY,
AT THE UNIVERSITY PRESS.

INTRODUCTION.

THE Syriac text of the *Didascalia Apostolorum* was edited by Dr Paul de Lagarde from the Paris MS. No. 60, ff. 1—90, the only complete MS. of it hitherto known, and it was published at Leipzig in 1854, the issue being limited to 100 copies, so that it is now very difficult to obtain.

This work is of great importance in ecclesiastical history, being assigned to the third century, the first six books of the Apostolical Constitutions being an amplification of it, made a century later.

So long ago as 1857, Dr de Lagarde expressed the opinion that the *Didascalia* had its origin amongst the heretical sect of the Audæans. Dr Zahn, in the *Neue kirchl. Zeitschrift*, 11 (1900) p. 498 f. has the same idea with regard to that cognate work, the *Testamentum D. N. J. C.*, which has been lately edited by the Patriarch Rahmani. See also the statement of St Epiphanius quoted by Nau (*La Didascalie*, pp. 112, 162).

As the original Greek is unknown, and as no English translation of the Syriac has yet been published, I was induced to undertake one two years ago at the suggestion of the Rev. Canon F. E. Warren. My reason for editing the Syriac text as well is that the Paris Codex (Codex Sangermanensis) above mentioned no longer stands alone. Professor J. Rendel Harris, whilst in Mesopotamia a few years ago, succeeded in obtaining an accurate copy of an ancient Syriac MS., which he most kindly placed at my disposal, and from it my text is printed. It contains a long addition to Chapter III. which is not contained in Cod. Sang.; there is also a different arrangement of the text in Chapter VI.

I regret that a large gap has been left near the commencement, in f. 2 a; and f. 2 b seems to be entirely blank, but I have been able to supply this deficiency from Codex Sangermanensis.

Dr Harris also kindly lent me a fragment of the *Didascalia* of which he had obtained a copy from another MS. in Mesopotamia. I have called it Codex Harris 2. Unfortunately it only came into my hands when my text had been already printed, and I could not therefore incorporate its variants at the foot of the pages, but have had to print them in an Appendix. It contains two long passages which are neither in Codex

Sangerman. nor in Dr Harris's first codex, but the greater part of it belongs also to the portion of the Mosul Codex as published by Dr Arendzen in the *Journal of Theological Studies*, London, October 1901. We may hope that it is not a common incident that this persevering scholar was engaged in painfully deciphering the Malabar Codex, whilst I had at least the half of the text that he was reading with so much difficulty already in print a year previously, from a beautifully clear MS., and its sheets were lying in the University Press, waiting for the sequence.

I have given the variants of Codex Sangerman. at the foot of each page, and indicated it throughout under the initial *S.* I have compared Lagarde's edition carefully with this MS., and have supplied what he omitted, viz. the indications of its folios. The words which Lagarde has printed in brackets are in the MS. in a later hand. I have noted in the Appendix a few slight errors in his edition.

The other collations which I have made are from

1. *Testamentum D. N. J. C.* as edited by Rahmani. This only affects a few passages on pp. ܘ—ܟܗ, the beginning and end of which I have indicated in the text by * and †.

2. Lagarde, *Reliquiae Juris Eccles. Antiq.* from p. ܝ l. 13 to p. ܠܐ l. 17, also fragmentary. This I have indicated as *Rel.* These two fortunately come into the portion of our text which is not in Cod. *S.*

3. A MS. in the Cambridge University Library, No. 2023, ff. 169—204.

I regret that I only knew of the existence of this MS. on the publication of the Catalogue a year ago, and as I had at that time 104 pages of my work printed, I have put a collation of its first chapters in the Appendix, indicating it by the letter C, and the remainder will be found amongst the variants at the foot of the pages.

The letter C following a variant of S, means that in this variant C agrees with S; but where C precedes a variant, this denotes that the variant belongs to C alone. I have adopted a similar rule regarding the variants of the other MSS.

C is a paper codex, written apparently by two hands of the thirteenth century. It contains a collection of Ecclesiastical Canons. The extracts from the *Didascalia* begin on f. 169 a and are prefaced by the words ܡܢ ܕܕܝܣܩܠܝܐ ܐܘܟܝܬ ܡܠܦܢܘܬܐ ܕܬܪܥܣܪ ܫܠܝܚܐ ܘܕܪ̈ܫܐ ܘܬܠܡܝ̈ܕܐ ܕܦܘܠܘܣ: Each extract is introduced by the words ܘܒܬܪ ܡܠܠ or by ܘܬܘܒ ܡܢܗ, and frequently ends with ܘܫܪܟܐ.

4. A portion of the Malabar MS. (Cambridge Oo. 1. 2. ff.) deciphered and published by the Rev. J. P. Arendzen, Ph.D., in the *Journal of Theological Studies* for October 1901, with the help of photographs of the Mosul Codex, furnished to him by Monsignor Rahmani, Uniat Patriarch of Antioch; these two MSS. being found by Dr Arendzen to be practically identical. This consists of the "Teaching of the Twelve Apostles," and I have indicated it by the letter *M*.

5. A MS. in the Museo Borgia, of which I have been kindly furnished with a collation by M. le Professeur Nau, of Paris, and with photographs by Monseigneur Graffin. This MS. is inferior to Codex Sangerman., and I have given its variants only where they differ both from my text and from S or others, indicating them by the letter *B*.

6. A quotation from a MS. in the British Museum, Add. 12,154, on f. 56 r. ll. 12—22. It begins as on page ܨܡܘ note g, l. 13, ܒܟܬܒܬ ܗܠܝܢ, to l. 20, ܡܪ̈ܢ. This MS. is on vellum, the writing being good strong Estrangelo of the end of the 8th or beginning of the 9th century. Its contents are miscellaneous. The quotation is prefaced by the words ܡܢ ܕܝܕܣܩܠܝܐ ܕܫܠܝ̈ܚܐ ܩܠܝܠܬܗ ܕܐܙܒܢܐ. I have indicated its variants by the letter *L*.

There are many quotations from the Canonical Scriptures, and a few from apocryphal writings. Those from the Old Testament invariably point to the Septuagint as their source. It is specially interesting to observe that whilst some of those from the Gospels are derived from the Peshiṭta only, and others agree with both the Peshiṭta and the Old Syriac, there are a few in which the influence of the more ancient version can be distinctly seen. These are:

Matt. v. 20[1], Didascalia p. ܨܘ. ܕܐܢ ܠܐ ܬܬܝܬܪ ܙܕܝܩܘܬܟܘܢ. ܝܬܝܪ ܡܢ ܕܣܦܪ̈ܐ
ܘܕܦܪ̈ܝܫܐ. ܠܐ ܬܥܠܘܢ ܠܡܠܟܘܬܐ ܕܫܡܝܐ.

Old Syriac, ܕܐܠܐ ܬܬܝܬܪ ܙܕܝܩܘܬܟܘܢ (Cureton + ܝܬܝܪ) ܡܢ ܕܣܦܪ̈ܐ ܘܦܪ̈ܝܫܐ
ܠܐ ܬܥܠܘܢ ܠܡܠܟܘܬܐ (C + ܕܫܡܝܐ)

Peshiṭta, ܕܐܠܐ ܬܬܝܬܪ ܟܐܢܘܬܟܘܢ ܝܬܝܪ ܡܢ ܕܣܦܪ̈ܐ ܘܦܪ̈ܝܫܐ. ܠܐ
ܬܥܠܘܢ ܠܡܠܟܘܬܐ ܕܫܡܝܐ

Matt. x. 5, Didascalia p. ܩܡ. ܒܐܘܪܚܐ ܕܚܢܦ̈ܐ ܠܐ ܬܐܙܠܘܢ

[1] This passage occurs in a dilapidated part of the Sinai Palimpsest, but it has clearly ܙܕܝܩܘܬܟܘܢ. This was detected by Mr Burkitt from one of Mrs Lewis's photographs, and was verified by Mrs Lewis herself during our visit to Mount Sinai this year.

O. S. Sinai Palimpsest (Cureton wanting) ܒܐܘܪܚܐ ܕܥܡ̈ܡܐ ܠܐ ܬܐܙܠܘܢ

Peshitta ܒܐܘܪܚܐ ܕܚܢ̈ܦܐ ܠܐ ܬܐܙܠܘܢ

Matt. xviii. 6, Didascalia p. ܩܕܚ ܦܩܚ ܠܗ ܘܦܐܐ ܠܗ ܕܪܚܝܐ ܗ̇ܝ ܚܡܪܬܐ
ܬܬܠܐ ܒܨܘܪܗ ܘܢܛܒܥ ܒܝܡܐ

Old Syriac, ܦܩܚ ܗܘܐ ܠܗ ܕܬܗܘܐ ܪܡܝܐ (C ܬܠܝܐ) ܪܚܝܐ ܕܚܡܪܐ ܒܨܘܪܗ
ܘܢܬܛܒܥ ܒܥܘܡܩܐ (ܒܥܘܡ̈ܩܘܗܝ C) ܕܝܡܐ

Peshitta, ܦܩܚ ܗܘܐ ܠܗ ܕܬܗܘܐ ܬܠܝܐ ܪܚܝܐ ܕܚܡܪܐ ܒܨܘܪܗ: ܘܢܬܛܒܥ
ܒܥܘܡ̈ܩܘܗܝ ܕܝܡܐ.

Matt. xix. 4, Didascalia p. ܩܕܚ. ܕܗ̇ܘ ܕܒܪܐ ܡܢ ܩܕܝܡ ܕܟܪܐ ܘܢܩܒܬܐ ܐܒܪ
ܕܒܪܐ.

O. S. ܕܡܢ ܕܥܒܕ ܠܕܟܪܐ (ܡܢ ܒܪܫܝܬ + C) ܐܦ ܠܢܩܒܬܐ ܗܘ ܥܒܕ

Peshitta ܕܗܘ ܕܥܒܕ ܡܢ ܒܪܫܝܬ ܕܟܪܐ ܘܢܩܒܬܐ ܥܒܕ ܐܢܘܢ

John xiii. 6, Didascalia p. ܩܠ, note. ܘܐܪܡܝ ܡ̈ܝܐ ܒܠܩܢܐ ܕܫܝܓܬܐ

Old Syriac (Cureton wanting) ܘܢܣܒ ܡ̈ܝܐ ܐܪܡܝ ܒܠܩܢܐ ܕܫܝܓܬܐ

Peshitta ܘܐܪܡܝ ܡ̈ܝܐ ܒܡܫܝܓܬܐ

Matt. xxvi. 23, Didas. p. ܩܣܒ as O. S. ܕܗ̇ܘ ܕܡܨܒܥ ܐܝܕܗ ܥܡܝ ܒܠܓܬܐ

Prof. Edmund Hauler published two years ago at Leipzig fragments of a Latin translation of the *Didascalia* from a palimpsest at Verona, of the fourth century. The upper writing of the MS. belongs to the eighth century, and contains the Sentences of Isidore of Seville. The decipherment of the lower script must have been a laborious work, and it is satisfactory to find such a close agreement between the Latin and the Syriac.

Last year, also, a translation into French has appeared by M. le Professeur F. Nau, of the Catholic College in Paris, published *seriatim* in the *Canoniste Contemporain*, and now republished in a separate form. I have compared M. Nau's translation with my own, and in very few points indeed have I ventured to differ from him. His accuracy and penetration are beyond praise. I desire once more to thank him for his collation of Codex Borgia: and my gratitude is due also to Monseigneur Graffin for the photographs of that MS.; to Dr Eberhard Nestle of Maulbronn, and to my sister, Mrs Lewis, for their assistance in the revision of my proofs; and to the readers and printers of the University Press, for the care with which they have executed their troublesome work.

M. D. G.

NOTES.

Page ܐ, lines 19, 20, cf. Rahmani, *Testamentum D. N. J. C.* p. 2, l. 3 ܟܕ ܩܒܠܘܗܝ ܕܘܒܪܐ ܬܠܡܝܕܘܗܝ ܕܦܪܘܩܢ.

Page ܒ, note c, ܢܨܒܬܐ ܕܐܠܗܐ ܘܟܪܡܐ ܡܫܝܚܐ ܕܥܕܬܗ ܩܬܘܠܝܩܐ. This is quoted by St Epiphanius, *adv. hæreses*, κατὰ Σευηριανῶν (ed. Basiliensis, p. 170), "*καὶ οἱ ἀπόστολοί φασιν ἐν τῇ διατάξει τῇ καλουμένῃ, ὅτι φυτεία θεοῦ καὶ ἀμπελὼν ἡ καθολικὴ ἐκκλησία.*"

Page ܕ, l. 9 ܕܡܙܡܘܪ̈ܐ. It is curious that the Bodleian Codex of the Apostolical Constitutions has also Ψαλμῶν instead of Ἀριθμῶν, as Dr Nestle tells me.

Page ܟܐ, ll. 5–13. These discourses of John and Matthew are almost identical with the commencement of the Διδαχή.

Page ܝܒ, l. 1 ff. The *Doctrine of Addai* is also contained under the title *Doctrine of the Apostles* in Cureton, *Syriac Documents*, 1864, pp. 24 ff. with notes on p. 166 ff.

In Lagarde's *Reliquiae juris ecclesiastici antiquissimae graece*, pp. 89—92, will be found a translation into Greek of this portion of the *Didascalia*, as far as to page ܠܐ, l. 17, inclusive.

Lagarde has also translated the first six books into Greek for Bunsen (see *Christianity and Mankind*, vol. vi.). For quotations from the *Didascalia* in the works of St Epiphanius (obiit 403) see this work of Bunsen, pp. 41, 42.

Page ܠܒ, l. 4. The mention of "a Nestorian" in this place would make us doubt the high antiquity of the *Didascalia*, if we had any grounds for supposing the ܡܫܠܡܢܘܬܐ to be an integral portion of it.

Page ܣܒ, l. 18 ܘܡܒܒܪܢܐ. For this addition in Ezekiel xxxiv. 4 read an article by Dr Eberhard Nestle in the *Zeitschrift für N. T. Wissenschaft* (ed. Preuschen), for 1900, p. 176.

Page ܢܘ, l. 22 ܘܫܘܠܛܢ. This addition in the Lord's Prayer is also found on the margin of the Pococke MS. (Bodleian 10) and it is the reading of the Acts of Thomas (see *Encyclopaedia Biblica*, 2818, § 4), though not in the ancient form of those contained in the Sinai Palimpsest.

Page ܠܛ, l. .19 ܒܘܕܘܝܗ ܕܡܢܫܐ. This addition to 2 Chron. xxxiii. 11 has hitherto been known only from the *Chronicon* of Bar Hebræus (see ed. Bruns, and

Kirsch, p. 26, or ed. Bedjan, p. 27) and from Anastasius on Psalm vi. (see Wace, *Apocrypha*, vol. ii. p. 363).

The Jewish Targum on 2 Chron. xxxiii. 11 says that Manasseh was confined in a מולות נחשא = a mule of brass. This is supposed by Dr Nestle to be a mistake for מזלת = zodiac. He has just published an explanation of this word in the *Zeitschrift f. d. alttest. Wissenschaft.* I understand him to mean that it was a brazen bull, representing the constellation Taurus, in which the unfortunate king was enclosed.

Page ܟܗ, l. 1 ܘܡܠܠ ܡܕܢܚܐ ܐܣܗܪܘܢ. Here ܡܠܠ, like the Arabic كلم, takes the accusative after it.

Page ܡܚ, l. 3, note c. Mary is called in Cod. S the *daughter* of James, as in the Lewis Palimpsest and in the Palestinian Syriac, Mark xvi. 1.

Page ܡܗ, l. 10 ܐܣܒܪܡ, where Cod. S has ܚܣܡ. ܣܝ̈ܡܘܗ strongly suggests ܐܣܒܪܡ, which, however, is incorrect in this passage. Dr Nestle thinks that the translator has read δεδεκότας instead of δεδωκότας (as in Codex Alexandrinus), that the scribe of Cod. S has corrected it, and therefore our text is the more original.

Page ܪܦ, l. 8 ܒܣܘܪܐ ܕܠܟܠܗ ܡܢ ܕܠܝܢ ܐܝܟ ܠܟܝܢܐ ܘܠܬܠܡܝܕܘܗܝ. This is the reading of Codex D, of many Old Latin MSS., of Irenæus, Origen, Cyprian and others; and nearly the same as that of Justin and others.

ERRATA IN LAGARDE'S EDITION.

Page 33, line 4, *for* ܠܡܫܡ̈ܫܢܐ *read* ܠܡܫ̈ܡܫܢܐ

,, 36, ,, 18 ,, ܘܐܟܘܟܘܢ ,, ܘܐܟܘܟܘܢ (p. ܟܐ, note i)

,, 37, ,, 4 ,, ܫܦܝܕ ,, ܫܦܝܪ (p. ܟܒ, note f)

,, 38, ,, 13 ,, ܚܒܕ ,, ܚܒܪ

,, 40, ,, 3 ,, ܘܢܒܕܘܢ ,, ܘܢܒܙܘܢ

,, 43, ,, 17 ,, ܕܡܓܠܬܘܢ ,, ܕܡܓܠܬܘܢ

,, 64, ,, 7 ,, ܒܒܗܬܬ̈ ,, ܒܒܗܬܬ̈ (p. ܡܓ, note g)

,, 70, ,, 21 ,, ܬܢܬ ,, ܐܢܬ (p. ܡܛ, note k)

,, ,, ,, 26 ,, ܐܢܬ ,, ܐܢܬ (p. ܡܛ, note s)

,, 77, ,, 5 ,, ܦܪܨܘܦܐ ,, ܦܪܨܘܦܐ

,, 96, ll. 6, 7 the inserted ܝ is not in the MS.

,, 119, line 17, *for* ܕܡܬܠܒ *read* ܕܡܬܠܒ

CORRIGENDA.

Page ܗ, l. 11 ܬܒܒܪ̇] S ܬܒܒܪ

,, ܗܘ, note a, *for* ܬܬܕܒܩ *read* ܬ[ܬ]ܕܒܩ

,, ܠܘ, l. 6 ܕܚ̈ܒܠܐ] S ܕܚܒܠܐ

,, ܩܟ, note b, *for* ܡܒܒܪ̇ *read* ܡܒܒܪ̇

,, ܩܗ, note l, + C

,, ܩܠ, l. 7 ܘܢܫܒܘܢ̇] + S ܘܢܫܒܘܢ

In a MS. in the Cambridge University Library, Add. 3283 (paper, Carshuni, A. Gr. 1989 = A.D. 1678) a *Nomocanon* of Abu Isḥāḳ, Hibatu 'llāh ibn Abi 'l Faḍl, commonly called Ibn all 'Assāl, in an account of works consulted by the author, there occurs on f. 7 the following passage:

والكتاب الثالث الموسوم بالدسقالية اى التعاليم تضمن f. 7 a, col. b, line 11
انه اجتمع على وضعة بايرشليم.

الرسل الحواريون الاثنعشر . والرسول السماوى بولس . ويعقوب بن يوسف .
المسمى اخا الرب . اوّل اساقفة يروشليم . وهو كتاب مشحون علوما . مملو
فرايض الالهية مفعم احكاما روحانية . وبعضها عالمية . واكثر ما تضمنه . استشهادات
من الانجيل المقدس . ومن كتب العتيقة . وعدة ابوابه فيه تسعة وثلاثون باباً
والرمز عليه فى هذا الكتاب بثلث احرف . وهى دسقَ اى دسقالية واذا f. 7 b
اردت المقابلة عليه . بما ينسب اليه . فى هذا الكتاب فلا تجعل عمدتك . فى
كله شرح صدور ابواب الفصل . كل اطلبه فى المنسوب اليه فى هذا الكتاب .
فانك تجده اما فى وسطه . واما فى اخره . وكذلك افعل فى جميع ما يشكل
عليك من هذا الوجه . فى قوانين الملوك وغيرها . وهذا الكتاب عنى باخراجه
القبط خاصةً دون غيرهم وليس فيه ما تنفيه البيعة . ولا ما يباين صحف
الشريعة . كل جميعه لا يمكن احد من اولاد البيعتين الملكية والنسطورية . ولا
من ابايهم القدح فيه . ولا الطعن عليه . لمطابقة ما وقع الاتفاق عليه من
القوانين الرسولية . والمجامع المتفق عليها في البيع الثلاثة . ولما استشهد فيه
بكتب الاصول العتيقة والجديدة

CHAPTER XXI.

Page ܩܛ, l. 8 ܡܠܝܘܬܐ to ܠܚܣܝܘܬܐ, five leaves being cut out.

From f. 205 a to f. 211 b l. 3 are canons as published by Lagarde in *Reliquiae Juris Ecclesiastici Antiquissimae* (Leipzig, 1856) pp. ܠܒ—ܝܐ. This does not come within the scope of the present work.

The rubrics are as follows:

f. 205 a ܡܛܠ ܫܡܫܐ ܘܡܘܠܟܢܐ ܕܡܕ̈ܝܢܬܐ ܘܕܝܪ̈ܝܘܬܐ

f. 206 b ܡܛܠ ܡܐܬܝܬܗ ܕܐܟܠܡܢܝܐ,
ܡܛܠ ܐܬ̈ܘܬܐ ܕܫܘܬܗ ܘܕܡܘܬܗ ܕܐܟܠܡܢܝܐ,
ܡܛܠ ܡܢ ܕܡܙܒܢ ܠܗ ܙܒܢܐ ܕܕܝܪܐ

f. 207 a, on margin ܡܪܢܐ ܐܝܟܘ̄ ܕܝܪܐ ܘܢܦܩ

f. 207 b ܡܛܠ ܡܢ ܕܡܫܡܫ ܡܫܝܚܐ ܠܚܙܝܪܐ ܘܬܬܪܐܝܬ ܠܚܡܪ̈ܢܐ.
ܗܘܝܬ ܕܐܢܫܐ ܕܗܘ ܕܬܘܕܝ ܡܫܝܚܐ. ܘܐܢܫܐ ܢܐܟܠ ܘܕܠܐ
ܢܓܫܐ ܒܝ̈ܠܘܬܗ

f. 208 a ܡܛܠ ܡܫܡܫܢ̄ The canon which follows is similar to that on pp. ܩܝ, ܩܛ.

f. 209 a ܡܛܠ ܡܢܦܩ ܕܡܬܩܘܫ ܐܬܘܡ ܠܡܬܬܐ, ܡܛܠ ܡܬܠܬܠܬܐ

f. 209 b ܡܢ ܟܬܒܐ ܕܬ̈ܪܝܢ ܕܡܠܟܘܫܐ, in marg. ܡܛܠ ܙܘܘܓܐ

f. 210 a ܡܛܠ ܩ̈ܠܝܐ, ܡܛܠ ܙܢܝܘܬܐ ܘܐܣܛܪܘܢܐ ܘܪܘܩܐ

f. 210 b ܡܛܠ ܠܣܡܡܐ ܘܓܘܕܐ, ܡܛܠ ܕܗܘܡܬܐ, ܡܛܠ ܚܪ̈ܫܐ, ܡܛܠ ܥܢܘܬܐ,
ܡܛܠ ܡܢܘܢ ܕܢܣܩܝܢ ܡܢ ܒܠܒܐ

f. 211 a ܡܛܠ ܒܢ̈ܝܢܐ, on margin ܡܛܠ ܡܘܕܝܢܐ

f. 211 b ܫܠܡܐ ܕܬ̈ܠܬܐ ܕܫܠܝܚܐ ܕܡܠܟܘܫܐ: ܗܘܐ ܐܡܪ then follows as on p. ܒܐ, l. 1 ending on f. 214 b with the words ܡܡܪܝܪ ܐܢܬ ܡܫܝܚܘܢ, as on p. ܒܗ, l. 17.

CHAPTER XIII.

From p. ܩܢܙ, l. 1, C f. 198 a ܘܠܐ ܬܬܡܗܘܢ to l. 19 ܐܬܬܐܝܡ

From p. ܩܢܗ, l. 16, C f. 198 b ܐܢܫܝܢܐ to p. ܩܢܘ, l. 2 ܠܟܘܢ. In marg. ܡܛܠ ܐܘܪ̈ܚܘܬܐ

From p. ܩܢܛ, l. 16 ܟܠܟܘܢ to p. ܩܣ, l. 2 ܟܠܠܡ

From p. ܩܣ, l. 15 ܗܝܡܢܘܬܟܘܢ to l. 18 ܡܓܒܫ. In marg. ܡܛܠ ܟܠܠܐ

CHAPTER XIV.

Page ܩܣܛ, on margin near l. 18 ܡܛܠ ܐܪ̈ܡܠܬܐ ܡܛܠ ܕܗܘܝܢ ܬܠܬܐ ܬܠܬܐ ܕܒܥܘܬܐ ܢܥܒܕܢ

From p. ܩܣܛ, l. 18, C f. 199 a ܐܪ̈ܡܠܬܐ to p. ܩܥ, l. 3 ܗܢܝ

CHAPTER XV.

From p. ܩܥܒ, l. 18 ܐܘ to p. ܩܥܛ, l. 11 ܐܝܟܢ. In marg. ܡܛܠ ܠܘ̈ܬܐ

From p. ܩܥܗ, l. 5, C f. 199 b ܡܛܠ ܗܠܝܢ to l. 9 ܒܗܕܗ

CHAPTER XVII.

From p. ܩܥܘ, l. 12 ܕܡܫܝܚܐ to p. ܩܦ, l. 3 ܢܬܒܥܘܢ

CHAPTER XVIII.

From p. ܩܦ, l. 4, C f. 200 b ܫܦܝܠܐ to p. ܩܦܙ, l. 15 ܢܦ̈ܫܗܐ

CHAPTER XIX.

From p. ܩܨܗ, l. 8, C f. 203 a, l. 14 ܒܢ̈ܝܡܝܢܐ to p. ܩܨܘ, l. 4 ܐܣܦܪ̈ܐ

From p. ܩܨܙ, l. 1 ܐܢܫܝܢ to l. 5 ܠܗ

From p. ܩܨܛ, l. 5 ܟܠ ܐܢܫ to l. 12 ܒܡܦܩܢܘܬܐ

CHAPTER XX.

From p. ܪܒ, l. 6, C f. 204 a ܡܛܠ ܕ to p. ܪܓ, l. 1 ܘܠܓܡܘܪܬܐ

From p. ܪܕ, l. 11, C f. 204 a ܫܒܥܐ to l. 14 ܠܗ

From p. ܪܘ, note b, l. 8 ܡܬܥܒܕܝܢ to l. 2 ܕܐܠܗܐ

From p. ܪܘ, l. 7 ܟܠ ܚܕ to note l, l. 3 ܠܫܠܡܐ

ܐܝܒܗ̇] ܐܝܬܘܗܝ || l. 11 ܗܘ̇] ܒܗܘ̇ || l. 12 ܘܐܝܟܢܐ ܕܢܬܠܘܢ] ܘܐܦ ܢܬܠܘܢ || l. 14 ܐܟܡܢܗܝ] ܘܐܟܡܢܗܝ. ܒܟܢ || l. 16 ܬܠܬܬܐ ܗ̇ܘ] ܘܬܠ̈ܬܬܐ || l. 17 ܒܝܠܐ] ܒܬܠܬܐ || ll. 17–22 om. ܒܬܠܬܐ......ܒܦܠܚܢܐ

Page ܢ, C agrees with S in notes a, c, e, f, g, h, i, j, k, l, m, n.

l. 3 om. ܠܡܪܢܐ || l. 7, C f. 196 b om. ܒܟܒܠ || l. 10 ܫܠܝܡ] ܘܫܠܝܡ || l. 11 ܐܝܬܝ] ܐܝܬ || l. 12 ܒܟܬܒ̈ܝ] B ܢܦܫܗܝ || l. 14 om. ܠܡܦܩܘܬܐ || l. 15 ܥܐܠܝܢܝ] ܥܐܠܝܢ B || l. 20 om. ܫܒܩ

Page ܢܐ, C agrees with S in notes a, b, c

l. 3, C f. 197 a ܘܐܬܬܪܡ] ܘܐܬܪܝܡ || l. 10 ܡܬܡܥܡ] ܡܬܪܥܡ

From Chapter XI. the variants of C are incorporated in the notes at the foot of each page. It will therefore be necessary to do little more than indicate the passages contained in it.

Page ܢܒ, l. 15 ܕܡܫܒܚܬܐ] B ܕܡܫܝܚܘܬܐ

Page ܢܓ, l. 10 ܡܠܟܐܝܬ] B ܡܠܟܐܝܬ || l. 19 ܕܢܫܐ] B ܕܢܫܡܐ

Page ܢܘ, l. 12 ܐܬܓܡܣ] B ܐܬܚܡܣ || note j ܕܬܬܚܒܪ] B ܕܬܬܚܒܪܘܢ

CHAPTER XI.

C rubric ܕܠܐ ܡܬܦܠܓ ܡܘܪܟܢܗ ܕܐܠܗܘܬܐ ܐܦ ܠܘܬܗ

Page ܢܛ, l. 1, B om. ܢܦܘܩ || l. 14 ܘܒܐܪ̈ܘܚܢ] B ܘܐܪ̈ܘܚܢ

Page ܣܐ, l. 5, B om. ܗܘ || note d, l. 3 ܡܬܕܢܝܢ ܡܬܬܕܝܢ] B ܡܬܬܕܢܝܢ ܡܬܬܕܢܝܢ

Page ܣܒ, note c, l. 12 ܕܡܬܕܡܝܢ] B ܕܡܬܬܕܡܝܢ

Page ܣܓ, note, l. 15 ܕ[ܕ]ܡܘܕܥܢܐ] B ܕܡܘܕܥܢܐ

Page ܣܕ, l. 2 ܐܡܟܢ] B ܐܝܟܢ

From p. ܣܕ, l. 13 ܬܘܒ to p. ܣܗ, l. 10 ܐܝܟܢ

From p. ܣܘ, l. 3, C f. 197 b ܒܦܠܚܢܐ to l. 8 ܒܫܬܩܘܢ

CHAPTER XII.

From p. ܣܚ, l. 9 ܘܬܘܒ to l. 12 ܕܒܢܝܐ

From p. ܟܗ, l. 7 ܗܘ ܚܢܢ to l. 17 ܕܥܒܠܝܢ

Page ܟܗ, C agrees with S in notes g, i, j, l, m, o.

l. 7 ܚܢܢ] ܕܝܢ || l. 11 ܒܫܥܬܐ] ܒܥܐܬܐ

Page ܟܘ, l. 18 ܕܡܫܘܕܥܘܢ] B ܕܥܒܐܘܕܥܘܢ

Page ܟܙ, l. 1 ܘܫܡܥܘ] B ܘܫܡܥܘ

From p. ܟܙ, l. 16 ܐܠܐ to p. ܟܘ, l. 12 ܠܐܦܝܣܩܘܦܐ

Page ܟܙ, C agrees with S in notes o, p, q.

l. 16, C f. 194 a ܕܡܣܝܢ] ܕܟܐܣܝܢ

Page ܟܗ, C agrees with S in notes a, b, c, d, e, h, j, k, m.

l. 4 ܠܕܝܢܐ] ܠܕܝܢܐ || l. 8 ܣܘܪܚܢܐ] ܣܘܪܚܢܐ || ll. 11–14, C f. 194 b ܕܐܬܐ......ܕܐܬܐ] ܕܐܬܐ ܒܐܘܢܓܠܝܘܢ || ll. 15–18 om. ܗܘܘ...ܗܘ || note h ܠܐܘܪܚܬܐ] ܠܘܪܚܬܐ

Page ܟܘ, C agrees with S in notes a, b, d, f, g, h, i, k, l.

l. 2 ܕܐܝܣܝܣ] ܕܐܝܣܝܣ *sic* || l. 5 ܘܕܡܪܝܐ] ܘܡܪܝܐ || l. 6 ܗܘܠ] ܚܢܢ ||

l. 11 ܬܬܒܥܘܢ] ܬܬܒܥܘܢ || l. 13 ܒܬܘܬܗ] B ܒܬܘܬܗ

From p. ܟܙ, l. 1 ܐܠܐ to p. ܟܚ, l. 8 ܕܝܠܗ

Page ܟܙ, C agrees with S in notes a, b, d, e, f, g, h, i, k.

l. 1, C f. 195 a ܦܠܝ ܘܫܡܥܘ] ܫܡܥܘ ܘܠܐ || l. 4 ܕܬܒܥ] ܕܬܐܒܥ ||

l. 7 ܠܟܘ] ܠܟܘܢ || l. 9 ܩܘܡܬ] + ܐܡܝܢ || l. 14 ܕܐܡܪ] ܕܐܡܪ ||

l. 15 ܚܟܡܬܐ] ܚܟܡܬ || l. 17, C f. 195 b ܡܬܠܐ] + ܡܬܠܐ || l. 18 om. ܚܢܢ ||

ll. 19–21 ܐܢ ܚܢܢ......ܫܡܥܐ

Page ܟܚ, C agrees with S in notes a, b, d.

l. 1 ܕܠܗܘܢ] ܕܠܗܘ *sic* || l. 2 om. ܗܘܠ || l. 4 ܕܡܫܡܥܝܢ] ܕܡܫܡܥܝܢ || l. 5 om. ܕܐܠܗܝܢ || l. 6 om. ܕܝܢ

CHAPTER X.

From p. ܟܚ, l. 14 ܘܡܛܪܐ to p. ܟܛ, l. 11 ܒܝܠܦܬܐ

Page ܟܚ, ll. 14–21, C agrees with S in notes k, m.

l. 22 B om. ܐܝܬ || ܕܚܠܠ] ܘܚܠܠ

Page ܟܛ, C agrees with S in notes a, c, d, f, g, h, j.

l. 1 om. ܕܝܢ ܐܢܫܐ || l. 2 ܐܟܘ] ܐܢ ܐܟܘ || l. 5 om. ܗܠܝܢ || l. 7, C f. 196 a

CHAPTER VIII.

From p. ܣܚ, l. 11 ܟܠܗ to p. ܥܐ, l. 4 ܒܒܟܒܘܢ:

ll. 11–17 ܘܡܪܐ ܬܠܬ ܐܦܝܣܩܘܦܐ ܕܐܬܟܢܫܘ ܘܗܡ [ܟܠܗ...ܘܐܬܪ̈ܬܠܬܐ
ܘܕܫܬܕܪܘܢ ‖ l. 19 ܐܝܟܢ [ܕܐܝܟ ܕܗܢ ‖ l. 20 ܒܗܝܡ̈ܢܘܬܐ] ܒܗܝܡܢܘܬܐ ‖
l. 21 ܐܝܟ ܕܗܢ] ܐܝܟܢ ‖ om. ܫ̈ܢܝܐ

Page ܣܛ, C agrees with S in notes a, b, C f. 192 a, c, d, e, g, h, i, j, k.

l. 3 ܘܡܕܡ] ܡܕܡ

Page ܥ, C agrees with S in notes a, (b above line), c, e, f, g, i, j, k.

l. 5, C f. 192 b ܒܡܫܒܚܢܐ] ܡܫܒܚܢܐ ‖ l. 6 ܕܒܕܘܬܐ] ܕܫܢܘܬܐ ‖ l. 11 om. ܗܘܘ ‖
l. 13 ܚܝܠܬ] ܚܝܠܬ ‖ l. 15 om. ܘܡܢܐ ‖ ܠܚܒܒܝܢ] ܠܚܒܒܒܝܢ *sic* ‖
l. 19 ܘܠܡܫܡܠܝܢܘܬܐ] ܘܡܫܡ̈ܠܝܢܘܬܗܝ (B ܠܡܫ̈ܡܠܝܢܘܬܗ) ‖ ll. 19, 20 om.
ܘܡܫܡܠܝܢܘܬܗ...ܘܡܫܡܠܝܢܘܬܗ ‖ l. 22, C f. 193 a om. ܗܠܝܢ ‖ om. [1]ܐܝܬܘܗܝ ‖
om. [2]ܐܝܬܘܗܝ: to p. ܥܐ, l. 2 ܕܐܠܗܐ

From p. ܥܒ, l. 7 ܡܫܠܡܢܘܬܐ to l. 20 ܕܡܘ̈ܕܝܢܐ

Page ܥܒ, C agrees with S in notes g, h, i, j, k, m, n, o.

l. 17 ܕܐܦܝܣܩܘܦܘܬܐ] ܕܐܦܝܣܩܘܦܘܬܐ *sic* ‖ ܕܬܬܬܪܣܘܢ] ܕܬܬܪܣܘܢ ‖
l. 18 ܡܕܡ] + ܡܕܪܐ ‖ l. 20, C f. 193 b ܘܚܝܠܬ] ܘܚܝ̈ܠܬ *sic*

From p. ܥܓ, l. 4 ܘܫܠܡ to l. 6 ܐܢܬܝܢ

Page ܥܓ, C agrees with S in notes g, h.

l. 4 ܕܡܫܡܠܝܬܗܘܢ:] ܕܡܫܡܠܝܬܗܘܢ:

CHAPTER IX.

Page ܥܘ, ll. 7–18 ܢܗܘܘܢ......ܫܘܒܚܐ] ܘܡܫܝ̈ܚܢܐ ܘܡܫܝܚܐ ܐܝܟ ܡܠܠ

From p. ܥܙ, l. 15 ܡܠܟܐ to l. 19 ܠܟܘܢ:

Page ܥܙ, l. 17 om. ܠܗ ܡܟܐܝܠ ܘܦܘܠܘܣ: ‖ ܘܡܫܡܫܢܘܬܐ] ܡܫܡܫܢܘܬܐ ‖
l. 18 om. ܬܘܒ ܐܡܪ ܠܟܘܢ:

Page ܥܚ, l. 9 ܕܗܠܟܐ] B ܗܠܟܐ

Page ܥܛ, l. 4 ܒܠܚܘܕ] B ܠܒܪ ܐܝܟ

Page ܦ, l. 11, B om. ܐܝܬܘܗܝ .... ܘܡܫܡܠܐ

C f. 190 b ܟܘܪܣܝܐ] ܐܠܗܐ || l. 15 ܘܐܬܦܪܣܘ] ܘܐܬܦܪܣ || note h om. ܗܘܢ

Page ܪܟܒ, C agrees with S in notes a, b, d, f, g, h, i, j, l, n, o.

l. 4 ܗܘ ܒܫܒܝܐ ܠܡܬܢܚܡܘܬܐ] ܠܡܬܢܚܡܘܬܐ ܗܘ ܒܫܒܝ || ܫܘܝ || ܕܐܬܐܡܪ] ܕܐܬܐܡܪ ||

l. 9, C f. 191 a ܘܐܦ] ܐܦ || l. 13 ܕܕܠܝܠܐ] ܕܠܝܠܐ || ܥܪܒ] ܥܪܒ ||

l. 16 ܫܒܝܠܐ] ܫܒܝܠܐ || l. 21 ܗܢ ܕܐܬܒܪܝܘ] ܗܘ ܕܐܬܒܪܝ

Page ܪܟܓ, C agrees with S in notes a, b, c, d, e, f, h.

l. 2 ܘܐܡܪ] + ܠܗ || l. 8, C f. 191 b ܡܢ ܚܕܐ] ܡܢ ܚܕܐ

From p. ܪܟܓ, l. 15 ܡܬܠܝܢܘܬܐ C f. 186 b, l. 19 to p. ܪܟܕ, l. 17 ܠܒܢܝܐ

Page ܪܟܓ, C f. 187 a, C agrees with S in note n.

l. 16, C f. 187 a om. ܐܡܪܝܢ || ll. 16—19 om. ܕܡܬܪܐ.... ܥܠ || l. 21 ܒܐܝܕܝܗܘܢ] ܒܐܝܕܝܗܘܢ || l. 21 ܠܚܕ] ܠܚܕ

Page ܪܟܕ, C agrees with S in note a.

l. 1 ܠܚܕ] ܠܚܕ || ll. 2–16 om. ܕܡܬܪܥܝܢ......ܘܠܐ ܬܗܘܐ || l. 16 ܗܘܝܐ] ܗܟܢܐ ܡܬܠܝܢܘܬܐ ܗܟܢܐ || ܐܝܟ] + ܘ ܠܡܪܢ ܕܡܪܝܐ ܒܬ || l. 20 om. ܐܢܐ

From p. ܪܟܗ, l. 17 ܥܒܕܘ to p. ܪܟܘ, l. 7 ܠܗ

Page ܪܟܗ, C agrees with S in note o.

l. 12 ܐܝܟ] B ܐܝܟ || l. 15 ܘܗܘܝ] B + ܗܘܘ || l.18 ܢܦܫܗ] + ܐܘ

Page ܪܟܘ, C agrees with S in notes a, c, e, l, n.

l. 2 ܒܠܚܘܕ] ܒܠܚܘܕ *sic* || ll. 3, 5 om. ܕܐܝܟ.....ܟܠ || ll. 7—16 om. ܘܬܘܒ...ܕܢܫܒܚܘܢ

Page ܪܟܙ, C agrees with S in notes a, b, d, e, f, g, h, j, k, l, n, o, q.

l. 1, B om. ܕܗܠܝܢ || ܐܘ[2]] B + ܗܘܘ || l. 3, C f. 187 b ܘܐܡܪ] ܘܬܘܒ ||

l. 8 ܕܡܫܝܚܐ] ܕܡܫܝܚܐ || l. 9 ܬܫܒܘܚܬܗ] ܬܫܒܘܚܬܗ || l. 11 ܫܡܗ] ܫܡܗ || l. 13 ܘܢܘܪܐ] + ܠܟܠ || note n ܕܐܬܝܐ] ܕܐܬܝܐ ||

l. 15, C f. 188 a ܚܣܕܘܗܝ] ܚܣܕܘܗܝ || om. ܘܡܢ ܠܗ || l. 16 om. ܘܐܚܪܢܘܬܗ.... ܡܢܐ || l. 19 om. ܗܟܢܐ

Page ܪܟܚ, C agrees with S in note a, *sine uncis*, j.

l. 3 om. ܕܦܫܝܩܐܝܬ || l. 5 ܘܡܚܫܒܬܗ] ܘܡܚܫܒܬܗ || l. 6 ܘܬܫܒܘܚܬܐ] ܕܬܫܒܘܚܬܐ

Page ܢܓ, C agrees with S in notes a, b, c, f, h, i, l, m, o, p, q, s, t, u.

ll. 3–4, C f. 186 b om. ܘܡܢ .... ܕܥܒܕܬܐ || l. 6 ܐܡܝܢܐ] ܕܐܡܝܢܐ || l. 14 ܘܩܢܝܐ] ܘܒܢܝܐ || l. 15 om. ܘܐܡܝܢܐ .... ܐܢܘܢ܂

From p. ܢܗ, l. 16 C f. 188, ܘܐܦ l. 14 to p. ܢܛ, l. 8 ܥܡܗܘܢ

Page ܢܗ, C agrees with S in notes o, p, q, r.

l. 19 om. ܕܠܐ to p. ܢܘ, l. 17 ܒܗܘܢ

Page ܢܘ, C agrees with S in notes s, t, v, w.

l. 1 ܐܒܪܗܡ ܠܒܢܘܗܝ] B ܐܒܪܗܡ ܠܒܢܘܗܝ || l. 3 ܘܬܘܒܐ] B ܘܬܘܒܐ || l. 20, C f. 188 b ܘܗܘܐ] ܘܗܘܘ || l. 21 ܘܡܫܡܠܝܢ܂] ܡܫܡܠܝܢ܂ *sic* || l. 23 ܥܡܗ] ܥܡܗܘܢ

Page ܢܙ, C agrees with S in notes a, b, c, f, g, h, i, k, l, m, o.

ll. 3, 4 ܕܠܐ ܪܘܚܐ ܗܝ ܒܗܘܬܐ] ܒܗ ܒܗܘܬܐ ܕܠܐ ܒܪܘܚܐ || note k ܬܫܡܫܬܐ] ܒܬܫܡܫܬܐ || l. 16, C f. 189 a ܘܐܘܩܪ] + ܒܗܘܢ || l. 18 ܥܒܕܗ] ܥܒܕܗܘܢ || l. 19 om. ܠܟܘܠ || l. 20 ܘܡܫܬܐ] ܡܫܬܐ ܠܐ || C in marg. ܘܐܟܘܠ

C in marg. ܒܬܒܐ ܕܬܠܬܐ ܕܡܠܟܘܬܐ ܐܠܘܗܝ܁ ܗܘ ܕܐܬܠ ܬܘܒܐ ܠܡܠܟܘܬܐ

ܒܬܒܐ ܕܫܡܝܐ. ܠܗܘ ܕܥܒܕܝܐ ܕܝܢ ܠܗ ܗܦܟ ܕܒܪܢܫܐ. ܗܦܟ ܠܗ

ܒܬ ܐܠܗܐ. ܗܟܢ ܗܘ [ܕ]ܬܠܬܐ. ܘܡܢ ܗܘ ܕܡܠܟܘܬܐ ܕܠܥܠܡ܀

Page ܢܚ, C agrees with S in notes a, b, d.

l. 1 ܘܫܒܩܝܢ] ܘܫܒܩ || l. 2 om. ܘܥܒܕܐ ... ܐܥܒܕܐ || l. 4 ܘܒܢܝܐ] ܒܢܝܐ ||
ll. 6, 7 om.[2] ܐܠܗܝܬܐ ... ܥܒܕܐ || om. l. 8 ܐܝܟ to p. ܢܛ, l. 17 ܕܐܬܠ ||
l. 16 ܘܠܥܠܡܝܢ܂] B ܘܠܥܠܡܝܢ܂ || note g ܕ(ܕ)ܒܪܢܫܘܬܗ] B ܕܒܪܢܫܘܬܗ

Page ܢܛ, C agrees with S in notes k, l, m.

l. 18 B om. ܠܒܢܝܢܫܐ || l. 20, C f. 189 b ܠܗ] ܟܠܗ ܠܗ

Page ܣ, C agrees with S in notes a, (b in marg.), c, d, f, g, C f. 190 a, j, k, l, m, n.

l. 2 ܘܡܫܝܚܐ] + ܗܘܐ || l. 3 ܦܓܪܐ] + ܒܪܢܫܘܬܐ || l. 4 ܒܙܒܢ] + ܗܢܐ ||
l. 5 ܕܒܢܝܢܫܐ] ܗܘܐ || l. 8 ܕܐܝܬܘܗܝ] ܕܐܝܬܘܗܝ || om. ܐܦܢܐܬܐ || l. 11
ܡܫܝܚܐ ܘܦܓܪܗ ܡܫܝܚܐ ܘܦܓܪܗ] ܘܦܓܪܗ ܕܡܫܝܚܐ || l. 12 ܦܓܪܐ] + ܗܘ || C f. 190 a

Page ܣܐ, C agrees with S in notes b, c, d, f, g, h, i, j.

l. 1 ܘܒܒܢܝ] B ܘܒܒܢܝ || l. 2 ܢܨܚܐ] ܢܨܚ || l. 4 ܦܬܓܡܐ ܕܐܬܐܡܪ]
ܗܘܝܐ ܕܐܬܐܡܪܬ ܕܐܡܪܝܢ ܕܐܘܒܕܢ || l. 9 ܘܒܬܪ] ܘܐܬܬܪ || l. 14

Page ܩܝ, C agrees with S in notes a, b, c, g, i.

l. 6 ܬܫܒܘܚܬܐ] ܬܫܒܘܚܬܗ B || l. 10 ܕܐܚܝܕ] + ܗܘܐ || l. 11, C f. 184 a om. ܐܝܟ || ll. 16–18 om. ܥܡܝܩ ... ܘܐܚܝܕ || l. 19 ܒܡܠܘܐ] ܘܒܡܠܘܐ || l. 22 om. from ܘܐܡܪܝܢ to p. ܩܝܐ, l. 19 ܐܢܬܘܢ

Page ܩܝܐ, C agrees with S in notes l, n, o.

l. 19 ܒܪܢܫܐ] ܒܪ ܐܢܫܐ || l. 20 ܒܡܢܝܢ] ܒܡܢ

Page ܩܝܒ, C agrees with S in notes a, c, d, e, j, k, l, m, n, o, r, t.

l. 2 ܠܒܪܝܬܐ] B ܠܒܪܝܬܐ || l. 6, C f. 184 b ܘܡܫܡܫܝܢ] + ܘܡܫܡܫܝܢ || ܘܕܢܒܝܘܬܗ] : ܘܕܢܒܝܘܬܐ ܕܐܠܗܐ || ll. 6–8 om. ܡܠܘܐ ..... ܕܥܒܕܐ || l. 8 ܐܝܟ ܕܐܝܬܝܗ̇] B ܐܝܟ ܕܐܝܬ || ll. 9, 10 om. ܕܡܢ...... ܕܐܠܗܐ || l. 10 ܐܝܟ] B ܐܝܟ || l. 11 ܕܐܢܬܘܢ] ܐܢܬܘܢ || l. 15 ܕܐܠܐ] + ܡܠܐܟܝܢ || l. 16 om. ܗܟܢܐ || l. 17 om. ܠܗ || l. 18 ܬܬܒܥܐ] B ܬܬܒܥ

Page ܩܝܓ, l. 2, C agrees with S in notes a, b, d, e, *sine uncis*, f. g, i, j, k, l, m, n, o, p, t, u.

l. 4 ܡܫܡܫܝܢ] B + ܗܘܐ || l. 5 ܕܐܝܟ] ܐܝܟ || l. 6 ܐܠܐ ܐܦ] ܘܠܐ || l. 7, C 185 a om. ܘܡܫܡܫܝܢ || l. 15 ܐܦ] ܘܐܦ || l. 16 ܘܡܢ] ܡܢ

Page ܩܝܕ, C agrees with S in notes a, d, g.

l. 3, C f. 185 b ܕܡܫܡܫܝܢ] ܡܫܡܫܝܢ the ܐ by a later hand || l. 4 ܐܘ ܗܘ] ܗܘ || l. 5 ܕܐܠܗܐ] ܡܢ *sic* || l. 8 ܡܢܬܐ] ܘܡܢܬܐ || l. 14 ܗܘܐ] B ܗܘ || l. 20 ܕܬܗܘܐ] B ܕܬܗܘܐ

CHAPTER VII.

From page ܩܟ, l. 18 ܗܘܝܬ to p. ܩܠ, l. 20 ܕܕܒܪܐ

Page ܩܟ, C agrees with S in notes n, o.

l. 14 ܕܐܟܠ] B ܐܟܠ ܟܠ || l. 19 ܘܥܒܪܐ] ܘܥܒܪܐ || ܕܗܘܦܟܘܬܟܘܢ] ܗܘܦܟܘܬܟܘܢ

Page ܩܟܐ, C agrees with S in notes a, b, d, k, l, m.

l. 3 ܘܕܗܦܟܝܢ] ܘܗܦܟܝܢ || l. 8, C f. 186 a om. ܢܘ || ll. 9–13 om. ܐܝܟ ... ܫܠܝܚܐ || l. 11, B om. ܐܢ || l. 14 ܐܟܠ] ܟܠ ܐܟܠ || l. 15 ܐܠܗܐ ܕܡܫܝܚܐ] B ܫܠܝܚܐ. ܡܫܝܚܐ || l. 16 ܐܢ] marg. + ܫܠܡ || ܕܐܟܠ] ܐܟܠ ܟܠ || l. 17 ܠܡܢ] B ܘܡܢ || ll. 18, 19 B om. ܕܐܠܗܐ ... ܡܢ || l. 20 ܘܐܡܪܝܢ] + ܐܢܬܘܢ

l. 9 ܕܐܣܟܡܐܘܣ] ܕܣܝܡܘܣ || l. 10 ܥܡܗ ܘܡܢ] ܒܝܬܘܬܗܘܢ ܥܡ ܘܐܫܬܕܘܗܝ || l. 15 ܕܚܣܝܢ ܒܝܬܘܬܗ] B ܚܣܝܢ ܒܝܬܘܬܗ || l. 17, C f. 180 b om. ܒܝܫܘܢ || l. 18 ܘܠܐ] ܐܠܐ || l. 19 ܢܦܫܗ] ܢܦܫ || l. 20 ܬܬܬܪܝ] + (ܡܪܝܡܘܬܐ) (B ܬܬܬܪܝ)

Page ܪܟܙ, C agrees with S in notes a, b, c, d, e, f.

l. 3 ܬܕܒܪ] B ܬܕܒܪ || l. 5 ܘܡܕܒܪܢܘܬܗ] ܡܕܒܪܢܘܬܗ || l. 8 om. ܗܘ || l. 9 ܐܦܝܣܩܘܦܐ] ܠܐܦܝܣܩܘܦܐ || l. 10 in marg. ܫܠܡ

CHAPTER VI.

From p. ܪܟܙ, l. 11 ܡܠܐܟܐ to p. ܪܠ, l. 10 ܕܐܝܟܢ

Page ܪܟܙ, C agrees with S in notes k, l, o, p.

ll. 18, 19, C f. 181 a om. ܘܠܐܢܫ......ܐܠܗܐ

Page ܪܟܚ, C agrees with S in notes b, d, g, h, k, l, m, n, o.

l. 8 ܠܡܬܒܥܘܬܗܘܢ] ܠܡܬܒܥܢܘܬܗܘܢ || l. 9 ܘܢܦܫܬܗܘܢ] ܘܬܗܘܐ ܢܦܫܬܗܘܢ || l. 13 ܒܪܢܫܐ] ܒܪ ܐܢܫܐ || l. 17, C f. 181 b ܡܥܠܝܘܬܗ] ܡܥܠܝܘܬܗ || l. 18 om. ܬܗܘܐ

Page ܪܟܛ, C agrees with S in notes c, h, i, k.

l. 6 ܠܡܬܒܥܘ] ܠܡܬܒܥܘ || ܥܠܡܐ] ܥܠܡܐ || l. 10 ܘܬܗܘܐ ܚܝܠܐ ܫܡܝܐ] ܬܗܘܐ ܫܡܝܐ ܚܝܠܐ || l. 11 ܒܪܢܫܐ] ܒܪ ܐܢܫܐ || (C f. 182 a in marg. ܕܚܝܠ ܢܦܫ ܘܡܬܚܝܠ ܘܐܬܚܙܝ) || l. 14 ܘܡܬܚܙܐ] B ܘܡܬܚܙܐ || l. 18 ܢܫܐ] ܢܫܐ (B ܢܫܝܐ) || l. 19 ܐܚܪܢ] ܐܚܪܢ || l. 20 ܕܬܠܡܝܕܘܗܝ] ܕܬܠܡܝܕܘܗܝ sic

Page ܪܠ, C agrees with S in notes a, b, c, d, e, f, g, i, j, k, m, n, o, q, r, s.

Note c ܐܦ] ܘܐܦ || l. 4 ܠܐ] ܐܠܐ || l. 6 ܡܪܝܡܘܬܐ] ܡܪܝܡܘܬܐ || l. 7, C f. 182 b ܡܥܠܝܘܬܗ] ܡܥܠܝܘܬܗ || note i ܕܒܢܝ ܐܢܫܐ] ܕܒܢܝܢܫܐ || l. 10 ܡܬܚܙܝܢ] B ܡܬܚܙܝܢ || ܠܕܡܘܬܐ] ܠܕܡܘܬܐ || l. 11 ܠܒܪܢܫܐ] ܠܒܪ ܐܢܫܐ || l. 15 ܐܚܪܢ] ܘܐܚܪܢ in marg. ܫܠܡ || l. 16 ܒܪܢܫܐ] ܒܪ ܐܢܫܐ || l. 17 ܒܫܡܝܐ] ܫܡܝܐ || l. 18 ܬܗܘܐ] ܢܗܘܐ

Page ܪܠܐ, C agrees with S in notes a, d, e, f, i, k, l, m.

l. 4, C f. 183 a ܘܠܡܠܟܘܬܐ] ܘܡܥܡܕܐ ܕܡܪܢ ܐܦ ܡܥܡܕܐ ܕܡܪܢ || ܘܠܡܠܟܘܬܐ || l. 9 ܕܐܚܪܢ] B ܐܚܪܢ || l. 13 ܘܡܫܠܡܢܘܬܐ] ܘܡܫܠܡܢܘܬܐ || l. 18, C f. 183 b ܢܟܪܝܐ] ܢܟܪܝܐ

Page ܠܗ, C agrees with S in notes b, c, d, e, g, h, i, j, k, l.

l. 1 ܕܐܬܓܙܪ̈ܬ] ܕܐܬܓܙܪ || l. 6, C f. 176 b ܒܕܝܠܐ] ܒܕܝܠܗ || l. 7 ܕܢܗܘܐ ܒܬܫܒܚܬܐ] ܕܐܡ ܢܗܘܐ || l. 14 ܕܒܠܗ] ܕܠܗܘܢ

Page ܠܘ, l. 2, C f. 177 a ܥܢܘܫ] ܐܢܫܝ || l. 9 om. ܐܝܬ || l. 14 om. ܘܡܫܡܫܝܢ || l. 15 om. ܕܢܬܬܚܒܪ

Page ܠܙ, C agrees with S in notes b, c, d, e, f, g, h.

l. 5, C f. 177 b ܒܪܗ] ܒܪܐ || l. 6 om. ܫܒܠ || (note c, l. 6, C f. 178 a ܒܡܫܝܚܐ ܕܐܓܠܘܬܐ] ܒܡܫܠܐ ܕܓܠܘܬܐ || l. 8 om. ܢܗܘܐ || ll. 9, 10 om. ܘܠܐ......ܒܐܪ̈ܐ)

Page ܠܚ, C agrees with S in notes a, b, c, d, e, f, g, h, i, j, k, l, m, n.

l. 5 ܒܐܦܝܣܩܘܦܘܬܐ] (ܒܐܦܝܣܩܘ̄ܦܘ(ܬܐ the addition being in a later hand || l. 12, C f. 178 b, ܒܣܘܓܐܐ] ܒܣܘܓܐܐ ܕܢܣܒ || l. 13 ܒܪܢܫܐ] ܒܪ ܐܢܫܐ ܒܪ || l. 20 ܐܬܪ̈ܗܘܢ] + ܒܪܢܫܐ || l. 21 ܘܬܫܡܫܢ] B ܘܬܫܡܫܢ || l. 22 ܒܩܠܬܗܘܢ] ܒܩܠܬܗܘܢ *sic*

Page ܠܛ, C agrees with S in notes a, b.

l. 1 ܐܬܒܣܡ] ܐܬܒܣܡܗ

CHAPTER V.

From p. ܠܛ, l. 3 ܒܠܥܘܕܬܐ to p. ܡܐ, l. 10 ܒܡܪܝܐ

Page ܠܛ, C agrees with S in notes c, d, e, f, h, j, k, l, m, o.

l. 9, C f. 179 a ܐܘ̄ ܒܪܢܫܐ] ܒܪ ܐܢܫܐ || om. ܗܘ || l. 11 ܬܘܠܕܬܐ] B ܬܘܠܕܬܐ || l. 14 ܬܘܪ̈ܚܡܘܗܝ] ܘܬܪ̈ܚܡܘܗܝ || ܥܘܗܪ] ܐܘܗܪ || l. 20 ܘܡܬܒܪܟܝܢ] ܘܡܬܒܪܟܝܢ *sic*, obscure || l. 21, C 179 b ܐܬܐܪ] ܐܬܪ || l. 22 ܘܡܒܪܟܝܢ] ܡܒܪܟܝܢ

Page ܡ, C agrees with S in notes a, c, d, f, h, i, j, k, l, m, n, q, r, u, w.

l. 1 ܕܒܨܪ] ܡܒܨܪ || l. 4 ܕܐܬܒܪܝ] ܕܐܬܒܪܝܘ || l. 5 ܕܡܫܡܫܝܢ ܐܢܫ̈ܐ] ܡܫܡܫܝܢ ܐܢܫ̈ܐ || l. 7 ܕܡܒܣܪ] ܕܒܣܪ || l. 9 ܕܫܠܝܛܐܝܬ] ܫܠܝܛܐܝܬ || ll. 16, 17 ܒܕܪ̈ܐ...ܘܐܬܪ] ܒܕܪ || l. 17, C f. 180 a ܕܐܡ ܐܢܫ] ܐܢܫ ܕܐܡ || l. 19 ܘܡܒܣܡܐ] ܘܡܒܣܡܐ || l. 20 ܘܐܬܒܣܡܘ] ܘܐܬܒܣܡܘ

Page ܡܐ, C agrees with S in notes c, d, e, f, g, i, j, k, l, m, n, o, p, q, r, s, t.

l. 2 ܕܡܫܪܐ] ܕܡܫܪܐ || l. 7 ܘܠܡܬܬܘܬܐ ܒܣܘܥܪܢܐ ܕܡ ܕܐܬܬܟܝܠܘ] ܘܠܡܬܬܟܝܠܘ ||

Page ܟܒ, C agrees with Rel. in notes a, b, d, e, f, j, m, n, o, r, s.

l. 2 ܠܐܢܫ] ܠܟܠ ܒܪ ܐܢܫܐ || l. 3 ܗܡ] ܗܘ || ll. 4, 8 ܐܡܪ] ܐܡܪ || C f. 212 b in marg. ܡܛܠ ܢܓܠܝܬܐ ܘܡܓܠܝܬܐ || l. 10 ܡܓܠܝܢܘܬܐ] ܡܓܠܝܢܘܬܐ || l. 15 ܠܒܪܢܫܐ] ܠܒܪ ܐܢܫܐ || l. 19 ܒܪ ܐܢܫܐ] ܒܪ ܐܢܫܐ

Page ܟܓ, C agrees with Rel. in notes a, c, d, f, g, h, i, k, l, m.

l. 2 ܕܒܪܢܫܐ] ܕܒܪ ܐܢܫܐ || l. 3 ܐܡܪ] ܐܡܪ || C f. 213 a, note c ܥܒܕܘܬܐ] ܥܒܕܘܬܐ || ܚܒܪܐ] ܚܒܪܐ || l. 6 ܐܡܪ] ܐܡܪ || note d, l. 1 om. (ܐܝܟ ܕܐܡܪ ܡܫܝܚܐ m. p.) || ܡܛܠ] ܡܛܠܗܕܐ || l. 2 om. (gl. ܐܘܣܝܐ m. p.) || l. 3 ܘܡܫܝܚܐ] ܘܡܫܝܚܐ || l. 4 ܗܘ] ܗܘܝܘ || C in marg. ܡܛܠ ܕܡܠܬܐ || l. 11 ܐܡܪ] ܐܡܪ || ll. 12, 14 om. ܬܘܒ || l. 14 ܣܬܪܢܝܐ] ܣܬܪܢܝܐ || l. 15 ܘܐܦܠܐ] ܘܐܦ || om. ܟܠܗܘܢ || l. 17 om. ܐܠܐ

Page ܟܕ, C agrees with Rel. in notes b, c, d, e, f, g, h, i, j, k, l, m, n.

l. 1 om. ܐܢܬ[2] || l. 2 ܬܬܝܗܒ] ܬܬܝܗܒ || l. 5, C f. 213 b ܐܡܪ ܐܬܐܡܪܐ] ܐܬܐܡܪܐ ܐܡܪ ||
C in marg. ܘܬܬܦܪܣܐ ܘܬܬܝܗܒ ܘܡܥܕܐ ܕܒܪܢܫܐ ܐܢܫܐ ܗܘ ܕܗܘ ܕܗܘܐ ||
l. 14 ܣܢ ܐܢܬ] ܐܢܬ ܣܢ || l. 17 ܦܐܪܘܗܝ] ܦܐܪܐ ܕܒܪܢܫܐ ||
l. 19, C f. 214 a ܬܬܝܗܒ] ܬܬܐܡܪ || l. 20 ܚܝܐ] ܚܝܐ ܣܓܝܐ ܡܥܡܕ ||
ܠܡܠܟܘܬܐ] ܠܡܠܟܘܬܐ

Page ܟܗ, C agrees with Rel. in notes a, c, d, h, j, m, n.

l. 4 ܕܬܬܝܗܒ] ܕܬܬܐܡܪ || ܦܫܩ] ܦܫܩ || l. 10 om. ܐܡܪ || l. 17, C f. 214 b ܘܐܦܠܐ] ܐܦܠܐ

CHAPTER IV.

From p. ܠܒ, l. 11 ܡܛܠ to p. ܠܓ, l. 2 ..ܡܢܬܐ

Page ܠܒ, C agrees with S in notes g, h, i, j.

ll. 11–13, C f. 175 b ܡܛܠ] ......ܕܡܫܪܘܗܝ ܡܛܠ ܕܡܢܬܐ ܕܐܘܣܝܐ ||
l. 13 ܐܘܣܝܐ] ܐܘܣܝܐ ܕܝܢ ܐܘܣܝܐ || l. 17 ܗܘܟܢܐ] ܗܟܢܐ ||
om. ܬܘܒܐ || l. 21 om. ܕܗܢܐ......ܫܠܡܘܢ

Page ܠܓ, C agrees with S in notes b, c, d, e, g, j, k, l, n, o, p, r, s, t, u, v.

l. 1 om. ܗܟܢܐ || l. 5 ܢܬܒܥܘܢ] + ܕܝܢ ܗܟܢ ܬܘ || l. 7 om. ܗܘ || l. 9, C f. 176 a ܡܠܟܘܬܐ] ܡܠܟܘܬܐ ܥܠܝܗܘܢ || l. 13 ܡܡܠܠܝܢ] ܡܡܠܠܝܢ ||
l. 18 ܕܬܠܡܝܕܘܗܝ] ܬܠܡܝܕܘܗܝ || l. 19 ܕܐܡܪ] ܐܡܪ

CHAPTER III.

From p. ܟܒ, l. 3 ܟܠܥܘܒܘܬܐ to l. 16 ܠܟ̈ܬܬܐ

Page ܟܒ, C agrees with S in notes b, c.

ll. 3, 7, C f. 174 a om. ܕܠܚ̈ܕܢܝܗܘܢ......ܚ̈ܕܢܝܗܘܢ || l. 7 ܠܚܕܚܠܗ] ܠܚܕܢܗ || l. 11 ܫ̈ܬܠܐ] ܫܬܠܐ || om. ܘ ܣܟܐ || l. 13 ܘܠܗ] ܕܠܗ

From p. ܟܕ, l. 15 ܐܝܬܘܬܐ to p. ܟܗ, l. 20 ܕܦܬܬܐ

Page ܟܕ, C agrees with S in notes r, s, t, u.

l. 17, C f. 174 b ܘܬܬܥܒܕܘܢ] ܘܬܬܥܒܕܝܢ

Page ܟܗ, C agrees with S in notes a, c, d, g, h, j, l.

l. 2 ܐܝܬܝ] + ܗܠܝܢ || l. 4 ܕܐܠܒܠܘܬܐ] ܕܐܘܣܝܘܬܐ || l. 7 ܐܝܬܝ] ܐܝܬ || ܕܐܠܗܐܟܝܘܬܐ] ܕܐܠܗܐܟܘܬܐ || l. 8 ܒܝܠܝܬܝ] ܒܝܠܝܬ || ܕܢܚ̈ܝܒܝܢ] B ܕܢܚ̈ܝܒܝܢ || ܬܒܝܠܝܢ] B ܕܬܝܠܝܢ || l. 9 ܐܘܒܕܬܝ] ܘܐܘܒܕܬܝ || l. 14 ܢܥ̈ܝܬܘܗܝ] ܢܥ̈ܝܬܐ || l. 15 om. ܟܠ || l. 16, C f. 175 a ܠܗܘܢ] ܠܗܝܢ || l. 17 ܥܘܦܪܐ] ܠܐܬ̈ܘܬܐ ܫܘܦܪܐ ܠܐܬ̈ܘܬܐ

From p. ܟܘ, l. 7 ܚܙܝܢ to p. ܟܙ, l. 4 ܕܡܢܟܝܢܘܬܐ

Page ܟܘ, C agrees with S in notes b, c, d.

l. 7, C f. 175 a om. ܠܟ || l. 12 ܟܠܡܕܥܡ] ܘܠܡܕܥܡ || ll. 15–17 om. ܟܕ......ܬܘܦܣܐ || ll. 18, 19 om. ܟܬܘܒܬܐ...ܢܡܘܣܐ || l. 19 ܠܟܠܐܢܫ] ܠܟܠܢ || l. 19—p. ܟܙ, l. 2 om. ܟܟܠܐܢܫ...ܠܝܬ ܐܢܫ

Page ܟܙ, l. 15 ܘܐܬܠܝܢ] B ܘܬܠܝܢ

From p. ܟܐ, l. 1 ܡܘܢܝܢ ܐܚܪ̈ܢܐ to p. ܠܗ, l. 17 ܕܡܝܬܝܢ

Page ܟܐ, C agrees with Rel. in notes a, b, c, e, f, h, i, j.

l. 1, C f. 211 b, l. 4 + ܟܬܒܐ ܕܬܠܬܐ ܕܗܠܝܢ ܕܦܠܚܝܢ || ܐܚܪ̈ܢܐ] ܐܚܪܢܐ || l. 2 ܠܐ] ܕܠܐ || l. 3 ܕܐܚܪ̈ܢܐ] ܕܐܚܪܢܐ || l. 5 ܐܚܪ̈ܢܐ] ܐܚܪܢܐ || l. 6 ܬܬ̈ܝܬܝܢ] + ܗܠܝܢ || l. 7 ܡܫܡܫܢܘܬܐ ܕܬܝܒܘܬܐ] ܡܫܡܫܢܘܬ ܕܬܐܡܢ || l. 8 ܘܬܬܥܒܕܘܢ] ܘܬܬܥܒܕܘܢ || l. 9 ܬܪ̈ܝܢ] ܡܫܡܫܢܐ || ll. 9, 10 om. ܕܬܪܝܢ...ܬܪ̈ܝܢ || l. 11 ܐܚܪ̈ܢܐ] ܐܚܪܢܐ || l. 12 ܠܐܢܫ̈ܐ] ܠܐܢܫܐ || l. 14, C f. 212 a ܐܚܪ̈ܢܐ] ܐܚܪܢܐ || l. 16 ܒܣܟܠܐ] ܒܣܟܠܐ || l. 17 ܬܪܝܢ] ܬܪ̈ܝܢ || l. 19 ܬܐܠܦ] ܬܬܐܠܦ || l. 22 ܠܐ ܬܗܘܐ] ܘܐܟܠܐ

CHAPTER II.

Page ܕ, ܗ C f. 171 b ܟܠܗ......ܐܬܘܬܐ] ܡܢ ܕܡܫܡܠܝܐ ܕܬܠܝܬܝܐ ܟܠܝܠܘܬܐ ܕܠܘܬ ܚܕܪܐ

From p. ܗ, l. 2 ܢܣܒܪ̈ to p. ܙ, l. 14 ܕܫܠܡ

Page ܗ, C agrees with S in notes b, d, g, h, j, k, l.

l. 4 ܘܬܘܡܐ ܐܢܫܗ ܡܫܝܚܐ] ܘܡܘܬ ܡܫܝܚܐ ܐܢܫܗ || l. 9 ܕܐܝܬܘܗܝ] ܘܐܝܬܘܗܝ || l. 11 ܬܬܒܥܪ̈] ܬܬܒܥܐ || ܠܐܟܣܢܝܘܬܐ] B ܠܟܣܢܝܘܬܐ || l. 13 ܕܬܬܦܫ] ܕܬܬ(ܬ)ܦܫ the third ܬ by a later hand (B ܕܬܬܦܫܘܢ) || l. 15 om. ܗܘܐ

Page ܘ, C f. 172 b, C agrees with S in notes a, b, c, d, e, f, g, h, i, j, m, o, p.

l. 1 ܡܟܬܒܢ] ܡܬܟܬܒܢ || Note a ܕܗܘܝ] ܗܘܝ || ܒܡܫܚܐ] ܒܡܫܚܢ || l. 5 ܕܒܢܝܢ] ܕܒܢܝܐ || l. 7 ܐܝܬ] + ܠܗ || l. 11 C f. 172 b ܒܪ̈ܟܠܝܢ] ܒܪܟܠܝܢ || ܘܐܬܐܡܪ] ܬܐܡܪܝܢ || l. 12 ܒܪ̈ܫܢܬܐ] ܒܫܢ̈ܝܬܐ || l. 18 ܬܒܥܠ[1]] ܬܒܥܠ || l. 19 om. ܡܛܠ || l. 23 om. ܡܢ

Page ܙ, C agrees with S in notes a, b, c, d, e, f.

l. 9, C f. 173 a ܐܢܫ] + ܟܢ || l. 12 om. ܠܗ

From p. ܚ, l. 4 ܒܪܘܟ to p. ܛ, l. 8 ܡܬܢܨܒܝܢ

Page ܚ, C agrees with S in notes d, f, g, h, i, k.

l. 5 ܕܟܠܗܘܢ] ܟܠܗܘܢ || l. 10 ܟܠܗܘܢ] ܟܠܗܝܢ || l. 11 ܟܠܗ ܢܦܫܬܐ] ܕܡܢܝܢܦܫܬܐ ܕܒܢܝܐ ܗܘ ܢܦܫܬܐ || l. 17, C f. 173 b ܘܡܢ] ܡܢ || B om. ܟܠܗ || om. ܠܗܘܢ || l. 22 ܕܬܘ] ܬܘ

Page ܛ, C agrees with S in note b.

l. 2 ܡܫܝܚܐ] ܡܫܝܚܐܝܬ || l. 3 ܕܗܝ] ܗܠܝܢ || l. 12 ܘܬܬܚܙܪ ܕܬܬܓܠܝܢ] B ܘܬܫܬܚܙܪ ܕܬܬܓܠܝܢ || l. 13 ܘܬܐܒܝܫܐ] B ܘܬܒܝܫܐ || l. 17 ܘܨܒܘܬ] B ܘܨܒܘ

From p. ܛ, l. 12 ܘܦܘܩܢ to l. 20 ܕܒܥܘܬܗ

Page ܛ, C agrees with S in notes j, k, l, n, o.

l. 17, C f. 174 a om. ܐܢܘܢ[1] || l. 18 ܐܦ ܠܡܫܡܠܝܘܬܐ] ܘܡܫܡܠܝܘܬܐ || l. 19 ܒܡܫܚܢ] ܢܡܫܚܢ

Page ܝ, l. 7 ܕܒܢ̈ܝܐ] B ܕܒܢܝܐ

LIST OF PASSAGES IN CAMBRIDGE CODEX No. 2023 WITH NOTES OF COLLATION WITH COD. HARRIS

and also some variants in Cod. Borgia.

CHAPTER I.

From p. ܒ, note a to p. ܕ, l. 19 ܢܗܘܐ

Page ܒ, C agrees with S in notes a, c. || om. ܟܠܗ .... ܘܡܒܝܢܐ

Note a ܕܐܣܛܘܟܣܝܐ] ܡܢ ܕܐܣܛܘܟܣܝܐ || ܓܫܡܢܝܐ ܘܡܬܠܒܟܢܐ ܡܕܒܩܢܐ] ܓܫܡܢܝܐ ܘܡܬܠܒܟܢܐ ܡܬܪܓܫܢܐ || note a, l. 8 ܕܐܟܝܦ] B ܐܟܝܦ || text ll. 10, 11 om. ܟܠܗ.....ܕܟܒܬ

Note c, l. 1 ܡܬܘܠܕܢܐ] ܡܐܬܘܠܝܢ || l. 2 ܕܡܗܝܡܢܘܬܗܘܢ] ܕܡܗܝܡܢܘܬܗܝܢ *sic* || l. 3 ܕܠܚܠܡ] ܕܠܟܠ || l. 6 ܦܐܪܘܣܝܐ] ܦܐܪܪܘܣܝܐ || ܢܘܬܪܬܐ] ܢܘܪܬܐ || l. 7 (ܘ)ܣܚܝܦܗ] ܘܣܚܝܦܗ || ܕܐܣܛܘܟܣܝܐ] ܕܕܐܣܛܘܟܣܝܐ || l. 8 ܒܣܘܣܝܗ] ܒܣܘܣܝܘܗܝ || l. 9 ܠܡܬܦܣܡܘܗܝ] ܠܒܣܘܣܝܘܗܝ || l. 10 ܕܐܬܦܬܟܪܘܢ] ܕܬܦܬܟܪܘܢ || l. 11 ܟܘܠܐ] ܟܘܬܐ *sic* || C f. 169 b ܘܡܣܘܒܠܐ] ܘܡܣܘܒܠܝܐ

Page ܓ, C ff. 169 b, 170 a, C agrees with S in notes a, b, c, d, g, h, i, j, k, l, m, p, t, u, v, x.

l. 1 ܘܡܒܐܢܫܘܬܐ] ܘܡܐܒܢܫܘܬܐ the ܒ being inserted above the word || ܬܐܪܓܘܢ] ܬܐܪܓ || l. 2 ܬܐܪܓ] ܬܪܓ || l. 4 ܐܦܠܐ] ܘܐܦܠܐ || l. 6 ܒܠܚܒܘܬܐ] ܒܠܐܒܘܬܐ || l. 7 ܒܪܡ] ܒܠ || ܕܦܪ̈ܐ] ܕܦܪ̈ܐ || l. 10 ܕܠܐ] ܠܐ || l. 15 C f. 170 a ܘܬܘܒ] + ܗܘ || l. 16 ܠܐ] ܘܠܐ || ll. 17, 18 ܐܝܟ ܕܡܘܬܐ] ܘܕܡܘܬܐ

Page ܕ, C agrees with S in notes a, b, c, h, i, j.

l. 2 ܐܢܫܝܐ] ܐܢ̈ܫܝܐ || ll. 5, 6 om. ܠܐ ܓܒܪܐ.....ܕܐܢ̈ܫܝܐ || l. 7 ܕܬܘܓܠܝܐ] + ܘܕܬܘܓܠܪ || l. 10 om. ܐܦ || l. 15 ܕܡܟܐܒ] ܕܡܟܐܒ || l. 16 ܐܡܪܝ] ܐܡܪ

ܥܒܕܐ ܐ̈ܢܫ ܕܠܒܫܐ ܢܦܫ ܡܬܒܣܡܢܘܬܐ ܦܬܓܡܘ ܐܡܪ ܠܗ ܡܛܠ [a]ܗܠܝܢ
ܟܠܗܝܢ[a] ܕܟܬܒܬ ܘܫܡܥܬ. ܘܡܚܠܝܢ[b] ܒܗܕܐ ܠܡܪܟܐ: ܡܛܠ ܕܝܢ ܡܘܪܕܝܢܐ[c] ܕܦܬܓܡܐ
ܘܕܒܪܐ ܫܬܐܝܬ ܢܒܘܕܒ ܚܘܫܒ ܐܡܪ ܠܐܟܠܘܬܢ ܠܟܘܢ ܐܢܫ. ܕܒܗ ܥܒܕ
ܡܠܟܝܢ ܠܫܢܐ ܘܚܡܬܐ. ܘܟܕ ܐܢܘܢ ܒܗ ܐܚܪܢ. ܕܗܢܐ ܐܝܬܘܗܝ ܦܚܪܝ
ܘܕܡܪ: ܕܠܐ ܐܟܘ ܠܗܠܝܢ ܕܢܘܡܘܣܐ[d] ܒܒܝܬ ܡܪܢܬܐ ܐܡܪܬ ܡܛܠ ܡܪܝܡ
ܕܝܬܝܪ ܕܒܫܪܬ ܬܫܒ ܥܠܝ ܦܪܝܫܐܝܬ ܡܪܝܡ ܐܡܪܬ ܕܠܗ[e] ܡܫܝܚ ܒܫܪܬ.
ܐܠܐ ܠܬܠܡܝܕܘܗܝ ܕܐܪܐ ܐܬܚܙܝܬ ܘܐܬܦܪܫܬ. ܘܡܝܬܘܬܢ[f] ܒܪ ܕܥܡܪ ܐܡܪ
ܠܝ ܐܡܪܬܝ ܕܐܠܦ ܩܘܡܐ. ܕܗܘ ܕܡܬܝܠܕ ܒܗ ܗܘ ܕܫܠܝܛ ܢܬܦܪܥ ܀ ܒܐܦܐ
ܐܡܪ ܙܗܝ ܕܢܬܚܡܕ ܠܗ ܫܝܢܘܬܐ. ܡܛܠ ܕܠܫܢܐ ܠܐ ܙܗܝ ܕܢܬܦܪܥ ܒܗ[g] ܟܠܝܢ
ܡ̈ܫܡܗܝ. ܐܠܐ ܒܗ ܟܡܫܝܢ ܡ̈ܢܝܢܝܢ ܡܫܘܕܥ ܐܡܪ ܐܢܫܝܢܐ ܗܘܝܠ ܟܪܝܗ
ܕܡܛܠ ܢܫܐ ܢܬܝܚ ܬܫܡܫܬܐ. [h]ܐܠܐ ܐܦ ܒܠܝܗ ܬܫܡܫܬܐ[h] ܡܕܡ
ܕܝܫܠ ܘܠܒܪܝ̈ܢ[i] ܠܗܠܝܢ ܕܡܬܝܒܝܢ ܒܠܝܒܘܬܗܘܢ[j] ܐܡܪ ܗܫܐ[k] ܐܢܫ ܗܕܐ[l] ܐܡܪܝܢ
ܠܟܘܢ. ܡܛܠ ܕܡܬܬܦܝܣ ܒܡܫܒܚܬܐ. ܕܗܘ ܕܐܡܪܬ ܒܒܪܐ ܝܬܝܪܐ. [m]ܡܫܒܚܬܐ
ܝܬܝܪܬܐ[m] ܗܘ ܠܗ ܦܐܐܡ ܘܐܬܝܠܕ. ܗܘ[n] ܒܪ ܕܦܐܐܡ ܠܗ ܡܫܒܚܬܐ[o] ܒܟܠܒܘܬܐ
ܦܟܠܐ ܒܬܒܝܬܐ ܢܬܝܫܒ ܠܗܘ ܐܠܗܐ ܀ ܦܬܓܡܘ ܐܡܪ ܗܠܝܢ ܐܢܫ. [p]ܠܗܬܪܟ
ܟܬܒ[p] ܕܐܝܬ ܠܝ ܥܘܬܕܢܐ ܒܠ ܐܢܫ ܡܢ ܐܝܢܐ[q] ܦܫܝܩܢ. ܐܠܐ ܒܗ ܦܘܫܩܢܐ
ܐܝܬ ܠܝ ܕܝܢ ܠܗܘ ܡܕܢܚܐ[r] ܕܢܚܐ. ܕܡܬܝܩܢ ܠܟܘܢ ܕܬܬܝܕܥܘܢ ܦܘܫܩܢܐ ܒܗ
ܠܐ ܡܕܡ ܡܬܒܩܐ ܕܡܬܩܢ ܐܘ ܕܡܬܡܟܢ[s] ܐܢܬܘܢ. ܒܥܕܢܗ ܕܕܢܚܐ
ܡܩܕܡ ܡܬܒܢܐ. ܕܠܗ ܫܘܒܚܐ ܠܥܠܡ ܥܠܡܝܢ ܐܡܝܢ.
[t]ܫܠܡܬ ܡܠܦܢܘܬܐ ܕܐܬܪܟܢܫ ܫܠܝܚܐ ܡܢܝܚܐ ܒܐܝܕܝܐ ܒܠܗܘܢ ܒܒܗܕܐ
ܕܡܥܒܕܢܐ ܡܫܒܚܐ ܘܐܬܪܓܫܬܐ ܒܪ ܠܒܪܢܗ ܡܦܪܫܐ ܕܝܢ ܫܪܪܬܐ ܕܒܢܬ
ܢܦܫ ܕܝܢ ܡܫܝܚܐ ܕܝܡܝܢܐ ܕܐܝܬܘܬܐ. ܕܐܝܬܘܗܝ ܒܠ ܒܢܝ ܕܝܪܐ ܕܒܘܪܟܬܐ
ܕܗܘ ܒܪܘܫܐ ܕܦܘܠܘܣܐ ܡܢ ܡܕܪܢܐ. ܒܢܝ ܡܪܝܡ ܡܕܒܪܢܘܬܐ ܘܕܝܪܐ ܒܥܒܕܐ
ܥܒܕ ܐܒܘܗ ܝܡ ܘܒܪ̈ܝ ܝܘ ܐ ܒܟܘܡܝ ܢܝܫܐ ܘܠܡܕܘܡܝܐ ܒܠܡ ܝ̈ܘܡܬܗ
ܠܥܠܡܝܢ[t]

a ܒܠܗܘܢ ܗܠܝܢ b ܡܚܠܝܢ c ܡܘܪܕܝܢܐ d ܕܢܘܡܘܣܐ e ܠܗ
f ܢܕܝܢ ܐܝܬܘܗܝ g ܒܪ h om. i ܘܠܒܪ̈ܝܢ j ܒܠܝܒܘܬܗܘܢ k ܗܕܐ
l ܗܐ m ܡܫܒܚܬܐ ܝܬܝܪܬܐ n ܗܢ o ܡܫܒܚܬܐ p ܠܗ ܐܡܪܝܢ
q ܐܝܢܐ r om. ܡܕܢܚܐ s ܕܡܬܡܟܢ
t ܫܠܡ ܒܬܘܒܐ ܕܝܠ ܕܫܠܝܚܐ ܡܠܦܢܘܬܐ ܕܐܕܝ ܫܠܝܚܐ

ܠܫܠܝܚܐ ܕܝܢ ܡܬܒܣܡܝܢ. ܠܫܠܝܛܐ[a] ܕܝܢ [b]ܗܘ ܐܚܝܕ ܕܒܝܫܘܬܐ ܡܫܬܠܛܝܢ[b]. ܠܫܠܝܛܐ ܕܝܢ
ܕܡܫܬܠܛܢܐܝܬ ܐܝܟ[c] ܡܠܟܘܬܐ ܘܡܫܬܥܒܕܝܢ[d] ܠܒܪ. ܗܢܐ ܢܕܥܝܢ ܕܫܠܝܚܐ ܕܐܬܦܪܫܘ
ܫܪܝܐ ܘܡܬܡܛܝܢܐ ܘܡܬܪܕܝܢܐ ܠܡܫܠܡ ܡܥܒܕܢܐ ܡܬܦܪܣܝܢ[e] ܡܬܡܠܟܐܝܬ ܒܐܪܥܐ
ܐܝܟ ܐܪܕܟܠܐ ܚܟܝܡܐ ܕܒܢܐ ܒܢܝܢܐ ܕܡܬܟܬܒܝܢ ܬܪܬܝܢ. ܬܪܬܝܢ ܕܝܢ ܕܡܬܝܕܥܢ ܒܡܠܬܐ ܡܛܠ
ܕܠܗܘܢ ܫܠܘܚܐ ܕܐܬܩܪܝܘ ܒܝܫܘܥܐ. ܘܠܗܘܢ ܚܠܝܢܐ ܘܡܘܕܥܢܐ. ܡܛܠ
ܗܘ ܕܐܝܬ ܕܐܦ ܫܘܝܐ ܕܝܢ ܕܡܬܝܕܥܢܐ ܠܗܘܢ ܫܠܝܚ[f] ܕܡܬܦܪܫܢܐ ܡܬܬܚܝܢ.
ܡܫܒܪܬ[g] ܬܫܒܘܚܬܐ ܬܪܥܐ ܐܝܬܘܗܝ. ܡܢܬܐ ܕܡܬܕܒܪܐ ܫܠܝܚ ܕܪܘܚ ܠܡܫܝܚܐ.
ܠܐ ܕܪܚܡ ܡܬܪܥܝܐ ܒܢܦܫܐ. ܠܐ ܕܡܢܐ ܡܬܟܐ ܡܬܚܝܢ. ܐܢܫܐ
ܕܡܬܪܥܝܢ ܕܡܬܬܚܝܢ[h] ܠܗܘܢ ܬܫܒܘܚܬܐ ܠܬܠܡܝܕܐ[i] ܕܫܠܝܚܐ ܕܐܬܩܪܝܘ. ܘܐܦ
ܐܢܫ ܠܘܬܗ ܕܡܢܬܐ ܛܒܬܐ ܐܚܪܢܐ ܢܦܩܘ. ܕܐܝܟ[j] ܡܢ ܫܠܝܚ ܡܬܚܝܢܬܐ
ܛܒܬܐ ܡܬܚܝܢܬܐ ܡܫܒܪܐ[k] ܐܬܬܚܝܢ. ܐܢܬܘܢ[l] ܐܝܟ ܡܬܚܫܚܢܐ ܦܠܚܐ
ܕܢܦܫܐ ܛܒܬܐ ܚܠܠܐ ܘܒܐܢܬܬܐ ܒܟܠ ܕܘܟ ܡܬܚܝܢ. ܕܒܠܐ[m] ܡܢ
ܡܫܡܫܢܐ ܡܬܬܚܝܢ. ܘܠܐ ܬܐܘܐ ܕܬܠܡܝܕܐ ܢܦܩܝܢ ܡܬܬܚܝܢ[n] ܠܗܘ ܕܐܠܗܐ.
ܘܡܢ ܕܒܪܬܐ ܠܐ ܢܬܪܘܢ ܠܗ. ܢܐܠܦܘܢ ܕܝܢ ܠܫܠܝܚܐ ܕܡܬܟܫܝܢ ܕܢܬܬܚܝܢ
ܠܗܘܢ ܡܬܚܬܐ ܒܟܬܒܐ ܛܒܬܐ. ܗܕܐ ܦܩܕܝܢ ܫܪܝܢ ܒܡܠܟܐ ܕܫܠܝܚ. ܕܬܬܬܚܝܢ Matt. xxv. 35
ܕܟܦܢ ܐܢܐ ܘܠܐ ܐܘܟܠܬܘܢܢܝ. ܐܝܟ ܡܢ ܕܡܫܒܚܐܝܬ ܘܠܐ ܒܠܒܘܫ ܡܫܦܥܘ[o].
ܕܒܝܬܐ ܢܘܟܪܝܐ[p] ܩܒܠܘܢ ܠܗܘܢ ܡܟܢܫܝܢ[q] ܦܠܚܦܘܗ[r] ܐܝܟ ܒܠܚܘܕܐ ܠܦܘܩܕܢܐ[s]
ܒܠܚܘܕ ܡܬܬܚܝܢ. ܗܕܐ ܡܫܬܡܠܝܢ ܠܫܠܝܚܐ ܕܠܗܘܢ ܡܢܗܝܢ ܕܬܐܡܪܝܢ ܦܠܚ
ܒܦܘܠܚܢܗ ܢܦܩ ܠܡܪܝܐ. ܗܕܐ ܠܐ ܡܬܝܕܥ ܒܡܠܟܘܬܐ ܠܫܡܝܐ ܡܛܠ ܫܠܝܚ
ܕܐܬܬܦܫܩ[t]. ܦܠܚ ܒܗܘ ܡܢܐ ܕܐܬܦܪܫ ܒܗ ܡܢ ܐܠܗܐ. ܐܢܫܐ ܠܪܘܚܐ
ܕܐܢܫܐ ܠܐ ܢܬܚܝܢܘܢ[u]. ܐܝܟܢܐ ܡܢ ܫܠܝܚ ܬܠܡܝܕܐ[1]. ܠܒܪ[v] ܡܢ ܗܘ ܡܢܐ
ܕܐܬܦܠܚܘ ܠܗܘܢ. ܠܐ ܡܬܩܢ ܐܢܫܝܢ[w] ܦܩܕܝܢ ܐܢܬܘܢ[x] ܐܝܟ ܡܫܒ

---

[a] ܒܫܠܝܛ [b] ܦܠܐܚ ܘܪܥܝܢ [c] om. ܐܝܟ [d] ܡܫܬܥܒܕܝܢ [e] ܦܬܪܝܢ
[f] ܫܠܝܚ [g] ܡܫܒܪ [h] ܕܡܬܬܚܝܢ [i] ܠܬܠܡܝܕܐ [j] ܐܝܟ [k] ܕܡܬܪܐ
[l] ܐܢܬܘܢ [m] ܒܗ ܠܐ [n] ܘܡܬܬܚܝܢ [o] ܡܫܦܥܘ [p] ܢܘܟܪܝܐ
[q] ܦܠܚܘ [r] ܦܠܠܚܦܘܗ [s] ܠܦܘܩܕܢܐ [t] ܕܐܬܬܦܫܩ [u] ܢܬܚܝܢ
[v] ܒܒܪ *sic* [w] om. ܐܢܫܝܢ [x] ܐܢܬܘܢ

---

[1] Cod. ܬܠܡܝܕܐ

ܡܫܡܫܢܐ ܢܗܘܐ ܒܗ ܠܡܣܒܪ ܢܠܦܝܢ. ܕܟܠܗ ܫܘܒܚܐ ܢܬܕܟܪܘܢ. ܟܠ ܕܝܢ
ܐܝܟ ܒܗ ܕܬܬܬܐ ܢܘܗܪܢܝܬܐ[a] ܢܗܪܐ ܦܬܓܡܐ ܒܗ ܫܪܐ ܕܬܪܬܝܢ ܗܘܝܢ
ܕܡܕܡܕܡܢܐ. ܠܗܘ [b]ܕܐܝܟ ܡܫܝܚܐ[b] ܕܡܢ ܬܪܒܝܬܐ ܫܘܒܚܐ. ܗܘ ܗܢܐ ܕܫܘܪܐ
ܢܗܘܐ ܐܢܫܢܐ ܕܐܝܟ ܗܘܢ ܕܫܪܟܐ ܢܗܘܘܢ ܐܝܬ ܠܗܘܢ ܕܝܠܬܐ.
ܕܠܒܐ ܕܒܗ[c] ܒܐܦܐ [d]ܕܝܫ ܝܫ[d] ܢܗܘܘܢ. ܘܡܢ[e] ܒܡܫܡܠܝܐ ܘܡܘܠܕܐ ܬܪܒܐ
ܒܫܬܐ ܘܬܐܝܫܪ[f] ܢܘܡܐ[1] ܐܝܟ ܠܗܝܬܐ. ܘܟܠܗܘܢ ܒܬܪܗܘܢ

p. ܡܗ from line 18. l. 18 ܡܐܬܐ] ܒܡܘܬܐ M ‖ om. ܦܐܪܐ ܒܐܦܝ M ‖
l. 19 ܠܒܫܐ] ܠܒܫܐ ‖ ܒܫܒܚܬܐ] ܡܫܒܚܬܐ (M ܒܫܒܚܬܐ) ‖
l. 21 ܒܬܪܐܢܐ] ܒܬܪܢܐ M ‖ ܗܘ] ܗܘܐ (M ܢܗܘܐ) ‖
p. ܡܘ, l. 1 ܐܘܟܠܐ ܕܝܢ ܠܬܫܒܘܚܬܐ] (M ܠܬܫܒܘܚܬܐ) ܬܫܒܘܚܬܐ ܐܘܟܠܝܢ M ‖
ܗܘ (ܗܢ M) ܒܪ ܕܟܠܐ (ܕܢܒܠܐ M) + (ܕܐܘܢܓܠܝܘܢܐ M) [ܕܐܘܢܓܠܝܘܢܐ
ܠܐܪܢܐ ܕܗܘ ܕܠܐ ܡܫܬܡܠܐ M ‖

ܡܬܠ ܐܝܟ ܡܫܬܡܫܢܐ ܢܗܘܘܢ ܬܠܬܐ. ܡܬܝܒ ܒܪܐ ܕܝܢ[g] ܒܗܘ ܬܪܝܢ
ܐܘ ܬܠܬܐ ܬܫܒܘܚ[h] ܟܠ ܕܠܐ[i] ܕܒܪܢܐ. ܢܗܘܘܢ ܒܪܐ[j] ܕܒܝܢ ܒܟܠܗ
ܬܫܒܘܚܬܗܘܢ[k] ܕܫܡܫܬܗܘܢ[l] ܡܢ[m] ܢܘܗܪܐ ܘܡܢ ܒܝܫܐ. ܕܐܝܬܝܗܘܢ ܕܠܐ[n]
ܙܘܓܐ. ܘܕܢܚܘܘܢ[o] ܒܢܝܐ ܢܒܥܐ ܢܗܝܪܐ ܫܪܝܪܐ. ܠܐ ܡܬܦܠܓܐ[2]. ܠܐ ܬܪܝܢ
ܠܒܫܐ. ܠܐ ܦܬܓܡܐ. ܦܘܡܐ ܒܪ ܦܘܡܐ ܠܡܒܪܐ ܫܒܚܐ. ܠܐ[p] ܢܩܒܠ
ܒܐܦܐ ܕܬܫܪܐ ܘܐܦܠܐ[q] ܦܬܓܡ ܠܡܩܒܠܐ. ܐܦܠܐ ܒܫܒܪܐ ܡܚܝܠܐ
ܕܬܫܒܚܢ. ܕܡܢ ܒܡܠܠ ܘܡܫܝܚܝܢ[r] ܒܦܬܓܡܐ ܒܦܘܡܐ ܘܠܫܢܐ[s]. ܡܫܬܦܠܐ
ܕܦܬܓܡܢ[t] ܘܐܦܠܝܢ ܠܗܘܢ ܕܐܝܬ ܠܗܘܢ ܡܢ ܐܢܫܐ. ܕܒܥܠܡ ܐܢܫܘܬܗܘܢ
ܠܒܬܠ. ܘܐܦ ܗܢܘܢ ܢܗܘܘܢ ܐܝܬܝܗܘܢ ܫܒܝܚܝ ܒܗܘܡܠܐ ܡܫܬܒܚܢܐ
ܕܒܟܠܗ ܐܢܫܐ ܘܡܘܕܐ[u] ܘܕܝܠܬܐ ܕܬܫܒܚܢ ܡܢ ܒܪܝܐ. ܕܝܢ ܒܥܐܝܬ
ܫܪܝܪ ܒܗܘܢ[v] ܕܠܐ ܦܬܓܡܐ ܐܝܬ ܒܡܠܟܝܢ. ܒܗ ܠܦܠܛ ܦܪ ܦܪܬܝܢ[3].

[a] ܡܢܗܪܢܝܬܐ [b] ܕܕܐܝܟ ܗܢܐ [c] ܒܗ [d] ܝܫ ܕܝܫ [e] ܢܘܡܢ
[f] ܘܬܐܝܫܪ [g] ܕܟܠ [h] ܡܫܒܚܝܢ ܬܫܒܘܚܢ [i] ܡܠܬܐ [j] ܕܝܢ
[k] ܬܫܒܘܚܬܐ [l] + ܕܝܢ [m] ܟܠܗ [n] ܠܫܘܕܝܢ [o] ܕܪܚܝܘ [p] ܕܠܐ
[q] ܐܦܠܐ [r] ܘܡܫܝܚܝܢ [s] ܘܠܫܢܐ [t] ܕܦܬܓܡܢ [u] ܡܘܕܐ [v] ܒܗܠܝܢ

[1] Cod. ܢܘܡܐ [2] Cod. ܡܬܦܠܓܐ [3] Cod. ܡܬܪܝܢ

ܠܐ ܚܠܘܒܐ ܐܘ ܡܣܪܚܢܐ. ܐܦ ܢܣܒ ܒܐܦܐ. ܘܫܠܝܡ ܕܠܫܠܝܡ ܕܟܐܢ.
ܫܦܝܪܐ ܡܢ ܐܢܗܘ ܕܐܝܬܘܗܝ ܕܠܐ ܐܝܬܘܬܐ. ܘܐܠܗܝܢ ܠܐ. ܕܝܢ ܚܕܐ
ܐܝܬܘܬܐ ܕܡܫܘܬܦ ܒܡܕܪܘܬܐ. ܕܝܕܥܝܢ ܕܢܫܡܫ ܒܛܒܬܐ. ܐܠܐ ܐܢ ܕܠܐ
ܢܗܒ ܫܦܝܪܐ ܢܗܘܐ ܐܝܬܘܗܝ ܒܝܫܐ. ܘܡܚܒܒܐ ܢܗܘܐ ܐܝܬܘܗܝ. ܘܚܝܘܒܐ
ܕܠܘܬܗ[a] ܚܠܦ ܛܝܒܘܬܗ. ܕܠܒܟܐ ܡܟܝܠ ܡܕܡ ܒܬܫܡܫܬܗ ܡܢ ܡܫܡܫܢܐ ܢܗܘܐ
ܐܘܣܝܐܝܬܐ ܀ ܢܦܩ ܐܡܪ ܐܘܣܝܐܝܬܐ ܗܘ ܕܝܕܘܥ ܒܗ ܢܗܘܐ ܫܦܝܠܘܬܐ
ܘܙܘܓܐ ܐܠܗܝܐ. ܘܫܠܝܚܐ[b] ܕܡܕܡ ܢܣܒ. ܫܠܝܚܐ ܐܢܫܝܢ ܕܐܢ ܢܓܫܐ ܡܫܝܚܐ
ܬܪܝܢ. ܚܠܦܝܢ ܐܘܣܝܐ ܠܡܫܠܡ[a] ܫܪܐ ܘܐܓܪܐ. ܕܠܐ ܗܘܐ ܬܪܝܢ ܐܠܗܐ
ܬܠܬܐ. ܕܗܘܝܢ[c] ܒܪ ܘܐܪܒܥܐ ܐܝܬܘܬܐ ܡܫܝܚܝܐ. ܬܪܝܢ ܡܢ ܡܚܝܕܐ
ܘܬܪܝܢ ܡܢ ܡܫܠܡܐ ܀ ܢܦܩ ܐܡܪ ܀ ܫܦܝܪ ܒܡܕܡܘܬܐ ܐܢܫ. ܫܠܝܚ ܐܬܐ
ܚܕ ܕܡܢ ܡܚܝܕܐ ܒܗ ܐܬܚܠܠ ܡܢ ܐܪܒܥܐ[d] ܬܠܬܐܐ[1] ܘܚܕ[e] ܐܬܪܐ
ܕܐܬܚܙܝ[e] ܠܬܪܝܢ. ܫܠܝܚ[f] ܕܝܢ ܡܫܠܡܐ. ܠܫܬܐ ܕܐܬܠܐܐ ܐܚܝܕܝܢ.
ܘܗܘ ܗܘܐ[g] ܕܢܗܘܘܢ ܡܫܝܚܐ. ܫܠܝܚ ܕܝܢ ܒܗ ܐܝܬ ܠܗܘܢ ܘܚܕܐ ܕܐܬܦܫܝܩ
ܡܢ ܚܠܦܐ. ܕܚܝܠܐ ܡܕܡ. ܘܫܡܥ ܡܢ ܫܘܬܦܘܬܐ. ܕܪܓܐ[h]. ܫܦܝܪ ܒܡܕܡܘܬܐ
ܕܠܘܬܗ[i] ܐܘܣܝܐ[j]. ܕܐܦܩܐ ܕܐܦܫܪܐ ܠܐ ܢܣܒܝܢ. ܒܬܪ ܐܟܪܐ ܕܐܘܣܝܐܝܬܐ.
ܘܡܫܬܡܠܝܐ ܕܐܘܣܝܐ ܕܐܬܚܠܠܝܢ ܠܒܪܢܫܐ ܕܐܬܝܠܝܕ[2] ܠܘܬ ܚܕܐ ܘܡܬܝܕܥ ܠܗ.
ܡܫܝܚܐ ܫܠܝܚ ܕܝܢ ܡܚܝܕܐ ܠܐܦܝܢ ܕܫܠܝܚ[k] ܕܐܠܗܝܢ ܠܘܬ ܡܕܡܢܐ.
ܐܝܟܢܐ ܕܢܫܪܘܢ. ܘܢܗܘܘܢ ܬܪܝܢ. ܘܦܐܝܢ ܒܗܝ ܕܪܘܚܐ. ܡܫܝܚܐ ܕܝܢ ܫܠܝܚ
ܕܡܢ ܡܫܠܡܐ. ܠܐܦܝܢ ܕܫܘܚܠܦܐ ܕܒܪܢܫܐ. ܐܝܟܢܐ ܕܫܦܝܪ[l] ܫܡܥܐ ܘܕܠܐ

ܐܝܟܢܐ ܕܐܝܬ ܒܪܘܚܐ ܕܡܢܐ ܢܬܚܙܐ. ܐܝܟܢܐ ܕܝܢ ܬܚܡ ܒܗ ܬܠܝܬܝܐ ܒܒܪܐ
ܒܢܝܐ ܘܡܫܝܚܐ ܠܐܬܪܐ ܢܣܒܘܢ ܠܗܘ ܕܐܝܬܘܗܝ ܕܫܠܐ. ܐܠܐ ܐܝܟ ܐܝܬ
ܕܐܝܬ ܠܗ ܠܘܬܐ ܫܦܝܪܐ ܡܢ ܒܒܢܝܐ. ܐܢܫܐ ܕܠܐ ܚܠܦ ܐܝܬܘܗܝ. ܐܠܐ ܠܐ
ܒܪܘܬܐ ܐܝܬܘܗܝ: ܐܠܐ ܚܝܠ ܡܫܡܫܢܐ: ܐܠܐ ܢܣܒܐ. ܐܠܐ ܠܐ ܚܘܝ.
ܠܐ ܚܙܐ

---

[a] ܠܘܬܗ [b] ܕܫܠܝܚܐ [c] ܒܗܘܝܢ [d] ܐܪܒܥ [e] ܠܬܪܝܢܐ. ܕܐܬܚܙܝ
[f] + ܕܝܢ [g] ܗܘܠ [h] ܕܠܘܬܗ ܪ̈ܓܐ [i] ܠܘܬܗ [j] ܐܘܣܝܬܐ [k] ܕܫܠܝܚ
[l] ܕܫܦܝܪ

---

1 Cod. ܬܠܬܐܐ 2 Cod. ܕܐܬܝܠܝܕܢܐ

p. ܠܗ, l. 1 M om. ܘܐܦܝܣܩܘܦܐ || om. ²ܐܢܬ M ||

l. 3 ܘܡܚܒܒܢܘܬܐ ... ܘܐܬܡܫܚܬܘܢ [ܕܝܢ ܒܡܚܒܒܢܘܬܐ. ܐܬܬܡܫܚܬܘܢ ܕܡܫܝܚܐ ܘܡܢ M ||

ܕܓ̈ܒܝܢ [ܕܓܒܝܢ ||

ܡܕܡ l. 5 .... ܕܗܝ l. 4] ÷ ܗ̇ܘܐ ܡܕܡ ܘܠܐ ܐܠܗܐ (M ܠܒܗ ܕܗܝ) ܗ̇ܝ ܕܠܒܗ ||

l. 5 ܐܡܪ ܐܬܐܘܡܐ] ܐܡܪ ܬܐܘܡܐ || ܕܡܬܓܠܐ] + ܠܝ M || l. 6 ܐܒ ܗ̇ܘܐ] ܘܗ̇ܘܐ M ||

l. 7 ܐܚܝܕ] ܬܚܝܕ M || ܕܚܝܠܐ] ܕܚܝܠܝ M || ܐܬܚܡܣܝܢܘܗܝ] ܐܬܚܡܣܢܘܗܝ M ||

l. 8 ܬܫܪܝܘܗܝ] ܘܬܫܪܝܘܗܝ (M ܫܪܝܘܗܝ) || l. 10 ܒܟܠܗܘܢ] ܡܕܡ ܒܟܠ ||

ܠܡܕܝܢܬܐ ܐܦ] ܘܠܡܕܝܢܬܐ M || l. 11 ܬܫܪܝܘܗܝ] ܬܫܪܝܘܗܝ || l. 14 ܕܫܢܝܐ] M ܘܫܢܝܐ ||

l. 15 ܬܚܝܠܬܐ] ܡܬܚܝܠܬܐ || l. 16 ܐܟܪܙܗ] ܠܗ ܐܟܪܙ M ||

l. 17 ܡܕܝܢܬܗ ܕܐܟ̈ܐ] ܦܐ̈ܐܘܗܝ M || ܒܪ ... ܒܫܘܪܐ] (M ܐܡܪ) ܐܡܪ ܐܟܐ ܦܐ M ||

l. 18 ܬܚܒܒ] + ܡܢ M || ܠܡܘܠܝ] M ܠܐܠܝܢ || l. 20 ܫܠܐ ܐܝܟ] ܡܢܚܡ M ||

ܠܥܘ̈ܠܠܝܬܐ] M ܠܥܘܠܠܝܬܐ ||

p. ܠܗ, l. 1 om. ܡܢ M || om. ܡܪܢܐ M || ܒܡܘܬ] ܒܡܘܬܐ ||

l. 2 ܕܟܠܗܘܢ] M ܠܟܠܗ̈ܘܢ || l. 3 ܐܢܫ ܐܘܫܝܐ] ܐܢ || l. 4 om. ܐܒܝܢ ||

ܠܗܘܬ] ܕܝܢ ܠܗܘܬ ܐܝܟ || ܗ̈ܢ] om. ܕܝܢ || l. 5 ܒܐܒܗ̈ܝܢ] M ܐܒܗ̈ܝܢ ||

ܕܫܠܝܚ̈ܝܢ] ܠܐܫܝ̈ܚܝܢ || l. 6 ܠܟܘܬܠ] ܬܬܠ ܒܗ || om. ܘܬܘܕܐ M || ܕܒ] ܟܠ ||

ܐܒܝܬ̄] ܕܐܒܝܬܘܗܝ || l. 8 ܬܬܒܥܘܬܗ] M ܬܬܪܥܘܬܗ ||

ܒܟܠܗܘܢ] ܒܟܠܗܘܢ (M ܟܠ ܐܢ) || l. 9 ܡܫܘ̈ܬܬܐ] ܡܫܘܬܬܐ M ||

l. 10 om. ܕܝܢ M || l. 11 ܐܢ̈ܫ] ܐܢܫ M || om. ܡܕܡ M || ll. 12, 13 ܡܢ ܗ̇ܘ] + ܡܢ ܗ̇ܘ ||

from here defective || l. 14 ܒܝܫܐ] ܒ̈ܝܫܐ || l. 15 om. ܡܢ M ||

ܢܦܫܬܐ] ܢܦ̈ܫܬܐ || l. 17 ܟܠܗܘܢ] M ܟܠܗܘܢ || ܒܚܝܠܗܘܢ] ܡܠܘܢ ||

ܟܬܒܘ[e] ܐܒܘܢ ÷ ܐܝܟ ܗܠܝܢ ܕܐܬܐܡܪ ܡܢܬܘܬܐ ܩܕܝܫ[a] ܐܠܗܐ[a] ܕܐܠܗܐ ܥܠܡܐ

ܠܟܘܢ[b]. ܚܢܢ ܕܝܢ[c] ܗܠܝܢ ܕܐܬܦܩܕܢ. ܢܦܩ ܘܢܠܟ: ܟܠܗܘܢ ܐܒܪܐ[d] ܟܬܒܘ ܢܒܝܐ

ܟܬܒܘ[e] ܐܡܪ ܐܢܫ ܗܘ ܕܣܘܪܝ[f] ܒܫܢܝܐ ܬܫܡܫܐ ܐܬܚܙܝܘܢ[g] ܘܠܗ ܫܒܚ[h]

Cod. M. [a] ܗܠܝܢ ܕܫܪܪܐ [b] ܠܟܘܢ [c] ܚܢܢ [d] ܐܒܪܘ

[e] om. [f] ܕܣܘ̈ܪܝܬ [g] ܐܬܚܙܝܬ

[h] + ܥܠܡ ܥܠܡܝܢ ܐܡܝܢ. ܫܠܡ ܐܓܪܬܐ ܕܬܘܕܝ ܕܐܬܟܬܒܬ ܒܐܘܪܗܝ ܡܕܝܢܬܐ ܠܘܬ ܐܒܓܪ ܡܠܟܐ

ܐܦܝܣܩܘܦܐ ܕܡܕܝܢܬܐ. ܕܒܝܬ ܐܒܓܪ. ܒܝܘܡܬܐ ܗܠܝܢ ܕܡܠܟܘܬ.

l. 6 M om. ܐܠܐ || ܐܝܟܢܐ ܗܘ ܡܫܟܚܐ] ܥܘܫܠܐ ܗܘ M ܐܝܟܢܐ ܗܘ ܥܘܫܠܐ ||
l. 7 ܐܢܘܪܐ] M + ܟܡ || ܡܕܡܕܡ] M ܡܕܡ ܐܢܬ || l. 9 om. ܡܕܡܐ.... ܐܠܐ l. 6 ||
l. 9 ܕܬܬܐܡ] ܗܘ ܕܬܬܐܡ || l. 10 ܠܐܢܫ] ܫܠܡ M || l. 11 ܬܠܬܐ] ܬܠܡ ||
ܗܘ ܗܘ .om || ܗܘ M [ܗܘ || ܠܐܚܪܢܐ M [ܠܐܚܪܢܐ 12 .l || M ܟܠܗܘܢ [ܘܟܠܗܘܢ
l. 14 ܐܡܪ] ܐܡܪ || ܐܚܪܢܐ ܚܙܝ ܐܢܫ̈ܐ] ܟܕ ܬܚܝܬ ܐܠܐ ܘܬܘܒ ||
l. 16 ܠܗ] ܠܗ || l. 17 ܐܬܪܐ] M ܐܬܪ || l. 18 ܬܘܬܒܘܬܐ] ܬܘܬܒܘܬܟ M ||
l. 19 om. ܡܕܡ M || om. ܟܠܡ M || l. 20 ܚܝܐ] ܚܝܐ ||
l. 22 om. ܐܠܐ... ܢܦܫܐ. || [2]ܠܐ ܬܗܘܐ] ܐܠܐ ܐܝܟܢܐ (M ܐܝܟܢܐ) ||

p. ܟܒ, l. 1 ܐܝܟܢܐ[1]] ܘܐܝܟܢܐ M || ܥܘܕܪܢܐ] ܥܘܕܪܢܘܬܐ ||
ܬܗܘܐ] + ܡܠܟܐ. M || l. 2 ܠܐ ܬܗܘܐ ܠܐ] ܠܟܠ ܒܢܝܐ M ܬܗܘܐ *sic* ||
l. 4 ܐܡܪܗ] ܐܡܪܗ || l. 5 ܘܠܐ] ܠܐ M || l. 6 ܕܒܢܝܐ] ܕܒܢܝܐ ||
l. 7 ܢܦܫܐ] ܢܦܫܐ *sic* || om. ܚܕܐ ܐܠܐ M || l. 8 om. ܠܗ M ||
ܘܢܦܠܘܢ] ܢܦܠܘܢ M || l. 10 ܢܨܒܬܐ] ܢܨܒܬܐ M || l. 11 ܗܘ] ܘܗܘ M ||
M ܚܝܘܬܐ] ܚܝܘܬܐ || ܠܫܠܡ] ܠܫܠܡ M ||
ll. 12, 13 ܐܝܬܘܗܝ ܕܢܬܐ] M ܕܢܬܐ ܐܝܬܘܗܝ || l. 15 ܠܡܫܟܚܘ] ܠܡܫܟܚܘ ||
l. 18 ܚܝܘܬܐ] ܘܚܝܘܬܐ M || l. 19 ܬܫܒܚܬܐ] ܬܫܒܚܬܐ (M ܬܫܒܚܬܐ) ||

p. ܟܓ, l. 2 ܟܕ ܚܙܝܢ] ܘܚܙܝܢ M || om. ܚܝܐ M || ܬܘܕܝܬܐ l. 6 ... ܡܫܬܥܝܐ l. 3]
ܡܫܬܥܝܢ ܡܫܬܥܝܬܐ. ܘܐܝܟܢܐ ܡܢ ܚܝܐ. ܟܡ ܫܠܡ ܠܗ ܗܘܘ
ܡܢܗܐ ⁘ ||

l. 6 ܐܡܪ] ܐܡܪ || ܐܠܗܐ l. 10 .... ܡܫܬܥܝܐ l. 7] (ܡܫܬܥܝܐ) ܘܡܬܚܙܐ. ܠܢܦܫܐ.
ܡܛܠ (M ܕܐܢܫ ܕܢܦܫ ܬܘܕܝܬܐ ܚܝܘܬܐ (ܡܫܬܥܝܐ M) ܠܟ ܗܘܐ. ܘܐܝܟܢܐ ܠܢܦܫܐ.
(ܐܝܟܢܐ ܠܢܦܫܐ M) ܘܐܝܟܢܐ (ܐܝܟܢܐ M) ܕܐܝܟ ܡܬܚܙܝܐ ܒܢܝܐ ܘܡܫܬܥܝܐ.
ܐܝܟܢܐ ܡܫܬܥܝܐ. ܐܝܟܢܐ ܬܗܘܐ ܠܡܚܙܐ ܐܢܫ. ܘܐܝܟܢܐ ܠܡܫܬܥܝܘ ܐܢܫ
ܟܡ ܫܠܡ ܠܗ (ܟܠܗܘܢ + M) ܗܘܘ ܕܢܦܫ ܬܘܕܝܬܐ ⁘ M ||
l. 12 ܐܝܟܢܐ ܬܗܘܐ] ܘܐܝܟܢܐ || M om. ܬܗܘܐ || ܐܝܟܢܐ[2]] ܘܐܝܟܢܐ M ||
l. 13 ܡܬܢܨܚܢܐ] ܡܬܢܨܚܢܐ || l. 14 ܡܛܠ] + ܕܠܗ M || om. ܬܗܘܐ M ||
ܘܡܬܒܠܒܠܢܐ] ܘܡܬܒܠܒܠܢܐ M || l. 16 ܡܬܒܥܐ] ܘܡܬܒܥܐ M || l. 17 om. ܐܠܐ M ||
ܗܘܝܢ] + ܐܝܬܝܗ M || ܢܚܬ] M ܢܚܬ || ܘܡܬܚܫܚܢܐ] ܡܬܚܫܚܢܐ M ||
l. 18 ܟܠܗ] M ܟܠ || ܘܥܠܝܐ ܡܬܒܥܝܢܐ] M ܥܠܝܐ ܘܡܬܒܥܝܢܐ ||
ܘܡܬܒܥܝܢܐ p. ܟܗ, l. 1 ..... ܕܚܝܐ p. ܟܓ, l. 18] ܥܠܝܐ. ܐܝܟ ܟܠ ܟܡ ܚܝܐ ܚܠܝܢܐ ܫܦܝܠ ||

APPENDIX.

COLLATION OF CODEX HARRIS II. AND OF THE MOSUL CODEX
(ed. Arendzen, *Journal of Theological Studies*, October, 1901).

Where only a word or two differs in M. *these are underlined.*

M + ܒܬܘܒܐ ܕܝ̈ܢ ܕܡܠܝܣܘܣ

page ܟ, l. 7 ܕܐܬܠܝܬܐ] + ܢܬܚܘܒ : ܡܥܫܢܐ ܡܣܚ ܕܦ̈ܬܓ ܣܠܗ ܟܠ ||
ܓ̈ܠܝܢܐ] + : ܡܕ̈ܒܪܢܐ || l. 8 ܗܘܝܘ] ܗܘ M || om. ܕܒܗܬܐ M ||
l. 9 ܡܛܠ ܕܦܪ̈ܘܣ] ܘܡܛܠ ܘܦܪ̈ܘܣ M ||
ܘܡܒܠܒܠܝܢ ܘܐܢܙ̈ܐܘܗ] ܘܡܒܠܒܠܝܢ <u>ܘܐܢܙ̈ܐܘܗ</u> (M ܘܐܢܙ̈ܐܘܗ) ||
l. 10 om. ܡܦܩܢ ܒܪ ܐܢܫܐ ܘܒܝܫܘܬܐ M || ܘܐܬܬܐܠ ܒܚܝܠ] ܘܐܬܐܬܐܠ (M ܘܐܬܐܠ) ||
ܘܐܬܬܐܘܐ] ܘܬܐܘܐ + <u>ܘܟܐܟܐ</u> M || l. 11 ܘܡܬܐܬܐ] ܡܦܩܢ ܒܪ ܐܢܫܐ ܘܒܝܫܘܬܐ M ||
l. 11 M om. ܒܝܘܡ || l. 12 ܐܝܟ] M ܕܐܝܟ || ܥܒ̈ܕܐܠܐ] M ܥܒܕܐܠܐ ||
ܐܡܝܢܘܬܐ] M ܐܡܝܢܘܬܐ ||
l. 13 ܠܐܘ̈ܟܠܝܢ] ܠܒܪܢܫܘܬܐ (M ܠܐܘ̈ܟܠܝܢ) || ܕܒ̈ܢܝܬܐ] ܡܢܝܬܐ ||
l. 14 ܐܡܝܢܘܬܐ] ܡܢ̈ܝܬܐ ||
l. 15 ܡܬܪ̈ܬܝܢܘܬܐ] ܡܬܪܬܝܢܘܬܐ || ܡܬܒ̈ܠܒܠܢܘܬܐ] M ܒܬܠܒܠܢܘܬܐ ||
ܠܐ ܒܬܒ̈ܠܘܬܐ] ܡܒܕܪܢܘܬܐ ||
l. 16 ܘܟܠܗܘܢ] + ܐܢܫ M || ܡܥܬܩܢܘܬܐ] ܡܥܬܩܢܘܬܐ ||
l. 17 ܕܚ̈ܫܝܢ ܢܚܫܝܢ ܣܘܓܦܐ] <u>ܕܚܫܝܢ</u> M ܡܬܚܫܚܝܢ ܕܣܘܓܦܐ || ܕܚܫ̈ܘܚܝܢ] ܕܚܫ̈ܘܚܝܢ ||
l. 18 ܒܘܕܐ ܢܦܩܘ] ܡܦܩܬ ܒܪ ܢܝ || ܠܗܘܢ ܐܝܬ ܕܡܚܝܠܘܬܐ] ܡܕܡ ܟܠ ||
l. 19 om. ܪܒܐ ܗܘ ܒܥܘܡܩܐ || ܒܢܦܫ ܠܐ ܢܦܩ] ܥܒܕ ܕܐܠܐ ||
l. 20 ܐܬܪ̈ܘܬܐ ܟܠ ܠܫܡܗܝ ܠܡܥܕܪܘ (M ܠܡܥܕܪܘ ܠܝ ܘܡܢܗܘ] <u>ܘܡܢܗ</u> ܠܝ M
ܠܡܥܒܕ ܡܢܗܘܢ ܟܠܗܘܢ (ܒܬܡܝܡܘܬܗ M ܒܬܡܝܡܘܬܐ) ||
l. 21 om. ܠܗܘܢ M || ܚܝܠܐ ܐܝܟ ܕܠܐ ܡܢ] ܕܐܢܫܘܬܐ (M ܕܐܢܫܘܬܐ) ||
l. 22 ܐܝܟ ܕܐܝܟ ܗܢܐ ܕܠܟܠܗܘܢ ܕܝܢ ܕܐܟܣܢܝܐ] ܕܝܢ ܕܠܟܠܗ ܐܬܬܐ || om. ܐܝܟ ||
l. 23 ܕܐܠܗܐ] ܐܠܗܐ ܐܝܬܘܗܝ ܕܠܐ || ܕܡܫܡܫܢܐ ܚܝܘܬܐ] ܚܝܘܬܐ || M om. ܚܝܘܬܐ

p. ܟܐ, l. 1 ܒܪ̈ܝܬܐ] ܒܪ sic || l. 2 ܕܐܬܦܩܕ] M ܕܐܬܦܩܕ || l. 3 ܠܟ] ܠܟܘܢ M ||
ܢܬܐܡܪ] om. ܗܘ M || l. 4 ܕܡܚܕܐ ܡܫܝܚܐ ܐܝܬ ܠܗ] ܕܡܚܕܐ ܐܝܬ ܠܗ || l. 5 ܐܢܫܘܬܐ] ܚܝܘܬܐ ||
ܐܝܬܝܗܘܢ] ܕܐܝܬܝܗܘܢ || ܕܡܫܬܐ] ܕܒ̈ܢܝܬܐ ||

ܫܠܡܬ ܕܦܝܠܘܣܘܦܐ ܐܘ ܟܝܬ ܡܠܦܢܘܬܐ ܕܣܝܢܕܒܐ[a] ܀ [b]ܬܘܒ ܥܠ
ܣܠܩܐ ܕܢܦܩ. ܡܩܘܡ ܒܪ ܙܬܬܐ ܡܢ ܫܪܒܬܐ ܕܒܝܬ ܩܦܪ ܀ ܐܘ
ܐܚܝ ܦܠܝܒ ܠܐܚܝܢ ܒܡܘܪܐ ܕܦܝܠܘܣܘܦܐ ܢܩܫܒܐ ܕܝܠܗ ܩܪܝܢܝܟ
ܐܝܬܘܗܝ ܗܘܐ ܒܐܝܕܐ. ܡܢ ܡܟܬܒܐ ܕܐܠܗܐ ܘܬܠܡܝܕܘܬܐ f. 76b
ܘܐܪܒܥܝܢ ܘܥܣܪ ܫܢܝܢ ܀ ܘܐܦܢ ܡܫܝܠܐ ܘܣܠܩܐ ܀ ܒܬܪܗ ܒܠܝܗ
ܗܕܐ ܕܦܝܠܘܣܘܦܐ ܕܣܝܢܕܒܐ. ܐܘܟܝܬ ܡܠܦܢܘܬܗܘܢ. ܘܬܪܝܨܘܬܗ
ܠܡܦܪܫܐ. ܒܝܕ ܒܪ̈ (٢٢١٠) ܕܡܫܝܚܐ ܢܟܠܐ.. ܫܢܬ ١٨٩٩ ܝܘ̈ [b]

---

[a] + ܡܕܒܪܐ

[b] In a later hand:

ܫܠܡܬܗܘܢ ܒܫܝܢ. ܐܡܝܢ ܀ ܫܠܡ ܡܟܠ ܒܪܢ ܒܠ ܢܦܫܐ ܕܦܘܪܩ ܀
ܕܡܕܝܢܐ ܡܬܠܠܝܘ ܡܢ ܦܘܩܕܢܐ ܕܐܟܒܪܐ ܢܟܝܐ ܡܟܠ ܬܘܕܝܬܐ ܕܩܢܝܐ:
ܬܘܕܝܬܐ ܕܒܢܝ ܡܟܪ ܡܢ ܬܘܕܝܬܐ ܡܬܚܐܬܐ ܒܟܪܝܐ. ܡܕܡܝܬ ܐܝܟ ܠܗ
ܡܢ ܒܪܡܫܝܚܐ ܗܢ ܕܢܐܡܪܘܢ ܠܡܫܝܚܐ ܡܠܬܗ ܕܐܠܗܐ ܀ ܘܡܢ ܡܕܝܢܐ
ܒܘܪܬܐ ܀ ܘܡܢ ܚܣܝܐ ܕܟܝܢܐ ܀ ܘܡܢ ܩܠܝܠܐ ܚܠܝܐ ܦܓܪܐ ܀ ܘܡܢ ܡܢܝܢܐ
ܢܦܫܬܐ ܀ ܘܡܢ ܐܦܝܣܩ ܕܦܪܫܐ ܡܢܝܬܐ ܀ ܘܡܢ ܕܘܟܝܐ ܗܢ ܕܡܢ ܒܬܪ
ܡܢܝܬܐ ܢܦܩܝܢ ܬܟܐ ܀ ܘܡܢ ܬܪܝܨܘܬܐ ܕܡܫܠܡܘܬ ܗܢ ܕܟܘܕܝܢ ܚܕ ܐܠܗܐ ܀
ܘܡܢ ܬܪܝܨܘܬܐ ܕܐܪܙܐ ܗܢ ܕܟܘܕܝܢ ܠܗ ܠܐܠܗܐ ܠܒܪܝܬܐ ܀ ܘܡܢ
ܘܠܝܐ ܡܫܠܡܐ ܗܢ ܕܢܐܡܪܘܢ ܕܠܐ ܟܝܢܬ ܡܫܝܚܐ ܀ ܘܡܢ ܫܒܩܢܐ ܗܢ
ܕܢܦܫܢ ܒܟܬܒܐ ܫܠܡܬ ܬܘܕܝܬܐ ܕܩܢܝܐ:

S in a much later hand:

اجم ܠܬܐܠܟܐ ܗܢܐ ܕܦܝܠܘܣܘܦܐ ܐܘܟܝܬ ܡܠܦܢܘܬܐ ܕܣܝܢܕܒܐ ܘܩܢܘܢܐ
ܐܟܡܢܬܐ ܡܢܫܐ ܡܫܝܚܐ ܬܫܘܒܚܐ ܒܪ ܕܢܪܐ ܫܠܝܚܐ ܡܕܢܚܐ ܒܬܪ
ܒܕܝܢܐ ܘܦܝܫܬܐ ܡܫܪܪܬܐ ܡܢ ܡܫܝܚܐ ܕܘܝܕ ܒܪ ܦܫܡܫܝܢܐ ܡܟܪܙ
ܡܕܝܢܐ. ܒܪܒܪܒܢ ܬܝܓܪܐܬ. ܘܡܢܪܐ ܒܗ ܗܘ ܘܐܚܘܗܝ ܦܫܡܢ ܡܘܕܐ
ܘܡܐܡܪܐ ܘܡܫܡܫ ܘܒܢܘܗܝ ܢܦܫܐ. ܒܫܢܬ ܐܠܦܐ ܕܝܘܢܝܐ. ܘܐܢܫܐ
ܕܦܠܚ ܘܡܪܐ ܚܝܪܐ ܫܠܡܬܐ ܥܡܘܢܝܬܐ ܠܡܘܢܐ ܘܠܡܕܝܢܬܐ. ܘܠܡܪܘܬܐ
ܘܠܡܫܝܚܐ. ܘܠܟܠ ܕܐܡܪ ܠܗ ܒܗ ܒܗܢܐ ܟܬܒܐ ܡܫܬܡܫܬܐ. ܐܡܝܢ ܐܡܝܢ.

ܡܣܟܢܘܬܐ. ܘܥܡ ܗܘܘܢ [a]ܗܘܘܢ ܣ̈ܟܠܐ[a] ܕܕܒܘܗܝ̈. ܐܝܟܢܐ ܓܝܪ
ܕܐܦܫܪܐ ܗܘܐ ܕܠܐ ܐܢܫ ܕܢܕܥܐ ܘܣܠܩ ܒܐܪܒܐ[b] ܒܡܫܟܚܢܐ
ܘܒܐܘܠܨܢܐ[c]. ܐܝܟܐ ܠܗ ܠܡܫܝܚܘܬܐ ܘܠܟܪܘܙܐ ܕܐܦܝܣܘܬܐ[d]. ܐܟܪܙܘܢ
ܕܝܢ [e]ܠܒܪܢܫܐ ܘܠܒܢܝܢܫܐ[e]. ܕܒܗܘܢ ܗܘ ܒܠܫܢܐ ܡܚܝܕ ܐܦܝܣܐ
ܕܢܬܒܥܘܢ. ܘܢܕܥܐ ܘܣܠܩ ܒܟܠܠ ܠܐܢܫܐ ܕܡܬܐܒ. ܒܗ ܗܟܝܠ
ܒܕܡܘܬܐ ܐܢܬܘܢ ܡܠܬܐ ܠܐܢܫܝܢ ܕܫܡܥܝܢ ܘܚܕܕܝܢ ܠܗ[f] ܘܠܐܢܫܝܢ
ܕܫܡܥܝܢ ܘܠܐ ܚܕܕܝܢ ܠܗ[g] ܐܝܟ ܦܬܓܡܐ ܘܢܘܪܐ ܡܬܢܨܒܐ[h]
ܠܗܘܢ. ܠܗܘ ܕܝܢ ܕܡܪܝܐ ܒܚܝܠܐ[l] ܕܢܬܦܬܚ ܐܕ̈ܢܐ ܕܐܬܓܘܬܒܘܢ.
ܕܬܘܒܠܘܢ ܦܬܓܡܐ[i] ܕܡܪܝܐ ܒܝܕ ܐܘܢܓܠܝܘܢ ܘܢܠܦܘܢܗ ܕܫܦܝܪ
ܡܚܝܢܐ ܢܗܘܐ. ܗܘ ܕܐܬܟܠܠ ܒܢ̈ܦܫܐ ܒܝܠܢ̈ܘ. ܘܕܡܝܐ
ܐܝܟ ܕܫܒܩ ܠܐܒܪܗܡ[j] ܘܐܝܣܚܩ ܘܝܥܩܘܒ[j] ܘܠܟܠܗܘܢ ܡܢܒܝ̈ܐ ܡܕܒܝܫܘܗܝ,
ܫܠܝܚܘܗܝ[k] ܕܟܠܗܐ. ܘܡܢܝܚܘܬܐ ܕܗܘܝܐ ܠܬܒܝܠ.[l] ܕܚܣܡܐ ܘܢܦܠ
[m]ܠܐܢܫܝܢ ܕܝܕܥܘܗܝ,[m] ܪܘܒܝܢܐ ܕܡܝܢܘܬܐ ܘܐܣܘܬܐ ܠܟܪܝܐ ܒܚܝܠܐ
ܬܡܝܗܐ[n] ܕܐܠܗܘܬܐ ܐܒܘܗܝ, ܘܕܦܪܘܩܢܐ ܡܪ̄. ܘܢܬܒ ܗܟܝܠ ܡܚܝܒܐ[o]
ܕܐܠܗܐ[p] ܥܠ ܕܩܕܝܫܐ. ܘܐܬܪܐ[q] ܒܚܝܠܐ ܘܡܫܘ̄[r] ܠܓܒܢ̈ܐ[s] ܚܝ̈ܠܐ ܘܬܒܝܠܬܐ.[s]
[t]ܕܠܗ ܬܫܒܘܚܬܐ[t] ܘܝܩܪܐ ܘܬܘܕܝܬܐ[u] ܘܠܐܒܘܗܝ, ܘܠܪܘܚܐ ܡܪ̄.[v] [w]ܗܫܐ ܘܒܟܠܙܒܢ[w]

---

[a] ܗܘܘܢ ܐܠ̄ S. f. 89 a [b] ܡܫܕܘܟܐ. [c] ܘܒܐܘܠܨܢܐ
[d] ܕܐܦܝ̈ܣܘܬܐ [e] ܕܒܪ̈ܢܫܐ ܘܠܒܢܝ̈ܢܫܐ
[f] + ܗܘ ܕܝܢ ܠܗܘܢ ܐܝܟ ܐܦܝܣܢܐ ܘܪܘܚܐ ܘܡܠܟܘܬܐ [g] om. ܠܗ
[h] ܡܬܢܨܒܢܐ Lag. p. 121 ([1] pr. m. ܚܝܠܐ) [i] + ܥܬܝܩܐ
[j] ܘܠܐܒܪܗܡ ܘܠܝܥܩܘܒ [k] ܫܠܝܚܘܗܝ [l] + ܘܩܒܠ ܡܢ ܒܬܪ ܬܒܝܠܬܐ:
[m] ܠܡ ܕܝܕܥܘܗܝ [n] om. ܬܡܝܗܐ [o] + ܕܬܘܒܝܬܗ [p] + ܐܝܟ ܥܠ
[q] ܠܗܘ ܕܐܬܪܐ [r] ܘܡܫܘܪܝܐ [s] ܬܒܝܠܬܐ ܘܚ̈ܝܠܐ
[t] ܠܗ ܐܠܗܐ ܬܫܒܘܚܬܐ ܘܬܫܒܘܚܬܐ [u] + ܘܬܘܕܝܬܐ
[v] + ܕܐܒܘܗܝ ܗܘܐ ܘܐܒܘܗܝ ܘܡܢܗ.
[w] ܗܫܐ ܘܠܥܠܡ ܕܝܢ ܘܠܥܠܡ ܥܠܡܝܢ ܐܡܝܢ ܀

ܡܪܢܐ[a] ܘܬܬܝܒܘܢ ܠܟܠܗ ܟܠܗܝܢ.. ܘܒܬܝܒܘܬܐ[b] ܬܦܨ ܐܚܪ̈ܝܬܐ
ܫܘܒܩܢܐ ܕܕ̈ܝܢܝܢ ܠܟܠܗܝܢ. ܐܝܟ ܗܘܐ[c] ܠܝ ܕܡܫܪܐܝܬ ܢܘܗܪܟܘܢ[d]
ܕܕܝܣܩܠܝܐ. ܐܠܐ ܕܠܐ ܢܣܟܐ ܘܢܘܪܢ ܒܬܪܟܐ. ܘܟܢ[e] ܒܗ ܡܫܬܠܛܝܢ[f]
ܠܗ̇ ܠܡܠܟܘܬܐ ܕܐܠܗܐ ܒܗ ܒܝܪܘܬܗ ܕܫܪܪܐ. ܠܒܢܝܐ ܐܠܦܘܪܐ
ܒܠܫܘܪ. ܢܗܘܐ ܠܟܘܢ ܡܬܠܘܢܐ ܕܡܠܟܘܬܗܘܢ. ܡܛܠܗܢܐ ܠܐ ܬܬܒܥܘܢ
ܥܠ ܐܢܫܝܢ ܕܐܬܡܟܝܢ.. ܐܦ ܗܘ ܓܝܪ ܡܪܢ ܘܦܪܘܩܢ ܒܐܪܐܝܬ
ܡܛܠ ܠܐܢܫܝܢ ܕܫܒܩܝܢ ܕܝܢ[g] ܠܡܦܩܢܐ ܘܐܡܪ. ܫܕܘ ܐܪܡܘܗ[h] ܐܢܘܢ cf. Matt. xxii. 13
ܒܚܫܘܟܐ ܒܪܝܐ[i] ܒܢܘܪܐ[j] ܕܠܥܠܡ ܗܝ ܕܡܛܝܒܐ. ܐܝܟ ܠܣܛܢܐ xxv. 41
ܘܠܡܠܐܟܘܗܝ.[k] ܐܦ ܐܪܡܝܐ[l] ܐܡܪ ܗܘܐ ܦܬܓܡ̈ܝ ܐܝܟ ܢܘܪܐ Jer. xxiii. 29
ܢܩܕܝܢ. ܘܐܝܟ ܦܘܠܣܐ ܕܡܦܪܥ ܟܐܦܐ.[m] ܒܪ ܡܟܝܠ[n] ܠܟܘܢ ܡܪܢ
ܘܡܠܦܝܢ. ܠܐ ܓܝܪ ܢܨܒܘ ܕܢܫܬܡܥܘܢ ܠܗ. ܟܠ ܕܢܫܟܚܘܗ̇ ܕܢܥܒܕܐ f. 76 a
ܗ̇, ܐܝܟ ܦܘܠܣܐ. ܡܛܠ ܕܠܐ ܐܫܬܡܥܘ ܠܡܠܬ ܕܐܡܪ[o] ܠܗܘܢ.[p]
ܡܛܠܗܢܐ ܐܡܪ ܗܘܐ ܠܗܘܢ. ܠܡܢܐ ܩܪܝܢ ܐܢܬܘܢ ܠܝ ܡܪܝ, Luke vi. 46
ܡܪܝ,. ܘܡܕܡ ܕܐܡܪ ܐܢܐ[q] ܠܐ ܥܒܕܝܢ ܐܢܬܘܢ.. ܒܗ̇ ܗܟܝܠ
ܒܗ̇ܕܐ ܕܡܦܩܬܐ ܐܦ ܗ̇ܢܐ ܒܠܚܘܕ ܡܬܚܫܒܐ ܠܐܢ̈ܫܝܢ ܕܡܫܐܠܐܝܬ
ܘܒܪܝܐܝܬ ܡܡܠܠ ܡܛܠ ܫܪܪܗ.. ܐܠܐ ܓܝܪ ܒܬܟܝܢ ܡܫܟܚܐܝܬ.
ܐܝܟ ܕܠܫܦܝܪܘܬܐ ܕܒܢ̈ܝܢܫܐ. ܫܘܒܩܢܐ ܡܬܦܪܫܝܢ ܗܘܘ[r] ܓܝܪ

---

a + ܐܠܗܐ. b ܐܦ ܒܬܝܒܘܬܐ c ܗܘ d ܢܘܗܪܟܘܢ e ܟܢ
f + ܘܡܚܝܒܝܢ S. f. 88 b g om. ܕܝܢ h ܘܐܪܡܘܗ
i + ܬܡܢ ܢܗܘܐ ܒܟܝܐ ܘܚܘܪܩ ܫܢ̈ܐ. ܘܐܡܪ ܠܗܘܢ ܙܠܘ ܡܢܝ ܠ̈ܝܛܐ +
j ܠܢܘܪܐ k + ܕܒܢܘܪܐ ܘܒܚܫܘܟܐ ܐܬܛܝܒܬ ܗܝ ܡܠܐܟܐ. l ܒܐܪܡܝܐ
m + ܫܦܝܐ ܕܝܢ ܢܘܪܐ ܘܐܝܟܢܐ. ܠܐ ܗܘܐ ܠܐܢܫܝܢ ܕܡܫܬܡܥܝܢ ܠܡܪܢܐ.
ܡܛܠܬܐ ܕܝܢ ܗܝ ܕܠܐ ܫܡܥܘ ܒܡܠܐ ܒܡܫܡܥܐܝܬ.
n + ܗܘܐ o ܕܐܡܪ ܗܘܐ
p + ܡܫܡܥܬ ܓܝܪ ܘܒܪܢܫܐܝܬ ܡܬܦܫܩܐ ܗܘܐ ܠܗܘܢ ܕܡܡܠܠ ܗܘܐ.
q B + ܠܟܘܢ r + ܘܕܝܢܝܢ

ܐܬܛܝܒܝ. ܐܠܐ ܐܦ ܠܫܘܒܚܐ[a] ܕܒܥܠܟܝ. ܣܓܝܡܗ̇ ܐܬܛܝܒܘܬܝ.[b]
ܘܒܪ ܢܩܦܘܢ ܒܬܪܟܝ[c] ܐܝܠܝܢ ܕܕܒܝܩܝܢ[d] ܐܢܬܝ. ܐܬܢܟܦܝ[e] ܕܐܝܟ ܕܙܢܝܐ
ܬܗܘܝܢ ܢܩܦܝܢ[f] ܠܗܝܢ. ܡܛܠ ܕܢܪܕܝܢ ܐܢܬܝܢ ܕܗܕܝܪܬܒܝܢ
f. 75 b ܐܢܬܝ. [g]ܐܝܟ ܢܫܬܪܥܢ.[g] ܗܘܝܬܝܢ[h] ܡܫܬܡܥܢ ܐܢܬܝ.[i][j] ܡܛܠ ܗܢܐ
ܐܢܬܬܐ ܕܝܢ ܬܗܘܐ ܒܐܘܪܚܐ ܕܢܟܦܘܬܐ. ܘܒܒܪܐ ܕܝܢ ܢܬܬܐ ܡܬܒܥ
ܕܗܘܟܐ. ܘܒܒܪܐ ܘܐܢܬܬܗ ܕܝܢ ܢܬܬܟܣܘܢ ܢܦܫܟܝ[k] ܣܓܝ[l] ܠܦܬܐ
ܣܓܝ ܕܠܐ ܒܠܚܘܕ. ܕܝܢ ܠܐ ܦܣܝܩ ܢܦܩܢܝܢ ܡܛܠ ܕܕܟܝܢ ܐܢܝܢ..
[m]ܐܡܝܢ ܐܝܟ[m] ܢܚܒܠ ܘܡܬܚܒܠܐ[n] ܐܢܬܬܐ ܢܦܩܬܐ ܡܢ ܒܝܬܗ
ܡܚܡܕܢܝܬܐ ܐܘ ܢܬܦܠܓ. ܒܗ ܙܢܝܬܐ ܘܒܪ ܢܦܩ ܡܢ ܠܘܬܗ
ܢܦܫܐ ܒܟܠܗܘܢ ܡܬܚܫܒܢ ܘܬܘܩܢܐ. ܘܒܟܒܪ[o] ܠܐ ܡܬܒܥܐ[p] ܢܦܩܬܐ
ܡܢ ܣܓܝܐܘܬܗ[p].. ܦܘܩܕܢܐ ܗܟܝܠ ܡܬܦܪܫܝܢ ܐܢ̄ ܣܒܝܪ[q] ܡܢ ܟܠܗܘܢ[r]
ܠܦܪ̈ܘܫܬܐ ܫܠܝܬܐ. ܐܝܠܝܢ ܕܗܟܢܐ ܐܬܝܕܥܝܢ ܘܠܐ ܬܗܘܝܢ
ܡܬܦܪܟܝܢ ܠܗܝܢ. ܘܦܘܩܕܢܐ ܡܬܢܛܪܝܢ ܐܢܬܝܢ ܕܬܗܘܝܢ
ܒܢܘܡܘܣܐ [s]ܕܢܦܫܐ ܐܢܬܬܐ ܕܫܡܥܬܬܐ ܘܫܒܝܩܘܬܐ[s] ܘܬܫܒܘܪܝܢ[t]
ܦܓܪܝܟܝܢ ܕܠܐ[u] ܒܡܬܡܟܐ ܘܕܠܐ ܠܚܠܫܐ. ܕܬܫܟܚܘܢ ܫܢܝܐ
ܘܬܗܘܝܢ[v] ܫܪܝܬܐ ܕܡܠܟܘܬܗ ܕܐܠܗܐ ܘܬܫܒܠܝܢ ܡܛܠ ܕܡܠܟܝ

---

[a] + ܐܬܛܝܒܝ [b] om. ܐܬܛܝܒܘܬܝ [c] B ܒܬܪܟܝ [d] ܕܕܒܝܩܝܢ [e] ܐܬܢܟܦܝ
[f] ܢܩܦܝܢ [g] om. ܐܝܟ ܢܫܬܪܥܢ [h] ܘܗܘܝܬܝܢ [i] ܠܗܘܢ ܐܝܟ ܢܫܬܪܥܢ
[j] + ܐܝܟ ܕܟܬܝܒ ܒܬܘܪܬܐ ܢܒܝܐ. ܡܠܐܟܐ ܕܐܬܩܪܝ ܡܠܐܟܐ ܕܡܪܝܐ.
Malachi ii. 14 ܕܐܡܪ ܒܝܬ ܠܟ ܘܠܐܢܬܬ ܛܠܝܘܬܟ. ܗܝ ܕܫܒܩܬܝܗ̇ ܫܘܬܦܬܟ. ܘܗܝ
15 ܐܢܬܬ ܩܝܡܟ. ܘܠܐ ܗܘܐ ܗܘ ܥܒܕܗ̇. ܘܫܪܟܐ ܕܪܘܚܐ ܕܝܠܗ ܐܢܬ.
ܘܐܡܪܬܘܢ ܕܡܢܐ ܐܚܪܢ ܒܥܐ ܐܠܗܐ. ܐܠܐ ܐܢ ܙܪܥܐ ܕܡܢܐ.
ܐܙܕܗܪܘ S. f. 88 a ܒܪܘܚܟܘܢ. ܘܐܢܬܬ ܛܠܝܘܬܟ ܠܐ ܬܫܒܘܩ:
[k] ܘܢܦܫܟܝܢ [l] + ܡܢ [m] ܕܝܢ ܐܢܫ ܟܠ [n] ܘܡܬܚܒܠܐ
[o] + ܒܟܠܗܘܢ ܢܬܬܪܬܐ. [p] ܕܢܦܩܬܐ [q] ܣܒܝܪܝܢ [r] ܟܠܗܝܢ Lag. p. 120
[s] ܕܫܡܥܬܬܐ. ܕܫܡܐ ܐܢܬܬܐ. [t] ܘܬܫܒܘܪܝܢ [u] (B ܕܠܐ) [v] ܘܬܗܘܝܢ

ܢܛܪܝܢ[a]. ܐܝܬܝܟܝܢ ܕܝܢ ܐܝܟ ܕܒܐܘܢܓܠܝܘܢ܆ ܘܐܝܟ ܚܝܠܐ ܕܪܘܚܐ ܩܕܝܫܐ[b] ܗܘܝܬܝܢ܆[c] ܦܪܝܫ ܒܒܬܘܠܘܬܐ ܩܕܝܫܬܐ. ܘܕܠܐ ܢܛܘܪܝܐ[d] ܗܘܝܬܝܢ܆ ܡܫܡܠܝܢ[e] ܬܫܡܫܬܟܝܢ܆[f]. ܘܗܘܝܬܝܢ܆ ܡܫܡܪܝܢ[g] ܐܘܪܬܕܘܟܣܝܐ ܡܫܡܠܝܬܐ[g] ܕܕܚܝܠܘܬܐ[h] ܕܦܓܪܐ ܕܡܪܢ ܦܪܘܩܢ.[h][i] ܘܐܠܗܘܢ[j] ܠܐ ܐܝܬܘܗܝ܂ ܐܠܗܐ[j] ܕܡ̈ܝܬܐ ܐܠܐ ܕܚ̈ܝܐ.[k] ܐܝܟ[l] ܕܐܡܪ[l] ܡܠܟܢ ܕܐܦ. ܗܢ ܕܐܬܐ ܗܘܐ ܕܚܙܐ ܒܗ ܡܪܢ ܠܡܪܝܐ ܕܢܫܬܘܗܝ[m] ܕܡܪܝ̈[m] ܠܐ

---

[a] + ܠܗܠܝܢ. ܘܫܡܥܝܢ ܕܦܠܚܘܬܐ (ܕܦܠܚܐܘܬܐ B) ܗܢ. ܘܠܐ ܬܗܘܘܢ ܟܠܝܢ ܢܥܡܝܢ ܡܦܠܛܝܢ. ܘܠܐ ܬܗܘܘܢ ܟܕܢ ܓ̈ܝܣܐ. ܐܘ ܡ̈ܥܡܪܢܝܬܐ ܐܘ ܕܡܥܢܐ ܕܗܠܝܢ. ܟܠܗܝܢ ܢܥܡܘܣܐ ܟܠܗ. ܐܠܐ ܐܝܟ ܢܦܪܘܫ ܠܒܢܬܐ ܐܘ ܠܡܒܪܐ ܟܟܘ ܀

[b] + ܐܦ ܒܗܝ ܡܕܒ̈ܪܢܘܬܐ ܗܘܝܬܝܢ ܡܬܦܠܚܢ [c] ܘܗܘܝܬܝܢ [d] ܢܛܘܪܝܐ

[e] ܡܫܠܡܝܢ [f] + ܘܒܬܫܡܫܬܟܝܢ ܕܠܘܬ ܐܠܗܐ [g] (B ܐܘܪܬܘܕܘܟܣܝܐ)

[h] ܕܩܝܡܬܐ ܕܦܓܪܐ ܡܠܡܘܬܐ ܕܡܝܬܐ

[i] + ܘܒܬܫܡܫܬܟܝܢ ܘܒܚܝܫ Lag. p. 119 ܡܢܬܚܒܝܒܢ ܘܡܬܚܫܚܢ ܕܐܠܝܢ ܕܕܚܠܝܢ. ܠܒܪܟܐ ܢܦܠܐ ܕܡܛܝܢ ܒܩܘܪܐ. ܘܡܬܦܫܛ ܒܗ ܡܝܬܐ. ܘܕܠܐ ܦܠܚܘܬܐ. ܘܗܘܝܬܝܢ (ܗܘܝܬܝܢ B) ܡܢܝܠܝܢ ܘܡܫܬܪܝܢ ܢܦܫ ܐܝܠܝܢ ܕܥܕܡܐ. ܐܝܠܝܢ ܕܝܢ ܕܫܡܥܘ ܒܐܠܗܐ. ܐܝܟ ܕܒܐܘܢܓܠܝܘܢ S. f. 87 b. ܐܝܟ ܢܥܡܝܢ ܠܐ ܐܝܬܝܗܘܢ ܡ̈ܝܬܐ. ܐܝܟ ܕܐܡܪ ܡܪܢ ܠܨܕܘܩܝܐ ܥܠ ܩܝܡܬܐ ܕܡ̈ܝܬܐ. Matt. xxii. 32
ܕܠܐ ܩܪܝܬܘܢ ܗܢ ܕܟܬܝܒ. ܕܐܢܐ ܐܢܐ ܐܠܗܗ ܕܐܒܪܗܡ. ܘܐܠܗܗ Mark xii. 26
ܕܐܝܣܚܩ. ܘܐܠܗܗ ܕܝܥܩܘܒ.

[j] ܘܠܐ ܐܝܬܘܗܝ ܐܠܗܐ

[k] + ܐܦ ܐܠܝܫܥ ܢܒܝܐ ܬܘܒ ܗܢ ܕܕܡܟ ܘܗܘܐ ܡܝܬܐ ܫܠܝܡܐ. ܐܩܝܡ ܒܨܠܘܬܐ. ܦܓܪ ܒܪ ܦܓܪܗ ܠܦܓܪܐ ܕܡܝܬܐ ܘܐܚܝܗ ܘܐܩܝܡܗ. ܘܠܐ 2 Kings iv. 34
ܡܥܡܝܐ ܗܘܬ ܗܕܐ ܠܡܗܘܐ. ܐܠܘܠܐ ܕܐܦ ܒܗ ܕܡܝܬ ܡܢܐ ܗܘܐ ܦܓܪܗ. ܘܡܢܠܐ ܗܘܐ ܪܘܚܐ ܡܢܥܐ. ܡܠܘܬܐ ܗܘܐ. ܕܠܐ ܐܠܐ ܒܠܝܐ ܗܘܝܬܝܢ ܡܬܦܫܝܢ ܠܐܝܠܝܢ ܕܡܬܬܚܝܢ. ܘܠܐ ܬܗܘܘܢ ܡܬܒܐܝܢ. ܐܝܟ ܬܘܒ ܕܕܒܢܬܐ ܐܚܝܢ. ܠܐ ܬܗܘܘܢ ܡܨܪܥܝܢ.

[l] om. ܐܝܟ ܕܐܡܪ [m] ܕܦܪܘܩܢ (B ܕܡܬܢܛܪܢܗ) ܕܡܬ̈ܢܛܪܢܗ

ܡܬܦܪܢܣܝܢ ܡܢ ܢܛܘܪܬܐ[a] ܐܝܠܝܢ ܕܡܗܝܡܢܐ ܐܢܬܘܢ. ܣܓܝܐܐ ܓܝܪ
ܢܣܒܘܢ. [b]ܠܐ ܕܝܢ ܬܬܦܪܢܣܘܢ:[b] ܢܦܫܟܘܢ:[c] ܘܠܐ ܬܗܘܘܢ:

ܘܬܬܪܐܬ ܡܫܟܚܐ ܢܣܒܝܢ. ܡܛܠ ܕܡܬܥܝܩܝܢ ܠܡܣܒܐ ܐܢܘܢ. ܘܐܝܟ ܠܡܣܒܢܘܬܐ ܬܬܕܢܚܘܢ܀ ܗܠܝܢ ܕܝܢ ܟܠ (ܒܝܕ B) ܟܠܗ ܐܬܢܣܒܘ. ܟܠ ܐܝܠܝܢ ܕܢܣܒܝܢ ܕܟܪܐ ܘܡܬܩܦܬܐ ܕܙܘܓܐ. ܗܠܝܢ ܓܝܪ ܟܠܗܘܢ ܢܛܘܪܬܐ ܡܫܠܡܬܐ ܐܝܬܝܗܝܢ ܕܡܫܡܫܢܘܬܐ. ܐܝܟܢܐ ܕܝܢ ܕܒܗ ܢܩܒܠ ܐܢܫ ܐܘ ܢܬܠܐ ܕܝܠܗ ܕܟܐ ܢܩܒܠ. ܐܦ ܬܫܡܫܬܗ ܢܩܒܠ. ܘܢܗܘܐ ܠܗ ܡܢܐ ܒܟܠܐ· Lag. p. 118 ܘܫܘܢܐ· ܕܠܐ ܥܠܬܐ. ܢܗܘܐ ܚܒܪܐ ܘܫܘܬܦܐ ܕܐܒܗܘܗܝ ܘܬܫܡܫܬܗ. ܘܡܛܠ ܐܝܟܢ ܠܐ ܢܩܒܠ ܠܡܩܒܠܘ. ܐܝܟܢ ܕܝܢ ܕܟܗܢܐ ܘܡܢ ܫܘܬܦܘܬܐ ܚܒܪܐ ܐܝܬ. ܐܝܟ ܕܟܬܝܒ ܒܢܡܘܣܐ. ܫܒܘ ܐܝܬ ܕܐܦ ܒܗ ܟܠ ܒܡܩܒܪܢܐ ܬܬܘܡܪ ܬܬܩܒܠ. ܘܠܐ ܡܬܟܠܘܢ ܬܬܕܒܪܐ. ܡܛܠ ܕܐܦ ܡܫܐܘܠܐ ܕܬܠܝܢ ܡܢ ܡܣܟܢܐ ܕܬܪܝܢܐ ܘܡܢ ܟܠܗܐ ܕܕܚܝܠܐ ܡܟܝܠ ܐܝܬ. ܘܡܟܐܢܐ ܬܗܘܐ ܡܢ ܓܒܪܐ ܕܐܝܠܝܢ ܕܕܚܝܢ ܠܗܘܢ ܠܡܒܥ ܐܝܬ. ܘܡܟܝܠ ܟܠ ܚܪܒܐ ܬܬܘܡܪ ܐܘ ܠܚܣܬ ܡܟܘܪܐ ܬܬܒܠ. ܫܒܘ ܐܝܬ ܠܡܟܒܪܗ. ܘܠܐ ܡܬܟܠܘܢ ܬܬܕܒܪܐ. ܘܡܟܒܪܘܬܐ ܕܐܠܗܐ ܬܬܒܪܐ. ܘܡܬܝܕܥܬ ܐܝܬ ܥܘܕܪܢܝܢ. ܘܡܬܬܟܝܠܬ ܒܢܛܘܪܝܢ ܡܕܝܢܬܐ. ܘܠܬܝܢ ܢܗܘܐ ܡܫܪܪ ܐܝܬ. ܘܠܕܝܠܟ ܦܬܘܪܐ ܕܡܠܟܐ ܡܫܦܠ ܐܝܬ ܟܠܝܢ. ܐܝܟܢܐ ܬܝܢ ܢܗܘܐ ܡܫܦܠ ܐܝܬ ܟܠܝܢ. ܐܦ ܕܝܠܟ ܦܬܘܪܐ ܫܦܠ. ܡܛܠܬܗ ܓܝܪ ܕܕܝܠܟ ܦܬܘܪܐ: ܐܬܬܬܣܝܡ ܬܝܢ ܢܗܘܐ. ܘܢܛܘܪܐ ܡܕܝܢܬܐ ܕܐܣܝܪܐ (ܘܐܣܝܪܐ B). S. f. 87 a ܐܝܟ ܢܛܠܐ ܐܪܥܐ. ܘܐܝܟ ܟܪܘܬܐ ܕܓܠܬܐ ܢܓܪ ܐܝܬ ܘܡܫܬܐ ܟܠܝܢ. ܐܦ ܦܘܐ ܟܠ ܢܩܒܝܢ ܚܫܬܐ ܐܝܬ. ܒܗ ܓܝܪ ܡܩܪܪ ܐܝܬ ܬܝܢ ܢܗܘܐ. ܟܠܢܛܬܐ ܕܟܠ ܦܘܡ ܡܢܛܠܐ ܐܝܬ· ܘܡܬܡܣܪ ܐܝܬ ܟܠ ܦܬܟܐ ܡܫܝܚܐ. ܗܘ ܕܡܦܟܠܓ ܒܡܘܪܒܬܐ ܠܐܝܠܝܢ ܕܥܫܝܢ.
cf. Numbers xxiv. 9 ܡܠܘܝܐ ܘܠܢܛܬܐ ܬܬܒܪܬ. ܟܠ ܓܝܪ ܕܢܛܘܠ ܠܚܪܫܐ ܠܝܬ ܗܘ. ܘܟܠ ܕܡܒܪܟ ܒܪܝܟ [ܗܘ] (B s. u.). ܠܐܝܠܝܢ ܡܟܝܠ ܠܩܛܠܬܐ ܘܠܐܢܫܐ ܕܢܬܒ. ܐܘ ܠܐܢܬܐ ܚܣܘܬܐ ܢܬܠܟܘܢ ܐܝܠܝܢ ܕܡܫܪܪܝܢ ܠܩܛܠܬܐ ܕܟܠ ܦܘܡ ܘܡܢ ܘܐܝܟܢ ܀

---

[a] ܢܛܘܪܬܐ [b] ܕܠܐ ܬܗܘܘܢ ܬܬܦܪܢܣܘܢ

[c] + ܐܝܬܝܗܘܢ ܬܬܟܢܫܘܢ ܠܐ ܬܗܘܘܢ. ܘܦܘܡ ܡܢܢ ܡܠܘܟܘܢ ܕܐܟܠ ܘܡܛܘܠ ܢܦܫܟܘܢ.

ܘܠܐ ܦܘܡ ܓܝܪ ܚܝ̈ܘܬܐ ܙ̈ܘܢܐ ܠܢܦܫܬܐ. ܐܦܠܐ ܡܠܝܐ.[a] ܘܐܦܠܐ[b] ܐܢ ܢܣܒܪܘܢ ܕܟܒܕܘܢ ܒܟܪ̈ܐ ܠܒܢܝܐ. ܘܐܦܠܐ[c] ܐܝܟ ܥܘܠܠܢܐ ܕܬܫܡ[d] ܒܐܒܕܢܗ̇، ܙ̈ܘܢܐ ܠܢܦܫܬܐ. ܐܠܐ[e] ܟܕ ܡܡܫܡܫܢܘܬܐ ܘܙ̈ܘܢܐ ܡܢ..[e] ܬܘܒ[f]. ܕܝܢ ܐܡܪ ܠܝ ܐܘ̄ ܐܢܬܬܐ[f] ܕܒܝܫܘ̈ܬܐ ܕܡܪܕܝܬܟ[g] ܠܡܐܬܬܐ ܢܫܡܐ ܐܝܬ، ܢܓܫܡ ܐܝܟ ܕܬܠܝܢ ܢܦܫܘܬܐ. ܐܠܐ[h]. ܐܠܐ ܐܡܪ، ܕܓܝܪ ܟܕ ܐܬܬܐ ܡܫܬܝܢܐ. ܦܪܐ ܘܟܠܗ ܠܬܠܝܢ ܢܦܫܬܐ ܘܠܓܠܝܢ ܐܘܡܢܘܬܐ ܕܟܠܗ̇[h]. ܡܠܒܫܬܐ ܢܚܝܬܝܢ[i] ܘܬܘܬܘܢ[j]

---

[a] + ܢܦܫܬܐ ܒܬܘܒܘܢ ܟܕ   [b] ܐܦܠܐ   S. f. 86 a   [c] ܐܦܠܐ ܒܪܐ

[d] ܐܢܫܝܐ. ܕܬܫܡܫܬܐ

[e] ܐܠܐ ܟܕ ܙܢܝܐ ܕܐܠܗܐ: ܕܒܝܬܐ ܘܡܫܬܘܬܐ. ܡܢܟܐ ܡܫܠ ܠܟܐ ܕܠܐ ܐܡܫܝܬ ܠܗ̇ ܐܬܪܐ ܕܬܓܘܠ ܒܕܘܟܐ. ܫܡܫܐ ܘܐܬܪܐ ܠܗܬ ܗ̇ܘ ܕܢܫܡܬ ܡܢܗ. ܡܛܠ ܕܐܢܫܐ ܕܓܠܝܐ ܗܘ ܙܢܝܐ ܡܫܬܝܐ ܠܐ ܡܫܡܠ ܠܗ̇ ܀

[f] ܐܢܬ (ܐܢܬܝ B) ܕܝܢ ܐܘ ܐܢܬܬܐ: ܐܝܟ ܕܐܡܪܬܐ ܐܢܬܝ[f]

[g] + ܙܢܝܐ ܠܢܦܫܬܐ ܬܬܒܓܝܢ. ܟܕ ܒܪܐ ܬܫܟܚܝܢ ܠܬܠܬ ܙܢܝܐ ܡܫܬܝܢ ܗܘ. ܢܦܫܬܐ ܘܬܫܡܫ ܠܗ̇ ܐܬܪܐ. ܬܓܘܠ ܘܬܬܒܪܐ ܒܟܠ ܒܟܠܗܝܢ. ܘܡܢܗܝܢ ܫܘܢܐ ܒܚܠܬܐ ܕܪ̈ܘܚܐ ܠܢܦܫܬܐ. ܘܫܘܬܦܘܬܐ ܕܪ̈ܘܚܐ ܡܫܬܝܐ. ܘܡܪܒܐ ܐܠܗܝܐ. ܡܛܠ ܗܢܐ ܡܫܠܡܬܐ· ܗܠܝܢ ܓܒ̈ܢܐ ܒܪ̈ܝܢ ܠܗܝܢ ܡܛܠ ܕܚܝܒܝܢ. ܘܡܛܠ ܢܦܫ̈ܬܐ (ܢܦܫ̈ܬܐ B) ܕܠܟ̈ܠܢ ܐܢܬܝܢ. ܘܡܛܠ ܡܫܡܫ ܒܕܚܝܠܝܢ ܡܢ ܙܢܝܐ ܡܫܬܝܐ ܡܫ̈ܬܘܬܐ ܐܢܬܝܢ. ܘܡܫܬܬܠܝܢ ܐܢܬܝܢ ܙ̈ܢܝܐ ܠܢܦܫ̈ܬܐ. ܘܡܫ̈ܬܬܝܢ ܐܢܬܝܢ ܡܢ ܚܝ̈ܐ ܠܢܦܫܬܐ ܕܢܘܪܐ ܕܠܚܠܡ ܀ ܬܘܒ ܕܝܢ ܐܡܪ ܠܟܝ. ܐܘ̄ ܐܢܬܬܐ. ܒܫܒܥܐ ܢܘ̈ܪܝܢ ܕܡܪܕܝܬܟܝ.

[h] ܡܢ ܒܬܪ ܫܒܥܐ ܢܘ̈ܪܝܢ ܡܫܠ ܐܢܫܐ ܡܬܕܡܝܐ ܐܢܬܝ ܕܠܐ ܡܡܫܡܫܢܘܬܐ. ܘܟܢ ܬܬܒܓܝܢ. ܒܗܘ ܡܢܟ ܕܫܒܪܐ ܐܢܬܝ. ܬܫܬܝܢ ܡܡܫܡܫܢܘܬܐ ܡܫܠܡܢܘܬܐ ܕܐܠܗܐ. ܗܢ ܕܡܫܬܡܫ ܠܟܝ ܢܦܫܬܟܝ ܒܫܬܐܢܬ. ܘܬܬܫܬܚܝܢ ܒܫܒܥܬܐ ܕܢܦܫܬܟܝ ܡܫܬܬܐ. ܘܬܬܫܬܠܡܝܢ (ܘܬܫܬܡܠܝܢ B) ܠܢܘܪܐ ܕܠܚܠܡ. ܘܟܢ ܠܐ ܬܬܒܓܝܢ ܐܝܟ ܡܢܟ ܕܒܪܝܫܝܬ ܕܠܟܝ ܠܡܐܬܬܐ S. f. 86 b ܡܫܘܐ ܐܢܬܝ. ܘܠܐ ܡܢܟ ܒܪܝܫ ܢܦܫܬܐ ܡܫܡܫܐ ܕܫܒܥܐ ܢܘ̈ܪܝܢ. ܐܠܐ

---

[i] ܢܚܝܬܝܢ   [j] + ܘ ܬܫܡܫ

ܐܢܬܝܢ ܠܝܬ ܒܟܘܢ ܪܘܚܐ ܡܪ̄ ܠܚܝܝܐ[a] ܦܠܚܐ ܐܝܬ,[1] ܕܕܝܩܘܬܐ.
ܪܘܚܐ[b] ܡܕܝܫܐ ܠܗܘܬ ܐܢܫ ܕܥܒܕ ܠܗ ܡܚܫܒܬ ܒܚܠܒܟܘܢ. ܘܟܢ
ܐܢܫܐ ܕܦܪܩ ܡܢܗ. ܢܦܩܐ ܠܗ ܪܘܚܐ ܛܢܦܬܐ.. ܪܘܚܐ[b]
Matt. xii. 43 ܛܢܦܬܐ ܗܝܐ ܕܢܦܩܬ ܡܢ[c] ܒܪܢܫܐ. ܐܙܠܐ ܘܡܬܚܙܪܐ ܒܐܬܪ̈ܘܬܐ
ܕܡܝܐ ܕܠܝܬ[d] ܒܗܘܢ̱. ܗܘܐ ܕܝܢ. ܒܒܢܝܢܫܐ ܕܠܐ[e] ܡܩܒܠ ܡܚܡܘܕܝܬܐ[e]
f. 75 a 44 ܡܢܐ[f] ܕܠܐ ܐܫܟܚܬ ܠܗ ܢܝܚܐ. ܐܡܪܐ[g] ܐܗܦܘܟ ܐܙܠ ܠܝ[g] ܠܒܝܬܝ,[h]
ܡܢ ܐܢܟܐ ܕܢܦܩܬ. ܐܝ̱ ܗܟܝܠ ܬܝܬܐ ܬܫܟܚܝܘܗܝ,[i] ܕܡܦܢܐ ܘܟܢܝܫ
45 ܘܡܨܒܬ. ܗܝܕܝܢ ܐܙܠܐ ܘܡܕܒܪܐ[j] ܥܡܗ ܫܒܥ̈ ܪ̈ܘܚܐ ܐܚ̈ܪܢܝܢ[k]
ܕܒܝ̈ܫܝܢ ܡܢܗ.[l] ܘܥܐܠ̈ܝܢ ܒܗ ܒܪܢܫܐ. ܘܗܘ̈ܝܢ ܐܚܪ̈ܝܬܗ ܒܝ̈ܫܝܢ
ܡܢ ܩܕ̈ܡܝܬܗ[m].. [n] ܡܠܟ[o] ܕܝܢ ܡܛܠ[p] ܡܢܐ ܗܟܐ ܕܢܦܩܬ ܠܗ[q] ܪܘܚܐ
ܛܢܦܬܐ ܠܐ ܡܫܟܚܐ ܠܗ ܢܝܚܐ ܒܕܘܟܐ[r]. ܡܛܠ ܕܟܠ ܒܪܢܫ
ܕܐܝܬ ܥܠܘܗܝ ܗܘ[s]. ܐܝܬ ܕܪܘܚܐ ܡܕܝܫܐ. ܘܐܝܬ ܕܪܘܚܐ ܛܢܦܬܐ.
ܡܗܝܡܢܐ ܥܠܘܗܝ ܪܘܚܐ ܡܪ̄. ܘܐܢܫܐ ܕܠܐ ܡܗܝܡܢ ܪܘܚܐ ܛܢܦܬܐ.[t]

---

[a] ܐܡܚܝܐ S. f. 85 b [b] + ܒܪ̈ [c] ܗܟܐ *sic* [d] ܠܝܬ [e] ܢܣܒܝܢ ܠܡܚܝܐ
[f] ܘܡܢܐ [g] ܐܗܦܘܟܝܢ [h] ܠܒܝܬܝ ܡܕܒܪܢܐ (B ܠܒܝܬܝ) [i] ܘܬܫܟܚܝܘܗܝ
[j] ܘܡܕܒܪܐ [k] ܐܚܪܢܝܬܐ [l] + ܘܐܬܝܢ [m] ܩܕܡܝܬܗ
[n] + (ܡܛܠ ܢܦܫܐ ܕܐܬ̈ܝܢ ܒܡܕܝܢܬܐ ܘܢܦܫܝܢ ܢܦܫܬܝܢ ܛܢܦܬܐ ܥܡܪܐ ܢܘܚ̈ܝܢ)
[o] ܡܠܟܐ [p] ܕܡܛܠ [q] om. ܠܗ [r] ܒܕܘܟܬܐ [s] + ܪܘܚܐ
[t] + ܘܠܐ ܡܫܟܚ ܒܝܬܗ ܪܘܚܐ ܢܡܚܪܢܬܐ. ܐܝܟܐ ܡܫܠ ܕܐܬܚܫܒ ܘܐܬܚܪܝܗ
Lag. p. 117 ܘܥܒܕ ܡܢ ܪܘܚܐ ܛܢܦܬܐ ܒܝܕ ܡܒܥܡܘܕܝܬܐ. ܒܗܬܒܠܐ ܪܘܚܐ
ܡܕܝܫܐ. ܘܐܝܟܢܐ ܕܥܒܕܐ ܚܛܝܐ ܛܢܦܐ ܡܬܚܒܪ ܠܗܬܗ ܪܘܚܐ ܡܕܝܫܐ.
ܘܡܗܘܐ ܒܗ ܥܠܝܐ. ܘܪܘܚܐ ܛܢܦܬܐ ܠܐ ܡܫܟܚܐ ܠܗ ܐܬܪܐ ܠܗܬܗ.
ܐܝܟܐ ܒܪ ܕܥܒܠܐ ܗܘ ܪܘܚܐ ܡܕܝܫܐ: ܠܐ ܡܫܟܚ ܠܗ. ܡܛܠ ܕܥܠܘܗܝ
ܒܢܝܢܫܐ ܥܠܝܢ ܐܝܟܢ ܪܘܚܐ ܕܥܠܘܗܝ.

---

[1] Cod. ܐܝܬ

ܦܬܘܪܐ[a] ܐܢܬ݀، ܐܘ ܐܢܬܬܐ. ܕܒܥܒܕܐ ܘܡܫ̈ܡܫܝܢ ܕܡܕܒܪܢܘܬܗ ܡܩܒܠ[b]
ܐܢܬ݀، ܗܘ[c] ܡܢ ܪܘܚܐ ܩܕܝܫܐ[d]. ܡܩܒܠܐܝܬ ܘܕܠܐ ܡܘܡܐ ܬܐܪܝܡ.
ܐܝܟ ܕܐܝܬ ܐܢܬ݀ ܒܗ ܪܘܚܐ ܩܕܝܫܐ. ܒܟܠܗܝܢ ܡܢ ܨܠܘܬܐ. ܘܡܢ
ܒܥܘܬܐ. ܘܡܢ ܐܘܪܫܠܝܐ. [e]ܠܐ ܢܛܪܐ[e] ܐܢܬ݀، ܢܦܫܟ. ܐܬܚܫܒ
ܒܗܪ ܘܚܙܝ. ܕܐܝܟ ܨܠܘܬܐ ܒܗ ܪܘܚܐ ܩܕܝܫܐ [f]ܡܬܩܒܠܐ..
ܘܐܘܪܫܠܝܐ ܒܗ ܪܘܚܐ ܡܪ̄[f] ܡܬܩܒܠܐ. ܘܡܬܩܕܫܐ ܘܒܥܘܬܐ
ܦܬܓ̈ܡܐ ܐܢܘܢ ܕܪܘܚܐ ܡܪ̄.[g] ܐܝܟܢܐ ܐܝܬܘܗܝ، ܒܗ ܪܘܚܐ
ܩܕܝܫܐ. ܠܡܕܒܚܐ ܢܛܪܐ ܐܢܬ݀، ܢܦܫܟ ܕܠܐ ܬܬܦܪܥܝܢ ܠܒܢ̈ܝܗܘܢ،
ܕܪܘܚܐ ܩܕܝܫܐ. ܐܝܟ[h] ܐܝܠܝܢ ܕܐܡܪܝܢ ܕܟܠ ܕܝܡܐ[i] ܒܡܕܒܚܐ Matt. xxiii. 18
ܠܐ ܚܛܐ. ܟܠ[j] ܕܝܡܐ ܒܩܘܪܒܢܐ ܕܥܠܘܗܝ، ܚܛܐ.[k] ܣܟܠܐ ܘܥܘܝܪ̈ܐ 19
ܐܝܢܐ ܪܒ. [l]ܡܕܒܚܐ ܐܘ ܩܘܪܒܢܐ[l]. ܡܕܒܚܐ[m] ܡܩܕܫ[n] ܠܩܘܪܒܢܐ.[o]

ܗܘ ܡܕܡ ܕܦܬܘܪ ܕܐܠܗܐ ܠܗ ܡܬܝܗܒ ܡܢܗ. ܠܐܝܠܝܢ ܗܟܝܠ ܕܐܠܗܐ ܠܗܘܢ.
ܐܝܟ ܡܬܬܗܘܐ ܠܗܘܢ. S. f. 85a ܘܡܢ ܐܝܠܝܢ ܕܡܢ ܦܬܘܪ ܕܠܐ ܐܠܗܐ ܠܗܘܢ.
ܐܝܟ ܗܘ ܕܦܬܘܪܝܢ ܕܐܠܗܐ ܠܗܘܢ ܢܬܝܗܒ ܡܢܗܘܢ. (ܡܛܠ ܗܠܝܢ ܕܢܛܪܝܢ ܡܬܚܫܒܐ
ܕܡܕܒܚܬܐ)

---

[a] ܦܬܘܪ [b] ܡܩܒܠܐ [c] om. ܗܘ [d] + ܐܝܟ ܬܬܟܬܫܝܢ ܒܥܘܠܐ ܘܒܫ̈ܬܐ
Lag. p. 116 [e] ܕܠܐ ܚܠܦܐ ܢܛܪ [f] (B om. ܡܪ̄.... ܡܬܩܒܠܐ)
[g] + ܘܦܪܘܫܝܢ ܐܢܘܢ. + [h] [ܐܝܟ] [i] + ܒܗ [j] + ܕܝܢ [k] + ܐܝܟ ܕܐܡܪ ܡܪܢ. +
[l] ܩܘܪܒܢܐ ܐܘ ܡܕܒܚܐ [m] om. ܡܕܒܚܐ [n] ܕܡܩܕܫ ܠܗ
[o] + ܟܠ ܕܝܡܐ ܗܟܝܠ ܒܡܕܒܚܐ ܝܡܐ ܒܗ. ܘܒܟܠ ܕܐܝܬ ܥܠܘܗܝ. ܘܟܠ Matt. xxiii. 20
ܕܝܡܐ ܒܗܝܟܠܐ. ܝܡܐ ܒܗ ܘܒܡܢ ܕܥܡܪ ܒܗ. ܘܟܠ ܕܝܡܐ ܒܫܡܝܐ. 21, 22
ܝܡܐ ܒܟܘܪܣܝܐ ܕܐܠܗܐ. ܘܒܡܢ ܕܝܬܒ ܥܠܘܗܝ. ܐܝܟ ܗܟܝܠ ܦܬܘܪܐ
ܐܢܬ݀ ܪܘܚܐ ܩܕܝܫܐ. ܘܡܢ ܦܐܪ̈ܘܗܝ ܢܛܪܐ ܐܢܬ݀ ܢܦܫܟ. ܕܠܐ ܬܬܦܪܥܝܢ
ܠܗܘܢ: ܐܝܟ ܐܢܬ݀ ܬܫܬܒܚܝܢ ܡܢ ܒܢܝ ܢܫܐ ܒܡܫܝܚܐ. ܫܠܡܬܐ ܘܒܘܪܟܬܐ:
ܒܗܠܐ ܪܒ ܠܢܦܫܟ ܐܘ ܪܘܚܐ. ܗܘ ܕܩܕܝܫܐ ܐܢܬ݀: ܫܠܡܬܐ: ܢܛܘܪܬܐ
ܫܪܝܪܬܐ ܢܛܪܐ ܐܢܬ݀:

ܟܠܗܘܢ ܐܣܘܪ̈ܐ[a] ܕܐܝܬ ܒܢܡܘܣܐ. ܡܢ ܡܐܬܠ̈ܬܐ. ܘܡܢ ܐܝܠܝܢ ܕܟܠܝܢ
ܠܡܕܘܡܕܡ. ܘܡܢ ܐܝܠܝܢ ܕܡܫܬܡܥܝܢ ܕܦܓܪ̈ܐ[a] ܠܐ ܡܫܬܘܕܥܝܢ ܘܐܝܟ[b]
ܕܠܐ ܬܦܘܩ ܢܦܩܠܗܘܢ ܘܢܬܩܠܘܢ. ܐܠܐ ܩܪ̈ܝܐ ܢܦܩܝܢ ܠܟܠܗܘܢ.
ܦܘܚܐ[c] ܥܫܝܢܬܐ. ܫܠܝܡ ܒܦܘܩܕܢܗܘܢ[d] ܠܟܠܗܘܢ. ܘܟܒܘܪܐ[e] ܕܠܐ ܠܐ ܕܚܟܡܐ
ܢܬܟܢܫܘܢ[e]. ܒܪܘܚܐ ܫܠܝܚܐ[f] ܕܠܐ ܬܐܟܒܘܢ ܒܡܟܘܢ..[g] ܐܝܟܢܐ

ܐܡܬܝ ܠܗ. ܢܡܘܣܐ ܕܝܢ ܥܒܪ ܗܘ. ܐܝܠܝܢ ܕܝܢ ܕܩܪܝܢ ܕܢܡܘܣܘܢ ܕܠܐ
ܢܡܘܣܐ. ܗܐ ܠܐ ܩܪܝܢ ܬܒܝܬ ܢܡܘܣܐ ܗܘܝܢ. ܐܡܪ ܓܝܪ ܒܢܡܘܣܐ. ܠܐ
ܬܩܛܘܠ. ܘܐܦ ܐܢܫ ܕܝܢ ܢܩܛܘܠ. ܡܢ ܢܡܘܣܐ ܕܪ̈ܘܡܝܐ ܡܬܚܝܒ ܠܗ.
ܘܬܒܝܬ ܢܡܘܣܐ ܗܘܐ. ܐܝܟܢ ܠܥܒܪܐ ܕܒܕܬܐ. ܘܠܫܠܝܐ S. f. 84b ܕܐܘܟܠܝܢ
ܬܦܩܘܢ ܘܬܫܠܡܘܢ. ܡܡܪܢܘܢ ܒܡܪܢܐ ܠܐ ܢܦܠ.

[a] ܐܪ̈ܣܛܘܠܝܐ. ܗܢܘܢ ܕܠܐ ܢܦܩܝܢ ܠܢܡܘܣܐ ܘܠܢܒܝ̈ܐ. ܘܐܠܗܐ ܐܝܟܢ ܟܠ
ܠܐ ܡܬܬܒܥܝܢ. ܐܠܐ ܐܬܝܗܘܢ ܒܡܠܬ̈ܒܘܬܗܘܢ ܘܡܢ ܡܐܬܠ̈ܬܐ ܡܬܪ̈ܚܩܝܢ.
ܘܟܠܝܢ ܠܡܕܘܡܕܡ (ܠܡܕܘܡܕܡ B). ܘܡܫܬܡܥܬܐ ܕܦܓܪ̈ܐ (B om.)
[b] ܐܠܐ [c] ܪ̈ܘܚܐ [d] ܕܬܦܩܘܢ [e] ܘܢܬܟܢܫܘܢ ܒܡܪܐ ܕܠܐ ܕܚܟܡܐ
[f] + ܘܐܬܪ̈ܚܩܘ ܡܢܗܘܢ.
[g] + ܐܝܢ ܐܝܬ ܐܢܫܝܢ ܕܡܕܡܪܝܢ. ܘܩܪܝܢ ܠܒܢܝܢ ܐܝܟ ܕܬܒܝܢ ܢܡܘܣܐ.
ܒܪ̈ܐ ܕܢܦܫܐ ܘܪ̈ܘܚܐ ܘܡܫܬܡܫܬܐ. ܠܡܫܪܐ ܢܦܫܗܘܢ ܢܗܘܝܢ ܐܝܟ ܕܥܒܕܝܢ
ܐܡܪܝܢ. ܕܡܢ ܬܒܝܢ ܢܡܘܣܐ. ܠܡܬܠܐ ܕܟܠ ܦܘܩܕܢ ܡܥܪ̈ܝܢ. ܘܡܚܝܒܝܢ
ܢܦܫܗܘܢ ܡܢܡܘܣܝܬ. ܬܘܒ ܕܝܢ ܢܐܡܪܘܢ ܠܝ. ܕܒܐܝܠܝܢ ܡܬܥܠܝܐ ܐܘ
ܒܐܝܠܝܢ ܥܒܕܐ. ܢܬܪܡ ܠܒܢܝ̈ܢ ܘܠܡܫܡܫ ܐܘܪܫܠܝܡ (ܐܘܪܫܠܡ B). ܐܘ
ܠܡܦܪܥ ܒܬܪܟܐ. ܢܐܡܪܘܢ ܠܝ ܐܦ ܡܫܝܚܐ ܐܝܟܢ ܡܢ ܪܘܚܐ ܩܕܝܫܐ. ܡܛܠ
ܕܗܢܐ ܡܡܠܡܕܢܘܬܐ ܡܬܩܒܠܝܢ ܪܘܚܐ ܩܕܝܫܐ. ܗܘ ܕܒܗ ܐܝܠܝܢ ܕܟܬܝܒܝܢ
ܕܗܝܡܢܘܬܐ ܐܬܝܗܝ ܒܡܠܬܐ. ܘܠܐ ܦܪܫ ܡܢܗܘܢ. ܡܛܠ ܕܗܘܝܐ ܕܒܢܝܢ
ܘܡܫܬܡܫܬܐ ܕܗܘܝܐ. ܐܠܐ ܒܡܠܬܐ ܐܝܟܢ ܠܗܬ ܐܝܠܝܢ ܕܒܢܝܢ ܠܗ ܘܡܢܛܪ
Prov. vi. 22 ܠܗܘܢ. ܐܝܟ ܕܐܡܪ ܡܪܢܐ ܒܡܬܠܐ. ܕܐܦ ܕܐܝܟ ܐܝܬ ܗܘ ܡܢܛܪ ܠܝ.
Matt. xxv. 29 ܘܡܢܐ ܕܐܬܬܦܪܫ ܢܛܠ ܒܡܢܝ. ܘܒܐܘܟܠܘܢ ܬܗܘܐ ܐܡܪ. ܡܪܢ. ܕܟܠ
ܕܐܝܬ ܠܗ ܢܬܝܗܒ ܠܗ. ܘܢܬܬܘܣܦ ܠܗ. ܘܠܐܝܢܐ ܕܠܐ ܐܝܬ ܠܗ. ܐܦ

[a]ܒܡܘܬܒܗ ܒܠܚܘܕ[a] ܝܬܒ ܗܠܝܢ. ܐܠܐ[b] ܟܕ ܕ̈ܝܢܐ ܒܥܕܬܐ. ܘܠܡܥܠܐ
ܢܦܩ. [c]ܘܥܠ ܠܡܕܒܚܐ[c]. ܘܠܡܕܒ̈ܚܐ ܒܟܠ. ܘܠܟܠܗܘܢ ܕܒ̈ܢܝܐ[d]
ܘܐܦ̈ܘܣܐ ܕܐܝܬ ܒܗܠܝܢ ܢܡܘܣܐ ܦܩܕ. ܐܦ ܕ̈ܝܢܐ ܟܕ ܢܡܘܣܐ
ܐܚܝܕܝܢ. ܘܒܗܝܢ ܗܠܝܢ ܢܡܘܣܐ ܡܬܬܐܠܝܢ. ܡܬܦܠܓܝܢܐ ܒܥܒܕܝܢ
ܐܦܝܣܩܘܦܘ̈ܗܝ.. [e] ܐܝܕܝܢ ܠܡܥܒܕܗ̇ ܗܘܐ. ܬܐܪܬ ܒܩܪ̈ܒܬܐ. ܠܝܬ
ܓܝܪ ܬܠܡܝܕܐ ܕܝܬܝܪ ܡܢ ܪܒܗ. [f]ܘܠܐ ܥܒܕܐ ܡܢ ܡܪܗ[f]. ܟܕ ܕܝܢ Matt. x. 24
ܬܫܠܡ ܠܗ ܟܕ ܐܘܢܓܠܝܘܢ ܠܢܡܘܣܐ ܫܠܡ ܐܢܬ. ܘܡܢ ܗܠܝܢ f. 74 b
ܢܡܘܣܐ ܒܡܫܪܝܬܐ ܡܫܝܚܐ[g] ܐܢܬ. ܐܝܟ ܕܐܦ ܗܘ ܡܪܢ ܗܘ
ܕܡܘܒ. [h]ܠܒ̈ܢܝܢܫܐ ܡܠܟܘܬܐ[h]. ܐܘܕܥ. ܕܒܐܝܢܐܝܬ[i] ܡܬܦܬܚܐ
ܕܐܘܪܝܬܗܘܢ[1] ܒܦܘܪܩܢܗ.. [j] ܘܦܬܘܚܘ ܫܒܝܠ ܡܦܪܩܢܝܢ ܡܢ

[a] ܒܡܘܬܒܗ ܒܠܚܘܕ [b] + ܐܦ [c] ܘܠܡܕܒܚܐ ܢܥܠ [d] ܒܦ̈ܬܘܪܐ

[e] + ܐܢܬ ܗܟܝܠ [ܕ]ܝܪܟܐ (B *s. u.*) ܐܢܬ ܡܡܠܠ ܠܡܫܡܥܐ ܬܚܝܬ ܬܠܝܢ ܢܡܘܣܐ. ܒܗ ܡܬܬܠܝܢ ܕ̈ܝܢܐ S. f. 84 a. ܠܐ ܡܥܠܝܬ ܐܢܬ ܠܡܕܒܚܐ ܡܛܠ ܕܬܠܝܬ ܬܚܝܬ ܢܡܘܣܐ. ܠܐ ܓܝܪ ܠܟܗ̈ܢܐ ܡܥܠܝܬ ܐܢܬ ܠܩܘܪܒܢ. ܘܠܐ ܠܡܩܪܒܘ ܠܕ̈ܒܚܐ ܒܬܪ̈ܥܐ. ܘܠܐ ܕܬܫܡܫ ܬܫܡܫܬܐ ܕܟܗܢܘܬܐ. ܘܠܐ ܢܟ̈ܣܐ ܘܩܘܪܒܢܐ ܕܚܛܗܐ ܠܡܩܪܒܘ. ܐܝܟܢܐ ܡܕܝܢ ܐܚܪܢ. ܡܢ ܐܝܟܢ ܕܬܚܝܬ ܢܡܘܣܐ ܡܥܠܝܬ ܐܢܬ ܕܬܫܠܡ. ܐܝܟܢܐ ܡܥܠܝܬ ܐܢܬ ܕܬܬܠܘܐ ܐܢܘܢ. ܒܬܪ ܓܝܪ ܕܠܝܛ ܗܘ ܟܠ ܕܠܐ ܢܛܪ ܒܬܚܘܡ̈ܐ ܗܠܝܢ ܠܡܥܒܕ ܐܢܘܢ. ܘܠܐ ܡܥܠܝܬ ܗܟܐ ܠܡܫܡܫܐ. ܕܒܗ ܡܬܕܒܪܝܢ ܒܗ ܒܥ̈ܒܕܐ ܠܡܫܠܡܘ ܬܚܝܬ ܢܡܘܣܐ. ܡܛܠ ܗܢܐ ܒܠܒܝ ܕܬܬܦܪܥ ܠܗ. ܬܚܝܬ ܠܘܬܗ ܢܛܠ. ܘܐܡܪ ܢܦܫܗ ܘܢܦܬ ܦܐܐ. ܘܡܬܪܝ ܠܘܬܐ ܕܟܠ ܦܘܡ. ܘܐܝܟ ܒܠܥܒܕܐ ܕܐܠܗܐ ܡܬܚܝܒ. cf. Lev. ix. 2—4 Deut. xxvii. 26

[f] om. ܘܠܐ ܥܒܕܐ ܡܢ ܡܪܗ [g] ܡܬܪܝܚ [h] ܡܠܟܘܬܐ ܠܚ̈ܫܝܫܐ

[i] ܘܕܒܐܝܢܐܝܬ

[j] + ܡܛܠ ܕܒܟܠ ܙܒܢܐ ܕܐܝܬ. ܐܢܬ ܕܪܚܡܐ ܬܚܝܬ ܢܡܘܣܐ· ܟܕ ܐܢܬ ܠܟܘܢ ܕܝܢ ܐܘܢܓܠܝܘܢ· ܠܢܡܘܣܐ ܫܠܡ ܐܢܬ. ܫܪܝܬܗ ܕܢܡܘܣܐ ܘܫܘܬܦܘܬܐ. ܬܠܬ Lag. p. 115 ܡܢ ܢܡܘܣܐ ܘܕ̈ܒܚܐ. ܠܐ ܬܬܒܥܘܢ ܡܕܡ ܐܚܪܢ. ܬܚܝܬ ܢܡܘܣܐ ܓܝܪ

[1] Cod. ܕܐܝܪܬܗܘܢ

ܠܕܡܘܬܐ ܗܘܐ ܐܬܒܢܝܬܘܢ[a]. ܕܡܘܬܐ ܗ̇ܝ[b] ܥܒܕܬܐ ܕܢܫܡܬܐ ܕܡܘܕܝܢܐ
ܟܠ ܐܠܦܐ ܥܒܝܕܬܐ. ܡܛܠ ܕܝܢ ܦܪܘܩܢ ܒܗ ܐܬ̣ܐ ܫܡܠܝ.
ܕܡܘܬܐ[c]. ܘܦܠܐܬܐ[c] ܦܓܪ. ܘܐܝܠܝܢ ܕܡܐܟܝܢ ܚܝܒ. ܘܠܐܝܠܝܢ[d] ܕܠܐ
ܡܟܬܒܢ ܟܠܠ. ܘܐܝܠܝܢ ܕܠܐ ܡܬܐܟܝܢ[e] ܒܪܐ. ܘܠܐ ܗܘܐ[f] ܕܝܢ

ܕܡܪܢܐ ܐܝܟ ܟܐܦ ܥܫܝܢ. ܘܡܟܐ ܕܐܬܡܛܠ ܕܟܒܪ. ܘܐܝܟ ܡܬܦܪܬܐ
ܕܠܠܝܐ. ܥܠ ܕܒܝܐ ܕܝܢ ܟܐܦ. ܕܐܬܬܘܣܝ ܒܝܬ ܐܣܘܪܐ ܕ[ܐ]ܣܘܫܬܐ (B s. u.).
ܠܐܝܠܝܢ ܕܡܬܦܢܝܢ. ܘܡܟܐ ܡܛܠ ܟܠܗ ܕܢܬܟܠܘܢ. ܕܗܘܝܐ ܦܐܝܐ ܒܗ
Epistle of Barnabas, ch. vi., ed. Hilgenfeld, p. 16, l. 9 ܥܒܕܐ ܒܟܝܢ ܟܢܘܬܗ. ܘܬܘܒ ܕܝܢ ܟܐܦ ܫܡܘܪܐ. ܟܕ ܢܣܝܒ ܠܗ ܠܥܒܕܐ:
ܐܡܪ ܟܢ. ܕܗܐ ܥܒܕ ܐܢܐ ܩܕ̈ܡܝܬܐ ܐܝܟ ܐܚܪ̈ܝܬܐ. ܘܐܚܪ̈ܝܬܐ
Matt. xx. 16 ܐܝܟ ܩܕ̈ܡܝܬܐ. ܘܢܗܘܘܢ ܐܚܪ̈ܝܐ ܩܕ̈ܡܝܐ. ܘܩܕ̈ܡܝܐ ܐܚܪ̈ܝܐ. ܘܠܐ
Is. xliii. 18, 19 ܬܬܕܟܪܘܢ ܬܘܒ ܠܩܕ̈ܡܝܬܐ. ܘܠܐ ܢܣܩܢ ܥܠ ܠܒܟܘܢ: ܗܐ ܥܒܕ ܐܢܐ
Jer. iii. 16 ܚ̈ܕܬܬܐ. ܗܠܝܢ ܕܗܫܐ ܕܢܬܓ̈ܠܝܢ: ܘܒܩܕ̈ܡܝܬܐ ܚܙܘܢ ܘܒܗܘ ܕܒܟܠܐ. ܠܐ ܬܘܒ
ܢܐܡܪܘܢ ܩܝܡܬܐ ܕܡܪܝܐ (ܕܕܝܬܩܐ B). ܘܠܐ ܬܣܩ ܥܠ ܠܒܐ
ܘܠܐ ܬܬܕܟܪ. ܘܠܐ ܬܘܒ ܬܬܥܒܕ. ܐܠܐ ܗܝ ܫܒܬܐ ܥܠ ܫܒܬܐ
ܠܬܡܢܝܐ. S. f. 83 b ܘܗܘܝܐ ܬܡܝܢܝܐ. ܬܡܝܢܝܘܬܐ ܡܛܠ ܗܘܝܐ ܕܡܬܬܪܝܐ ܡܢ
ܫܒܬܐ ܫܒܝܥܝܐ. ܡܫܠܡܢܐ ܐܢܫ. ܥܠ ܗܘܝܐ ܕܡܪܝܐ ܗܘ. ܐܡܪ ܟܢ
Ps. xxiv. 1 ܠܡܟܐ. ܕܡܪܝܐ ܗܝ ܐܪܥܐ ܒܡܠܐܗ̇ (ܒܡܠܐܗ B). ܬܒܝܠ ܕܬܩܢܬ ܫܒܥܝܐ
ܘܟܠܗܘܢ ܒܥܘܡܪܗ. ܐܠܐ ܟܢ ܒܪܐ ܐܠܗܐ ܕܫܒܐ ܠܥܠܡܐ ܘܐܝܟ ܢܗܘܐ
ܟܠܗܝܢ. ܡܛܠ ܪ̈ܘܚ ܐܟܣܢܝܬܐ ܘܕܘܟܐ. ܘܟܠܗܘܢ ܕܡܢ ܩܕܡ ܒܫܡܐ ܗܘܘ
ܗܘܘ ܟܠܗܝܢ. ܘܗܘ ܬܘܒ ܐܠܗܐ ܒܗ ܟܠܗܝܢ ܒܪ̈ܝܬܗ. ܡܫܐ ܕܝܢ ܒܠܚܘܕ
Lag. p. 114 ܡܫܪܝܘܬܗ ܕܥܠܡܐ. ܒܟܠܗܝܢ ܘܐܬܚܝܢܬ ܠܡܬܪ̈ܬܐ ܘܠܐ
ܟ̈ܠܗܝܢ ܒܡܘܬܒ ܐܟܠܐ ܫܒܬܐ ܐܢ ܡܢ ܒܪ̈ܝܬܗ ܘܒܥܘܡܪܗ ܕܐܠܗܐ. ܐܡܪ
cf. Ex. xx. 10 ܐܡܪ ܗܘܐ ܕܬܬܒܛܠ ܐܢܬ ܘܒܪܟ ܘܒܪܬܟ ܘܐܡܬܟ ܘܥܒܕܟ. ܐܡܬܐ ܗܘ
ܦܠܚ. ܕܒܠܢܐ ܘܚܡܪܟ ܪ̈ܘܚܐ. ܘܒܪܬܐ ܘܡܬܪ̈ܬܐ ܠܗ ܠܒܪ̈ܝܬܗ. ܒܫܒܬܐ
ܕܫܒܬܐ ܚܡܪܟ ܘܬܘܪܟ ܘܦܠܚ. ܐܠܐ ܗܕܐ ܕܡܘܬܐ ܗܘ ܐܬܚܫܒܬ
ܠܒܪܝܐ. ܐܝܟ ܕܐܦ ܐܚܪ̈ܝܬܐ.

---

[a] ܐܬܒܢܝܬܘܢ [b] + ܡܛܠ [c] ܕܕܡܘ̈ܬܐ ܘܦܠ̈ܐܬܐ [d] ܘܐܝܠܝܢ
[e] B ܒ̈ܚܝܫܝܢ [f] om. ܗܘܐ

ܒܫܒܬܐ. ܡܛܠ ܕܐܡܪ ܒܬܘܪܬܐ. ܕܒܫ̈ܬܐ ܝܘܡ̈ܝܢ ܥܒܕ ܐܠܗܐ Ex. xx. 11
ܦܠܚܝܢ. ܘܒܝܘܡܐ ܫܒܝܥܝܐ ܫܠܡ[a] ܒܒ̈ܪܝܬܗ[b]. ܬܘܒ[c] ܡܬܐܡܪܝܢ
ܠܗܘܢ ܗ̇ܒܠ[d]. [e]ܕܐܢܫܐ ܠܡ[e] ܡܕܡ ܐܟܠ ܐܘ ܫܬܐ. ܐܢܫܐ ܠܒܪ
ܕܙܒ ܩܘܡ ܢܦܫܗ ܕܟܠܢܫܐ. ܐܢܫܐ ܕܐܦ ܒܐܪܥܬܐ[f] ܐܡܪ
ܡܪܝܐ ܦܩܘܕ. ܒܪܫܝܬ[g] ܒܪܐ ܐܠܗܐ. ܫܡܝܐ ܘܐܪܥܐ. ܐܪܥܐ Gen. i. 1
ܕܝܢ ܠܐ[1] ܝܕܝܥܐ ܗܘܬ ܘܠܐ ܡܬܡܢܝܐ. ܬܘܒ[h] ܕܝܢ ܐܡܪ ܘܗܘܐ ܢܘܗܪܐ
ܚܙܐ. ܘܒܝܘܡܐ ܠܐ ܐܬܒܪܝ ܗܘܐ[i] ܢܘܗܪܐ ܥܒܝܕܐ. ܡܢܐ ܐܢܬܘܢ[j]
ܐܡܪܝܢ ܐܢܬܘܢ ܐܢܫܐ ܪܒ. ܗܘ ܕܗܘܐ ܘܦܐܫ. ܐܘ ܗܘ[k] ܐܢܫܐ
ܕܒܝܘܡܐ ܠܐ ܐܬܒܪܝ. ܘܠܐ ܡܫܬܟܚ ܗܘܐ ܕܗܘܐ.[l] ܫܩܝܐܬܐ

ܟܠܗܘܢ. ܟܠܗܝܢ ܕܡܬܢܛܪܢ ܠܡܘܫܐ ܐܬܝܗܒ ܒܢܡܘܣܐ. ܫܒܬܐ ܗܘܬ ܗܘܐ ܕܡܬܝܠܕܐ
ܕܚܠܠܐ. ܐܬܝܗܒ ܒܢܡܘܣܐ ܓܝܪ. ܠܐ ܗܘܐ ܠܒܪ ܡܢ ܕܒܠܥܕ ܦܘܩܕܢܐ ܐܬܬܣܝܡ.
ܐܣ̈ܘܪܐ ܓܝܪ ܡܛܠ ܕܒܠܥܕ ܦܘܩ̈ܕܢܐ ܐܫܬܪܝܘ. ܐܝܟ ܡܛܠ ܕܡܠܝܟ ܚܕܝܢ.
ܐܣ̈ܘܪܐ ܐܬܝܗܒܘ ܘܕܝܢܐ ܦܘܩ̈ܕܢܐ. ܡܛܠܬܗܘܢ ܟܠܗܝܢ ܕܐܬܟܐܢ ܢܦܫܗ. ܫܒܬܐ
ܕܝܢ ܗܘܬ. ܘܡܬܦܬܚܐ ܠܗ ܕܐܝܟ ܕܒܠܥܕ ܦܘܩ̈ܕܢܐ ܢܘܕܥ. ܐܝܟܢܐ ܡܟܝܠ
ܕܡܛܠܐ ܗܘ. ܐܝܟ ܠܦܠܓܘܬܐ ܕܟܠ ܦܘܩܕ ܡܥܒܪ. ܐܚܪܢܐ ܐܬܝܗܒ ܒܢܡܘܣܐ
ܡܢܝܢ ܐܢܘܢ. ܐܝܟ ܠܦܠܓܘܬܐ ܕܟܠ ܦܘܩܕ ܡܥܒܪ ܐܢܘܢ. ܘܡܬܬܚܝܒ ܐܢܘܢ
ܒܐܣ̈ܘܪܐ. ܘܗܘܐ ܐܢܘܢ ܫܒܬܐ ܕܝܢܐ: ܒܠܚܘܕܘܗܝ ܕܟܝܢܐ ܐܠܗܝܐ.

S. f. 83 a   [a] + ܟܠܗܘܢ   [b] + ܘܦܘܠܚܢܗ   [c] om. ܬܘܒ   [d] B om. ܗܒܠ
[e] ܕܡܠܟܐ   [f] ܒܝܬ ܡܘܫܐ   [g] B ܒܪܫܝܬ   [h] ܘܬܘܒ   [i] om. ܗܘܐ
[j] ܕܝܢ   [k] om. ܗܘ
[l] + ܬܘܒ ܕܝܢ ܡܫܬܐܠܝܢ ܠܗܘܢ. ܕܒܢ̈ܝܗܘܢ ܐܚܪ̈ܢܐ ܡܬܚܪܪܝܢ. ܐܘ ܒܡܘ̈ܬܐ.
ܐܝܟ ܕܐܦ ܒܡܠܬܐ ܐܡܪ. ܕܒܡܘܬܐ ܕܒܘܟܪ̈ܐ ܬܬܟܪܝ. ܘܒܪܝ ܒܘܟܪܝ Ex. iv. 22
ܐܝܣܪܝܠ. ܘܟܠ ܕܟܪܐ ܦܬܚ ܡܪܚܡܐ ܕܐܡܗ ܩܕܝܫ ܗܘ ܠܡܪܝܐ. Luke ii. 23 cf. Ex. xiii. 12
ܕܢܬܪ̈ܒܘܢ ܕܝܢ (B om.) ܒܡܫܝܚܘܬܐ ܫܒܝܥܝܐ. ܘܡܛܠ ܡܢܝܢܐ ܘܐܝܬܝܐ ܢܦܫ
ܐܝܢܝ. ܠܝܘ ܕܝܢ ܐܠܦܐ ܡܬܚܫܒܝܢ ܐܝܟ ܝܘܡܐ ܕܐܬܡܠ. ܕܒܫܒܥܬܗ ܘܡܛܠ Ps. xc. 4

---

[1] Cod. om. ܠܐ

ܕܗܡܫܒܠܘ ܒܗ ܒܥܡܐ. ܒܬܪ[a] ܐܣܘܪܐ ܕܐܬܟܒܠܬܘܢ܆ [b]ܐܢܬܘܢ܆
ܕܬܬܐܣܪܘܢ܆ ܘܐܣܟܪܝܢ ܐܢܬܘܢ܆ ܕܥܒܕܬܐ ܡܕܡܝܐ[c] ܗܝ܆ ܠܥܓܠ.

ܕܒܣܪ ܠܒܥܠܐ ܡܕܡ. ܒܬܠܬܐ ܕܝܢ ܠܐ ܐܬܬܦܪܫ܀ ܠܡܫܬܐܠܘ ܒܢܝ
ܡܟܪܙ ܘܡܘܕܥ ܠܗ. ܕܐܚܪܢܐ ܐܝܬܘܗܝ ܢܡܘܣܐ ܕܬܢܝܢܐ. ܘܐܚܪܢܐ ܢܡܘܣܐ
Ezek. xx. 10 ܕܬܪܝܢ ܕܟܬܒܐ. ܐܡܪ ܓܝܪ ܡܪܝܐ. ܕܐܦܩܬ ܐܢܘܢ ܡܢ ܐܪܥܐ ܕܡܨܪܝܢ.
ܘܐܝܬܝܬ ܐܢܘܢ ܠܡܕܒܪܐ. ܘܝܗܒܬ ܠܗܘܢ ܦܘܩܕܢܝ ܘܕܝܢܝ ܐܘܕܥܬ ܐܢܘܢ.
ܕܐܢ ܢܥܒܕ ܠܗܘܢ ܒܪܢܫܐ ܢܚܐ Lag. p. 112 ܒܗܘܢ. ܘܗܢܘܢ ܒܛܠܘܢ ܒܗ
ܪܓܠܐ (ܪ̈ܓܠܐ B) ܠܗܘܢ ܒܠ ܕܒܛܠܗ. ܘܒܠ ܕܠܐ ܢܛܪܘ ܢܡܘܣܐ ܕܚܝܐ. ܬܘܒ
Ezek. xx. 25 ܠܗܘܢ ܘܐܡܪ ܡܪܝܐ. ܕܝܗܒܬ ܠܗܘܢ ܦܘܩܕܢܐ ܕܠܐ ܫܦܝܪܝܢ. ܘܕܝܢܐ ܕܠܐ
ܢܚܘܢ ܒܗܘܢ. ܕܝܢܐ ܕܝܢ ܕܠܐ ܢܚܐܘܢ (ܢܚܝܢ B) ܐܝܬܝܗܘܢ ܕܐܣܘܪܐ.
ܡܛܠܗܢܐ ܐܦ ܡܠܬܐ ܕܡܫܕܪܬܐ ܘܐܡܝܪܐ ܒܬܘܢ ܢܡܘܣܐ. ܠܡܫܪܘܬܗ ܗܘ
Deut. xxi. 23 ܕܒܥܠܐ ܡܥܒܕܐ. ܗܝ ܕܠܝܛ ܗܘ ܟܠܡܢ ܕܡܬܬܠܐ ܥܠ ܩܝܣܐ. ܡܥܒܕܐ ܓܝܪ ܡܫܒܪܘ
ܟܠ ܗܘ ܕܚܛܐ ܘܡܬܒܥܐ ܒܥܘܠܬܐ ܠܐܝܠܝܢ ܕܥܒܕܝܢ. ܕܥܠܝܬܐ ܐܝܬܘܗܝ.
ܡܛܠܗܢܐ ܠܐ ܢܬܒܥܘܢ. ܐܝܠܐ ܡܢ ܒܬܪ ܐܬܬܦܬܚܬ ܕܗܘܝ ܡܢܗ ܒܥܠܡܐ.
ܒܗ ܒܙ܁ ܒܐܢܐܝܬ ܠܥܘܬ ܒܥܒܕܝܗܘܢ܆ ܠܡܥܪܘܬܗ ܕܒܥܠܐ ܐܬܬܩܝܦܬ ܗܝ
ܡܠܬܐ. ܘܒܠܬ ܕܠܐ ܢܫܡܥܘܢ ܘܢܐܚܘܢ. ܡܛܠܗܢܐ ܐܦ ܒܐܫܥܝܐ
Is. xlii. 19 ܐܡܪ ܡܪܝܐ܇ ܕܓܒܘ S. f. 82 b ܥܘܝܪܐ. ܐܠܐ ܐܢ ܥܒ̈ܕܝ. ܘܐܬܥܘܪܘ
20 ܥܒ̈ܕܘܗܝ ܕܐܠܗܐ. ܘܐܦܩܬ ܒܥܡܐ ܥܘܝܪܐ. ܕܥܝ̈ܢܐ ܐܝܬ ܠܗܘܢ ܘܠܐ
ܚܙܝܢ ܘܐܕ̈ܢܝܗܘܢ ܬܘܒ ܢܛܪܝܢ. ܡܢ ܗܕܐ ܓܝܪ ܡܠܬܐ ܡܛܠ ܒܥܒ̈ܕܝܗܘܢ
ܐܬܥܘܪܘ ܒܥܝ̈ܢܝܗܘܢ ܘܛܪܫ ܐܕ̈ܢܝܗܘܢ܆ ܐܝܟ ܕܦܩܕܘ. ܡܛܠܗܢܐ ܒܗ ܗܕܐ
ܡܠܬܐ. ܐܦ ܗܢܝܢ ܢܡܘܣܐ ܐܬܬܩܝܦ ܗܘ ܕܩܝܡ ܡܥܫܐ. ܘܗܢܝܢ ܢܡܘܣܐ.
ܗܘ ܓܝܪ ܐܝܬ ܕܝܢܐ ܕܠܐ ܫܦܝܪܝܢ. ܘܠܐ ܡܚܝܝܢ ܠܢܦܫܗ. ܐܝܠܝܢ ܡܛܠ
ܕܟܬܝܒ ܒܠܝܗܘܢ. ܗܠܝܢ ܕܡܛܠ ܕܝܢܐ ܦܘܩ̈ܕܢܐ ܐܬܬܩܝܦܘ. ܗ̈ܐ ܢܐܡܪܘܢ܇
Is. v. 18 ܘܝ ܠܗܘܢ ܠܡ ܓܝܪ ܠܐܝܠܝܢ ܕܡܢܓܕܝܢ ܚܛܗܝܗܘܢ ܐܝܟ ܒܚܒܠܐ ܐܪܝܟܐ.
ܘܐܝܟ ܒܥܘܒܬܐ ܕܥܓܠܬܐ ܥܘܠܗܘܢ. ܚܒܠܐ ܓܝܪ ܕܐܣܘܪ̈ܐ ܚܒܠܐ
ܗܘ ܕܥܓܠܬܐ. ܐܣܘܪ̈ܐ ܕܢܡܘܣܐ ܥܠ ܥܡܐ ܕܐܣܝܪ ܥܘܠܗܘܢ ܐܝܟ
ܒܚܒܠܐ ܐܪܝܟܐ. ܡܛܠ ܫܘܠܡܐ ܕܐܚܪܢܐ ܕܡܢ ܩܕܡ ܒܢܝܐ ܘܕܪ̈ܐ ܢܛܪܝܢ

Lag. p. 113 [a] ܘܒܬܪ [b] ܕܢܓܒܝܢ [c] ܡܕܡܝܬܐ

ܢܦܩܘܢ ܐܢܘܢ̈. ܠܐܠܗܐ ܠܐ ܡܬܛܟܣܝܢ.[a] ܥܠ ܗܢ[b] ܕܠܐ ܐܝܬܘܗܝ،
ܬܫܒܘܚܬ ܢܡܘܣܐ ܐܠܐ ܗ̇ܘ. ܡܬܦܢܝܢܐ ܡܫܡܫ ܥܠ ܢܡܘܣܐ
Ps. i. 2 ܕܡܪܝܐ. ܕܒܢܡܘܣܗ ܕܡܪܝܐ ܢܗܘܐ ܪܢܝܢܗ. ܐܦ[c] ܢܬܗܓܐ
4 ܐܝܡܡܐ ܘܠܠܝܐ. ܠܐ ܗ̇ܟܢܐ ܪ̈ܫܝܥܐ. ܫܘܝܢ ܗ̇ܟܝܠ ܡܬܚܙܝܢ[d].
f. 74a ܕܐܝܟܢܐ ܡܡܠܠܝܢ[e] ܦܘܪܥܢܐ ܕܕ̈ܝܢܐ[e] ܡܛܠ ܕܕܝܢܘܬܗ ܘܦܘܪܥܢܘܬܗ[f]
ܕܢܡܘܣܐ.. [g] ܡܬܦܢܝܢܐ ܥܒܕ ܠܗܘܢ ܐܝܟܢܐ ܘܡܬܚܙܝܢ[h] ܐܝܠܝܢ

---

[a] + ܠܗܘ ܦܪܫܐ ܐܢܘܢ̈ ܕܢܦܩܘܢ ܠܥܒܕܐ ܘܠܢܦܫܬܐ ܘܠܦܘܪܥܢܘܬܐ. ܘܢܣܒܘܢ ܐܘܪܚܝܢ ܒܬܘܟܠܐ ܡܫܬܡܠܝܢ ܕܬܠܝܢ ܒܢܡܘܣܐ ܕܠܐ ܡܬܒܥܝܢ. ܗ̣ܘ ܓܝܪ [ܡܢܝܢ] (B s. u.) ܘܦܪܘܩ ܗ̇ܘ ܕܝܗܒ ܢܡܘܣܐ ܘܬܠܝܢ ܢܡܘܣܐ. ܥܠ ܢܡܘܣܐ ܟܝܢܝܐ. ܕܢܦܫܐ ܗܘ ܠܐܝܠܝܢ ܕܢܛܪܝܢ ܠܗ. ܥܠ ܬܠܝܢ ܢܡܘܣܐ ܒܢܦܫܐ ܕܐܣܘܪܐ (B ܐܣܘܪ̈ܐ) ܗܘ ܘܡܣܪܘܬܐ. ܒܥܠܘܒܐ ܓܝܪ. ܡܦܪܫ ܘܡܫܦܫ ܥܠ ܢܡܘܣܐ ܘܦܫܩ ܘܦܫܩ ܠܝ. ܕܢܡܘܣܐ ܬܫܒܘܚܬ ܢܡܘܣܐ.

[b] + ܓܝܪ   [c] ܘܒܢܡܘܣܗ   [d] ܡܬܚܙܝܢ   [e] ܦܘܪܥܢܐ ܕܕ̈ܝܢܐ   [f] ܘܦܘܪܥܢܗ

[g] + ܪ̈ܫܝܥܐ ܕܝܢ ܠܐ ܗܟܢܐ. ܠܐ ܓܝܪ ܡܬܦܢܝܢ ܠܗ ܒܕܝܢܐ ܐܝܟܢܐ
ܒܢܡܘܣܐ. ܘܠܐ ܡܬܬܦܢܝܢ ܒܗ. ܡܛܠ ܗܢܐ ܪ̈ܫܝܥܐ ܦܪܫ ܠܐܝܠܝܢ ܕܠܐ
ܡܬܕܟܪܝܢ ܒܢܡܘܣܐ. ܐܝܟ ܕܐܝܬܝܗܘܢ ܓܝܪ ܠܢܡܘܣܐ ܡܥܒܪ. ܘܡܢ
ܢܡܘܣܐ ܦܪܫ ܘܦܫܩ ܠܝ. ܘܐܚܪܢܐ ܗܘ ܕܝܢ ܢܡܘܣܐ. ܘܐܚܪܢܐ ܬܠܝܢ
Ps. ii. 3 ܢܡܘܣܐ. ܐܝܟ ܒܗܘܢ ܡܥܒܪ ܘܡܫܘܐ ܗܘܠܐ ܘܐܡܪ. ܕܢܦܣܩ ܫܘܫܠܬܗܘܢ
ܘܢܫܕܐ ܡܢܢ ܢܝܪܗܘܢ. ܫܒܘܩ: ܕܐܝܟܢܐ ܡܬܠܠ ܦܘܠܐ ܒܒܝܬܐ. ܐܝܟ ܕܡܢ
ܦܘܡܗ ܕܠܐܒܐ ܦܬܠܐ ܬܘܦܬܗ. ܕܐܝܬܘܗܝ ܘܐܡܪ. ܢܝܪܐ ܢܡܘܣܐ.
ܣܡ̈ܐ ܕܝܢ ܬܠܝܢ ܢܡܘܣܐ. ܢܝܪܐ ܗܘ ܓܝܪ S. f. 82 a ܢܡܘܣܐ. ܡܛܠ ܕܐܝܟ
ܢܝܪܐ (in marg. ܢܝܪܐ, B ܢܝܪܬܐ) ܕܦܠܚܐ ܬܘܪ̈ܐ. ܘܫܕܐ ܥܠ ܒܥܝܪܐ ܦܘܪܥܢܐ. ܘܥܠ
ܒܬܪܐ ܕܐܠܗܐ ܕܫܦܝܐ. ܐܝܟܢܐ ܕܐܝܬܘܗܝ ܐܝܟ ܒܒܬܪܐ ܫܦܝܐ. ܒܠܡ
ܥܠ ܐܝܠܝܢ ܕܦܠܚܝܢ ܡܢ ܒܥܒܐ. ܘܒܠܒܗܘܢ ܘܥܠ ܐܝܠܝܢ ܕܡܢ ܒܝܬ ܒܥܒܪܐ.
ܕܗܘܘ ܒܠܒܗܘܢ ܪ̈ܫܝܥܐ. ܠܬܪܝܢ ܒܗ̇ ܒܝܫܐ ܫܠܡܘܬܐ ܦܠܓ ܘܐܝܟܢ. ܐܣܘܪܐ
ܕܡ ܥܒܕ ܦܪܫ ܬܠܝܢ ܢܡܘܣܐ. ܒܗ ܓܝܪ ܒܠܒ ܒܒܥܐ ܠܬܘܒܬܐ. ܐܬܬܘܣܦ
ܠܗܘܢ ܘܡܦܪܫ ܕܬܠܝܢ ܢܡܘܣܐ. ܐܣܘܪܐ ܓܝܪ ܒܐܝܠܝܢ ܡܬܬܩܢܝܢ. ܐܝܟ

---

[h] ܡܚܒ̈ܠܐ.

ܦܪܩܬܟܘܢ ܕܝ ܐܦܩܬܟܘܢ ܡܢ ܡܨܪܝܢ[a] ܠܐ ܥܠ ܡܩܪ̈ܒܐ ܘܠܐ
ܥܠ ܕܒܚܝܐ. ܘܐܢ ܐܬܦܩܕܬ ܒܢܡܘܣܐ ܠܐ ܦܩܕ. ܐܠܐ
ܒܐܘܪܝܬܐ ܕܐܬܝܢ ܢܡܘܣܐ ܡܢ ܩܕܡ ܕܫܠܝܚ ܠܟܬܒܝܐ.[b] ܡܬܒܐ[c]
ܒܪ ܐܢܫܝܢ ܡܠܦܐ ܗܘܐ. ܐܠܐ ܐܢ ܕܝܢ ܪܚܡܗ ܕܐܬܝܢ ܢܡܘܣܐ.
Matt. xi. 28 ܐܝܟ ܕܐܦ ܠܟܘܢ[d] ܐܡܪ. ܘܩܪܐ ܠܟܘܢ[d] ܡܢ ܐܘܪܝܬܐ ܘܐܡܪ. ܕܬܘ[e]
ܠܘܬܝ ܟܠܟܘܢ ܠܐܝܬܐ ܥܡܠܝ[f] ܡܘܒܠܐ ܡܝܩܪܬܐ ܘܐܢܝܚܟܘܢ.[g]
ܡܕܒܝܢ[h] ܕܦܩܘܕ ܠܐ ܗܘܐ ܠܡܩܪܒܐ ܐܡܪ. ܐܠܐ ܠܝ ܠܫܠܡܘܬܗ[i]
ܕܐܒܘܢ[j] ܡܢ ܡܘܒܠܐ ܘܡܢ ܫܥܒܕܐ ܡܝܩܪܐ. ܘܐܟܠܝܢ ܩܒܠ ܕܠܐ
ܡܫܬܡܥܝܢ ܠܗ ܕܢܐܘܠ[k] ܡܒܥܘܢ. ܘܡܢ ܐܘܪܝܬܐ ܕܐܬܝܢ[l] ܢܡܘܣܐ

---

[a] ܐܪܥܐ ܕܡܨܪܝܢ

Is. i. 11 [b] + ܘܬܘܒ ܕܝܢ ܐܦ ܒܝܕ ܐܫܥܝܐ ܐܡܪ. ܠܡܢܐ ܩܘܡܝ ܠܝ ܣܘܓܐܐ
ܕܕܒܚܝܟܘܢ ܐܡܪ ܡܪܝܐ. ܣܒܥܬ ܥܠܘܬܐ ܕܕܟܪܐ ܘܬܪܒܐ ܕܐܡܪܐ. ܘܕܡܐ
12 ܕܬܘܪܐ ܠܐ ܨܒܐ ܐܢܐ. ܘܟܕ ܬܐܬܘܢ ܠܡܚܙܝܐ ܐܦܝ̈ ܡܢܘ ܒܥܐ ܗܠܝܢ ܡܢ
13 ܐܝܕܝܟܘܢ. ܠܡܕܫ ܕܪ̈ܬܝ ܠܐ ܬܘܣܦܘܢ. ܐܢ ܬܝܬܘܢ ܠܝ ܣܡܝܕܐ ܣܘܪܒܐ
14 ܗܘ ܣܪܝܩܐ. ܘܒܣܡܐ ܗܘ ܠܝ ܪܝܚ ܢܟܝܘܢ. ܘܫܒ̈ܬܝܟܘܢ ܘܝܘܡܐ ܪܒܐ. ܠܐ
ܡܣܝܒܠܝܢ ܥܠܝ ܨܘܡܝܟܘܢ ܘܒܛܠܢܝܟܘܢ. ܘܡܥܕܥܐܕܝܟܘܢ ܣܢܝܬ ܢܦܫܝ. ܘܒܥܠܘܗܘܢ
ܬܘܒ ܒܥܬܐ ܗܘܝܐ ܐܡܪ. ܘܡܬܒܛܠ ܒܝܕ ܕܢܒܝܐ ܠܐܬܝܢ ܢܡܘܣܐ. ܕܢܒܝܐ
ܒܪ ܐܝܟ ܕܐܡܪ ܐܡܪܝܢ ܒܐܬܝܢ ܢܡܘܣܐ ܗܘ ܒܐܬܝܢ. ܐܢ ܗܘܝܠ ܐܦ
ܡܢ ܩܕܡ ܡܐܬܝܬܗ ܡܥܒܕ ܗܘܐ. ܘܓܠܐ ܥܠ ܡܐܬܝܬܗ. ܘܥܠ ܒܥܠܐ
ܕܠܐ ܡܬܩܒܠܝܢ. ܘܥܠ ܥܪܝܒ ܕܐܬܝܢ ܢܡܘܣܐ ܐܡܪ ܗܘܐ ܦܘܡ ܗܬܪ
ܗܬܪܐܝܬ ܒܗ (ܘܒܗ B) ܐܬܪܐ ܕܝܠܐܝܬ ܘܒܟܢܪܐܝܬ ܥܪܘܒ ܠܐܬܝܢ ܢܡܘܣܐ.
ܠܐ ܒܪ ܒܪܘܫܠܡ. ܘܠܐ ܒܡܕܒܚܘܕܝܬܐ ܘܠܐ ܒܟܢܫܬܐ ܐܚܪܢܐ ܐܫܬܡܫ.
ܘܠܐ ܕܒܚܐ ܘܠܐ ܢܟܣܐ ܦܪܒ. ܘܠܐ ܥܠ ܕܐܬܝܒ ܒܐܬܝܢ ܢܡܘܣܐ ܠܡܦܪܒܘ.

[c] ܘܡܬܒܐ   [d] om. ܠܟܘܢ . ܐܪ. ܘܩܪܐ ܠܟܘܢ   [e] ܘܬܘ   [f] ܘܥܡܠܝ

[g] ܘܐܢܐ ܐܢܝܚܟܘܢ   [h] + ܕܡܢ S. f. 81 b   [i] + ܗܘܐ ܐܡܪ ܕܐܬܝܒ ܒܟܬ ܕܡܢ

[j] ܘܐܒܘܢ   Lag. p. 111   [k] ܕܢܘܠ   [l] ܕܐܬܝܢ

ܗܕܐ. ܐܝܟ ܕܐܡܪ ܐܫܥܝܐ ܕܗܢܐ ܡܫܘܚܐ ܐܢܐ ܙܕܝܩܘܬܟܝ.[a] ܟܕ ܒܢܝܐ Is. lvii. 12
ܒܪ ܕܒܐܝܕܘܬܐ ܕ ܐܢܘܢ ܡܪܕܝܐ.[b] ܗܢܝܢ ܢܡܘܣܐ ܕܝܢ[c] ܒܟܪܘܗ
ܒܪ[d] ܕܒܟܠܐ ܘܕܢܦܫܗ ܦܬܓܡ̈ܐ ܐܬܬܘܣܦ. ܐܢܬܘܢ ܕܝܢ ܒܢܝ
ܡܡܠܟܘܬܐ ܕܝܢ ܕܢܦܫܗ ܦܬܓܡ̈ܐ ܐܬܝܗܒܘ ܠܟܘܢ. ܘܕܝܢ ܗܢܝܢ ܢܡܘܣܐ
[e]ܡܛܠ ܕܢܦܫܗ ܦܬܓܡ̈ܐ[e] ܐܬܝܗܒܘ ܠܟܘܢ. ܒܐܘܪܚܬܗܘܢ ܒܪ ܠܢܡܘܣܐ.[f]
ܕܒܚܬ ܘܡܠܟ ܘܫܪܪ. ܘܠܗܢܝܢ ܢܡܘܣܐ ܝܗܒ ܘܡܛܠ.[g] ܡܛܠ ܕܠܐ Jer. vii. 22

---

a + ܘܒܫܘ̈ܬܦܐ ܘܠܐ ܡܕܡ ܢܕܘܪܝܢ S. f. 80 b

b + ܘܝܗܒ ܠܗܘܢ ܡܠܟܐ. ܡܛܠ ܒܝܫܘܬܗܘܢ ܘܩܫܝ ܠܒܗܘܢ. ܐܝܟ ܕܐܡܪܬ
ܐܝܟ ܕܐܡܪ ܠܗܘܢ ܡܪܝܐ ܒܝܕ ܐܫܥܝܐ. ܕܡܫܡܥ ܬܫܡܥܘܢ ܘܠܐ Is. vi. 9
10 ܬܣܬܟܠܘܢ. ܘܡܚܙܐ ܬܚܙܘܢ ܘܠܐ ܬܕܥܘܢ. ܐܬܥܒܝ ܠܗ ܓܝܪ ܠܒܗ ܕܥܡܐ
ܗܢܐ. ܘܒܐܕܢܝܗܘܢ ܝܩܪܘ ܘܥܝܢܝܗܘܢ ܥܡܨܘ. ܕܠܡܐ ܡܢ
ܡܬܘܡ ܢܚܙܘܢ ܒܥܝܢܝܗܘܢ ܘܢܫܡܥܘܢ ܒܐܕܢܝܗܘܢ. ܘܢܣܬܟܠܘܢ ܬܘܒ
ܐܡܪ. ܐܬܥܒܝ ܠܗ ܠܒܗ ܕܥܡܐ ܗܢܐ. ܘܒܐܕܢܝܗܘܢ ܝܩܪܘ. ܘܥܝܢܝܗܘܢ Matt. xiii. 15
16 ܥܡܨܘ. ܕܠܐ ܡܬܘܡ ܢܚܙܘܢ. ܕܛܘܒܝܗܝܢ ܠܥܝܢܝܟܘܢ ܕܚܙܝ̈ܢ.
ܘܐܕܢܝܟܘܢ ܕܫܡܥܢ. ܐܫܬܪܪܘ ܒܪ ܡܢ ܐܘܪܚܐ. ܘܐܬܬܩܢܘ ܡܢ
ܗܢܝܢ ܢܡܘܣܐ. ܘܐܬܦܪܫܘ ܡܢ ܟܘܪ̈ܗܢܐ ܡܪܝ̈ܪܐ. ܘܠܥܠܡܐ ܘܐܬܬܦܪܫܬ
ܘܐܬܦܪܩܬ ܡܪܥܗܘܢ.

c ܒܪ ܡܛܠ d om. ܒܪ e ܕܡܛܠ ܦܬܓܡ̈ܐ Lag. p. 110 f + ܘܗܘ

g + ܐܦ ܡܛܠܗܕܐ ܗܘ ܒܪ ܐܬܐ ܕܢܥܒܪ ܢܡܘܣܐ. ܘܗܢܝܢ ܢܡܘܣܐ ܢܛܠ
ܘܡܫܠܡܢܐ ܕܐܘܪܝܬܐ ܕܒܝܫܬܐ ܢܦܠܐ. ܘܩܝܡܬܐ ܕܛܝܒܘܬܐ (B om.) ܫܪܝܐ.
ܐܦ ܡܢ ܩܕܡ ܕܐܬܝܬܗ ܒܪ. ܒܝܕ ܢܒܝܐ ܩܕܡ ܘܐܡܪ ܥܠ ܡܐܬܝܬܗ.
ܘܡܛܠ ܕܒܐܬܝܬܗ ܢܬܒܛܠ ܗܘܐ. ܐܦ ܥܠ ܕܒܚܐ ܕܠܐ ܡܬܬܩܒܠܝܢ. ܘܥܠ
ܩܘܪܒܢܝܗ ܬܘܒ ܕܗܢܝܢ ܢܡܘܣܐ ܢܦܫܝܢ ܗܘܐ. ܐܝܟ ܕܐܡܪ ܒܝܕ ܐܪܡܝܐ.
ܠܡܢܐ ܡܝܬܝܬܘܢ (ܡܝܬܝܢ ܐܢܬܘܢ B) ܠܝ ܠܒܘܢܬܐ ܡܢ ܫܒܐ. ܘܩܢܝܐ ܛܒܐ ܡܢ Jer. vi. 20
ܐܪܥܐ ܪܚܝܩܬܐ. ܥ̈ܠܘܬܟܘܢ ܠܐ S. f. 81 a ܡܬܩܒܠܢ ܠܝ. ܘܕܒܚܝܟܘܢ ܠܐ
ܒܣܡܝܢ ܠܝ. ܘܬܘܒ ܐܡܪ. ܥ̈ܠܘܬܟܘܢ ܟܢܫܘ ܥܠ ܕܒܚ̈ܝܟܘܢ ܘܐܟܘܠܘ Jer. vii. 21
ܒܣܪܐ.

cf. Ex. xxxii. 23 ܒܥܘܐ ܕܟܪܘ ܘܐܡܪܘ ܕܢܥܒܕ ܠܢ ܐܠܗܐ ܕܢܐܙܠ ܩܕܡܝܢ. ܘܥܒܕܘ
ܠܗܘܢ ܥܓܠܐ ܕܢܣܓܕܘܢ ܘܢܕܒܚܘܢ ܠܗ. ܘܐܬܟܢܝܘ [a]ܗܘܘ ܠܓܠܝܦܐ[a].
ܡܫܠܡܢܘܬܐ ܕܝܢ ܡܕܝܢܐ ܘܟܝܢܘܬܐ ܕܐܘܪܚܬܗ ܥܡ ܦܘܩܕܢܐ ܕܡܠܟܘܬܗ
ܐܝܟ ܐܢܘܢ ܕܠܘܬ ܢܡܘܣܐ. ܘܥܡ ܟܠܗܘܢ ܡܘܠܟܢܐ ܩܕܝܫܬܐ.
ܘܦܪܫ ܐܢܘܢ ܡܫܝܚܐ ܥܠ ܦܘܪܫܢܗܘܢ.[b] ܘܥܡ[c] ܡܬܥܠܝܬܐ ܐܦܪܫ ܐܢܘܢ.
ܒܝܕ ܦܘܪܫܢܐ[d] ܕܡܬܥܠܝܬܐ. ܥܡ ܗܢܘܢ ܕܝܢ ܐܬܝܗ̈ܒܝ[e] ܢܡܘܣܐ ܘܦܘܪܫܢܐ
ܕܕܒܚܐ[f] ܥܡ ܗܘ ܕܠܐ[f] ܕܒܚܝ.[g] ܘܒܝܕ ܡܒܝܢܗܘܢ ܠܐ ܡܨܝܘ. ܐܠܐ ܬܘܒ
ܐܪܚܘ ܠܚܕܝܐ. ܡܫܠܡܢܘܬܐ[h] ܐܘܣܦ ܠܗܘܢ ܬܘܒ[i] ܕܠܘܬ ܢܡܘܣܐ
Deut. xvii. 6 ܕܡܛܪܬܐ ܕܥܘܠܐ ܠܕܝ̈ܢܝܗܘܢ ܘܐܡܪ ܗܟܢܐ. ܕܐܝܟ ܢܬܩܛܠ
f. 73 b ܒܐܦܝ[j] ܣܗ̈ܕܐ ܕܬܪܝܢ[j]. ܕܡܘܬܐ ܢܡܘܬ[k]. ܘܬܬܠܝܘܗܝ ܥܠ ܩܝܣܐ.
Deut. xxi. 23 ܘܠܐ[l] ܬܒܘܬ ܦܓܪܗ ܥܠ ܩܝܣܐ. ܐܠܐ ܡܩܒܪ ܬܩܒܪܝܘܗܝ[m]
Gal. iii. 13 ܒܗ ܒܝܘܡܐ. ܡܛܠ ܕܠܝܛ ܗܘ[n] ܟܠ[o] ܕܡܬܬܠܐ ܥܠ ܩܝܣܐ[o]. ܘܟܕ[p]
ܐܬܐ[p] ܡܫܝܚܐ ܠܐ ܐܬܟܢܫܘ[q] ܕܢܬܪܘܩܝܗܘܢ[r]. ܐܠܐ ܢܫܬܒܩܘܢ
ܠܗܘܢ، ܕܡܫܝܚܐ ܗܘ ܠܠܝܛܘܬܐ. ܠܡܦܪܩܘܬܗܘܢ ܗܘܐ ܐܬܚܝܒ

[a] ܠܥܓܠܐ S. f. 80 a. Lag. p. 109 [b] ܓܘܪܗܘܢ

[c] + ܘܠܐ ܡܛܠ ܐܚܪܢ. ܐܝܟ ܕܡܬܒܥܐ ܐܢܫ ܡܢ ܡܕܡ. ܐܠܐ ܐܡܪ
ܕܟܝܢ ܡܕܡܝܢܐ. ܘܗܘܬ ܕܐܝܬ ܐܢܫܘܬܗ. ܐܝܟ ܗܘ ܕܟܠ ܡܠܝܢ ܡܫܝܚ.
ܢܒ̈ܝܐ ܡܛܠ ܐܢ̈ܫܐ. ܘܐܢܫܐ ܗܘ ܟܠܗܘܢ.

[d] ܦܘܪ̈ܫܢܐ [e] ܐܬܝܗܒ [f] ܘܠܐ

[g] + ܥܡ ܗܢܘܢ ܦܘܪ̈ܫܢܐ ܘܕܘܟ̈ܝܐ ܘܡܬܟܢ̈ܫܢܘܬܐ ܘܪ̈ܡܫܐ. ܥܡ ܗܢܘܢ ܕܟ̈ܝܢܐ
ܘܡܘܪ̈ܒܢܐ ܘܡܛܘܪ̈ܐ. ܥܡ ܗܢܘܢ ܢܒ̈ܝܐ ܘܡܘܪ̈ܒܢܐ. ܘܠܚܡ ܐܦ̈ܝܐ. ܘܡܫ̈ܚܐ
ܕܕ̈ܟܝܐ. ܘܡܘܕ̈ܝܐ ܘܡܘܪ̈ܡܐ. ܘܙܒ̈ܢܐ ܕܒܠ ܐܦ ܫܠܡ̈ܐ ܘܢܕܪ̈ܐ.
ܘܡܫܬܐܠܬܐ ܐܫܬܐܠܬܐ ܬܫܒ̈ܚܬܐ (ܘܬܫ̈ܒܚܬܐ B). ܕܡܛܠ ܡܫܟܢܐ ܘܬܘܒ ܫܠܡ̈ܐ
ܐܬܬܫܡܫ ܟܠܗܘܢ ܒܝܕܐ ܕܠܐ ܡܬܟܠܠܝܢ.

[h] + ܬܘܒ [i] om. ܬܘܒ [j] ܣܗ̈ܕܐ ܕܬܠܬܐ [k] ܘܢܡܘܬ [l] ܠܐ

[m] ܬܩܒܪܘܢܝܗܝ [n] om. ܗܘ [o] ܕܬܬܠܐ ܒܩܝܣܐ [p] ܡܛܠ ܕܟܕ ܐܬܐ

[q] ܢܬܟܢܫܘܢ [r] ܢܬܪܘܩܝܗܘܢ

ܘܕܝܩ̈ܕܐ.. ܠܐ ܗܘܐ ܓܝܪ ܥܠ ܕܒܚ̈ܐ ܦܩܝܕ ܗܘܐ ܐܠܗܐ.[a] ܐܝܟ ܕܐܡܠܐ ܦܢ ܡܕܡ ܠܦܐܝܡ ܘܠܡܫܠ. ܠܐ ܗܘܐ ܡܬܐܡܪܢ ܐܬܐܡܪ ܠܗܘܢ ܐܠܐ ܗܢܘܢ ܦܢ ܝܩܒܬ ܢܦܫܗܘܢ ܡܪܒܘ ܡܩܪ̈ܒܢܐ. ܘܡܩܪ̈ܒܝܢܐ[b] ܕܫܠܝܡ ܦܘܠܚܢܐ ܕܐܝܩܘܬܐ ܫܦܠܝ. ܬܘܒ[c] ܕܝܢ ܐܦ ܢܦܫ ܡܪܒ. ܘܐܬܦܪܥ. ܡܬܠܡܝܢܐ ܣܗܕ ܡܪܒܐ[d] ܕܒܪ[e] ܒܦܪ ܒܡܕܐ ܒܐܠܗܐ. ܒܗܘ ܕܒܝܕ ܡܦܩܕܐ ܦܕܪ ܗܘܐ ܠܗܘܢ ܒܐܬܦܠܝܣܗܘܢ.[f] ܒܗܘ ܕܐܬܬ̈ܬܐ[f] ܒܐܝܕܗ ܘܒܣܘܦܪܗ ܚܒܪ ܗܘܐ. ܒܗܘ ܕܒܦܪ ܡܢܗܘܢ ܡܒܝܐ ܠܡܣܪ̈ܝܐ. ܘܕܦܠܓ[g] ܡܝܐ ܕܣܘܦ ܠܬܪܝܢ.[h] ܒܗܘ ܕܒܡܫܩܐ ܣܠܩ ܠܡ̈ܝܐ[i] ܡܪ̈ܝܪܐ ܕܡܪܘܪܬ. ܘܐܙܕܒܢ[j] ܠܗܘܢ ܦܢ ܛܪܢܐ ܡ̈ܝܐ ܡܫܬܝܢܐ ܕܢܟܬܘܢ.[k] ܒܗܘ[l] ܕܥܠ ܛܦܪ̈ܬܐ ܢܡܣ ܗܘܐ ܠܗܘܢ.[l]

ܒܗܢܐ ܡܦܠ ܢܡܘܣܐ. ܥܠ ܡܕܒܚܢܘܬܐ ܕܕܒܚ̈ܐ. ܘܥܠ ܠܐ ܓܒܘܪܬܐ + [a]
Ex. xx. 24 ܕܡܕܒܚܐ ܕܐܕܡܬܐ ܒܠܚܘܕ. ܐܡܪ ܓܝܪ ܥܠ ܕܒܚ̈ܐ ܡܕܒܚܐ. ܐܢ ܬܥܒܕ ܠܝ
25 ܡܕܒܚܐ. ܡܢ ܐܕܡܬܐ ܥܒܕܝܗܝ. ܐܢܕܝܢ ܡܢ ܟܐܦ̈ܐ ܫܩܝܠܬܐ ܘܠܐ ܦܣܝܠܬܐ ܬܥܒܕܝܘܗܝ S. f. 79 b ܘܠܐ ܗܘܐ ܡܢ ܟܐܦ̈ܐ ܦܣܝܠܬܐ. ܡܛܠ ܕܦܪܙܠܐ ܐܪܝܡܬ ܥܠܘܗܝ ܘܛܢܦܬܝܗܝ. ܠܐ ܗܘܐ ܥܠ ܦܪܙܠܐ ܕܡܓܪܬܐ. ܕܐܝܬܘܗܝ ܡܓܙܪܗ ܕܐܦܣܐ: ܕܒܗ ܓܙܪ ܒܘܪܠܘܬܐ. ܠܐ ܡܦܠ ܐܡܪ ܕܬܥܒܕ ܠܝ. ܐܠܐ ܐܝܟܘ ܕܬܥܒܕ ܡܕܒܚܐ. ܠܐ ܗܘܐ ܐܝܟܐ ܫܦܝܪ. ܐܠܐ ܡܕܡ ܕܚܬܝܪ ܢܗܘܐ.

[b] ܘܡܩܪ̈ܒܝܢܗܘܢ [c] ܘܬܘܒ

[d] + ܕܐܢ ܪܘܪܒ ܐܝܬ ܠܡܕܒܚ ܒܗ ܠܐ ܚܢܢ ܐܝܟܐ ܕܐܡܪ ܐܝܬ ܠܝ ⁘ + ܡܕܝܢܐ ܡܦܠ ܦܘܡܐ ܘܡܠܠܐ. ܕܠܐ ܠܚܘܕ ܘܠܐ ܐܝܬܘܗܝ ܢܡܘܣܐ.

[e] ܒܗ ܐܠܐ [f] sic ܒܗܘ [ܕ]ܐܬܬ̈ܬܐ [g] ܒܗܘ ܕܦܠܓ

[h] + ܒܗܘ ܕܥܒܪ ܐܢܘܢ ܒܗ ܒܝܡܐ ܒܝܒܫܐ ܐܝܟ ܕܒܡܕܒܪܐ. ܒܗܘ + ܕܠܡܠܟ̈ܒܝܗܘܢ ܘܠܦܪ̈ܫܝܗܘܢ ܛܒܥ.

[i] ܡܡܪܡܪܐ ܕܡ̈ܝܐ [j] ܒܗܘ ܕܐܙܕܒܢ [k] ܕܢܡܣܒܘܢ

[l] ܒܗܘ ܕܒܡܕܒܪܐ ܕܒܢܝܐ. ܘܡܕܡܕܡܐ ܕܢܘܪܐ ܕܐܬܐܠܦ ܗܘܐ ܥܠܝܗܘܢ ܘܡܕܒܪ ܗܘܐ ܠܗܘܢ.. ܒܗܘ ܕܐܝܬ ܗܘܐ ܠܗܘܢ ܡܢܝܢܐ ܡܢ ܫܡܝܐ: ܘܒܣܪܐ ܡܢ ܢܦܫܐ ܣܓܝ ܠܗܘܢ. ܒܗܘ ܕܝܗܒ ܠܗܘܢ ܢܡܘܣܐ ܒܛܘܪܐ.

ܠܫܠܝܚܘܗܝ ܓܝܪ ܕܒܬܪܟܢ ܕܢܒܝܐ ܒܐܘܪܚܬܐ ܡܠܠ ܡܪܝܐ. ܒܝܕ
Mal. iv. 4 *sic* ܡܠܐܟܝ[a]. ܘܐܡܪ ܗܟܢܐ. ܐܬܕܟܪܘ ܢܡܘܣܐ ܕܡܘܫܐ ܥܒܕܗ
ܕܡܪܝܐ ܐܠܗܐ[b]. ܐܝܟ ܕܦܩܕܬܟܘܢ ܦܘܩܕܢܐ ܘܕܝܢܐ[c]. ܘܬܘܒ[d]
ܦܩܘܕ ܗܘ ܕܝܢ. ܠܗܘ[e] ܕܒܥܐ ܠܗ ܢܡܘܣܐ ܫܪܝܪܗ ܘܐܡܪ ܠܗ.
Matt. viii. 4 *sic* ܙܠ ܚܘܐ ܢܦܫܟ ܠܟܗܢܐ[f]. ܘܩܪܒ ܩܘܪܒܢܐ ܕܐܬܦܩܕܬ. ܐܝܟ
ܕܦܩܕ ܡܘܫܐ ܠܣܗܕܘܬܗܘܢ. ܕܢܚܘܐ ܕܠܐ ܫܪܐ ܢܡܘܣܐ[g].
Matt. v. 17 ܘܡܛܠ ܬܢܝܢ ܢܡܘܣܐ. ܐܡܪ ܓܝܪ ܗܘ ܡܪܢ ܕܠܐ ܐܬܝܬ ܕܐܫܪܐ
ܢܡܘܣܐ ܘܠܐ ܢܒܝܐ. ܐܠܐ ܕܐܡܠܐ[h]. ܢܡܘܣܐ ܗܘ ܡܟܝܠ ܠܐ
ܡܫܬܪܐ. ܬܢܝܢ ܢܡܘܣܐ[i] ܕܒܬܪܟܢ ܗܘ ܘܡܫܬܪܐ. ܢܡܘܣܐ ܗܘ ܡܟܝܠ
ܐܝܬܘܗܝ، ܥܣܪܐ ܦܬܓܡܝܢ ܘܕܝܢܐ[j] ܗܘ ܕܐܣܗܕ ܥܠܝܗܘܢ، ܝܫܘܥ
Matt. v. 18 ܘܐܡܪ ܗܟܢܐ. ܕܝܘܕ ܐܬܘܬܐ ܚܕܐ ܠܐ ܬܥܒܪ ܡܢ ܢܡܘܣܐ.
[k]ܝܘܕ ܕܝܢ ܗܘ ܕܠܐ ܥܒܪܐ ܡܢ ܢܡܘܣܐ.[k] ܗܘ ܕܡܬܝܕܥܐ ܡܢܗ
ܡܢ ܢܡܘܣܐ ܒܝܕ ܥܣܪܐ ܦܬܓܡܝܢ. ܕܐܝܬܘ̄ܗܝ ܫܡܐ ܕܝܫܘܥ[l].
ܐܬܘܬܐ ܕܝܢ ܡܬܚܙܝܐ[m] ܗܘ ܕܟܠ ܡܫܝܚܐ[m] ܕܝܠܒܟܐ. ܘܐܦ[n] ܒܠܘܚܐ
f. 73 a ܬܘܒ ܡܘܫܐ ܘܐܠܝܐ ܐܬܚܙܝܘ ܥܡ ܡܪܢ. ܗܢܘ ܕܝܢ ܢܡܘܣܐ
ܘܢܒܝܐ. ܢܡܘܣܐ ܡܟܝܠ ܐܝܬܘܗܝ، ܥܣܪܐ ܦܬܓܡܝܢ ܘܕܝܢܐ
ܗܠܝܢ ܕܡܠܠ ܐܠܗܐ[o] ܥܡ ܡܘܫܐ[o] ܥܕܡ ܕܢܥܒܕ ܥܡܐ ܥܓܠܐ[p].
ܐܦ. ܢܡܘܣܐ ܓܝܪ ܕܡܬܩܪܐ ܒܫܪܪܐ ܡܢ[q] ܕܝܢܐ[r]. ܘܠܐ ܦܘܪܫܢܐ[s]
ܕܝܢ[t] ܕܡܐܟܠܬܐ ܘܠܐ ܕܒܣܡܐ[u] ܘܠܐ ܩܘܪܒܢܐ[v] ܕܕܒܚܐ

---

[a] + ܡܠܐܟܐ S. f. 79 a [b] om. ܐܠܗܐ [c] ܕܕܝܢܐ [d] + ܐܦ B
[e] ܗܘ [f] ܠܟܗܢ ܟܗܢܐ [g] + ܐܠܐ ܫܠܡ ܬܢܝܢ ܢܡܘܣܐ. [h] + ܐܢܘܢ
[i] + ܕܝܢ [j] ܘܕܝܢܐ [k] B om. ܝܘܕ ... ܢܡܘܣܐ [l] ܕܝܫܘܥ
[m] ܕܡܫܝܚܐ [ܡܬܚܙܝܢ ܗ̄ܘ] ܗܘ (B ܗܘ ܕܡܫܝܚܐ) [n] ܐܦ [o] ܥܡ
Lag. p. 108 [p] + ܘܢܦܠܘ ܠܦܬܟܪܐ [q] ܡܛܠ
[r] + ܗܢܘ ܢܡܘܣܐ ܫܦܝܐ ܘܡܠܝܠܐ ܕܐܠܗܬ ܒܗ ܢܦܩܪ. [s] ܦܘܪܫܢܐ
[t] om. ܕܝܢ [u] ܒܣܡܐ [v] ܩܘܪܒܢܐ

Chap. XXVII

ܘܡܠܐܟܘܝ ܕܚܙܝܢ ܘܫܒܚܐ[a]. ܡܠܟ ܕܢܚܬ ܢܗܪܐ ܘܢܚܬ ܠܘܬܢ
ܢܗܪܐ. ܘܩܕܡܐ ܠܘܬ ܦܠܚܘܝ ܒܪܗܛܝܢܐ. ܕܢܛܪܘܝ ܡܢ
ܐܡܘܪܐ ܕܬܢܝܢ ܢܗܪܐ. ܘܠܐ ܢܦܠܘܝ ܠܦܠܚܝܢ ܐܢܘܝ ܘܗܘ
ܕܝܒܐ ܠܦܠܚܝܢ ܐܢܘܝ ܡܫܒܚܐ ܬܫܒܚ ܠܐܠܗܐ ܗܘ. ܕܒܢܗܪܐ
ܫܒܩ ܗܘ ܠܗ. ܒܪ ܡܫܪܪ ܐܦ ܠܐܠܗܐ ܗܘ. ܕܟܠ ܦܪܘܩ
ܘܬܫܒܚܬܗ ܕܝܠܗ ܕܕܝܢܚܐ. ܘܗܟܢ ܒܪܘܚܐ ܕܩܘܕܫܗ[a] ܐܝܬܘܝ
ܕܗܢ ܐܢܫܝܢ ܕܐܬܦܢܝܘ ܡܢ ܒܥܒܐ ܠܡܫܡܫܘܬܗ ܒܐܠܗܐ ܦܪܘܩ
ܥܠܡܐ ܡܚܝܝܢܐ.. ܠܐ ܡܫܬܠ ܬܘܒܘܝ[b] ܒܪܘܚܝܢܘܝ ܘܡܫܒܚܐ
ܐܫܡ. ܕܬܗܘܘܝ ܢܛܪܝܢ ܐܡܘܪܐ ܫܪܝܪܐ. ܕܡܕܝܢܐ ܘܐܬܪܚܡܐ[1c]
ܘܡܫܡܫܢܘܬܐ ܘܦܘܪܩܢܐ[d] ܕܡܐܬܠܬܐ. ܡܠܠ ܕܐܡܪ ܠܟܘܝ ܡܪܢܐ
ܕܠܐ ܬܬܕܟܪܘܝ ܡܫܬܚܬܐ. ܗܐ[e] ܗܠ ܡܕܡ ܚܕܬ ܐܢܐ ܥܒܕܬܐܢܬ[f].
ܗܠܝܢ ܕܗܘܝܐ ܡܫܡܥ ܐܢܐ ܕܬܕܟܪܘܝ. ܘܐܚܕܬ ܒܡܕܒܪܐ ܐܦܢܝܐ.
ܡܕܒܪܐ ܗܘܝܠ ܐܝܬܘܗܝܢ[g] ܚܕܬܐ. ܗܠܝܢ ܕܒܗܝܢ ܐܝܬ ܗܘܝܐ
ܐܦܢܝܐ ܙܟܬܐ. ܘܝܕܥܬܐ ܕܕܝܠܟ ܐܠܗܐ. ܕܠܚܝܡܘܬܐ ܠܝܬ ܒܗ.
ܘܝܕܬܐ ܗܘ[h] ܘܠܠܝܐ ܝܡܡܐ ܡܚܝܝܢܐ ܘܟܠܗ ܡܕܒܪܢܘܬܗ ܕܒܝܡ
ܥܦܪܐ ܘܡܢܗ̈ ܢܕܚܠܘܢ[i][j] ܠܐܪ ܕܡܢܟ ܢܗܪܐ ܥܝܠܐ ܘܕܒܐ[k]
ܕܫܢܐ. ܗܘ ܕܒܗ ܗܡ ܦܪܘܩ ܝܕܥܗ. ܒܡܪܐ[1] ܕܬܠܬܝܢ ܡܠܠ[2].
ܠܝܗܒ ܗܘܠ ܐܘܕܝ.. ܒܡܪܐ ܠܪܐ ܥܠ ܝܘܡܐ[m] ܡܚܘܡ. ܗܘܕ
ܕܡ ܪܝܫܗ ܕܝܕܥܗ ܕܝܗܒ. ܘܥܠ[o] ܢܗܪܐ ܗܘܠ ܡܫܡܫ ܡܪܝܐ
ܒܝܘܡ ܢܒܝܐ[p] ܘܐܡܪ ܗܘܠܐ. ܢܗܪܗ ܕܡܪܝܐ ܕܠܐ ܡܘܡ[q] ܡܫܒܚܐ
ܢܝܚܐ[q]. ܘܐܫܬܝܢܬܐ ܬܘܒ ܫܟܝܢܬܐ ܒܟܠ ܕܘܒܐ ܐܡܝܢܝܢ[r].

cf. Rev. xxi. 4

5

f. 72 b

cf. Is. xl. 3

Ps. xix. 7

Lag. p. 107 [a] ܘܫܒܚܬܐ: ܥܠ ܐܡܘܪܐ ܕܬܢܝܢ ܢܗܪܐ ܕܐܠܗܐ. [b] + ܬܘܒ
[c] ܘܪܚܡܐ [d] ܘܦܘܪܩܢܐ [e] ܘܗܐ [f] ܥܒܕܬܐ [g] + ܠܘܝܡܢ ܗܘܝ
[h] om. ܘܗܘ [i] ܘܡܢܗ [j] ܢܕܚܠ ܐܝܬܘܝ [k] + ܘܡܪܝܡܐ [l] + ܠܪܐ [m] ܗܘܕ
[n] ܪܝܫܗ ܗܘ [o] ܥܠ [p] om. ܢܒܝܐ [q] ܘܡܫܒܚܐ ܢܝܚܬܐ [r] + ܐܡܝܢ

[1] Cod. ܘܐܪܚܡܐ [2] Cod. ܡܠܠ

[a]ܘܐܚܪ̈ܢܝܢ ܕܦܘܫܚܐ ܡ̄ܢ ܠܐ ܓܙܪܐ ܟܠ ܡܥܡܘܕܝܘܬܐ ܘܠܐ
ܟܠ ܦܓܪܐ ܘܕܡܐ ܕܡܫܝܚܐ[a].. ܘܗܕܐ ܐܬܘܡܝ[b] [c]ܘܦܩܕܢ ܘܡܙܪܢ[c]
ܟܕ ܙܒܢܝܐ. ܢܓܡܢ ܟܠ ܚܕ ܚܕ ܡܢܗܝܢ [d]ܘܐܙܠܝܢ ܠܡܢܬܐ[d] ܡܛܝܒܘܬܐ.
ܒܕ ܡܙܪܢܝܢ ܠܡܕܘܬܐ. ܡܛܠ ܕܗܠܝܢ ܕܡܩܪ̈ܒܝܢ ܐܚܝ̈ܕܝܢ ܐܬܟܠ.
ܘܕܐܟ̈ܠܐ[e] ܒܡܬ̈ܠܐ ܐܦܘ. ܘܡܥܡܕܐ[f] ܕ̈ܓܠܐ. [g]ܐܦ ܢܫ̈ܝܐ[g] ܒܬ̈ܘܠܐ
f. 72 a ܐܦܝܣܩܘ. ܒܕܝܢܐ[h] ܒܪ ܡܢܕܐ ܘܟܠܝܐ ܕܗܕܐ ܢܩܪܒܘܢ[i] [j]ܐܦ ܢܬܩܒܠܘܢ[j]
ܡܢ ܦܝܣܩܘܬܐ[k] ܕܠܐ ܐܠܗ. ܘܡܡܙܪܢܘܬܐ[l] ܗܝܡܢܘܬܐ ܘܡܓܠܬܐ
ܕܦܠܚܐ ܕܡܫܘܬܐ ܐܚܝܕ ܘܐܣܝܡܘܢ ܘܡܓܡܢ ܒܡܕܬܐ[m]. ܠܗܢܘܢ
[n]ܕܡܠܟܝܢ ܠܓܠܬܐ[n] ܒܓܠܬܐ ܡܩܒܠܬܐ ܕܦܝܣܩܘܬܐ. ܘܠܝܬ ܠܗܘܢ
ܐܦܝܣܩܘܬܐ ܐܦܝܣܩܘ. ܕܠܐ ܢܬܡܗܝܡܢܘܢ[o] ܠܡܕܬܐ[p] ܡܙܒܢܬܐ. ܒܡܕܬܐ ܕܒܝܬܐ
ܕܐܠܗܐ. ܕܠܡܐ ܐܝܟ ܦܪܕܐ ܫܡܝܐ[q] ܘܐܝܟ [r]ܥܡܘܕܐ ܕܢܚܘܬܐ[r]
ܒܠܝܢ ܢܗܠܟ. ܐܠܐ ܒܪ ܕܒܝܐ ܘܕܠܐ ܦܘܠܚܢܐ [s]ܘܕܠܐ ܚܫܐ[s] ܘܕܠܐ
ܡܘܡܐ[t]. ܒܪ ܚܘܒܒܐ[u] ܒܡܕܬܐ[v] ܠܡܪܢܐ ܐܠܗܐ [w]ܗܠܝܢ ܕܒܟܠ[w] ܐܬܪ
ܘܒܟܠ ܡܕܒܪܐ. ܘܒܟܠܗܘܢ ܬܐܒܝܠ[x] ܕܒܟܠܡܟܐ. ܒܕܒܝ[y] ܘܐܣܗܕܝ.
ܘܚܙܝܢ ܗܕܐ ܕܒܪܨܠܝܒܐ [z]ܡܕܒܚܬܐ ܘܡܐܬܘܠܝܬ[z].. ܒܐܝܕܐܒܬ
ܘܕܡܐܒܬ[aa] ܠܡܕܬܐ ܡܐܬܘܠܝܬ[z] ܘܠܡܦܪܙܐ[bb] ܕܡܗܝܡܢܐ

---

[a] om. ܘܐܚܪ̈ܢܝܢ...ܕܡܫܝܚܐ [b] B ܐܬܘܡܝ ׳ [c] ܐܚܪ̈ܢܐ ܘܦܩܕܢ ܘܡܙܪܢ
[d] ܘܐܙܠ ܠܡܢܬܗ [e] ܘܕܐܟ̈ܠܐ [f] ܡܥܡܕܐ [g] ܘܢܫ̈ܐ [h] + ܗܝ
[i] + ܡܢ ܘܡܩܒܠܝܢ ܕܦܝܣܩܘܬܐ ܗܢܘܢ ܬܘܒ. ܘܡܓܠܬܐ ܒܡܕܒܪܬܐ. ܐܚܪ̈ܢܐ
ܗܠܝܢ. ܗܢܘܢ ܕܡܫܝܚܐ ܒܪܢܫܐ ܐܠܗܐ ܒܟܢܘܢ. ܠܐܠܝܢ ܡܟܠ
[j] ܢܬܩܒܠ [k] + ܕܡܥܡܕܢܘܬܐ [l] ܡܡܙܪܢܘܬܐ [m] ܒܡܕܬܐ
[n] ܕܡ ܕܡܠܟܝܢ ܠܡܕܬܐ [o] ܢܬܡܗܝܡܢܘܢ [p] + ܡܙܒܢܬܐ [q] ܫܡܝܐ
[r] ܢܚܘܬܐ (B ܥܡܘܕ ܒܐ) [ܥܡܘܕܐ ?] ܥܡܘܕܐ [s] om. ܘܕܠܐ ܚܫܐ
[t] + ܘܕܠܐ ܥܡܘܡܬܐ [u] ܚܘܒܒܐ [v] + ܗܘܕܐ [w] ܘܗܠܝܢ ܒܟܠ S. f. 78 b
[x] ܬܐܒܝܠ [y] ܒܕܒܝ ܘܐܣܗܕܝ [z] ܡܐܬܘܠܝܬ [aa] ܘܕܡܐܒܬ [bb] + ܠܡܦܪܙܐ

ܘܡܦܩܬܐ[a] ܕܪܘܚܬܗ[b] ܠܬܠܝܬܝܬܐ ܡܢ ܫܘܠ ܡܘܒܠܐ.. ܗܠܝܢ ܐܢܘܢ
ܕܡܫܝܐܝܬ ܘܡܪܢܝܐܝܬ[c] ܓܕܦ ܒܠܚܘܕܝܗܘܢ[d] ܡܪܢ ܘܐܡܪ. ܕܠܐ[e] ܢܫܬܒܩ Matt. xii. 32
ܠܗܘܢ ܠܐ ܒܗܢܐ ܥܠܡܐ ܘܠܐ ܒܗ̇ܘ[f] ܕܥܬܝܕ.[g] ܠܐܝܠܝܢ ܓܝܪ
ܕܡܓܕܦܝܢ[h] ܡܢ ܒܥܠܕܒܒܐ ܒܝܕ ܡܕܡܝܢܘܬܐ ܘܓܕܘܦܐ[i] .[j]ܠܐ ܡܫܒܩ[j]
ܠܗܘܢ ܫܘܒܩܢܐ ܕܚܛܗ̈ܝܗܘܢ ܒܢܝܫܐ. ܐܝܟ ܕܐܡܪ ܡܪܢܐ
ܡܫܝܚܐ. ܕܡܠܦܢܐ ܐܡܪ ܐܝܟܐ ܠܗܘܢ ܕܟܠ ܚܛܗ̈ܐ ܘܓܘܕ̈ܦܐ Matt. xii. 31 *sic*
ܢܫܬܒܩܘܢ ܠܒܢ̈ܝܢܫܐ. ܓܘܕܦܐ[k] ܕܥܠ ܪܘܚܐ ܕܩܘܕܫܐ ܠܐ ܢܫܬܒܩ.
ܠܐ ܒܗܢܐ ܥܠܡܐ ܘܠܐ ܒܗ̇ܘ[f] ܕܥܬܝܕ. ܟܠ[l] ܕܢܐܡܪ ܡܠܬܐ ܥܠ 32
ܒܪܗ ܕܐܢܫܐ ܢܫܬܒܩ ܠܗ. ܟܠ ܓܝܪ[m] ܕܥܠ ܪܘܚܐ ܕܩܘܕܫܐ ܢܓܕܦ[n] ܠܐ
ܢܫܬܒܩ ܠܗ.[o] ܗܢܘܢ[p] ܕܥܠ ܪܘܚܐ ܕܩܘܕܫܐ ܡܓܕܦܝܢ. ܗܢܘܢ ܕܥܠ
ܐܠܗܐ ܐܚܕ. ܥܠ ܡܫܪܗܒܐܝܬ ܘܡܒܣܬܐܒ[q] ܒܐܦ̈ܐ ܡܓܕܦܝܢ.[r]

---

[a] + ܗܘ. ܐܝܟ ܕܐܡܪ ܒܡܬ̈ܠܐ. ܐܝܬ ܐܘܪܚܐ ܕܦܩܚܝܢ ܒܥܝ̈ܢܝܐ ܕܬܪܝܨܐ ܗ̇ܝ. ܕܠܒܗܘܢ Prov. xiv. 12
[b] ܪܘܚܬܗ ܕܝܢ [c] ܘܡܪܢܝܬܐ [d] ܒܠܚܘܕܝܗܘܢ [e] ܠܐ [f] ܒܥܠܡܐ xvi. 25
[g] + ܡܛܠ ܕܗܢܐ ܓܝܪ ܕܠܐ ܗܘܝܘ ܒܡܫܝܚܐ. ܘܐܪܝܡܘ ܒܠܗܘܢ ܐܝܕ̈ܝܐ.
ܥܠ ܒܪܗ ܗܘ ܕܐܠܗܐ. ܗ̇ܘ ܕܐܪܝܡܘ ܒܠܗܘܢ ܐܝܕ̈ܝܐ ܡܓܕܦܝܢ. ܘܐܡܪ
ܡܪܢ ܢܫܬܒܩ ܠܗܘܢ. ܘܬܘܒ ܒܠܚܘܕܝܗܘܢ ܐܡܪ ܡܪܢ. ܐܒܐ ܠܐ ܝܕܥܝܢ Luke xxiii 34 *sic*
ܠܐ ܡܕܡ ܕܥܒܕܘ. ܘܠܐ ܡܕܡ ܕܡܬܠܠܝܢ. ܐܦ ܡܫܝܚܐ ܫܒܩ ܠܗܘܢ.
ܘܬܘܒ ܕܝܢ ܐܦ ܒܡܠܬܐ ܥܠ ܒܪܗ ܗܘ ܕܐܠܗܐ ܡܓܕܦܝܢ ܡܛܠ (Lag. p. 106)
ܝܠܕܬܐ ܘܠܗܠܝܢ ܢܗܘܐ ܠܗܘܢ ܫܘܒܩܢܐ. [h] + ܐܦ ܐܢܫܐ ܡܢ
[i] om. ܘܓܘܕܦܐ [j] ܐܬܡܫܒܩ [k] + ܕܝܢ [l] ܘܟܠ [m] ܕܝܢ [n] ܢܐܡܪ
[o] + ܠܐ ܒܥܠܡܐ ܗܢܐ ܘܠܐ ܒܥܠܡܐ ܕܥܬܝܕ. [p] ܗܠܝܢ ܕܝܢ S. f. 78 a
[q] ܘܒܡܒܣܒ
[r] + ܐܦ̈ܣܩܘܦܐ ܗܢܘܢ ܕܬܘܕܝܬܗܘܢ ܡܫܩܠܐ ܡܩܒܠܝܢ. ܐܦ ܒܡܥܒܕܐܝܬ ܒܡܒܣܒ
(ܒܡܒܐܣܒ B) ܒܐܦ̈ܐ ܠܓܘܕܦܐ ܡܩܒܠܝܢ. ܗܢܘܢ ܕܥܠ ܒܪܬܐ ܡܬܘܠܝܬܐ
(ܡܐܬܘܠܝܬܐ B). ܗܝ ܕܐܬܝܗܒܬ ܡܩܒܠܢܘܬܐ ܕܪܘܚܐ ܩܕܝܫܐ. ܒܒܢ̈ܝܐ ܐܠܗܝܬܐ
ܡܓܕܦܝܢ. ܗܢܘܢ ܐܝܠܝܢ ܕܡܢ ܩܕܡ ܕܝܢܐ ܕܥܬܝܕ ܘܡܢ ܩܕܡ ܪܘܚܐ. ܕܢܟܦܘܢ
ܪܘܚܐ. ܡܢ ܒܪܘ. ܐܬܝܗܒܬ ܠܗܘܢ ܡܢ ܡܫܝܚܐ. ܗܕܐ ܓܝܪ ܕܐܡܪ ܕܠܐ
ܢܫܬܒܩ ܠܗܘܢ. ܦܬܓܡܐ ܗܘ ܕܓܒܪ ܕܝܢܐ ܡܫܝܚܐ ܕܩܘܫܬܐ ܕܢܩܡ ܠܗܘܢ.

ܕܬܪ̈ܬܝܢ ܘܚܛܝܢ. ܐܝܟ ܕܡܢ ܪܝܫܐ[a] ܕܟܪܘܙܘܬܐ. [b]ܐܦ ܢܛܪ[b] ܠܡܗܝܡܢܐ
ܕܬܬܪܣܘܗܝ[c] ܡܢ ܡܫܩܠܘܠܐ[1]. ܕܡܫܡܫܝܢ ܐܚܪ̈ܢܝܢ[d]. ܘܕܠܐ ܢܦܠܘܢ
ܠܐܝܠܝܢ ܕܟܕ ܚܠܦܬܐ ܐܬܝܢ ܠܘܬܗܘܢ[e] ܒܥܕܬܐ ܕܫ̈ܠܝܚܐ. ܘܕܢܦܩܘܢ
ܢܕܚܘܢ ܠܗܘܢ ܡܢ ܥܘܡܠܐ ܕܬܠܡܝܕ̈ܘܬܗܘܢ. ܘܡܢ ܗܘܡܪ̈ܝܐ[f]
ܕܚܒܪ̈ܝܗܘܢ. ܡܛܠ ܕܗܠܝܢ ܐܢܘܢ ܐܝܠܝܢ[g] ܕܐܡܪ ܥܠܝܗܘܢ
Matt. vii. 15 ܡܪܢ ܕܢܐܬܘܢ ܠܘܬܟܘܢ ܒܢ̈ܚܬܐ ܕܠܒܝܫܝܢ ܠܒܘܫܐ ܕܐܡܪ̈ܐ.
16 ܘܡܢ ܠܓܘ [h]ܕܐܒ̈ܐ ܐܢܘܢ[h] ܚܛܘܦܐ. ܘܡܢ ܦܐܪ̈ܝܗܘܢ[i] ܬܕܥܘܢ
cf. Matt. xxiv. 11 ܐܢܘܢ. ܗܘܝܬܘܢ ܗܟܝܠ ܙܗܝܪܝܢ ܡܢܗܘܢ. ܢܩܘܡܘܢ ܓܝܪ[j]
12 ܡܫܝ̈ܚܐ ܕܟܕܒܐ ܘܢܒ̈ܝܐ ܕܟܕܒܐ[k]. ܘܢܛܥܘܢ ܠܣܓܝ̈ܐܐ. ܘܡܛܠ
13 ܣܓܝܐܘܬ ܥܘܠܐ[2] ܢܦܘܓ ܚܘܒܐ ܕܣܓܝ̈ܐܐ.. ܡܢ ܕܝܢ ܕܢܣܝܒܪ
f. 71 b ܥܕܡܐ ܠܚܪܬܐ ܗܘ ܢܚܐ.. ܐܝܠܝܢ ܗܟܝܠ ܕܠܐ ܠܒܗ ܘܐܝܠܝܢ
ܕܬܢܝܢ[l] ܡܢ ܠܚܘܕܬܐ ܗܠܝܢ ܕܢܬܟܠܘܢ ܒܟܕܒܬܐ. ܐܝܠܝܢ ܕܝܢ
ܕܐܚܝܕܝܢ[m] ܒܠܚܘܕܬܐ ܘܠܐ ܬܢܝܢ ܓܝܪ ܘܡܫܡܫܝܢ ܕܢܦܩܘܢ ܡܢ
ܥܕܬܐ. ܘܢܬܦܪܫܘܢ[n] ܡܢ ܡܗܝܡ̈ܢܐ. ܡܛܠ ܕܗܘܘ ܠܗܘܢ
ܐܪ̈ܣܝܘܬܐ.[o] ܘܠܐ ܢܫܬܘܬܦܘܢ ܠܗܘܢ ܠܐ ܒܥܕܬܐ ܘܠܐ ܒܫܘܩܐ.
ܘܗܠܝܢ[p] ܐܢܘܢ ܓܝܪ ܒܦܠܓܘܬܗܘܢ[q] ܕܥܕܬܐ. ܟܠ ܗܠܝܢ ܓܝܪ ܦܩܕ
Matt. xvi. 6 ܡܪܢ ܘܐܡܪ ܠܢ. ܕܐܙܕܗܪܘ ܡܢ ܚܡܝܪܐ ܕܦܪ̈ܝܫܐ.
Matt. x. 5 ܘܕܙܕܘܩܝܐ. ܘܠܡܕܝܢܬܐ ܕܫ̈ܡܪܝܐ ܠܐ ܬܥܠܘܢ[r]. ܕܐܙܠ ܒܐܘܪܚܐ

---

[a] B ܪܫܐ [b] ܘܢܛܪ [c] ܘܬܬܪܣܘܢ [d] ܘܐܚܪ̈ܢܝܢ [e] om. ܠܘܬܗܘܢ
[f] ܗܘܡܪ̈ܝܐ [g] ܗܢܘܢ [h] ܕܐܒ̈ܐ [i] + ܕܝܢ [j] ܡܟܝܠ [k] ܕܟܕܒܘܬܐ
[l] + ܬܘܒ [m] ܕܡܟܝܠ ܐܚܝܕܝܢ [n] + ܘܬܬܪܣܘܢ
[o] + ܘܠܡܦܩܘ ܠܡܗܝܡ̈ܢܐ. ܕܟܠܐܝܬ ܬܬܪܣܘܢ ܡܢܗܘܢ. S. f. 77 b [p] ܗܠܝܢ
[q] + ܘܡܬܠܠܝܢ [r] + ܕܟܕ̈ܒܬܐ ܕܝܢ ܕܣܡܪ̈ܝܐ ܕܐܪ̈ܣܝܣ ܐܬܬܣܝܡ.

---

[1] Cod. ܡܫܩܘܠܐ [2] Cod. ܥܘܠ

24 ܘܒܡܣܪܩܝܬܐ[a] ܘܒܡܫܠܝܢܘܬܐ. ܦܚܙ[b] ܥܠܝܗ.. ܡܛܠ ܕܫܦܩܝܢ ܕܐܢܫܝܢ
[c]ܕ̈ܠܚܡܝܢ ܠܗܘܢ[c] ܒܟ̈ܠܝܐ ܕܣܘܟܠܗ ܕܡܫܝܚܘܬܗܘܢ. ܗܢܘܢ ܕܠܐ
25 ܫܪ̈ܝܢ ܐܢܘܢ ܐܬܪ̈ܥܝܢ ܥܠܝܢ ܒܗ ܒܫܒܝܢ[d] ܐܚܪܢܐ. ܕܢܬܒܥܐ
ܒܢ̈ܝܐ ܘܫܪܪ ܠܗܝܟܠܗܘܢ ܒܗ ܡܚܝܒܝܢ ܕܟܠܗ ܒܢܝܢܐ. ܗܟܢ
27 ܕܫܪܝܬܘܢ. ܫܪܝܢ ܕܝܢ ܠܝܘܬܪܐ ܘܠܫܘܠܐ. ܕܐܦ ܗܢܘܢ ܒܟܠܬܐ
28 ܐܚ̈ܪܢܝܢ ܠܗܘܢ ܒܠܒܘܫ ܕܗܟܢ. ܫܦܝܪ ܒܪ ܠܐܢܫܐ ܡܫܝܚܐ. ܘܠܝ.
f. 71 a 29 ܕܠܐ ܢܬܬܥܝܩ ܒܪ[e] ܒܠܒܗܘܢ[f] ܠܟܠܢܐ ܕܬܪܝܢ ܐܠܐ ܬܗܘܘܢ
ܡܬܦܪܫܝܢ ܡܢ ܐܢܝܢ ܕܐܟܠܝܢ. ܘܡܢ[g] ܕܕܒܝܫܐ ܘܡܢ ܕܟܠܗ ܘܡܢ
ܚܝܒܐ[h][i]. ܡܢ[j] ܗܠܝܢ ܓܝܪ ܢܦܩܘܢ[k]. ܘܬܗܘܘܢ ܟܕܝܢ ܠܟ̈ܠܗܬܐ
ܘܬܗܘܘܢ ܚܠܝܡܝܢ ܒܟܠ[l]. ܐܠܗܘܬܐ ܕܝܢ ܫܪܝܢ. ܘܚܝܢ ܡܘܕܝܢ
ܒܐܘܪܫܠܡ[m] ܡܬܬܐ ܦܬܓܡܐ. ܘܟܕܝܢ ܗܘܝܢ ܘܡܬܗܡܝܢ[n] ܗܘܝܢ[o]
ܐܚܪܢܐ ܐܝܠܝܢ ܕܐܡܪܢ[p] ܠܟܠܗ ܒܟܠܐ. ܘܬܗܒ ܕܝܢ [q]ܒܬܒܥܝܢ ܐܦ[q]
ܗܪܐ ܕܝܕܣܩܠܝܐ ܩܐܬܘܠܝܩܝ[r] ⁘

Chap. XXVI ܡܠܐܘܢ ܕܒܡܫܪܝܢ [s]ܘܐܬܥܪܬܐ ⁘ ܒܫܘܒܐ ܕܝܢ ܕܡܢ ܕܪܝܫ ܦܢܘ ܫܠܝܚܐ ܠܥܕܬܐ ܕܒܟܡܬܐ. ܐܝܟ ܕܡܢ ܫܘܪܝܐ ܕܒܪܘܪܘܬܐ. ܘܒܗ ܚܕܪܝܢ ܒܗܘܢ. ܐܬܩܝܡ ܘܫܪܪܘ ܐܢܫ ܘܣܡܟܘ ܒܗܘܢ ܦܘܩܕܢܐ[s]. ܬܪܒܝܬܐ ܗܝܠܐ[t] ܕܐܬܦܠܚܝܢ ܘܐܬܦܫܟܢ ܒܠ ܐܢܝܢ ܕܡܢ ܒܕܘ ܠܒܗ. ܘܫܪܝܢ[u] ܘܐܬܦܢܝ[v] ܗܒܢܐ. ܕܢܣܒܘܢ[w] ܬܗܒ [x]ܡܢ ܕܪܝܫ[x]. [y]ܐܦ ܢܐܙܠ[y] ܠܒܪ̈ܝܬܐ

---

[a] ܘܒܡܣܪܩܝܬܐ [b] om. ܦܚܙ [c] ܕ̈ܠܚܡܝܢ [d] + ܥܠܝܗ ܚܝ [e] om. ܒܪ

[f] + ܒܟܠܢ [g] ܡܢ [h] ܕܚܝܒܐ [i] + ܘܡܢ ܕܚܝܘܬܐ. [j] ܘܡܢ S. f. 77 a

[k] ܢܦܩܘܢ [l] om. ܒܟܠ [m] ܒܐܘܪܫܠܡ [n] ܘܡܬܗܡܝܢ

[o] om. ܗܘܝܢ [p] ܕܐܡܪ̈ܢ [q] ܐܦ ܬܗܒܝܢ ܗܘܝܢ

[r] ܩܬܘܠܝܩܝ (Lag. ܩܬܘܠܝܩܝ) Lag. p. 105

[s] ܘܡܢ ܕܪܝܫ ܦܢܘ ܫܠܝܚܐ ܕܒܟܡܬܐ (ܘܐܬܥܪܬܐ ܒܫܘܒܐ ܕܒܟܡܬܐ B) ܦܢܘ ܫܠܝܚܐ ܠܥܕܬܐ ܘܐܬܩܝܡ ܐܢܫ

[t] ܕܝܢ [u] ܫܪܝܢ [v] B ܘܐܬܦܢܝ [w] ܘܢܣܒܘܢ [x] B ܘܢܐܙܠ ܡܢ ܕܪܝܫ

[y] ܘܢܐܙܠ (B om.)

29 ܘܐܢܐ ܐܡܝܢܘܢ. ܗܘܘ ܢܛܪܐ ܕܡܠܝ ܟܠܝܗܘܢ ܘܝܠܗܘ ܡܢ ܕܡܢ
ܐܝܟ ܘܡܬܒܝܢ ܐܝܟ ܟܠܗ. ܘܐܬܥܝܢܘܢ ܢܦܫܐ ܠܢܦܫܬܗܘܢ
30 ܡܢ[1a] ܟܢ ܒܥܝܢ ܗܘܘ. ܘܡܬܩܒܠ ܡܠܝܠܐ ܗܘ.. ܐܢ ܗܘܝܠ ܡܢܟܘܢ
ܐܢܫ[b] ܘܐܡܠ ܡܢܝ. ܠܚܒܝܫܐ [c]ܢܬܒܢܝܢ ܐܢܬܘܢ ܕܬܬܝܩܪܘܢ[c] ܡܫܬܡܥܢܘܬܐ
Acts xv. 13 ܠܡܫܡܥܗܘܢ.. ܘܗܘܕܐ[d] ܫܬܩ ܟܠܗ ܥܡܐ. ܘܫܡܥܬ ܐܢܐ ܝܥܩܘܒ
14 ܘܐܡܪܬ ܠܗܢܐ ܐܚܝ ܫܡܥܘܢ ܫܡܥܘܢ ܐܡܪ. ܐܝܟ ܕܡܬܚܙܝܢ
15 ܐܡܪ ܐܠܗܐ. ܕܢܣܒ ܠܗ ܥܡܐ ܡܢ ܥܡܡܐ ܠܫܡܗ. ܘܠܗܕܐ[e]
16 ܫܠܡܝܢ ܡܠܝܗܘܢ ܕܢܒܝܐ ܐܝܟ ܕܟܬܝܒ. ܕܡܢ ܒܬܪܟܢ ܐܬܒ
ܘܐܒܢܐ ܡܫܟܢܗ ܕܕܘܝܕ ܕܢܦܠ. ܘܡܫܚܠܦܬܗ ܐܒܢܐ ܘܐܬܩܢ.
17, 20 ܐܡܪܢܐ ܕܢܟܬܘܒ ܫܪܝܪܐ[f] ܠܡܬܪܚܩܐ.[g] ܐܠܐ ܢܬܦܠܫ ܠܗܘܢ ܗܘܝܢܐ
ܕܐܪܫܥܘ[h] ܡܢ[i] ܦܬܟܪܐ ܘܡܢ ܕܙܢܝܘܬܐ ܘܡܢ[j] ܕܡܐ ܘܡܢ ܚܢܝܩܐ.[j]
22 ܗܝܕܝܢ ܐܫܬܦܝܘ[k] ܫܠܝܚܐ.[l] ܥܡ ܟܠܗ ܥܕܬܐ. ܕܢܓܒܐ ܡܢܗܘܢ
ܓܒܪܐ ܘܢܫܕܪ ܥܡ ܕܦܘܠܘܣ [m]ܒܪܢܒܐ ܘܦܘܠܘܣ[m]. ܕܐܬܩܪܐ ܡܢ ܬܡܢ.
ܘܓܒܝܢ[n] ܠܝܗܘܕܐ ܕܐܬܩܪܝ ܒܪܢܒܐ[o] ܘܠܫܝܠܐ. ܐܢܫܐ ܪܝܫܢܐ
23 ܒܐܚܐ. ܘܟܬܒܝܢ ܒܐܝܕܝܗܘܢ ܗܟܢ[qp]: ܐܓܪܬܐ ܕܫܠܝܚܐ ܫܠܝܚܐ
ܘܩܫܝܫܐ ܘܐܚܐ. ܠܐܚܐ ܕܡܢ ܒܝܬ ܥܡܡܐ ܕܒܐܢܛܝܘܟܝܐ

Lag. p. 104 — a ܢܪ[ܗ] — b ܥܢܪ — c ܐܢܬܘܢ ܬܬܩܪܘܢ — d ܗܘܕܝܢ
S. f. 76 b — e ܗܠܗܕܐ — f ܥܢܒܐ ܕܚܢܝܩܐ
ܘܟܠܗܘܢ ܒܥܡܡܐ ܗܢܘܢ ܕܐܬܦܢܝܘ ܥܡܢ ܟܠܗܘܢ ܐܡܪ ܡܪܝܐ. + g
Acts xv. 18 *sic* ܕܥܒܕ ܗܠܝܢ ܡܢ ܥܠܡ. ܡܬܝܕܥܢ ܐܢܐ ܐܡܪ ܐܝܟ ܕܠܐ ܐܢܫ ܢܗܪ
19 ܠܐܠܝܢ ܕܡܢ ܒܝܬ ܥܡܡܐ ܡܬܦܢܝܢ ܠܘܬ ܐܠܗܐ.
h ܕܐܬܪܫܡܘܢ — i + ܘܡܢ. ܕܒܬܫܬܐ — j ܕܡܐ ܘܡܢ ܕܚܢܝܩܐ — k + ܥܡ
l + ܘܐܦܝܣܩܘܦܐ ܘܩܫܝܫܐ — m ܒܪܢܒܐ ܘܦܘܠܘܣ — n + ܘܓܒܝܢ
o ܒܪܢܒܐ — p ܗܟܢ ܠܘܬܗܘܢ (B + ܐܓܪܬܐ ܗܕܐ) — q + [ܐܓܪܬܐ ܗܕܐ]

1 Cod. ܢܪ

ܘܫܐܠ ܗܘܐ ܘܢܣܒ ܥܠ ܐܘܪܚܐ. ܘܐܝܟ ܗܘܐ ܒܗ ܟܠ[a] ܚܝܘܬܐ
ܕܐܪ̈ܒܥ ܪ̈ܓܠܝܢ. ܘܪ̈ܚܫܐ[b] ܕܐܪܥܐ ܘܦܪ̈ܚܬܐ ܕܫܡܝܐ. ܘܐܡܪܬ
ܠܝ ܩܠܐ ܕܐܡܪܐ ܫܡܥܘܢ ܩܘܡ ܢܟܘܣ ܘܐܟܘܠ. ܘܐܢܐ[c] ܐܡܪܬ
ܚܣ [d]ܠܝ ܡܪܝ ܕܐܟܘܠ ܡܕܡ ܕܛܡܐܐ[d]. ܘܐܡܪܬ ܠܝ[e] ܩܠܐ ܐܚܪܢܐ
ܕܬܪ̈ܬܝܢ ܙܒ̈ܢܝܢ [f]ܕܗ ܐܡܪ[f]. ܡܕܡ ܕܐܠܗܐ ܕܟܝ ܐܢܬ ܠܐ ܬܛܢܦ.
ܗܕܐ ܕܝܢ ܗܘܬ ܬܠܬ ܙܒ̈ܢܝܢ. ܘܐܫܬܩܠ[g] ܠܗ ܟܕ[h] ܠܫܡܝܐ. ܘܗܕܝܢ
ܐܬܚܫܒܬ ܘܡܪܢܝܬ ܒܬܚܘܡܝܗ ܕܚܙܘܐ. ܕܐܡܪܬܐ ܐܡܪ ܐܬܒܣܡܘ Deut. xxxii. 43
ܥܡ̈ܡܐ ܥܡ ܥܡܗ.[i] ܘܡܠܬܐ ܐܘܠܬ[j] ܘܟܕ ܟܠܬ ܠܒܝܬܗ ܫܪܝܬ[k]
ܠܡܡܠܠܘ ܡܠܬܗ ܕܚܙܘܐ. ܐܬܝܬ[l] ܥܠܘܗܝ ܪܘܚܐ ܕܩܘܕܫܐ[m]. ܘܥܠ cf. Acts x. 44
ܟܠܗܘܢ ܥܡ̈ܡܐ ܐܝܟ ܕܐܫܬܘܕܥܘ ܗܘܘ[n] ܬܡܢ. ܐܠܗܐ ܗܟܝܠ cf. Acts xv. 8
ܝܗܒ ܠܗܘܢ ܪܘܚܐ ܩܕܝܫܐ. ܐܝܟ ܕܐܦ ܠܢ. ܘܠܐ ܦܪܫ ܒܝܢܬ ܠܢ 9
ܘܠܗܘܢ ܒܗܝܡܢܘܬܐ. ܘܕܟܝ ܠܒ̈ܘܬܗܘܢ.. ܗܫܐ[o] ܗܟܝܠ ܡܢܐ 10
ܡܢܣܝܢ ܐܢܬܘܢ ܠܐܠܗܐ. ܕܬܣܝܡܘܢ ܢܝܪܐ ܥܠ ܨܘܪ̈ܝܗܘܢ[p]
ܢܝܪܐ ܕܠܐ ܐܒܗ̈ܝܢ ܐܦܠܐ[q] ܚܢܢ [r]ܐܫܟܚܢ ܠܡܫܩܠܗ[r]. ܐܠܐ ܒܛܝܒܘܬܗ 11
ܕܡܪܢ ܝܫܘܥ ܡܫܝܚܐ ܡܬܦܨܝܢܢ ܕܢܐܚܐ[s] ܐܝܟ ܕܐܦ ܗܢܘܢ.
ܡܛܠ ܕܠܡ[1] ܚܢܢ ܡܪܢ ܐܡܪ. ܘܐܡܪ ܥܠܝܢ [t]ܐܣܘܪ̈ܐ ܗܢܘܢ[t] f. 70 b
ܘܐܡܪ ܠܢ[u]. ܕܬܘ ܠܘܬܝ ܟܠܟܘܢ ܠܐܝ̈ܠܐ ܘܫܩܝܠܝ ܡܘܒܠܐ ܝܩܝܪܬܐ Matt. xi. 28

S. f. 76 a — [a] ܟܠܗܘܢ — [b] ܘܪ̈ܚܫܐ — [c] + ܕܝܢ
[d] ܡܪܝܐ. ܡܛܠ ܕܠܐ ܐܟܠܬ ܡܡܬܘܡ ܥܠ ܕܛܡܐܐ ܘܡܣܝܒ — [e] + ܬܘܒ
[f] ܕܐܡܪ — [g] ܘܐܫܬܩܠ — [h] ܡܐܢܐ
[i] + ܘܟܕ ܗܘܐ ܐܡܪ (ܠܢ + B) ܥܠ ܡܪܢܬܐ ܕܟܬܒ̈ܐ. + — [j] ܘܐܙܠܬ.
[k] ܘܫܪܝܬ — [l] ܐܬܝܬ — [m] ܩܕܝܫܐ — [n] om. ܗܘܘ — [o] ܘܗܫܐ
[p] + ܕܬܠܡܝ̈ܕܐ. + — [q] ܘܠܐ — [r] ܐܫܟܚܢ ܠܡܫܩܠܗ̇ — [s] ܕܢܚܐ
[t] ܗܢܘܢ ܐܣܘܪ̈ܐ — [u] om. ܠܢ

[1] Cod. ܕܠܡ

ܟܕ ܢܚܬܘ[a] ܠܐܢܛܝܘܟܝܐ ܘܡܚܕܪܝܢ ܗܘܘ ܠܐܚܐ ܕܐܢ ܠܐ ܓܙܪܝܢ[1]
ܐܢܬܘܢ ܘܡܬܕܒܪܝܢ ܐܝܟ ܢܡܘܣܐ[b] ܕܡܘܫܐ ܘܡܬܕܟܝܢ
ܐܢܬܘܢ ܡܢ ܡܐܟܘܠܬܐ[c]. ܠܐ ܡܫܟܚܝܢ ܐܢܬܘܢ ܠܡܚܐ..
ܘܗܘܐ ܠܗܘܢ ܚܪܝܢܐ[d] ܘܒܥܬܐ[e] ܘܠܐ[f] ܒܝܢܬ ܐܚܐ ܕܐܢܛܝܘܟܝܐ
ܕܐܬܚܒܫܘ[g] ܟܠܗ ܘܐܬܬܘܝܘ[g] ܕܢܒܥܐ ܟܠܗܘܢ ܕܝܠܢ. ܫܕܪܘ ܠܘܬܢ
ܐܢܫܐ ܡܗܝܡܢܐ ܘܝܕܘܥܐ ܕܟܬܒܐ. ܕܢܫܐܠܘܢ ܟܠܢ ܥܠ
Acts xv. 5 ܗܕܐ ܒܥܠܬܐ[h] ܕܗܘܬ ܠܗܘܢ ܒܥܕܬܐ ܕܐܢܛܝܘܟܝܐ.. ܘܩܡܘ
ܐܢܫܝܢ[i] ܐܝܠܝܢ ܕܗܝܡܢܘ ܗܘܘ ܡܢ ܝܘܠܦܢܐ ܕܦܪ̈ܝܫܐ ܘܐܡܪܝܢ
ܕܘܠܐ ܐܢܬܘܢ[j] ܠܡܓܙܪ. ܘܠܡܛܪ ܢܡܘܣܐ[b] ܕܡܘܫܐ[k].. ܘܗܢܘܢ[l]
cf. Acts xv. 7 ff. ܡܟܝܠ ܐܢܢ ܦܫܪܘܗ ܘܐܡܪܢ ܠܗܘܢ ܒܥܕ̈ܬܐ ܐܝܟ ܐܦ ܐܢܬܘܢ܀
ܢܕܥܘܢ[m] ܕܡܢ ܝܘܡܬܐ ܩܕܡܝܐ ܕܐܝܬܝ ܗܘܬ ܒܝܢܬܟܘܢ܀
f. 70 a ܒܐܝܕܝ ܕܝܠܝ ܓܒܐ ܐܠܗܐ ܕܢܫܡܥܘܢ ܥܡ̈ܡܐ ܐܘܢܓܠܝܘܢ
ܘܢܗܝܡܢܘܢ. ܘܐܠܗܐ ܝܕܥ ܠܒ̈ܘܬܐ ܐܣܗܕ ܥܠܝܗܘܢ. ܠܡܦܪܣܝܘܬܗ[n]
ܡܦܪܣܐ ܒܗ[o] ܐܬܝܗܒ ܗܘܐ ܠܗ ܡܠܐܝܐܝܬ. ܘܐܡܪ ܠܗ ܥܠ
ܡܕܝܪ ܟܬܪ. ܘܒܗ[p] ܕܝܢ ܡܠܟܐ ܗܘܝܬ[q] ܕܐܙܠ ܠܘܬܗ ܐܬܚܙܝ[r] ܥܠ
ܥܡ̈ܡܐ ܐܝܠܝܢ ܕܡܬܚܙܝܢ ܗܘܘ ܠܡܗܝܡܢܘ. ܘܥܠ ܟܠܗܘܢ ܡܐܟܘܠܬܐ.
cf. Acts x. 9—16 ܫܠܝܛܐ ܗܘܝܬ ܒܝܪ ܥܠ ܐܪܒܥܐ ܚܕ ܐܢܝܢܐ[s] ܕܐܡܝܢܐ. ܘܡܢ[t] ܚܙܝܬ
ܠܫܡܝܐ ܕܦܬܝܚܝܢ[t]. ܘܡܐܢܐ ܚܕ ܕܡܠܝܐ ܒܐܪ̈ܒܥܬܗܘܢ ܦܢ̈ܝܬܗ.

---

[a] ܢܗܘܕܐ [b] ܢܡܘܣܗ [c] + ܟܠܗܝܢ ܕܐܘܪ̈ܝܬܐ ܥܒܕܐ ܘܡܢ
[d] + ܘܟܬܫܐ [e] ܚܪܝܢܐ. [f] ܘܒܝܬ [g] ܘܐܬܘ ܟܠܗ Lag. p. 103
[h] + ܒܥܠܬܐ ܠܗ ܥܠ ܐܬܘܗ ܠܐܘܪܫܠܡ. ܘܒܗ ܐܢܘ [i] [ܐܢܫܝܢ]
[j] ܐܢܘܢ [k] + ܘܐܫܟܚܘ ܗܘܘ ܩܕܡ ܗܘܘ ܘܐܡܪܝܢ ܗܟܢܐ [l] ܗܢܘܢ
[m] ܢܕܥܘܢ ܐܢܬܘܢ [n] ܠܦܪܘܣܘܬܗ ܒܪܐ [o] ܚܕ [p] ܒܗ [q] + ܐܢܐ
[r] + ܠܝ [s] om. ܐܢܝܢܐ [t] ܘܚܙܝܬ ܫܡܝܐ ܒܗ ܦܬܝܚܝܢ

---

[1] Cod. ܓܙܕܝܢ

ܠܟܠ ܚܕ ܢܒܝܐ. ܠܡܫܬܥ ܗܕܐ ܕܕܝܕܣܩܠܝܐ ܩܬܘܠܝܩܝ[a]. ܠܫܘܪܪܐ
ܕܟܠܟܘܢ. ܘܫܪܪܘ ܘܩܘܡܘ ܒܗ ܕܬܫܬܪܪܘܢ ܠܐܠܗܐ[b] ܐܚܝ̈ ܟܠ.
ܘܠܒܢܝ̈ܗ[c] ܢܫ̈ܐ ܡܗܝܡܢܬܐ. ܘܠܒܬܘܠܬܐ ܡܢܟܦܬܐ. ܘܬܬܩܝܡܘܢ[d] ܡܫܬܡܥܝܢ
ܒܟܠܡܕܡ ܡܢ̈ܟܦܐ. ܘܬܬܡܫܡܫܘܢ ܒܡܢܟܦܘܬܐ ܕܫܢ̈ܝܬܐ. ܘܟܕ ܟܠܗܝܢ
ܒܢ̈ܬܗ ܬܬܢܨܚܘܢ ܒܡܘܕܝܬܐ. ܘܠܒܥܠܝܟܝ[e] ܐܢܬܬܐ. ܡܛܠ
ܕܐܡܬܠ[f] ܒܡ̈ܬܠܐ. ܕܡܢ ܐܠܗܐ ܡܬܡܟܪܐ ܐܢܬܬܐ ܠܓܒܪܐ Prov. xix. 14
ܘܒܐܘܢܓܠܝܘܢ[g] ܡܪܢ ܐܡܪ[g] ܕܗܘ ܕܒܪܐ ܡܢ ܩܕܝܡ[h] ܕܟܪܐ f. 69 b Matt. xix. 4
ܘܢܩܒܬܐ[h] ܐܡܪ ܕܒܪܐ. ܡܛܠܗܢܐ ܢܫܒܘܩ ܓܒܪܐ ܠܐܒܘܗܝ، 5
ܘܠܐܡܗ ܘܢܩܦ ܠܐܢܬܬܗ. ܘܢܗܘܘܢ ܬܪ̈ܝܗܘܢ ܚܕ ܦܓܪ. ܘܡܕܡ[i] 6
ܗ̇ܒܝܠ ܕܐܠܗܐ ܙܘܓ ܒܪܢܫܐ ܠܐ ܢܦܪܫ.. ܗܟܢܐ ܠܗܘܢ ܕܝܢ
ܠܡܫ̈ܡܫܢܐ ܠܡܘܪܬܐ ܕܠܒܐ ܪܘܚܢܝܬܐ. ܐܝܟ ܕܐܡܝܪ[j] ܒܐܪܡܝܐ[j].
ܐܚܕܪܘ[k] ܠܟܘܢ ܢܝܪܐ ܘܠܐ ܬܙܪܥܘܢ ܥܠ ܟܘ̈ܒܐ[l]. ܘܥܠ Jer. iv. 3 *sic*
ܡܥܡܘܕܝܬܐ ܬܗܘܐ ܚܕܐ ܦܩܘܕܐ[m] ܗܝ ܕܡܫܒܩܢܘܬ ܚܕܐ[n] ܥܒܕܬ
ܠܟܘܢ ܚܠܦ ܚܛܗ̈ܝܟܘܢ. ܠܐ ܓܝܪ ܐܡܪ ܐܫܥܝܐ ܕܣܚܘܬܘܢ ܦܫܝܢ Is. i. 16
ܐܠܐ ܕܣܚܘ[o] ܚܕܐ ܙܒܢ[o] ܘܐܬܕܟܘ. ܣܓܝ ܠܝ ܕܝܢ ܒܟܬ̈ܒܐ ܡܫܟܚܐ ܐܢܬ.
ܐܝܟ ܐܢܫ̈ܐ ܕܥܠ ܐܦ̈ܝ ܚܛ̈ܝܐ ܚܕܕܝܢ[p] ܐܠܘܦܐ. ܠܐ ܗܘܐ[q] ܠܝ
ܠܫ̈ܠܝܚܐ ܟܠܝܘܡ. ܐܠܐ ܐܦ ܠܥܡܐ. ܟܕ ܡܢܩܐ ܐܦܝܣܩܘܦܐ
ܘܡܫܝܚܐ[r] ܕܐܬܓܙܪ. ܗܘ ܕܒܦܓܪ ܐܝܬܘ ܐܚܝܢܐ، ܕܥܠܡܝܢ[s]. ܘܡܟܝܠ
ܕܓܙܘܪܬܐ[t] ܕܐܬܓܙܪܘܢ[t]. ܡܛܠ ܕܐܦ ܟܕ ܩܕܡ ܡܫܡ̈ܫܢܐ ܢܝܬܘܢ ܐܢܫܝܢ cf. Acts xv. 1

---

[a] (B ܩܬܘܠܝܩܐ) ܩܬܘܠܝܩܝ   [b] + [ܐܚܝ]   [c] (B *s. u.*) [ܒܢܝܗ] ܘܠܢܫ̈ܐ
[d] ܕܬܗܘܘܢ   [e] ܘܠܒܥܠܝܟܝܢ   [f] ܕܐܡܪ   [g] ܬܘܒ ܐܡܪ ܡܪܢ.
[h] ܠܓܒܪܐ ܘܠܐܢܬܬܐ   [i] ܡܕܡ   [j] ܕܐܡܝܪ ܒܝܕ ܐܪܡܝܐ   [k] ܐܚܕܪ[ܘ]
[l] + ܚܕܘܪܘ ܠܡܪܝܐ ܐܠܗܟܘܢ. ܘܚܕܘܪܘ ܒܓܙܘܪܬܐ ܕܠܒܟܘܢ ܒܢ̈ܝ ܝܗܘܕܐ.
ܘܒܝܘܐܝܠ ܬܘܒ ܐܡܪ. ܨܪܘ ܠܒܘܬܟܘܢ ܘܠܐ ܢܚܬܝܟܘܢ. Joel ii. 13
[m] + ܠܟܘܢ   [n] om. ܚܕܐ   [o] om. ܚܕܐ ܙܒܢ   [p] ܚܕܕܝܢ   [q] + ܕܝܢ   S. f. 75 b
[r] om. ܘܡܫܝܚܐ   [s] + ܘܡܟܝܠ ܡܥܡܕܝܢ   [t] ܘܡܟܝܠ ܥܠܗ̇ ܒܗܕܐ

ܡܒܣܪܝܢ ܡܠܦܝܢ ܗܘܘ ܕܠܐ ܐܢܫ ܢܐܟܘܠ ܒܣܪܐ. ܘܐܡܪܝܢ ܗܘܘ
f. 69a ܕܠܐ ܡܬܒܥܐ ܠܐܢܫ[a] ܕܢܐܟܘܠ[b] ܡܕܡ ܕܐܝܬ ܒܗ ܢܦܫܐ. ܘܐܚܪ̈ܢܐ[c]
ܐܡܪܝܢ ܗܘܘ. ܕܡܢ ܚܙܝܪܐ[d] ܒܠܚܘܕ ܐܢܫ ܕܢܬܟܠܐ ܢܦܫܗ. ܘܐܝܠܝܢ
ܕܡܕܒܪܐ ܢܡܘܣܐ ܢܬܢܛܪ.[e] ܘܐܚܪ̈ܢܐ ܬܘܒ ܐܚܪܢܐܝܬ ܡܠܦܝܢ
ܗܘܘ. ܘܡܒܕܪܝܢ ܗܘܘ ܚܝ̈ܠܐ ܘܡܛܥܝܢ ܗܘܘ[f] ܠܥܕܬܐ[g][h]:·

Chap. XXV
[i]ܘܟܠܗܘܢ ܕܟܬܒܢܢ ܘܫܕܪܢܢ ܃ ܡܛܠ ܕܐܬܟܢܫܢ ܫܠܝ̈ܚܐ ܘܬܘܒ
ܕܩܘܪ̈ܐ ܘܦܘܠܘܣ ܕܗܘܐ ܒܥܕܬܐ. ܘܐܬܘ ܠܡ̈ܕܝܢܬܐ ܗܢܝܢ
ܕܟܬܒܘ ܒܗ ܫܠܝ̈ܚܐ ܡ̈ܠܐ. ܘܫܪܝܘ ܠܟܢܫܐ ܕܡܫܝܚܐ ܡܢ ܩܘܪܒܐ
ܕܢܛܪܬܗ ܕܢܡܘܣܐ ܕܡܦܩܐ. ܘܡܬܟܘ ܒܬܪ̈ܨܬܐ ܠܟܠܗܘܢ ܥܕ̈ܬܐ
ܕܡܦܩܕܐ ܕܐܝܠܝܢ ܦܠܐ ܠܗܘܢ ܠܡܛܪ. ܘܡܬܟܘ ܗܕܐ ܕܝܕܣܩܠܝܐ:·[i]
ܣܡ ܗܟܝܠ ܡܕܡ ܘܐܦܪܢܝܢ ܡܠܬܐ ܡܕܝܢܬܐ ܕܥܕܬܐ ܩܬܘܠܝܩܝ[k][j].
ܘܗܦܟܝܢ ܬܘܒ. ܠܡܫܒܬܐ ܠܗܝܢ ܠܥܕܬܐ ܘܐܫܟܚܢ [l]ܐܢܝܢ ܕܐܣܝܪܝܢ[l]
ܒܕ̈ܚܠܬܐ ܐܚܪ̈ܢܐ. ܡܛܠܗܘܢ ܠܗ[m] ܐܝܟ ܡܕܝܢܘܬܐ[n] ܢܛܪܝܢ ܗܘܘ.
[o]ܟܕ ܢܥܒܕܝܢ ܠܗ ܡܠܟܐ ܠܦܘܠܚܢܐ[o]. ܡܛܠܗܘܢ ܡܚܝܢ ܗܘܘ ܡܢ
ܒܣܪܐ ܘܡܫܬܪ̈ܐ[p]. ܘܡܛܠܗܘܢ ܡܢ ܒܣܪܐ[q] ܕܚܙܝܪܐ. ܘܟܠ[r] ܐܣܘܪ̈ܐ
ܕܐܝܬ ܒܗܘܢ ܢܡܘܣܐ ܢܛܪܝܢ ܗܘܘ[s].. ܟܕ ܗܟܝܠ ܡܬܕܘܢܝܢ ܥܕ̈ܬܐ
ܗܘܬ ܟܠܗ ܥܕܬܐ. ܕܬܗܘܐ ܠܗ ܐܪܥܝܬ. ܐܬܟܢܫܢ[t] ܐܟܚܕܐ ܣܡ[u]
ܬܪ̈ܥܣܪ ܫܠܝ̈ܚܐ ܠܐܘܪܫܠܡ[v]. ܘܐܬܚܫܒܢ ܕܐܝܟܢܐ ܢܗܘܐ. ܘܚܙܝܢ[w]

---

[a] om. ܠܐܢܫ   [b] + ܐܢܫ   [c] + ܕܝܢ   [d] ܕܚܙܝܪܐ ܒܠܚܘܕ.
[e] + ܘܢܛܘܪ ܐܝܟ ܕܒܢܝܡܘܣܐ.   [f] + ܠܗܝܢ   [g] ܠܥ̈ܕܬܐ
[h] + (ܫܠܡ ܡܐܡܪܐ ܕܥܣܪܝܢ ܘܬܠܬܐ)
[i] ܡܐܡܪܐ ܕܥܣܪܝܢ ܘܐܪܒܥܐ. ܕܥܠ ܩܬܘܠܝܩܘܬܐ ܕܥܕܬܐ. ܟܝܢܝܐ ܬܘܒ ܕܐܬܟܬܒܘ ܫܠܝܚܐ ܡܛܠ ܬܘܪܨܐ ܕܥܕ̈ܬܐ.
[j] ܩܬܘܠܝܩܐ   [k] + ܬܪܝܨܬܐ   [l] ܐܝܟ ܕܐܣܝܪܝܢ   Lag. p. 102   [m] ܟܕ
[n] + ܠܗ   [o] om. ܟܕ......ܠܦܘܠܚܢܐ   S. f. 75a   [p] ܘܡܢ ܫܬܝܐ
[q] om. ܒܣܪܐ   [r] ܘܡܢ ܟܠ   [s] + [ܡܬܟܢܫܝܢ ܬܘܒ ܠܐܘܪܫܠܡ]
[t] + ܟܠܗ   [u] om. ܣܡ   [v] ܠܐܘܪܫܠܡ   [w] + ܠܗ

ܘܡܫܘܐ ܗܘܐ ܢܦܫܗ ܐܝܟ [a]ܗܘܐ ܕܬܠܡܝܕ ܕܢܦܩ ܠܥܪܒܝܐ[a]. ܘܐܘܪ ܗܘܐ ܠܗܘܢ ܠܡܬܒܥܝܐ. ܟܕ ܡܥܒܕ ܗܘܐ[b] ܠܗܘܢ ܒܚܝܠܐ ܕܡܟܟܢܘܬܐ ܕܫܪܪܗܘܢ. ܘܟܕ ܩܡ ܡܢ ܨܠܘܬܐ ܐܪܝܟܬ ܘܫܪܝܗ [c]ܒܥܘܬܐ ܘܡܠܦܢܐ ܠܟܠܗ. ܘܒܠܒܗ ܕܪܥܝܐ ܟܕ ܚܙܐ ܟܠ ܡܕܡܬܐ ܘܟܠ ܣܓܝ ܡܟܬܒܐ ܘܟܕ ܐܘܕܝ. ܚܙܐ[c] ܕܦܪܫ ܦܓܪܐ [d]ܘܥܒܕ ܪܡܙ ܠܐܠܗܘܬܗ ܕܡܠܘܫܗ. ܘܟܕ ܐܬܓܠܝ ܠܦܪܐ ܡܫܝܚܐ[d]. ܗܝܕܝܢ ܡܚܬ [e]ܐܦ ܐܬܚܙܝܬ ܠܗ[e]. ܒܚܝܠܐ ܕܟܦܗ ܕܡܫܝܚܐ[f] ܡܦܩܘܩ ܐܝܟ ܠܫܠܘܬܟ[g] [h]ܕܪܘܚܩܢܢ ܡܢܟ. ܘܗܝܕܝܢ ܐܪܚܩܘ ܡܢܗ ܬ̈ܐܕܐ[h] ܘܢܦܠ ܗܘܐ[i] ܘܐܬܬܦܟܪ[j] ܡܢ ܡܩܪ̈ܝܠܐ[k] ܕܪܚܡܗ ܘܡܚܒܬ[l]. ܘܗܝܕܝܢ ܡܩܒܠ ܡܢܗ ܡܫܝܚܐ. ܘܐܫܪܝܐ ܕܡܢ ܐܪܥܐ ܕܢܩܘܡ ܠܗ ܩܘܒ ܠܬܗ. ܗܟܢܐ[m] ܠܦܘܩ ܐܬܩܒܠܬ ܗܘܬ[n] ܐܪܥܝܘ ܕܒܠܗ.. ܘܬܘܒ ܕܡܢ ܐܦ ܟܕ ܥܠܝܬܐ ܐܫܪܝܐ ܕܟܠܐ ܡܚܒܪ ܗܘܐ ܒܠܒܒܗܐ. ܘܐܚܝܕ[o] ܗܘܐ ܠܗܘܢ[p] ܠܟܠܗܘܢ ܚܕ ܢܦܘܫܐ ܟܠ ܐܢܫܐ. ܘܒܐܬܪܘܬܐ[q] ܘܒܠܒܝܐ ܠܐ ܢܫܒܘܢ. ܘܟܠ ܐܒܐ[r] ܐܠܗܐ ܐܚܝܕ. ܟܠ ܢܦܫܢ. ܘܡܫܝܚܘܬܐ ܠܐ ܢܬܦܢܘܢ. ܘܬܘܒ ܕܡܢ ܒܐܚܪܝܬܐ. ܘܒܬ̈ܚܝܠܐ[s] ܡܠܐܟܐ ܡܠܟܝܢ ܗܘܘ ܘܫܠܡܝܢ. ܡܠܐܟܐ ܠܒܪ ܡܢܗܘܢ ܡܠܟܝܢ ܗܘܘ ܕܠܐ [t]ܢܦܩ ܐܢܫ[t] ܐܬܚܬܐ. ܘܐܡܪܝܢ ܗܘܘ ܕܗܐ ܠܐ ܐܢܫ ܢܦܩ ܐܬܚܬܐ ܡܢܦܩܬܐ ܗܝ. ܘܟܕ ܡܢܦܩܬܐ [u]ܘܟܠ ܥܡܟܐ[u] ܡܥܡܝܢ ܗܘܘ ܬܕܡܘܪܬܐ ܡܚܝܠܬܐ[v] ܕܐܪܡܝܐ[w].. ܘܐܫܪܝܐ ܬܘܒ

a ܕܓܒܪܐ ܦܪܫ b om. ܗܘܐ c om. ܚܙܐ...... ܒܥܘܬܐ
d om. ܡܫܝܚܐ...... ܘܥܒܕ e ܘܐܬܚܙܝܬ f ܕܡܫܝܚܐ g ܫܠܘܬܟ
h om. ܬܐܕܐ...... ܕܪܘܚܩܢܢ S. f. 74 b i om. ܗܘܐ j ܘܐܬܬܦܟܪ
k ܡܩܪܝܠܐ l om. ܘܡܚܒܬ m ܘܗܟܢܐ n ܗܘܬ. ܗܢܝ o ܐܚܝܕ
p + ܕܡܢ q ܕܒܐܬܪܘܬܐ r om. ܐܒܐ s ܒܬܚܝܠܐ t ܐܢܫ ܢܦܩ
u om. ܘܟܠ ܥܡܟܐ v om. ܡܚܝܠܬܐ w + ܕܐܠܗܘܢ

ܘܟܕ ܚܙܐ ܒܣܘܡܟܗܘܢ ܕܐܝܕܝܐ ܐܝܠܝܢ ܘܫܠܝܚܐ[a] ܕܪܘܚܐ ܩܕܝܫܐ. ܝܗܒܝܢ ܗܘܘ ܚܝܠܐ ܕܐܣܝܘܬܐ ܒܐܦܪܝܟܝܢ ܘܟܕ ܣܡܝܢ ܐܝܕܝܐ[b] [c]ܗܝܡܢܘܬܐ ܘܡܫܘܕܥܘܬܐ[c] ܕܪܘܚܐ ܩܕܝܫܐ ܡܬܝܗܒܐ ܗܘܬ ܠܐܝܠܝܢ ܕܡܬܩܪܒܝܢ.. ܗܝܕܝܢ ܫܡܥܘܢ[d] ܩܪܒ ܠܗ ܟܣܦܐ ܣܓܝܐܐ. ܘܒܥܐ ܗܘܐ ܐܝܟ[e] ܕܠܐܝܢܐ ܟܕ ܡܫܡܠܝܘܬܐ ܕܐܝܠܝܢ ܚܠܦܘܗܝ. ܡܢ ܢܣܒܬܐ ܕܫܠܝܚܐ. ܗܝܡܢܐ[f] ܐܦ ܠܝ ܟܕ ܡܗܝܡܢܘܬܐ ܕܟܣܦܐ ܕܝܠܝ[1] ܡܢ[g] ܐܠܗܐ. [h]ܘܐܢܫܘܢ ܬܪܬܝܢ[h]. ܐܝܟܢܐ ܕܫܠܦ ܘܢܦܠ ܠܗ ܒܟܣܦܐ ܚܝܠܐ ܕܪܘܚܐ ܩܕܝܫܐ. ܘܐܬܬܥܝܪܘ ܟܠܗܘܢ ܥܠ ܗܕܐ. ܗܝܕܝܢ ܒܪ ܦܛܪܘܣ ܒܦܘܠܐ. ܗܘ ܕܚܙܐ ܗܘܐ ܒܗ ܒܫܡܥܘܢ. ܘܐܡܪ ܠܗ ܟܣܦܟ ܥܡܟ ܢܗܘܐ ܠܐܒܕܢܐ. ܘܠܐ ܬܗܘܐ ܠܟ ܡܢܬܐ ܒܡܠܬܐ ܗܕܐ ܡܛܠ ܥܠܝܒܫܐ ܕܠܒܟ. ܒܪ ܕܝܢ ܦܠܓܝܢ ܠܬܪ̈ܥܝܬܐ[i] ܡܢܗܘܢ ܠܟܠܗ ܟܠܡܐ. ܘܫܒܩܘ ܠܟܢܫܬ ܥܕܬܐ[j] ܕܡܢܗ ܡܠܬܐ ܗܝܕܝܢ ܚܒܪ ܦܛܠܐ ܘܐܬܕܗ ܠܟܢܫܐ. ܘܐܙܕܘ[k] ܟܠܗܘܢ ܥܠܝܡܐ ܕܡܠܐ ܠܦܪܝܫ ܕܡܠܬܐ. ܘܐܦܩܘ[l] ܡܢ ܥܕܬܐ ܠܗܘܢ ܕܡܫܟܚ ܗܘܐ[m] ܘܠܒܝܫܘ ܘܐܦܩܘܗ[2] ܠܫܡܥܘܢ. ܘܬܘܒ ܕܝܢ [n]ܘܠܬܠܬܐ ܘܠܫܘܒܥܐ ܟܠܒܐ[n]. ܐܦ ܠܐܢܫܐ ܡܢ ܬܪܥܘܗܝ. ܩܠܝܠ ܕܝܢ[o] ܕܒܬܪ ܫܡܥܘܢ. ܬܪܬܝܢ ܕܝܠܗ ܦܛܪܘܣ ܢܦܩܝܢ ܗܘܘ. ܘܐܬܘ ܠܡܫܡܠܝܘ ܡܠܬܐ. ܘܟܕ ܗܘܐ ܒܪܘܡܝ[p] ܥܒܕܗ ܠܒܬܘܢܐ ܦܠܛ[q]. ܘܐܘܣܦ ܗܘܐ ܠܡܛܥܝܘܬܐ.

cf. Acts viii. 20, 21

f. 68 b

---

a ܘܫܠܝ̈ܚܐ b ܐܝܕܝܗܘܢ c om. ܘ ܗܝܡܢܘܬܐ d om. ܫܡܥܘܢ
e ܕܐܝܟ f ܡܗܝܡܢܐ *sic* g + ܕ ܗܝܡܢܘܬܗ
h : ܘܡܗܝܡܢܘܬܐ ܕܚܝܠܐ ܢܐܫܘܢ ܬܪ̈ܬܝܢ Lag. p. 101 i ܠܬܪ̈ܥܝܬܐ
j + ܒܟܠܗ ܟܠܡܐ: k ܕܐܙܕܪܘ l ܘܐܦܩܘ m om. ܗܘܐ
n om. ܘܠܬܠܬܐ.....ܟܠܒܐ. o om. ܕܝܢ p ܒܪܘܡܝܐ q [ܦܠܛ]

---

[1] Cod. ܕܝܠܝ [2] Cod. ܘܦܩܘܗ

ܘܐܡܪ ܒܗ̇.[a] ܡܛܠ ܗ̇ܟܝܠ ܕܟܬܝܒ[b] ܡܪܝܐ[c] ܠܥܡܐ ܕܐܝܣܪܐܝܠ.[d]
ܐܦ ܠܗܝܟܠܐ ܐܪܦܝܗ.[e] ܘܫܒܩ[f] ܡܢܗ ܠܟܘܗܢܐ ܡܫܝܚܐ[g] ܘܠܡܠܟܐ
ܕܡܠܟܘܬܗ.[h] ܘܠܟܠܗ̇ ܬܫܡܫܬܐ ܫܒܩ[i] ܡܢ ܗ̇ܘ ܥܡܐ. ܘܐܬܬܩܢܗ̇ f. 68 a
[j]ܒܥܕܬܐ ܕܥܡ̈ܡܐ[j].. ܒܗ̇ ܗ̇ܕܐ [k]ܒܕܡܘܬܐ ܗ̇ܕܐ[k] ܐܦ ܦܘܠܚܢܐ[l]
ܡܫܝܚܝܐ. ܢܣܒ ܠܗ ܡܢ ܗ̇ܘ ܥܡܐ. ܘܐܬܠܗ̇ ܠܗ ܥܠ ܥܕܬܐ.
ܘܠܐ ܬܘܒ. ܡܛܠ ܡܫܝܚܐ ܠܗ ܠܗ̇ܘ ܥܡܐ. [m]ܥܠ ܕܥܒܕܘ ܒܝܫ ܥܡܗ
ܦܘܠܚܢܐ[m]. ܡܛܠ ܕܒܥܒܕ̈ܝܗܘܢ ܒܝ̈ܫܐ ܢܦܠ ܠܗܘܢ ܒܐܝ̈ܕܝܗܘܢ،
ܐܠܐ ܠܥܕܬܐ ܐܬܝܗܒ ܕܥܡܡܐ. ܘܥܒܕ ܒܗ̇ [n]ܡܥܒܕܢܘܬܗ. ܘܢܣܒ[n]
ܟܠܗ̇ ܐܦܝ̈ܣܩܘܦܐ ܘܩܫܝ̈ܫܐ[o]. ܘܐܪ̈ܟܘܢ ܘܣܘ̈ܕܥܐ.[p] ܡܛܠ ܫܒܩܘ̈
ܚܛܝܐ ܕܥܡܡܐ[q] ܕܐܪ̈ܟܘܢ ܗܕܝܐ ܗܘܐ. [r]ܐܝܟ ܠܟܘܢ ܠܫܒܩܘ̈
ܦܘܠܚܢܐ[r] ܕܐܝܬܘܗܝ، ܗܘܐ ܚܛܝܐ.[s] ܡܢ[t] ܡܕܝܢ ܡܫܡܫܢܘܬܗ ܗܘܐ.

---

a + ܘܬܘܒ ܐܡܪ ܕܢܩܘܡ ܐܬܘܬܐ ܘܬܕܡܪ̈ܬܐ ܒܝܬ ܒܝܬܐ ܡܢ ܡܪܝܐ Is. viii. 18
ܢܟܐܘܬ. ܘܗܘ ܕܐܡܪ ܟܘܪܣܝܐ ܕܫܘܒܚܐ. ܘܡܐܪܝܟܐ ܬܘܒ ܐܡܪ. ܬܪܝܨܘܬ Jer. xvii. 12
(B ܬܪܝܨܘܬ) ܡܪܝܡܐ ܒܝܬ ܡܩܕܫ.

b ܕܟܬܝܒܗ c om. ܡܪܝܐ d om. ܕܐܝܣܪܐܝܠ

e + ܠܗܘܢ ܒܗ ܒܢ̈ܝ. ܘܩܕܡ ܐܦܝ̈ ܬܪܥܐ f ܘܫܒܩܗ

g + ܘܢܒܝܘܬܐ ܥܠ ܐܝܠܝܢ ܕܡܫܝܚܘ ܡܢ ܒܝܬ ܒܬܘܠܬܐ. ܐܝܟ ܕܐܡܪ ܒܝܕ
ܝܘܐܝܠ. ܕܐܫܦܘܟ ܡܢ ܪܘܚܝ ܥܠ ܟܠ ܒܣܪ. ܫܒܩܗ ܓܝܪ ܠܪܘܚܐ ܡܢܒܝܢܝܬܐ: Joel ii. 28

h ܕܡܠܟܘܬܐ i om. ܫܒܩ j ܒܥܕܬܗ k ܒܗܕܐ ܕܡܘܬܐ

l + ܕܠܐ (B ܕܡܕܒܪܢܐ) ܠܥܡܐ ܕܡܪܝܐ ܫܒܩܗ ܬܘܒ ܦܘܠܚܢܐ ܕܐܦ ܡܢܘܬܐ]
ܬܘܒ ܢܣܒܗ ܐܢܘܢ. ܘܐܬܠܗ ܠܗ ܥܠ ܥܕܬܐ]

m om. ܥܠ ...... ܦܘܠܚܢܐ n ܡܥܒܕܢܘܬܗ. ܘܐܢܣܒ o + ܘܟܘܗ̈ܢܐ

p + ܘܠܡܥܒܕ ܒܗ̇ ܡܪܢܐ. ܐܝܟ ܗܘܐ ܒܗ̇ ܒܥܡܐ ܐܪ̈ܟܘܢ ܘܣܘ̈ܕܥܐ.
ܗܫܐ ܕܝܢ ܦܘܠܚܢܐ ܒܡܥܒܕܢܘܬܐ ܒܥܕܬܐ. ܠܐܝܠܝܢ ܕܡܢ ܥܕܬܐ ܐܝܟ
ܐܬܝܢ. ܘܥܒܕ ܐܪ̈ܟܘܢ ܘܩܫ̈ܝܫܐ

q + ܓܝܪ r ܐܝܟ ܠܫܒܩܘܢ s + ܠܥܡܗ ܦܘܠܚܢܐ. S. f. 74 a t ܘܡܢ

Chap. XXIV [a]ܘܦܠܐܘܢ ܕܒܥܝܢ ܘܐܪ̈ܟܐ ⁘ ܕܥܒܕܗ ܐܠܗܐ ܠܟܢܘܫܬܐ ܕܥܡܐ.[a]
ܘܐܬܬܐ ܠܗ ܠܟܢܘܫܬܐ ܕܥܡ̈ܡܐ. [b]ܘܕܒܪ ܠܗ ܗܘܬ ܦܬܠܐ ܕܝܢ
ܥܡܐ ܕܝܗܘ̈ܕܝܐ ܘܠܐ ܗܘܬ. ܡܟܣܝܐ ܠܗܘܢ. ܘܐܝܬܝܗ ܗܘܬ ܟܠ
ܒܪܬܐ. ܕܢܚܕܐ ܒܗ ܗ̈ܝܡܢܐ ܘܦܘܠܚܢܬܐ. ܘܡܕܒܪܬ ܐܝܟ ܟܠܗܝܢ
ܠܡܫܒܚܘܢ ܣܓܝܐ. ܟܕ ܗܘܝܢ ܠܫ̈ܠܝܚܐ ܕܟ̈ܠܗܐ ܗܠܝܢ ܕܗܢ ܒܡܘ̈ܕܝܐ.
ܗܠܝܢ ܕܐܠܒܫܝܢ ܗܘܘ ܠܟܪ̈ܣܛܝܢܐ ܕܢܦܪܕܘܢ ܒܡܘ̈ܕܐܝܬ[b]. ܥܒܕܗ
ܐܠܗܐ[c] ܗܟܝܠ ܠܟܢܘܫܬܐ[d]. ܘܚܠܗ ܠܒܪܬܐ. ܘܥܒܕܗ ܛܘܪܐ ܕܟܢܬ
ܡܡܠܟܬܐ. ܘܬܪ̈ܘܢܘܣ[e] ܕܬܫܒܘܚܬܐ ܘܟܢܫܬܐ ܕܡ̈ܠܐܟܐ[f]. ܘܐܝܟ[g]
Ps. lxviii. 15 ܕܐܡܪ ܕܘܝܕ[h] ܛܘܪܐ ܕܐܠܗܐ. ܛܘܪܐ ܕܕܘܫܢܐ. ܛܘܪܐ ܕܓܒܝܢܐ.
16 ܠܡܢܐ ܪܩܕܝܢ ܐܢܬܘܢ ܛܘܪ̈ܐ[i] ܕܓܒܝܢܐ. ܛܘܪܐ ܗܘ ܕܨܒܐ ܠܗ
ܐܠܗܐ ܠܡܝܬܒ ܒܗ. ܡܪܝܐ ܢܫܪܐ ܒܗ ܠܥܠܡ[j].. ܗܢܐ ܗܘ ܕܝܢ
ܒܪܬܐ[k] ܕܐܝܬܝܗ[l] ܛܘܪܐ ܕܒܝܬ ܡܩܕܫܗ[m] ܕܐܠܗܐ. ܘܐܡܪܝܢܐ[n] ܗܘܬ
Is. ii. 2 ܐܡܪ. ܢܗܘܐ ܒܚܪ̈ܬܐ ܐܚܪ̈ܝܐ[o] ܛܘܪ ܒܝܬܗ ܕܡܪܝܐ ܐܠܗܐ[p]
3 ܕܡܬܩܢ[q]. ܘܢܪܗܛܘܢ ܠܗ ܟܠܗܘܢ ܥܡ̈ܡܐ. ܘܢܐܙܠܘܢ ܥܡ̈ܡܐ
ܣܓܝ̈ܐܐ ܘܢܐܡܪܘܢ ܕܬܘ[r] ܢܣܩ ܠܛܘܪܗ ܕܡܪܝܐ[s]. [t]ܘܢܐܠܦ ܐܘܪ̈ܚܬܗ[t]

---

a ܡܚܘܐ ܕܥܒܕܗ ܐܠܗܐ ܠܟܢܫܐ ܕܗܘ̈ܪܬܐ (ܕܗܘܕܝܐ B) ܘܠܡܫܒܚܘܬܐ

b om. ܘܕܒܪ . . . . ܒܡܘ̈ܕܐܝܬ c om. ܐܠܗܐ d + ܗܘ e ܘܬܪ̈ܘܢܘܣ

f ܡ̈ܠܐܟܐ g ܐܝܟ h ܒܕܘܝܕ. i ܠܛܘܪ̈ܐ

j + ܐܝܢ ܐܢܬܘܢ ܡܛܠ: ܕܐܡܪܢܐ ܐܚܪܢ S. f. 73 b ܠܐܣܝ̈ܪܐ ܕܪܟܢܐ ܦܪܩܝܢ
ܐܢܬܘܢ. ܠܐܝܠܝܢ ܕܝܠܗܘܢ ܕܐܝܬ ܟܢܫܬܐ ܐܣܝܪܬܐ.

k om. ܒܪܬܐ l [ܕ]ܐܝܬܝܗ m ܡܩܕܫܗ n ܘܒܐܡܪܝܢܐ

o + ܡܛܠܗ p ܐܠܗܗ q + ܒܪܝܫ ܛܘܪ̈ܐ: ܘܢܬܪܡ ܡܢ ܪ̈ܡܬܐ

Lag. p. 100 r ܬܘ s + ܘܠܒܝܬܗ ܕܐܠܗܗ ܕܝܥܩܘܒ t ܘܢܠܦ ܐܘܪ̈ܚܬܗ

ܘܬܘ̈ܩܠܐ ܘܡܟ̈ܫܘܠܬܐ. ܐܝܟ ܕܐܡܪ ܡܪܢ ܕܘܝ ܠܥܠܡܐ ܗܘ Matt. xviii. 7
ܕܒܐܝܕܗ ܐܬܐ ܟܫܠܐ. ܦܩܚ ܠܗ ܘܦܩܐ ܠܗ ܕܪܚܝܐ ܗܘ 6
ܡܬܬܠܝܐ ܬܬܬܠܐ ܒܨܘܪܗ ܘܡܬܛܒܥ ܒܝܡܐ[t].. ܐܪ̈ܣܝܣܘܬܐ[a] ܕܝܢ
ܟܠ ܕܡܢܗܝܢ ܠܡܒܠܝ ܐܠܗܐ ܡܬܚܫܒܝܢ.[b] ܗܢܐ ܕܝܢ[c] ܡܒܣܪܐ ܫܡܝ
ܐܝܟ ܕܐܦ ܒܬܪܟܐ ܡܫܠܡ ܒܝܕ ܐܪܡܝܐ. [d]ܕܢܦܩܬ ܒܟܠܗ ܐܪܥܐ[d] Jer. xxiii. 15
[e]ܣܘܦܬܐ ܕܐܪ̈ܣܝܣ[e] ܘܠܬܪ̈ܥܐ ܕܗܝܡܢܘܬܐ ܕܗܘܠܝܢ ܕܡܫܡ̈ܫܝܢ ܐܡܝܢܐ f. 67 b
ܥܕܬܐ ܐܢܫ. ܗܢܐ ܟܪ ܗܘ̈ܐ, ܘܐܫܬܢܝܘ.. ܡܛܠ ܕܟܠܗ ܗܝܡܢܘܬܗ
ܕܡܪܢܐ ܐܠܗܐ. ܘܥܒܕ[f] ܠܗ ܡܪܢܐ[g] ܡܢ ܒܬܪܐ ܠܕܘܬܐ ܒܐܝܕܝ
ܕܒܠܝ ܚ̈ܠܝܨܐ ܘܐܢܫܝ ܥܒܕܘ ܠܒܬܪܐ.[h] ܘܐܫܬܒܩܬ ܐܘܪܫܠܡ.
ܘܒܝܘܡܐ ܕܝܠܗ ܘܚ̈ܠܝܨܘܗܝ ܒܗܠܝܢ ܘܠܐ ܡܬܦܬܚܝܢ[i] ܠܡܪܢܐ[j]
ܘܗܐ ܫܒܝܩ ܠܟܘܢ ܒܝܬܟܘܢ ܚܪܒܐ[k]. Matt. xxiii. 38

ܐܢ̈ܫܐ ܕܟܬܒܝܢ ܐܓܘܢܐ ܥܠ ܐܦ̈ܝ ܚܝ̈ܘܗܝ. ܗܢܘܢ ܕܝܢ ܚܫܝܢ ܡܢ ܗܪ̈ܟܐ. ܘܠܐܝܠܝܢ ܕܪ̈ܚܡܝܢ ܠܡܫܬܡܥܘ ܡܠܝܐ: ܗܢܘܢ ܕܝܢ ܟܚܫܝܢ: ܡܛܠ ܕܢܕܥܝܢ ܐܢܘܢ ܐܬܪ̈ܐ ܕܡܫܬܡܥܝܢ܀ ܥܠ ܐܪ̈ܣܝܣ ܕܝܢ: ܐܘܠܐ ܫܡ̈ܥܬܐ. S. f. 73 a ܬܗܘܘܢ ܪ̈ܚܡܝܢ ܠܡܫܬܡܥ. ܘܠܐ ܬܬܟܐܘܢ ܐܢ̈ܫܝܢ. ܕܠܐ ܗܘܐ ܒܠܚܘܕ ܡܬܚܫܒܘ ܠܐ ܡܬܚܫܒ ܠܐܠܗܐ. ܐܠܐ ܐܦ ܡܫܬܡܥܘ ܟܬܒܘܗܝ [ܡܢ ܠܐ ܪ̈ܚܡܐ ܡܪܢܐ ܡܢ ܚܠܘܬܐ ܕܐܪ̈ܣܝܣܐ ܘܠܐ ܒܟܬܒܘܗܝ ܘܠܐ ܒܡܫܬܡܥܘܬܗܘܢ] ܒܠܚܘܕ. ܡܛܠܗܢܐ ܚܙܩܐ ܡܬܚܝܒܝܢ ܥܠ ܗܠܝܢ ܢܒܥ.

---

[a] ܐܪ̈ܣܝܘܬܐ

[b] + ܐܝܟ ܕܐܦ ܡܪܢ ܘܦܪܘܩܢ ܝܫܘܥ ܐܡܪ. ܕܗܘ̈ܝܢ ܐܪ̈ܣܝܣ ܘܦܠ̈ܓܘܬܐ. ܘܬܘܒ: ܘܝ ܠܗ ܠܥܠܡܐ ܡܢ ܡܟܫ̈ܘܠܐ: ܐܠܨܐ ܗܘ ܓܝܪ ܕܢܐܬܘܢ Matt. xviii. 7 ܡ̈ܟܫܘܠܐ ܘܦܠ̈ܓܘܬܐ: ܒܪܡ ܕܝܢ ܘܝ ܠܓܒܪܐ ܕܒܐܝܕܗ ܢܐܬܘܢ. ܗܢܘܢ ܗܟܢ ܡܬܒܥܝܢ ܥܕܡܐ ܗܘܝܢ.

[c] + ܐܦ

[d] ܘܐܡܪ: [ܕܛܢܦܘܬܐ ܢܦܩܬ ܒܟܠܗ ܐܪܥܐ. ܘܗܠܝܢ]

[e] ܕܛܢܦܘܬܐ ܕܐܪ̈ܣܝܣ ܢܦܩܬ. ܘܗܘ̈ܝ ܐܝܟ ܕܠܥܝܢܝܢ ܕܠܟܝܢ:

[f] ܥܒܕ

[g] om. ܡܪܢܐ

[h] + ܐܝܟ ܕܟܬܝܒ ܒܐܫܥܝܐ: ܕܫܒܩܬ ܠܥܡܟ ܠܒܝܬ ܝܥܩܘܒ. Is. ii. 6

[i] ܡܬܦܬܚܝܢ

[j] + ܠܡܪܢܐ: ܘܐܫܬܒܩܘܗܝ

[k] ܒܗ ܚܪܒ

ܐܬܬܬܕܝܢܬ[a]. ܗ̇ܘ[b] ܕܝܢ ܡܢܬ ܕܐܪܡܠܬܐ ܒܚܪܗ̇ ܡܫܠܡܐ ܗܘܬ. ܕܗܘܝ̈[c]
ܦܕܝܢ ܗܘܘ ܒܠܒܗܘܢ[d] ܕܡܕܝܢ[e] ܦܪܝܫܘܬܗܘܢ. ܡܬܒܥܝܐ ܗܘܬ
ܠܗ̇[f] ܠܐܪܡܠܬܐ ܕܬܬܟܢܫ ܠܐܬܒܥܝܘܬܐ ܕܒܥܐ ܢܦܫܗ̇ ܕܠܐ[g]
ܬܬܬܚܬ[h] ܠܗܘܢ. ܐܠܐ ܬܬܠܐ ܡܢ ܡܕܒܪܢܘܬܗ̇. ܐܘ ܬܬܕܒܪ[i][j].
ܘܠܐ ܬܬܒܥܐ، ܡܛܠ ܕܐܬܬܥܝܕ ܒܠܒܗ̇. ܗ̇ܢܐ ܕܝܢ ܕܠܐ ܒܒܝܬܗ̇
ܝܬܝܒܐ ܕܒܬܪܐ[k]. ܐܠܐ ܐܬܬܥܒܕܬ ܠܗܘܬܐ. ܡܬܒܥܝܐ ܐܬܬܕܒܪ
ܕܐܦ ܠܐܪܡܠܬܐ ܢܥܒܪܬܐ ܕܗܠܝܢ ܬܬܒܥܐ. ܗ̇ܢܘ ܕܝܢ ܕܠܐܪܡܠܬܐ ܒܢܘܪܐ
ܕ[l] ܡܢܝܐ[m].. ܗ̇ܢܐ ܒ[n] ܝܬܒܐ ܠܐܬܪܘܬܐ ܗ̇ܠܝܢ ܕܡܬܟܪܝܢ ܒܠܒܗܘܢ.
ܐܝܬܝܗܝܢ ܕܝܢ ܡܢ ܒܬܪܬܐ ܘܒܬܚܝܬܐ[o] ܕܡܬܚܡܝܢܘܬܐ. ܒܗ ܠܦܩܐ
ܕܢܫܬܐ ܕܡܬܦܪܫܝܢ ܒܠ ܡܕܒܪܢܐ ܚܢܝܢ ܐܝܬܝܗܝܢ. ܗܘܝܬܝܢ ܘܕܝܢܝܢ
ܕܠܐ ܬܬܒܥܘܢ ܗܘܝܐ. ܘܠܐ[p] ܬܬܠܒܝܢ ܒܕܝܢܐ[q][p].. ܐܠܐ[r] ܐܝܟ
ܡܫܬܡܥܢܐ ܗ̇ܢܝܠ ܘܬܬܒܥܐ ܗܘܝܬܝܢ. ܡܬܦܪܫܝܢ[s] ܡܢ[t] ܗ̇ܢܘܢ

---

[a] ܐܬܬܕܝܢܬ

[b] + ܠܐ ܗܘܐ ܡܛܠ ܕܡܕܝܢܬ ܠܐܪ̈ܡܠܬܐ. ܐܠܐ ܕܡܬܚܫܒܢܘܬܗܘܢ ܢܦܫܐ ܐܝܟܢ +

[c] ܘܡܕܝܢ [d] + ܘܡܬܚܫܒܢܘܬܗܘܢ S. f. 72 b [e] + ܐܝܟܢ [f] + ܒܪܐ

[g] + ܘܠܒܪܢܫܘܬܐ ܕܐܠܗܐ. [h] ܬܬܬܚܬ [i] ܬܕܒܪ

[j] + ܘܠܐ ܬܬܟܠ ܘܠܐ ܬܬܒܥܐ + [k] + ܐܠܗܐ [l] ܕܒܢܝ

[m] + ܒܝ ܡܛܠ ܠܦܪܘܫܐ ܗ̇ܢܝܢ ܕܦܪܫܝܢ ܕܡܬܚܫܒ ܠܐܠܗܐ. ܗܢܐ ܠܢܫܬܐ +
ܘܕܝܢܐ ܗܘ ܒܠܒܗܘܢ

[n] om. ܒ [o] ܒܬܚܝܬܐ [p] [ܘܠܐ ܬܬܠܒܝܢ ܒܕܝܢܐ] B *sine uncis*

[q] + ܢܫܐ ܒܪܐ ܘܕܝܢܘܬܐ ܕܐܠܗܐ ܕܕܝܢܐ: ܕܒܝܬ ܩܘܪܚ ܘܕܬܢ ܘܐܒܝܪܡ +
ܗܘܘ: ܘܟܠ ܕܡܬܕܒܪܐ ܒܗܘܢ: ܐܬܚܒܠܘ ܐܟܚܕܐ.

[r] om. ܐܠܐ [s] + ܩܕܡ

[t] ܘܠܐ ܬܬܬܚܬܘܢ ܠܗܘܢ. ܐܝܟܢܐ ܕܟܬܝܒ. ܐܝܟ ܕܐܡܪ ܒܠܒܗܘܢ ܒܡܫܐ
Numbers xvi. 26 ܠܥܡܐ: ܐܬܦܪܫܘ ܡܢ ܒܝܬ ܓܒܪ̈ܐ ܗ̇ܠܝܢ ܥܘܠܐ. ܘܠܐ ܬܬܬܚܬܘܢ ܠܟܠ
ܕܐܝܬ ܠܗܘܢ. ܕܠܐ ܬܬܐܒܕܘܢ ܒܗܘܢ ܒܚܛܗܘܢ ܢܦܫܬܗܘܢ. ܘܟܕ ܫܡܥ ܥܡܐ
Numbers xvi. 34 ܕܕܝܢܐ ܒܗܕܐ. ܒܠܚܘܕ ܕܒܝܬ ܒܕܝܢܐ ܒܠܗܘܢ: ܘܐܚܪܢܝܢ ܗܘܘ: ܕܠܐ ܬܬܒܠܥ
ܐܪܥܐ ܐܦ ܠܢ (Lag. p. 99) ܒܚܛܗܘܢ. ܡܛܠ ܗܟܢܐ ܡܛܠ ܐܦ ܐܢܬܝܢ: ܐܝܟ

D. 23

ܦܬ̈ܓܡܐ ܒܐܒ̈ܗܘܗܝ. ܘܦܬܚܬ ܐܪܥܐ ܦܘܡܗ̇ ܘܒܠܥܬ[a] ܠܕܬܢ
ܘܩܘܪܚ[a] ܘܐܒܝܪܡ. ܘܠܡܫ̈ܟܢܝܗܘܢ ܘܠܟܠܗܝܢܝܗܘܢ ܘܠܟܠ ܕܒܝܬܗܘܢ.
ܘܢܚܬܘ ܟܕ ܚܝܝܢ[b] ܠܫܝܘܠ. ܘܐܬܟܣܝܘ[c] ܒܐܪܥܐ ܬܪ̈ܝܢ ܐܢܫܐ ܕܐܬܦܠܓܘܬܐ
ܕܥܒܕܘܗܐ.[d] ܘܥܠ [e]ܥܪܒܝܐ ܕܩܘܪܒܢܐ[e] ܕܒܣܡܐ ܣܡ ܡܪܝܐ. ܘܐܬܬ[f]
ܗܘܐ ܒܗܘܢ ܢܘܪܐ[g] ܘܐܟܠܬܐ. ܗܢܘܢ ܕܠܟܠ ܚܕ ܚܕ ܡܢܗܘܢ
ܐܝܟ ܚܛ̈ܗܘܗܝ، ܡܪܝܐ ܕܐܢ ܗܘܐ ܠܗ. ܘܥܠ ܩܘܪܒܢܗ[h] ܕܒܣܡܐ
ܢܦܩ ܗܘܐ. ܠܗܢܘܢ[i] ܕܩܪܒܝܢ ܗܘܘ ܕܒܣܡ[j] ܘܡܬܒܨܝܢ ܘܡܬܝܕܥܝܢ[k]
ܡܬܚܙܝܢ ܐܝܟ ܐܝܠܝܢ ܢܘܪܐ. ܡܛܠ ܕܒܥܒܕܘܬܐ ܗܘܘ.. ܘܐܬܡܢܝ f. 67 a
ܡܪܝܐ ܠܡܫܩܠ ܠܐܠܗܘܢ. ܘܥܒܕ ܦܬ̈ܓܡܐ ܕܢܚܫܐ ܡܢ ܕܒܫܬ[l] cf. Num. xvi. 37
ܡܩܪ̈ܒܐ. ܘܒܕܒܘ[1] ܐܢܘܢ ܠܦܬܐ ܪ̈ܩܝܩܐ ܘܬܪܘܨܘ[2] ܐܢܘܢ ܥܠ
ܡܕܒܚܐ. ܕܢܗܘܘܢ ܚܝܪ ܒܢ̈ܝ ܐܝܣܪܐܝܠ. ܘܠܐ ܢܣܒܘܢ [m]ܥܠ
ܢܦܫܗܘܢ[m]. ܠܡܒܥܒܥ ܟܗܢܘܬܐ.[n] ܢܣܒ ܡܢ[o] ܣܓܝ̈ܐ[p] ܒܚܪܬܗܘܢ
ܕܩܘܪܚ ܡܢܐ[q] ܟܒܪ ܠܗܘܢ. ܡܛܠ ܕܐܢ [r]ܡܬܚܝܣ ܕܢܗܘܘܢ
ܕܚܝܢ ܘܡܬܒܨܝܢ.[s] ܥܘܠܡܐ ܕܚܪܬܗܘܢ ܠܢܘܪܐ[t] ܘܠܡܕܒܚܐ ܗܘ[u] ܕܠܟܠܗ..
ܗܕܐ ܓܝܪ[v] ܬܗܘܐ ܡܕܝܠܐ ܠܗܘܢ. ܕܐܦ ܢܘܪܗ ܕܩܘܪܒܐ ܒܢܘܪܐ

---

a ܠܩܘܪܚ ܘܕܬܢ b ܚܝܝܢ c ܐܬܟܣܝܘ ܘܡܫܬܩܠܐ. ܠܬܚܬܝܬܐ
d + ܟܕ. ܒܡܕܒܪܐ (ܒܡܕܒܪܐ B) ܐܡܪ ܕܐܦ ܒܒܢ̈ܝ ܘܝܬܝܪ ܩܠܐܬܗ ܕܡܢ ܘܗܢܘܢ
ܫܡܐ ܟܠܗ ܒܥܐܐ.
e ܕܡ ܩܘܪܒܢܗ f ܚܠܡ ܕܐܬܬ g ܢܘܪܐ h ܩܘܪܒܢܗ i + ܕܡ
j + ܗܘܘ k ܘܡܬܪܥܝܬܐ Lag. p. 98 l ܒܫܬ m om. ܥܠ ܢܦܫܗܘܢ
n + ܘܠܗܘܢ ܢܣܒܘܬܐ ܕܒܗ ܬܡܢ ܥܠ ܕܡܫܟܢ ܒܥܕܬܗܘܢ ܕܢܘܪܐ ܒܪܬܟܬܗܘܢ
+ in marg. ܒܢܘܪܐ ܕܐܝܟ ܡܪܝܐ ܕܐܢܐ ܠܢܘܪܐ. ܒܗܘ ܕܡܫܬܚ ܢܘܪܐ ܒܢܘܪܐ ܡܪܝܐ
ܘܐܫܬܪܪܬ ܠܗܢܘܢ ܕܗܘܝܢ ܒܫܠܝܐ. ܟܕ ܠܐ ܫܠܝܛ ܗܘܐ ܠܗܘܢ.
o + ܘܢܚܬܐ p ܣܓܝܐܐ q ܕܗܒܐ r ܢܗܘܘܢ ܡܬܚܝܣܝܢ ܕܗܘܝܢ s + ܘܡܟܝܢ
t + ܗܘ u om. ܗܘ v ܒ[ܗ]ܝܠ (ܒܗܝܠ B)

---

1 Cod. ܘܡܕܒܘ 2 Cod. ܘܬܪܘܨܘܢ

ܒܫܢܐ. ܗܘ ܕܝܩܕ ܠܗܘܢ ܒܢܘܪܐ ܕܢܘܗܪܐ[a] ܒܠܠܝܐ[b]. ܘܒܢܝܐ ܒܐܝܕܡܐ ܠܛܠܠܐ[c]. ܘܡܒܥܪܢܐ ܐܘܣܦ ܠܗܘܢ ܐܝܕܐ [f. 66 b] ܠܡܒܥܪܢܘܬܗ ܕܢܡܘܣܐ. ܐܦ[d] ܒܫܢܐ[d] ܦܬܟܪ̈ܝܢ ܕܐܠܗܐ ܝܩܕ ܠܗܘܢ. ܘܡܒܠܠܝܢ ܗܘܘ ܒܝܫܬܐ ܥܠ ܪܫܗ ܘܒܓܒܗ[e] ܕܡܠܟܐ[f]. ܐܝܟ ܡܫܬܒܚܝܢ ܒܙܕܝܩܘܬܐ ܘܡܫܬܒܗܪܝܢ ܒܡܙܝܕܘܬܐ ܘܡܣܩܝܢ ܕܒܝܬܐ. ܘܡܥܗܕܝܢ[g] ܒܐܦ̈ܐ ܡܣܩܝܢ ܦܘܠܚܢܐ. ܘܗܟܢܐ ܐܦ[h] ܢܩܦܐ ܘܡܕܝܪ̈ܝ[i] ܒܡܙܝܕܘܬܐ ܐܚܪ̈ܢܝܢ ܗܘܘ. ܕܠܐ[j] ܢܫܬܒܩ ܒܗ ܡܦܢܝܐ ܘܒܗ ܒܗܢܐ ܕܒܓܘܗ. ܡܛܠ ܕܠܡܐܡܢ ܐܢܘܢ.. ܘܡܬ̈ܐܬܝܢ[k] ܘܣܓܝܐܝܢ ܠܒܢ̈ܝܐ ܡܢܗ[k] ܘܐܠܦܝܘ ܕܢܣܒܘܢ ܡܢ ܗܘ ܪܒܐ ܡܦܢܝܐ ܐܝܟ ܕܢܣܒܪܘܢ ܒܠܒܗܘܢ ܕܬܬܪܐܡ ܡܫܒܚܝܢ ܠܐܠܗܐ. ܘܡܬܦܠܐܬ ܡܥܡܕܝܢ ܠܗ. ܒܗܘ ܒܪ ܫܘܒܚܗ[l] ܕܒܝܬܐ ܘܡܬܡܠܠ[m] ܗܘܐ. ܚܕ ܦܪܘܩܐ ܕܒܫ̈ܡܝܐ ܒܪ[n] ܡܬܡܪܕ. ܗܘܐ ܠܡܪܝܐ ܐܠܗܐ. ܘܗܢܘܢ ܕܝܢ ܕܗܘܘ ܒܨܘܡܐ ܡ̈ܐܬܝܢ ܘܣܓܝܐܝܢ ܒܗ ܡܕܒܪ̈ܢܘܬܗܘܢ. ܚܠܦ[o] ܡܢܗܘܢ ܦܪܘܩܐ ܕܒܫ̈ܡܝܐ ܡܣܝܒ. ܗܘܐ ܠܐܠܗܐ[p] ܡ̈ܐܬܝܢ ܘܣܓܝ̈ܐܝܢ ܦܬ̈ܟܪܝܢ. [q]ܐܝܟ ܕܬܬܪܝ ܕܒܝܢ ܗܘܘ[q] ܘܡܬܦܠܛܝܢ[r] ܡܢ ܡܦܢܝܐ ܘܐܬܐܪܘܢ[s] ܘܡܢ[t] ܒܗܘ ܕܡܠܟܐ[t]. ܠܐ[u] ܐܘܬܪܬ ܐܢܘܢ ܡܢܗ ܫܘܟܢܐ[v] ܕܬܫܒܘܚܬܐ ܕܦܪܘܡܝ̈ܢܘܬܗܘܢ ܐܢܫܐ[v] ܕܒܨܘܡܐ. ܐܠܐ ܣܓܝ ܢܦܩܐ ܡܢ ܗܢܐ ܡܪܝܐ ܘܐܬܟܠܝ ܐܢܘܢ ܘܢܦܩܘ ܗܢܘܢ ܡ̈ܐܬܝܢ ܘܣܓܝܐܝܢ ܠܒܢ̈ܝܢ ܒܪ ܐܚܝܕܝܢ ܗܘܘ

---

a ܕܢܘܗܪܐ b + ܠܢܘܗܪܐ ܘܠܡܒܥܪܢܘܬܐ c ܠܡܛܠܠܐ d ܘܒܫܢܐ
e + ܠܒܐ f + ܐܠܗܐ g ܘܡܥܗܕܝܢ (B ܘܡܬܥܗܕܝܢ) h ܐܝܟ
i ܘܡܕܝ̈ܪܝ j [ܕ]ܠܐ k ܘܡܢܗ ܡܐܬܝ̈ܢ ܘܣܓܝ̈ܐܝܢ ܠܒܢ̈ܝܢ: l ܫܘܒܚܗ
m ܕܡܬܡܠܠ n om. ܒܪ o + ܚܕ p om. ܠܐܠܗܐ
q ܐܝܟ ܕܬܬܪܐܡ ܠܡ ܕܢܠܝܢ ܗܘܘ ܘܡܢ r + ܠܒ s ܘܡܢ ܐܬܐܪܘܢ
t ܒܡܠܟܐ ܕܒܓܘܗܘܢ u ܘܠܐ S. f. 72 a v ܕܬܫܒܘܚܬܗܘܢ

ܐܢܫ ܢܚܒ ܠܢܘܪܐ ܡܫܝܚ ܕܢܦܫܗ ܥܡ ܐܢܫ ܕܐܬܟܢܫ ܒܬܪܗ. ܚܕ ܒܥܕܐ ܐܝܟ ܒܐܬܪܘܬܗ [a]ܢܬܝܠ ܐܢܫ[a] ܢܠܒܫ ܡܕܐܡ ܒܢܝ ܗܘܢܘܬܗܘܢ ܢܪܚܡ[b]. ܕܐܝܟ ܐܢܫ ܡܒܝܬܘܢ ܐܝܟ[c] ܢܦܫܗ ܕܫܒܘܩܘܬܐ [d]ܐܦ ܢܚܙܘܢ[d] ܠܡܒܥܐ ܫܝܡܐ. ܕܒܪܬܗ ܕܡܘܪܢ ܘܕܐܬܝܢ[e] ܘܐܟܪܝܙ ܢܐܬܘܢ. ܗܘ ܘܐܢܫܝܢ ܕܒܗܘܢ. [f]ܘܐܦ ܒܗܠܝܢ[f] ܡܬܚܫܒ ܒܢܘܪܐ. ܐܦ ܗܢܘܢ[g] ܕܒܗܬ ܡܘܪܢ ܠܗܠܝܢ ܗܘܘ. ܘܒܡܫܡܫܢܐ ܕܦܪܘܣܘܦܘܬܐ ܡܬܚܫܒܝܢ ܗܘܘ. ܘܢܣܒܘܢ ܕܫܒܘܩܘܬܐ[h] ܘܪܓܝܫ ܕܒܗܬ ܚܛܝܘܬܐ. ܘܕܝܢܐ ܕܪܚܝܡ ܠܡܬܟܠܠ ܕܒܬܪܬܐ ܥܠ ܗܘ ܕܝܢܐ ܡܦܩܐ. [i]ܗܘ ܕܠܡ ܥܡ[i] ܐܢܬܬܐ [j]ܫܒܘܩܬܐ[j] ܡܫܘܬܦ. ܡܛܠ ܕܐܢܬܬܐ ܒܫܘܬܦܘܬܐ ܐܝܬ ܗܘܬ ܠܗ. ܘܡܬܠܟܠܟܐ[k] ܗܘ ܠܡ ܒܗ. ܘܐܝܕܝܐ ܫܟܝܚܐ ܘܕܒܫܬ ܘܡܕܝܢ ܕܗܘܝܘ ܒܡܕܝܢܬܐ ܒܗܘܢ ܐܢܘܢ. ܘܡܬܠܟܠܟܐ[l] ܠܡ ܒܗܢܐ ܒܝܬܗ[m].. ܘܐܝܟܢܘ, ܐܚܪܢܐ[n] ܪܥܝܐ[o] ܗܘܐ ܠܕܝܢܐ ܦܬܓܡܐ ܕܥܒܕ ܠܥܒܕܗ [p]ܠܥܡܝܐ ܘܠܒܝܫܐ[p]. ܘܡܬܠܠܝܢ ܗܘܘ ܒܫܘܬܐ ܥܠ ܡܦܩܢܐ. ܗܘ ܕܫܠܝܡ [q]ܟܠܗܘܢ ܐܢܬܬܐ ܘܚܝܠܐ[q] ܥܒܕ ܥܡ ܐܠܗܐ ܠܥܒܕܐ. ܗܘ ܕܫܠܝܡ ܒܟܬܒܐ ܫܒܝܚܐ ܘܬܫܒܚܬܐ[r] ܥܒܕ ܠܥܒܕܝܘܗܝ. ܗܘ ܕܐܬܝܒ ܥܠ ܡܪ̈ܝܐ ܒܚܢܢ ܡܢܗ. ܗܘ ܕܐܠܦ ܒܢܝܐ ܕܗܘܐ. ܘܥܒܕ ܬܪ̈ܝܢܐ ܐܝܟ ܥܒܕܐ ܡܒܝܐ ܘܡܒܝܐ. ܘܐܡܒܝܢ ܠܒܗܡܐ ܐܝܟ ܕܒܡܕܒܪܐ ܡܒܝܬܐ. ܘܠܒܥܠܕܒܒܘܗܝ[s] ܠܒܝܫ. ܗܘ ܕܫܠܚ ܠܗܘܢ ܡܒܘܟܐ ܕܚܝ̈ܐ. ܘܡܢ ܒܐܦܐ ܕܐܬܪܐ ܐܦܝ ܠܗܘܢ ܕܝܘܐ ܘܐܫܬܒܩ[t]. ܗܘ ܕܐܒܝܬ ܠܗܘܢ ܡܢܢܐ ܡܢ ܫܡܝܐ. ܘܒܝܬܗ[u] ܕܡܢܢܐ ܢܒܥ ܠܗܘܢ ܠܗܘܢ

a ܐܢܫ ܢܬܝܠ b + ܐܢܘܢ c om. ܐܝܟ d ܘܢܚܙܘܢ e ܘܕܐܬܝܢ
f ܘܒܗܠܝܢ g ܗܢܘܢ ܒܢܝ h B ܕܫܒܘܩܘܬܐ i ܥܠ ܕܠܡ j ܠܡ ܫܒܘܩܬܐ
k ܘܡܬܠܟܠܟܐ l + ܗܘ m ܕܒܗܢܐ n + ܠܡ ܬܘܒ o B ܪܥܝܐ
p ܠܥܡܝܐ [ܘ]ܠܒܝܫܐ q ܟܠܗܘܢ ܫܠܝܐ ܘܐܬܬܐ r ܘܬܫܒܚܬܐ
S. f. 71 b. Lag. p. 97 s + ܘܡܢܝܢ ܡܫܬܠܡܝܢ ܘܠܟܠ ܕܒܗܘܢ t + ܘܡܒܝܬ
u + ܬܘܒ

ܠܗܘܢ܆ ܒܡܫܝܚܘܬܐ ܘܠܐ[a] ܬܫܬܥܘܢ܆ ܒܠ[a] ܠܫܪܪܘܬܗܘܢ܆ ܒܡܠܬܐ[b]
ܕܕܝܠܗ ܐܠܗܐ. ܘܠܐ ܬܬܠܘܢ܆ ܠܗܘܢ܆ ܫܘܠܛܢܐ ܕܢܬܪܫܘܢ܆
ܠܒܟܘܢ܆. ܘܟܠ[c] ܐܢܫܝܗܘܢ܆. ܘܠܟܠ ܡܢ[d] ܡܒܠܒܠܐ ܕܠܒܟܘܢ܆[d] ܠܐ
ܢܗܘܘܢ܆ ܟܕܒܝܢ ܡܕܡ. ܕܠܐ ܢܗܘܘܢ܆ ܐܝܟ ܗܢܘܢ ܒܢܝ ܥܡܡܐ܆
ܘܡܬܒܥܝܢ[e] ܘܦܠܚܝܢ. ܡܛܠ ܕܗܢܘܢ[f] ܦܪܝܫܘܬܐ ܡܬܠܟܝܢ. ܘܒܪܝܫܘܬܐ
ܡܬܬܚܝܢ ܘܢܦܠܝܢ. ܘܐܦ ܒܠܒܐ ܐܢܫܝܗܘܢ܆ ܬܒܥܘ[g] ܗܕܐ. ܗܢܘܢ܆
ܘܐܢܫܝܗܘܢ܆[h] ܢܣܒܘܢ܆ [i]ܒܕܝܢܐ ܢܦܩܘܢ܆[i] ܡܢ ܐܠܗܐ. ܘܐܦ
ܬܘܒ ܒܡܫܝܚܘܬܗܘܢ܆ ܕܠܒܟܘܢ܆ ܢܗܘܘܢ܆ ܕܠܐ ܡܬܪܕܝܬܐ.
ܘܢܦܠܘܢ܆ ܐܢܘܢ܆[j] ܐܢܫܝܗܘܢ܆ ܬܬܚܝܒܘܢ܆ ܡܬܠܬܗܘܢ܆ ܡܢ
ܐܠܗܐ. ܡܛܠ ܗܠܝܢ ܗܘܘ ܕܡܬܚܪܝܢ ܒܪܚܡܘܗܝ܆ ܬܦܫܘܢ܆
ܠܗܘܢ܆ ܢܟܐ. ܘܬܘܒܘܢ܆ ܐܢܘܢ܆. ܕܠܟܠܐ ܠܫܪܝܪܘܬܗܘܢ܆ ܒܢܘܪܐ[k]
ܕܠܥܠܡܝܢ ܢܗܘܐ܆ ܐܝܟ ܚܛܝܐ. ܘܐܢܘܢ܆ ܬܬܠܘܢ܆ ܦܬܓܡܐ
ܠܐܠܗܐ[l] ܒܗܘܢܐ ܕܕܝܢܐ..

Chap. XXIII

ܡܠܐܟܘܢ܆ ܕܒܫܪܪ ܘܒܬܠܬܐ. [m]ܡܛܠ ܗܪܣܝܣ ܘܦܠܓܘܬܐ. ܘܕܡܫܝܚܐ.
ܠܟܢܫܐ ܕܥܕܬܐ ܐܬܬܘܗܝ܆ ܐܝܟ ܕܦܓܥܝܢ ܒܗܬܐ. ܐܝܟ ܡܢܘܢ
ܘܕܐܬܐ ܘܐܟܒܪܘ. ܗܢܘܢ܆ ܕܐܝܟܐ ܠܡܟܣܘ ܠܐܦܣܩܘܠ. ܒܕ
ܡܠܦ ܕܫܡܐ ܗܝ ܒܕܬܐ ܕܐܠܗܐ. ܘܠܐ ܐܝܬܝܗܘܢ ܒܕܬܐ ܕܐܠܗܐ
ܗܠܝܢ ܕܗܪܣܝܣ[m] ܡܢ ܡܕܡ ܠܥܠܡ.[n] ܗܘܝܘ܆ ܘܗܝܕܝܢ. ܡܛܠ
ܐܪܣܝܣ ܫܘܢܝܐ.[o] ܘܗܘܝܘ܆ ܒܥܘܕ ܡܢܗܘܢ܆[p] ܐܝܟ ܕܡܢ ܢܘܪܐ
f. 66 a ܕܡܬܚܒܠܝܢ. ܘܡܢ ܗܠܝܢ ܕܡܬܩܪܝܢ[q] ܠܗܘܢ. ܐܚܪܢܐ ܒܗ ܫܡܐ

---

a ܘܫܒܩܘ ܐܢܘܢ ܡܢ   b ܒܡܠܬܗܘܢ   Lag. p. 96   c ܟܠ
d ܡܠܒܟܘܢ   e ܡܬܒܥܝܢ   f ܕܗܦܟܐ ܒܪܐ   g ܬܒܥܘ
h ܐܢܫܝܗܘܢ   i ܕܝܢܐ ܕܡܫܬܘܬܗܘܢ   j + ܬܗܘܐ   S. f. 71 a   k ܒܢܘܪܐ
l ܠܡܪܢܐ ܐܠܗܐ   m ܒܠ ܐܪܣܝܣ ܘܦܠܓܘܬܐ: n + ܗܡ
o + ܘܡܚܪܒܢܘܬܐ ܘܡܣܒܬܐ   p ܒܥܘܕܝܢ   q B ܕܢܦܫܝܢ

ܦܠܝܛ ܬܠܬ ܥܡܡܝܢ ܕܡܢܗ ܠܠܝܐ. ܟܕ ܒܝܕܥܝܢ ܐܢܬܘܢ ܐܚܝܕܐ[a]
ܒܥ̈ܡܠܝܐ ܕܒܪܢܫܐ ܀ ܀

ܡܠܐܟܘܢ ܕܒܫܪܝܪ ܘܬܘܪܝ ܀ [b]ܦܘܪܫܐ ܕܡܬܠ ܛܠܝ̈ܐ ܕܢܬܬܪܒܘܢ Chap. XXII
ܠܡܠܦ ܐܘܪ̈ܚܬܐ. ܘܠܐ ܢܦܠܘܢ ܒܢ̈ܝܐ ܒܝ̈ܫܐ ܕܟܠܠܐ.
ܘܕܒܪܢܫܘܢ ܢܛܠܘܢ ܠܗܘܢ ܢܦ̈ܫܐ. ܕܠܐ ܢܦܠܘܢ ܒܡܫܬܝܬܐ.
ܘܢܛܪܘܢ ܐܝ̈ܕܝܗܘܢ ܒܡܫܬ̈ܡܗܘܢ[b] ܘܐܠܦܘ ܠܒܢ̈ܝܗܘܢ[c]
ܐܘܪ̈ܚܬܐ. ܐܝܠܝܢ ܕܒܢ̈ܝܢ ܘܡ̈ܠܝܢ ܠܕܝܠܗ ܐܠܗܐ. ܕܠܡܐ ܟܕ
ܓܕܠܐ ܢܦܫܗܘܢ ܐܣܛܪܝܐ. ܟܕ ܚܙܐ ܠܐ ܢܛܪܘܢ ܡܢ ܐܚ̈ܝܗܘܢ.
ܢܓܕܪܘܢ ܒܒ̈ܢܝܐ[d] ܐܝܟ ܚܛܝܐ ܒܝܫܐܝܬ[e]. ܡܛܠܗܢܐ ܠܐ [f]ܢܬܪܦܘܢ
ܚܝܝܢ[f] ܒܠܒܗܘܢ. ܘܢܬܪܦܘܢ[g] ܢܟܣܝܢ ܘܙܕܝܢ [h]ܐܦ ܡܠܦܝܢ[h] ܠܗܘܢ.
ܠܐ ܗܘܐ ܚܙܐ ܡܛܠ ܦܠܠܬܗܘܢ[i] ܠܗܘܢ. ܟܕ ܬܪܝܢ ܐܢܘܢ.
ܐܠܐ ܡܬܪܐܝܬ [j]ܡܟܐܒ ܡܟܐܒ[j] ܐܢܬܘܢ ܠܗܘܢ. ܐܝܟ ܕܐܦ
ܡܪܢ ܡܠܦ ܠܢ ܒܡܟܬܒܬܐ ܘܐܡܪ ܫܠܝܐ. ܪܕܝ ܒܪܟ ܡܛܠ f. 65 b Prov. xix. 18
ܕܣܒܪܐ ܠܗ ܣܟܪܐ. ܐܢܬ ܓܝܪ ܡܚܐ ܐܢܬ[k] ܒܫܒܛܐ ܢܦܫܗ[l] ܡܢ xxiii. 14
ܫܝܘܠ ܡܦܨܐ ܐܢܬ. ܘܬܘܒ ܐܡܪ. ܕܟܠ ܕܚܣܐ ܥܠ ܫܒܛܗ ܣܢܐ xiii. 24
ܠܒܪܗ. ܐܠܐ[m] ܫܒܛܐ[n] ܕܒܝܬ ܐܒܗܘܗܝ، [o]ܡܪܢ ܢܘܚ ܡܫܝܚܐ[o]. ܐܝܟ
ܕܐܦ ܐܪܡܝܐ ܚܙܐ ܫܒܛܐ ܕܠܘܙܐ[p] ܒܝܘܡܗ. ܟܠܗ[q] ܕܚܣܐ ܗܘ[r] ܕܢܐܡܪ cf. Jer. i. 11
ܡܛܠܬܐ ܕܪܚܡܬܐ ܠܒܪܗ ܣܢܐ ܠܒܪܗ.[1][s] [t]ܡܘܣܛܘܢ ܦܘܚܠ ܙܕܝܩ[t]

S. f. 70 b [a] ܐܝܟ ܕܐܚܐ [b] ܕܪܗܡ ܠܢܟܠܗ ܠܛܠܝܐ ܐܘܪ̈ܚܬܐ. [c] ܒܒ̈ܢܝܗܘܢ [d] + ܒܝ̈ܫܐ [e] om. ܒܝܫܐܝܬ [f] ܬܚܘܒܘܢ [g] ܘܬܪܦܘܢ [h] ܘܢܟܠܝܢ [i] ܦܠܠܝܢ ܐܢܬܘܢ [j] ܚܝܣܘ ܚܝܣܝܢ [k] + ܠܗ [l] ܘܢܦܫܗ [m] om. ܐܠܐ [n] + ܗܘ [o] ܡܠܬܗ ܕܐܠܗܐ ܡܘܫܐ ܡܫܝܚܐ. [p] ܕܠܘܙܐ [q] + ܗܘܟܠ [r] ܕ[ܢ]ܐܡܪ ܗܘ [s] + ܡܘܣܛܘܢ ܗܘܝܠ ܢܟܠܝܢ ܠܒܢ̈ܝܗܘܢ ܡܛܠܬܗ ܕܪܚܡܬܐ [t] ܘܡܘܣܛܘܢ ܬܘܒ ܢܟܪܝܢ

[1] Cod. ܠܒܪܗ

ܐܡܪܢܐ. ܬܦܠܐ ܕܝܢ ܟܠ ܐܠܗܐ ܡܣܘܟܐ. ܟܠ ܐܠܗܐ ܠܐ ܗܘܒܠ
ܡܬܩܪܝܢ ܟܠ ܡܚܝܢܐ ܕܚܕ. ܟܕ ܕܝܢ ܟܠܗܘܢ ܡܚܝܢܐ[a] ܦܪܘܫ.
ܘܟܠ[b] ܢܦܫܬܗܘܢ ܘܟܠ ܐܣܟܝܡܗܘܢ. ܕܠܡܐ ܐܢܫ[c] ܡܬܪܥܐ ܐܝܟ ܐܠܐ[d]
ܐܝܬ ܠܗ ܐܠܗܐ. ܡܬܩܢܝܢܐ[e] ܐܢܫܘܬܗܘܢ ܦܘܫܩܗܘܢ ܡܬܬܟܠܝܢ
ܟܠܗܘܢ ܒܡܠܬܐ ܕܡܣܒܪܢܘܬܐ ܕܦܪܘܫܐ[f]. ܒܪܡܐ ܠܬܠܬ ܩܢܘܡܝܢ ܕܐܠܗܘܬܐ[g]
ܕܐܝܬܝܐ. ܘܡܫܘܠ ܐܣܛܘܟܣܘܗܝ[h] ܟܝܢܝܬܗ[i] ܘܥܒܕܐ[j] ܘܐܣܛܘܟܣܘܗܝ ܟܠ
ܐܦܝܗܘܢ. ܘܥܒܕܘ ܦܘܪܫܢܗܘܢ. ܘܬܘܪܥܐ ܕܦܘܪܫܢܗܘܢ ܕܝܠܝܬܐ[k] ܘܡܢܝܢ
f. 65 a ܡܢܗ ܠܟܝܢܐ ܐܠܗܐ. ܐܝܠܝܢ[l] ܕܡܫܪܬܝܢ ܠܗܘܢ ܦܢܝܬܐ ܒܥܠܡܐ[m]
ܘܠܐܝܠܝܢ[n] ܕܡܬܚܫܒܝܢ ܘܡܫܬܪܝܢ[o] ܕܢܫܬܡܥܘܢ[p] ܘܐܚܝܕܘ[p] ܐܝܟ ܐܝܟܢܐ ܕܫܠܝܛܬ.
ܐܢܫܐ ܕܢܦܘܠ ܐܝܟܢܐ ܕܦܘܪܫܢܗܘܢ. ܘܐܢܫܐ[q] ܕܢܦܠܐ ܐܣܛܘܟܣܐ
ܕܦܘܪܫܐ[r] ܗܟܢܐ ܦܘܫܩܬܗܘܢ ܢܦܪܩ ܠܗ. ܠܐ ܓܝܪ ܕܝܢܐ ܐܦܠܐ
ܡܕܡ ܒܟܠ ܙܒܢ ܒܗ ܒܙܒܢܐ ܥܠܡ. ܐܠܐ ܡܫܬܘܕܥ ܗܘ.
ܐܝܟܢܐ ܗܟܢܐ ܐܝܬܝܗ̇ ܕܟܠܗ ܗܘ ܒܡܠܬܐ ܦܪܘܫܐ[s]. ܦܘܫܩܗܘܢ
ܢܩܦܝܢ ܘܦܘܫܩܗܘܢ ܡܬܦܫܩܝܢ. ܕܐܣܛܘܟܣܘܗܝ[1] ܫܡܥܘܢ ܒܟܠܗ
ܦܠܓܘܬܗܘܢ. ܒܡܠܬܐ[t] ܕܚܕ ܟܝܢܐ[u] ܦܘܫܩܗܘܢ ܫܡܥܝܢ. ܡܚܕܐ
ܗܘ ܓܝܪ ܠܫܠܝܛܘܬܐ ܟܠ ܕܐܝܬܝܗܝ ܢܦܫܗ ܒܡܠܬܐ ܕܚܕ ܟܝܢܐ.
ܡܬܩܢܝܢܐ ܐܦܠܐ ܠܒܪ ܡܢ ܦܪܘܫܐ[s] ܫܠܝܛ ܠܐܢܫ ܕܢܦܘܩ[v]. ܒܗܠܝܢ
ܬܠܬ ܩܢܘܡܝܢ ܕܐܠܗܐ ܕܒܢܝܢ ܫܒܘܬܐ ܠܚܕ ܟܝܢܐ. ܡܛܠ ܕܗܘ ܐܠܗܐ
ܕܚܕ ܟܝܢܐ ܗܘ. ܟܕ ܕܝܢ [w]ܗܘ ܐܠܗܐ[w] ܟܠܗܘܢ ܦܘܫܩܗܘܢ ܢܩܦܝܢ.

---

a ܐܠܗܐ b ܟܠ c ܐܢܫ d + ܐܝܟ e + ܐܦ f ܕܡܠܬܐ
Lag. p. 95 g ܟܠܠܗ h om. ܐܣܛܘܟܣܘܗܝ i + ܕܡܚܝܢܐ j ܥܒܕܘ
k ܕܐܝܬܝܬܐ l + ܕܝܢ m ܕܥܠܡܐ n ܠܐܝܠܝܢ o ܘܫܪܝܪ ܠܗܘܢ:
p ܫܡܥܘ ܘܐܚܝܕܘ q ܐܝܟܐ ܡܫܠ r ܕܡܠܬܐ: s ܦܪܘܫ
t + ܕܝܢ u + ܟܠܗܘܢ v ܠܦܘܩܐ w ܒܡܠܬܐ

---

[1] Cod. ܕܐܣܛܘܟܣܘܗܝ

ܡܥܕܪ[a] ܗܘܐ ܘܦܩܕ[b] ܠܗܘܢ ܐܝܠܝܢ ܕܐܒܝܠܝܢ.. ܢܛܘܪ[c] ܘܢܚܙܐ
ܐܢܫ[d] ܕܗܘܢܟܐ ܕܒܢܝ̈ܢܫܐ ܒܐܝܠܝܢ ܒܫܡܬܐ ܡܬܦܪܫܝܢ. ܗܟܢܐ
ܬܘܒ[e] ܐܢܬܝܢ ܕܡܫܡܫܝܢ ܒܐܝܠܝܢ ܢܬܒܝܢ[f]. ܗܘ ܓܝܪ ܕܡܬܐܟܠ
ܠܐ ܡܢܗܪ ܢܘܗܪܐ[1]. ܘܐܦܠܐ[g] ܒܗܕܐ ܕܢܘܗܪܐ[h] ܡܛܠ ܦܘܪܩܢܗ
ܕܡܫܝܚܐ.[i] ܐܠܐ ܐܝܟ ܙܕܝܩܐ ܡܬܚܙܝܢ ܘܡܫܬܡܥܝܢ ܠܗܘܢ [j]ܡܕܡ
ܕܠܐܝܠܝܢ.[j] ܡܛܠ ܕܐܝܬ ܠܗܘܢ ܪܒܘܬܐ[k] ܕܐܝܠܝܢ. ܕܡܬܒܥܝܢ ܗܘܘ
ܕܢܗܘܘܢ ܐܒܝ̈ܠܐ ܥܠ ܡܫܝܚܐ[l]. ܗܘ ܕܡܬܐܟܠ ܠܐ ܢܥܒܕ ܥܒܕܐ
ܘܠܐ ܡܡܠܠ. ܐܠܐ ܢܬܒ ܒܡܟܝܟܘܬܐ. ܗܟܢܐ ܬܘܒ ܐܦ ܒܗܕܐ
ܒܫܒܬܐ.[m] ܕܠܐ ܬܐܒ ܠܐܟܠܘ[n] ܠܡܚܒܪ ܒܥܒܕܐ. ܘܠܐ ܬܡܠܠ
ܡܠܬܐ ܡܢ ܦܘܡܟܝ. ܡܛܠ ܗܕܐ ܡܦܩܢܗ [o]ܕܫܒܬܐ ܐܝܠܝܢ ܠܗܘܢ.
ܒܬܠܬܐ[o] ܡܛܠܗܕܐ ܘܐܡܪ. ܕܗܝܕܝܢ ܢܪܕܘܢ ܒܟܝܐ. ܫܪܒܬܐ ܗܝ[p].
ܠܚܘܕ ܫܪܒܬܐ. ܫܪܒܬܐ ܕܒܝܬ ܠܘܝ ܒܚܕܘܗ ܘܠܚܘܕ. ܘܢܫ̈ܝܗܘܢ cf. Zech. xii. 12
ܡܢܗܘܢ ܘܠܗܘܢ. ܘܫܪܒܬܐ[q] ܕܒܝܬ ܝܗܘܕܐ ܒܢ̈ܝܗܘܢ ܘܠܗܘܢ.
ܘܢܫ̈ܝܗܘܢ ܡܢܗܘܢ ܘܠܗܘܢ. ܐܝܟ ܕܐܦ ܡܢ ܩܕܡ ܐܒܝܠܘ ܕܡܫܝܚܐ
ܒܝܘܡܐ ܠܡܫܢܝܐ. ܒܬܫܥܬܐ ܒܐܝܕ[r] ܢܘܗܪܐ.[s] ܘܦܪܩܝܢ ܒܐܦܬܝܬܗ
ܕܐܘܪܫܠܡ ܘܡܬܦܪܢܣܝܢ[t] ܘܐܟܠܝܢ ܘܡܬܦܣܩܝܢ[u]. ܬܫܥܬܐ ܕܝܢ ܥܠ ܬܠܬܐ

---

a + ܡܢ ܗܝܕܝܢ   b ܦܩܕ   c + ܕܝܢ   d ܐܢܫ: e + ܐܦ   f ܡܬܕܪܟܝܢ
g ܐܦܠܐ   h ܒܫܒܬܐ.
i + ܕܡܫܟܚܐ ܐܬܦܩܕ ܠܗܘܢ ܡܢܗ. ܗܘ ܕܡܬܐܟܠ ܠܐ ܢܦܘܫ. ܐܦܠܐ ܒܗܕܐ
ܒܫܒܬܐ. ܗܘ ܕܡܬܐܟܠ ܠܐ ܢܬܒܥ ܦܘܪܩܢܐ. ܐܦܠܐ ܒܗܕܐ ܒܫܒܬܐ.
j om. ܡܕܡ ܕܠܐܝܠܝܢ   k ܡܫܝܚ ܒܪܘܚܐ   l ܡܫܚܐ
m + ܐܬܦܩܕ ܠܗ ܓܝܪ ܠܒܗܕܐ ܡܛܠ ܐܝܠܝܢ ܕܫܒܬܐ ܗܟܢܐ
n ܐܟܠܘ   o (B *sine uncis*) [ܕܫܒܬܐ ܐܝܠܝܢ ܗܝ ܠܗܘܢ. ܒܬܠܬܐ]
p om. ܗܝ   S. f. 70 a   q om. ܘܫܪܒܬܐ   r ܒܐܝܕ   s + ܡܬܒܣܡܝܢ
t om. ܘܡܬܦܪܢܣܝܢ   u ܘܡܬܦܪܣܝܢ

---

[1] Cod. ܢܘܗܪܐ

ܒܢܝܢ. ܘܦܩܕ ܗܪܘܕܣ ܕܢܬܩܛܠܘܢ ܘܒܝܕ ܡܢ ܣܠܩܝ ܠܥܪܘܒܬܐ.
ܒܐܪܒܥܬ ܫܒܐ ܡܬܚܫܒܐ ܠܗܘܢ ܥܘܕܪܢܐ ܕܥܪܘܒܬܐ[a]. ܘܬܘܒ
ܕܝܢ ܫܒܬܐ ܘܥܪܘܒܬܐ ܕܥܪܘܒܬܐ[b]. ܘܫܪܟܐ ܕܫܒܬܐ ܘܡܫܬܩܕܫܬܐ
[c]ܘܡܠܬܐ ܘܡܟܬܒܬܐ[c] ܥܠ ܐܝܠܝܢ ܕܢܦܠܘ.[d] ܘܗܘܝܐ ܢܗܘܐ ܠܟܘܢ
ܢܦܫܐ ܕܠܟܠܢ ܒܗܕܐ ܠܫܘܠܡܗ ܕܙܒܢܐ.[e] ܐܝܟܢܐ[f] ܕܠܡܒܥܐ
ܡܦܫܢܐ[f] ܫܒܥܐ ܝܘܡܝ.[g] ܘܐܬܦܩܕ ܠܗ ܡܢ ܐܠܗܐ[h]. ܗܘ ܕܝܢ ܗܘܐ[i]
ܡܢ ܕܝܠܢ ܗܘܐ ܒܗܕܐ ܠܡܟܒܫܗ. ܒܗܢܘܢ ܘܫܒܝܚܘ[j] ܢܦܩ
ܡܫܝܚܐ. ܐܝܟ [k]ܕܟܬܝܒ ܒܡܦܫܢܐ ܘܐܡܝܪ[k] ܠܗ. ܡܢܗ[l] ܐܘܒܕܢ ܟܠܢ
ܩܕܡܐ ܘܕܝܢܐ. ܡܛܠܗܢܐ ܡܢ ܐܡܪ[m] ܐܢܐ ܒܐܝܠܝܢ ܓܢܒܐ ܒܟܠܙܒܢ.
ܒܗܝ. ܕܝܘܡܐ ܘܡܢ ܠܗܘܢ ܥܒܕܬܐ. ܡܛܠ ܕܚܫܡ ܗܘܐ[n] ܠܐܒܠܐ.[o]
f. 64 b [p]ܐܪܒܥܐ ܐܝܟܢܐ ܥܠ ܡܐܬܝܬܗܘܢ[pq]. ܘܐܫܬܠܡܘܗܝ ܠܡܘܬܐ. ܡܛܠܗܢܐ

---

a + ܘܕܥܪܘܒܬܐ b ܕܥܪܘܒܬܐ c ܘܡܠܬܐ. ܘܡܟܬܒܬܐ.

d + ܘܗܘܝܐ ܘܡܫܒܚܐ ܕܡܫܝܚܗ ܕܡܢ ܢܦܩ: ܒܗܕܐ ܠܐܠܗܐ ܫܒܚܝܢ

ܟܠܗܝܢ ܕܝܢ ܒܬܪ ܥܪܘܒܬܐ. ܘܗܢܝܢ ܬܪܬܝܢ ܫܒܬܐ ܕܩܝܡܬܐ. ܘܡܛܠ ܐܝܠܝܢ

ܘܐܬܟܢܫܘ. ܘܗܢܘ ܘܐܬܦܪܫܘ. ܡܛܠ ܕܐܬܟܢܫܘ ܕܡܫܝܚܐ. ܡܢ ܠܗ ܡܫܝܚܐ.

ܠܐܝܠܝܢ ܕܝܢ ܕܠܐ ܫܪܝܘ ܒܗ ܒܥܕܢܐ. ܒܝܘܡ ܗܘ. ܡܛܠ ܕܡܫܡܫܝܢ +[e]

ܕܒܗ ܒܝܘܡ ܗܘ. ܠܟܘܢ ܕܝܢ ܠܐܝܠܝܢ ܕܡܫܡܫܝܢ: ܡܢ ܥܕܢܐ. ܡܢ ܠܗ.

ܡܛܠ ܕܡܫܡܫܝܢ ܕܒܗ ܕܠܐ ܒܫܒܬܐ ܗܘ. ܘܒܝܕ ܗܘ ܠܟܠܢ. ܫܒܝܩܝܢ ܡܢܗ

ܢܦܫܢ ܒܥܕܢܐ. ܡܛܠ ܕܒܗ ܡܛܠ ܒܗܕܐ ܢܗܘܐ ܢܦܩܘܢ ܠܥܕܢܐ. ܘܫܒܬܐ

ܬܘܒ ܡܛܠ ܕܡܫܡܫܝܢ ܕܝܢ. ܘܗܟܢܐ ܗܘ ܒܢܝ (Lag. p. 94) ܡܢ S. f. 69 b

ܕܐܬܩܪܝܬ ܡܬܟܢܫܝܢ ܠܗ ܕܫܒܚܝܢ.

f ܐܝܟ ܡܦܫܢܐ ܠܒܢܝܢܐ ܗܘ ܢܒܝܐ ܕܟܠܗ ܗܢܐ

g + : ܕܒܫܒܬܐ ܕܝܢܐ ܗܘܐ ܕܢܕܝܢ ܒܪ ܡܛܠ h + ܥܠ ܐܝܟ i ܗܘ[ܐ]

j ܫܒܝܚܘܗܝ[ܘ] k ܘܐܡܝܪ ܒܡܦܫܢܐ ܒܪ (B *sine uncis*) [ܗܘ] ܟܬܝܒ ܗܟܢ ܐܝܟ

l ܕܟܬܝܒ m ܘܐܡܝܪ n ܐܢܘܢ o + ܒܢܝܢܘܢ ܕܟܬܝܒ

p ܐܪܒܥܐ ܐܝܟܢܐ ܐܝܬܝܗܘܢ ܥܠ ܘܡܐ q B ܒܢܝܢܘܢ

ܘܡܫܠܡܘ ܠܕܝܢܗܘܢ[a] ܒܝܕ ܪܘܫܥܘܬܐ.. ܐܝܟ [b]ܕܐܡܝܪ ܒܡܦܩܐ
ܕܡܙܡܘܪܐ[b].. ܢܗܘܐ[c] ܦܬܘܪ ܠܗܘܢ ܦܚܐ[d] ܚܠܦ ܦܘܪܥܢܐ ܘܬܘܩܠܐ
ܠܐܬܒܥܢܘܬܐ. ܘܗܕܝܢ ܢܬܒܥܘܢ[e] ܦܘܪܥܢܐ ܚܠܦܗ ܐܝܣܪܐܝܠ..
[f]ܡܛܠܗܢܐ ܕܝܢ ܦܘܪܥܢܐ ܕܐܝܬܝܗܘܢ، ܗܘܝܢ ܒܥܠܡܐ ܒܡܘܬ̈ܢܐ ܕܚܪܒܐ[g].
ܗܘܘ ܗܟܝܠ[h] ܢܦܩܝܢ [i]ܘܡܫܬܘܕܥܝܢ ܠܟܠܗ ܥܡܡܐ ܘܡܠܟܘܬܐ ܘܡܕ̈ܝܢܬܐ[j] ܒܬܪ̈ܟܢ
ܩܕܡ ܕܐܬܐ ܠܡܫܝܚܐ ܒܥܠܡܐ. ܪܘܚܬܐ ܕܝܢ ܘܫܝܢܬܐ ܡܫܠܡܢܐܝܬ[k]
ܗܘܝܬܘܢ ܢܦܩܝܢ ܘܡܕܡ ܠܐ ܡܬܒܥܝܢ. ܐܠܐ[l] ܗܘܝܬܘܢ
ܒܫܝܢܐ [m]ܐܦ ܥܬܝܪܝܢ ܘܡܫܬܠܛܝܢ[m] ܥܠ ܟܠܗ ܥܠܡܐ. ܡܫܬܠܛܐ ܘܡܕܒܪܢܘܬܐ f. 64 a
ܘܒܡܫ̈ܢܝܐ ܕܥܡ̈ܡܐ. ܘܒܐܘܟܠܘܣܝܢ. ܘܒܡܫܡܫܢܘܬܐ ܒܫܠܝܬܐ
ܘܒܢܝܚܘܬܐ ܘܒܚܕܘܬܐ[n]. ܒܕܡܐ ܠܬܠܬ ܩ̈ܕܡ ܟܠܗܝܢ ܕܩܕܡ ܚܛܝܬ
ܥܕܬܐ. ܘܗܕܝܢ ܓܙܪܘ ܢܡܘܣܐ[o]. ܗܘܝܢܐ ܠܟ ܐܝܢܐ. ܐܦܝܠܛܘܣ ܟܕ
ܫܡܥ ܡܢ ܠܦܘܕܘܬܐ. ܕܬܠܬܐ ܫܢ̈ܝܢ. ܘܓܙܪܘ ܗܘܘ ܘܡܫܬܠܛܝܢ.
ܘܒܝܘܡ ܟܠ ܐܒܗܝܗ ܕܒܥܠܐ. ܟܠ ܕܡܠܟܘ ܘܠܐ ܐܘܕܝܘ ܒܦܘܡܗ.
ܗܘܝܢܐ ܐܦ ܐܢܬܘܢ ܗܘܝܬܘܢ ܡܫܬܠܛܝܢ ܕܠܐ ܢܦܘܩ ܠܗܘܢ
ܡܪܝܐ ܫܘܒܚܘܬܗܘܢ ܒܕܡܐ ܠܥܘܠܡܐ. ܡܛܠ ܕܠܐ ܐܝܬܝܗܘܢ
ܥܠ ܡܪܢ. ܐܠܐ ܢܦܠ ܠܗܘܢ ܐܬܪܐ ܠܡܪܕܘܬܐ ܘܡܘܬܢܐ
ܕܡܘܕܝܢܐ[p] ܕܦܘܪܥܢܗܘܢ. ܘܡܛܠ[q] ܕܗܘ ܕܫܡܥܐ ܗܘܐ ܘܥܡ [r]ܒܥܡܐ.
ܢܟܪ̈ܝܐ[r]. ܦܠܛܘܣ ܕܫܡܥ. ܠܐ ܐܬܦܠܓ ܒܥܒܕܐ[s] ܕܡܫܬܥܒܕܝܢ.
ܐܠܐ ܢܣܒ ܡ̈ܝܐ ܘܐܫܝܓ ܐܝ̈ܕܘܗܝ، ܘܐܡܪ. ܡܚܣܝ ܐܢܐ ܡܢ Matt. xxvii. 24
ܕܡܗ ܕܓܒܪܐ ܗܢܐ. ܥܡܐ ܕܝܢ ܥܢܐ ܘܐܡܪ. ܕܕܡܗ ܥܠܝܢ ܘܥܠ 25

---

[a] ܒܝܫܘܬܗܘܢ [b] ܕܐܡܪ ܒܡܫܚܐ ܥܠ ܦܘܡܗ ܡܠܟܐ [c] ܕܢܗܘܐ
[d] om. ܦܚܐ Lag. p. 93 [e] ܢܬܒܥܘܢ
[f] S has on margin ܗܝܟ ܠܚܠܝܢ ܗܘܝܐ ܠܡܬܐܬ
[g] ܕܗܦܟܐ [h] + ܘܗܘܝܬܘܢ [i] om. ܘ [j] + ܟܠܗܝܢ [k] B ܡܫܠܡܢܐܝܬ
[l] om. ܐܠܐ [m] ܐܟܚܕܐ. ܘܥܬܝܪܝܢ ܘܫܠܝܛܝܢ [n] ܘܒܬܫܒܘܚܬܐ ܢܨܝܚܬܐ
S. f. 69 a [o] ܢܡܘܣܐ [p] ܘܫܘܒܩܢܐ [q] ܡܛܠ [r] ܥܡܐ ܢܘܟܪܝܐ
[s] ܒܥܒ̈ܕܐ

ܒܩܦܣܐ[a]. ܘܐܡܪ ܠܗܘܢ ܒܬܪܘ[b] ܫܠܝܚܐ ܒܪ ܡܕܝܢ ܡܛܠ ܬܠܡܝܕܘܗܝ.[c] ܒܣܘܕܪܐ ܕܝܢ ܢܦܩ ܗܘܐ ܕܐܡܪܬ، ܢܦܫ ܠܗ ܐܬܪܐ ܕܢܠܡܝܕܘܗܝ.[d] ܘܩܒܠܘ[e] ܒܫܝܢܐ ܘܡܫܝܢܐ[e] ܕܟܠܗ ܢܟܪܘܝܗ، ܠܟܐܕܐ.[f] ܕܕܠܐ ܥܩܒܬܐ ܠܐܝܕܘܢܝܗ،. ܟܕ ܐܦܪܝܩܝܐ[g] ܚܒܪ ܚܕܝܢ ܗܘܘ ܒܕܒܝܫܘܬܐ ܘܒܦܐܬܐ ܕܦܪܘܣܐ[h]. ܘܟܕ ܗܘܐ ܗܦܟ. ܫܠܡ ܕܠܒܪ ܠܐ ܒܕܡܠ ܐܬܬܐ ܗܘܐ. ܡܛܠ ܕܐܬܠܡܕܘ ܐܢܘܢ ܠܗܘܢ ܬܘܕܝܬܐ[i]. ܐܝܕܐ ܕܢܬܒܣܣܘܢ ܠܘܬ ܐܠܗܐ ܕܟܠ ܡܕܡ ܡܫܠܡܐ ܫܦܝܪ. ܡܛܠܗܢܐ ܡܕܡܐ ܘܡܕܒܪ ܦܪܘܣܐ[j] ܡܢ ܡܕܡ ܬܠܬܐ ܢܘܟܪܝܝܢ ܒܡܪܕܘܬܐ ܒܡܫܪܐ[k]. ܒܬܠܬܐ ܒܥܒܐ. ܐܝܬܝܗ ܗܘܘ ܚܒܪ ܡܛܠ ܕܫܠܡ ܒܚܒܐ ܠܓܒܐ ܠܗ ܫܬܪܗ. ܦܢܝܐ ܕܐܝܬ ܠܝ ܐܬܪܐ ܕܢܐܝܕܘܢܝܗ،[l]. ܘܦܢܝܡ ܡܢܐ ܕܐܬܐ ܫܠܡ ܒܚܒܐ ܢܬܠܡܕܘܢ، ܡܕܡ ܫܠܝܢ [m]ܥܠ ܫܘܠܛܢܗ[m]. ܘܬܬܕܒܪ[n] ܦܪܐ ܠܐܝܠܢܐ ܘܢܦܘܩ ܡܢ ܫܬܪܗ ܫܠܡ ܒܚܒܐ. ܘܦܪܥܐ ܒܠܠܝܐ.[o] ܐܫܠܡܗ ܒܣܘܕܪܐ[p] ܠܒܪܝ ܘܐܠܒܪܐ[q] ܕܝܢ ܢܦܩܘ[r] ܗܘܘ ܠܗ[s] ܠܣܘܕܪܐ. [t]ܢܦܩ ܬܪܝܢ[t] ܒܥܒܕܐ [u]ܒܪ ܡܢ ܒܒܗܘܢ[u]. ܡܛܠ ܦܢܝܐ ܐܬܦܫܒ[v] ܠܐܠܗܐ ܐܝܟ[w] ܕܡܢ ܬܪܝܢ ܒܥܒܕܐ ܐܝܕܘܗܝ،.[x]

---

a ܕܒܩܦܣܐ   b ܕܦܛܪܘ

c + ܕܝܢ ܢܦܩ ܒܠܠܝܐ ܠܐܬܪܐ ܣܦܝܚܐ. ܐܬܪܐ ܘܐܝܕܝܢܘܢ. ܦܢܝܢ ܕܝܢ ܦܛܪܘ ܒܠܚܘܕܐ: ܘܫܠܡܝܢ ܗܘܘ ܕܐܝܕܘܢܝܗ،.

d + ܡܛܠ ܕܝܢ ܒܢܦܫܐ ܕܫܠܡ ܒܚܒܐ: ܕܝܢ ܥܠ ܡܕܡܢܐ ܘܡܢ ܥܠ ܦܘܪܫܐ: ܕܫܠܡܝܢ ܗܘܘ ܠܗܫܠܡܐ[1] ܕܢܒܥܘܢ ܦܩܚܐ ܒܐܦܪܝܩܝ: ܘܐܬܦܫܒܘ

e ܘܩܒܠܘ ܘܡܫܝܢܐ. ܒܫܝܢܐ   S. f. 68 b   f ܠܟܐܕܐ   g ܐܦܪܝܩܝ

h ܕܦܪܘܣܐ   i ܠܬܘܕܝܬܐ   j ܦܪܘܣܐ   k ܕܡܫܪܐ   l ܠܐܝܕܘܢܝܗ:

m om. ܥܠ ܫܘܠܛܢܗ   n ܕܬܬܕܒܪ   o + (B + ܒܥܒܐ) ܒܥܒܐ ܐܬܒܒܐ ܕܫܡܗ

p ܠܗܘܢ   q ܐܠܒܪܐ   r ܢܦܩܘܗܝ   s om. ܠܗ   t ܒܬܪܝܢ ܒܥܒܕܐ ܒܡܫܪܬܐ

u om. ܒܪ ܡܢ ܒܒܗܘܢ   v ܐܬܦܫܒܘ   w ܕܐܝܟ

x ܐܬܦܫܒܘ ܗܘܘ ܕܢܐܝܕܘܢ (B *sine uncis*) [ܡܛܠ ܕܡܢ ܬܪܝܢ ܒܥܒܕܐ ܐܝܕܘܗܝ، ܘܢܬܠܡܕܘܢ:

---

[1] Lag. ܠܗܫܠܡܐ

ܡܗ̈ܝܡܢܐ. ܒܥܣܪܬܐ ܒܬܪܝܢ ܒܫܒܐ.[a] ܐܬܘ ܟܗ̈ܢܐ cf. Matt. xxvi. 3
ܘܩܫܝ̈ܫܐ[b] ܠܕܪܬܗ ܕܩܝܦܐ ܪܒ ܟܗ̈ܢܐ. ܘܐܬܡܠܟܘ ܕܢܩܛܠܘܢܝܗ̇.[c] 4
ܐܠܐ ܕܚܠܘ ܘܐܡܪܝܢ. ܠܐ ܒܥܐܕܐ[d] ܕܠܐ ܢܬܗܦܟ[1] ܠܗ ܥܡܐ. 5
ܡܛܠ ܕܟܠܢܫ ܬܠܐ ܗܘܐ ܒܗ ܘܐܚܝܕܝܢ ܗܘܘ ܠܗ ܐܝܟ ܢܒܝܐ.[e] cf. Matt. xxi. 46
ܡܛܠ ܬܕܡܪ̈ܬܐ[f] ܕܥܒܕ ܗܘܐ ܒܝܘܡܬܗܘܢ. ܢܦܩ ܕܝܢ [g]ܐܬܝܗܘܢ,
ܗܘܐ ܒܗ̇ܘ ܝܘܡܐ[g] ܒܝܘܡܗ̇ ܕܥܣܪܐ ܒܢܝܣܢ. ܘܚܢܢ ܐܒܝܕܐ
ܒܟܦܢ. [h]ܐܦ ܐܫܬܟܚ[h] ܠܝ ܟܠ ܝܘܡ ܕܟܢܫ ܗܘܐ ܕܢܬܚܫܒܘܢ,
ܘܗܘܐ ܕܝܢ ܒܪ[i] ܢܫܐ [j]ܗܘܐ ܠܗ[j] ܥܡ ܠܗܘܢ ܒܠܠܝܐ. [k]ܒܗܘ
ܝܘܡܐ ܕܬܪܝܢ ܒܫܒܐ[k]. ܒܪ ܬܠܬ ܗܘܐ ܕܡܠܟܐ[l] ܒܗܘܢ. ܘܐܙܠ
ܠܒܝܬܗ ܕܩܝܦܐ ܪܒ ܕܐܝܬܝܗ ܗܘܘ ܪ̈ܒܝ ܟܗ̈ܢܐ ܘܩܫܝ̈ܫܐ ܘܐܡܪ f. 63 b
ܠܗܘܢ. ܡܢܐ ܨܒܝܢ ܐܢܬܘܢ ܠܝ. ܘܐܢܐ ܡܫܠܡ ܐܢܐ [m]ܠܟܘܢ cf. Matt. xxvi. 15
ܠܗ̇ܝ.[m] ܡܢܐ ܕܗܘܐ ܠܝ ܐܓܪܐ. ܗܢܘܢ ܕܝܢ ܝܗܒܘ[n] ܠܗ ܬܠܬܝܢ

ܗܘܝܘܢ ܠܐܠܗܐ. ܘܗܘ ܕܝܢ ܐܬܚܫܒ ܠܝ ܡܢ ܡܥܡܕܢܘܬܐ ܒܪ̈ܝ ܘܫܠܡܝܢ.
ܢܡܘܣܐ ܕܝܢ ܚܠܦܝܢ. ܕܫܪ̈ܝܢ ܘܡܫܬܪܝܢ ܠܚܘܠܡܢܐ ܕܫܠܡܘܬܐ ܕܠܥܠܡ.
ܘܐܬܪܘܝܘܢ ܡܢ ܚܛ̈ܗܐ ܘܡܘܒ̈ܠܐ ܕܡܫܝܚܐ ܕܡܣܬܟܠܐ: ܘܠܐ ܬܗܘܐ ܦܠܚܝܢ
ܐܢܬܘܢ ܠܦܬܓ̈ܡܐ ܐܝܟ ܕܦܠܚܝܢ ܗܘܝܬܘܢ: ܐܠܐ ܡܢ ܒܬܪ ܗܘ ܡܫܬܡܥܝܢ
ܘܡܟܝܠ ܗܘܝܬܘܢ. ܗܘ: ܘܕܝܢ ܚܠܦܝܢ ܢܡܘܣܐ ܪܒܐ. ܡܛܠܗ ܕܡܫܝܚܐ ܕܐܬܐ
ܐܫܬܡܠܝ ܗܘܐ. ܢܡܘܣܐ ܓܝܪ. ܘܡܫܡܠܝܢ ܐܢܘܢ ܐܝܟ ܕܝܢ ܕܐܠܗܐ: ܕܐܝܠܝܢ
ܕܡܢ ܩܕܡ ܡܬܩܕܡܐ ܗܘܘ: ܢܡܘܣܐ ܗܘܐ. ܡܫܬܠܡܝܢ ܗܘܘ ܡܛܠ ܗܘܝܬܘܢ
ܡܢܝܢ ܘܩܪܝܢ ܚܠܦܝܢ. ܘܡܬܪܣܝܢ ܒܚܘܒܐ ܕܡܫܝܚܐ. ܕܫܪ̈ܝܢ ܠܡܬܡܠܝܘ
ܕܠܐ ܢܬܘܢ ܠܡܕܝܢܬܐ: ܘܢܬܦܢܘܢ ܠܘܬ ܡܢ ܢܡܘܣܐ ܕܩܕܡܝܐ.:

---

[a] + ܘ ܐܬܟܢܫܘ   Lag. p. 92   [b] + : ܕܥܡܐ

[c] ܕܐܝܟܢܐ ܢܚܒܠܘܢ ܘܢܩܛܠܘܢܝܗ   [d] ܒܥܐܕܐ   [e] ܕܠܒܝܐ

[f] + ܕܐܝܬܘܗܝ   [g] ܗܘܐ ܒܗ̇ܘ ܝܘܡܐ : ܐܒܘܬܗܘܢ ܗܘܐ   [h] ܘܡܫܬܟܚܐ ܗܘܐ

[i] om. ܒܪ   [j] om. ܗܘܐ ܠܗ   [k] om. ܒܗܘ ܝܘܡܐ ܕܬܪܝܢ ܒܫܒܐ   [l] ܕܡܠܟܐ

[m] ܠܗ ܠܟܘܢ   [n] ܐܫܬܘܝܘ ܘܝܗܒܘ

---

[1] Cod. ܢܬܗܦܟ

ܥܠ ܥܡܡ. ܘܥܡܡܐ[a] ܕܗܘܘ ܐܝܟ ܕܥܡܡܝܢ [b]ܒܥܡܡܐ ܕܥܡܡܐ[b]

ܕܡܢ ܟܠܗ ܥܡܡ̈ܐ. ܘܩܪܐ ܐܢܘܢ ܠܥܡܡܐ ܕܠܥܠܡ. ܐܝܟ ܕܐܡܪ ܗܘ
Is. lxv. 1 ܥܡܐ ܘܦܪܩ ܠܗ ܐܫܥܝܐ ܢܒܝܐ: ܕܐܫܬܟܚܬ ܠܐܝܠܝܢ ܕܠܐ ܫܐܠܘ ܥܠܝ.
ܘܐܬܚܙܝܬ ܠܐܝܠܝܢ ܕܠܐ ܒܥܐܘܢܝ. ܘܐܡܪܬ ܗܐ ܐܢܐ ܠܥܡܐ ܕܠܐ
ܩܪܐ ܫܡܝ. ܥܠ ܩܪܐ ܗܘܐ ܐܡܪ ܗܘܐ. ܠܐ ܗܘܐ ܥܠ ܥܡܡ̈ܐ:
ܡܛܠ ܕܠܐ ܡܫܬܡܥܝܢ ܗܘܘ ܠܐܠܗܐ. ܘܡܛܠ ܕܠܦܬܓܡ̈ܐ ܦܠܚܝܢ ܗܘܘ. ܥܡ
ܐܦܠܐ ܕܝܢ ܥܡܐ ܠܥܠܡܐ ܘܡܫܠܡ ܗܘܐ ܠܗܘܢ: ܡܫܒܚܝܢ ܐܢܘܢ ܐܝܠܝܢ
ܕܡܫܒܚܝܢ ܒܗ ܕܝܢ ܗܘ ܐܠܗܐ. ܘܗܘܘ ܡܫܡܥܝܢ ܐܝܠܝܢ ܕܦܠܚܝܢ: ܒܥܡܐ
ܕܬܪܥܝܬܐ ܡܫܝܚܐ ܕܐܝܠܝܢ ܕܫܡܥ: (B om.) [ܕܫܡܥܝܢ:] (B s. u.) ܐܬܠܦ ܐܠܦܝܢ
ܘܪ̈ܒܘܢ ܐܝܟ ܕܐܬܡܠܟ ܒܟܘܫ ܀ ܥܠ ܥܡܐ ܕܝܢ ܐܚܪܢܐ ܕܠܐ ܡܫܡܥ
Is. lxv. 2 ܒܗ ܡܫܡܥ ܐܡܪ. ܕܦܫܛܬ ܐܝܕܝ ܝܘܡܐ ܟܠܗ: ܥܠ ܥܡܐ ܕܠܐ ܡܬܛܦܝܣ:
ܘܚܪܝܢ ܘܡܡܠܠܝܢ ܒܐܘܪܚܐ ܐܚܪܬܐ ܕܠܐ ܫܦܝܪܐ: ܘܐܙܠܝܢ ܒܬܪ ܚܛܗܝܗܘܢ:
3 ܥܡܐ ܕܡܪܓܙ ܠܝ ܩܕܡܝ. ܚܙܘ ܡܛܠ ܕܐܪܓܙ ܥܡܐ ܠܡܪܝܐ ܥܠ ܕܠܐ ܡܫܡܥ
Is. lxiii. 10 ܒܗ. ܡܛܠܗܢܐ ܐܡܪ. ܕܐܪܓܙܘ ܠܪܘܚܐ ܩܕܝܫܐ. ܘܐܬܗܦܟܬ ܠܗܘܢ
ܠܒܥܠܕܒܒܘܬܐ. ܘܗܘܘ (Lag. p. 91) ܐܚܪܢܐ ܐܡܪ ܥܠܝܗܘܢ ܒܝܕ
Is. ix. 1 ܐܫܥܝܐ ܢܒܝܐ. ܐܪܥܐ ܕܙܒܘܠܘܢ: ܐܪܥܐ ܕܢܦܬܠܝ. ܐܘܪܚܐ ܕܝܡܐ:
2 ܥܒܪܗ ܕܝܘܪܕܢܢ: ܓܠܝܠܐ ܕܥܡܡ̈ܐ: S. f. 67 b ܥܡܐ ܕܝܬܒ ܒܚܫܘܟܐ
ܚܙܘ ܢܘܗܪܐ ܪܒܐ. ܘܐܝܠܝܢ ܕܝܬܒܝܢ ܒܚܫܘܟܐ ܘܒܛ̈ܠܠܐ ܕܡܘܬܐ ܢܘܗܪܐ
ܕܢܚ ܥܠܝܗܘܢ. ܐܝܠܝܢ ܕܝܬܒܝܢ ܒܚܫܘܟܐ ܐܡܪ: ܥܠ ܐܝܠܝܢ ܕܡܢ ܥܡܡ̈ܐ
ܗܘܝܢ ܒܦܬ̈ܟܪܐ ܣܓܕܘ. ܡܛܠ ܒܪ ܒܝܘܬܗ ܕܥܡܐ: ܚܫܘܟܐ ܪܒܐ ܕܒܝܢ
ܗܘܐ ܠܗܘܢ. ܠܡܫܡܥ ܒܪ ܚܝܠ ܗܘܘ. ܘܕܗܘܝܢ ܒܚܫܘܟܐ: ܠܐ ܝܕܥܘ. ܘܠܐ
ܐܣܬܟܠܘܗܝ. ܠܐ ܡܢ ܦܬܓܡܐ ܕܢܒܝܐ: ܐܦܠܐ ܡܢ ܟܬ̈ܒܘܗܝ ܘܐܣܬܘܗܝ.
ܠܗܘܢ ܕܝܢ ܠܐܝܠܝܢ ܕܡܫܒܚܝܢ ܡܢ ܥܡܐ ܒܫܡܥ ܐܕܢܝܢ: ܕܠܟܘ ܐܡܡ̈ܐ
ܚܙܘܗܝ ܟܠܝܢ ܒܢܘܢܐ ܘܐܡܪ. ܕܢܚ ܢܘܗܪܐ ܪܒܐ ܀ ܐܝܟܢܐ ܡܛܠ ܐܝܠܝܢ
ܕܡܫܒܚܝܢ ܒܗ: ܕܢܚ ܢܘܗܪܐ ܪܒܐ ܠܡܫܡܥ ܒܫܡܥܐ ܕܠܝ ܀ ܘܗܘܘ
ܕܢܚ ܐܝܠܝܢ ܕܡܗܝܡܢܝܢ ܒܗ. ܐܝܠܝܢ ܕܝܢ ܕܝܬܒܝܢ ܒܛ̈ܠܠܐ ܕܡܘܬܐ: ܐܢܘܢ
ܐܢܘܢ ܐܝܠܝܢ ܕܡܢ ܟܠܗ ܥܡܡ̈ܐ ܐܬܟܢܫܘ: ܡܛܠ ܕܒܛ̈ܠܠܐ ܕܡܘܬܐ
ܐܬܟܢܫܘ ܗܘܝܘ: ܕܡܫܬܒܚܝܢ ܗܘܝܘ ܒܦܘܠܚܢ ܦܬܟܪ̈ܐ: ܘܠܐ ܝܕܥܝܢ

[a] ܒܥܡܡܐ [b] ܥܡܡܝܢ ܥܡܡ̈ܐ

ܒܢܝ̈ ܘܡܠܟܝܢ ܒܟܝܢ[a] ܦܪܝܫܐ[b] ܡܢ[c] ܒܬܪ ܗܢܐ ܫܒܩܬܐ ܐܫܬܠܡ
ܡܢ ܒܝܬ ܩܘܕܫܐ.[c] ܘܟܕ ܦܪܩܗ ܫܪܝܘ ܠܡܬܬܒܥܘ ܥܠ ܕܐܬܦܪܥܘ ܗܘܐ

ܒܬܠܬܐ ܒܢܝ̈ ܒܥܕܢܐ ܒܪܥܡܐ: ܐܬܒܠܬ S. f. 66b ܒܥܕܢܐ ܦܫܝܛܐ ܕܝܠܗ. ܘܡܠܠܬ
ܐܝܟܘܬ [ܗܘܝܬܘܢ ܢܟܪܝܢ ܠܗ] (B s.u.) ܘܬܘܒ ܕܝܢ ܐܦ ܒܒܪܘܒܬܐ: ܗܘܝܬܘܢ
ܢܟܪܝܢ ܠܥܡܘܗܝ. ܡܛܠ ܕܟܕ ܢܦܩܘ ܒܟܠ ܒܒܐܬܐ ܕܦܠܚܘܗܝ. ܐܝܟ
ܕܐܡܪ ܐܢܫ ܒܗܘܢ. ܕܟܠܗ ܒܒܐܬܪܘܗܝ ܣܡܘ ܐܬܘܬܗܘܢ ܘܠܐ Ps. lxxiv. 4
ܡܢܗ. ܐܝܬܘܗܝ ܕܝܢ ܗܘܝܬܘܢ ܐܝܟܢܐ ܢܟܪܝܢ ܒܟܠܗ ܘܡܬܚܙܝܢ ܒܟܠܗܝܢ.
ܘܐܬܢܛܪܬ ܐܝܟܢ ܕܡܢ ܒܝܬ ܒܢܝ̈ܢܐ ܐܝܟ. ܡܛܠ ܒܢܝ̈ ܕܠܐ ܐܫܬܒܩܬ
ܒܢܝ̈ܐ: ܦܪܫܬ ܐܝܟ ܠܗܘܢ ܡܢ ܒܡܪܘܬܐ ܘܡܢ ܦܠܚܘܬܐ ܕܗܝܟܠܐ.
ܘܡܛܠܬ ܐܝܟ ܕܒܗ ܢܘܗܪܐ ܕܝܠܗܘܢ: ܘܐܝܟܢ ܕܡܢ ܒܝܬ ܒܢܝ̈ܢܐ ܐܝܟ:
ܘܡܠܝܫܘܢ ܕܒܢܝ̈ܐ ܘܫܘܬܐ: ܒܗ ܡܬܪܢܝܢ ܐܝܬܘܗܝ ܘܒܗܝܢ ܐܝܬܘܗܝ ܥܠ
ܦܠܚܘܬܗ ܘܐܘܪܒܢܗ ܕܒܥܐ. ܬܬܩܒܠ ܢܛܘܪܘܢ ܘܒܩܝܘܡܘܢ ܡܢܟ ܐܝܟ
ܕܥܒܕܢܐ. (Lag. p. 90) ܐܝܟ ܕܡܢ ܗܘ ܦܘܩܕܢܐ ܕܠܗܘܢ ܡܫܡܫܢܐ ܕܐܝܬ ܥܠ
ܐܪܥܐ. ܘܢܫܬܒܩ ܠܗܘܢ ܥܠ ܕܒܥܘ ܒܗ. ܡܛܠܗܢܐ ܐܦ ܒܐܘܪܫܠܡ
ܢܗܘܐ ܐܬܪܐ [ܠܒܢܝ̈] (B s.u.) ܕܢܬܠܘܢ ܥܠ ܒܠܥܕܒܢܝܢ. ܘܦܘܩܕܢܗܘܢ ܠܐܝܠܝܢ
ܕܡܬܐܟܠܝܢ ܥܠ ܐܒܕܢܗܘܢ ܕܐܝܠܝܢ ܕܠܐ ܡܗܝܡܢܝܢ. ܡܛܠܗܢܐ ܗܘܝܬܘܢ
ܢܒܝܢ ܐܚܪܢ: ܕܢܘܒܠܐ ܕܝܠܝ ܕܢܬܪܢܝܢ ܒܥܡܡܐ. ܡܛܠ ܕܠܐ ܐܫܬܒܩܬܘܢ
ܐܚܪ̈ܝܢ ܗܘܝܬܘܢ ܢܟܪܝܢ. ܐܝܟ ܒܢܝ̈ ܦܢܝܢ ܠܗܘܢ: ܐܠܐ ܐܚܪ̈ܢܐ ܫܒܝܩܝܢ ܕܒܥܕܢܐ
ܐܝܟ. ܡܛܠ ܕܬܘܒ ܠܝ ܒܐܫܒܝܢܐ ܗܘܝܢܐ. ܦܪܘ ܐܝܟ ܐܚܪ̈ܢܐ ܠܐܝܠܝܢ
ܕܦܢܝܢ ܘܡܩܒܠܝܢ ܠܗܘܢ: ܡܛܠ ܕܢܬܬܒܥ ܫܒܗ ܕܒܪܝܐ. ܒܠܚܘܕ ܗܒܠ ܘܒܠ
ܕܝܗܒ ܘܩܒܠܗ ܕܐܬܪܐ: ܡܬܬܒܝܐ ܠܝ ܠܒܢܝ̈ܗ. ܘܠܡܬܐܒܠܘ: ܐܝܟܢܐ
ܕܚܕܝܐ ܘܬܬܦܣܩ ܒܒܠܝܐ ܕܐܬܦܝ. ܐܝܟ ܕܬܘܒ ܒܐܫܒܝܢܐ. ܕܚܕܘ ܥܠ cf. Is. lxvi. 10
ܐܝܠܝܢ ܕܡܬܐܒܠܝܢ ܥܠ ܨܗܝܘܢ: ܘܬܘܒ ܐܡܪ. ܠܡܬܒܥܢܘ S. f. 67 a ܠܥܠ Is. lxi. 3
ܐܝܠܝܢ ܕܡܬܐܒܠܝܢ ܥܠ ܨܗܝܘܢ: ܫܒܚ ܩܠܝܠܐ ܡܫܝܚܐ ܕܒܘܣܡܐ: ܘܫܒܚ
ܪܘܚܐ ܡܒܐܒܘܬܐ ܚܘܠܦܐ ܕܬܫܒܘܚܬܐ. ܡܬܒܥܐ ܠܝ ܗܟܝܠ ܕܢܦܝܩ
ܟܠܗܘܢ: ܘܢܚܘܪ ܘܢܦܘܩ ܘܢܪܥܐ ܟܠܗܘܢ. ܡܛܠ ܕܒܗ ܐܬܐ ܒܢܝ̈ ܠܗܬ
ܒܥܕܢܐ: ܠܐ ܡܬܟܢܫܘ ܒܗ ܢܟܠܐ ܗܘܐ ܠܗܘܢ: ܐܠܐ ܐܒܕܢܐ ܡܢ ܐܕܝܘܗܘܢ
ܘܠܚܝܘ. ܡܛܠ ܗܟܝܠ ܕܠܐ ܐܫܬܒܩ ܗܢܐ ܒܥܕܢܐ. ܘܡܠܟܝܢ ܠܗܘܢ ܐܚܪ̈ܢܐ

---

[a] om. ܒܟܝܢ [b] ܦܫܝܛܐ. [c] ܐܫܬܠܡ ܡܢ ܒܝܬ ܩܘܕܫܐ ܡܢ ܒܬܪ ܗܢܐ ܫܒܩܬܐ

ܐܚܪ̈[a] ܕܠܘܩܒܠܬܐ [b]ܗܘܦܛܝܘܣ ܟܬܒ̈ܐ[b] ܘܡܪܩܝܘܢ[c] ܡܠܬ ܕܗܘܐ ܐܡܠ[d]

ܕܠܠܝܐ ܕܐܝܟ ܕܬܪ ܫܒܬܐ: ܕܒܗܘܢ ܕܐܝܟ (B om.) [ܘܫܡ] (B ܫܡ) ܡܢ.
ܘܐܬܬܠܝܬ ܗܘ ܐܝܟܢ: ܕܐܬܬܒܥܬ ܠܗ ܠܒܪܗ ܕܐܝܬܝܐ ܕܝܒܫ (B ܕܝܒܫ)
ܒܠܒܗ ܕܐܪܥܐ: ܬܠܬܐ ܝܘܡܝܢ (B om.) [ܐܝܟ ܕܡܠܝܢ] (B sine uncis) ܘܬܠܬܐ
Ps. xxxix. 5 ܠܠܝ̈ܐ: ܐܝܟ ܕܐܬܟܬܒ ܒܐܘܢܓܠܝܘܢ. ܘܗܘܐ ܒܗܘܢ ܒܝܘܡܐ. S. f. 66 a
ܕܗܘܐ ܒܡܫܘܚܬܐ ܡܫܚܬ ܝܘܡܝ. ܡܛܠ ܕܐܝܟܢ ܡܫܚ ܝܘܡܬܐ ܗܢܘܢ
ܘܠܠܝ̈ܬܐ. ܐܬܟܬܒ ܡܫܚܐ ܀ ܒܠܠܝܐ ܡܫܚ ܐܦܢܐ ܚܕܡܫܚܐ. ܐܬܚܙܝ
ܠܒܪܢܫ ܡܫܬܠܛܐ. ܘܠܒܪܢܫ (Lag. p. 89) ܒܪܬ ܝܘܡܢ: ܘܡܦܪܫܐ ܕܚܕ ܡܫܚܐ
ܓܠ ܠܗܬ ܠܗܝ. ܘܗܝܕܝܢ ܐܬܚܙܝ ܐܦ ܠܝ ܕܠܝ. ܐܡܪ ܠܝ ܕܝܢ ܒܗ ܚܠܦ ܗܘܐ
ܠܝ: ܕܠܒܐ ܕܛܠܠܝ ܢܗܝܪܝܢ ܐܢܘܢ ܗܠܝܢ ܝܘܡܬܐ. ܐܘ ܗܟܢܐ ܐܝܟܐ
ܕܬܐܠܝܢ ܢܦܩܘܢ. ܐܠܐ ܒܠ ܐܦ̈ܐ ܐܚܪ̈ܢܐ ܗܘ ܒܓܢܬܗܘܢ ܗܘܐ ܘܦܘܪܣܗܘܢ
ܟܒܪܝܢ ܠܗ ܠܗܕܐ ܒܗܠܝܢ ܝܘܡܬܐ ܕܢܗܝܪܝܢ ܐܢܘܢ. ܘܒܐܘܪܚܐ ܚܡܫܐ:
ܘܒܪܘܚܬܐ ܒܒܠܝܗ. ܐܝܟ ܕܐܬܟܬܒ ܒܒܪܝܬܐ. ܕܢܘܗܪܐ ܐܘܠܝܐ ܘܢܘܗܪܐ
ܚܡܫܝܐ ܕܐܝܬܘܗܝ ܒܪܘܚܬܐ. ܡܛܠ ܕܚܕܡܫܚܐ ܠܐ ܥܠܝܠ ܠܗܘܢ ܠܒܪܝܫ.
ܡܛܠ ܕܚܡܫܬܝ ܗܝ. ܡܛܠܗܢܐ ܚܕܡܫܚܐ ܠܐ ܡܬܬܒܪܐ ܒܒܗܝܪܐ ܕܝܘܡܬܐ
ܕܢܘܗܪܐ ܕܚܡܫܐ. ܐܠܐ ܡܢ ܬܪܝܢ ܒܥܒܕܐ ܡܬܬܒܪܝܢ. ܘܗܢܘܢ ܚܡܫܐ ܝܘܡܝܢ.
ܢܘܗܪܐ ܡܫܚ ܐܘܠܝܐ. ܘܢܘܗܪܐ ܚܡܫܝܐ. ܘܢܘܗܪܐ ܫܒܝܥܝܐ. ܘܢܘܗܪܐ
ܒܡܦܪܫܐ: ܢܗܘܘܢ ܠܫܒܥܐ ܐܣܦܪ̈ܐ. ܡܢ ܬܪܝܢ ܒܥܒܕܐ ܡܫܚ ܦܘܪܣܗܘܢ
ܢܗܝܪܝܢ. ܥܬܐ ܢܩܝܡ ܡܬܠܒܝܫܬܐ (B ܡܬܚܠܒܝܫܬܐ). ܒܕܡܐ ܠܠܠܝܐ ܕܐܝܟ ܒܬܪ
ܫܒܬܐ: ܘܬܬܚܙܐ ܠܗܘܢ ܫܒܥܬܐ ܀ ܒܡܦܪܫܐ ܕܝܢ. ܡܛܠ ܕܐܬܪܫܡ ܕܫܡܫ
ܝܘܡ ܐܬܬܘܣܦ: ܕܒܗ ܦܘܬܐ ܚܕܬܐ ܕܢܘܗܪܐ. ܠܐ ܗܘܐ ܕܝܢ ܐܝܟ ܒܪܬܐ
ܕܒܒܐ ܡܕܡܟܐ. ܐܠܐ ܐܝܟ ܕܢܬܟܫܐ ܫܒܬܐ ܕܦܪܫܬ ܠܗܘܢ: ܕܬܗܘܘܢ
ܢܗܝܪܝܢ ܠܫܡܫܘܢ ܒܐܘܪܚܐ ܡܫܚܐ. ܡܛܠ ܕܒܐܘܪܚܐ ܕܫܡܫܐ ܫܪܝܘ
ܠܡܗܠܟܘ ܢܗܝܪܝܢ ܘܐܬܚܙܝ. ܠܠܝܐ ܕܝܢ ܕܐܝܟ ܒܬܪ ܬܠܬܐ ܫܒܬܐ:
Gen. i. 19 ܕܐܘܪܚܐ ܗܘ ܫܡܫܐ. ܐܝܟ ܕܐܬܟܬܒ ܕܗܘܐ ܪܡܫܐ ܘܗܘܐ ܨܦܪܐ
ܝܘܡܐ ܚܕ. ܪܒܝܥܝܐ [ܚܕ ܡܫܚ ܒܠܝ] ܡܫܚ: ܕܝܘܡܐ ܗܘ ܕܐܝܟ ܒܬܪܗ.

ܬܗܘܘܢ ܡܟܬܒܝܢ: ܘܟܬܒܝܢ [b] S. f. 68 a ܐܚ̈ܪ ܒܡܘܬܪ̈ܬܐ ܕܫܡܫܐ: [a]
ܒܠܠܗ ܣܒܝܠܗ: ܦܘܬܝܘܢ ܕܐܝܟ ܡܦܪܫܝܢ: ܐܡܬܝ ܕܟܬܒܝܢ ܐܚܪ̈ܢܐ ܕܐܝܟ + [c]
ܒܒܐ ܦܫܚܐ. ܒܒܝܢ + [d]

22 ܒܪܡܫܐ ܠܠܝܐ ܚܕ ܡܢܟܘܢ [a]ܡܫܠܡ ܠܝ[a]. ܘܐܬܟܪܝܬ ܗܘܝܬ ܠܗ ܟܠ
23 ܚܕ[b] ܡܢܢ. ܕܠܡܐ[c] ܐܢܐ ܗܘ ܡܪܝ. ܘܥܢܐ ܗܘ ܘܐܡܪ ܠܝ. ܕܗܘ
ܕܡܫܛ ܐܝܕܗ ܥܡܝ ܒܠܓܢܬܐ. [d]ܘܐܘܕܥ ܥܠ[d] ܝܗܘܕܐ ܣܟܪܝܘܛܐ[e]
ܗܘ ܕܐܝܬܘܗܝ ܗܘܐ ܚܕ [f]ܡܢ ܬܪ̈ܥܣܪ[f.g]. ܐܠܐ[h] ܡܬܒܥܐ ܠܗܘܢ[i]

[a] ܢܫܠܡܢܝ Lag. p. 88 [b] + ܚܕ [c] ܕܕܠܡܐ [d] ܘܡܢ ܐܝܠ
[e] ܐܣܟܪܝܘܛܐ (B ܣܟܪܝܘܛܐ) [f] ܡܢ ܕܬܪ̈ܥܣܪܬܗܘܢ
ܗܟܢ ܐܡܪ ܠܗ ܡܪܢ. ܐܝܟܢ ܐܡܪ ܐܢܐ ܠܟܘܢ: ܕܡܠܠ ܐܚܪܢ (B ܐܚܪܝܢ) +[g]
ܘܬܫܒܘܚܬܗ. ܡܛܠ ܕܡܬܝܒ ܐܢܫܐ ܠܪ̈ܚܡܘܗܝ ܘܬܫܒܘܚܬܗ ܐܝܟ ܣܓܝܐܘܬ ܕܪ̈ܚܡܘܗܝ.
ܘܐܬܐ S. f. 65b ܚܙܩܝܐ ܟܕ ܫܦܝܪܐ ܘܡܢ ܫ̈ܢܝܐ ܕܚܝܘܗܝ. ܘܐܫܠܡܗ ܠܒܪܗ
ܡܢܫܐ: ܗܢܐ ܕܝܢ ܗܘܐ ܒܐܘܪ̈ܚܬܐ ܒܝܫܬܐ. ܗܘ ܫܒܩ ܐܘܪܚܐ ܦܫܝܛܬܐ
ܒܬܠܬܐ ܒܝܫܬܐ ܒܪ̈ܝܫܐ. ܢܟܣ ܠܗ ܠܦܬܪ ܙܢܝܐ. ܘܟܠܠܗ ܐܝܕܘܗܝ
ܠܒܢ̈ܝ ܢܫܐ. ܘܠܡܥܒܕ ܐܝܠܝܢ ܕܐܬܘܗܝ ܐܘܪ̈ܚܬܐ ܒܝܫܬܐ. ܥܒܕ
ܒܦܬܟܪ̈ܐ ܒܒܝܬܗ ܕܡܪܝܐ ܩܕܝܫܐ. ܘܒܗ ܒܗܝܟܠܐ ܣܡ ܐܬܩ̈ܒܥܘ
ܪ̈ܫܡܘܗܝ ܕܟܘܟܒܐ ܘܐܬܟܠܗ ܥܠܘܗܝ ܡܠܟܐ. ܘܠܡܘܬܐ ܬܘܒ ܐܚܪܢܐ:
ܕܐܬܘܗܝ ܚܛܝܐ ܒܝܫܬܐ. ܦܪܥܘܗܝ ܠܦܘܠܚܢܗ ܐܝܟ ܕܘܝܢܐ. ܘܥܘܕ ܬܘܒ
ܒܬܪ̈ܬܐ ܠܗܬ ܦܘܠܚܢܗ: ܒܟܠܗ ܕܝܢ ܒܬܪ ܚܛܝܐ ܒܝܫܐ. ܘܟܕ ܝܬܝܪ
ܕܝܢ ܒܚܘܪ̈ܒܬܐ. ܡܬܪ̈ܟܢܘܗܝ ܦܪܥ ܡܢ ܦܘܠܚܢܗ. ܘܟܕ ܗܘ ܕܫܪܪ·ܠܟ ܐܫܟܚܘ
ܕܢܣܘܢ. ܐܠܐ ܐܦܣܘ ܠܒܠܗ ܡܬܘܕܝܢܘܬܐ ܕܬܚܠܬܐ. ܘܢܐܠܦܘܢ ܡܢ
ܦܘܠܚܢܗ ܠܒܝܫܬܐ: ܘܐܣܓܝܗ ܒܗ ܒܚܘܪ̈ܒܬܐ. ܒܥܠܡ ܗܘܐ ܫ̈ܢܝܢ ܒܢܝ
(ܒܪ̈ܝ + L) ܒܚܘܪ̈ܒܬܐ. ܘܐܬܝܩܕܘ (ܘܐܬܝܩܕ L) ܗܠܝܢ ܢ̈ܫܐ: ܕܒܗܝܢ
ܐܓܠܝ ܒܢ̈ܝ. ܐܚܪ̈ܢܐ. ܘܡܢ ܒܬܪܟܢ ܬܘܒ ܗܘܐ ܫܢܝܐ ܬܠܬ ܫ̈ܢܝܢ.
ܘܐܬܝܥܒ ܠܠܝܐ. ܘܬܘܒ ܡܢ ܬܫܒܘܚܬܗ (ܬܫܒܘܚܬ L) ܘܡܢܐ ܠܬܪ̈ܥܝܬܐ.
ܬܠܬ ܫ̈ܢܝܢ (ܫ̈ܢܝܢ L) ܐܚܪ̈ܢܝܬܐ. ܘܬܘܒ ܡܢ ܒܬܪ ܠܠܝܐ ܕܡܫܠܡܬܐ ܕܢܫܐ.
ܒܐܘܪ̈ܚܬܗ ܕܝܢ ܕܒܬܪ ܡܠܟܐ ܒܬܪܝܢ. ܕܒܪ̈ܝܫܐ ܒܫܠܡܬܐ ܕܢܓܗ ܚܕ
ܒܫܢܬܐ (ܡܢ. ܘܬܘܒ ܐܚܪ̈ܢܐ ܕܫܠܡܬܐ ܘܡܢ ܬܘܒ ܬܠܬܫ̈ܢܝܢ ܕܠܠܝܐ ܕܒܗ
ܒܬܪ ܫܠܡܬܐ. ܕܒܗܝܢ ܡܢ ܒܪ̈ܝ. (L + ܐܬܬܪ ܒܪܝܢ ܘܒܪܝܢ ܐܚܪ̈ܢܬܐ
ܡܬܟܠܝܬܐ: ܕܢܦܫܝܢ ܡܢܪ̈ܐ. ܘܗܘܐ ܙܒܢܐ ܪܒܐ. ܡܛܠ ܕܐܬܠܐܒ ܕܡܠܟܐ
ܒܝܬ ܘܡܠܟܬ ܠܐܒܗܐ. ܘܬܘܒ ܐܚܪ̈ܢܐ ܕܫܠܡܬܐ. ܘܡܢ ܬܠܬ ܫ̈ܢܝܢ

[h] om. ܐܠܐ [i] + ܗܟܠ

ܘܠܐܠܗ̇ ܠܐܝܢܐ ܕܠܐ ܒܗܠܐ.[a] ܠܐ [b]ܫܠܝܛ ܠܗ ܡܫܚܠ[b] ܠܡܣܒܪܢܘܬܐ
ܕܢܐܡܪܐ ܠܐ ܒܡܫܟܚܐ ܐܦܠܐ ܒܚܝܠܐ ܡܢ ܐܬܐܬܐ[c] ܕܡܫܝܚܐ.[d]
ܘ[e]ܐܦܠܐ ܕܢܬܕܒܪ[e] ܒܦܘܩܕܢܗ ܨܒܝܢܐ ܕܡܬܒܪܝܢܐ.[f] ܘܠܐ ܕܢܦܩ ܠܘܬܐ
ܡܢ ܦܘܩܕܢܗ. ܐܠܐ ܒܡܬܕܪܬܐ.[g] .[h] ܘܡܬܒܪܐܝܬ[i] ܒܚܘܫܒܐ ܕܝܘܡܢܐ
f. 63 a ܘܕܝܢܚܐ ܡܕܒܪܐ[i] ܕܒܗܘܢ ܢܘܚܡܝܢ ܟܠܗܘܢ ܡܗܝܡܢܐ.[j] ܐܝܟ
ܕܐܡܪ ܡܪܢ ܘܫܠܝܚܝܢ. ܒܪ ܫܐܠܘܗܝ ܕܠܬܠܡܝܕܐ ܬܠܡܝܕܘܗܝ ܕܝܘܚܢܢ
Mark ii. 19 ܨܝܡܝܢ ܘܬܠܡܝܕܝܟ[k] ܠܐ ܨܝܡܝܢ.[l] ܘܐܡܪ ܠܗܘܢ ܕܠܐ ܡܫܟܚܝܢ
ܒܢܘܗܝ ܕܓܢܘܢܐ ܠܡܨܡ ܒܡܐ ܕܚܬܢܐ ܥܡܗܘܢ ܗܘ.[m] ܡܫܝܚܐ
ܕܝܢ ܒܪ ܡܫܪܝܢܘܗܝ ܒܥܡ ܐܚܘܗܝ.[n] ܘܡܫܬܠܛܢܐ[o] ܥܡܐ ܕܢܘܚܡܝܢ
ܐܢܬܘܢ ܗܘܝܬܘܢ ܡܫܠܡܝܢ ܘܩܕܡܝܢ ܥܠ ܐܝܠܝܢ ܕܐܡܒܪܝܢ. ܐܝܟ
ܕܐܦ ܚܕ ܡܢ ܒܢܝ ܒܪ ܚܕ ܦܪܘܩ. ܒܪ ܥܡܪ[p] ܐܚܘܗܝ، ܗܘܐ ܥܡܗ
cf. Matt. xxvi. 21 ܡܢ ܡܪܡ ܕܚܪ.[q] ܒܪ ܐܝܠܝܢ ܗܘܝܢ ܒܟܢܫ ܦܢܚܐ[r] ܐܡܪ ܠܝ. ܘܗܘܝܐ

ܘܗܒܗ ܠܒܪܝܬܐ. ܘܗܘܝܘ ܗܘܐ ܐܝܟ ܒܡܕܝܢܬܐ. ܘܐܝܟܢܐ ܐܚܪܢܐ + [a]
ܒܡܕܝܢܬܐ. ܘܠܐ [ܬܘܣܦ ܚܕ ܘܠܐ] ܐܚܪܢ. ܘܢܦܩܘ (ܘܐܝܟܢܘ B) ܒܐܝܕܝ
ܒܡܠܐ ܪܒܐ ܘܠܐ ܐܫܬܟܚ ܐܢܘ. ܫܡܝ ܐܢܬܘܢ ܫܡܥܝܢ: ܕܐܝܟܢܐ
ܡܬܐܡܪ ܘܡܬܕܪܟܐ ܒܪܝܬ S. f. 65 a ܕܝܬܐ ܒܠ ܐܝܠܝܢ ܕܦܩܕܝܢ ܠܡܫܒܚܐ ܐܘ
ܢܚܝܢ ܒܗ. ܕܒܗܕܗ ܡܪܢܐ ܒܪܘܟܬܗ: ܡܫܚܠ ܫܠܝܛ ܠܗ [b]
ܕܡܬܒܪܝܐ [f] ܘܠܐ ܕܢܬܕܒܪ [e] ܐܘ ܐܣܛܠܘܬܐ + [d] ܐܪܚܬܐ + [c]
ܘܡܕܒܪܢܘܬܐ + [g]
ܘܡܬܒܪܢܘܬܐ ܕܒܪܝܬܐ ܘܐܠܗܘܬܐ: ܕܐܝܬܝܗܘܢ ܫܠܝܛܘܬܐ ܕܐܝܪܝܐ + [h]
ܕܡܬܒܪܢܘܬ. ∻ ܒܚܘܫܒܐ ܕܡܫܟܚܐ [i]
ܕܐܝܬ ܒܟܠܗ ܒܪܝܬܐ + [j] ܘܕܝܠܟ [k] ܘܒܟܐ + [l]
ܢܐܬܘܢ ܕܝܢ ܡܬܠܬܐ ܐܚܪܝܢ ܕܫܬܩܠ ܒܝܘܡܝ ܫܘܒܚܐ: ܘܗܫܝܢ ܢܨܘܡܘܢ. + [m]
ܒܝܘܡܝ ܡܫܠܡܬܐ
ܒܫܬܐ ܕܝܢ ܢܣܒ ܗܘ. ܡܛܠ ܕܫܠܡ ܠܗ ܠܒܪܝܬܐ ܕܡܫܒܚ. ܘܐܬܒ ܥܡ + [n]
ܡܫܝܚܐ ܕܐܒܘܗܝ
ܡܛܠ ܗܢܐ [o] ܒܒܥܠ + [p] ܕܫܒܩ [q] ܦܬܟܪ [r]

ܗܘܝܢ [a] ܢܘܟܪ̈ܝܐ. [b]ܘܠܐ ܕܢܥܒܕ ܫܡܥܐ ܕܦܬܓܡܐ[b]. ܕܒܝܫ ܕܬܘܩܦܐ
[c]ܠܡܫܡܫܘܬ ܗܕܐ[c]. ܡܛܠ ܕܙܢܝܐ ܡܪܝܐ ܒܐܘܪܚܬܐ[d] ܘܐܡܪ[e]. ܕܒܟܠܗܘܢ Jer. v. 7
ܠܝ ܘܫܒܩܘ[f] ܒܐܠܗ̈ܝܢ ܕܠܐ ܗܘܘ ܐܠܗܐ.[g] ܘܠܐ[h] ܥܠܝܟ ܠܗܘܢ
ܠܡܫ̈ܡܫܢܐ ܠܡܗܝܡܢܐ ܠܐ[i] ܒܫܡܫܐ ܐܦܠܐ[j] ܒܣܗܪܐ. ܐܡܪ[k] ܓܝܪ
ܡܪܝܐ ܐܠܗܐ ܒܝܕ ܡܘܫܐ ܢܒܝܐ. ܚܙܘ ܐܢ ܬܒܣܘܢ cf. Deut. iv. 19
[l]ܠܫܡܫܐ ܘܠܣܗܪܐ ܘܠܐ ܬܣܓܕܘܢ ܒܗܘܢ. ܘܠܐ[l] ܬܦܠܚܘܢ
ܐܢܘܢ. ܡܛܠ ܗܠܝܢ[m] ܠܢܒܝܐ ܗܘ ܢܒܝ[n] ܠܗܘܢ [o]ܐܢܘܢ ܡܪܝܐ[o]
ܥܠ ܐܪܥܐ.[p] ܘܒܝܕ ܚܙܩܝܐܝܠ ܐܡܪ[k] ܗܘܒܐ ܘܐܚܘܝܢ ܠܬܪܥܐ Ezek. viii. 16
ܕܒܝܬܗ ܕܡܪܝܐ[1]. ܒܝܬ[q] ܡܦܪܘܩܐ ܠܡܕܒܚܐ[r] ܘܚܙܝܬ ܬܡܢ ܓܒܪ̈ܐ
[s]ܘܣܝܡܝܢ ܐܢܘܢ ܚܨܝܗܘܢ[s] ܠܗܝܟܠܗ ܕܡܪܝܐ. ܘܐܦܝܗܘܢ ܠܡܕܢܚ
ܡܕܢܚܐ[2] ܘܣܓܕܝܢ ܗܘܘ ܠܫܡܫܐ. ܘܐܡܪ ܠܝ ܡܪܝܐ. ܒܪܢܫܐ. ܕܠܡܐ 17
ܙܥܘܪܐ ܗܝ ܗܕܐ ܠܒܝܬ ܝܗܘܕܐ. ܠܡܥܒܕ ܬܘܥܝܬܐ. ܗܠܝܢ[t] ܗܪܟܐ.

---

a ܘܠܦܘܠܚܢܐ ܕܒܥ̈ܠܐ

b ܒܫܡܐ ܓܝܪ ܕܒܝܕ ܘܒܝܬܪܗ̈. ܐܝܟ ܫܡܥܐ ܕܦܬܓܡܐ ܢܥܒܕ (B ܢܬܥܒܕ)

c ܗܕܐ ܠܡܫܡ̈ܫܢܐ   d + ܐܠܗ̈ܝܢ   e + ܗܟܢܐ   f ܘܐܫܒܩܘ

g + ܘܬܘܒ ܐܡܪ. ܕܐܢ ܬܬܦܢܐ ܐܝܣܪܝܠ. ܠܘܬ[ܝ] (B ܠܘܬܝ) ܬܬܦܢܐ ܐܡܪ Jer. iv. 1
ܡܪܝܐ. ܘܐܢ ܬܥܒܪ ܛܘܥܝܬܗ ܡܢ ܦܘܡܗ: ܘܬܙܝܥ ܡܢ ܩܕܡ ܐܦ̈ܝ: ܘܬܐܡܐ 2
ܚܝ ܗܘ ܡܪܝܐ. ܘܬܘܒ ܐܡܪ. ܕܐܘܒܕ ܫܡܗܐ ܕܦܬܟ̈ܪܐ ܡܢ ܦܘܡܟܘܢ. Zech. xiii. 2 *sic*
ܘܒܝܕ ܡܘܫܐ ܬܘܒ ܐܡܪ ܠܗܘܢ. ܐܛܢܘܢܝ ܒܠܐ ܐܠܗ: ܘܒܦܬܟܪ̈ܝܗܘܢ Deut. xxxii. 21
ܐܪܓܙܘܢܝ. ܘܒܥܠܡܗܘܢ ܒܦܬܟ̈ܪܐ (Lag. p. 87) ܐܡܪ ܒܥܠܡܗܘܢ ܕܗܠܝܢ. ܘܠܐ ܗܘܐ
ܒܦܬܟ̈ܪܐ ܒܠܚܘܕ:

h ܠܐ   i ܐܦܠܐ ܐܠܐ   j ܘܐܦܠܐ   k ܐܡܪ   l om. ܠܫܡܫܐ ... ܘܠܐ

m ܕܗܠܝܢ   n ܐܬܢܒܝܘ   o om. ܐܢܘܢ ܡܪܝܐ

p + ܘܒܝܕ ܐܪܡܝܐ ܬܘܒ ܐܡܪ: ܐܝܟ ܐܘܪܚܬܗܘܢ ܕܥܡ̈ܡܐ ܠܐ Jer. x. 2
ܬܐܠܦܘܢ. ܘܡܢ ܐܬܘܬܐ ܕܫܡܝܐ ܠܐ ܬܕܚܠܘܢ.

q ܒܝܬ   r B ܠܡܕܒܚܗ   s ܕܣܝ̈ܡܝܢ ܚܨܝܗܘܢ   t + ܕܥܒܕܝܢ

---

[1] Cod. ܕܒܝܬܐ ܡܪܝܐ   [2] Cod. om. ܡܕܢܚܐ

ܘܢܦܩܘ[p] ܡܢ ܟܠܗ ܥܡܐ. ܒܥܠܡ[a] ܐܬܕܡܝܘ ܣܓܝܐܬܗܘܢ.[b]
Chap. XXI ܘܐܠܦܘܢ ܕܡܫܝܚܐ ܗܘܐ ܀ [c]ܡܬܢܒܝܢ ܠܟܠ ܒܪܢܫܘܬܐ ܕܐܢܬܝ ܢܦܫܗ
ܡܢܟܠ ܡܫܠܠܐ ܒܝܫܬܐ ܘܕܫܓܝܫܐ. ܘܡܢܟܠ ܦܘܪܢܘܬܐ ܒܝܫܬܐ
ܘܣܦܘܪܬܐ. ܘܡܛܠ ܝܘܡܐ ܕܒܝܫܐ. ܘܡܛܠ ܚܛܗ ܕܒܪܢ ܘܠܒܘܫܬܗ.
f. 62 b ܘܡܛܠ ܐܪܟܣܘܣ ܕܦܘܠܚܐ ܕܝܗܘܕܝܐ. ܘܡܛܠ ܒܪܘܟܬܐ ܕܚܝܐ.
ܘܡܚܬܐ ܕܡܠܟܘܬܐ. ܘܗܘܡܐ ܕܚܝ ܕܡܝܬܘܬܗ ܕܦܪܘܩܢ. ܘܡܛܠ
ܐܓܠܐ ܕܗܘܡܐ ܕܡܚܬܐ ܕܒܝܫܐ ܕܝܗܘܕܝܐ. ܘܡܛܠ ܚܙܘܬܐ
ܕܒܡܐ ܕܒܪܢܫܘܬܐ[d][c] ܡܬܠܒܫܐ ܡܬܒܥܐ[e] ܠܒܪܢܫܘܬܐ ܕܐܢܬܝ[f] ܢܦܫܗ
ܡܢ ܒܡܠܐ[g] ܡܪܝܡܐ. ܘܡܢ ܓܠܝܐ ܕܫܒܝܐ. ܘܡܢ ܓܠܝܐ ܠܢܦܫܬܐ.[h]
ܘܠܐ[i] ܡܢܗ ܠܐܝܢ ܕܢܚܠܠ ܡܠܬܐ ܕܫܒܝܐ ܐܘ ܕܢܘܟܪܝܐ ܠܕܝܠܗ
ܐܠܗܐ.[j] ܐܠܐ[k] ܡܬܒܥܐ ܠܝ ܦܘܠܚ ܕܟܐܢܝܢ ܘܣܪܝܩܘܬܗ ܒܕܝܠܗܬܐ
ܘܒܪܝܬܐ ܢܗܘܐ ܟܕܒܝܢ. ܒܪܢܫܘܬܐ ܓܒܪ ܡܫܡܫܢܐ ܠܐ
ܘܡܫܬܐ ܕܣܓܝܐ ܣܢܐ ܠܗ[l] ܕܢܐܡܪ. ܐܦܠܐ ܕܢܬܡܪ ܠܢܦܫܗܐ

---

[a] ܕܗܠܝܢ

[b] + ܣܝܡܐ ܐܝܟ ܗܢ ܕܠܟܠܗܘܢ ܕܢܝܐ ܐܢܬܬܐ ܐܝܟ ܕܢܦܫܗ. ܥܡܝܩ ܬܘܒ.]
ܒܐܦܠܐܝܢ ܘܡܫܠܠܐ ܒܝܫܐ ܐܘ ܐܝܟ ܗܢ ܕܟܠ ܡܠܬܐ ܒܠܠܬܐ
ܕܐܬܡܪܘܢ ܒܫܝܫܐ ܡܟܟ.]

[c] [ܡܛܠ ܦܘܩܕܐ ܘܡܫܡܠܝܘܬܗ ܕܡܫܝܚܐ ܦܪܘܩܢ] [ܡܫܝܚ ܒܠܝ ܗܪܟܐ ܢܒܝܐܬܐ]

[d] + C ܡܛܠ ܟܐܪܐ [e] + ܠܗ C [f] ܕܢܦܫܐ ܢܦܫ [g] ܒܡܠܐ

[h] + ܐܦ ܠܐ ܓܒܪ ܒܡܫܒܚܬܐ ܕܡܫܝܚܐ ܕܐܢܫܝܢ ܘܟܫܡܫܝܢ ܒܗܘܢ܀ [i] om. ܘܠܐ

Ps. ii. 10 [j] + ܐܝܟ ܕܐܦ ܡܪܢ ܟܠܦ ܠܝ ܒܡܙܡܘܪܐ ܒܕܘܝܕ ܘܐܡܪ ܗܟܢܐ. ܘܗܫܐ
11 ܡܠܟܐ ܐܣܬܟܠܘ. ܘܐܬܪܕܘ ܕܝܢܝ ܕܐܪܥܐ. ܦܠܘܚܘ ܠܡܪܝܐ
12 ܒܕܚܠܬܐ. ܘܚܕܘ ܠܗ ܒܪܬܝܬܐ. ܐܚܘܕܘ ܒܡܪܕܘܬܐ ܕܠܡܐ ܢܪܓܙ ܡܪܝܐ.
ܘܬܐܒܕܘܢ ܡܢ ܐܘܪܚܐ ܕܟܐܢܘܬܐ. ܡܛܠ ܕܟܕ ܩܠܝܠ ܢܬܚ ܒܠܒܗܘܢ ܪܘܓܙܗ.
ܛܘܒܝܗܘܢ ܠܟܠ ܕܬܟܝܠܝܢ ܥܠܘܗܝ܀

[k] om. ܐܠܐ S. f. 64 b [l] B om. ܠܗ

[a]ܡܢ ܟܠܗܘܢ ܚܛ̈ܗܝܢ.[a][b] ܐܦ[c] ܒܡܥܡܘܕܝܘܬܐ ܠܐܢܫܝܢ ܕܡܢ ܒܢܬ
ܚܒ̈ܝܒܐ ܒܪ[d] ܡܬܝܠܕܝܢ. ܘܟܐܢܫܝܢ ܠܒܪܬܐ ܡܕܝܢܬܐ ܕܐܠܗܐ.[e] ܐܝܟ[f]
ܐܒܪܗܡ ܘܐܝܣܚܩ ܘܝܥܩܘܒ. [g]ܡܬܚܫܒܝܢ ܚܛ̈ܗܐ ܕܝܠܗܘܢ.[g] . ܐܡܪ
ܓܝܪ ܒܟܬܒܐ ܕܐܝܘܒ ܢܬܒܩܘܢ ܘܢܐܡܪܘܢ ܕܕܟܝܐ ܐܢܫ ܡܢ ܚܛܗܐ
ܐܘ ܡܢܘ[h] ܢܐܡܪ ܕܡܚܣܝܐ ܐܝܟܢܐ. ܘܬܘܒ ܠܐ ܐܝܬ ܐܢܫ ܕܕܟܐ ܡܢ cf. Job xiv. 4, 5
ܛܢܦܘܬܐ. ܐܦܠܐ ܐܢ ܚܕ ܝܘܡܐ ܢܗܘܘܢ ܚܝ̈ܘܗܝ [i]ܥܠ ܐܪܥܐ[i].
ܟܠ ܗܢ ܗܘܐ ܕܡܬܚܫܒܝܢ ܘܟܐܢܝܢ. ܐܫܬܒܩ[j] ܠܗ ܚܛ̈ܗܘܗܝ، ܡܬ̈ܝܒܐ.
ܐܠܐ[k] ܬܘܒ ܐܢ[k] ܟܠܗ̇ ܒܡܥܡܘܕܝܘܬܐ[l] ܢܝܚܬܐ. ܡܫܝܚ ܗܘ ܠܚܛ̈ܗܐ[l].
ܐܢܫܝܢ ܒܡܥܡܘܕܝܘܬܐ ܢܣܒܘ[m] ܡܢ ܟܠܗܝܢ ܚܘ̈ܒܐ[n]. ܡܛܠ ܫܒܝܩ
ܕܚܛ̈ܗܐ. ܛܘܒܝܗܘܢ، ܠܗܢܘܢ. ܐܝܠܝܢ[o] ܓܝܪ ܐܢܫܝܢ[p] ܕܐܬܥܡܕܘ ܒܡܥܡܘܕܝܘܬܐ

---

a ܡܢ ܟܠ ܚܛ̈ܗܐ ܘܣܟܠ̈ܘܬܐ

b + ܘܢܬܚܫܒ ܒܗ ܕܟܬܝܒ ܀ ܡܛܠ ܕܐܡܪ ܒܕܘܝܕ ܥܠ ܣܘܓܐܐ ܡܢܝܢܐ. ܕܛܘܒܝܗܘܢ Ps. xxxii. 1
ܠܐܝܠܝܢ ܕܐܫܬܒܩ ܥܘܠܗܘܢ: ܘܐܬܟܣܝܘ ܚܛܗܝܗܘܢ. ܛܘܒܘܗܝ ܠܒܪܢܫܐ 2
ܕܠܐ ܢܚܫܘܒ ܠܗ ܡܪܝܐ ܚܛܗܘܗܝ. ܛܘܒܢܐ ܡܛܠ ܐܬܩܪܝܘ ܣܘܓܐܐ
ܘܡܢܝܢܐ ܡܢ ܟܠ ܣܟܠܘܬܐ: ܕܐܬܪܚܩܘ (ܕܐܬܬܪܚܩܘ B) ܘܐܬܕܟܝܘ ܡܢ ܟܠܗ
ܟܠܗ: ܐܝܟ ܕܐܡܪ ܒܐܫܥܝܐ ܥܠ ܙܕܝܩܐ ܘܥܠ ܡܫܪ̈ܘܗܝ. ܕܗܐ ܙܕܝܩܐ Is. lvii. 1
ܐܒܕ ܘܠܝܬ ܕܣܐܡ ܥܠ ܠܒܗ: ܘܓܒܪ̈ܐ ܚܣܝ̈ܕܐ ܡܬܟܢܫܝܢ. ܘܐܢܫ ܠܐ ܡܣܬܟܠ ܥܠ
ܟܠܗ. ܡܛܠ ܕܡܢ ܩܕܡ ܒܝܫܬܐ ܡܬܟܢܫ ܙܕܝܩܐ. ܘܢܗܘܐ ܫܠܡܗ ܒܫܠܡܐ.
ܗܠܝܢ ܕܝܢ ܥܠ ܐܝܠܝܢ ܕܡܫܡܫܝܢ ܡܛܠ ܫܡܗ ܕܡܫܝܚܐ ܐܡܝܪ̈ܢ. C ܡܬܚܫܒܝܢ
ܕܝܢ ܗܘܘ (ܗܘܘ om. C) ܚܛ̈ܗܐ.

c ܘܐܦ   d om. ܒܪ C

e + ܢܒܥܐ ܗܘܐ ܕܠܒܘ ܠܐ ܡܬܚܫܒܝܢ ܚܛ̈ܗܐ.   f ܠܒܢ̈ܝ ܕܐܝܟ

g ܘܟܠܗܘܢ ܬܘܒ ܐܟܚܕܐ. ܐܡܝܢܐ ܕܐܦ ܠܡܫܘܕܥܘ S. f. 64 a ܢܒܥܐ ܡܛܠ
ܐܚ̈ܝ

h ܘ ܢܬܬܟܠ   i om. ܥܠ ܐܪܥܐ   j B ܐܫܬܒܩܘ   Lag. p. 86   k ܡܢ C

l ܬܘܒ: ܐܠܐ (ܐܦ ܠܐ C) ܢܝܚܐ ܚܛܗܐ (ܚܛ̈ܗܐ C) ܕܡܥܡܘܕܝܘܬܐ ܐܦ
ܐܫܬܘܕܥ: ܐܠܐ ܡܢܝܚܐ ܢܝܚܐ ܒܠܒܗ: ܐܦ ܫܒܩܐ ܐܦ ܡܛܠ: ܘܡܢܝܢܐ
ܬܘܒ ܡܫܝܚ ܗܘ ܠܚܛ̈ܗܐ C

m + ܐܢܫ   n om. ܗܢܐ   o ܕܐܢܫܐ   p ܕܒܡܥܡܘܕܝܘܬܐ ܢܣܒܘ

Is. lii. 10 ܕܐܡܪ ܒܐܫܥܝܐ. ܢܚܙܐ[a] ܟܠܗܘܢ ܦܘܪܩܢܗ ܕܐܠܗܐ. ܘܠܒܪܬܐ
ܡܐܢܐ ܘܡܨܝܒ ܠܡܫܝܚܝܐ.[b] ܡܛܠ ܕܬܠܡܝܕܐ[c] ܚܫܝܒܐ ܐܝܠܝܢ
ܕܡܫܝܚܝܢ ܒܗ. ܬܫܒ̄ܘ ܐܝܟ ܕܡܘܟܒܐ ܐܫܬܘܕܝ. ܠܡܫܝܚܐ
f. 62 a ܕܗܝ ܬܫܒܘܚܬܐ ܕܠܥܠܡ.[d] ܢܫܡܥ[e] ܒܠܒܝܫܘܬܗ[e] ܕܟܠ ܒܐܠܗܘܬܐ. ܘܥܠ
ܡܠܝܘܬܗ[f] ܘܥܠ ܦܓܪܢܐ ܕܠܒܫ. ܡܩܕܫܝܢ[g] ܟܕ ܒܫܒܪܐ[h] ܡܫܝܚܐ.
ܐܝܟ ܕܫܡܥܐ ܟܠܗܘܢ ܡܫܡܫ ܦܪܘܩ ܟܠ[i] ܡܠܝܘܬܗ[ji] ܘܐܬܬܪ؛
ܒܠܒܘܫܗ̇.[k] ܚܢܢ[l] ܦܪܘܩ ܕܐܬܒܪܝܬ ܗܘܝܢ[l] ܒܡܫܗ. ܘܒܪܫܝܬܗ ܒܚܕܝܢ
ܘܒܡܫܗ ܐܒܠܝ. ܘܗܘܝܢ ܒܐܬܘܬܐ ܘܡܫܘܕܥ ܕܡܠܝܘܬܗ[m]. ܘܢܫܡܥ[n] ܥܠ
ܙܘܪܒܘܬܗ[n] ܕܠܐ ܡܬܦܪܫܐ ܦܪܘܩ[o] ܕܐܬܒܪ ܠܡܫܠ ܐܝܟ ܕܡܠܝ.
ܐܝ[p] ܡܫܝܚܝܢ[q] ܒܡܫܘܠܡܢܐ ܕܟܠܗ[q] ܕܐܬܒܪܝܬ. ܘܢܬܩܪܐ[r] ܠܦܘܪܩܢܬܐ
ܕܡܛܠ[s] ܚܛܝܗ. [t]ܟܕ ܢܦܘܩ[t] ܡܢ ܟܠܡܐ ܦܪܘܩ[u] ܒܡܫܘܕܥܢܘܬܐ ܠܡܫܡܥܐ

[a] ܕܢܚܙܐ

[b] + ܘܢܚܙܘܢ ܟܠܗܘܢ: ܫܡܥܐ ܕܐܬܩܪܝܘ ܕܡܫܝܚܝܐ ܠܡܫܝܚܝܗܘܢ ܘܬܘܒ
ܘܢܚܙܘܢ ܐܢܘܢ ܒܡܫܘܕܥܢܘܬܐ ܪܒܬܐ: ܘܢܚܙܘܢ ܐܢܘܢ ܒܢܝ ܟܠܗܘܢ.

[c] ܕܬܠܡܝܕܐ

[d] + ܐܝܟ ܢܒܝܐ ܕܠܐ ܠܐܢܫ ܒܡܫܪܐ ܒܡܠܬܐ. ܕܢܦܘܩ ܒܥܘܕܪ ܒܟܠܗܘܢ
ܐܬܘܬܝ ܠܡܫܠ. ܐܝܟ ܬܠܡܝܕܐ ܡܛܠ (Lag. p. 85) ܕܡܫܝܚܐ. ܢܫܡܥ
ܕܢܡܫܝܚ ܒܡܫܗ ܥܠ ܦܓܪܢܐ: ܕܟܠܗ ܘܐܫܬܘܕܝ ܠܗ ܒܚܝܐ ܕܠܥܠܡ. ܬܫܒܘܚܬܐ
ܡܛܠ ܒܟܠܗ ܡܠܝܘܬܗ ܘܒܡܫܘܕܥܢܘܬܗ.

[e] ܥܠ ܡܠܝܘܬܗ ܟܕ [f] ܕܐܬܬܪܗ [g] + ܗܘ [h] ܡܫܘܠܡܝ

[i] ܘܐܬܒܪܘ ܥܠ ܕܐܬܬܪܗ [j] + ܘܟܠܗܘܢ ܐܬܬܪܟܝܢ S. f. 63 b

[k] + ܐܦ ܟܕ ܡܢܗ ܫܡܥܬܐ: ܒܗ ܕܐܬܒܪܝܬ ܗܘܐ ܡܢ ܩܕܡ ܚܛܗ: ܡܫܡܫܝܢ
ܗܘܘ ܠܡܫܝܚܘܬܗ. ܥܠ ܐܝܠܝܢ ܡܛܠ ܕܗܘܝ ܡܢ ܗܠܝܢ ܕܩܕܡܝܢ ܐܡܪܝ: ܐܦ
ܐܢܘܢ ܡܫܡܠܝܢ ܘܐܫܬܡܠܝܘ.

[l] ܕܗܘܝܢ ܒܬܪܐܬ ܡܠܝܘܬ ܕܗܘ [m] ܕܡܐܬܬܪܗ

[n] ܥܠ ܡܫܡܠܝܘܬܗ ܬܘܒ ܙܘܪܒܘܬܐ [o] ܡܠܝܢ

[p] + [ܕ̇ܐ:] ܢܫܡܥ ܘܡܫܒܚ ܕܡܫܝܚܝܢ. ܟܠܗ ܟܕ ܡܫܝܚܘܬܗ ܒܡܫܘܠܡܢܐ ܡܫܡܠܝܢܐ

[q] ܒܡܫܘܠܡܢܘܬܐ [r] ܐܝ ܡܛܠ ܕܐܬܩܪܐ [s] ܡܛܠ [t] ܘܢܦܘܩ [u] om. ܦܪܘܩ

ܕܢܠܦ ܡܫܝܚܐ ܐܢ ܗ̇ܟܝܠ ܒܝܬ ܚܝܘܬܐ ܕܠܐ ܡܠܬܐ[a] ܡܚܣܝܐ ܠܡ ܐܠܗܐ ܥܠ ܡܝܬܘܬܐ. ܦܩܕ ܡܬܪܐܝܬ ܚܢܢ ܕܡܗܝܡܢܝܢ ܒܡܝܬܘܬܐ ܕܐܠܗܐ[b] ܘܒܡܬܘܠܕܢܘܬܗ ܕܐܠܗܐ. ܐܢ ܦܘܪܩܢܘܬܐ ܬܬܐܬܐ ܠܡ ܥܠ[c] ܐܢܫܐ ܕܡܫܬܘܕܝܢ ܠܡܪܝܐ ܡܛܠ ܬܫܒܘܚܬܐ ܕܐܠܗܐ.[b] ܢܡܠܠ[d] ܥܠܝܠܐ ܕܠܐ ܡܬܡܠܠ ܒܫܡܝܐ ܕܠܥܠܡ[e]. ܘܒܐܝܕܝܐ ܕܬܘܕܝܬܐ ܕܦܘܪܩܢܘܬܐ ܕܐܠܗܐ. ܫܪܝܪܐܝܬ[f] ܕܝܢ ܡܠܟ ܢܦܫ ܢܡܠܠ. ܘܢܬܚܙܐ ܒܡܪܝܐ ܐܠܗܐ ܕܒܝܘܡܐ ܕܬܘܕܝܬܐ ܡܫܝܚ ܠܗ. ܐܝܟܢܐ ܕܐܦ ܒܪܫܝܬ ܒܡܠܬܐ ܥܒܕ ܐܠܗܐ[g] ܘܐܡܪ. ܕܢܗܘܐ ܢܘܗܪܐ ܘܗܘܐ ܘܐܬܚܙܝ. ܘܥܒܕܐ ܘܐܬܪܐ ܘܫܡܝܐ[h] ܘܪܘܚܬܐ[h] ܘܫܘܬܐ.[i] ܘܚܝܘܬܐ[j] ܕܐܪܥܐ.[k] ܘܐܝܠܢܐ ܘܟܠܗܝܢ ܒܡܠܬܗ ܐܬܩܝܡ[l] ܐܝܟ ܕܐܡܪ ܟܬܒܐ. [m]ܕܗܘ ܠܐ ܡܕܡ ܒܪܐ ܘܐܬܬܩܢ ܐܢ[m]. ܗ̇ܘܢܐ[n] ܐܦ ܠܒܪܢܫܐ[o] ܕܐܝܬܘܗܝ, ܒܡܠܬܗ ܡܬܒܪܝܐ ܢܦܫܐ ܘܢܦܫܗ ܕܝܠܗ.[p][q] ܘܐܡܪܐ[r] ܒܪܐܬܐ ܐܢܫܐ. [s]ܒܡܠܬܐ ܠܒܘܫܐ ܒܡܪܐ ܕܥܠܡܐ[s] ܠܒܪܢܫܐ[o] ܘܡܪܐ ܠܗ.. ܐܢ ܗ̇ܟܝܠ ܠܟܠܗܘܢ ܒܢܝ̈ܢܫܐ ܢܡܠܟ[t] ܐܝܟ

---

a ܡܡܠܠܐ b om. ܕܐܠܗܐ c ܐܝܟ d ܕܢܡܠܠ

e + ܗܘܘ ܫܡܝܢ ܒܬܫܒܘܚܬܐ ܕܬܘܕܝܬܐ f ܘܫܪܝܪܐܝܬ g + ܘܗܘܐ ܡܠܬܐ

h ܘܪܘܚܬܐ ܘܡܪܟܒܐ i + ܕܝܡܐ j ܘܚܝܘܬܐ k + ܘܫܘܬܐ ܕܐܪ̈ܥܬܐ ܟܠܗܝܢ

l ܗܘܐ ܘܐܬܩܝܡ S. f. 63 a ܒܡܠܬܗ:

m ܗܢܘܢ ܗܠܝܢ ܦܬܓܡܐ ܕܗܘܘ ܒܝܬ ܥܒܕܐ ܕܡܫܬܡܠܝܢ ܠܗ: ܕܡܫܡܗܝܢ ܥܠ ܐܠܗܐ ܗܘ ܕܒܪܐ ܐܢܘܢ: ܕܐܝܬܘܗܝ ܗܘܐ ܡܢ ܡܕܡ ܕܠܐ ܐܝܬ ܗܘܐ: ܐܦ ܗܢܘܢ ܐܝܬܐ ܕܡܫܝܚܘܬܐ ܕܢܦܫܐ. C ܐܡܪܐ ܗܘܢܐ ܕܠܐܢܫܐ ܒܪܐ

n C ܗܟܢܐ o C ܠܒܪ ܐܢܫܐ p ܘܢܦܫܗܘܢ

q + ܐܠܗܐ ܕܡܢ ܡܕܡ ܕܠܐ ܐܝܬ ܗܘܐ ܗܘܐ ܘܐܬܩܝܡ ܒܡܠܬܗ. ܫܪܝܪܐܝܬ ܡܫܡܗܐ ܗܘܐ. ܕܡܢ ܡܕܡ (ܕܠܐ ܐܝܬ ܗܘܐ + C) ܕܐܝܬܘܗܝ ܢܦܫܐ ܘܢܦܫܗܘܢ ܠܒܪܢܫܐ (ܠܒܪ ܐܢܫܐ C). ܕܐܝܬܘ ܒܡܠܬܐ ܕܐܬܒܪܝܘ C

r C ܐܡܪܐ ܕܐܦ s C ܒܡܪ̈ܒܥܐ ܒܠܒܘܫ ܕܡܘܬܐ t ܡܫܝܚ

ܪܡܟܘܢܐ ܕܡܢܚܬܗ̇[a] ܗܘܐ. ܟܕ ܗܘ ܓܝܪ ܠܦܘܠܝܣ ܥܒ̈ܕܪܐ ܡܚܠ[b] ܡܢܚܬܐ ܐܦ ܓܝܪ ܒ̈ܬܟܐ ܕܣܢܘܩܐ. ܐܦ ܐܝܠܝܢ ܕܡܢܝܢ ܓܝܪ ܒܓܢܒܐ ܐܦ ܓܝܪ[c] ܣܢܘܩܐ. ܦܢܝܢ ܘܦܩܚܝܢ ܒܠ ܡܢܚܬܐ ܓܝܪ ܡܣܟܢܘܬܐ. ܡܛܠ

Oracula Sibyllina, c. IV. 179—185 (Rzach) ܕܐܡܓܪ[d] ܘܡܟܕܪ ܠܗܘܢ ܦܬܟܐ. ܕܡܐ ܕܗܘܐ ܐܠܟܣܝܣ ܒܦܪܐ ܘܦܠܚܬܐ. ܐܠܗܐ ܡܪܕܡܬܐ ܕܒܠܗ ܠܒܘܪܐ ܗܘ ܕܐܦܘܣܝܘܣ[e]. ܘܦܩܕܝܢ[f] ܗܘ ܐܠܗܐ ܢܣܒ ܚ̈ܙܡܬܐ ܘܦܠܚܬܐ ܕܒܢܝ̈ܢܫܐ. ܘܒܠܓܙ ܐܢܘܢ ܕܡܦܬܘܗܝ ܘܢܣܒ[g] ܐܢܘܢ[h] ܠܒܢܝ̈ܢܫܐ ܐܝܟ ܕܐܬܒܗܬܘܢ ܗܘܘ

f. 61 b ܓܝܪ ܡܕܝܢ. ܘܦܩܕܝܢ ܕܢܗܘܐ ܕܝܢܐ. ܗܘ ܕܒܗ ܕܢܘܢ ܐܠܗܐ ܒܟܠܡܐ ܕܚܬܝܪ ܠܬ̈ܥܒܕܐ[i].. ܘܠܚ̈ܛܝܐ ܐܪܒܥܐ[j] ܬܒܥܐ ܐܢܘܢ..

187—190 ܩ̈ܐܡܐ ܘܙ̈ܗܝܡܐ ܢܗܘܘܢ [k]ܒܐܪܒܥܐ ܕܫ̈ܢܝܐ[k]. ܘܢܬܠ ܠܗܘܢ ܐܠܗܐ ܪܘܚܐ ܘܦܠܚܘܬܐ[l]. ܘܦܩܕܝܢ ܟܠܗܘܢ ܢܚܝܘܢ ܚܕ ܠܚܕ.. ܘܠܐ[m] ܒܠܚܘܕ [n]ܐܢ̄ܬ ܚܒ̈ܝܒܝ[n] ܒܪ ܡܣܟܢܘܬܐ ܐܬܓܙܪܬ ܡܢܚܬܐ ܠܓܢ̈ܒܐ. ܐܠܐ[o] ܒܪ ܒ̈ܬܟܐ ܡܕ̈ܝܢܬܐ. ܡܛܠ ܡܢܝܢ ܐܓܙܪ ܠܒ̈ܢܝܐ ܘܠܫܢܩܐ ܘܠܒ̈ܪܫܦܠܢܐ ܐܚܪ̈ܢܐ. ܘܡܓܙܪ ܒܠ ܡܢܚܬܐ ܕܡܬܒ̈ܠܬܐ ܗܘ[p] ܕܒܬܪܗ ܕܬܗܘܐ ܠܒܢܝ̈ܢܫܐ[q] ܥܒ̈ܕܪܐ[r] ܕܠܐ ܢܬܬܐܠ ܓܝܪ ܦܘܪܣܬܐ

---

a ܘܡܢܚܬܗ̇ b ܕܡܚܠ c om. ܓܝܪ d ܕܐܡܓܪ e ܕܐܦܘܣܝܘܣ

f ܘܡܢ ܕܝܢ ܬܘܒ g ܢܣܒ h + ܚܢܢ i + ܕܝܢ j + ܬܘܒ k ܒܟܠܟܐ ܫ̈ܢܝܐ

l + ܘܚ̈ܝܐ m + ܗܘܐ n ܢ̈ܚܡܚܡ o + ܐܦ p om. ܗܘ S. f. 62 b

q + ܥܒ̈ܕܪܐ ܕܡܚܠ ܡܢܚܬܐ ܐܦ ܒܗ ܬܫܡܫܬܐ ܒܢ̈ܝܬܐ). ܐܦ ܒܪ ܒܪܫܬܐ (ܕܠܐ ܡܒܠܠܠܐ: ܐܚܪ̈ܢܝܢ ܕܝܢ ܒܠ ܦܢܚܗ (ܡܢܚܗ B) ܕܡܣܟܢܐ ܐܬܘܗܝ. ܘܕܬܪ̈ܐܬ ܬܘܒ ܒܢܘܐ ܠܝ ܒܗ ܐܠܗܐ ܒܠ ܡܢܚܬܐ. ܐܠܐ ܚܢܢ ܐܬܝ ܗܘܐ ܠܗ ܒܪ ܘܒܟܢ. ܡܫ̈ܟܢܐ ܒܬܒܝܢ ܗܘܘ ܠܒܢܝ̈ܢܫܐ. ܗܫܐ ܕܝܢ ܚܕ ܒܠܚܘܕ ܒܬܒܝܢ. ܠܚܕܐ ܠܡܣܟܢ̈ܐ ܥܬܝܪ. ܕܟܐܠ ܠܚܢ̈ܝܢ. (Lag. p. 84) ܘܐܬܪܐ ܠܟܠܬܐ ܕܒܬܓܪ̈ܐ ܕܥܒܕܝܢ. ܘܟܬܒܬܐ ܡ̇ܢܘ̇ܟ̇ܝ [ܡ̇ܢܘ̇ܟܝ̇ܐ ܡ̄ ܕܙܟܝ] ܘܟܕ ܚܙܝܬܐ ܠܡܣܒܠ ܒܕܝܢ. ܢܟܐ ܢܘܟܐ ܗܝ ܒܗ ܢܟܫܗ̇: ܘܟܡܣܒܐ ܠܗ. ܘܗܘܐ ܡܠܟܐ. ܘܒܢܘܢ ܬܘܒ ܒܗ ܡܠܟܐ ܒܬܓܒܠܐ ܬܘܠܟܐ. ܘܪܟܢܐ ܒܕܓܘܬܗ: ܘܗܘܐ ܦܢܚܗ ܒܡܓܠܒܝ. ܘܗܕܝܢ ܪܟܢܐ ܘܐܙܠ ܠܐܒܕܐ ܕܐܬܘܬܐ

r om. ܥܒ̈ܕܪܐ

ܥܠ ܡܗܝܡܢܘܬܐ ܘܣܟܠܐ ܕܠܒܗܘܢ. ܘܥܠ ܬܫܒܘܚܬܗ ܕܕܪ̈ܝܫܐ. ܐܦ ܥܠ
ܓܢܣܐ[a] ܘܐܟܣܢܝܐ ܕܡܬܠܘܐ[a]. ܘܒܬܪ̈ܓܡܐ ܕܥܡܡܐ ܐܡܪܘ[b] ܗܟܢܐ.
ܚܙܘ ܒ̈ܥܡܡܐ ܘܚܘܪܘ ܘܐܬܕܡܪܘ ܬܕܡܘܪ̈ܬܐ ܘܬܡܗܘ[c] ܠܚܕܐ. Hab. 1. 5
ܡܛܠ ܕܥܒܕܐ ܥܒܕ ܐܢܐ ܒܝܘܡ̈ܝܟܘܢ.[d] [e] [f]ܘܗܠܝܢ ܘܕܡ̈ܝܢܐ[f] ܟܡ
ܗܠܝܢ ܐܡܝܪ̈ܢ ܥܠ ܐܝܠܝܢ ܕܠܐ ܡܗܝܡܢܝܢ ܒܩܝܡܬܐ. ܘܥܠ
ܐܝܠܝܢ ܕܟܦܪܝܢ ܒܐܠܗܐ[g]. ܕܗܐ ܢܚܙܘܢ ܬܫܒܘܚܬܗܘܢ ܕܡܗܝܡ̈ܢܐ
ܢܬܒܗܬܘܢ ܠܡܬܚܙܝܘ ܒܢܘܗܪܐ ܥܠ ܕܠܐ ܗܝܡܢܘ.. ܣܟ ܕܝܢ
ܒܠܗܘܢ ܘܡܗܝܡܢܝܢ[h] ܒܡܗܝܡܢܘܬܐ[i] ܕܒܠܗܘܢ[j] ܕܟܝܢ ܒܟܠ ܡܕ̈ܝܢܬܐ. ܫܪܝܪܐ ܗ̇ܝ، ܠܝ
ܡܗܝܡܢܘܬܐ ܕܡܠܝܐ ܠܝ ܐܠܗܐ ܘܠܐ[k] ܡܕܓܠ. ܡܛܠ ܕܗܘ[l] ܦܪܘܩ

---

12 ܘܠܐ ܐܝܬܝ. ܗܟܢܐ ܐܡܪ ܡܪܝܐ ܐܕܘܢܝ. ܗܐ ܦܬܚ ܐܢܐ ܩܒܪ̈ܝܟܘܢ:
ܘܐܣܩܟܘܢ ܡܢ ܬܡܢ ܥܡܐ ܕܝܠܝ. ܘܐܥܠܟܘܢ ܠܐܪܥܐ ܕܐܝܣܪܐܝܠ.
13 ܘܬܕܥܘܢ ܕܐܢܐ ܐܢܐ ܡܪܝܐ: ܟܕ ܐܦܬܚ ܩܒܪ̈ܝܟܘܢ: ܠܡܣܩܘ ܠܟܘܢ ܡܢ
14 ܩܒܪ̈ܐ. ܘܐܬܠ ܒܟܘܢ ܪܘܚܝ ܘܬܚܝܘܢ. ܘܐܫܪܝܟܘܢ ܒܐܪܥܟܘܢ. ܘܬܕܥܘܢ
ܕܐܢܐ ܐܢܐ ܡܪܝܐ: ܕܡܠܠܬ ܘܥܒܕܬ. ܘܢܚܘܢ ܟܠܗܘܢ ܒܒܝܬ ܩܒܘܪ̈ܝܗܘܢ ܕܐܪܥܐ
ܐܡܪ ܡܪܝܐ ܀ ܘܬܘܒ ܒܝܕ ܐܫܥܝܐ ܐܡܪ. ܢܩܘܡܘܢ ܟܠܗܘܢ ܡܝ̈ܬܐ Is. xxvi. 19
ܘܩܒܝܪ̈ܐ. ܘܢܬܬܥܝܪܘܢ ܟܠܗܘܢ ܕܒܩܒܪ̈ܐ. ܡܛܠ ܕܛܠܠܝܟ (ܕܛܠܐܠܝܟ B) ܛܠܠܐ
(ܛܠܠܐ B) ܗܘ ܠܗܘܢ ܕܐܣܝܘܬܐ. ܘܐܪܥܐ ܕܝܢ ܕܪ̈ܫܝܥܐ ܬܦܠ.

---

[a] ܦܢܝܬܐ ܬܘܒ: ܥܠ ܓܢܣܗܘܢ ܘܦܘܪ̈ܫܢܗܘܢ ܘܫܘܠܛܢܗܘܢ: ܘܥܠ ܥܒ̈ܕܝܗܘܢ (Lag. p. 83) ܘܫܘܥܒܕܗܘܢ ܘܢܚܘܬܗܘܢ: ܗ̇ܢ ܟܕ ܐܡܪ ܕܐܪܥܐ ܕܦܢܝܬܐ ܬܡܢ. ܥܠ ܓܢܣܗܘܢ ܗܘ ܐܡܪ ܡܛܠ ܕܡܢ ܐܪܥܐ ܗܘ. ܘܠܐܪܥܐ ܬܬܒܥܘܢ ܒܪ̈ܢܫܐ. ܥܠ ܕܠܐ ܦܠܚܘ ܠܐܠܗܐ. ܒܢܘܪܐ ܘܬܫܢܝܩܐ ܢܬܠܘܢ.

[b] ܬܘܒ ܐܡܪ [c] ܘܬܡܗܘ [d] ܒܝܘܡ̈ܬܟܘܢ S. f. 62 a

[e] + ܗ̇ܘ ܕܐܢ ܐܢܫ ܢܫܬܥܐ ܠܟܘܢ ܒܟܠܗܝܢ ܠܐ ܬܗܝܡܢܘܢ

[f] ܗܠܝܢ ܕܝܢ ܘܕܡ̈ܝܢܐ

[g] + ܘܥܠ ܐܝܠܝܢ ܕܠܐ ܦܠܚܝܢ ܠܐܠܗܐ: ܘܥܠ ܟܦܪ̈ܢܝ ܢܡܘܣܐ ܘܥܠ ܚܛܝ̈ܐ.

[h] ܘܗܝܡܢܝܢ B [i] ܘܒܝܕ ܡܗܝܡܢܘܬܐ [j] + ܕܟܝܢ [k] ܕܐܠܗܐ [l] ܕܐܦ ܗܘ

f. 61 a ܘܡܟܐ ܡܢܗܘܢ ܠܚܝܐ ܕܠܥܠܡ. ܡܢܗܘܢ[a] ܠܚܣܕܐ ܘܠܒܗܬܬܐ.[b]
3 *sic* ܘܐܦܠܝܢ[c] ܕܡܫܬܘܕܥܝܢ ܢܘܗܪܐ ܐܝܟ ܢܗܝܪܐ ܕܪܩܝܥܐ.[d] ܘܐܦܠܝܢ
ܕܐܬܦܢܝܘ ܠܡܠܬܐ ܐܝܟ ܟܘܟܒܐ ܕܪܩܝܥܐ ܘܐܝܟ[e] ܫܡܫܐ[c]
ܘܐܝܟ ܢܘܗܪܐ[f] ܐܣܛܘܟܣܐ ܕܢܦܠ[g] ܠܐܦܠܝܢ ܕܡ[h] ܕܡܫܡܫܝܢ[i] ܒܫܡܝܐ.[j]
ܘܠܐ ܗܘܐ ܠܡܫܬܚܠܦܘܬܐ[k] ܐܣܛܘܟܣܐ ܡܬܚܠܦܬܐ. ܐܠܐ[l] ܠܟܠܗܘܢ
Ezek. xxxvii. 1 ܒܢܝܢܫܐ. ܘܐܡܪ[m] ܒܪ ܒܝܚܙܩܐܝܠ ܢܒܝܐ. ܘܗܘܐ[n] ܥܠܝ ܐܝܕܗ
ܕܡܪܝܐ. ܘܐܦܩܢܝ ܠܦܩܥܬܐ[o] ܘܥܠܝܐ ܗܘܬ ܓܪ̈ܡܐ ܘܐܥܒܪܢܝ
ܥܠܝܗܘܢ ܚܕܪ̈ܘܗܝ[p] ܘܡܣܒܐ.[p] ܘܬܘܒ[q] ܐܡܪ ܟܕ ܐܫܡܥܐ ܢܚܝܐ[r]

---

a ܘܡܢܗܘܢ C b + ܘܠܡܘܕܪܐ C c + ܕܡ d ܕܫܡܫܐ

e ܐܝܟ Lag. p. 82 f + ܢܗܝܪܐ ܕܫܡܫܐ. ܢܗܘܪܐ ܕܐܫܬܡܠܝܘܬܐ.

g ܠܡܦܠ h om. ܕܡ i ܕܡܫܬܡܠܝܢ. ܘܡܫܡܫܝܢ j + ܥܝܪ̈ܐ ܘܡܫܡܫܝܢ

k ܕܡ ܠܫܘܚܠܦܐ ܟܠܗܘܢ l + ܐܦ m ܐܡܪ n ܗܘܬ

Ezek. xxxvii. 1 o ܡܪܝܐ ܒܪܘܚܐ (Cod. ܒܐܪܘܚܐ) ܘܐܘܒܠܢܝ ܒܗ ܒܦܩܥܬܐ

2, 3 p ܘܗܘܝܢ ܗܘܘ ܣܓܝܐܬܐ ܘܝܒܫ ܡܢܣܝܢ ܗܘܘ. ܘܐܡܪ ܠܝ. ܒܪܢܫܐ. ܢܚܝܢ
4 ܓܪ̈ܡܐ ܗܠܝܢ: ܘܐܡܪܬ. ܐܢܬ ܝܕܥ ܐܢܬ. ܡܪܝܐ ܐܠܗܐ. ܘܐܡܪ ܠܝ ܡܪܝܐ.
ܐܬܢܒܐ ܥܠ ܓܪ̈ܡܐ ܗܠܝܢ ܘܐܡܪ ܠܗܘܢ. ܓܪ̈ܡܐ ܝܒܝ̈ܫܐ. ܫܡܥܘ
5 ܦܬܓܡܗ ܕܡܪܝܐ. ܗܟܢܐ ܐܡܪ ܡܪܝܐ ܐܠܗܐ ܠܓܪ̈ܡܐ ܗܠܝܢ. ܗܐ ܐܢܐ ܡܥܠ
6 ܐܢܐ ܒܟܘܢ ܪܘܚܐ ܘܬܐܚܘܢ. ܘܐܬܠ ܥܠܝܟܘܢ ܓܝܕ̈ܐ. ܘܐܣܩ ܥܠܝܟܘܢ
ܒܣܪܐ. ܘܐܠܒܫܟܘܢ ܓܠܕܐ. ܘܐܬܠ ܒܟܘܢ ܪܘܚܐ ܘܬܐܚܘܢ: ܘܬܕܥܘܢ
7 ܕܐܢܐ ܐܢܐ ܡܪܝܐ: ܘܐܬܢܒܝܬ ܐܝܟ ܕܐܡܪ ܠܝ. ܘܟܕ ܡܬܢܒܐ ܗܘܝܬ.
8 ܗܘܐ ܩܠܐ ܘܙܘܥܐ. ܘܩܪܒܘ ܓܪ̈ܡܐ ܓܪܡܐ ܠܘܬ ܓܪܡܗ. ܘܚܙܝܬ ܕܣܠܩܘ
ܥܠܝܗܘܢ ܓܝܕ̈ܐ ܘܒܣܪܐ. ܘܐܬܦܫܛ ܥܠܝܗܘܢ ܡܫܟܐ ܡܢ ܠܥܠ. ܘܪܘܚܐ
9 ܠܝܬ ܗܘܬ ܒܗܘܢ. ܘܐܡܪ ܠܝ ܡܪܝܐ. ܐܬܢܒܐ ܥܠ S. f. 61 b ܪܘܚܐ ܘܐܡܪ.
ܗܟܢܐ ܐܡܪ ܡܪܝܐ ܐܠܗܐ. ܬܐ ܪܘܚܐ ܡܢ ܐܪ̈ܒܥܬܗܝܢ ܪ̈ܘܚܐ. ܘܡܦܘܚ ܒܗܠܝܢ
10 ܩܛܝ̈ܠܐ. ܘܢܚܘܢ. ܘܐܬܢܒܝܬ. ܐܝܟ ܕܐܡܪ ܠܝ. ܘܥܠܬ ܒܗܘܢ ܪܘܚܐ ܘܚܝܘ.
11 ܘܩܡܘ ܥܠ ܪ̈ܓܠܝܗܘܢ ܚܝܠܐ ܪܒܐ. ܘܐܡܪ ܠܝ ܡܪܝܐ. ܒܪܢܫܐ. ܓܪ̈ܡܐ
ܗܠܝܢ ܕܒܝܬ ܐܝܣܪܐܝܠ ܐܢܘܢ. ܕܐܡܪܝܢ ܝܒܫܘ ܓܪ̈ܡܝܢ ܘܐܒܕ ܣܒܪܢ

---

q + ܐܣܢܝܬܐ ܩ̈ܕܡܝܬܐ r ܘܟܕ ܢܦܫܐ ܥܠܝܗܘܢ. (ܥܠܝܗܘܢ ܢܦܫܐ B)

ܢܦܫ. ܚܕ ܒܡܐܐ ܚܝܝܢ ܠܡܫܬܒܗܪܘ ܒܗ ܫܐܠܝܢ[a] ܘܠܐ ܡܬܦܠܓܝܢ[b].
ܡܛܠ ܕܫܒܒܐ ܡܠܟܝ ܠܢ ܕܐܦ ܒܬܘܕܝܬܐ ܕܩܘܪܐ ܢܩܘܡ. ܒܗ
ܡܫܡܫܝܢ ܒܡܪܢ ܝܫܘܥ ܡܫܝܚܐ. ܘܒܐܒܘܗܝ[c] ܡܪܢܐ ܐܠܗܐ
ܐܚܝܕ ܟܠ. ܘܒܪܘܚܗ ܩܕܝܫܐ. ܕܠܗ[d] ܬܫܒ̈ܚܬܐ ܘܐܝܩܪܐ ܠܥܠܡ ܥܠܡܝܢ
ܐܡܝܢ ܀

ܩܦܠܐܘܢ ܕܥܣ̈ܪܝܢ ܀ ܡܛܠ ܩܝܡܬܐ ܕܡ̈ܝܬܐ. [e]ܡܠܦܝܢ ܠܢ. ܠܘ Chap. XX
ܒܠܚܘܕ. ܡܢ ܟܬ̈ܒܐ ܩ̈ܕܝܫܐ. ܐܠܐ ܐܦ ܒܝܕ ܬܚܘ̈ܝܬܐ ܕܡܢ
ܟܬ̈ܒܐ ܕܣ̈ܦܪܐ. ܘܒܝܕ ܬܚܘ̈ܝܬܐ ܬܘܒ ܒܝܬ̈ܝܐ ܒܗ ܡܬܝܕܥܝܢ ܠܢ
ܕܐܝܟ ܐܢܫܐ ܡܫܬܡܗܢܐ ܕܐܚܝܕ ܠܢ ܗܕܪܐ ܥܕܡܐ ܕܩܝܡܬܐ.
ܠܐ ܢܬܦܐܠ ܡܢ ܦܘܪܩܢܗ ܕܢܦܫ ܡܫܝܚܐ ܐܝܟ ܢܬܦܪܐ ܠܦܬ ܦܪܕܐ[e].
ܡܫܘܕܥ ܠܢ ܐܠܗܐ ܐܒܐ[f] ܐܚܝܕ ܟܠ ܒܝܕ ܐܠܗܐ ܦܪܘܩܢ. ܐܝܟ
ܕܗܘ ܡܠܟܝ[g]. ܡܫܘܕܥ ܠܢ[h] ܡܢ ܒܝܬ ܩ̈ܕܝܫܐ ܐܒܗ̈ܬܐ ܕܐܝܬܝܢ. ܒܗܕܐ
ܕܡܘܬܐ ܕܫܒܒܐ ܐܝܬܝܢ ܒܗ. ܒܪܫ ܕܝܢ ܬܫܒܘܚܬܐ[i] ܕܬܪܬܐ ܕܥ̈ܝܢܐ
ܕܠܥܠܡ ܒܗ ܡܕܡ ܠܐ ܫܚܝܪ ܗܘ. ܐܦܢ[j] ܠܒܪ ܒܟܘ̈ܟܒܝܗ, ܕܡܕܡ
ܢܬܕܪܐ. ܐܦ ܡܢ ܙ̈ܪܥܐ[k] ܐܝܟ ܒܥܘܪܐ ܢܬܒܕܪ. ܟܠܗ ܥܠܡܐ ܗܘ
ܫܘܡܠܝ. ܘܥܠܡܐ[l] ܥܠܡ ܬܚܝܬ ܐܝܕܗ ܕܐܠܗܐ ܚܕ. ܘܡܢ[m] ܠܗ
ܐܝܕܗ ܫܒܝܠ ܡܫܘܕܥ ܠܢ [n]ܡܪܢܐ ܐܠܗܢ ܐܝܟ ܕܐܡܪ.[n] ܕܡܢܬܐ ܡܢ Luke xxi. 18
ܪ̈ܫܟܘܢ ܠܐ[o] ܬܐܒܕ,[p][q] [r]ܘܒܡܣܝܒܪܢܘܬܟܘܢ ܬܩܢܘܢ ܢܦ̈ܫܬܟܘܢ. 19
ܥܠ ܩܝܡܬܐ[s] ܘܥܠ ܬܫܒܘܚܬܐ ܕܡܘܬܐ. ܐܡܪ ܡܪܝܐ ܒܕܢܝܐܝܠ
ܣܓܝܐܐ ܕܡܫܬܝܬܐ ܕܕܡܟܝܢ ܒܥܦܪܗ ܕܐܪܥܐ ܢܩܘܡܘܢ ܒܗܘ Dan. xii. 2

---

[a] ܢܫܐܠܝܢ [b] ܡܬܒܥܝܐ ܠܢ ܠܡܬܦܠܓܘ [c] ܘܒܐܠܗܐ ܐܒܘܗܝ [d] ܕܠܗܘܢ
[e] om. ܡܠܦܝܢ .... ܦܪܕܐ C [f] om. ܐܒܐ [g] C + ܠܢ [h] + ܕܝܢ C
[i] ܠܬܫܒܘܚܬܐ [j] C ܐܦ ܐܦ [k] B ܙܪܥܐ [l] ܥܠܡܐ ܘܗܘ C [m] ܡܢ C
[n] ܐܝܟ ܕܐܡܪ ܡܪܢܐ ܦܪܘܩܢ C [o] C ܠܐ in marg. [p] ܬܐܒܕ C
[q] + ܐܠܐ C S. f. 61 a [r] om. ܘ C [s] + ܕܝܢ C

[a]ܐܠܐ ܢܬܦܩܕ ܐܢܫ[a] ܠܡܟܠܝܘ ܢܦܫ ܠܒܪܢܫܐ ܐܠܗܐ. ܘܐܦ ܐܢܫ
f. 60 b ܢܬܠܐ ܠܦܘܪܥܢܘܬܐ ܒܣܘܦܬܐ ܢܡܠܟܝܗ ܕܐܬܝܪܘܬܐ ܠܒܪܐ[b] ܟܠܟܠܐ
ܘܒܦܘܪܥܢܘܬܐ ܗܘܐ ܕܡܫܡܫ [c]ܡܢ ܥܠܡܐ ܗܢܐ[c].. ܐܡܪ ܓܝܪ[d]
Luke vi. 40 ܦܪܘܩܢ ܕܠܝܬ ܬܠܡܝܕܐ ܕܝܬܝܪ[e] ܡܢ ܪܒܗ. ܐܠܐ ܟܠܢܫ ܢܗܘܐ
ܡܓܡܪ ܐܝܟ ܪܒܗ[f]. ܚܙܝ ܗܟܝܠ ܕܐܝܬܝܟ ܬܠܡܝܕܘܗܝ. ܐܦ ܡܫܡܫܢܐ
ܢܗܘܐ ܠܗ. ܐܡܪ ܓܝܪ ܗܘ ܦܘܪܩܢܢ[g] ܗܒܪ ܡܪܢܝܬܐ[h]. ܚܙܝ[i] ܡܛܠ

ܬܬܒܪܘܗ̈ (B ܒܐܡܘܢܬܐ ܘܬܦܠ ܒܡܘܬܐ. ܐܘ ܐܣܛܘܡܟܐ ܢܦܐܫ ܠܟܝ
ܘܠܐ ܬܦܠܘܢ (B ܘܬܦܠ ܒܐܡܘܢܬܐ: ܐܠܐ ܬܬܒܪܘܢ ܒܟܐܒܐ ܣܓܝܐܐ:
ܐܘ ܬܦܠ ܒܐܘܠܨܢܐ ܕܟܐܒܐ ܒܪܫܐ. ܐܘ ܕܟܐܒܐ ܕܚܕ ܡܢ ܗܕܡܝܟܝ:
ܐܘ ܡܢ ܒܗܝܢ ܬܗܘܐ ܬܫܡܫܬܐ ܕܐܝܟܐ ܘܡܬܬܠܐ ܡܢ ܒܟܐܒܐ ܣܓܝܐܐ: ܐܘ
ܒܡܚܝܐ ܢܗܘܐ ܠܟܝ ܒܚܕ ܡܢ ܗܕܡܝܟܝ. ܘܬܬܒܪܘܢ ܡܢ ܐܝܕܝ ܐܣܝܘܬܐ:
ܘܒܐܘܠܨܢܐ ܘܒܡܘܢܩܐ ܣܓܝܐܐ ܬܬܕܘܬ. ܒܗܢܐ ܡܛܠ ܐܬܬܪܝܡܝ ܒܒܘܪܝܟܝ
ܕܒܦܬܪܐ ܠܐ ܒܪܢܫܐ: ܕܗܐ ܠܡܠܐܟܐ ܗܘ ܘܠܐܘܠܨܢܐ ܬܬܬܘܒܝ ܢܦܫܝ.
ܘܐܬܘܦܬܟܝ ܚܫܝܢ ܠܟܠܗ ܠܒܠܒܝܢ ܡܢ ܡܛܠ ܐܠܗܐ. ܘܬܗܘܐ ܢܦܫ ܘܡܬܚܫܒܢ
John xii. 25 *sic* ܗܠܐ ܢܫܝ ܠܟܠܗ. ܐܝܟ ܕܐܡܪ ܡܪܢܐ. ܕܟܠ ܕܪܚܡ ܢܦܫܗ ܢܘܒܕܝܗ. ܘܟܠ
ܕܢܘܒܕ ܢܦܫܗ ܡܛܠܬܝ ܢܫܟܚܝܗ. ܒܪܫܡܐ ܡܛܠ ܐܢܐ ܕܡܦܪ: ܪܚܡ ܢܦܫܗ
ܥܠܝܗ ܙܒܢܐ ܒܚܝܐ ܥܠܡܐ: ܕܠܐ ܢܚܘܒ ܥܠ ܐܒܕ ܥܡܗ ܕܡܠܟܐ ܐܠܗܐ.
ܠܟܠܗ ܕܝܢ ܐܘܒܕ ܡܘܟܝܗ ܒܗܘܢܐ: ܕܢܦܠ ܗܘ ܢܦܫܗ ܒܚܝܐ: ܡܛܠ ܕܡܦܪ
Matt. x. 33 ܠܗ ܒܗ ܒܚܝܐ. ܐܝܟ ܕܐܡܪ ܒܐܘܢܓܠܝܘܢ. ܕܟܠ ܕܢܟܦܘܪ ܒܝ ܩܕܡ ܒܢܝܢܫܐ:
ܐܦ ܐܢܐ ܐܟܦܘܪ ܒܗ ܩܕܡ ܐܒܝ ܕܒܫܡܝܐ. ܐܝܟܢ (Lag. p. 81) ܕܐܡ ܕܐܡܪ
Matt. viii. 12 ܒܗܘܢ ܡܪܢܐ. ܢܦܩܘܢ ܘܢܗܘܘܢ ܠܗܘܢ ܒܚܫܘܟܐ ܒܪܝܐ. ܘܬܡܢ ܢܗܘܐ ܒܟܝܐ ܗܘܢ
ܘܚܘܪܩ ܫܢܝܗܘܢ. ܡܛܠ ܕܐܡܪ ܕܟܠ ܕܪܚܡ ܢܦܫܗ ܬܬܒܪ ܡܢ ܟܠ ܠܗ ܥܘܠܐ ܠܗ ܀

[a] ܢܬܦܩܕ ܡܛܠ S. f. 60 b [b] + ܒܠܗ [c] ܡܢ[ܕ] (ܡܢ B) ܗܘܐ ܥܠܡܐ
[d] + ܡܪܢܐ [e] ܕܡܬܪܒܐ
[f] + ܘܐܦ ܡܛܠ ܕܡܠܟܝ ܥܠܡܐ ܕܠܥܠ ܢܦܫܗܘܢ ܒܠܗܘܢ ܒܡܠܟ ܡܛܠ ܕܫܡܝܐ. ܒܪܡ
ܒܠܗܘܢ ܕܒܠܒܝ. ܘܢܬܒܘܢ ܒܠܗܘܢ ܘܢܬܩܘܢ ܒܐܬܩܘܡܝ. ܘܢܬܒܢܐ ܢܒܠܐ
ܘܡܪܕܘܬܐ. ܘܠܫܘܬܐ ܗܒܪ ܒܪܒܐ ܕܬܠܡܝܕܐ ܥܠ ܪܒܗ.
[g] + ܘ ܗܒܪ [h] + ܒܪܒܐ ܐܦ ܠܫܒܝ. [i] + ܡܛܠ

ܡܬܦܠܛܝܢ ܕܢܦܪܩܘܢ ܠܐܢܫܝܢ ܕܡܬܪ̈ܡܝܢ ܒܗ[a]. ܠܡܢܐ[b] ܚܫ ܠܐ
ܡܬܕܡܝܢ ܒܢܦܫܗܘܢ. ܒܪ ܗܘ ܗܘܐ ܠܝ ܡܫܡܫܢܘܬܐ. ܘܐܝܠܝܢ ܡܛܠ
ܢܦܫ ܕܐܬܦܠܓܐ ܡܢ ܚܘܒܐ[c] ܕܢܘܪܐ. ܗܘ ܓܝܪ ܚܫܪ ܡܬܦܠܛܝܢ
ܚܝ ܢܫܡܪ[d] ܡܛܠ ܢܦܫ[e]. ܘܢܬܦܪܘܩ[f] ܡܢ ܐܒ̈ܗܬܐ ܘܡܢ ܫܪܒܬܗܘܢ[g].
ܘܡܢܚܠ ܕܐܝܬ ܒܟܠܗܝܢ[h]. ܘܢܬܦܪܩ[i] ܡܢ ܢܦܫ. [j]ܟܕ ܡܬܚܫܒܝܢ ܕܠܐ
ܢܦܠ ܒܢܣܝܘܢܐ[j]. ܘܐܚܪܝܢ[k] ܢܬܡܪܐ ܠܦܘܠܚܢܐ ܟܕ [l]ܡܫܐܠܝܢ ܠܝ[l]
ܢܘܕܐ. ܘܟܕ ܢܬܐܟܝܢ[m] ܢܫܡܪ. ܘܟܕ ܢܬܐܠܨ[n] ܢܝܚܐ. ܘܟܕ ܡܬܕܪܫܝܢ
ܠܐ ܢܬܬܟܝܢ. ܡܛܠ ܕܠܐ[o] ܢܦܫ[p] [q]ܡܫܬܪܝܢ ܒܠܒܗ[q]. ܐܠܐ ܐܦ
ܠܐܢܫܝܢ ܕܠܝܢ ܒܡܫܬܡܠܝܢܘܬܐ [r]ܐܝܟܢܐ ܕܢܚܘܬܘܢ[r] ܡܢ ܐܠܗܐ. ܐܚܪܝܢ
ܢܬܟܢܫ ܡܢ ܗܠܝܢ ܕܠܘܬ ܟܪܝܐ. ܘܢܬܦܪܘܩ ܡܛܠ ܒܪܢܫܘܬܗ ܕܡܪܝܐ.
ܐܝܟ ܕܐܡܪ ܡܪܢ ܕܪܘܚܐ ܨܒܝܐ ܘܡܛܝܒܐ. ܐܠܐ ܦܓܪܐ ܟܪܝܗ. Matt. xxvi. 41
ܠܐ[s] ܒܠܒܗ ܢܦܫ ܡܬܟܪܝܢ ܐܠܐ ܐܦ [t]ܢܦܫܬܐ ܕܐܝܟܢ[t] ܒܪ ܚܫ
ܢܫܘܢ ܒܡܘܬܐ. ܢܫܡܪܘܢ [u]ܕܡܬܚܫܒܢܘܬܐ ܕܝܘܠܦܢܐ[u] ܐܬܬܠܒܪܘ.
ܘܟܕ ܢܬܐܣܪܘܢ[v] ܗܢܘܢ ܚܝ ܢܦܠ ܦܬܓܡܐ ܫܠܝܚܘܬܐ ܐܝܟ
ܕܐܦ ܫܠܘ ܢܦܫ. ܟܠ ܚܕ ܚܕ ܡܢ ܠܡܪܝܐ ܒܗܘܡܐ ܕܕܝܢܐ..[w]

---

a + ܘܠܐ ܒܗܬܬ b + ܐܦ c ܚܘܒܬܐ d ܕܝܢ
e + ܐܠܐ [ܢܒܐ ܚܝ] ܢܒܐ. (Lag. p. 80) ܕܡܬܬܠܝܗ ܡܢ ܡܕܡ ܒܦܝܫܐ ܕܠܟܐ ܐܢ
ܗܟܢܐ ܒܠܒܗ ܙܪܝܐ ܕܦܝܫܐ ܚܘܒܐ ܕܗܡܝܢܘܬܐ. ܘܙܒܢܐ ܕܢܦܫ.
f ܗܟܝܠ ܢܬܦܪܩ g ܒܢܝ ܫܪܒܬܗ h + ܗܠܝܢ i ܐܦ ܕܝܢ ܘܬܘܒ
j ܠܢܣܝܘܢܐ ܢܐܬܐ ܕܠܐ ܡܬܚܫܒܝܢ ܕܗܢܘܢ ܠܝ ܡܬܚܫܒܝܢ k ܐܚܪܝܢ
l ܡܫܬܐܠܝܢ m ܢܬܟܢܫ n ܡܬܬܐܠܨܝܢ o + ܗܘܐ B p B ܠܢܦܫ
q ܗܘܝܐ ܢܦܫܗ ܒܪ ܚܘܒܐ ܡܢ ܡܬܚܫܒܝܢ ܒܠܒܗ
r ܘܠܫܘܒܚܐ ܕܠܗ ܕܢܦܩܘܢ ܗܘܝܐ. ܘܐܝܟܢܐ s + ܗܘܐ
t ܐܝܟ ܡܠܝܢ ܒܪܝ. ܠܐܢܫܝܢ u ܕܡܫܬܟܚܬܐ ܕܝܘܠܦܢܐ v ܢܬܦܠܓܘܢ S. f. 60 a
w + ܐܦ ܕܝܢ ܬܬܠܒܟ ܘܬܬܦܪܣ ܡܢ ܫܠܝܚܐ: ܘܬܦܠܘܛ ܒܡܫܪܝܟ ܕܠܘܬ
ܟܪܝܐ ܒܡܫܡܫܢܘܬܟ ܒܢܫܬܐ: ܘܬܬܬܪܝܪ ܘܡܫܟܚܐ: ܠܒܣܪ ܕܝܢ ܬܬܟܫܦ.

Mark viii. 36 ܠܗ.[a] ܡܢܐ ܓܝܪ ܢܬܝܬܪ ܒܪܢܫܐ. ܐܢ ܟܠܗ ܥܠܡܐ ܢܩܢܐ ܘܢܦܫܗ
37 ܢܚܣܪ. ܐܘ ܡܢܐ ܢܬܠ ܬܚܠܘܦܐ ܗܘ[b] ܕܢܦܫܗ. ܘܬܘܒ ܠܐ
Matt. x. 28 *sic* ܬܕܚܠܘܢ ܡܢ ܐܝܠܝܢ ܕܩܛܠܝܢ ܦܓܪܐ. [c]ܐܠܐ ܢܦܫܐ[c] ܠܐ ܡܫܟܚܝܢ
ܠܡܩܛܠ.[d] ܕܚܠܘ ܝܬܝܪܐܝܬ ܡܢ ܗܘ ܕܡܫܟܚ. ܐܝܟܐ ܠܡܘܒܕܘ[e]
ܢܦܫܐ ܘܦܓܪܐ ܒܓܗܢܐ.. [f]ܟܠ ܐܢܫ[f] ܡܢܟܘܢ ܕܢܠܦ ܐܘܡܢܘܬܐ[g]
ܢܐܪ ܒܪܟܗ ܘܫܢܐ. ܕܐܢܟܢܐ ܟܕ ܐܘܡܢܘܬܗ ܘܕܝܢܟܗ ܡܫܠܡ
ܚܟܝܡܗ[h]. ܐܦ ܗܘ ܬܘܒ ܡܬܘܕܝܐ ܒܗ. ܘܡܫܠܡ ܚܟܝܡܐ ܕܐܫܠܡ
ܠܗ ܕܠܐ ܢܫܓܘܫ[i] ܡܢܗ ܒܝܕܥܬܐ. ܐܝܕܝܢ ܢܟܪ[j] ܡܢ ܐܝܠܝܢ
f. 60 a ܕܐܫܬܠܡ[k] ܠܗ. ܠܐ ܐܝܬܘܗܝ ܬܠܡܝܕܐ[l].. ܣܡ ܕܝܢ ܕܐܝܬ ܠܝ ܪܒܐ
ܘܡܠܦܢܐ [m]ܡܪܢ ܘܦܪܘܩܢ ܕܩܡ ܡܢ ܡܒܪܐ ܕܠܐ ܣܟܠܐ. ܡܛܠ
ܕܒܘܠܦܢܐ ܕܝܠܗ ܦܬܝܚ ܥܘܦܪܐ ܕܠܐ ܡܬܒܛܠ[m]. ܘܡܢܝܢܐ ܐܬܐ
ܒܡܫܡܫܢܘܬܐ ܘܬܘܒ ܐܬܦܪܘܩ[n] ܡܢ ܡܪܗ ܐܟܘܬ ܠܡܫܡܫܢܘܬܐ ܘܡܢ
ܐܫܝܗ. ܐܦ ܡܢ ܢܦܫܗ. ܘܫܒܩ ܙܪܘܥܐ ܒܒܪܐ ܠܝܠܕܐ.
ܘܫܠܡ[o] ܗܫܐ ܡܠܬܟ ܕܠܝ ܠܐܝܠܝܢ ܕܡܬܬܠܡܕܝܢ[p] ܢܦܪܘܩ ܡܢ
ܐܣܘܪܐ. [q]ܘܡܢ ܣܘܢܕܐ[q] ܕܒܝܬ ܐܝܠܕܐ. ܫܡܥܘܢ[r] ܕܩܕܡ ܐܡܪܢ.
ܘܠܟܘܢ ܬܘܒ ܕܐܝܠܝܢ[s] ܕܡܢ ܒܬܪܟܘܢ[t] ܐܝܬܝܟܘܢ. ܡܢ ܕܥܠܬ
ܬܒܥܬܐ ܘܡܢ ܟܠܗ ܒܥܠܡܐ ܢܦܪܘܩ[u]. ܐܢ ܡܢܠ ܡܫܝܚܐ[v] ܣܝ

---

[a] + ܘܟܠ ܕܢܘܒܕ ܢܦܫܗ ܡܛܠܬܝ ܢܫܟܚܝܗ. ܘܟܠ ܕܢܐܨܐ ܢܦܫܗ ܒܗ ܢܘܒܕܝܗ.

[b] om. ܗܘ [c] ܘܢܦܫܐ [d] + ܠܐ [e] ܠܡܘܒܕ[ܘ] [f] ܟܠܢ

[g] + ܡܕܡ C [h] ܚܟܝܡܐ ܕܐܘܡܢܘܬܗ C [i] C ܢܫܓܫ [j] + ܡܕܡ C

[k] ܕܐܫܬܠܡ̈ B ܕܐܫܬܠܡܬ [l] ܠܬܠܡܝܕܐ C

[m] ܠܡܪܢ. ܠܡܠܟܐ ܠܗ ܕܡܬܕܡܝܢ ܒܡܠܟܘܬ ܘܒܡܠܟܘܬܗ. ܡܛܠ ܕܗܘ ܫܠܡ ܒܘܠܦܢܐ ܘܡܫܡܫܢܘܬܐ C

[n] + [ܐܬܦܪܩ] B in marg. ܐܬܦܪܩ S. f. 59 b [o] ܘܫܠܡ ܕܝܢ

[p] ܠܘ̈ܬܗ ܐܝܟ ܕܡܢ: [q] om. ܘܡܢ ܣܘܢܕܐ [r] ܫܡܥܘܢ [s] ܠܐܝܠܝܢ [t] + ܬܘܒ

[u] + ܘܐܝܬܝܟܘܢ [v] + ܗܘ ܡܫܝܚܐ

ܐܬܪ̈ܘܬܐ.. ܘܠܐܢܫܝܢ[a] ܕܡܬܪ̈ܕܦܝܢ ܡܛܠ ܟܐܢܘܬܐ. ܘܡܟܝܠ ܐܝܟ
ܡܕܝܢܬܐ ܠܡܕܝܢܬܐ. ܐܝܟ ܦܘܩܕܢܐ[b] ܕܡܪܢܐ. ܗܘܝܬܘܢ ܡܣܒܠܝܢ
ܘܡܚܝܒܝܢ ܠܗܘܢ[c] ܒܪ ܢܫܐ ܐܢܬܘܢ. ܕܡܫܡܫܢܘܬܐ ܗܘܝܬܘܢ
ܠܬܪܥܝܐ ܕܝܠܗܘܢ[c].. ܐܡܪ ܠܢ ܟܠܗܘܢ[d] ܡܢ ܒܐܘܢܓܠܝܘܢ[e].
ܕܠܡܫܝܚܘܢ ܐܝܟ[f] ܕܪܕܦܝܢ[f] ܠܗܘܢ ܘܡܚܣܕܝܢ[g] ܠܗܘܢ ܡܛܠ ܫܡܝ. Matt. v. 11
ܡܛܠ ܕܒܪ ܢܦܪܘܩ ܒܪܫܝܢܐ[h]. ܘܢܬܩܛܠ ܡܛܠ ܟܐܢܘܬܐ ܗܘܐ ܠܗ
ܗܘ[i] ܡܫܡܕܐ[i] ܕܐܠܗܐ[j]. ܘܐܢܕܝܢ[k] ܢܟܦܘܪ[l] ܕܠܐ ܐܬܘܗܝ، ܒܪܫܝܢܐ
ܗܘ[m] ܡܬܩܪܐ ܡܟܐܠܐ. ܘܡܢ [n]ܒܢܝ ܐܢܫܐ ܠܐ[n] ܡܬܦܪܕ. ܐܠܐ
ܡܢ[o] ܐܠܗܐ[p] ܡܬܒܥܐ ܡܛܠ ܒܟܦܘܪܗ[q]. ܡܛܠ ܕܐܡܪ ܡܪܢܐ ܐܠܗܐ
ܕܟܠ ܕܢܟܦܘܪ ܒܝ [r]ܐܘ ܢܒܗܬ ܒܝ[r] ܘܒܡ̈ܠܝ[s]. ܐܟܦܘܪ[t] ܒܗ ܩܕܡ ܐܒܝ Matt. x. 33 *sic*
ܕܒܫܡܝܐ. ܡܢܐ ܕܐܝܬ ܐܝܟܐ [u]ܠܡܢ ܠܢܦܫܐ ܘܠܡܬܒܥܘܬܐ.. ܘܬܘܒ[u]
ܟܬܝܒ. ܕܟܠ ܕܪܚܡ ܠܐܒܘܗܝ، ܐܘ ܠܐܡܗ ܝܬܝܪ ܡܢ ܕܠܝ ܠܐ ܫܘܐ Matt. x. 37
ܠܝ[v]. ܘܟܠ ܕܠܐ ܫܩܠ ܨܠܝܒܗ ܒܪ ܢܫܐ[w] ܘܐܬܐ ܒܬܪܝ، ܠܐ ܫܘܐ 38 *sic*

---

a + ܬܘܒ b ܒܦܘܩܕܢܗ

c ܘܒܪ ܡܫܒܚܝܢ ܐܢܬܘܢ ܠܗܘܢ ܗܘܝܬܘܢ ܫܡܝܢ: ܕܗܘܝܬܘܢ ܐܢܬܘܢ ܥܡܘܬܐ ܠܬܪܥܝܗܘܢ

d ܟܠܗܘܢ e + ܗܟܢܐ f ܒܪ ܢܗܘܘܢ ܪܕܦܝܢ g [ܘ]ܡܚܣܕܝܢ h + ܘܢܣܒܪ

i ܒܪܫܝܐ

j + ܘܠܐ ܡܟܝܠ ܡܬܪܕܦ ܡܢ ܐܢܫ: ܡܛܠ ܕܐܬܝܗܒ ܠܗ ܡܢ ܡܪܢܐ.

k ܐܢܕܝܢ l + ܘܐܡܪ m ܗܘܐ n ܒܢܝܢܫܐ o ܡܢ[ܘ] B ܘܡܢ Lag. p. 79

p + [ܬܘܒ] B ܬܘܒ

q + : ܘܠܐ ܡܟܝܠ ܢܣܒ ܡܛܠܬܐ ܡܢ (S. f. 59 a) ܡܫܝܚܐ ܒܫܠܡܘܬܐ ܕܠܒܟܢ: ܐܝܟ ܡܫܠܡܢܘܬܗ ܕܡܪܢܐ. ܐܠܐ ܡܢ ܫܩܠܐ ܗܘܐ ܢܬܬܘܗܝ.

r om. ܐܘ ܢܒܗܬ ܒܝ

s + : ܩܕܡ ܒܢܝܢܫܐ ܐܘ ܢܒܗܬ ܒܝ: ܐܦ ܐܢܐ ܐܒܗܬ ܒܗ: + t ܘܐܟܦܘܪ

u ܕ ܐܢܬܘܢ ܡܫܒܚܝܢ ܘܬܘܒ. ܘܚܝܐ ܬܒܝܬܐ ܠܢܦܫ ܘܠܡܫܒܚܘܬܐ ܒܢܝܫܐ

v + ܘܟܠ ܕܪܚܡ ܒܪܗ ܐܘ ܒܪܬܗ. ܝܬܝܪ ܡܢ ܕܠܝ ܠܐ ܫܘܐ ܠܝ. w + :ܘܢܬܐ

ܕܠܟܠܢ. ܐܝܟܢܐ ܐܝܬ ܐܢܫ [a]ܗܘ ܐܢܫܐ[a] ܕܡܬܩܪܐ ܒܪܣܡܠܝܐ. ܘܢܚܙܐ ܘܢܬܢܣܐ ܡܢ ܦܬܓܡܐ. ܘܢܬܒܣܡ ܒܟܬܒܐ ܟܬܝܒܐ[b]. ܐܘ ܕܒܟܬܒܬܐ ܐܘ ܕܦܬܓܡܐ. ܡܢ ܐܝܠܝܢ[1] ܕܗܘܝܢ[c] ܐܬܡܠܟܘ ܗܘܘ ܡܬܩܪܝܢ. ܕܠܟܠܐ ܢܬܢܣܐ ܐܢܫ ܡܢܗܘܢ ܡܢ ܐܝܠܝܢ ܕܐܬܚܝܕܘ ܠܗ.. ܐܝܟܢܐ ܢܬܚܙܐ ܢܚܘܐ[d] ܘܢܬܐܠܦ ܘܢܐܡܪ ܠܟ. ܕܐܦ ܐܢܬ ܒܪܣܡܠܝܐ ܐܝܬ ܐܝܟ ܗܢܐ. ܠܐ ܡܬܒܥܐ ܐܢܬ ܕܬܬܩܪܐ ܕܠܐ ܐܬܝܟ ܒܪܣܡܠܝܐ. ܐܠܐ ܐܘܕܝܬ ܕܠܐ[e] ܗܘܐ ܕܝܢ[f] ܐܝܟ ܒܪܣܡܠܝܐ ܬܬܚܝܒ. ܐܠܐ ܐܝܟ ܚܕܐ ܒܟܬܒܬܐ ܬܬܩܪܐ. ܡܫܐܠ ܠܟ ܓܝܪ ܕܐܢ ܐܢܬ ܐܝܟ ܗܢܐ ܐܬܝܬ ܘܡܫܬܥܝܢܬ ܗܘܝܐ ܠܟ[g] ܣܝܒܐ. ܘܐܢ ܬܬܩܪܐ ܒܫܡܐ[h] ܒܡܕܝܢܬܐ ܡܠܟܘܬܐ ܗܘܝܬܘܢ ܡܬܩܪܝܢ[i] ܡܢܗܘܢ ܕܬܗܘܘܢ ܕܠܐ ܬܬܚܙܐ.. ܐܠܐ[j] ܠܡܫܬܡܥܢܘ[k] ܐܝܠܝܢ ܕܡܠܟܘܬܐ ܕܒܟܠܐ ܐܝܟ ܚܕܐ ܒܟܬܒܬܐ ܢܬܚܙܘܢ

f. 59 b ܘܢܬܒܣܡܘܢ[l]. ܒܡܫܠܡܢܘܬܐ ܡܫܝܚܝܬܐ[m][n] ܗܘܝܬܘܢ ܡܡܠܠܝܢ ܠܡܬܝܒܘܬܢ ܘܬܩܪܘܢ[o] ܐܝܟܢ ܡܢ ܐܝܟ ܕܟܬܝܒܐ[p]. ܐܝܟܢܐ ܢܬܬܪܒ ܐܢܫ ܠܗܬ ܐܝܠܝܢ ܕܡܫܠܛ ܥܠܝܗ [q]ܕܡܫܝܚܐ ܡܢ[q] ܐܢܫܝܢ ܘܢܬܚܙܐ ܒܟܠܗܘܢ. ܦܘܩܕܢܐ ܢܗܘܐ ܕܠܗܕܐ ܟܠܗ ܠܡܬܝܒܘܬܐ

[a] om. ܗܘ ܐܢܫܐ C

[b] + [ܒܟܬܒܐ :] ܟܬܒܐ ܡܛܠ ܚܛܗܐ ܘܢܬܬܚܒ (C : ܟܬܝܒܐ ܒܟܬܒܐ ܢܬܚܒ ܐܘ)

[c] ܕܡܫܝܚܐ C [d] om. ܢܚܘܐ S. f. 58 b [e] ܘܠܐ [f] B om. ܕܝܢ [g] ܠܗ

[h] + ܬܗܘܘܢ [i] ܬܬܚܙܘܢ [j] om. ܐܠܐ [k] + ܕܝܢ [l] + : ܬܗܘܘܢ ܠܬܐܠܦܘ ܐܘ

[m] ܡܫܝܚܝܬܐ [n] + ܘܡܫܠܡ ܠܟܠܐ ܦܘܠܚܢܐ [o] ܕܬܩܪܘܢ

[p] + ܐܝܟܢ ܐܝܬ ܢܬܚܙܘܢ ܠܡܬܝܒܘܬܢ ܘܢܬܬܝܒ ܒܟܠܗܘܢ : ܘܢܬܐܠܦ ܕܠܐ ܡܫܠܡܘܬܐ ܡܛܠ ܐܝܟܢ : ܦܘܩܕܢܐ ܕܐܬܚܙܝ ܒܪܣܡܠܝܐ. ܕܐܘܕܝ ܒܟܬܒܐ ܘܢܐܡܪ ܡܢ ܐܠܗܐ.

[q] ܕܟܬܝܒܐ

[1] Cod. ܐܢܫܐ

ܐܡܪܝܢ ܐܢܬ ܐܢܫ ܕܠܝܬ ܠܗ ܢܦܩܐ ܘܡܢܘ ܡܕܡ ܕܢܦܩ ܗܘܐ ܠܗ
ܒܗܘ ܡܣܟܢܐ ܢܬܠ ܠܐܚܝܢܘܗܝ[a]. ܐܡܪܝܢ ܚܬܝܪܐ ܐܬܝܬܘܢ ܐܝܟ
ܣܓܝ ܡܬܟܫܦܐ ܠܝ ܕܬܬܚܫܒܐ ܐܢܐ. ܐܘ ܕܚܠܬ ܡܢܟܝ[b] ܬܬܠ
ܘܬܦܪܘܣ ܐܢܐ ܕܝܢ ܡܢ ܐܚܪܢܐ ܕܚܘܒܬܐ[c]. ܡܛܠ ܕܛܘܒܝܢ ܐܢܐ ܕܝܢ
ܕܢܦܩ ܠܐܠܗܐ. ܘܒܬܪܝܐ ܕܡܫܠܡ[d] ܝܬܝܪ. ܐܝܟ ܕܐܡܪ ܡܪܝܐ. f. 59 a
ܕܟܠ ܕܢܘܕܐ ܒܝ ܩܕܡ ܒܢܝܢܫܐ. ܐܦ ܐܢܐ ܐܘܕܐ ܒܗ ܩܕܡ ܐܒܝ Matt. x. 32
ܕܒܫܡܝܐ[e]. ܘܠܐ ܬܬܟܠܘܢ ܕܝܢ ܟܕ ܬܗܘܘܢ ܠܡܬܐܡܪ[f] ܕܝܢ ܕܐܣܝܒܝܢ
ܐܢܬܘܢ[g]. ܘܡܢ ܬܗܒܘܢ ܕܝܢ ܗܠܝܢ ܣܢܝܐ ܕܠܒܠܝܡ ܬܬܪܚܩܘܢ ܕܝܢ.
[h]ܕܡܬܝܩܢܐ ܬܗܘܘܢ ܕܝܢ[h] ܠܦܘܪܩܢܟܘܢ ܕܝܢ.. ܢܐܡܪ ܕܝܢ[i] ܕܐܡܪ ܡܪܢ
ܡܪܢ ܒܐܘܢܓܠܝܘܢ ܕܝܢ. ܕܬܘ ܠܘܬܝ. ܒܪܝܟܘܗܝ ܕܝܢ ܕܐܒܝ ܝܪܬܘ Matt. xxv. 34
ܡܠܟܘܬܐ[j] ܕܡܛܝܒܐ ܗܘܬ ܠܟܘܢ ܡܢ ܩܕܡ ܬܪܡܝܬܗ ܕܥܠܡܐ.
ܟܦܢܬ[k] ܘܐܘܟܠܬܘܢܢܝ. ܘܨܗܝܬ[l] ܘܐܫܩܝܬܘܢܢܝ. ܘܐܟܣܢܝܐ[m] ܗܘܝܬ 35
ܘܟܢܫܬܘܢܢܝ. ܘܥܪܛܠܝܐ ܗܘܝܬ ܘܟܣܝܬܘܢܢܝ.[n] ܘܒܝܬ ܐܣܝܪܐ[o] 36
ܘܐܬܝܬܘܢ ܠܘܬܝ.. ܗܝܕܝܢ ܢܥܢܘܢ ܙܕܝܩܐ ܘܢܐܡܪܘܢ ܕܝܢ. ܡܪܢ 37
ܐܡܬܝ، ܚܙܝܢܟ ܕܟܦܢ ܐܢܬ[p] ܘܐܘܟܠܢܟ. ܐܘ ܕܨܗܐ ܗܘܝܬ[q]
ܘܐܫܩܝܢܟ. ܐܘ[r] ܥܪܛܠܝܐ ܐܢܬ[s] ܘܟܣܝܢܟ. ܐܘ ܕܟܪܝܗܐ[t] ܗܘܝܬ 38, 39 *sic*
ܘܣܥܪܢܟ. ܐܘ ܕܝ [u]ܐܟܣܢܝ ܐܢܬ[u] ܘܟܢܫܢܟ. ܐܘ[r] ܒܝܬ ܐܣܝܪܐ[o]
ܘܐܡܪ[v] ܠܗܘܢ. ܘܢܥܢܐ ܘܢܐܡܪ ܠܗܘܢ. ܕܟܠ ܕܥܒܕܬܘܢ ܠܐܚܝ[w] 40
ܙܥܘܪܐ ܠܝ ܗܘ ܥܒܕܬܘܢ.. ܗܝܕܝܢ[x] ܢܐܙܠܘܢ ܙܕܝܩܐ[y] ܠܚܝܐ 46

---

a ܠܐܚܝܟܘܢ C   S. f. 58 a   b + ܬܬܠ   c om. ܕܚܘܒܬܐ C   d + [ܡܫܠܡ]

e om. ܕܒܫܡܝܐ   f ܠܡܬܐܡܪ   g om. ܐܢܬܘܢ   h ܕܗܘܝܢ ܐܢܬܘܢ ܥܡ ܡܬܝܩܢܐ

i ܡܪܢ   j + ܗܘ   k ܡܛܠ ܕܟܦܢ ܗܘܝܬ   l ܘܨܗܐ ܗܘܝܬ   m ܐܟܣܢܝܐ

n + ܟܪܝܗܐ ܗܘܝܬ ܘܣܥܪܬܘܢܢܝ.   o + ܗܘܝܬ   p ܗܘܝܬ   q om. ܗܘܝܬ

Lag. p. 78   r + ܕܝ   s ܗܘܝܬ   t ܕܝ ܕܟܪܝܗܐ   u ܐܟܣܢܝܐ ܗܘܝܬ

v ܘܐܡܪ   w ܠܚܕ ܡܢ ܗܠܝܢ ܐܚܝ ܙܥܘܪܐ ܘ   x ܘܗܝܕܝܢ   y om. ܙܕܝܩܐ

Chap. XIX ܡܠܐܟܘܢ ܕܡܬܬܡܟܝܢ. [a]ܫܘܦܠܐ ܠܘܬ ܐܦܝܣܩܘܦܐ ܕܐܝܬܝܗܘܢ ܕܐܢܫܝܢ ܕܡܛܠ ܫܡܗ ܕܡܫܝܚܐ ܡܬܪܕܦܝܢ ܐܘ ܡܬܢܟܦܝܢ. ܕܢܗܘܘܢ ܐܝܟܢ ܘܕܢܣܒܘܢ ܡܢ ܗܘ ܕܡܛܠ ܒܥܠܬܗ ܡܬܚܫܒ ܡܢ ܕܝܢܐ ܘܡܩܒܠ ܡܚܘܬ ܒܪܫܐ. ܘܫܘܦܠܐ ܬܘܒ ܠܘܬ ܟܠܗܘܢ ܒܪ̈ܢܫܘܬܐ. ܕܢܚܫܘܢ ܒܗ ܐܝܠܝܢ ܕܚܫܝܢ ܚܠܦ ܡܫܝܚܐ. ܘܕܠܐ ܡܛܠ ܕܣܠܩܬܐ. ܢܦܪܩܘܢ ܘܢܥܒܕܘܢ ܐܝܟ ܘܕܗܘ ܕܥܒܪ ܒܗܘܢ. ܒܪܢܫܝܘܬܗ ܘܒܡܫܝܚܐ ܥܒܪ. ܘܕܢܚܠܐ ܕܠܐ ܢܦܠ ܠܢܣܝܘܢܐ[a]: ܒܪܢܫܝܘܬܐ[b] ܐܢܫܐ ܕܡܛܠ ܫܡܐ ܕܐܠܗܐ. ܘܡܫܝܢܘܬܗ ܘܫܘܒܚܗ [c]ܢܬܚܫܒ ܒܗܘܢ ܐܝܟ ܐܦܝܪܐ ܘܡܬܬܪܣܢܐ ܠܡܠܐܟܘܢ:[c] ܠܐ ܬܗܡܘܢ ܒܢܣܝܘܢ ܡܕܡ. ܐܠܐ ܡܢ ܒܡܠܬܗܘܢ ܘܡܢ ܕܒܪܬܐ ܕܐܦܝܩܘܢ ܗܘܘܬܘܢ ܡܚܙܝܢ ܠܗ ܠܬܫܒܘܚܬܐ. ܘܠܐܝܟܪܐ ܕܐܦܝܣܩܘܦܘܬܐ[d] ܕܢܬܪܡܐ ܠܗ ܐܝܟ[e] ܕܢܬܪܘܡ ܘܬܗܘܐ ܡܩܕܫܝܬܐ[f] ܒܠܗܘܢ[f] ܕܠܐ ܒܘܠܐܝܬ[g] ܕܝܢ[h] ܢܬܐܠܨ ܐܝܟ ܕܡܘܢ ܠܡܕܢܐ. ܐܢܫܐ ܒܪ ܕܡܛܠ ܫܡܗ ܕܡܫܝܚܐ[i] ܐܠܗܐ[j] ܡܬܚܫܒ[k]. ܦܬܓܡܐ ܘܕܝܢܐ ܘܡܠܐܟܐ[l] ܕܐܠܗܐ ܢܬܚܫܒ[m] ܠܗܘܢ. ܗܘ ܕܠܒܝܫ ܪܘܚܐܝܬ ܠܪܘܚܐ ܘܕܝܢܐ[n]. [p][o]ܒܗܘ ܕܐܫܬܘܝ ܠܡܠܟܘܬܐ ܕܠܐ ܡܬܒܛܠ[p].[q] ܡܛܠ ܗܢܐ ܓܠܝܐ ܗܝ ܕܠܐܢܫܝܢ[r] ܕܡܗܝܡܢܝܢ ܟܠܗܘܢ ܡܗܝܡܢܐ ܣܝܒܪܢܘܬܗ ܬܗܘܐ[s] ܡܛܝܒܝܢ ܠܗܘܢ ܡܢ ܩܕܝܫܘܬܗܘܢ[t].

---

[a] ܥܠ ܗܘܢ ܕܐܝܟܢ ܕܡܢܗܘܢ ܕܡܛܠ ܫܡܗ ܕܡܫܝܚܐ ܦܬܓܡܐ ܡܬܐܟܠܝܢ

[b] + ܕܝܢ [c] (B ܠܡܠܐܟܠܘܢ) ܠܡܠܐܟܠܘܢ ܐܘ ܠܫܒܘܚܬܐ ܐܘ : ܢܬܚܫܒ ܠܠܗܘܢ C

[d] C ܕܐܦܝܣܩܘܦܘܬܐ [e] C om. ܐܝܟ [f] C ܒܠܗܘܢ ܢܬܩܕܫܘܢ

[g] ܒܠܐܝܬ [h] om. ܕܝܢ C [i] ܕܡܫܝܚܐ (C ܕܐܠܗܐ) [j] C om. ܐܠܗܐ

[k] ܢܬܚܫܒ [l] ܒܡܠܐܟܐ C

[m] ܐܘ ܐܠܗܐ ܐܘ ܡܠܐܟܐ ܥܠ ܐܝܟ (C ܢܚܫܒ ܐܠܗܐ ܢܗܘܐ ܡܠܐܟܐ ܐܘ) ܢܗܘܐ ܢܚܫܒ

[n] + ܕܐܠܗܐ. C

[o] + ܒܡܠܟܘܬܐ ܠܡܠܟܘܬܐ ܕܐܠܗܐ ܒܪܡ ܥܠܡ :+ [p] C om. ܒܗܘ ... ܡܬܒܛܠ

[q] + ܘܡܫܬܘܕܥܐ ܕܢܚܫܐ ܡܢ ܕܝܢ ܗܢܘܢ [r] ܠܐܢܫܝܢ [s] + ܘ ܡܫܡܫܝܢ C

[t] + ܡܢ ܐܦܣܩܘܦܘܬܐ C

ܗܕ̈ܝܢ ܕܒܕܬܐ. ܐܝܟܢ[a] ܕܢܦܣܩ ܠܟܘܢ ܐܦܪܫܘ ܠܐܢܫܐ. ܘܡܢܗܘܢ[b]
ܢܓܕܪܘܢ ܒܢܝ̈ܬܗܘܢ[c] ܘܒܛ̈ܠܝܗܘܢ ܘܡܗܕܪܐ ܥܒܕܘ ܒܙܕܝܩܘܬܐ.
ܘܡܩܘܬܢ ܡܠܟܝܢ ܘܐܫܬܪܝܢ ܠܡܣܟܢܐ[d] ܕܟܬܝܒ ܕܝܩܪ ܠܡܪܝܐ ܡܢ Prov. iii. 9
ܥܡܠܐ[e] ܕܟܐܢܘܬܐ. ܘܡܢ ܪܫ ܟܠܗܝܢ ܥ̈ܠܠܬܟ ܡܢ[f] ܥܡܠܐ ܐܠܗܐ ܗܘܝܬ
ܕܟܐܢܘܬܐ ܕܡܬܦܪܢܣܐ ܦܘܪܫܢܐ ܡܬܪܣܝܢ ܘܡܬܠܒܫܝܢ ܠܐܪ̈ܡܠܬܐ
[g]ܕܫܚܝܩ ܣܢܝܩ[g] ܠܗܘܢ[h]. ܘܦܘܪܣܝܢ ܦܪܣܝܢ ܒܟ̈ܝܪܐ[i] ܘܐܣܝܪ̈ܐ
ܘܐܪ̈ܡܠܬܐ[j] ܕܡܬܕܒܪܝܢ ܒܡܠܟܐ. ܘܠܐܪ̈ܡܠܬܐ ܕܡܬܢܚܡܢ [k]ܡܢ ܕܝܬܡܐ[k].
[l]ܘܠܐܪ̈ܡܠܬܐ ܕܐܠܝܨܝܢ[m]. ܘܠܓܠܝܙ[n] ܢܦܩܘܢ ܦܪܣܝܢ ܘܡܦܪܢܣܝܢ ܒܡܕܡ
ܕܣܢܝܩ ܠܗܘܢ[o]. ܐܝܟ ܢܚܙܐ[p] ܘܬܦܩܘܢ[q] ܡܢ ܒܝܫܬܐ[r] ܟܕ ܠܐ
ܢܣܒܝܢ ܐܢܬܘܢ ܠܐ ܬܬܚܫܒܘܢ ܡܢܗ[s] ܠܡܐܟܘܠܬܐ. ܐܠܐ
ܐܝܟ ܕܡܠܟ ܐܦܣܩܘܢ[t] ܒܩܢܝܢܐ ܠܢܘܪܐ[u] ܐܟܦܘ ܐܝܟܢ[u].[1] ܕܠܡܐ
ܟܕ [v]ܬܬܐܠܨ ܐܪ̈ܡܠܬܐ[v] ܬܗܘܐ ܠܗ ܡܢܗܘܢ ܡܫܪܬܐ ܡܕܡ. ܡܢܟܐ[w]
ܟܕ ܠܐ ܬܬܠܩܘܢ[x] ܐܪ̈ܡܠܬܐ ܒܟܠܗ. ܢܛܪܝܢ ܕܢܦܩܘܢ[y] ܡܢ ܐܠܗܐ
ܟܠܗܘܢ ܠܬ̈ܠܬܐ ܕܥܐܠܝܢ ܘܢܦܩܝܢ[z]. ܐܦ ܚܕܐ ܚܕܐ ܡܢܗܘܢ ܠܢܦܫܗ. f. 58 b
ܘܐܢܬܘܢ ܬܗܘܘܢ ܠܐ ܡܬܬܚܕܝܢ ܐܢܬܘܢ ܒܡܠܝܢ ܣܓܝ̈ܐܐ ܀

[a] ܘܐܝܟܢܐ [b] C ܘܡܢܗܘܢ [c] ܒܢܝܬܗܘܢ C [d] ܠܡܣܟܢܐ C
[e] C ܥܡܠܟ [f] ܘܡܢ C [g] ܕܣܢܝܩ C
[h] + ܘܦܘܪܣܢܐ : ܠܐܝܟ ܕܟܬܝܒ ܫܡܘܥܘ ܠܗܘܢ ܡܬܦܪܢܣܝܢ ܘܐܪ̈ܡܠܬܐ
ܡܣܟܢ̈ܐ ܠܗܘܢ ܠܡܣܟܢܐ (C ܠܡܣܟܢܐ) [ܠܡܣܟܢܐ] (C om.) ܕܡܬܦܪܢܣܝܢ. C
[i] + ܘܐܟܣܢܝܐ C [j] ܘܠܐܪ̈ܡܠܬܐ C [k] : [ܠܡܣܟܢܐ] ܐܦ ܝܬܡܐ ܕܠܐ
[l] + ܘܠܐܪ̈ܡܠܬܐ ܕܡܬܢܚܡܢ ܠܡܣܟܢܐ. ܐܘ ܠܡܬܬܠܝܨܝܢ ܐܘ ܠܐܣܝܪ̈ܐ.
ܘܠܐܪ̈ܡܠܬܐ ܕܡܬܢܚܡܢ ܠܠܝܨܐ.
[m] + (C ܠܡܣܟܢܐ) ܐܝܟ ܕܢܦܩܘܢ ܡܢ ܟܠܗܝܢ ܡܬܬܥܢܝܢ ܒܢܦܫܗܘܢ C [n] + ܡܦܪܢܣܝܢ C [o] ܠܗܘܢ C
[p] + ܘܬܬܠܚܡܘܢ ܡܢ ܡܬܦܪܢܣܝܢ (C + ܘܬܬܠܚܡܘܢ) ܘܬܬܠܚܡܘܢ ܡܢ ܡܬܦܪܢܣܝܢ [q] + ܐܝܟ ܡܢ C
S. f. 57 b [r] + : ܒܝܫܬܐ ܡܢ ܕܡܕܡ : ܡܢ ܡܕܡ : + ܡܢ ܒܝܫܬܐ (C om. ܒܝܫܬܐ ܡܕܡ)
[s] ܡܢܗܘܢ C [t] ܐܦܣܩܘܢ C
[u] ܢܦܩܘ (ܐܟܦܘ C) ܐܝܟ ܠܟܘܢ (ܘܠܐ ܠܐܪ̈ܡܠܬܐ C). [u]
[v] ܘ (ܬܬܐܠܨ C) ܬܬܐܠܨܝܢ ܐܪ̈ܡܠܬܐ ܡܢܗܘܢ ܡܫܪܬܐ C [w] ܘܡܢܟܐ C
[x] ܬܬܠܩܘܢ C ܬܬܠܩܘܢ [y] ܘܢܦܩܘܢ C [z] + ܐܝܟܢܐ (C + ܚܕܐ) ܟܠܗܘܢ C Lag. p. 77

[1] Cod. + ܐܘ

Deut. xxiii. 18 ܚܙܝ ܕܠܐ ܬܐܣܩ[a] ܥܠ ܡܕܒܚܗ ܕܡܪܝܐ. ܠܐ[b] ܕܡ̈ܝ ܟܠܒܐ ܘܠܐ[c]
ܐܓܪܐ ܕܙܢܝܬܐ. ܡܛܠ ܕܐܝܟ ܢܟܦܝܢ ܐܬܚܙܝܬܐ ܥܠ ܐ̈ܢܫܐ ܘܚܒܪ̈ܝ،
ܢܟܦܘܬܐ ܒܡܩܪܒܘܬܗܘܢ[d] ܠܐ[e] ܢܩܪ̈ܒܘܢ [f]ܚܒܪ ܙܢܝܘܬܗܘܢ[f]. ܒܥܕܢܐ
ܬܐܠܝܨܘܢ ܕܢܚܬܐ ܥܠ ܡܠܬܐ ܒܡܬܕܒܪܢܘܬܗܘܢ[g] ܒܫܬܐ. ܐܝܟ
ܗܘ ܕܠܐ ܐܝܬܘܗܝ، ܐܠܗܐ [h]ܢܘܗܪܐ. ܠܥܠܡܐ[h].. ܗܢܘܢ ܕܝܢ ܗܟܝܠ
f. 58 a ܗܝܕܝܢ ܦܓܥ ܕܠܐ ܬܫܬܟܚܘܢ ܡܕܒܚܗ ܕܐܠܗܐ ܡܢ ܬܫܡܫܬܐ
ܕܒܢ̈ܝ ܢܟܦܬܐ. ܠܗܢܐ ܠܟܘܢ ܚܙܝ ܒܠܒܬܐ ܕܬܬܐܡܪܘܢ[1] ܕܠܐ
Is. liv. 14. ܢܕܟܝܢ. ܬܫܬܟܚܘܢ ܚܙܝ [i]ܢܒܝܐ ܐܡܪ[i] ܒܬܪܟܢ. ܘܐܪܚܩܝ ܡܢ
ܥܠܘܒܐ ܘܠܐ ܬܕܚܠܝܢ[j]. ܘܠܐ[k] ܬܬܩܪܒܘܢ ܕܗܠܝܢ ܐܝܟ ܐܢܫܝܢ
ܕܢܩܦܝܢ [l]ܘܕܘܟܬܐ[l] ܠܥܒܕܐ. ܘܐܟܢ ܠܐ ܢܩܪܒܘܢ ܡܒܝܬܗܘܢ[m] ܡܢ ܐܢܬܐ
ܢܬܩܪܒܘܢ ܢܟܦܐ ܘܐܬܚܙܝܬܐ ܐܢܫܝܢ[n] ܕܐܠܝܨܝܢ.. ܐܡܪ[o] ܠܟܘܢ
ܐܠܗܐ. [p]ܕܠܐ ܬܫܬܒܩܘܢ ܡܢ ܒܝ̈ܫܬܐ. ܘܬܫܬܒܩܘܢ ܠܟܕܝܬܐ[p]. ܦܩܕ
ܠܟܘܢ ܕܬܬܦܨܘܢ ܡܢ ܚܛܗܐ ܘܠܐ ܬܫܬܒܩܘܢ[q] ܡܢ ܒܝ̈ܫܬܐ..
ܗܢܘܢ ܗܟܝܠ ܡܟܟܝܢ ܘܡܬܪܝܢ ܕܬܗܘܘܢ ܢܩܦܝܢ ܡܢ
ܡܫܡ̈ܫܢܐ ܐܢܫܝܢ ܕܡܬܟܬܫܝܢ ܠܕܘܟܬܐ[r] ܘܥܩܪ ܡܬܘܬܒܝܢ. ܕܬܗܘܘܢ
ܡܬܦܪܫܝܢ ܠܐܢܫܝܢ ܕܐܠܝܨܝܢ. ܘܡܢ ܐܢܫܝܢ ܕܢܩܦܝܢ[s] ܡܢ ܕܘܟܬܐ
ܘܡܕܒܠܝܢ[t] ܠܐ ܬܗܘܘܢ ܢܩܦܝܢ ܒܕܘܟܬܐ [u]ܕܡܬܟܬܫܝܢ ܕܢܩܦܘܢ[u]

---

[a] ܢܣܩ C [b] ܘܠܐ ܡܢ (ܠܐ ܡܢ C) [c] + ܡܢ C [d] ܒܡܩܪܒܘܬܗܘܢ
[e] ܘܠܐ. C [f] ܟܕ ܠܐ ܢܩܦܘܢ ܫܟܠܬܗܘܢ C [g] ܒܗ ܡܬܕܒܪܢܘܬܗܘܢ C
[h] ܠܥܠܡܐ ܘܢܘܗܪܐ C Lag. p. 76 [i] ܕܢܒܝܐ ܐܡܪ C S. f. 57 a
[j] + ܠܟܝ (ܬܬܩܪܒܝܢ C) ܘܐܬܬܪܝܐ ܠܐ ܬܬܩܪܒܝܢ (ܘܐܬܬܪܝܐ BC) BC [k] ܘܐܟܢ C
[l] ܘܕܘܟܬܐ C [m] B om. ܡܒܝܬܗܘܢ [n] ܘܐܢܫܝܢ [o] ܐܡܪ C
[p] ܕܐܠܗܐ ܬܫܬܒܩܘܢ ܡܢ ܡܫܡܫܢܘܬܐ ܕܠܘܬܐ (ܕܠܘܬܐ BC): ܬܫܬܒܩܘܢ ܘܡܫܬܒܩܢܐ
ܕܡܢܟܘܢ: ܕܬܬܦܪܫܘܢ ܘܬܗܘܘܢ ܗܘ ܠܟܘܢ ܕܠܐ ܬܬܐܠܝܨܘܢ:
ܘܬܫܬܒܩܘܢ ܡܢ ܒܝ̈ܫܬܐ. ܐܝܟ ܗܢܐ ܡܫܡܫܝܢ ܟܕܘܬܐ: ܒܕܘܟܬܐ ܗܕܐ ܐܢܫܝܢ
ܕܡܫܡܫܝܢ ܐܢܫܘܬܗܘܢ ܕܡܬܦܪܫܝܢ ܐܢܫܝܢ ܕܢܩܦܝܢ ܠܗܘܢ: C
[q] ܬܫܬܒܩܘܢ C [r] ܠܚܕܘܬܐ [s] ܕܢܦܩܝܢ C [t] om. ܘܡܕܒܠܝܢ C [u] ܕܢܬܩܦܘܢ ܠܥܘܩܐ C

---

1 Cod. ܕܬܬܐܡܪܝܢ

ܘܫܠܡܘܬܐ. ܐܝܠܝܢ ܕܝܢ[a] ܩܕܡ ܕܝܢ ܗܠܝܢ ܡܬܪܚܡܝܢ ܠܐܘܪܚܘܬܐ
ܘܠܡܫܡܫܢܐ[b] ܣ̈ܢܝܐ ܢܬܡܣܟܢܘܢ ܒܥܒܕܐ[c] ܕܡܪܝܐ. ܡܛܠ ܕܐܡܪ
ܡܪܝܐ[d] ܕܛܒܐ ܗܘ ܫܘܪܘܬܐ ܕܝܘܪܩܐ ܒܚܘܒܐ ܘܒܫܠܡܐ[e]. ܛܒ ܡܢ Prov. xv. 17
ܢܟܣܬܐ ܕܬܘܪܐ ܡܦܛܡܐ ܒܣܢܐܬܐ. ܘܐܦ[f] ܬܬܪܥܐ[g] ܐܘܪܚܘܬܐ
ܠܝܚܝܕܐ ܠܚܘܒܐ ܕܝܢ ܒܡܠܐ ܕܒܐܝܕܝܘܬܐ. ܐܦ ܡܟܐܬ ܢܟܐܬ
ܠܗ. ܘܐܦ[h] ܢܬܝܒܘܢ ܠܗ ܕܝܢ[i] ܦܠܓ[j] ܕܡܠܟܐ. ܡܫܡܥ ܫܡܥܝܢ ܠܗ.
ܘܐܦ[k] ܬܪܥܐ[k] ܐܘܪܚܘܬܐ[l] ܕܝܢ ܡܕܡ[m] ܕܡܠܟܐ. ܠܐ ܡܬܒܥܝܐ
ܕܬܦܪܘܫ[n] ܬܫܒܘܚܬܗ ܘܩܕܡܘܬܗ[o] ܩܕܡ ܐܠܗܐ. ܘܐܟܠܐ[p] ܕܬܗܘܐ[q]
ܘܕܝܢܐ[r] ܕܢܝܚ ܕܝܢܐ[r] ܡܝܬܪܐ. ܠܐ ܬܬܒܣܪ[s] ܩܕܡܘܬܗ
ܕܢܝܚܘܬܗ[t]. ܐܠܐ[u] ܕܟܠ ܢܦܫܗ ܠܚܘܒܐ. ܡܛܠ ܕܐܠܗܐ ܚܝܪ
ܠܟܠ ܐܝܬܘܗܝ[v]. ܘܒܕܝܢܐ[w] ܡܫܠܡ ܠܗܘܢ ܠܩܕܡܘܬܐ. ܐܝܟܢܐ ܕܟܠ
ܐܝܠܝܢ ܕܢܦܠܘ ܘܬܢܝܢ ܡܢ ܚܝܠܝܢ. ܐܦ[x] ܢܬܒܣܪܘܢ ܡ̈ܠܘܗܝ. ܐܝܠܝܢ
ܚܪ ܕܒܥܝܢܐ ܐܚܪܢܝܢ[y] ܘܠܐ ܬܢܝܢ ܠܐ ܗܘܐ[z] ܠܚܘܒܐ ܡܬܒܣܪܝܢ
ܠܐ ܡܬܒܣܪܝܢ[aa] ܒܗ ܡܢ ܚܝܠܝܢ. ܐܠܐ ܐܦ ܕܦܪܘܩܢܐ ܕܝܘܡܬܗܘܢ[bb]
ܚܕܕܝܢ ܩܕܡ ܐܠܗܐ[cc]. ܕܡܫܝܚܐ ܐܝܟ ܐܦܝܣܩܘܦܐ[dd] ܕܫܠܝܚ
ܘܗܘܬܐ ܕܝܢ ܗܘܝܘ ܕܒܝܠܝܢ ܡܢ ܡܠܟܘܬܐ ܐܘ ܐܦܝܣܩܘܦܐ
ܦܘܬܘܗܝ ܚܙܝܢ[ee] ܕܝܢ ܬܫܒܘܚܬܐ ܐܝܠܝܢ ܕܗܕܡܐ ܐܝܬܝܗܘܢ. ܒܬܪ

---

a om. ܕܝܢ C b om. ܘܠܡܫܡܫܢܐ C c + ܒܗܘܢ C d ܒܬܒܐ C
e ܘܒܫ̈ܝܢܐ C f ܡܛܠ ܕܐܦ C S. f. 56 b g B ܬܬܬܪܥܐ h ܘܐܢܬܝܢ C
i om. ܕܝܢ C j + ܡܢ C k ܬܘܒ ܕܝܢ ܒܗ ܬܬܪܥܐ C l om. ܐܘܪܚܘܬܐ C
m om. ܡܕܡ C n ܕܬܦܪܘܫ C o + ܒܕܝܢܘܬܐ C p ܐܟܠܐ ܠܗ ܠܒ C
q ܬܗܘܐ C r (C ܕܝܢܐ) ܕܝ̈ܢܐ ܘܢܝܚ C s ܬܬܒܣܪ C
t ܕܢܝܚܘܬܗ C u + ܠܗ C v ܠܟܠܢܫ ܒܕܝܢܐ C w ܘܒܕܝܢܐ C
x om. ܐܦ C y ܐܚܪܢܝܬܐ C z C om. ܗܘܐ aa ܡܬܒܣܪܝܢ C
bb ܕܒܝܘܡܬܗܘܢ (C ܕܒܝܘܡܬܗܘܢ) cc ܡܪܝܐ dd + ܗܘܘ ee + ܘܡܬܢܝܚܝܢ C

ܕܫ̈ܐܠܝܢ[a] ܒܟܠ ܢܦܫܗ ܒܗ ܓܠܘܬܗܘܢ. ܐܝܟܢ ܐܝܬ ܐܦ̈ܝܣܩܘ̄
ܕܚܫܝܢ. ܘܠܐ ܡܬܦܠܓܝܢ ܠܗܘܢ. ܒܠ ܫܠܝܢ ܓܒ̈ܘܬܐ ܡܠܝܢ
ܡܫܐܠ[b] ܒܐܩ̈ܐ. ܐܘ ܡܠܝܢ ܡܬܕ̈ܪܝܐ ܠܓܢ̈ܦܐ. ܐܘ ܡܠܝܢ
ܕܡܫܡܫܝܢ ܘܠܐ ܡܫܡܫܝܢ. ܦܬܓܡܐ ܢܦܠܘܢ ܠܐ ܗܘܐ
ܫܝܡܐܝܬ. ܢܫܡܥܝܢ [c]ܒܢ̈ܝ ܗܘ[c] ܕܠܬܚܬ̄ ܕܬܦܪܘܣܐ ܕܝܬ̈ܘܡܐ
ܘܕܐܪ̈ܡܠܬܐ. ܐܦ ܒܚܬ̈ܢܐ ܕܐܝܬ ܠܗܘܢ. ܐܢ̈ܫܐ ܕܣܒܝܥܝܢ ܒܝܬ
ܐܚ̈ܝܢܐ. ܐܘ ܕܒܥܐܝܬ ܦܓܪܝܢ ܒܗ ܒܪ̈ܢܫܗܘܢ. ܐܘ ܕܡܥܐܝܬ[d]
ܡܬܕܒܪܝܢ ܒܡ̈ܕܝܢܬܗܘܢ. ܐܘ ܕܐܠܝܢ ܠܡܫ̈ܒܚܢܐ. ܐܘ ܐܦ ܓ̈ܒܪܐ
ܘܕܒܥܐܝܬ ܡܬܥܫܢܝܢ ܒܦܓܪ̈ܗܘܢ[e]. ܐܘ ܐܦ ܐܢܫܝܢ ܕܒܬܪ̈ܝܢ
[f]ܘܡܘܠܕܝܢ ܒܙܒܢܐ[f][g]. [h]ܐܘ ܐܦ ܢܘܟ̈ܪܝܐ ܢܦܩܝܢ ܒܐܩܐ[i]. ܐܘ ܐܦ
ܚܒ̈ܪܘ ܕܗܒܐ ܘܚܒ̈ܪܘ ܣܐܡܐ ܘܚܒ̈ܪܘ ܢܚܫܐ[j]. ܐܘ ܐܦ ܡܥܫܢ̈ܝܐ
ܡܬܩ̈ܠܝܐ. ܐܘ ܐܦ ܫܢܘܢ[k] ܕܡܬܒܠܝܢ ܒܢܓܠܐ. ܐܘ ܐܦ ܡܩܒ̈ܠܐ
f. 57 b ܕܫܠܛܝܢ ܒܩ̈ܪܒܐ[l]. ܐܘ ܐܦ ܐܣܛܪ̈ܛܝܓܐ[m] ܕܕܒܪܝܢ[n] ܒܩܪ̈ܒܐ[o]. ܐܘ
ܐܦ ܟܠ ܣܦܠܛܝܐ[p] ܕܦܘܠܚܢܘܬܐ. ܐܝܠܝܢ ܕܡܦܪ̈ܢܣܐ ܐܬܛܝܒܘ[q].
ܘܕܢܓܒܐ ܘܚܝܠܐ ܐܝܟܢܐ ܕܠܐ ܒܕܝܢܐ[r]. ܐܘ ܐܦ ܢܦܩܝܢ ܠܒܪ̈ܝܬܐ

---

a + ܘܩ̈ܕܡܝܢ C — S. f. 56 a — b ܡܫܐܠܝܢ C ܫ̈ܐܠܝܢ

c ܒܢ̈ܝ ܐܢܫ C ܠܗ ܒܢ̈ܝ B ܒܢ̈ܝ ܠܗ ܐܢܫ

d ܡܥܐܝܬ — e + ܐܘ ܐܦ ܚܟ̈ܝܡܐ ܒܝܘ̈ܠܦܢܐ C — f ܘܡܘܠܕܝܢ C ܘܡܚܘܫܫܝܢ

g C ܐܘ ܐܦ ܡܫܒ̈ܪܐ (ܦܫ̈ܝܓܪܐ C) ܒܩ̈ܠܐ :

h ܐܘ ܐܦ (Lag. p. 75) ܡܫܐܠܢܐ ܚܩ̈ܠܐ. +

i C ܐܘ ܐܦ ܓ̈ܢܒܐ ܕܡܬܚܒܠܝܢ: ܐܘ ܐܦ ܒܚ̈ܒܝ ܦܬܚ̈ܐ: +

j C ܚܒܠܐ: ܐܘ ܐܦ ܡܚ̈ܫܟܐ (ܡܚܫܘ̈ܟܐ C) ܚܩ̈ܠܐ: ܐܘ ܐܦ ܣܥܪ ܣ̈ܘܟܐ: +

k ܐܠܝܢ C — l ܩ̈ܢܝܐ C — m C ܣ̈ܛܪܛܝܓܐ — n ܕܡܬܕܒܪܝܢ C

o C ܐܘ ܐܦ ܦܠܛܝܐ: ܐܘ ܐܦ ܐܣܩ̈ܘܠܣܛܝܐ (ܣܩ̈ܘܠܣܛܝܐ C) ܕܢܨܚܘܬܐ: +

p ܣܦܠܛܝܐ C — q B ܐܬܛܝܒܘ

r (ܐܘ ܐܦ + C) ܡܩ̈ܕܡܝ ܕܒܢ̈ܝܐ (ܕܒܢܐ C) ܕܟܠܗܝܢ ܒܢܝܘܬܐ ܡܬܕܒܪܝܢ +
ܒܦܠܚܐ ܘܒܢܓܠܐ ܒܗ ܦܬ̈ܓܡܐ: ܘܡܢ ܟܠܗܘܢ ܡܫܩܢܐ: ܘܡܢ (ܐܘ ܐܦ C)
ܕܝܠܗ ܦܬܓܡܐ: ܐܘ ܐܦ ܓ̈ܢܒܐ. C

ܕܢܗܘܐ. ܘܐܦ ܗܘ ܐܦ ܐܝܟܢܐ ܕܡܦܩ ܐܦܠܛܘܢ ܢܦܫ. [a]ܘܐܝܟ
ܒܫܘܚܠܦܐ ܕܝܢ[a] ܡܬܕܒܪܝܢ ܒܗܝ[b] ܐܝܠܝܢ ܕܢܦܫ. ܥܦܝܐ ܢܦܫ. ܘܡܢ
ܐܠܗܐ ܒܫܘܚܐ ܘܒܢܝܚܐ ܕܠܥܠܡ ܢܬܬܒܝܚ:

ܡܛܠܐܘܗܝ ܕܬܫܒܘܚܬܐ ܀ ܚܘܫܒܐ ܠܗܘ ܬܘܒ ܐܦܝܩܘܪܘܣ. Chap. XVIII
ܕܐܒܝܕܘܗܝ ܘܗܝܪܐܝܬ. ܕܠܐ ܢܦܩܘܢ ܡܢ ܐܝܠܝܢ ܕܒܕܒܝܢ
ܡܘܬܒܬܐ. ܐܝܟ ܕܠܬܦܪܘܫܐ ܕܢܛܪܐ ܘܕܐܪ̈ܡܠܬܐ ܘܕܡܣ̈ܟܢܐ.
ܐܦܠܐ ܐܢ ܢܬܬܠܝܘܢ ܠܡܬܚܫܠܘ ܡܢ ܚܝܠܐ. ܘܕܡܫ̈ܒܚܐ
ܐܬܪܘܗܝ ܐܢ ܥܘܠܝ. ܘܕܠܐ ܡܬܬ̈ܢܚܝܢ ܠܩ̈ܠܬܐ ܕܡܣ̈ܟܢܐ
ܐܡܬ, ܕܡܬܠܝܢ ܥܠ ܗ̇ܢܘܢ ܕܐܝܟ ܗ̇ܢܝ. ܒܗ ܡܬܬܦܪܫܝܢ ܡܢ
ܕܒܠܘܗܝ. ܘܕܡܢ ܡܬܦ̈ܫܟܢܐ ܘܩ̈ܛܐܢܐ ܕܪܗ ܕܢܦܩܘܢ. ܐܝܟ f. 57a
ܕܠܬܦܪܘܫܐ ܕܡܣ̈ܟܢܐ. ܘܐܝܟ ܕܠܦܘܪܫܢܐ ܕܥ̈ܒܕܐ. ܘܕܐ̈ܠܡܢܐ[c].
ܐܦܝܩܘܪܘܣ[d] ܗ̇ܦܟ[e] ܘܡܬܬ̈ܦܢܝܐ. ܗܘܘܬܘܢ ܐܡܪܝܢ ܒܬܫܒܘܚܬܐ
ܕܡܕܒܪܘ ܕܡܫܝܚܐ. ܐܫܬܪܝܘ ܕܝܢ ܥܠ ܐܪ̈ܡܠܬܐ ܘܥܠ ܝܬ̈ܡܐ.
ܕܒܟܠ ܚܝܒܘ[f] ܘܒܟܠ ܣܘܦܠܗ ܢܗܘܐ ܒܠܒܠ ܠܗܘܢ[g]. ܥܠ ܐܝܠܝܢ
ܕܡܬܚܫ̈ܚܝܢ. ܕܐܝܟܢܐ ܐܬܬܚܙܘܢ ܕܦܬ̈ܓܡܘܗܝ, ܕܗܘ ܕܢܦܫ. ܐܦ
ܕܗܢ ܕܢܗܘܐ ܐܝܟ ܕܠܬܦܪܘܫܐ[h]. ܐܫܬܪܝܘ[i] ܬܘܒ ܐܦ[j] ܕܡܕܒܪܢܐ.
ܡܦܩ ܕܒܗ ܢܬܬܦܪܫܘܢ ܐܪ̈ܡܠܬܐ[k] ܡܢ ܒܟܠܐ[l] ܕܗܕܝܘܛܐ. ܬܫܒܘܚܬܐ
ܡܕܝܢܬܐ ܘܡܡܠܠܬܐ[m] ܢܗ̈ܘܝܢ ܡܢܗ ܡܕܝܢܐ[n]. ܒܗ ܒܢܗ ܚܒܝܒܐ.
ܘܦܘܫܘ ܡܕܝܢܐ ܕܠܗ ܬܫܒܘܚܬܐ ܘܐܒܕܢܐ ܠܥܠܡ ܥܠܡܝܢ ܐܡܝܢ[o]..
ܢܗܘܐ ܗ̇ܦܟ[p] ܒܠܒܠ[q] ܠܗܘܢ ܘܡܬܚܫܚܝܢ ܐܝܟܢܐ ܕܡܢ ܬܫܒܘܚܬܐ
ܕܬܪܒܝܬܐ ܕܒܝܬܐ ܬܗܘܘܢ ܒܡܚܡܣܢ ܠܐܪ̈ܡܠܬܐ. ܕܡܕܝܢ

---

[a] ܘܒܫܘܚܠܦܐ C [b] ܒܗ C
[c] ܕܠܐ ܘܐܦ ܕܦܩܕ ܒܡܘܬܒܬܐ ܕܝܬ̈ܡܐ ܡܢ ܗ̇ܢܘܢ ܕܒܕܒܝܢ C [d] ܐܦܝܩܘܪܘܣ
[e] C om. ܗ̇ܦܟ [f] ܚܝܒܘ [g] + ܘܡܬܚܫܚܝܢ ܐܝܟܢܐ C [h] ܕܠܬܦܪܘܫܐ [i] + ܕܝܢ C
[j] om. ܐܦ C [k] C om. ܐܪ̈ܡܠܬܐ [l] C ܒܟܠܐ [m] C ܘܡܡܠܠܬܐ
[n] ܥܠ ܐܝܟ ܐܠܗܐ C [o] om. ܐܡܝܢ C [p] C om. ܗ̇ܦܟ [q] ܒܠܒܠ *sic*

ܡܕܒܪܢܐ ܕܝܢ ܕܐܠܗܐ ܥܒܕ. ܡܬܬܘܕܝܢܐ ܓܝܪ ܐܠܗܐ ܢܛܘܪ. ܠܐ ܗܘܐ ܕܝܢ ܫܠܝܛܐܝܬ ܢܥܒܕ[a]. ܡܛܠ ܕܝܢ[b] ܕܡܫܬܠܛܐܝܬ ܡܕܒܪܐ[1] ܗܘܐ ܕܠܐ ܡܬܐܝܕܥܐ ܒܡܠܟܘܗܝ ܥܠ ܐܝܠܝܢ ܕܒܗܘܢ. ܓܠܝܬܗ
f. 56 b ܕܝܢ ܕܐܝܬܘܗܝ ܚܝܠܐ. ܡܕܒܪ ܗܘܐ ܚܝܠܗ[c] ܐܝܟܢܐ. ܐܝܠܝܢ ܕܝܢ[d] ܕܒܡܠܟܐ ܠܗ[e] ܐܝܬܝܗܘܢ. ܓܝܪ ܐܠܗܐ [f]ܢܛܠܩܘܢ ܠܡܘܬܐ[f] ܒܢܝܢܫܐ ܕܠܚܠܡ. [g]ܘܐܝܠܝܢ ܕܐܝܬ ܠܗܘܢ[g] ܘܡܬܕܪܫܢܘܬܐ[h] ܢܬܒܥܘܢ. ܐܦ ܬܘܒ ܚܫܚܐ ܐܝܬܝܗܘܢ. ܘܚܝܠ ܕܢܦܫܗܘܢ ܘܢܛܪܘܢ[i] ܠܐܚܪܢܐ. ܢܬܒܥܘܢ ܗܢܘܢ ܡܫܐܠ[j]. ܡܬܬܘܕܝܢܐ ܢܛܪܘܢ ܗܘ ܡܕܡ ܕܢܬܒܥ ܥܠ ܕܐܝܬܘ ܕܒܛܠܐ ܕܡܬܒܥܢܐ ܡܫܬܡܥܢܐ. ܟܠ[k] ܕܐܝܬ ܠܗ ܡܢܝܢܐ[l] ܘܠܐ ܢܥܒܕ ܠܐܚܪܢܐ. ܐܝܟܢܐ ܗܘ ܡܬܚܫܒ ܡܢܗ. ܫܒܝܩܘܬܐ ܕܐܚܪܢܐ[m] ܩܐܡ ܠܗ ܒܐܪܥܐ. ܘܕܝܠܝܬܐ ܗܘ ܕܢܦܫܐ ܕܝܬܒ ܥܠ ܫܒܝܩܘܬܐ ܡܢܗ[n]. ܘܡܢܕܥܢܘܬܐ[o] ܢܚܘܐ ܕܒܥܒܕܗ ܢܛܪܘܢ. ܐܝܢܐ ܕܝܢ ܕܐܝܬ ܠܗ ܘܡܕܒܪܢܘܬܐ ܢܥܒܕ. ܠܐ ܡܗܝܡܢ ܠܐܠܗܐ. ܐܠܐ ܠܫܘܒܚܐ ܕܥܠܡܐ. ܘܡܛܠ ܡܬܢܝܪܐ[p] ܕܫܘܒܚܘܬܐ. ܐܝܟܢ ܠܗ ܠܡܛܠܬܐ ܒܡܫܐܠ[q] ܒܐܪܥܐ. ܘܡܫܬܡܠܐ ܗܘ ܥܠܐ ܡܕܒܪܢܘܬܐ. ܐܝܢܐ[r] ܕܒܡܠܟܐ ܐܝܬܘܗܝ. ܡܢܕܥܢܘܬܐ[s] ܢܚܘܐ ܕܢܛܪܘܢ ܒܗ [t]ܠܐ ܡܗܝܡܢܐ[t]. ܐܝܢܐ ܕܝܢ ܕܡܫܬܠܛܐܝܬ ܢܥܒܕ ܠܚܠܡ. ܡܫܒܪ ܠܒܗ

[a] + ܗܘܐ C ܗܕܐ [b] om. ܕܝܢ C [c] B ܚܝܠ [d] ܡܚܝܠ C
[e] om. ܠܗ C [f] C ܢܛܠܩܘܢ ܠܡܘܬܐ [g] [ܐܝܠܝܢ ܕܝܢ ܕܐܝܬ ܠܗܘܢ] BC sine uncis
[h] [ܘܡܬܕܪܫܢܘܬܐ] ܘܡܬܕܪܫܢܘܬܐ BC ܡܬܕܪܫܢܘܬܐ [i] ܘܢܛܪܘܢ C
[j] ܡܫܐܠ [k] ܟܠܢ ܕܝܢ C [l] + ܡܕܡ C S. f. 55 b. Lag. p. 74
[m] ܕܐܚܪܢܐ [n] ܡܢܗ [o] ܘܡܢܕܥܢܘܬܐ C ܘܡܢܕܥܢܘܬܐ [p] ܗܘ ܡܬܢܝܪܐ C
[q] ܒܡܫܐܠ BC ܒܡܫܐܠܢ [r] + ܕܝܢ C [s] ܡܢܕܥܢܘܬܐ C ܡܢܕܥܢܘܬܐ
[t] ܐܝܠܝܢ ܕܠܐ ܡܗܝܡܢܝܢ C

[1] Cod. ܢܥܒܕ

ܐܢ̈ܫܝܢ ܕܠܐ ܢܦܠܘܢ ܠܡܒܙܙ ܫܒܝܐ[a]. ܡܛܠ [b]ܕܡܘܬܪܐ ܕܝܠܗܘܢ[b] ܒܗܕ̈ܡܐ ܕܬܫܡܫܬܐ. ܐܝܟܢ[c] ܕܫܒ̈ܒܐ ܐܝܬܝܗܘܢ ܐܦ ܗܢܘܢ ܠܗܘܢ ܠܫܠܝܡ ܢܬܡܟܠܘܢ[d]. ܘܟܫܠܝܡ ܢܫܩܘܢ[e] ܣܘܟܠܬܢܘܬܐ[f]. ܘܡܕܝܢ ܕܠܐ ܐܟܠܘ ܡܫܒܚܐ ܢܘܟܪ̈ܝܐ ܢܐܟܠܘܢ ܐܬܪ̈ܘܬܐ. ܘܐܪ̈ܥܬܗܘܢ ܠܚܪ̈ܒܬܗܘܢ cf. Is. i. 7 ܢܐܟܠܘܢܗ ܢܘܟܪ̈ܝܐ.. ܐܝܬܝܗܘܢ ܗܟܝܠ ܐܝܟ ܐܦܝ̈ܣܩܘܦܐ ܩܘܫܬܗܘܢ ܫܠܝܡ ܠܟܠܗܘܢ ܕܐܢ̈ܫܝܢ ܢܗܘܘܢ ܡܬܪ̈ܟܝܢ[g] ܕܠܐ ܢܣܒܪ ܠܗܘܢ ܡܕܡ. ܘܡܢܐ ܕܗܘܐ ܐܟܝܢ ܕܡܬܘܠܬܐ. ܗܟܘܢ ܠܓܒܪܐ ܠܗܕ ܡܢ ܐܢܫܐ. ܘܟܠܗܝܐ[h] ܕܝܢ ܡܬܪ̈ܟܒܐ [1]ܢܐܠܦ ܐܦܝܣܩܘܦܘܬܐ. ܘܡܢܐ ܕܗܘܐ ܟܣܦܐ[1] ܢܬܒ ܐܟܣܦܐ ܕܢܣܒ ܐܢܫܐ[i] ܠܐܦܝܣܩܘܦܘܬܗ[j]. ܕܠܐ[k] ܡܫܠܛ ܢܐܡܪ ܒܠ ܫܘܒܐ ܕܐܢ̈ܫܐ ܕܗܘܐ ܠܦܬܘܪܗܘܢ. ܕܠܐ ܕܢܓܠܐ[l] ܘܕܠܐ ܡܫܐܒ[m] ܒܡ̈ܦܐ. ܘܡܬܒܪ̈ܐܝܬ ܠܓܒܗܘܢ، ܠܦܡ[n] ܕܡܟܝܟܝܢ ܕܒܕܪ ܢܦܫܗ. ܘܠܐ ܢܐܠܦܝܢ ܕܢܓܘܬܐ [o]ܕܬܫܡܫܬܐ ܘܐܪ̈ܟܠܬܐ ܘܡܫܡܫܢܐ[o]: ܕܡܫܡ̈ܫܢܐ ܐܢܘܢ ܐܝܠܝܢ ܕܫܠܝܡ[p] ܕܗܘܬܐ ܕܝ ܠܗ ܫܒܝܒܝܢ ܘܐܝܠܝܢ ܗܢܘܢ ܓܒܪ̈[q] ܠܐܝܠܝܢ ܕܐܝܬ ܠܗܘܢ ܘܡܕܝܢܬܐ ܗܘ ܢܫܡܫܝܢ. ܟܠܢܫ ܓܒܪ̈ ܡܢ ܐܝܠܝܢ ܕܢܫܡܫܝܢ ܦܬܓܡܐ ܢܛܠ ܠܡܪܝܐ ܐܠܗܐ ܒܢܘܡܣܐ ܕܕܝܢܐ. ܕܐܝܟܢܐ ܢܥܒܕ. ܐܝܟ ܡܛܠ ܠܠܝܘܬܐ ܕܬܫܡܫܬܐ. ܘܐܝܟ ܡܛܠ ܒܪܝܘܬܐ ܕܫܡܫܘܬܐ. ܘܐܝܟ ܡܛܠ ܡܫܝܠܘܬܐ ܕܒܘܪܗܢܐ. ܘܐܝܟ ܡܛܠ ܬܪܥܝܬܐ ܕܒܢ̈ܝܢܐ ܢܥܒܕ ܐܢܫ. ܗܢܝܐ ܐܦ ܡܬܬܟܝܠܝܢ ܡܬܬܟܝܢ[r]

---

[a] + ܘܟܕܡܬܝܢ : ܠܟܣܝܢܐ ܕܫܘܪܝ ܡܛܠ [b] ܕܡܘܬܪܗܘܢ [c] + ܗܟܝܠ
[d] ܢܬܟܠܘܢ [e] ܢܫܩܘܢ [f] ܣܘܟܠܬܢܘܬܗܘܢ S. f. 55 a
[g] ܡܬܕܪ̈ܟܝܢ [h] + ܕܝܢ (B om. ܘܟܠܗܝܐ + ܕܝܢ ܘܡܢܐ) [i] B om. ܕܫܘܐ
[j] + ܘܢܬܠܘܢ ܠܗ ܡܐܟ̈ܠܐ ܕܬܘܟܝܢ ܠܐܦܝܣܩܘܦܘܬܗ [k] ܘܠܐ [l] ܢܓܠܐ
[m] ܢܫܐܒ [n] ܠܦܠܓ [o] ܕܬܫܡܫܬܐ ܘܐܪ̈ܟܠܬܐ ܘܕܡܫܡܫܢܐ [p] + ܡܢ C
[q] + ܡܢ ܐܠܗܐ C [r] ܢܬܟܠܘܢ C

---

[1] Cod. ܟܣܦܐ .... ܢܐܠܦ *bis*

Chap. XVII ܘܐܠܦܘܢ ܕܡܫܡܫܢܘܬܐ. [a]ܕܪܘܡ ܠܐܦܝܣܩܘܦܐ ܕܐܝܟ ܕܡܫܝܚܐ
ܐܢܘܢ ܕܦܫܝܛܝܢ ܗܘ ܠܗܕܡܝܢ. ܘܢܬܠ ܐܢܘܢ ܕܢܬܪܚܡܘܢ. ܘܕܡܫܡܫܢܐ
ܐܝܬ ܠܗܘܢ ܠܐܢܫܝܢ ܕܗܘ ܐܝܬ ܠܗܘܢ ܘܠܐ ܚܫܝܫܝܢ ܡܬܡܚܝܢ
ܘܫܠܝܢ ܡܢ ܡܘܗ̈ܒܬܐ ܗܠܝܢ ܕܡܬܝܗ̈ܒܢ ܠܗܕܘܬܐ. ܡܛܠ ܗܕܐ
ܘܡܫܡܫܢܐ.[a] ܐܦ ܐܢܬ[b] ܡܢ ܒܢ̈ܝ ܒܬܫܡܫܬܐ ܢܗܘܐ ܗܟܢܐ ܐܘ
ܬܠܬܐ ܐܘ ܬܠܬܬܐ. ܥܒܕܐ ܗ̇ܘ ܗܘܐ. ܕܐܦ ܐܝܬ ܐܢܫ ܡܢ
f. 56 a ܐܢܫܐ ܕܠܝܬ ܠܗ ܒܢ̈ܝܐ. ܢܫܡܫܘܢ ܠܬܠܬܐ ܒܕܘܒܪ ܒܢ̈ܝܐ. ܘܠܬܠܬܬܐ[c]
ܢܫܡܫܢ. [d]ܘܟܠ ܡܢ[d] ܕܐܝܬ ܠܗ ܒܪܐ ܡܟܐ[e] ܕܢܗܘܐ ܠܒܢܗ ܢܬܠܝܗ
ܠܗ ܒܢ̈ܝܐ. ܘܢܫܬܡܠܐ[f] ܒܒܢܗ ܒܬܫܡܫܬܐ ܕܐܠܗܐ. ܐܦ ܐܝܬ[e]

ܘܕܐܪܒܥܐ: ܠܝ ܕܝܠܝ ܟܠܝ ܒܕܘܟܬܐ: ܘܟܠܒܪܢܫ ܡܛܠ ܘܡܫܒܚ ܒܟܠܗܘܢ: ܗܘ
ܒܗܐ ܡܬܪܐܝܬ ܒܬܫܡܫܬܐ ܠܝ ܕܝܠܝ. ܕܢܫܡܫ ܡܛܠܬܢ ܠܐܢܫ. ܕܢܬܐܡܪ ܒܗ
ܕܐܬܝܗ ܒܡܫܡܫܢܘܬܗ: ܘܕܘܒܪܗ ܕܡܫܝܚܐ ܐܚܝܕܝܢ ∴ ܘܗܘܐ ܒܐܘܪܚܘܬܗ
cf. John xiii. 4, 5 ܡܥܒܕܝܢ ܐܢܬܘܢ ܕܬܬܒܥܘܢ. ܕܐܡܬܝ ܡܒܝܐ ܡܪܢ ܫܡܫܐ ܒܢܝ̈ܢܫܐ. ܘܐܝܟܢ
ܬܒܐ ܒܠܫܢܐ ܕܡܫܡܫܢܘܬܐ S. f. 54 b ܗܘ ܡܫܡܫܢܝܢ. ܘܫܩܠ ܘܐܣܛܝ ܬ̈ܠܠܐ
ܕܟܠ. ܘܩܘܡ ܒܡܫܘܚܐ. ܗܕܐ ܕܝܢ ܕܟܬܒ. ܕܫܘܚܐ ܠܝ ܫܘܒܚܐ ܘܐܣܬܟܠܬܐ
ܕܐܢܫܐ. ܕܢܗܘܐ ܐܝܟ ܚܕ ܡܢ ܡܫܡܫܢܐ ܗܘ ܠܗ. ܐܦ ܡܛܠ ܡܪܢ ܒܢܘ
ܡܫܐ. ܐܢܬܘܢ ܡܫܡܫܢܐ: ܡܬܦܠܚܝܢ ܐܢܬܘܢ ܕܬܗܘܘܢ ܡܫܡܫܝܢ ܡܫܒܚܐ:
ܠܐܝܠܝܢ ܕܡܢܗܘܢ ܘܠܐ ܢܬܠ ܐܢܘܢ: ܕܐܬܬܥܝܪܘܢ ܩܒܠܐ ܕܥܒܪܐ: ܘܕܡܬܕܒܪܬܗ
ܕܡܫܝܚܐ ܐܚܝܕܝܢ ܐܢܬܘܢ. ܒܫܠܡܐ ܗܘܝܬܘܢ ܡܫܡܫܝܢ ܒܚܘܒܐ. ܘܠܐ
ܬܗܘܘܢ ܢܠܝܢ ܐܘ ܡܬܦܠܚܝܢ. ܘܐܢܗܘ ܠܟ. ܐܝܟ ܕܡܛܠ ܒܢ̈ܝܫܐ ܗܘ
ܫܡܫܬܘܢ. ܘܠܐ ܗܘܐ ܡܛܠ ܐܠܗܐ. ܘܐܟܪܙܘ ܐܝܟ ܬܫܡܫܬܟܘܢ
ܬܫܟܠܘܢ ܒܘܡܒܐ ܕܕܝܢܐ. ܡܬܬܒܥܐ ܠܟܘܢ ܡܛܠ ܠܟܘܢ ܠܡܫܡ̈ܫܢܐ:
ܕܬܗܘܘܢ ܡܫܒܝܢ ܠܟܠܗܘܢ ܐܝܠܝܢ ܕܡܫܟܝܢ. ܘܟܠ ܐܝܠܝܢ ܕܐܠܝܨܝܢ ܬܗܘܘܢ
ܡܘܕܝܢ ܠܐܦܝܣܩܘܦܐ. ܘܬܗܘܘܢ ܢܦܫܗ ܘܪܘܚܗ. ܘܒܟܠܡܕܡ ܬܗܘܘܢ
ܠܗܝܢ ܘܡܫܬܡܥܝܢ ܠܗ.

[a] ܕܡܛܠ ܪܘܚܢܐ ܕܬܠܡ̈ܝܕܐ ܕܐܠܝܢ [b] + ܕܝܢ Lag. p. 73 [c] + ܕܝܢ [d] ܒܠܚܘܕ
[e] ܘܡܟܐ [f] ܕܢܫܬܡܠܐ

ܘܐܬܒܥܝ ܕܢܗܘܐ[a]. ܘܐܬܒܥܝܘܗ̱ ܕܒܢ̈ܝ ܘܕܒܢ̈ܬ. ܟܡ ܢܦ̈ܫܐ[b] ܐܚܪܝܬܐ. ܐܦ ܠܗ ܡܬܒܥܝܐ ܗܘ. ܠܗ ܬܬܒܥܐ ܕܡܫܡ̈ܫܢܝܬܐ[c]. ܠܡ̈ܚܘܬܐ ܡ̈ܗܝܡܢܬܐ. ܠܥܠܬܐ ܚܠܦ ܕܫܘܦܐ. ܐܘܦܐ ܚܠܦ[d] ܕܐܝܬ ܢܫ̈ܐ ܡ̈ܗܝܡܢܬܐ. ܡܫܡܫܢܝܬܐ ܚܠܦ[d] ܡܬܒܥܝܐ[e] ܕܬܗܘܐ ܥܐܠܐ ܘܦܪܥܐ ܠܐܝܠܝܢ ܕܒܬ̈ܝܗܘܢ. ܘܡܫܡܫܐ ܠܗܝܢ ܒܟܠܡ ܕܡܬܒܥܝܐ ܠܗܝܢ. ܘܠܐܝܠܝܢ ܕܡܬܟܪ̈ܗܢ[f] ܡܢ[g] ܒܘܪ̈ܗܢܐ ܬܗܘܐ ܡܫܡܫܐ.[g][h]

---

[a] ܕܢܗܘܘܢ [b] + ܬܘܒ [c] ܘܡܫܡܫܢܝܬܐ [d] om. ܚܠܦ [e] ܡܬܒܥܝܐ

[f] ܕܟܪ̈ܝܗ ܡܬܟܪ̈ܗܢ [g] ܒܘܪ̈ܗܢܐ ܢܗܘܐ ܡܫܡܫܐ

[h] + :(ܡܛܠ ܡܫ̈ܡܫܢܐ): ܡܫ̈ܡܫܢܐ ܕܝܢ ܢܗܘܘܢ ܕܐܚܝܢ ܒܦܘܩ̈ܕܢܝܗܘܢ ܠܐܦܝܣܩܘܦܐ. ܒܪܡ ܕܝܢ ܡܚܦܛܝܢ ܬܬܚܪܐܝܬ ܢܗܘܘܢ ܒܟܠܡ ܦܓܪ ܬܬܪ ܒܢܦܫ. ܘܠܐ ܢܗܘܘܢ ܪ̈ܚܡܝ ܡܘܬܪ̈ܢܐ ܢܦܝܫܐ. ܐܠܐ ܢܗܘܘܢ ܣܓܝܠܝܢ ܒܬܫܡܫܬܐ. ܘܠܗܘܬ ܦܘܠܚܢܗ ܕܐܦܝܣܩܘܦܐ (B om.) ܕܒܥܝܐ ܕܒܗܬܐ: ܡܗܝܡܢܐ ܢܗܘܘܢ ܡܫ̈ܡܫܢܐ. ܕܢܫܡܫܘܢ ܢܦܫܗܘܢ ܘܢܒܣܡܘܢ ܠܟܠܢ. ܐܝܟܢܐ ܕܠܡܫܬܐ S. f. 54a ܐܝܠܝܢ ܕܐܠܗܐ ܒܗܘܢ ܢܒܠܐ: ܘܠܐܢ̈ܫܐ ܘܠܐܢ̈ܫܘܬܐ ܐܝܠܝܢ ܕܐܝܬܝܗܘܢ ܒܥܘܪ̈ܢܐ. ܠܟܠܢ ܡܢܗܘܢ ܢܫܡܫܘܢ ܬܫܡܫܬܐ ܕܢܣܒ ܠܗ. ܐܝܬܝܬܐ ܕܝܢ ܬܬܪܐܝܬ ܬܗܘܐ ܣܥܪܐ ܬܫܡܫܬܐ ܕܢ̈ܫܐ. ܘܓܒܪܐ ܡܫܡܫܢܐ ܬܫܡܫܬܐ ܕܓܒܪ̈ܐ. ܘܢܗܘܐ ܡܛܝܒ ܠܡܫܡܫܘ ܘܠܡܫܬܡܥܢܘ Lag. p. 72 ܠܦܘܩܕܢܗ ܕܐܦܝܣܩܘܦܐ. ܘܠܡܠܘܐ ܕܡܫܬܪܝ ܕܢܥܡܠ ܐܘ ܕܢܐܙܠ ܠܐܢܫ ܡܕܡ. ܢܗܘܐ ܥܡܠ ܘܠܐܐ: ܡܬܒܥܐ ܚܠܦ ܕܟܠܢ ܢܣܒ ܕܡܘܬܗ. ܘܬܬܪܥܐ ܕܢܫܬܠܡ. ܘܗܘܐ ܟܢܫ ܡܬܠܒܫܐ ܘܟܢܫܐ ܬܪܟܝܬܐ. ܘܫܐ ܢܦܫܐ ܕܐܚܪܢܐ ܡܬܪ̈ܝܢ ܦܟ̈ܬܝܢ. ܘܗܘܝܬܘܢ ܢܣܝܡ ܕܒܢܐ ܗܘ ܡܫܡܫܢܘܬܐ. ܐܝܟ ܕܐܡܪ ܡܪܢ ܒܐܘܢܓܠܝܘܢ: ܕܐܝܢܐ ܕܒܟܘܢ ܕܢܗܘܐ ܪܒܐ: ܢܗܘܐ Matt. xx. 27 ܠܟܘܢ ܡܫܡܫܢܐ. ܐܝܟܢܐ ܕܒܪܗ ܕܐܢܫܐ: ܠܐ ܐܬܐ ܕܢܫܬܡܫ ܐܠܐ ܕܢܫܡܫ. ܘܕܢܬܠ ܢܦܫܗ ܦܘܪܩܢܐ ܚܠܦ ܣܓܝ̈ܐܐ. ܗܟܢܐ ܡܬܒܥܐ ܠܟܘܢ ܕܬܥܒܕܘܢ ܐܦ ܐܢܬܘܢ ܡܫ̈ܡܫܢܐ ܟܕ ܬܗܘܐ ܠܟܘܢ ܕܬܣܝܡܘܢ ܢܦܫܟܘܢ ܚܠܦ ܐܚܝܟܘܢ: ܡܫܡܫܢܘܬܐ ܕܡܬܒܥܝܐ ܠܟܘܢ. ܐܦܠܐ ܥܠ ܗܘ ܡܪܢ ܘܦܪܘܩܢ: ܟܡܐ ܕܒܗ ܡܫܡܫ ܗܘܐ ܠܝ: ܐܝܟ ܕܟܬܝܒ ܒܐܫܥܝܐ: ܠܡܙܕܩܘ Is. liii. 11 ܠܙܕܝܩܐ ܕܦܠܚ ܫܦܝܪ ܠܣܓܝ̈ܐܐ. ܟܕ ܗܟܝܠ ܡܪܢܐ ܕܫܡܝܐ

ܠܢܫ̈ܐ. ܡܬܒܥܝܐ ܕܝܢ ܡܫܡܫܢܝܬܐ ܢܬܡܫ̈ܡܫܢ. ܘܡܫܡܫܢܐ[a]
ܕܡܫܡܫܢܘܬܐ[b] ܠܐ ܙܕܩ ܕܬܬܥܒܕ ܠܐܢܬܬܐ ܕܬܬܟܫܦ ܒܗ. ܐܠܐ
ܬܬܪܐܒܬ[b] ܡܫܡܫܢܝܬܐ. [dc]ܐܢܫ ܓܝܪ ܐܝܬܘܗܝ ܠܡܪܝܐ[c] ܕܡܫܡܫ.
ܕܗܘܐ ܢܡܫܡܫܢܝܗ̇ ܠܗܘ ܕܫܡܫܗ. ܐܝܟܢܐ ܕܐܦ ܕܐܝܬ ܐܢܬܬܐ.
ܘܬܬܪܐܒܬ ܡܫܡܫܢܝܬܐ[d] ܠܐ ܙܕܩ[e] ܠܢܫ̈ܐ ܕܢܗܘܘܢ ܡܫܡ̈ܫܢ ܡܢ
ܓܒܪ̈ܐ. ܐܠܐ ܒܣܢܝܩ ܐܝܕܐ ܗܘܝܬ ܩܕܡ ܝܘܡܐ ܒܠܝܘܕ. ܐܝܟܢܐ
f. 55 b ܕܡܫܡܫܢ[f] ܗܘܘ ܡܢ ܩܕܝܡ ܒܢܫ̈ܐ ܘܬܠܡ̈ܝܕܬܐ ܕܐܝܣܪܐܝܠ[g]. ܐܦ ܐܢܬ
ܒܗ̇ ܒܡܫܡܫܢܘܬܐ[h]. ܒܣܢܝܩ ܐܝܕܐ ܗܘܝܬ ܩܕܡ ܝܘܡܐ ܕܐܢܫܝܢ
ܕܢܦܩܝܢ ܡܡܫܡܫܢܘܬܐ. ܐܝܟ ܕܓܒܪ̈ܐ ܐܘ ܕܢܫ̈ܐ. ܘܡܢ ܚܠܘܦ
ܐܝܟ ܐܝܬ ܡܡܫܡܫ ܐܢܬ. ܘܐܝܟ[i] ܠܡܫܡܫܢܝܬܐ[j] ܦܩܕ ܐܢܬ ܐܘ[k]
ܠܡܥܢܐ. ܠܡܡܫܡܫܘ[k]. ܐܢܬܬܐ ܡܫܡܫܢܝܬܐ ܐܝܟ ܕܡܕܡ ܐܚܪܢ
ܬܗܘܐ ܡܢ[l] ܡܫܝܚܐ ܠܢܫ̈ܐ. ܓܒܪ̈ܐ[m] ܢܗܘܐ ܡܕܒܪ[n] ܟܠܗܘܢ ܥܡܡ̈ܐ
ܕܦܪܫܬܐ ܕܐܠܗܘܬܐ ܒܫܢ̈ܝܐ. ܘܡܛܐ[o] ܕܫܦܠܐ ܗܘ̇ ܕܡܫܪܐ ܡܢ
ܫܢܝܐ[o] ܬܡܠܠܗ̇ ܡܫܡܫܢܝܬܐ ܘܬܬܠܒܫܗ̇ ܘܬܣܥܘܪܝܗ̇. ܕܐܢܫ̈ܝܢ ܢܗܘܐ
ܫܡܫܐ ܕܡܫܡܫܢܝܬܐ ܕܠܐ ܬܬܪܐ ܒܡܫܡܫܢܘܬܐ ܘܡܫܡܫܢܘܬܐ[p].
ܡܛܠܗܢܐ ܐܚܪ̈ܢܝܢ ܕܡܬܒܥܝܐ[q] ܘܐܡܝܢܐ ܬܫܡܫܬܐ ܕܐܢܬܬܐ
ܡܫܡܫܢܝܬܐ. ܡܛܠ ܕܐܦ ܡܪܢ ܘܦܪܘܩܢ ܒܝܕ ܢܫ̈ܐ ܡܫܡ̈ܫܢܝܬܐ
ܐܫܬܡܫ ܕܐܝܬܝܗܝܢ ܡܪܝܡ ܡܓܕܠܝܬܐ. ܘܡܪܝܡ [r]ܗ̇ܝ ܕܝܥܩܘܒ[r]

Lag. p. 71   a ܡܫܡܫܢܐ

b ܐܝܟ ܕܫܠܝܛ ܠܢܫ̈ܐ. ܘܐܝܟܐ ܕܠܐ ܡܫܬܡܠܝܐ ܐܢܬܬܐ: ܘܬܬܪܐܒܬ

c ܐܢܫܐ ܠܗܘ   d B om. ܐܢܫ .. ܡܫܡܫܢܝܬܐ   e ܙܕܩܐ   S. f. 53 b

f ܕܡܫܬܡܫܝܢ   g ܒܐܝܣܪܐܝܠ   h ܒܗ̇ ܕܡܫܡܫܢܘܬܐ   i B om. ܘܐܝܟ

j ܠܡܫܡ̈ܫܢܝܬܐ   k ܠܡܫܡܫܘ ܐܘ ܠܡܥܢ̈ܝܐ   l om. ܡܢ   m + ܕܝܢ   n ܡܕܒܪ̈

o ܕܫܠܝܛ ܡܢ ܡܫܢܝܐ ܗܘ ܕܡܫܪܐ   p ܘܡܫܡܫܢܘܬܐ   q ܕܬܬܪܐܒܬ ܡܫܡܫܢܝܬܐ

r ܒܪܬ ܝܥܩܘܒ

ܡܬܠܛܠܝܢܐ ܥܠ ܕܡܒܪܟ ܒܪܝܟ ܗܘ. [a]ܘܗܘܐ ܕܠܐܬܐ ܠܒܬ ܗܘ[a].. Gen. xxvii. 29 *sic*
ܗܘܝܘ ܕܝܢ[b] ܡܒܪܬܝܢ ܘܚܫܝܢ ܒܐܝܠܝܢ ܕܐܬܝܠܝܕܘ ܕܝܢ[c] ܕܠܐ ܡܒܪܕܘܬܐ.[d] f. 55 a
ܘܗܘܝܘ ܕܝܢ[e]ܗܢܘܢ ܡܪܬܝܢ[e] ܘܡܪܬܝܢ ܘܡܢܘܟܝܢ[f] ܠܐܝܠܝܢ ܕܒܐܝܟܐ ܕܒܐܝܬ
ܡܒܪܟܝܢ[g]. ܢܦܩܘܢ ܗܢܘܢ ܕܚܝܠ ܐܪܥܢܝܬܐ ܡܢ ܠܘܬܗ. ܡܛܠ
ܕܠܡܒܪܟܘ ܐܬܬܦܩܕܘ. ܡܬܠܛܠܝܢܐ ܠܐ ܐܦܝܣܩܘܦܐ ܘܠܐ ܩܫܝܫܐ
ܘܠܐ ܡܫܡܫܢܐ ܘܠܐ ܐܪܥܢܝܬܐ ܢܦܩܘܢ ܠܘܬܗ ܡܢ ܦܘܡܗܘܢ.
ܕܠܐ ܢܦܪܬܘܢ ܠܘܬܗ. ܐܠܐ ܒܟܪܝܬܐ. ܘܗܕܐ ܬܘܒ ܒܬܠܝܬܝܬܐ[h]
ܬܘܗܡܐ ܠܝ ܐܢܐ ܐܦܝܣܩܘܦܐ ܕܐܦܠܐ ܐܢܐ ܡܢ ܒܢܝ ܥܠܡܐ[i] ܢܦܩ
ܠܘܬܗ ܡܢ ܦܘܡܗܘܢ[j]. ܕܥܠܝܢ ܒܪ ܐܢܫ[k] ܗܘ ܢܦܩ ܐܢܫ ܀
ܡܛܠܗܘܢ ܕܐܬܬܫܝܡܘ. ܡܛܠ ܩܕܡܐ ܐܦܝܣܩܘܦܐ[l] ܕܡܫܡܫܢܐ Chap. XVI
ܘܕܡܫܡܫܢܘܬܐ. [m]ܘܕܐܪܟܕܝܩܢܐ ܘܕܡ ܠܗܘܢ ܕܢܬܬܪܒܘܢ
ܒܬܫܡܫܬܗܘܢ. ܕܠܐ ܡܦܠܓ ܪܒܢܐ ܘܡܫܡܫܢܘܬܐ[m] ܀ ܡܬܠܛܠܝܢܐ
ܐܦ ܐܦܝܣܩܘܦܐ ܗܘܝܬ ܡܫܝܚ ܠܝ ܩܠܝܐ ܕܕܝܫܘܬܐ ܘܡܫܡܫܢܐ[n]
ܕܡܫܕܪܝܢ ܒܫܡܝ ܠܫܝܢܐ. ܐܝܠܝܢ ܕܢܦܩܘܢ ܠܝ ܡܢ ܥܠܡ ܒܫܡܐ ܕܝܒܫܐ[o].
ܒܪܢܫܐ ܗܢܘܢ [p]ܕܝܒܫܐ ܠܡܫܡܫܢܐ[p] ܩܘܪܒܢܐ[q] ܐܝܠܝܢ[r] ܕܡܬܩܪܒܝܢ.
ܐܢܬܬܐ ܕܝܢ ܐܝܟ ܕܠܡܫܡܫܢܘܬܐ ܕܢܫܐ. ܐܝܟ[s] ܒܪ ܩܠܬܐ ܐܢܫܐ
ܕܠܐ ܡܫܡܫ ܐܢܬ[t]ܠܡܫܡܫܘ ܠܡܫܡܫܢܐ[t] ܠܗܬ ܢܫܐ ܡܛܠ ܚܛܝܐ.
[u]ܡܫܡܫ ܐܢܬ ܠܡܫܡܫܢܝܬܐ[u]. ܡܛܠ[v] ܒܫܢܬܐ[w] ܩܘܪܒܢܬܐ. ܘܦܬܘܬܐ
ܕܐܢܬܬܐ ܡܫܡܫܢܝܬܐ ܡܬܦܪܢܐ. ܠܦܘܩܕ ܗܟܐ ܕܢܫܝܬ ܢܫܐ

S. f. 53 a [a] om. ܘܗܘܐ . . . ܗܘ [b] + ܗܢܘܢ [c] ܕܐܬܝܠܝܕܘ [d] ܡܪܕܘܬܐ
[e] ܬܘܒ ܒܟܝܢ ܘܡܬܠܟܝܢ [f] om. ܘܡܢܘܟܝܢ [g] ܡܬܕܟܪܝܢ
[h] C ܒܬܠܝܬܝܬܐ [i] ܥܠܡܐ C ܦܘܡܗܘܢ [k] ܐܢܫ [l] ܦܝܠܦܘܣ
[m] om. ܘܕܐܪܟܕܝܩܢܐ . . . . . ܘܡܫܡܫܢܘܬܐ [n] ܡܫܡܫܢܐ
[o] ܠܝܒܫܐ ܘܠܡܫܡ ܡܫܡܫܢܐ [p] ܐܝܟ ܕܠܡܫܡܫܢܐ ܕܩܘܪܒܢܬܐ
[q] ܩܘܪܒܢܬܐ [r] om. ܐܝܠܝܢ [s] ܐܢܬ [t] ܠܡܫܡܫܢܐ ܠܡܫܡܫܘ
[u] ܠܡܫܡܫܢܝܬܐ ܕܝܢ ܡܫܡܫ ܐܢܬ [v] + ܕܐܦ [w] + ܩܘܪܒܢܬܐ ܐܢܬܬܐ

Matt. v. 44 ܒܐܘܠܨܢܗܘܢ ܐܓܪܐ[a]. ܕܒܪܟܘ ܠܐܝܠܝܢ ܕܠܛܝܢ ܠܟܘܢ. ܘܬܗܘܘܢ ܐܓܪܐ.[a]
Luke x. 5 ܕܗܐ ܕܥܐܠܝܢ[b] ܠܒܝܬܐ. ܦܩܕܬܘܢ ܐܡܪܝܢ ܫܠܡܐ ܠܒܝܬܐ[c] ܗܢܐ.
Matt. x. 13 ܘܐܢܗܘ ܕܫܘܐ ܒܝܬܐ ܗܘ ܠܫܠܡܟܘܢ[d] ܢܐܬܐ ܥܠܘܗܝ. ܘܐܢܕܝܢ
ܠܐ ܫܘܐ[e] ܥܠܝܟܘܢ ܢܗܦܟ[f]. ܐܢ ܗܟܝܠ ܫܠܡܐ ܗܘ[g] ܥܠ ܐܝܠܝܢ
ܕܡܫܠܡܝܢ[h] ܠܗ ܗܦܟܝ. ܟܡܐ[i] ܗܟܝܠ ܬܗܘܐ[j] ܠܘܛܬܐ ܥܠ[k] ܐܢܫܐ
ܕܡܫܡܫܝܢ ܠܗ. ܐܢ ܗܟܝܠ ܚܕ ܡܢ ܕܡܗܝܡܢܝܢ ܠܗ ܐܡܪ[k] ܡܛܠ ܕܠܐ
ܫܘܐ ܕܢܩܒܠ ܠܘܛܬܐ. ܗܘ[l] ܕܐܬܦܪܕܬ ܥܠܘܗܝ. ܟܠܟܡ[m] ܕܠܐܝܬ
ܠܐܢܫ ܡܫܝܡܐܝܬ. ܠܢܦܫܗ ܗܘ ܠܐܝܬ. ܡܛܠ ܕܟܬܝܒ ܒܡ̈ܬܠܐ.
Prov. xxvi. 2 ܕܐܝܟܢܐ ܕܦܪ̈ܚܝܢ ܨܦܪ̈ܐ ܘܚܡܘܨܐ. ܗܟܢܐ ܠܐ ܢܩ̈ܦܢ[n] ܠܘܛ̈ܬܐ
Prov. x. 18 ܡܫܝܡܬܐ. ܘܬܘܒ ܐܡܪ[a] ܕܐܝܠܝܢ ܕܡܦܩܝܢ ܠܘܛ̈ܬܐ ܣܟ̈ܠܝܢ. ܙܟܝܢܐ
ܐܢܘܢ. ܒܕܡܘܬܐ ܕܒܪ ܕܕܒܘܪܬܐ. ܡܬܬܠܝܢ[o] ܐܝܟ ܕܐܡܪ[p]
Prov. vi. 6 ܡܪܝܐ. ܕܐܙܠ[q] ܠܘܬ ܕܒܘܪܬܐ[r] ܘܚܙܝ ܟܡܐ ܐܝܟܢܐ[r] ܦܠܚܐ.
8 ܕܦܘܠܚܢܗ ܒܢܟܦܘܬܐ ܦܠܚܐ. ܘܟܕ ܒܥܠܡܗ ܡܩܪܒ ܡܐܟܘܠܬܐ[s]
ܠܡܠܟ̈ܐ ܘܠܡܣܟ̈ܢܐ. ܡܛܠ ܕܪܚܝܡܬܐ[t] ܘܡܫܒܚܬܐ ܐܝܬܝܗ̇. ܒܗ̇
ܒܚܝܠܐ ܒܨܒܝܢܐ ܗܝ. ܐܝܟܢܐ ܗܟܝܠ ܕܒܕܒܘܪܬܐ[u] ܒܚܝܠܐ ܒܨܒܝܢܐ
ܗܝ. ܟܠ[v] ܕܕܒܝܩܬ ܠܐܢܫ ܫܘܐ[w] ܠܡܦܩܗ ܘܡܗܘܬ[x] ܒܡܪܬܐ
ܘܒܟܠ ܚܝܠܐ. ܗܟܢܐ ܐܦܝܢ ܡܫܬܟܚܐ ܒܗ ܒܕܡܘܬܐ. ܟܠ
Tobit iv. 15 ܡܕܡ ܕܣܢܐ ܕܢܥܒܕ ܠܐܢܫ ܐܚܪܢ ܠܢܦܫܗ ܗܘ ܡܣܬܐܟܝܢ[y]. ܟܠܡܕܡ
ܓܝܪ ܕܣܢܐ ܐܢܬ ܕܢܗܘܐ ܠܟ. ܐܢܬ ܠܐܚܪܢ ܠܐ ܬܥܒܕ.

---

a ܐܡܪܐ b + ܐܢܬܘܢ C ܐܢܬܘܢ ܕܥܠܝܢ c ܒܒܝܬܐ d ܠܫܠܡܟܐ. + ܫܠܡܟܘܢ C
e + ܫܠܡܟܘܢ C f ܢܗܦܘܟ C Lag. p. 70 g om. ܗܘ C h ܕܡܨܥܪܝܢ C
i om. ܟܡܐ C j ܠܘܛܬܐ ܬܗܘܐ C k ܐܝܠܝܢ ܕܡܗܝܡܢܝܢ ܠܗ ܡܫܡܫܢܘܬܐ C
l + ܗܘ C m + ܚܕ C n ܢܩ̈ܦܢ o ܡܬܬܠܝܢ p ܕܐܡܪ q ܙܠ
r ܘܐܝܟ ܕܐܝܟܢܐ s ܠܡܐܟܘܠܬܐ t om. ܕ ܡܛܠ u ܕܕܒܘܪܬܐ
v ܘܟܠ w + ܠܗ x ܘܗܘܝܐ y ܡܣܬܐܟܝܢ

ܦܫܝܛܘܬ ܕܐܒܪܐ ܥܠܝܡܐ ܡܫܡܫܘܗܝ[a] ܡܝܬܪ ܡܢ ܗܢ. ܚܙܝܐ ܦܫܝܛܘܬܗ،
ܕܬܬܕܒܪܝܢ[b] ܠܗܘ ܕܩܪܒ. ܘܬܬܚܙܩܘܢ ܘܠܐ ܬܬܟܠܒܘܢ ܒܗܘ ܕܐܡܪ.
ܐܠܐ ܬܬܠܡܝܢ ܠܟܘ ܒܢܬܟ ܘܬܬܦܠܝܢ ܥܠ ܐܦܝܟ ܘܬܬܘܕܘܢ ܠܐܠܗܐ
ܚܠܦ ܐܪܡܠܬܐ ܒܪܬ ܙܘܓܟ. ܘܬܬܓܠܝܢ ܬܦܩ ܥܠ ܗܘ[c] ܕܡܦܩ.
ܘܥܠ ܗܘ ܕܡܫܒܚ ܘܬܬܒܥܝܢ ܡܢ ܡܪܝܐ. ܕܢܬܦܬܚ[d] ܐܦ ܠܟܝ ܬܪܥܐ
ܕܚܕܝܐ ܒܒܥܠܟܝ[e] ܢܥܒܕ ܡܪܝܐ ܠܘܬܟܝ ܕܠܐ ܣܘܦܐ. ܘܢܫܪܪ
ܠܟܝ ܚܕܝܐ ܡܝܬܪ ܡܢ ܕܠܗܝܢ ܐܪܡܠܬܐ ܒܪܬ ܙܘܓܟ. ܡܢ ܐܢܫܐ
ܕܠܐ ܡܬܟܬܫ ܦܫܝܛܐ ܦܫܝܛܘܬܗ ܠܡܬܬܡܟܟܘ ܘܡܫܘܚܐ ܕܡܫܝܚܝܘܬܗ
[f]ܢܦܘܩܐ ܡܫܬܡܫ[f]. ܐܘ ܠܐ ܢܕܒܪܘܢ[g] ܕܬܚܒܪ ܒܐܘܠܨܢܗܘܢ.
ܕܡܐ ܕܥܒܕ ܐܢܬ ܙܕܩܬܐ ܠܐ ܬܩܪܐ ܩܪܢܐ ܩܕܡܝܟ[h] ܐܝܟ Matt. vi. 2
ܕܬܬܒܝܐ ܠܗܘܢ. ܐܝܟ [i]ܕܢܣܒܝ ܒܐܦܐ ܥܒܕܝܢ[i]. ܐܡܝܢ[j] ܐܡܪ
ܐܢܐ ܠܟܘܢ ܕܢܣܒܘ ܦܘܠܗܘܢ[k] ܐܓܪܗܘܢ ÷ [l]ܥܠ ܡܪܚܡܢܘܬܐ[l]
ܕܐܪܡܠܬܐ ܕܠܒܬܗ ܐܝܟ ܐܠܗܐ ܫܒܩ ܟܠ ܦܩܕ ܕܬܬܒܥܐ ܬܬܒܥܐ
ܒܚܘܒܐ. ܘܫܒܩ ܫܟܝܢܐ ܗܘ ܟܠ ܕܫܒܩ. ܐܢܬܝ، ܫܒܩ ܕܫܒܩܬ[m]
ܒܚܘܒܐ. ܠܟܠܗ ܡܕܝܢܐ ܐܢܬܝ، ܠܟܠܗܝܢ. ܐܘ ܐܢܬܝ، ܬܦܩ
ܠܟܠܗ [n]ܡܫܐܠܐ ܐܢܬܝ،[n]. ܕܠܐ[o] ܒܠܒܝ ܡܬܒܠܝ ܡܬܒܠܠܐ f. 54 b
ܐܢܬܝ،. ܘܪܚܡܬܐ ܐܢܬܝ، ܐܝܟ ܫܠܘܬܐ[p]. ܘܐܦ[q] ܠܡܛܠܬܐ ܡܦܩܐ
ܐܢܬܝ، ܐܝܟ ܢܦܫܐ. ܐܘ ܠܐ ܥܒܕܬܝ،[r] ܛܒܬܐ ܐܡܪ ܒܠܒܐ.
ܕܟܠ[s] ܕܡܒܪܟܟ ܒܪܝܟ ܗܘ. ܘܟܠ ܕܠܐܛܟ ܠܝܛ ܗܘ. ܘܬܘܒ[t] Gen. xxvii. 29 *sic*

---

[a] ܫܡܫܬ [b] ܕܬܬܕܒܝܢ [c] + ܡܢ [d] + ܠܟܝ [e] ܘܒܒܥܠܟܝ [f] ܢܫܬܡܫ
[g] ܢܕܒܪ ܐܢܘܢ [h] ܩܕܡ ܒܢܝܢܫܐ [i] ܕܥܒܕܝܢ ܢܣܒܝ ܒܐܦܐ [j] + ܠܟܘܢ
[k] om. ܦܘܠܗܘܢ [l] ܡܪܚܡܢܘܬܐ [m] ܕܫܒܩܬܝ S. f. 52 b [n] ܡܫܐܠܬܝ
[o] + ܗܘܐ [p] ܠܐ ܐܪܡܠܬܐ [q] ܐܠܐ ܐܦ [r] C ܥܒܕܬ
[s] C ܟܠ [t] + ܐܦ

ܙܕܩܬܐ. ܠܐ ܬܗܘܐ ܡܫܟܚܝܢ ܚ̈ܐܪܐ[a] ܡܣܒܪܝܢ. ܕܠܡܢܐ ܕܝܢ ܬܦܪܫܝܢ ܘܬܬܟܠܝܢ ܫܘܒܚܐ[b] ܕܝܢ ܡܬܠܝܐ ܐܢܬ، ܟܠ ܗܘ ܕܐܡܪ. ܢܬܟܠܐ ܘܢܬܓܠܐ[c] ܫܘܒܚܐ ܠܐܪ̈ܙܘܗܝ ܕܣܘܦܐ. ܘܢܬܕ ܣܘܦܐ ܕܝܢ ܐܝܬܘܗܝ ܒܪܢܫܐ ܕܡܫܟܠܐ. ܐܦ ܚ̈ܝܐ ܓܝܪ ܕܒܗ ܢܫܒܚܘܢ ܐܢܫ ܡܢ ܡܫܬܡܥܢܘܬܐ ܢܣܒ ܘܢܬܠܠ. ܘܠܐ ܡܬܒܥܝܐ ܕܢܩܘܡ ܠܒܪ ܘܢܬܟܠܡ. ܐܝܠܝܢ [d]ܕܗ̈ܘܢܐ ܐܢܫ[d]. ܐܦ ܡܬܦܬܠܝܢ ܒܕܘܟܬܐ ܡܟܝܠ ܕܗܘ ܕܡܟܡ ܘܡܡܠܠ ܠܗܘܢ ܠܐܠܗܐ ܠܐ ܫܒܩ[e]. ܐܠܐ ܐܢܬ، ܩܘܡܬ، ܡܠܝܠܐ ܟܠܗܘܢ، ܕܝܢ ܡܬܢܨܚܐ ܐܢܬ، ܫܘܒܚܐ. ܘܗ̈ܘܢܐ ܡܡܠܠܐ ܐܢܬ، ܡܕܡ ܕܬܒܥܐ. ܐܢܬ، ܘܐܬܪ̈ܚܬܐ ܐܝܠܝܢ ܕܗ̈ܘܢܐ ܐܝܬܝܗܝܢ ܕܐܝܬܝܗܝܢ ܡܕܒܫܐ ܘܙܒܢܐ ܕܐܠܗܐ ܫܘܐ ܡܚܝܢܐ.. ܗܢܐ ܕܝܢ ܫܡܥܝܢ ܕܐܝܬ ܐܬܪ̈ܚܬܐ ܕܠܐ ܡܬܕܒܪ̈ܢ ܐܝܟ ܦܘܩܕܢܐ. ܐܠܐ ܟܠ ܗܕܐ

f. 54a ܩܘ ܒܛܠ ܠܗܘܢ ܟܠܗܘܢ. ܕܩܘܝ، ܡܬܐܟܠܝܢ ܘܦܩܝܢ ܘܡܬܒܕܪ̈ܝܢ. ܘܗܢܐ ܬܩܢ ܕܢܫܟܚܬ ܙܕܩܬܐ ܡܢ ܡܪܢܐ ܗܘܝܐ[f] ܕܠܐ ܡܕܒܪܐ [g]ܕܝܢ ܬܟܠܐ ܡܕܡ ܕܩܘܝܐ[g]. ܘܟܠܢܬ[h] ܘܐܘܕܥܬ ܫܘܒܚܐ ܕܗܘ ܕܐܡܪ. ܘܗܢ ܕܝܢ ܫܘܒܚܬ ܐ̈ܪܥܢܐ ܩܘܝܬ ܘܡܬܒܕܪܐ ܒܐܦܝܣܩܘܦܐ ܗܘ ܕܦܪܨ. ܐܦ ܒܡܫܝܚܐ[i] ܐܦ[j] ܒܗܘ ܕܐܡܪ. ܒܡܗܝܡܢܘܬܐ[k] ܘܐܬܪ̈ܐ. ܠܐ ܢܟܪ ܩܘܡܬ ܕܐܢܫܐ ܡܬܒܪ[l] ܡܙܒܢܐ ܗܡܢܬ ܠܝ. ܘܡܟܬܒ ܡܢ ܗܢ. ܐܢܫܐ ܐܠܝܨܐ ܗܘܝܬ. ܘܠܐ ܢܟܪܝܐ ܕܠܐ [m]ܩܘܝܬ ܗܕܐ[m] ܒܪ̈ܢܫܐ ܕܒܢ̈ܝܫܐ[n]. ܐܠܐ ܒܦܘܩܕܢܐ ܕܐܠܗܐ. ܐܝܟܢܐ ܡܫܡܗܐ ܐܢܬ، ܘܐܬܪ̈ܐ[o] ܕܐܢܫܐ ܡܬܒܪܐܝܬ ܡܙܒܢܐ ܗܡܢܬ ܠܝ. ܘܢܟܪ

---

[a] ܕܒܝܬܐ [b] ܫܘܒܚܐ [c] ܘܢܬܓܠܐ B ܘܢܬܓܠܐ [d] ܕܗܘܘܢ

[e] ܡܫܬܡܥܢ + ܗܘܐ ܕܒܗܬܐ ܘܡܬܟܠܠܢܐ

Lag. p. 69. S. f. 52 a

[f] ܕܐܬܬܗܘ [g] ܒܡܬܟܠܐ ܠܗܢ ܕܡܬܟܠܠܐ ܠܗ [h] ܟܠܢܬ [i] ܒܡܫܡܫܢܐ

[j] + ܒܗ [k] + ܡܕܡ [l] ܡܬܒܪܐ [m] ܗܘܐ [n] + ܗܘܝܬ ܗܕܐ

[o] + ܐܢܬ ܠܗ:

ܡܛܠ ܗܝܡܢܘܬܐ ܘܕܘܒܪܐ.[a] ܐܝܟ ܕܐܡܪ ܬܦܠܘܣ[h] ܠܚܬܐ ܬܬܪܚܩܝܢ
ܘܬܬܟܠܨܝܢ.[c] ܘܐܢܫܝܢ ܕܢܫܬܐ ܬܦܠܘܣ[b] ܘܚܕܪܘܗܝ ܕܒܝܬܐ ܬܚܕܪ.[d]
ܬܬܪܥܐ ܘܬܬܒܪܐ ܡܢ ܡܠܘܫܬܐ ܕܠܒܝܬ. ܡܛܠ ܕܡܫܒܚܐ ܐܢܝܢ
ܕܠܒܝܬ[e] ܘܐܫܒܚܬ ܦܠܢ ܕܒܠܐ. ܫܘܝܢ ܕܝܢ ܘܫܡܫܝܢ ܕܐܝܬ
ܕܡܬܚܡܢ[f] ܐܪܡܠܬܐ ܘܐܝܬ ܒܗܘܢ[g] ܣܘܟܠܐ ܣܓܝ ܥܠ ܚܕܐ. ܟܕ[h]
ܠܒܝܬ ܕܝܢ ܐܘ ܢܫܒܘܩ ܡܕܡ ܡܢ ܐܢܫ. ܐܢܬ[i] ܦܘܠܐ ܒܪܬ[1] ܘܗܟܢ f. 53b
ܫܪܝܐ ܐܢܬ[j] ܐܘ ܐܪܡܠܬܐ ܕܟܕ[k] ܢܬܚܘܬ ܕܝܢ[k] ܠܬܬܟܝ ܕܐܬܬܘܢܬ.
ܐܢܬ[l] ܕܐܝܬܝܟܝ ܐܪܡܠܬܐ ܕܐܠܗܐ ܬܬܥܒܕܝܢ ܕܟܪܝܟ ܗܘ[m] ܐܠܗܐ
ܕܐܪܘܚ ܠܦܘܬܐ ܒܪܬ ܘܗܟܢ.[n] ܘܬܫܬܒܚ ܠܐܠܗܐ. ܘܒܬܪܟܢ ܠܗܘ
ܕܝܗܒ.[o] ܘܬܐܡܪܝܢ ܕܢܬܩܒܠ ܩܕܡܘܗܝ ܠܫܡܝܐ. ܘܐܬܬܕܟܪܝܗ ܡܪܝ
ܒܟܠܗܬܐ ܒܗܘܢܐ ܕܡܦܪܢܝܢ. ܘ[p]ܐܦ ܠܐܦܝܣܩܘܦܐ[p] ܕܒܠ[q]ܥܒܕ
ܕܒܪܝܘܗܝ[q] ܡܕܡܝܢ. ܘܦܪܘܫ ܘܙܗܘܬܐ ܒܟܠܬܗ. ܡܛܠ ܕܡܠܝܫܐ ܗܘܬ
ܦܘܬܐ ܒܪܬ ܘܗܟܢ. ܘܐܬܦܪܢܣܬ. ܘܐܘܣܦ ܠܗ ܠܗ ܬܫܒܘܚܬܐ
ܘܗܒ[r] ܠܗ[s] ܠܠܒܟܐ ܕܫܘܒܚܐ ܒܗܘܢܐ ܕܡܠܟܐ ܗܘ[t] ܕܡܬܬܒܥܢ.[u].
ܘܬܬܒ ܕܝܢ ܐܦ ܗܘ ܐܪܡܠܬܐ ܕܢܫܒܘܩ ܘܙܗܘܬܐ ܡܢ ܡܪܝܐ
ܕܬܪܥܐ[v] ܥܠ ܗܘ ܕܫܒܩ.[w] ܟܕ ܡܬܥܢܝܐ. ܫܒܩ ܐܝܟ ܫܒܝܚܬܐ.
ܕܬܗܘܐ ܘܙܒܘܢܬܗ ܠܘܬ ܐܠܗܐ. ܘܠܐ ܠܘܬ ܒܢܝܢܫܐ.[x] ܘܗܕܐ
ܬܫܡܫܬܐ[x] ܐܝܟ ܕܐܡܪ ܒܐܘܢܓܠܝܘܢ. ܕܡܐ ܕܥܒܕ ܐܢܬ Matt. vi. 3

---

[a] ܘܕܘܒܪܐ [b] ܬܦܠܘܣ [c] ܘܬܬܟܠܨܝܢ [d] ܬܚܕܪ [e] + ܘܐܫܒܚܬ
[f] om. ܕܡܬܚܡܢ [g] + ܐܝܟ [h] [ܟܕ] S. f. 51 b [i] om. ܐܢܬܝ [j] ܫܪܝܬܝ
[k] ܢܬܚܘܬܝ [l] ܐܢܫܘ [m] om. ܗܘ [n] B ܘܗܟܢ [o] ܕܝܗܒܬ [p] ܘܠܐܦܝܣܩܘܦܐ
[q] ܕܥܒܕ ܥܒܕܐ [r] ܘܗܒ [s] + ܬܘܒ [t] om. ܗܘ [u] ܕܡܬܬܒܥܢ
[v] ܬܪܥܐ [w] + ܗܕܐ ܬܫܡܫܬܐ [x] om. ܘܗܕܐ ܬܫܡܫܬܐ

---

[1] Cod. ܒܪ

f. 53 a ܠܐ ܡܫܬܦܩܕܐ. ܘܗܝ ܡܬܦܠܓܐܐ[a] ܒܗܘܢ. [b]ܘܐܦ ܠܗܘ[b] ܠܐ ܚܙܐ ܠܗ ܕܬܦܩܕ. ܐܠܦܢ ܐܝܟ ܠܐ[1] ܢܫܬܡܥ ܠܗ. ܬܬܘܐ ܘܬܒܗܬܐ ܘܬܒܗܬܐ ܘܬܬܒܥܐ ܠܬܫܡܫܬܗ. ܘܬܦܩܕ ܡܢ ܡܕܡ ܕܥܒܕ ܘܢܚܫܐ. ܥܠ[c] ܕܠܐ ܡܦܣ ܠܐܢܬܬܐ ܠܡܥܡܕܘ ܥܠ ܐܢܬܬܐ ܕܐܦ ܠܡܥܡܕܘ ܐܘ ܕܡܢ ܐܢܬܬܐ ܠܡܬܥܡܕܘ ܠܐ ܡܠܟܝܢ. ܡܛܠ ܕܥܒܪ ܦܘܩܕܢܐ ܗܘ. ܘܣܟܠܘܬܐ ܪܒܐ ܠܗ: ܕܡܥܡܕܢܐ [d]ܐܦ ܠܗܘ[d] ܕܥܡܕ. ܐܠܘ ܓܝܪ ܫܠܝܛ ܗܘܐ. ܕܡܢ[e] ܐܢܬܬܐ ܠܡܬܥܡܕܘ[f] ܗܘ ܡܪܢ ܘܡܠܦܢ ܡܢ ܐܡܗ ܡܪܝܡ[g] ܥܡܕ ܗܘܐ. ܐܠܐ[h] ܡܢ ܝܘܚܢܢ[i] ܥܡܕ[j]. ܐܝܟ ܕܐܦ ܐܚܪܢܐ ܡܢ ܥܡܐ. ܠܐ ܗܟܝܠ ܬܥܠܘܢ ܥܠܝܟܘܢ ܣܟܠܘܬܐ ܐ̈ܢܫܐ ܘܐܢܫܬܐ. ܟܕ ܬܬܕܟܪܘܢ ܠܒܪ ܡܢ ܢܡܘܣܐ ܕܐܘܢܓܠܝܘܢ ܥܠ ܫܘܦܪܗܝܢ[k] ܕܐܪ̈ܡܠܬܐ ܕܒ̈ܠܝܬܐ ܠܘܬ[l] ܣ̈ܗܕܐ ܥܠ ܫܘܦܪܐ ܐܘ[m] ܥܠ[m] ܛܘܒܐ ܐܘ ܥܠ ܡܐܟܘܠܬܐ ܘܪܛܘܢܝܐ ܐܘ ܥܠ ܫܘܪܝܐ[n] ܘܦܪܘܩܬܐ. ܐܘ ܥܠ ܚܘܒܐ ܡܕܡ ܐܚܪܢ ܠܗܝܢ[o]. ܒܪܫܠܝܢܐ[p] ܠܐ ܡܬܦܩܕܐ ܕܢܗܘܝܢ ܒܗ ܫܠܝܢ. ܒܐܪ̈ܡܠܬܐ[q] ܐܝܠܝܢ ܡܫܬܡܗܢܘ ܙܢܝ[r] ܕܬܫܬܡܗ ܣܓܝܐ ܡܢ ܫܠܝܢ. ܐܠܐ ܡܛܠ ܗܘ[s] ܕܡܥܒܕܐ ܒܥܒܕܬܐ. ܡܫܬܥܝ̈ܢܐ[t] ܐܝܬܝ̈ ܝܬܝܪܬܗ[u]. ܗܟܠ ܒܐܝܠܝܢ ܕܠܐ ܗ̈ܘܝ ܐܪ̈ܡܠܬܐ ܘܡܬܒܬܪܢ ܒܗܝܢ. ܐܝܬ ܓܝܪ ܕܐܡܪ̈ܢ ܥܠ ܢܦܫܗܝܢ[v] ܕܐܪ̈ܡܠܬܐ ܐܝܬܝܗܝܢ. ܘܥܒ̈ܕܐ[w] ܕܥܠܝܢ ܠܥܒܕܗܝܢ ܠܐ ܥܒ̈ܕܢ. ܠܐ ܗܘܐ ܓܝܪ ܡܛܠ ܥܒܕܐ ܕܐܪ̈ܡܠܘܬܐ ܡܬܚ̈ܦܝܢ ܠܡܣܒ ܠܡܠܥܘܬܐ. ܐܠܐ

S. f. 51 a a ܡܬܦܠܓܢܐ b ܘܠܗܝ ܬܘܒ c om. ܥܠ d ܘܠܗܝ e ܡܢ
f ܠܡܥܡܕܘ g ܡܪܝܡ ܐܡܗ h ܐܠܐ ܡܢ i + ܗܘ j B ܐܬܥܡܕ
k ܫܘܦܪܗܝܢ l ܗܠܘܬ m ܐܘ ܥܠ n + ܘܫܘܬܐ o ܠܗܝܢ p ܕܒܪܫܠܝܢܐ
q + ܕܝܢ r ܐܝܟ ܗܘܐ s ܕܗܘ Lag. p. 68 t ܡܫܬܥܝܢܐ u + ܘܐܫܬܥܝܬܗ
v + ܐܦ w + ܕܝܢ

[1] Cod. om. ܠܐ

ܢܥܒܕ ܐܝܟ ܗܢܐ[a] ܕܠܐ ܢܬܒܥܐ ܐܢܬ. ܐܘ ܕܠܐ ܬܡ[b] ܬܬܒܥܐ ܐܢܬ. ܘܠܘܬ ܐܚܪܢܐ[c] ܐܝܠܝܢ ܕܐܬܒܥܘܗܝ ܒܥܕܬܐ[d] ܐܘ ܕܢܦܩܘܢ ܡܢ ܥܕܬܐ. ܡܛܠ [e]ܕܦܠܓܐ ܢܗܘܘܢ[e]. ܡܬܒܥܐ ܐܢܬ، ܘܬܕܘܢ ܐܢܬ. ܕܬܐܙܠܘܢ ܘܬܬܒܥܘܢ ܐܢܘܢ. ܣܢܝܢ[1] ܐܢܫܝܢ ܗܟܝܠ ܠܡܥܒܕܗܘܢ ܐܝܠܝܢ ܕܗܟܢܐ ܐܬܒܥܘܢ. ܕܠܐ ܢܗܘܐ ܒܠܚܘܕ ܡܬܪ ܡܢ ܥܕܬܐ ܝܬܝܪ ܐܢܫܝܢ ܕܬܗܘܘܢ. ܚܛܝܢ ܘܡܣܬܪܩܝܢ. ܐܠܐ ܐܦ ܡܬܪ ܡܢ ܡܠܟܘܬܐ ܘܐܦܝܣܩܘܦܐ. ܗܘܝܬܘܢ ܕܝܢ ܡܪܚܝܢ ܐܝܟܘܬܐ. ܕܟܠ ܕܢܦܩܘܢ ܠܗܝܢ ܕܝܘܬܐ ܒܗ ܒܡܫܝܚܐ [f]ܬܬܒܥܘܢ ܠܗܘܢ[f]. ܒܗ[g] ܠܐܠܗܐ ܗܘ ܡܬܒܥܝܢ ܐܢܬܘܢ ܘܟܠ ܕܬܬܒܥܘܢ ܒܦܘܩܕܢܗ ܕܐܦܝܣܩܘܦܐ. ܐܢܬܘܢ ܕܠܐ ܒܕܝܠܐ ܗܘܝܬܘܢ[h] ܠܘܬ ܐܠܗܐ. ܐܦ ܟܠ ܐܢܫܐ ܡܢ ܒܢܝ ܥܠܡܐ [i]ܒܗ ܡܬܬܒܥܢ[i] ܠܐܦܝܣܩܘ̄ܦܐ ܘܡܬܬܒܥܢܢ ܠܗ. ܡܛܠ ܕܗܘܝܢ ܢܗܘܘܢ ܦܬܓܡܐ[2] ܚܠܦ ܟܠܢ. ܐܢܫܝܢ ܠܐ ܬܬܒܥܘܢ ܠܬܒܘܢܐ ܕܐܦܝܣܩܘܦܐ ܘܕܡܫܡ̄ܫܢܐ. ܗܘܝܢ ܬܡ ܢܬܕܟܪܘܢ ܡܢ ܡܫܠܡܢܘܬܐ ܘܐܢܬܘܢ[j] ܬܬܠܘܢ ܦܬܓܡܐ ܥܠ ܟܠ ܕܥܒܕܝܢ ܐܢܬܘܢ ܒܝܘܡܢ ܕܢܥܒܕܘܢ. ܐܘ ܒܝܘܡܢ ܕܢܥܒܕܘܢ [k]ܐܘ̄ ܐܝܬܘܗܝ[k] ܕܠܐ ܙܕܩ ܠܡܥܒܕܗ ܒܗ ܗܘ ܕܥܒܕ[l] ܟܠ ܒܪ ܕܢܚܫܐ ܐܘ ܕܡܬܬܒܥܘܢ[m] ܒܗ ܗܘ ܕܥܒܕ ܡܢ ܥܕܬܐ. ܒܐܢܐܢܬ [n]ܢܬܚܫܒ ܒܥܒܕܗ[n]. ܠܥܠܡܐ ܗܘ ܒܪ ܘܠܐܒܕܢܐ ܕܢܦܝܫܬܐ ܗܘܝܢ ܗܠܝܢ. ܐܝܟܢܐ ܢܬܬܒܥܘܢ ܐܢܫ ܘܢܚܫܐ ܒܗ ܗܘ [o]ܕܥܒܕ ܘܢܦܩ[o] ܡܢ ܥܕܬܐ. ܘܠܐ ܢܬܬܒܥ ܠܐܦܝܣܩܘܦܐ. ܠܐܠܗܐ

[a] ܗܘ [b] om. ܬܡ [c] + ܕܝܢ Lag. p. 67 [d] ܒܥܘܪܕܬܐ [e] ܕܢܗܘܘܢ ܦܠܓܐ

[f] ܘܬܬܒܥܘܢ ܠܗܘܢ [g] om. ܒܗ [h] ܗܘܝܢ ܐܢܬܘܢ [i] ܕܡܬܬܒܥܢܢ

[j] + ܕܝܢ [k] om. ܐܘ̄ ܐܝܬܘܗܝ [l] ܕܦܪܥ [m] ܢܬܬܒܥܘܢ

[n] ܡܬܒܥܐ. ܕܥܒܕܗ ܢܬܚܫܒ [o] ܕܥܒܕ

[1] Cod ܣܢܝܢ [2] Cod. om. ܦܬܓܡܐ

ܐܪܟܒ. ܗܪܟܐ[a] ܟܠ ܡܕܡ ܕܡܬܢܝܐ ܗܘܬ ܦܣܩܬܗ ܠܗ ܡܣܒܪܬܐ..[b]

ܡܬܒܥܝܐ ܠܗܘܢ ܗܟܝܠ ܠܐܪ̈ܡܢܝܘܬܐ. ܕܢܗܘܘܢ[c] ܡܫ̈ܬܡܠܝܢ ܠܐܦܘܦܢܣܘܣ[d]

ܘܢܗܘܘܢ ܒܗ̇ܘܬ ܘܡܬܒܪ̈ܟܢ ܘܕܢܠܠ ܡܢ ܐܦܘܦܢܣܘܣ[e] ܐܝܟ

ܕܡܢ ܐܠܗܐ. ܘܠܐ[f] ܡܬܒܪ̈ܟܢ ܒܝܕܝܢ ܢܦܫܗܘܢ. ܘܠܐ[g] ܢܗ̈ܘܘܢ

ܒܟܪ̈ܝ[g] ܡܕܡ ܠܒܪ ܡܢ ܡܟܐ[h] ܕܡܬܒܥܐ ܠܗܘܢ [i]ܡܢ ܐܦܘܦܢܣܘܣ.[i]

ܐܘ ܕܠܒܪ ܡܢ ܡܠܬܐ ܢܬܠܠ ܒܗ ܐܚܕ ܐܝܟ ܕܠܦܘܢܝܐ. ܐܘ

ܕܢܐܪ̈ܠ ܠܗܘ ܐܚܕ ܐܝܟ ܕܠܡܬܒܠ ܘܠܡܬܒܥܬܐ. ܐܘ ܕܢܦܪܘܩ ܒܗ

ܐܚܕ. ܐܘ ܕܢܦܩܘܢ ܡܢ ܐܚܕ ܡܕܡ. ܐܘ ܕܢܫܬܒܩܘܢ ܐܚܪܢܐ[j] ܘܢܦ̈ܠܘܢ

ܥܠ ܐܚܕ. ܠܒܪ ܡܢ ܦܘܣܩܢܐ[k] ܕܐܦܘܦܢܣܘܣ[l]. ܐܝܟܢ [m]ܗܟܝ ܬܢܝܢܝ.[m]

ܡܕܡ ܕܠܐ ܦܣܝܩ ܠܗ ܬܘܕܝܬܐ[n]. ܥܠ ܕܐܬܒܪ̈ܟܬ ܕܠܐ ܡܙܕܘܓܬܐ.

ܡܢ ܐܢܫܐ ܓܒܪ ܢܕܥܐ ܐܝܬܘܗܝ, ܐܘ̄ ܐܝܬܘܬܐ. ܕܡܢ ܡܕܡ ܢܦܫܐ

ܐܝܬܘܗܝ. ܐܘ ܡܢ ܐܢܫܐ ܬܫܒܘܚܬܐ ܡܫܬܡܠܝܐ ܐܝܬܘܗܝ. ܐܘ ܥܠ

ܡܕܡ ܢܦܫܐ ܗܢܐ ܐܝܬܘܗܝ. ܐܘ ܥܠ ܡܕܡ ܫܦܝܪܐ ܐܝܬܘܗܝ, ܐܚܪܢܐ. ܠܐ[o]

ܢܕܥܐ ܐܝܬܘܗܝ, ܕܥܠ ܚܕܐ ܚܕܐ ܡܢ ܗܠܝܢ. ܦܬܓܡܐ ܢܗܘܐ ܐܝܬܘܗܝ,

f. 52b ܠܡܪܢܐ ܒܝܘܡܐ ܕܕܝܢܐ: ܥܠ ܕܡܫܬܘܬܦܐ ܐܝܬܘܗܝ, ܠܒܢ̈ܝܢܫܐ:

ܡܪܫܝܬܐ[p] ܕܐܪ̈ܡܠܘܬܐ ܡܙ̈ܕܘܓܬܐ ܐܝܬܘܗܝ, ܕܝܢ[q] ܐܪ̈ܡܠܘܬܐ ܕܐܝܬܝܗ̇

ܕܠܐ ܡܙܕܘܓܬܐ. ܫܪܝܐ ܐܝܬܘܗܝ, ܠܐܪ̈ܡܠܘܬܐ ܒܢ̈ܘܗ ܘܠܟܠܗ. ܐܘ

ܠܐܚܪܢ ܒܡܘܪ̈ܕܢܐ. ܘܥܠ ܗܕܪ̈ܟܝܗ[r] ܠܐ ܡܬܒܠ ܠܗ ܕܬܬܦܪܫ

ܘܬܬܢܠܝܢ. ܘܬܬܦܫܩܢ ܐܚܪܢܐ[s] ܘܬܬܦܫܩܢ ܐܝܟ݂. ܐܠܐ ܟܪܝܐ ܐܝܬܘܗܝ,

---

[a] + ܗܢܘ ܕ

[b] + [ܕܠܐ ܙܕܩ ܠܐܪ̈ܡܠܘܬܐ ܠܡܒܥܐ ܡܕܡ ܒܠܚܘ ܡܢ ܦܘܣܩܢܐ ܕܐܦܘܦܢܣܘܣ]

[c] + ܢܩܦܝܢ ܘܢܗ̈ܘܘܢ [d] ܠܐܦܘܦܢܣܘܣ ܘܠܡܬܢܓܕܢܐ [e] ܐܦܘܦܢܣܘܣ

[f] + ܢܗ̈ܘܘܢ [g] ܢܗ̇ܘܝܢ ܠܡܕܡܕܡ [h] ܡܕܡ [i] om. ܡܢ ܐܦܘܦܢܣܘܣ

[j] [ܐܚܪܢܐ] [k] ܦܘܣܩܢܐ [l] + ܐܘ ܕܡܬܢܓܕܢܐ [m] ܬܢܝܢܝ [n] ܬܘܕܝܬܐ ܗܟܢ

S. f. 50 b [o] + ܟܠ [p] ܡܙ̈ܕܘܓܬܐ [q] + ܘܐ [r] ܗܕܪ̈ܟܝܗ [s] [ܐܚܪܢܐ]

ܒܝܬܗ ܘܪܘܚܐ ܒܡܪܢܐ ܒܐܝܡܡܐ ܘܒܠܠܝܐ. ܘܕܠܐ ܫܠܝܐ
ܒܟܠܙܒܢ ܡܩܪܒܐ ܨܠܘܬܐ ܘܒܥܘܬܐ[a] ܘܡܨܠܝܐ ܕܒܥܐܝܬ ܡܕܡ
ܡܪܝܐ ܘܢܗܒܐ ܟܠܡܕܡ ܕܫܐܠܐ. ܡܛܠ ܕܟܠܗ ܪܥܝܢܗ ܥܠ
ܗܕܐ ܗܘ ܩܒܝܥ. ܠܐ ܒܥܐ ܬܪܥܝܬܗ ܡܒܥܝܐ[b] ܗ̇ܝ[c] ܠܡܣܒ ܘܐܦܠܐ
ܪܓܠܗ ܦܪܝܣܐ[d] ܠܡܥܒܕ ܕܥܘܬܐ ܡܣܓܝܐܬܐ. ܘܐܦܠܐ[e] ܒܝܬܗ
ܦܢܝܐ ܕܬܒܥܐ[f] ܡܕܡ ܘܬܐܙܠ[g]. ܘܬܬܒܥܘܢ ܡܢܗ̇. ܘܠܐ ܫܒܝܬܐ
ܬܗܘܐ ܒܝܬܐ ܕܬܬܦܪܣܐ ܠܗܘܢ. ܥܠ ܕܠܐ ܢܣܒܐ ܠܐ ܘܡܬܦܪܣܢܐ
ܠܒܪ. ܡܛܠܬܗܝܢܐ ܠܐ ܡܬܒܥܝܐ ܠܗܬܐ ܡܢ ܡܕܡ. ܘܗܟܢܐ
ܥܠܝܬܗ ܘܢܦܫܬܗ. ܗܘܝܐ ܒܗ ܕܢܥܒܕܬܗ[h] ܗܘܝܐ ܡܫܡܠܝܐ ܡܕܡ
ܐܠܗܐ. ܘܟܠ ܕܫܐܠܐ ܡܢ ܐܠܗܐ ܒܟܠܠ ܢܣܒܐ ܫܐܠܬܗ̇. ܡܛܠ
ܕܐܪܡܠܬܐ ܐܢܬܬܐ ܕܗ̇ܝܕܝܢ ܐܝܬܝܗ̇. ܕܠܐ ܪܢܝܐ ܒܥܩܐ. ܘܠܐ
ܡܬܪܓܝܐ ܠܦܨܐ. ܘܠܐ ܠܥܘܒܐ ܘܠܐ ܒܥܝܐ. ܐܠܐ ܠܐ ܐܡܕܝܢܐ f. 52 a
ܒܨܠܘܬܐ. ܘܡܕܝܢܬܐ ܘܠܐ ܫܓܝܫܐ. ܘܢܟܦܐ ܘܡܫܝܕܬܢܝܐ.[1]
ܘܫܬܩܐ[i] ܒܒܝܬܗ ܘܡܕܥܐ ܒܡܪܝܐ ܘܡܬܒܝܢܐ[j]. ܡܛܠ ܕܬܬܦܪܣ ܡܕܡ
ܠܐܢܫܝܢ ܕܐܠܝܨܝܢ. ܐܦ ܬܬܩܦ ܬܘܒ ܠܐܣܝܪܐ ܕܠܐ ܬܫܒܘܩ[k]
ܡܢܫܝܢ ܡܕܡ ܡܛܠ ܕܡܩܕܐ ܠܐܪܡܠܬܐ ܗܝ ܕܐܫܟܚܬ ܚܠܝܢ
ܡܢܝܢ ܒܐܘܢܓܠܝܘܢ. ܗܝ ܕܐܬܬ ܘܐܪܡܝܬ ܒܝܬ ܓܙܐ ܬܪܬܝܢ cf. Mark xii. 42
ܬܐܡ. ܕܐܝܬܘܗܝ ܕܝܢܪܐ ܚܕ. ܗܝ ܕܟܕ ܚܙܐ ܡܪܢ ܘܡܠܦܢ ܚܙܝ
ܠܡܘܬܐ ܐܡܪ ܠܢ. ܐܘ ܬܠܡܝܕܝ ܗܕܐ ܐܪܡܠܬܐ ܡܣܟܢܬܐ ܐܪܡܝܬ 43
ܡܢ ܟܠܗܘܢ ܐܢܫܝܢ ܕܙܕܩܬܐ. ܡܛܠ ܕܟܠܗܘܢ ܡܢ ܡܕܡ ܕܝܬܝܪ ܠܗܘܢ 44

a om. ܘ ܨܠܘܬܐ b ܒܥܐ c om. ܗ̇ܝ d B ܡܣܓܝܐܬܐ e ܐܦܠܐ
f ܘܬܒܥܐ g ܘܬܐܙܠ S. f. 50 a. Lag. p. 66 h ܘܢܥܒܕܬܗ i ܫܬܩܐ
j om. ܘܡܬܒܝܢܐ k ܬܫܒܘܩ

[1] Cod. ܘܡܫܝܕܬܢܝܐ

ܕܐܒܩܒܝܐ ܘܠܐܪܘܚܬܐ[a] ܕܥ̈ܠܝܡܐ. ܡܘܪ̈ܩ[b] ܪܒܝܬܐ ܡܪܢܪܬܐ
ܘܟܠܣܘܦ̣ [c]ܥܠ ܡܚܡ̈ܘܝܐ[c] ܢܦܩ. ܫܠܡ ܕܐܒܬܘܗܝ، ܐܠܗܘܗ̱ܝ[d]
Matt. vi. 21 [e]ܒܩ̈ܝܢܘܗ̱ܝ ܘܬܒܟܡܝܬܘܗ̱ܝ ܕܢܘܣܬܘܗ̱ܝ[e]. ܐܡܪܐ ܓܝܪ ܕܐܒܬܗ̇:
ܣܒܟܬܗܘܢ ܬܡܢ ܗܘ ܐܦ ܠܒܗܘܢ[1]. ܐܡܪܐ ܓܝܪ ܕܐܬܟܒܪܬ[f] ܠܗ̇
ܕܬܗܘܐ[g] ܘܡܬܟܪܒܐ ܐܝܟ ܕܠܡܚܙܐ[2] ܠܐ ܡܬܥܒܕܐ ܠܟ̈ܬܐ.
ܐܠܐ ܠܡ̈ܚܘܝܐ ܗ̇ܘ ܦܠܚܐ. ܘܡܫܡܫܐ ܠܝܘܬܪܢܐ ܠܟ̈ܢܦܐ.
f. 51 b ܘܠܐܠܗܐ ܕܐܬܟܢܫ،[h] ܠܐ ܡܬܦܫܐ. ܐܦܠܐ ܠܬܫܒܚܬܗ ܡܫܬܡܥܐ.
ܕܬܗܘܐ ܐܡܝܢܐ ܡܢܠܝܐ ܘܟܢܝܐ. ܡܛܠ ܕܐܬܪܚܒܬܗ̇ ܦܠܓ
ܥܡܝܐ ܒܣܝܒܪܬܐ ܕܟܠܗܘܢܬܐ. ܘܡܢ ܬܘܒܡܢ[i] ܠܡܠܝܘ. ܡܬܕܒܪܐ
ܕܠܐܢܚܢܐ ܬܐܝܠܢ[j] ܐܝܟ ܕܠܡܚܙܐ[2] ܡܕܡ. ܐܘ ܕܠܓܢܬ ܬܘܒ
ܕܬܐܡܪ ܡܠܬܐ ܡܕܡ ܠܬܘܕܝܬܗ̇. ܘܡܢ ܡܢܝܢܐ ܕܬܡܠܠ[k] ܠܐ
ܗ̇ܘܐ ܙܒܢܗ̇ ܥܠ ܡܠܬܗ̇. ܐܠܐ ܥܠ ܡܣܬܒܪܬܐ ܗܝ ܕܗܠܝܢ
ܥܠ ܬܪܒܝܬܗ̇. ܘܐܡܪܐ ܕܗ̇ܘܝܐ ܗ̇،. ܠܐ ܓܝܪ[l] ܡܫܬܡܥܐ ܠܗ̇[m]
ܡܠܬܗ̇[n]. ܐܠܐ ܒܟܠ ܦܘܡܐ ܡܠܬܗ̇ ܡܛܠ ܫܒܝܚܘܬܗ[o]
ܕܙܒܢܗ̇. ܥܠ ܕܠܐ ܗܘܐ ܡܢ ܟܠܗ ܠܒܢܗ̇ ܡܡܠܠܐ ܡܠܬܐ
ܠܐܠܗܐ. ܐܠܐ ܐܝܠܐ ܒܬܪܒܝܬܐ ܕܡܒܒܕܘܬܗ ܕܦܠܓܐ[p].
ܘܡܡܠܠܐ ܒܗ ܬܘܕܝܬܗ̇ ܥܠ ܡܕܡ ܕܝܘܬܪܢܐ ܠܝܬ ܒܗ. ܡܛܠ
ܕܠܐ ܢܕܒܐ ܐܢܚܢܐ[q] ܗܘܝܢܢ ܐܘ ܠܐܢܕܐ ܕܝܗܒܐ ܐܫܬܘܕܝܢ..
[r]ܐܪܥܠܬܐ ܕܝܢ ܐܡܪܐ ܕܢܒܝܐ ܠܡܒܥܪ ܠܐܠܗܐ. ܗܘܢܐ ܒܟܘ

S. f. 49 b [a] B ܘܠܪܘܚܬܐ [b] ܡܘܪܩ [c] ܕܡܚܡܘܝܐ ܗܘ [d] ܐܠܗܘܢ
[e] ܒܩܝܢܝܗܘܢ ܘܟܪܝܗܘܢ [f] ܕܐܬܟܒܪܬ [g] + ܟܘܝܐ [h] ܕܬܟܢܫ [i] ܬܘܒܡܢ
[j] ܬܐܡܠ [k] om. ܕܬܡܠܠ [l] om. ܓܝܪ [m] om. ܠܗ̇ [n] + ܒܟܡܕܡ [o] B ܫܒܝܚܘܬܗ̇
[p] ܕܒܟܠܕܒܒܐ [q] ܕܐܢܚܢܐ [r] + [ܥܠ ܐܪ̈ܥܠܬܐ ܢܒ̈ܝܬܐ]

---

[1] Cod. ܠܒܗܘܢ̱ [2] Cod. ܕܠܡܚܙܐ

ܦܬܠܐ ܒܠܒ̈ܒܐ. ܘܠܐ ܫܒܩ ܠܗܘܢ ܕܢܬܬܦܢ̈ܘܢ[a] ܠܘܬ ܡܪܝܐ.
ܘܐܝܠܝܢ[b] ܕܗܟܢܐ ܐܢܘܢ ܟܕ ܚܒܝܫܝܢ ܚܐܠܝܢ ܠܒܪܬܐ. ܘܡܬܒܪܐܝܬ f. 51 a
ܬܘܒ ܟܕ ܚܒܝܫܝܢ ܢܦܫܝܢ [c]ܡܢ ܒܪܬܐ[c] ܡܛܠ ܕܠܐ ܫܡܥܝܢ ܡܢܕܡ
ܕܡܬܡܠܠ. ܐܦ ܡܬܦܪܫܐ ܐܝܟ ܕܢܡܠܠܘܢ ܒܐܕ̈ܢܐ ܕܠܒ̈ܘܬܗܘܢ.
ܕܟܠܡ ܗܟܝܠ ܐܝܠܝܢ ܕܗܟܢܐ ܐܝܬܝܗܘܢ ܠܗܘܢ ܟܕ ܕܐܡܪ
ܟܠܗܘܢ ܐܡܝܢܐ. ܕܡܫܡܥ ܬܫܡܥܘܢ ܘܠܐ ܬܣܬܟܠܘܢ. Is. vi. 9
ܘܡܚܙܐ ܬܚܙܘܢ ܘܠܐ ܬܚܙܘܢ. ܐܬܥܒܝ ܠܗ ܓܝܪ ܠܒܗ 10
ܕܥܡܐ ܗܢܐ. ܘܒܐܕ̈ܢܝܗܘܢ ܝܩܝܪܐܝܬ ܫܡܥܘ. ܘܥܝ̈ܢܝܗܘܢ
ܥܡܨܘ. ܕܠܐ ܡܡܬܬܘܪ[d] ܢܚܙܘܢ ܒܥܝ̈ܢܝܗܘܢ ܘܢܫܡܥܘܢ
ܒܐܕ̈ܢܝܗܘܢ. ܒܗ ܗܟܝܠ ܒܫܪܪܐ ܕܡܬܚܙܝܐ. ܡܫܡܥܢ[e] ܐܕ̈ܢܐ
ܕܠܒ̈ܘܬܗܘܢ[f] ܕܐܪ̈ܡܠܬܐ ܐܝܠܝܢ ܕܗܟܢܐ ܐܢܘܢ[g]. ܟܠ ܕܠܐ ܡܬܚܡ
ܬܚܝܬ ܡܠܠܐ ܕܬܠܡܝܕܘܗܝ. ܕܢܦܩܘܢ ܡܡܠܠܝܢ ܘܟܕ ܡܢ ܡܪܝܐ.
ܐܠܐ ܡܫܬܘܕܥܝܢ ܠܡܦܪܫ ܐܝܟ ܕܠܘܬܪ̈ܢܐ[h]. ܘܟܕ ܦܓܪ̈ܬܗܘܢ
ܗܕ̈ܡܐ ܕܥܒܕܬܗ ܕܒܡܠܒ̈ܒܐ. ܐܪ̈ܡܠܬܐ ܕܝܢ ܐܡܪܐ ܕܗܟܢܐ
ܐܝܬܝܗ ܠܐ ܫܠܝܐ ܠܡܬܟܫܦܘ ܕܡܫܒܚܢܐ. ܡܛܠ ܕܡܬܒܥ
ܒܐܘܟܠܝܢ[1] ܕܐܢ ܢܫܬܘܘܢ ܬܪܝܢ[i] ܘܢܫܐܠܘܢ ܥܠ ܟܠ ܨܒܘ Matt. xviii. 19
ܕܐܝܬ ܢܬܝܗܒ ܠܗܘܢ[j]. ܘܐܢ ܢܐܡܪܘܢ ܠܛܘܪܐ ܕܢܫܬܩܠ ܘܢܦܠ Matt. xxi. 21
ܒܝܡܐ ܐܦ[k] ܢܗܘܐ ܗܟܢܐ.. ܫܪܝܪ ܗܟܝܠ ܕܐܝܬ ܐܪ̈ܡܠܬܐ.
ܕܐܝܟ ܬܐܓܘܪܬܐ ܫܒܩܬ ܠܗܝܢ ܨܒܘܬܐ. ܘܢܦܩܝ ܒܥܒܘܬܐ.
ܘܫܠܦ ܕܒܢ̈ܝܢ ܦܬܓܡܐ ܘܝܬܒ ܠܐܦܝܣܩܘܦܐ ܐܝܟ ܕܠܡܦܩܠܐ

S. f. 49 a [a] ܕܢܬܬܦܢܘܢ [b] + ܠܐܝܠܝܢ ܕܗܟܢܐ ܐܝܬܝܗܘܢ
[c] om. ܡܢ ܒܪܬܐ [d] ܡܬܬܘܪ [e] ܐܫܬܡܥ̈ܢ [f] ܕܠܒܘܬܗܘܢ [g] ܐܝܬܝܗܘܢ
Lag. p. 65 [h] ܕܠܝܘܬܪ̈ܢܐ [i] + ܐܝܟ ܚܕܐ (B ܐܟܚܕܐ) [j] ܠܗܘܢ [k] om. ܐܦ

[1] Cod. ܒܐܘܟܠܝܢ

ܕܬܬܦܢܘܢ ܡܢ̈ܠܝܢ ܘܟܬܝܢ ܓܝܪ ܡܪܝܐ ܐܠܗܐ. ܡܛܠ ܕܗܘܐ[a] ܫܡܥ ܡܫܝܚܐ ܡܠܟܢ. ܠܢ ܠܬܠܡ̈ܝܕܘܗܝ ܫܕܪ ܠܢ[b] ܕܢܬܠܡܕ. ܠܥܡܡܐ ܘܠܥܡ̈ܡܐ. ܐܝܬ ܗ̇ܘ، ܕܐܝܟ ܒܥܡܡ ܬܠܡܝܕܘܬܐ ܡܪܝܡ ܡܬܓܠܝܢܘܬܐ[c] ܘܡܪܝܡ ܐܪܥܝܬܐ. ܘܠܐ ܫܕܪ ܕܢܬܠܡܕܘܢ ܒܥܡ ܠܥܡܡܐ. ܐܠܐ ܓܝܪ ܡܬܦܢܝܢܐ ܗܘܐ [d]ܕܢܬ̈ܠܡ ܢܒ̈ܝܐ ܗܘ[d] ܡܠܟܢ ܡܫܡܫ ܗܘܐ ܠܗܘܢ[e] ܕܢܬܠ̈ܡܕܝ ܒܥܡ. ܐܠܐ ܬܗܘܐ ܢܗܪܐ ܐܪܡܠܘܬܐ ܕܡܫܒܚܐ ܗ̇ܝ[f] ܕܐܠܗܐ. ܘܬܗܘܐ [g]ܐܡܥܒܕܢܐ ܘܢܬܒܥܐ ܒܒܥܝܬܗ̇[g]. ܘܠܐ ܬܗܘܐ ܦܫܝܐ ܘܡܬܦܪܢܐ [h]ܒܟ̈ܬܐ ܕܐܪ̈ܥܐ ܡܫܡ̈ܥܢܝܐ[h] ܐܝܟ ܕܠܡܫܡܫ. ܡܫܒܚܗ ܓܝܪ ܕܐܠܗܐ ܠܐ ܢܗܘܐ[i] ܦܫܝܐ ܘܡܬܦܪܢܝܢ ܒܪܘܚܐ. ܐܠܐ ܒܫܪܐ ܕܦܠܚܬܐ[j] ܡܬܠܝܢ.. [k]ܠܐ ܫ̇ܒܩ ܡܬܦܪܢܐ ܕܬܗܘܐ ܐܪܡܠܘܬܐ ܦܫܝܐ ܘܡܬܦܪܢܐ ܒܟܠ ܥ̈ܕܢܐ. ܡܛܠ ܕܐܢܠܝܢ ܕܦܫ̈ܝܬܐ ܐܟ̈ܝܢ ܘܠܝܬ ܠܗܝܢ ܒܦܬܬܐ. ܐܦܠܐ ܒܡ̈ܬܘܬܗܝܢ ܒܢ̈ܝܢ[l] ܘܡ̈ܠܟܢ[m]. ܡܛܠ ܕܠܐ ܗ̇ܘ، ܐܪܡܠܘܬܐ. ܐܠܐ ܡܫܪ̈ܬܐ.. ܘܟܠ ܡܕܡ ܐܚܪܝܢ[n] ܠܐ ܡܬܠ ܠܗܝܢ. ܐܠܐ ܕܢܗ̈ܘܝܢ ܡܬܒ̈ܥܝܢ ܠܡܫܡܫ. ܡܛܠ[o] ܕܐܝܬܝܗ̇ܝܢ[p] ܒ̈ܬܘܠܬܐ ܘܩܕ̈ܝܫܬܐ. ܡܫܪ̈ܝܬܐ[q] ܡܬܥ̈ܠܝܢ ܡܢ ܓܘ̈ܢܬܐ[r]. ܘܠܝܬ ܠܗܝܢ ܢܦܩܬܐ[s]. ܐܢܠܝܢ ܓܝܪ ܕܫ̇ܒܩܐ ܐܝܬܝܗܝܢ. ܠܐ ܫ̈ܩܝܢ ܠܗ̇ܘ ܕܦܪܐ ܐܟ̈ܝܢ. ܐܦܠܐ ܓܝܪ ܒܫܘܬܦܘܬܐ ܕܒܢ̈ܝܐ ܕܢܫ̈ܝܐ ܕܚܕ ܒܥܕܢܐ. ܡܢ ܕܐܬܬ̇، ܡܬܬܒܝ̈ܢ. ܐܢܠܝܢ ܕܫ̇ܒܩܐ ܐܝܬܝܗܝܢ. ܐܦ ܐܢܠܝܢ ܕܫ̇ܒܩܐ ܐܝܬܝܗ̇ܝܢ. ܐܠܐ ܡܫܒܚ ܢܦܫܗܝܢ ܐܦ ܦܩܝܢ ܡܛܠܠܐ. ܟܠ ܡܕܡ ܐܚܪܝܢ[n]. ܐܝܟ ܕܐܦ ܐܚܪ̈ܢܐ ܢܬܬܒܥܘܢ ܒܐܝܕܝܗܘܢ ܓܝܪ

---

[a] + ܡܪܝܐ ܐܠܗܐ [b] om. ܠܢ [c] + ܘܡܪܝܡ ܒܪܬ ܢܚܘܡܐ

[d] [ܕܢܬ̈ܠܡ ܢܒ̈ܝܐ ܗܘ] [e] + ܠܗܠܝܢ [f] [ܗ̇ܝ] [g] ܐܡܥܒܕܢܘܬ ܢܬܒܥܐ ܒܒܥܝܬܗ̇ *sic*

[h] ܒܟ̈ܬܗܘܢ ܕܡܫܡ̈ܫܢܝܬܐ [i] ܡܬܦܪܢܝܢ [j] ܕܦܠܚܐ

[k] + [ܡܛܠ ܐܪܡܠܘܬܐ ܕܠܟܠܗܝܢ] [l] ܒ̈ܢܝܢ [m] om. ܘܡ̈ܠܟܢ [n] ܐܚܪܢ

[o] ܘܡܛܠ [p] + ܘ ܬܠܬܐ [q] om. ܡܫܪ̈ܝܬܐ [r] + ܘܡܬܥ̈ܠܝܢ [s] ܒܦܬܬܐ

ܕܡܫܐܠܝܢ ܠܗܘܢ. ܢܬܦܢܘܢ ܡܬܒ̈ܥܝܢ ܠܗܘܢ ܦܬܓܡܐ ܒܠܚܘܕ..[a]
ܥܠ ܫܪܪܐ ܕܝܢ ܕܦܬܓ̈ܡܐ. ܘܥܠ ܗܘ ܕܐܝܬ[b] ܐܠܗܐ ܒܠܚܘܕ. ܘܥܠ
ܬܫܒܘܚܬܐ ܘܥܠ ܢܝܚܐ. ܘܥܠ ܡܠܟܘܬܐ ܕܫܡܗ ܕܡܫܝܚܐ. ܘܥܠ
ܡܕܒܪܢܘܬܗ. [c]ܘܠܐ ܓܝܪ[c] ܚܣܝܐ ܗܝ[d] ܐܪܡܠܬܐ ܐܦܠܐ ܒܪ ܟܠܡܐ
ܠܡܡܠܠܘ. ܟܕ ܓܝܪ ܢܡܠܠܢ ܕܠܐ ܝܕܥܬܐ ܕܡܠܦܢܐ ܠܒܪ̈ܝܐ
ܡܫܬܝܢ ܥܠ ܡܠܬܐ.. ܡܛܠ ܓܝܪ[e] ܕܕܡܫܝܚ ܡܪܢ ܠܡܠܬܐ ܕܡܕܒܪܢܘܬܗ
ܠܦܪܕܬܐ[f] ܕܚܪܕܠܐ. ܗܘ[f] ܕܝܢ ܚܪܕܠܐ[g] ܐܢ ܠܐ ܡܬܬܕܒܪܢ[h]
ܒܐܘܡܢܘܬܐ. ܡܪܝܪ ܗܘ ܘܚܪܝܦ ܠܐܢܫܝܢ ܕܡܬܚܫܚܝܢ ܒܗ.
ܡܛܠܗܢܐ ܐܡܪ ܡܪܢ ܒܐܘܢܓܠܝܘܢ ܠܐܪܡܠܬܐ ܘܠܟܠܗܘܢ
ܒܢ̈ܝ ܥܠܡܐ. ܕܠܐ ܬܪܡܘܢ ܡܪ̈ܓܢܝܬܟܘܢ ܩܕܡ ܚܙܝܪ̈ܐ. ܕܠܐ Matt. vii. 6
ܢܕܘܫܘܢ ܐܢܝܢ ܒܪ̈ܓܠܝܗܘܢ. ܘܢܗܦܟܘܢ[i] ܬܘܒ[j] ܘܢܒܙܥܘܢܟܘܢ.
ܟܕ ܓܝܪ ܢܫܡܥܘܢ ܚܢ̈ܦܐ ܐܢܫܝܢ ܕܡܬܬܠܡܕܝܢ ܠܡܠܬܐ[k]
ܕܐܠܗܐ. ܟܕ ܠܐ ܡܬܦܫܩܐ ܬܘܪܐܝܬ ܐܝܟ ܕܘܠܐ ܠܗ. ܐܝܟ
ܕܠܒܢܝܢܐ ܕܫܢܐ ܕܠܥܠܡ. ܘܬܘܒܪܐܝܬ ܡܛܠ ܕܒܗ ܐܢܫܘܬܐ ܡܬܡܠܠܐ
ܠܗܘܢ. ܥܠ ܕܐܢܫܐ ܠܒܪ ܡܢ ܥܕܬܐ. ܘܥܠ ܫܡܗ ܕܡܫܝܚܐ
ܢܓܚܟܘܢ ܘܢܒܙܚܘܢ. ܚܠܦ ܕܘܕܝ[l] ܕܢܒܙܚܘܢ ܠܡܠܬܐ ܕܡܠܦܢܐ
ܘܬܚܘܒ[m] ܕܝܢܐ ܪܒܐ ܕܫܛܝܘܬܐ. ܠܐ ܗܟܝܠ ܡܬܬܒܥܐ[n] ܐܪܡܠܬܐ f. 50b
ܐܠܦܐ ܗܝ[o] ܕܢܬܦܢܘܢ ܢܫ̈ܐ ܬܠܡܝܕ̈ܬܐ. ܘܬܘܒܪܐܝܬ ܥܠ ܫܡܗ
ܕܡܫܝܚܐ. ܘܥܠ ܦܘܪܩܢܐ ܕܢܦܫܗ. ܠܐ ܗܘܐ ܓܝܪ ܥܠ ܗܕܐ
ܡܬ̈ܬܝܢ ܢܫ̈ܐ ܐܝܟ ܕܬܬܠܡܢ. ܘܬܘܒܪܐܝܬ ܕܝܢ[p] ܐܪܡܠܬܐ[q]. ܐܠܐ[r]

---

[a] + [ܠܐ ܙܕܩ ܠܐܪܡܠܬܐ ܠܡܠܦܘ ܐܦܠܐ ܠܓܒܪ ܚܟܝܡܐ] [b] + ܗܘ
[c] ܠܐ [d] [ܠܐ] [e] om. ܓܝܪ [f] ܠܚܪܕܠܐ. ܘܗܘ [g] ܚܪܕܠܐ [h] ܡܬܕܒܪ̈ܢ
[i] om. ܒܪ̈ܓܠܝܗܘܢ [j] ܠܟܘܢ [k] ܡܠܬܐ S. f. 48 b [l] om. ܕܘܕܝ
[m] B ܘܬܚܘܒ [n] ܡܬܒܥܝܢ [o] om. ܗܝ Lag. p. 64 [p] om. ܕܝܢ
[q] ܐܪ̈ܡܠܬܐ [r] + ܥܠ

ܡܛܠ ܗܢܐ ܒܟܠ ܦܘܪܫܢ ܢܗܘܐ ܠܒܟ ܠܟܝ[a] ܒܠ ܡܩܒܠܢܐ:

Chap. XV ܘܐܠܦܘܢ ܕܡܫܬܡܥܢܘܬܐ. ܕܐܢܫܐ ܕܝܢ ܕܢܬܒܥܘܢ[b] ܐܪܡܠܬܐ

ܒܢܟܦܘܬܐ ܘܒܡܟܝܟܘܬܐ. ܘܕܠܐ ܕܝܢ ܕܐܬܝܢ ܢܨܝܐ. ܘܐܦܠܐ ܗܠܝܢ

ܕܐܝܬܝܗܝܢ ܐܪܡܠܬܐ ܕܟܪܗܐ. ܘܐܦܠܐ ܒܠܚܘܕܝܐ. ܘܒܠ

ܡܢ ܕܢܝܬܝܗܘܢ ܕܐܪܡܠܬܐ ܕ̈ܟܠܗܐ. ܘܒܠ ܕܩܒܪܐ ܕܐܪܡܠܬܐ

ܢܟܦܬܐ. ܘܕܝܢ ܠܗܝܢ ܠܐܪܡܠܬܐ ܕܢܗܘܝܢ ܡܫܬܡ̈ܥܢ ܠܐܦܝܣܩܘܦܐ

ܘܠܡ̈ܫܡܫܢ. ܘܕܠܐ ܢܥܒ̈ܕܢ ܡܕܡ ܒܠܥܕ ܡܢ ܡܫܡܥܢܘܬܐ. ܘܕܡܫܝܚܐ

ܐܝܬܝܗܝܢ ܗܠܝܢ ܕܦܩܕܝܢ ܡܕܡ ܕܐܝܟ ܗܟܢ. ܐܘ ܡܣܝܒܢ ܥܡ

ܐܢܫܝܢ ܕܫܐܠܝܢ. ܘܕܠܐ ܡܢܝܢ ܠܐܢܬܬܐ ܠܡܥܒܕ. ܘܒܠ ܚܫܒܗܘܢ

ܬܗܘܐ ܕܠܗ ܚܕܐ ܕܐܪܡܠܬܐ ܕ̈ܟܠܗܐ. ܘܡܫܡܥܬܐ ܕܐܢܫܝܢ

ܕܢܣܒܢ ܡܢ ܚܫܒܗܘܢ[b]. ܡܬܒܥܝܐ ܠܗ ܗܟܝܠ ܠܟܠ ܐܪܡܠܬܐ ܕܐܝܬܝܗ̇.

f. 50 a ܕܬܗܘܐ ܡܟܝܟܐ ܘܫܠܝܐ ܘܢܝܚܐ. [c]ܘܬܗܘܒ ܬܗܘܐ[c] ܕܠܐ ܒܝܫܬܐ

ܘܕܠܐ ܪܘܓܙܐ. ܘܠܐ ܬܗܘܐ ܡܣܓܝܐܐ ܡܡܠܠܐ. [d]ܘܠܐ ܬܪܝܡ

ܩܠܗ̇ ܒܗ ܡܡܠܠܐ[d]. ܘܠܐ ܢܗܘܐ ܐܪܝܟ ܠܫܢܗ̇. ܘܠܐ ܬܗܘܐ

ܪܫܢܐ ܡܢܩܬܐ. ܘܟܕ ܬܚܙܐ ܡܕܡ ܕܣܢܐ ܕܗܘܐ ܐܘ ܬܫܡܥ[1].

ܬܗܘܐ ܐܝܟ ܗܘ ܕܠܐ ܚܙܬ̇ ܘܠܐ ܫܡܥܬ̇. ܒܠ ܡܕܡ[e] ܐܚܪܝܢ[f]

ܠܐ ܢܗܘܐ ܒܛܝܠ ܠܗ̇ ܠܐܪܡܠܬܐ. ܐܠܐ ܬܗܘܐ[g] ܡܨܠܝܐ ܒܠ

ܐܝܠܝܢ ܕܝܗܒܝܢ ܘܒܠ ܟܠܗ̇ ܥܕܬܐ. ܘܟܕ ܬܫܬܐܠ ܡܢܬܗ̇ ܡܢ

ܐܢܫ. ܠܐ ܒܥܓܠ ܬܗܘܐ[h] ܝܗܒܐ ܦܬܓܡܐ. ܐܠܐ ܐܢ ܒܠ

ܕܗܝܡܢܘܬܐ ܒܠܚܘܕ. ܘܒܠ ܗܝܡܢܘܬܐ ܕܐܠܗܐ ܘܬܗܘܐ ܡܫܕܪܐ[i]

ܠܗܘܢ ܠܐܝܠܝܢ ܕܪ̈ܓܝܢ ܕܢܬܠܡܕܘܢ ܠܘܬ ܡܕ̈ܒܪܢܐ[j]. ܘܠܐܝܠܝܢ

---

a ܠܟܘܢ b ܠܗܝܢ ܠܐܪܡܠܬܐ ܕܢܬܒ̈ܥܢ S. f. 48 a c ܘܬܗܘܐ ܬܗܘܒ
d ܘܠܐ ܬܗܘܐ ܦܬܝܐ e + ܒܗ̇ f ܐܚܪܢ g ܕܬܗܘܐ h [ܬܗܘܐ]
i ܡܫܕܪܐ j ܡܕܒܪܢܐ

---

[1] Cod. ܬܫܡܥܝܢ

ܕܬܬܬܩܢ ܘܬܟܝܡ ܠܒܪܝܬܐ. ܘܢܗܘܐ ܒܫܪܪܐ[a] ܗܢܝܐ[b] ܠܐ ܙܕܩܐ. ܗܢܐ ܓܝܪ
ܢܬܒܥܘܢ[b] ܕܐܢܫܐ[c] ܕܗܘܝܐ ܠܫܡ ܒܪܢܫܐ ܐܝܟ ܕܟܠ ܢܬܩܝܡܐ
ܗܘܝܐ[d]. ܘܕܢܬܒܥ ܟܠ ܗܕܐ ܘܢܬܒܥܐ[e] ܗܘ. ܡܬܠܬܢܝܐ ܗܘܝܬܘܢ
ܐܢܫܝܢ ܒܐܝܕܐ ܕܐܢܠܝܢ ܕܬܠܬܝܢ ܕܡܬܬܪܝܢ ܒܥܒܘܬܐ ܠܐܠܗܐ.
ܬܬܟܠܠ ܠܢ ܗܟܢܐ ܒܠܒܢ ܕܗܢܠܝܢ ܐܢ̃ ܐܦܝܣܩܘܦܐ ܘܩܫܝܫܘܬ·
ܒܥܕܬ ܐܦ ܠܡܫܡܫܢܘܬܐ. ܘܩܫܝܫܘܬ ܐܢܫ ܒܐܝܕܝܗܘܢ[f] ܘܡܬܬܪܥܐ
ܠܗܘܢ[g]. ܐܝܟ ܐܢܫ ܕܢܚܬܘܢ ܕܠܐ ܗܘܘ ܐܬܪܘܐ ܐܘ ܐܬܪܘܬܐ. f. 49 b
ܘܫܒܩܝܢ ܠܟ ܒܩܕܪܐ ܡܬܠ ܡܪܒܢܘܬܐ. ܐܘ ܡܬܠ ܒܩܪܒܐ.
ܐܘ ܡܬܠ ܬܪܒܝܬܐ ܕܒܢܝܐ ܡܬܒܐܠܝܢ[h]. ܡܬܒܥܐ ܠܢ ܕܟܠ ܚܠܝܢ
ܬܬܟܠܠ ܠܢ. ܘܕܚܠܝܢ ܬܗܘܐ ܢܦܫ. ܡܬܠܬܢܝܐ ܐܢܠܝܢ ܕܢܗܘܢ
ܡܗܘܬܢܘܬܐ. ܠܐ ܗܘܐ ܗܘܝܢ ܒܐܝܕܝܗܘܢ ܢܗܘܒܝܢ ܠܗܘܢ
ܠܐܬܪܘܬܐ. ܐܠܐ ܠܢ ܗܘ ܡܢܗܝܢ ܠܗܘܢ. ܐܢܫܢܐ ܕܐܢܫ ܡܚܣܢ[i]
ܐܢܫ ܥܬܝܪ ܒܐܢܠܝܢ ܕܐܠܒܝܢ. [j]ܕܐܝܟ ܪܒ ܒܝܬܐ[j] ܠܚܢܐ ܬܬܠܘ
ܠܗܘܢ[k]. ܢܕܒ ܗܘ ܒܪܢ ܐܠܗܐ ܠܗܘ ܡܢ ܕܢܗܒ. ܐܝܟ
ܠܐ ܡܬܬܘܡܠ. ܘܡܢܐ ܕܡܬܠܝܢ ܐܢܫ ܗܘܝܬ ܐܚܪܢ ܐܢܫ[l] ܠܗܘܢ
ܥܒܕܗ ܕܗܘ ܕܝܗܒ. [m]ܕܢܗܘܘܢ ܕܝܢ ܡܬܠܝܢ[m] ܒܠܒܗ. ܒܥܒܕܗ.
ܒܠܒܗܘܢ ܒܪܢ ܒܬܪܐ ܡܚܡܕ[n] ܡܪܢܐ ܒܠ ܡܫܡܫܢܐ[o]. ܐܝܟ[p]
ܐܝܬܝܗܘܢ ܡܫܬܘܬܐ. ܘܬܗܒ ܕܝܢ[q] ܡܘܗܒ. ܒܐܝܕܝܗܐ[r] ܘܐܡܪ
ܢܒܝܐ. ܕܦܪܘܣ ܠܟܦܢܐ ܠܚܡܟ. ܘܠܡܣܟܢܐ[s] ܕܠܝܬ ܠܗ ܡܛܠܠܐ[t] ܐܥܠ Is. lviii. 7
ܠܒܝܬܟ. ܘܟܕ ܬܚܙܐ ܥܪܛܠܝܐ ܟܣܝܗܝ. ܘܠܐ ܬܬܛܫܐ ܡܢ ܒܪ ܒܣܪܟ

---

a + ܕܗܝܡܢܘܬܐ C   S. f. 47 b   b ܗܢܐ ܓܝܪ ܢܬܒܥܘܢ ܐܢܫܘܬܐ C   c C ܘܐܢܫܐ
d + ܘܠܬܬܬܡ C   e ܐܝܬܘܬܐ C   f ܒܐܝܕܝܗܘܢ   g + ܐܢܫ   h ܘܡܬܒܐܠܝܢ
i ܕܡܚܣܢ   j ܐܝܟ ܪܒܝܬܐ   k + ܠܢ ܡܬܡܠܟܝܢ ܕܡܢ ܐܢܠܝܢ ܡܢ   l om. ܐܢܫ
m ܕܡܬܠܝܢ   n ܡܚܡܕ   o + ܒܠܒܗܘܢ ܘܡܚܡܕ   p + ܠܢ   q om. ܕܝܢ
r ܒܪܢ ܐܝܕܝܗܐ   Lag. p. 63   s + ܐܢܫܐ   t ܡܛܠܠܐ

ܘܣܦܩܘܬܐ ܕܠܘܬܟ ܐܦܝܣܩܘܦܐ ܡܛܠ ܐܪܡܠܘܬܐ ܘܡܣܟܢܘܬܐ
f. 49a ܘܥܢܝܘܬܐ[r]: ܐܪܡܠܬܐ ܕܝܢ ܡܫܡܫܬܐ ܡܨܝܢ ܐܢܫܐ ܕܠܐ ܢܗܘܐ ܥܡ ܒܢܬ ܣܓܝܐܐ ܥܒܕܝܢ ܘܠܟܠ[a] ܕܒܐܢܫܐ ܗܘ̈ܝ ܒܠܬܐ ܡܛܠ ܥܠܬܗ̇ ܕܬܗܘܐ[b] ܙܒܢܐ ܡܢ ܙܒܢܐ ܕܬܗܘܐ ܠܚܒܪܬܐ[c] ܐܚܪܢܐ[c]. ܐܝܕܝܢ ܬܫܡܫܢ ܠܐܢܫܐ ܕܨܠܝܐ ܒܕܘܟܬ ܐܪܡܠܘܬܐ. ܘܠܐ ܬܣܬܒܪ[d] ܐܪܡܠܘܬܐ ܡܛܠ ܨܠܝܘܬܗ̇ ܬܗܘܐ[e] ܠܚܒܪܬܐ. ܟܒܪ ܬܗܘܐ ܥܠ ܬܥܒܕܘ̄ ܕܐܪܡܠܘܬܐ. ܘܬܬܠ[f] ܒܬܠܟܐ ܠܐܠܗܐ. ܬܦܠ[f] ܠܡܘܕܝ ܥܠ ܕܗܘܬ[1] ܠܬܪ̈ܝܢ ܓܒܪ̈ܝܢ. ܘܬܦܠ ܕܝܢ ܥܠ ܕܐܬܪܕܝܬ ܕܬܗܘܐ ܐܪܡܠܬܐ ܠܐܠܗܐ. ܘܐܝܟ ܐܪܡܠܬܐ ܢܣܒܐ ܗܘܬ ܘܠܐ ܡܘܬ ܒܐܪܡܠܘܬܐ. ܐܝܕܝܢ ܐܝܟ ܐܪܡܠܬܐ[g] ܕܨܠܝܐ. [h]ܕܒܢ ܒܟܠܗ̇ ܗܘܬ[h] ܩܠܝܠ ܙܒܢܐ ܘܡܝܬܬ[i]. ܐܦ ܒܟܠܗ̇[2] ܡܕܡ ܐܚܪܢ[j] ܬܫܡܫ[k]. ܘܐܦ ܠܐ[k] ܢܗܘܐ[l] ܦܪܢܣܐ. ܘܬܘܣܦܐ ܠܘܬܗ̇ ܢܦܫܗ̇ ܒܠܚܘܕܝܗ̇. ܒܕ ܐܝܬܝܗ̇ ܒܐܝܡܪܐ ܕܐܪܡܠܘܬܐ. ܫܘܒܚܐ[m] ܬܣܒܠ ܡܢ ܐܠܗܐ ܕܐܬܕܒܪܬ ܠܐܪܡܠܘܬܐ ܗ̇ܝ ܕܒܨܒܝܢܗ̇ ܕܝܠܗ̇. ܗ̇ܝ ܕܐܬܬܚܝܒܬ ܠܗ̇ܘܢ ܡܠܐܟܐ ܡܕܒܪܐ ܢܟܣܝܗ̇ ܕܐܠܗܐ. ܐܦ ܬܗܘܐ[l] ܐܝܟ ܚܢܐ. ܗܘ ܕܥܒܝܕ ܠܡܬܒܬܗ[n] ܕܡܫܝܚܐ. ܘܗܘܬ ܒܠܗ̇ ܦܘܩܕܢܐ. ܘܬܬܢܛܪ[o] ܡܛܠ ܨܒܝܢܗ̇ ܐܝܟ ܐܪܡܠܐ ܥܠ ܐܪܟܐ ܡܢ ܒܢ̈ܝܢܐ. ܘܬܥܒܕܘ̄ ܡܢ[p] ܐܠܗܐ ܬܐܪܬ[q] ܒܥܘܬܪܐ. ܐܪܡܠܬܐ ܕܝܢ ܐܝܠܝܢ ܕܫܠܡ ܠܗ ܢܬܬܦܩܕܢ ܒܕܘܟܬ ܐܪܡܠܬܐ. ܐܠܐ ܢܗܘܘܢ ܡܬܢܝܚܢ ܘܡܬܒܪ̈ܟܢ[s]. ܕܠܗܠܐ ܒܟܠܗ̇ ܕܢܣܒ ܠܗܘܢ ܒܢ̈ܝܢ[t] ܠܡܗܘܐ

a om. ܘܠܟܠ b ܬܗܘܐ c ܠܬܪ̈ܝܢ ܓܒܪ̈ܝܢ Lag. p. 62 d B ܬܣܬܒܪܝ

e ܘܬܗܘܐ f ܠܐܠܗܐ (B ܬܬܠ) ܬܬܠ ܒܬܠܟܐ g ܐܝܕܐ

h ܕܗܘܬ ܒܢ ܒܟܠܗ̇ i ܘܡܝܬܬ ܒܟܠܗ̇ j ܐܚܪ̈ܢܝ k om. ܘܐܦ ܠܐ ܬܫܡܫ.

l + ܬܗܘܐ m ܫܘܒܚܐ n ܠܡܬܒܬܗ o ܘܬܬܢܛܪ p ܕܡܢ q B ܬܐܪܬ

s ܘܡܬܒܪ̈ܟܢ C t ܒܢ̈ܝܢ C

[1] Cod. ܕܠܐ ܗܘܬ [2] Cod. ܒܟܠܗ̇

ܐܘ ܒܡܕܝܪܘܬܐ[a] ܬܗܘܘܢ ܐܡܝܢܝܢ. [b]ܐܘ ܒܡܕܒܪܢܘܬܐ[b] ܬܗܘܘܢ
ܦܠܘܚܝܢ ܘܠܐ ܡܬܛܘܦ[c] ܬܗܘܘܢ ܒܛܠܝܢ. ܡܛܠ ܕܐܡܪ ܡܪܝܐ.
ܕܐܬܕܡܐ[d] ܠܫܘܡܫܡܢܐ. ܐܘ ܚܒܢܢܐ ܘܚܙܝ ܒܐܘܪܚܬܗ. ܘܗܘܝ Prov. vi. 6
ܚܟܝܡ ܡܢܗ. ܠܗܘ ܓܝܪ ܠܝܬ ܠܗ ܦܠܚܘܬܐ ܘܠܐ ܐܝܬ ܕܐܠܨ[e] 7
ܐܦܠܐ ܐܝܬܘܗܝ، ܬܩܝܢ ܥܘܠܠܬܐ. ܘܡܛܝܒ ܒܩܝܛܐ ܠܚܡܗ. 8
ܘܦܩܘܕ ܠܗ ܦܠܚ ܒܚܨܕܐ ܡܐܟܘܠܬܐ.. ܘܬܘܒ ܐܙܠ ܕܝܠ ܠܘܬ 8a
ܕܒܘܪܝܬܐ ܘܝܠܦ ܕܐܝܟܢܐ ܦܠܚܐ. ܕܦܘܠܚܢܗ ܒܢܟܦܘܬܐ ܦܠܚܐ
ܘܟܕ ܒܥܡܠܗ ܡܬܝܪܒ ܠܡܐܟܘܠܬܐ ܠܡܠܟܐ ܘܠܡܣܟܢܐ. ܐܠܐ[f] 8b
ܪܚܝܡܬܐ ܘܡܫܒܚܬܐ ܐܝܬܝܗ. ܘܟܕ ܒܚܝܠܐ ܟܪܝܗܐ ܗܝ،. ܡܫܒܚܬ 8
ܠܚܟܡܬܐ ܘܐܬܝܩܪܬ. ܥܕܡܐ ܠܐܡܬܝ، ܕܡܟ ܐܢܬ ܚܒܢܢܐ 9
ܘܐܡܬܝ، [g]ܬܬܥܝܪ[h] ܡܢ ܫܢܬܟ[h]. ܩܠܝܠ ܬܢܘܡ ܘܩܠܝܠ ܬܕܡܟ. ܘܩܠܝܠ 10
ܬܬܒ ܘܩܠܝܠ ܬܚܒܩ ܐܝܕܝܟ ܥܠ ܚܕܝܟ. ܘܬܬܕܒܪܟ[i] ܡܣܟܢܘܬܐ 11
ܐܝܟ ܪܗܛܐ. ܘܚܣܝܪܘܬܐ ܐܝܟ ܓܒܪܐ ܪܗܝܒܐ. ܐܢܕܝܢ ܕܠܐ
ܡܐܒܝܫܘܬܐ[j]. ܢܐܬܝܢ ܘܢܥܩܒܢ ܐܝܟ ܡܒܘܥܐ ܚܠܠܬܟ. ܘܡܣܟܢܘܬܐ[k] 11a
ܬܬܪܚܩ[l] ܡܢܟ ⁘ [m]ܗܘܝܬܘܢ ܗܟܝܠ ܦܠܚܝܢ ܒܟܠܙܒܢ. ܡܛܘܠ ܗܘ
ܓܝܪ ܕܠܝܬ ܠܗ ܐܘܡܢܘܬܐ ܒܛܠܢܐ ܗܘ[n]. ܐܢܕܝܢ ܐܝܟ ܠܬܠܡܝܕܝܢ[o] 2 Thess. iii. 10
ܠܐ ܦܠܚ ܠܐ ܢܠܥܘܣ. ܠܫܠܝܚܐ ܓܝܪ ܐܦ ܡܪܝܐ[p] ܦܩܕ. ܫܒܝܠܐ
ܓܝܪ ܕܢܝܘܗܐ ܡܗܝܡܢܐ ܠܐ ܡܫܟܚ:
[q]ܡܛܠܘܗܝ ܕܐܪܟܢܘܬܐ[q]. ܡܛܠ [r]ܐܪܟܢܘܬܐ ܘܡܛܠ ܙܕܝܩܐ Chap. XIV
ܕܠܡܥܡܘܡܝ ܕܒܙܒܢܬܐ. ܘܡܘܠܟܢܐ ܕܥܠ ܐܢܫܐ ܕܢܛܪܐ ܡܢܗܘܢ
ܕܐܪܟܢܘܬܗ ܡܢ ܐܠܗܐ. ܘܫܘܕܥܐ ܕܥܠ ܗܝ، ܕܕܝܢܐ ܡܢܗܘܢ.

---

[a] ܒܡܕܝܪܘܬܐ [b] C ܘܒܡܕܒܪܢܘܬܐ [c] ܡܬܛܠܘܦ [d] ܐܬܕܡܐ
[e] + ܠܗ [f] om. ܐܠܐ [g] ܐܡܬܝ [h] ܡܢ ܫܢܬܟ ܬܬܥܝܪ
[i] ܘܬܕܪܟܟ [j] + ܬܗܘܐ [k] + ܐܝܟ ܓܒܪܐ ܪܗܝܒܐ S. f. 47 a
[l] B ܬܬܪܚܩ [m] C marg. ܡܛܠ ܒܛܠܢܐ [n] om. ܗܘ C [o] C ܒܬܠܡܝܕܝܢ
[p] + ܐܠܗܐ C [q] ܕܐܪܟܢܘܬܐ ܕܐܪܟܢܘܬܐ [r] ܘܕܝܢܐ ܕܡܠܟܘܬܐ ܕܐܪܟܢܘܬܐ
C (ܐܪܟܢܘܬܐ ܡܛܠ ܘܗܘܐ ܬܠܝܬܝܐ ܕܫܘܪܬܐ ܢܥܒܕ)

ܐܡܪ[a] ܓܝܪ ܡܪܝܐ[b] ܒܝܕ ܐܫܥܝܐ ܢܒܝܐ[c]. ܠܐܢܫܝܢ ܕܗܟܢܐ
ܐܝܬܝܗܘܢ. ܗܘ ܗܘ[d] ܕܐܬܝܢ ܡܢ ܚܙܬܐ. ܘܬܘܒ ܐܡܪ. ܢܫܐ
Is. xxvii. 11 *sic* ܐܢܫܝܢ ܕܐܬܝܢ ܡܢ ܚܙܬܐ ܐܬܝܢ[e]. ܡܛܠ ܕܥܡܐ ܗܘ ܕܠܝܬ ܒܗ
ܣܘܟܠܐ. ܢܫܐ ܩܪܐ ܠܥܒܕܬܐ[f] ܗܘ ܦܓܪܐ. ܠܐܢܫܝܢ[g] ܕܡܢܟܪܐ ܘܢܦܩܘ[h]
ܘܐܦܩ ܐܢܫܝܢ ܡܢ ܚܙܬܐ ܕܬܐܛܪܘܢ[i]. ܘܐܚܪܢ ܘܣܓܝ ܐܚܪܢ.
ܘܐܠܗܐ ܕܠܐ ܬܗܘܘܢ[j] ܕܡܐܠ ܠܗܘܢ.. ܐܡܪ ܓܝܪ ܒܐܪܡܝܐ
Jer. x. 2 ܕܐܘܪܚܬܗܘܢ[k] ܕܥܡܡܐ ܠܐ ܬܐܠܦܘܢ. ܘܬܘܒ ܒܐܘܢܓܠܝܘܢ
Matt. x. 5 ܐܡܪ[l]. ܒܐܘܪܚܐ ܕܥܡܡܐ ܠܐ ܬܐܙܠܘܢ. ܗܕܐ ܩܪܐ ܩܒܠ
ܚܙܝܢ ܘܡܬܚܙܝܢ[m]. ܕܡܠܐܟܬ ܟܠܗ[n] ܢܦܪܘܩ ܡܢ ܟܠ ܐܪܥܐ. ܕܐܝܬܝܗܘܢ
ܡܕܝܢܬܐ ܕܥܡܡܐ[o] ܘܕܠܐ ܢܦܠ ܠܡܫܬܘܬܐ ܢܡܘܣܝܐ[p]. ܘܡܢ
ܫܒܝܩܘܬܗܘܢ ܕܗܘܘ ܒܟܠܗ ܦܬܟܪܐ.. ܡܛܠ ܕܚܣܝܪܝܢ[q] ܠܗ ܠܐ[q]
ܢܬܗܪ. ܠܒܪ ܡܢ ܡܢܐ[r] ܕܐܝܬ ܠܗ ܬܘܩܠܬܐ[s] ܕܦܬܟܪܐ ܘܕܝܘܐ.
ܘܡܘܬܗܘܢ[t] ܡܬܬܣܝܡ ܡܢ ܟܠܗ ܒܝܬܐ ܫܠܡܘܬܐ ܕܦܬܟܪܐ. ܘܡܢ
ܐܢܫܝܢ ܗܘܘ[u] ܕܐܢܫܝܢ ܘܣܓܝܐܐ[u].. ܐܝܟܢ ܕܗܘ ܕܐܡܪ ܒܕܝܢܐ ܢܦܩܘܢ
ܡܢ ܚܕ ܚܕ ܡܢ[v] ܣܓܝܐܬ ܕܠܐ ܡܬܚܙܝܢܘܬܐ. ܒܚܠܦܝܢ ܕܩܪܝܬܐ
f. 48 b ܐܢܫܝܢ ܕܡܬܚܙܝܢ. ܒܚܘܝܕܐ ܘܒܫܘܦܪܬܐ ܡܫܒܚܬܐ. ܟܠܗܘܢ[w]
ܗܠܝܢ[x] ܡܢܗܘܢ[y] ܒܟܠܗܝܢ. ܟܠ ܐܡܝܢ ܕܠܐ ܐܝܬܝܗܘܢ ܒܕܝܢܐ
ܒܡܫܪܝܗܘܢ ܫܦܝܪܘܬܗܘܢ ܐܚܪܢܝܢ. ܘܟܠܗܘܢ[z] ܒܥܘܬܪܐ ܕܡܫܝܚܐ.

---

[a] ܐܡܪ [b] + ܐܠܗܐ [c] om. ܢܒܝܐ [d] + ܠܐܢܫܝܢ [e] ܐܬܝܢ
[f] ܠܥܒܕܬܐ [g] ܠܢܫܝܢ [h] ܘܢܦܩܘ [i] ܕܬܐܛܪܘܢ [j] + ܡܚܕܐ
[k] ܕܐܝܟܢ ܐܘܪܚܬܗܘܢ [l] ܐܡܪ [m] + ܠܗ [n] om. ܟܠܗ Lag. p. 61
[o] + ܕܒܥܡܡܐ ܕܒܢܝܫܐ ܡܢ ܡܬܬܣܝܡ ܗܘܝܢ ܦܘܠܚܢ ܕܗܘ ܘܬܘܒ
[p] + ܢܡܘܣ ܕܡܠܐܟܬ ܕܬܐܛܪܘܢ ܘܡܢ [q] ܕܗܘ ܠܚܝܒܐ ܐܟܠܐ [r] om. ܡܢܐ
S. f. 46 b [s] ܬܐܘܪܣܛܐ B ܬܐܘܪܣܛ [t] + ܡܚܕܐ ܡܘܬܗܘܢ
[u] ܒܐܪܥܐ ܕܚܝܘܬܗܘܢ [v] om. ܕܗܘ [w] ܟܠܗܘܢ C [x] C om. ܡܚܕܐ
[y] + ܘ ܒܟܠܗܝܢ C [z] ܕܟܠܗ C

ܬܬܒܕܪܘܢ ܗܘܝܬܘܢ ܚܒܪܝܢ. ܐܝܟ ܕܠܬܦܪܫܘܬܟܘܢ. ܒܒܪܐ ܕܝܢ ܕܫܪܪܐ ܕܫܠܝܛ ܐܠܗܐ ܢܗܘܐ ܠܟܘܢ. ܗܘܝܬܘܢ ܗܟܝܠ ܡܬܢܛܪܝܢ. ܕܠܐ ܡܬܦܩܘܢ[a] ܬܬܦܠܓܘܢ ܡܢ ܟܢܫܐ[b] ܕܥܕܬܐ. ܐܢܫ ܐܢܫ ܢܒܛܘܠ ܟܢܫܐ ܕܥܕܬܐ ܕܐܠܗܐ ܘܢܐܙܠ ܠܟܢܫܐ ܕܚܢ̈ܦܐ. ܗܟܢܐ ܢܐܡܪ ܘܗܟܢܐ ܐܝܬ ܠܗ ܐܝܟ[c] ܕܢܗܘܐ ܦܪܝܫܐ ܠܐܠܗܐ ܒܝܘܡܐ ܕܕܝܢܐ. ܕܥܒܕ ܒܥܕܬܐ ܡܕܝܢܬܐ. ܘܦܬܟܪ̈ܐ ܕܐܠܗܐ ܚܝܐ [d]ܕܚܐܝܢ ܘܡܚܐܝܢ[d]. ܘܡܥܒܕܝܢ ܠܦܓܪܐ ܘܠܦܓܥܝܗ ܡܢ ܢܘܪܐ ܘܠܡܚܐܝܘ[e]. ܘܐܙܠ ܠܟܢܫܐ ܕܚܢ̈ܦܐ. ܡܛܠ ܕܐܝܟ ܠܒܝܬܐ ܕܬܐܛܪܘܢ[f]. ܡܬܩܪܝܐ ܐܝܟ ܚܕ [g]ܡܢ ܗܠܝܢ[g] ܕܥܐܠܝܢ ܠܬܡܢ ܢܬܚܫܒ. ܟܠ ܕܐܝܟ ܠܡܥܒܕ ܘܠܡܥܒܠܘ ܬܫܥܝܬܐ [h]ܕܚܓ̈ܠܐ ܕܝܠܗܘܢ[h] ܕܐܝܬܝܗܘܢ[i] ܕܟܢ̈ܫܝܐ ܡܬܒܬܐ. ܘܡܢ ܦܘܡܗ ܐܢܫ ܕܦܘܠܢܐ. ܡܬܒܥܝܢ ܐܢܘܢ ܒܢܝ ܘܡܬ̈ܒܥܝܢ. ܘܡܣܩܝܢ ܡܢ ܗܘܢܝܬܐ. ܘܠܢܘܪܐ ܕܠܥܠܡ ܡܣܬ̈ܪܩܝܢ.. ܐܠܐ ܟܠ ܕܥܠܡܐ ܒܫܝܠ ܠܟܘܢ. ܘܡܢ ܩܪܘܒܘܬܐ f. 48 a
ܕܟܢ̈ܫܐ ܡܬܢܛܪܝܢ ܐܢܬܘܢ ܘܦܫܝܩ ܐܢܬܘܢ ܠܡܦܪܫ ܠܥܕܬܐ ܡܐܬܘܠܝܩܝ[j] ܒܪܬܗ ܚܒܝܒܬܐ ܕܡܪܝܐ ܐܠܗܐ ܡܪܝܡܐ. ܕܬܡܠܟܘܢ ܡܠܦܢܐ ܕܐܠܗܐ ܕܩܝܡܐ ܠܥܠܡ. ܘܡܥܒܕ ܠܡܐܚܝܘ[k] ܠܐܝܠܝܢ ܕܡܡܠܠܝܢ ܡܠܬܐ ܕܚܝܐ. ܗܘܝܬܘܢ ܡܢ ܟܠ ܐܡܝܢܝܢ ܘܟܢܝܫܝܢ. ܒܗ ܡܫܬܡܥܝܢ ܐܝܠܝܢ ܕܚܐܝܢ ܒܐܡܘܢ ܒܥܕܬܐ. ܗܘ [l]ܕܚܐܡܐ ܗܘ[l] ܘܡܐܚܝܢܐ ܠܟܠܢܫ[m]. ܘܗܘܝܬܘܢ ܕܗܒܝܢ ܕܠܐ ܬܗܘܘܢ ܡܬܒܛܠܝܢ ܐܝܟ[n] ܐܝܠܝܢ ܕܐܦܪܝܢ ܒܬܐܛܪܘܢ[o]. ܕܐܝܬܝܗ ܟܢܫܐ ܕܫܝܩܐ ܕܦܠܚܘܬܐ ܘܕܐܟܪ̈ܢܝܐ. ܐܝܟܢܐ ܒܢܝ ܕܟܠ ܠܟܢܫܐ ܕܚܢ̈ܦܐ ܐܝܟ ܚܕ ܡܢܗܘܢ ܢܬܚܫܒ ܘܢܩܒܠ ܕܝܢܐ..

[a] ܡܒܕܪܬܘܢ [b] B ܟܘܢܫܐ [c] om. ܐܝܟ [d] ܕܚܝܝܢ ܘܡܚܝܝܢ [e] ܘܠܚܝܘ
[f] ܕܬܐܛܪܘ̈ܢ [g] ܡܢܗܘܢ ܕܗܠܝܢ [h] ܕܚܓ̈ܠܝܗܘܢ [i] ܕܐܝܬܝܗܘܢ S. f. 46 a
[j] ܩܬܘܠܝܩܝܐ [k] ܠܡܚܝܘ [l] ܕܢܝܫܐ [ܗܘ] [m] om. ܠܟܠܢܫ [n] ܟܡ
[o] ܒܬܐܛܪܘ̈ܢ

ܚܙܝ ܠܐܬܪܘܬܐ[a] ܗܘܝܢ. ܘܡܬܬܦܢܝܢ ܒܡܘܬܒܐܝܗܘܢ[b]. ܘܠܐ ܡܫܡܫܝܢ ܡܢ ܦܘܠܚܢܗܘܢ. ܗܢܘܢ ܕܡܢ ܚܠܦ ܕܚܠܬܐ ܐܦܛܪܘܦܐ. ܡܛܠ ܕܠܐ ܫܦܝܪ. ܘܬܘܒ ܐܦ ܡܢ ܥܡܡܐ ܕܦܪܝܫ ܢܡܘܣܝܗܘܢ ܢܘܟܪܝܐ. ܢܘܟܪܝܐ ܗܘ[c] ܡܫܡܠܝܘܬܐ ܡܬܬܦܪܫܝܢ[d]. ܗܠܝܢ[e] ܕܝܢ ܠܐ ܐܝܬܝܗܘܢ ܡܫܡܠܝܐ. ܠܐ ܓܝܪ ܡܫܬܡܥ ܒܦܘܠܚܢܗ ܕܡܫܝܚܐ. ܕܒܟܠ ܢܡܘܣܐ ܒܢܡܘܣܗ. ܐܝܟ ܕܬܘܣܦܬܐ ܘܢܝܚܘܬܐ. ܐܦ ܗܟܢܐ ܐܝܠܝܢ ܕܠܐ ܚܐܡ[f] ܡܬܚܫܚܝܢ[g] ܒܥܠܝܡ ܒܐܝܠܝܢ ܕܠܝܬ ܒܗܘܢ ܡܘܬܪܐ. ܘܠܐ ܡܟܝܪܝܢ ܠܗܘܢ ܡܕܡ. ܗܟܢܐ ܡܚܘܡ ܒܪܘܫܐ ܐܝܬ ܠܗ ܡܕܡ

f. 47 b ܡܪܝܐ ܐܠܗܐ. ܠܐܢܫܐ ܕܡܬܬܠܐ ܡܢ ܒܝܫܐ ܕܕܘܬܐ. ܘܠܐ ܡܬܕܪܫܐ ܐܦܠܐ ܒܡܫܡܫܢܘܬܐ ܘܒܓܠܝܐ ܕܠܐ ܒܝܫ. ܡܫܡܫܐ ܠܗ[h] ܡܪܝܡ[i] ܘܚܒܪ ܒܝܫܬܐ. ܠܗܢܘܢ ܕܐܡܪܝܢ ܠܗܘܢ ܡܪܝܐ ܒܝܫ

Jer. xvi. 11 ܐܪܡܝܐ. ܕܢܫܒܩܘܢ ܠܗ ܐܒܗܝܟܘܢ. ܐܠܐ ܘܐܦܠܐ[j] ܐܝܟ ܢܒܝܐ ܕܡܫܡܫܝܢ[k] ܐܠܗܘܬܗܘܢ. ܘܟܕ ܡܠܟܐ ܐܠܗܘܬܗܘܢ ܦܠܚܝܢ ܗܘܘ

Jer. ii. 11 ܒܒܝܫܬܐ. ܘܐܦ ܕܡܫܡܫܐ ܡܫܠܡܝܢ[l] ܐܠܗܝܗܘܢ[l] ܒܕ ܗܢܘܢ[m] ܠܐ ܐܝܬܝܗܘܢ[m] ܐܠܗܐ. ܚܠܦ ܕܝܢ[n] ܫܒܩܘ ܐܝܩܪܗ ܒܕܠܐ ܡܘܬܪܐ. ܐܢܫܝܐ[o] ܗܟܢܐ ܢܦܫ[p] ܙܒܢܐ ܐܢܫܐ ܕܡܫܡܫܐ. ܘܠܐ ܣܦܩܝܢ ܒܒܝܫܐ ܕܕܘܬܐ[q] ܕܐܠܗܐ[r]. ܘܐܦ[s] ܐܢܫ ܕܡܛܠ ܒܢܝܐ ܕܚܠܡܐ ܐܝܟܢ[t] ܒܠܬܐ[u] ܘܡܬܬܦܢܝܢ. ܗܕܐ ܢܡܘܣܐ ܢܦܩ ܐܦܘܡܘܬܗܘܢ[v] ܕܡܫܡܫܢܐ. ܒܢܝܐ ܕܡܢ ܡܬܢܦܫܝܢ ܡܬܦܢܝܢ. ܒܢܝܗܘܢ ܓܝܪ ܥܒܕܐ ܕܡܠܟܐ ܐܠܗܐ ܗܘ ܐܦܘܡܘܬܗܘܢ[w] ܡܢ[x] ܗܟܢܐ ܐܝܟ ܒܢܝܐ ܕܡܢ

---

a ܚܙܐ ܠܐܬܪܘܬܐ b + ܘܠܐ ܡܬܬܦܢܝܢ ܘܠܐ ܗܦܟܝܢ ܒܡܘܬܒܐܝܗܘܢ

c + ܓܝܪ d ܡܬܬ[ܦ]ܪܫܝܢ e ܘܗܠܝܢ f ܚܐܡ g ܡܬܚܫܚܝܢ S. f. 45 b

h + ܘܚܒܪܐ i ܘܚܒܪܗ j ܐܦܠܐ k [ܕܡܫܡܫܐ] l ܡܫܠܡܝܢ ܚܘܫܒܐ

m ܘܗܢܘܢ ܕܠܐ ܗܘܘ n B ܕܝܢ o C marg. ܡܛܠ ܐܦܘܡܘܬܐ p ܢܦܫ C

Lag. p. 60 q C ܕܕܘܬܐ r om. ܕܐܠܗܐ s + ܐܝܬ C t ܐܝܟܢ C

u C ܒܠܬܐ v ܕܐܦܘܡܘܬܗܘܢ C w B ܐܦܘܡܘܬܗܘܢ x om. ܡܢ C

ܦܠܚܘܗ. ܘܠܐ ܬܗܘܘܢ ܡܥܬܕܝܢ ܡܢ ܡܠܬܐ ܕܐܠܗܐ. ܢܓ̈ܫܬܟܘܢ[a]
ܕܚܠܡܐ[b]. ܐܠܐ ܬܗܘܘܢ ܥܒܕܝܢ ܚܠܡܐ ܕܒܗܘܢ ܕܡܨܪ̈ܝܐ.
ܘܪ̈ܗܛܝܢ ܐܢܬܘܢ ܘܡܬܦܫܩܝܢ[c] ܐܢܬܘܢ ܠܒܪ̈ܬܗܘܢ. ܡܛܠ ܕܗܝ
ܐܝܬܝܗ̇[d] ܬܫܒܘܚܬܗܘܢ. ܘܐܠܐ ܫܪܝܐ ܐܝܬ ܠܟܘܢ[e] ܡܟܝܠ
ܒܢܦܫܐ ܡܕܡ[f] ܐܠܗܐ. ܠܐܝܠܝܢ ܕܠܐ ܒܥܝܢ ܒܝܘܡܗ ܕܡܪܝܐ.
ܠܡܫܡܫܘ ܡܠܬܐ ܕܫܢܐ. ܘܠܡܬܦܪܫܘ ܬܦܢܝܬܐ ܐܠܗܝܐ f. 47 a
ܕܡܫܘܚܐ ܠܟܠܢ. ܡܛܠ ܕܗܠܝܢ ܕܕܝܢܐ[g] ܐܢܝܢ ܘܕܡܘܬܐ ܘܕܬܪܥܝܬܐ
ܡܬܦܫܩܝܢ ܐܢܬܘܢ ܠܡܫܡܠܝܘ. ܡܢ ܗܠܝܢ ܕܝܢ[h] ܕܠܟܠܢ ܡܫܡܫܝܢ
ܐܢܬܘܢ ܘܕܡܫܝܚܘܬܐ ܕܝܢ ܘܕܡܫܬܒܚܐ[i] ܘܕܡܬܐܡܠܐ ܕܒܪܝܫܐ
ܘܕܪ̈ܚܡܬܐ ܐܣܪ̈ܝܬܐ ܢܗܦܟܝܢ ܐܢܬܘܢ ܕܬܬܦܪܫܘܢ[j]. ܒܟܠ ܗܠܝܢ
ܕܝܢ ܕܠܟܠܢ ܠܐ ܚܫܚܬ ܠܟܘܢ. ܐܠܐ ܗܫܐ ܐܢܬܘܢ ܒܢܦܫܟܘܢ
ܘܠܐ ܡܬܦܫܩܝܢ[k] ܠܒܪܬܐ. ܕܬܫܒܘܚܬܟܘܢ ܘܬܫܡܫܬܟܘܢ ܡܫܠܡܬܐ
ܕܐܠܗܐ.. ܘܐܝܟ ܕܠܦܢܝܬܐ ܕܐܢܫܝܢ[l] ܕܟܠܝܢ. ܫܒܩܐ ܐܝܬ ܠܟܘܢ
ܡܟܝܠ ܒܢܦܫܐ. ܡܛܠ ܕܒܗܝ ܕܐܬܦܢܝ ܡܢܗ ܕܡܦܩܘ ܡܢ ܥܒܕܗܘܢ
ܒܟܠ ܫܥܐ. ܐܝܠܝܢ ܕܡܩܪܒܝܢ ܕܒܣܝܡܝܢ ܘܒܬܒܥܬܗܘܢ ܠܬܫܒܘܚܬܗܘܢ.
ܡܢ[m] ܫܡܝܐ ܚܠܦܘܗܝ ܒܥܒܕܝܗܘܢ ܘܒܡܘܒܕܢܗܘܢ. ܦܪܩܝܢ ܐܝܠܝܢ
ܘܦܠܚܝܢ ܠܬܫܒܘܚܬܗܘܢ. ܘܬܘܒ ܒܟܐܢܘܬܗܘܢ ܘܒܡܫܡܫܢܘܬܗܘܢ
ܠܐ ܚܠܝܢ ܐܠܐ ܐܡܝܢܐܝܬ ܡܬܦܫܩܝܢ. ܠܐ ܗܘܐ ܒܠܚܘܕ ܒܢܝ
ܐܢܫܐ. ܐܠܐ ܐܦ ܐܝܠܝܢ ܕܡܢ ܢܦܫܐ ܐܬܝܢ. ܘܬܘܒ ܐܦ
ܒܝܘܡܬܐ ܕܫܒܬܐ[n] ܕܒܝܠܗܘܢ ܡܬܦܫܩܝܢ ܘܐܬܝܢ ܟܠܗܘܢ.
ܘܗܟܢܐ ܬܘܒ[o] ܐܝܠܝܢ ܕܦܫܝܢ[p] ܡܬܦܩܕܝܢ ܡܢ ܕܡܐ. ܟܠܗܘܢ

---

[a] ܠܢܓ̈ܫܬܟܘܢ [b] C ܕܒܚܠܡܐ [c] C ܡܬܦܫܩܝܢ [d] ܗܝ C Lag. p. 59
[e] ܠܟܘܢ C S. f. 45 a [f] C ܠܗܘܬ [g] ܕܕܝܢܐ [h] om. ܕܝܢ [i] [ܘ]ܕܡܫܬܒܚܐ
[j] ܕܬܬܦܪܫܘܢ [k] + ܐܢܬܘܢ C [l] ܕܠܟܠ ܐܢܫܝܢ [m] ܘܡܢ C
[n] ܕܬܐܪܝܘܢ [o] + ܐܦ [p] ܕܦܫܝܫܘܬܐ

ܐܝܟ ܒܒܢ̈ܝܐ. ܘܠܝܬ ܐܬܪܐ ܠܐܢܫ ܕܗܪܟܐ ܐܬܬܣܝܡܬܘܢ. ܐܬܬܝܡ
ܠܗܘܢ ܕܡܬܒܥܬܐ ܡܢ ܟܠܗ ܠܒܟܝ ܐܝܟ ܐܦܝܣܩܘܦܐ. ܐܟ ܗ̇ܘܐ
ܠܟ ܠܡܬܒܥ. ܥܠ ܐܪܥܐ. ܕܠܐ ܬܗܘܐ ܠܟ ܐܝܟ ܗ̇ܘ ܕܒܐܦ̈
f. 46 b ܒܒܢ̈ܝܢܐ ܢܦܫ ܐܝܬ. ܐܠܐ ܠܘܬ ܐܠܗܐ[a] ܡܫܒܠܐ ܬܫܬܒܚܬܝ ⁘ ⁘
Chap. XIII. ܡܫܠܡܘܬ̈ ܕܬܠܬܠܡܣܝܢ. [b]ܕܠܐ ܐܝܟ ܕܒܣܠܝܢܐ ܢܦܘܩ ܡܢ ܥܕܬܐ
ܕܥܕܬܐ ܒܥܕܢܐ ܕܨܠܘܬܐ. ܐܘ ܕܐܘܪܫܠܡܐ. ܠܐ ܡܛܠ ܒܚܕܐ
ܕܐܒܕܝܐ. ܘܠܐ ܡܛܠ ܒܚܕܐ ܐܚܪܝܐ ܕܫܠܡܐ. ܘܠܐ ܢܒܨܪ
ܠܒܝܬܐ ܕܐܬܟܢܫܬܘܢ ܘܢܥܒܕ ܡܢܟܐ ܣܚܝܦܬܐ. ܟܕ ܐܚܪ ܢܦܩܘܢ
ܡܢ ܥܒܕܐ ܕܡܠܐ ܕܒܬܘܠܐ ܕܡܫܝܚܐ. ܘܠܐ ܠܚܘ̈ܫܒܐ ܢܘܟܪ̈ܝܬܐ
ܕܗܪ̈ܣܝܘܬܐ. ܘܕܐܢܫܝܢ ܕܐܟܠܝܢ ܒܥܕܬܐ ܩܘܡܝܢ ܢܥܒܕܘܢ ܘܢܫܠܘܢ
ܟܕ ܕܠܐ ܡܬܐܝܩܬܐ. ܘܕܠܐ ܢܬܒܥ ܐܢܫ ܒܪܫܝܢܐ ܒܛܠܝܐ
ܕܡܢ ܒܚܕܐ ܕܐܦܡܝܩܘܬܗ. ܡܢܐ ܕܢܣܒ ܡܢ ܥܕܬܐ[b] ܡܢܐ ܕܐܝܟ
ܕܡܠܟ ܐܝܬ. ܗܘܝܬ ܡܫܡܫ ܬܒܥ ܘܡܕܒܪ ܠܥܡܐ. ܐܢܚܢܐ[c]
ܕܢܗܘܘܢ ܐܡܝܢܝܢ ܒܟܢܫܐ ܕܥܕܬܐ. ܘܠܐ ܢܬܒܛܠܘܢ. ܐܠܐ
ܢܗܘܘܢ ܐܡܝܢܐܝܬ ܟܢܫܝܢ. ܕܠܐ ܐܢܫ ܢܒܨܪܝܗ ܠܥܕܬܐ. ܟܕ ܠܐ
ܢܟܢܫ. ܘܢܒܨܪ ܟܪܝܗ ܗܕܡܐ ܦܓܪܗ ܕܡܫܝܚܐ. ܠܐ ܗ̇ܘܐ ܒܪ
ܥܠ ܐܚܪ̈ܢܐ ܒܠܚܘܕ ܢܗܘܐ ܐܢܫ ܡܬܒܛܠ. ܐܠܐ ܐܦ ܥܠ
Matt. xii. 30 ܢܦܫܗ: ܟܕ ܫܡܥ ܗ̇ܘ ܕܐܡܪ ܡܪܢ. ܕܟܠ ܕܠܐ ܟܢܫ ܥܡܝ
ܡܒܕܪܘ ܡܒܕܪ. ܟܕ ܐܝܬܝܟܘܢ ܗ̈ܕܡܐ ܕܡܫܝܚܐ. ܠܐ
ܬܗܘܘܢ ܡܒܕܪܝܢ ܢܦܫܟܘܢ ܡܢ ܥܕܬܐ. ܟܕ ܠܐ ܟܢܫܝܢ[d] ܐܢܬܘܢ
cf. Matt. xxiii. 8 ܡܛܠ ܕܪܝܫܐ ܐܝܬ ܠܟܘܢ ܡܫܝܚܐ. ܐܝܟ ܕܗܘ ܡܠܟ ܘܐܫܬܘܕܝ.
ܕܐܝܬܝܟܘܢ ܥܡ̈ܘܕܘܗܝ ܥܕܬܐ ܟܘܠ. ܠܐ ܗܘܝܬ ܬܒܣܘܢ ܠܢܦܫܟܘܢ.
ܘܠܐ ܬܬܠܘܢ ܠܦܪܘܩ ܗܕ̈ܡܘܗܝ. ܘܠܐ ܬܦܪܩܘܢ ܘܬܒܕܪܘܢ

---

[a] + ܬܘܗܐ [b] ܬܫܠܡܬܐ ܕܠܘܬ ܥܡܐ: ܕܢܗܘܘܢ ܡܬܟܢܫܝܢ ܒܟܢܫܐ ܕܥܕܬܐ ܠܘܬ ܥܡܐ ܕܢܗܘܘܢ ܡܬܟܢܫܝܢ ܒܥܕܬܐ C [c] om. ܐܢܚܢܐ [d] ܟܢܫܝܢ

ܕܐܦܩܦܢܝܐ ܦܠܓ ܡܒܕܪܐ. ܡܬܒܪܐ[a] ܡܛܠ ܕܐܬܒܕ ܕܠܝܬ ܢܒܝܐ Luke iv. 24
ܕܡܬܩܒܠ ܒܐܬܪܗ. ܘܡܢܐ ܕܡܣܪܒܝܢ ܐܢܬܘܢ ܡܩܪܒܝܢܐ ܗܘ
ܢܚܠܠ. ܐܢܫܝܢ ܣܓܝܐܝܢ ܗܘܘ ܘܠܝܬ ܢܣܒ ܐܒܘܗܝ ܘܠܐ ܢܒܝܐ ܕܢܦܩ.
ܐܦ ܚܠ ܚܡܫܐ ܢܚܠܠ. ܐܢܫܝܢ ܒܪ ܢܬܒܝܢ ܐܢܬܘܢ. ܢܛܬܐ ܐܚܪ
ܐܚܪܢ[b]. ܐܘ ܚܒܪܐ ܐܘ ܐܢܬܬܐ ܕܐܝܬ ܠܗܘܢ ܐܒܘܗܝ ܒܥܠܡܐ.
ܐܘ ܡܢܗ ܡܢ ܕܒܚܬܐ. ܐܘ ܡܢ ܚܒܝܫܬܐ ܐܚܪܬܐ. ܐܝܬ ܗܚܠ
ܐܦܝܣܩ[c] ܕܡܬܓܠܠ ܐܝܬ ܡܠܬܐ ܕܐܠܗܐ. ܐܘ ܥܒܕ ܐܝܬ ܐܘ
ܦܪܐ ܐܝܬ. ܠܐ ܬܫܒܩ ܒܐܝܩܐ ܘܬܫܒܚܘܢ ܕܬܫܒܚܬܐ[d] ܕܡܬܠܝܢ
ܘܬܬܩܡ ܠܗܘܢ ܕܒܚܬܐ. ܐܠܐ ܐܝܬ ܐܝܟ ܕܐܬܝܬܝܢ ܗܘܝܢ
ܒܥܠܡܐ. ܘܠܐ ܬܫܒܩܘܢ ܡܬܠܝܢ ܘܐܚܪܢܐ ܗܘܘܢ ܢܡܚܠܘܢ
ܐܚܘܢ. ܘܐܢܫܘܢ ܕܠܝܬ ܕܒܚܬܐ. ܐܢܫܐ ܡܢ[e] ܐܚܪܢܐ ܕܚܠܐ ܣܓܝܐܐ.
ܘܢܦܩ ܐܚܘܗܝ ܘܐܬܬܘܗܝ ܡܢܗܪܐ. ܢܣܒ ܘܢܛܠ ܠܗܘܢ ܕܒܚܬܐ.
ܗܘ ܕܝܢ ܢܣܒ ܚܠ ܓܠܝܘܗܝ. ܘܐܢܫܝܢ[f] ܒܪ ܢܬܒܝܢ ܐܢܠܝܢ ܕܛܠܝܢ
ܐܘ ܐܢܠܝܢ ܕܛܠܝܢ. ܢܣܒ ܐܢܫܐ ܕܫܐܒ[g] ܐܘ ܐܢܫܐ ܕܦܐܒܐ[h].
ܘܢܛܠ ܕܒܚܬܗ. ܣܓܝ ܐܝܬ ܐܘ ܡܒܣܪ ܒܐܢܠܝܢ ܕܢܬܒܝܢ[i]. ܕܐܢܫܐ
ܡܢܗܘܢ ܛܠܝܐ ܡܢ ܣܒܪܘܗܝ, ܐܘ ܐܢܫܐ ܕܛܠܝܐ[j]. ܐܚܝܕ[k] ܐܚܘܢ.
ܘܐܬܘܒ ܠܗܘܢ ܐܢܫܐ ܕܒܥܐ ܐܦ[l] ܡܢܒ[l] ܕܒܚܬܗ. ܘܠܗܘܢ ܕܐܚܝܕܬ
ܐܘܒܠ ܐܚܝܕܘܗܝ,[m] ܒܫܬܐ ܣܒܪܘܗܝ,. ܕܢܬܪܘܢ ܘܢܐܠܦܘܢ ܐܦ
ܐܚܪܢܐ. ܕܢܣܒܘܢ ܢܣܒܝܢ ܕܒܚܬܐ ܠܐܢܠܝܢ ܕܡܣܪܒܝܢ ܡܚܝܕܘܢ.
ܘܐܢܫܝܢ ܡܫܒܚܝܢܐ ܐܘ ܡܫܒܚܢܘܬܐ ܢܛܬܘܢ.[n] ܐܘ ܡܢ ܒܬܪ ܒܥܘܫܬܐ
ܕܝܠܝܟ[n]. ܐܘ ܡܢ ܒܥܘܫܬܐ ܐܚܪܬܐ. ܘܡܬܒܪܐܝܬ ܐܢܫܘ ܕܦܐܒܝܢ[o]

---

[a] ܡܬܒܪܐܝܬ [b] ܐܚܪܢ [c] + ܐܘ Lag. p. 58 [d] ܬܫܒܚܬܐ [e] ܕܡܢ
[f] om. ܘܐܢܫܝܢ [g] ܕܫܒ [h] ܕܦܐܒܐ [i] + ܘܢܛܠ [j] ܛܠܝܐ [k] ܘܐܚܝܕ
[l] ܘܡܢܒ [m] ܐܚܝܕܘܗܝ S. f. 44 b [n] om. ܐܘ ܡܢ ܒܬܪ ܒܥܘܫܬܐ ܕܝܠܝܟ
[o] ܕܦܐܒܝܢ

ܡܢܗܘܢ ܘܠܗܘܢ. ܦܠܓܐ ܕܝܢ ܢܣܒܘܢ ܠܝܚܕ ܚܕܐ. ܐܘ ܢܦܪܩܘܢ ܐܝܟ ܠܒܝܬܗܘܢ ܐܟܣܢܝܗܘܢ ܘܐܫܬܡܫܘܬܗܘܢ. ܘܢܣܘܡܘܢ ܥܠ ܪ̈ܝܫܝܗܘܢ. ܘܬܘܒ ܐܦ ܐܝܠܝܢ ܕܦܠܓܝܢ ܢܟ̈ܣܝܢ ܡܢܗܘܢ ܘܠܗܘܢ. [a]ܘܐܢܕܝܢ ܠܝܬ[a] ܐܬܪܐ ܢܣܝܡܘܢ ܥܠ ܪ̈ܝܫܝܗܘܢ ܒܡܬܪ ܢܟ̈ܣܐ. ܘܐܝܠܝܢ ܕܬܘܒ ܠܟܢ̈ܫܐ ܘܦܠܓܝܢ ܐܢܝܢ ܘܐܝܬ ܠܗܝܢ ܒܢ̈ܝܐ ܢܣܝܡܘܢ ܡܢܗܘܢ ܘܠܗܘܢ. ܘܝܬ̈ܡܬܐ[b] ܕܝܢ ܘܐܪ̈ܡܠܬܐ ܡܢܗܘܢ ܘܠܗܘܢ ܢܟ̈ܣܝܢ. [c]ܟܕ ܢܗܘܐ[c] ܡܫܟܢܢܐ ܚܕܐ. ܘܟܠܢܫ[d] ܡܢܗܘܢ ܡܐ ܕܫܐܠ ܢܫܩܘܠ ܠܦܘܪܥܢܗ. ܕܠܡܐ ܢܦܘܩ ܐܢܫ ܡܢܗܘܢ ܕܠܐ ܒܦܘܪܥܢܗ. ܘܬܘܒ ܕܝܢ[e] ܚܕܐ ܡܠܬ̄ܐ. ܕܕܠܡܐ ܐܢܫ ܢܠܒܘܫ ܐܘ ܢܣܒ ܐܘ ܢܓܢܘܒ ܐܘ ܢܛܥܘܢ. ܡܛܠ ܕܒܝܫ ܡܬܦܪܥܢܐ ܕܒܗܝܡܢܘܬܐ[f] ܘܒܐܦܝܣܩܘܦܐ[g] ܫܦܝܪܐ[h]. ܢܗܘܘܢ ܒܝܕܝܢ ܒܕܝܬܐ. ܘܒܬܝܫܐ ܡܫܬܡܥܢܘܬܗܘܢ ܠܡܠܬܗ ܕܡܪܢܐ.. ܐܝܢܐ ܢܐܬܚܕ ܐܢܫ ܡܢ ܒܓܢܒܘܬܐ ܐܚܪܬܐ. ܐܝܟ ܐܘ ܫܘܬܐ ܢܟܐܠ[1] ܡܠܬ̄ ܘܢܐܠܦ. ܕܐܝܟ ܐܝܬܘܗܝ ܠܒܪܐ ܗ̇. ܐܘ ܕܠܡܐ ܬܘܒ ܐܪܡܠܬܐ ܗ̇ ܡܬܡܟܢܬܐ. ܘܐܝܟ ܒܪܬ ܒܕܬܐ ܗ̇. ܐܘ ܕܠܡܐ[i] ܫܕܐ ܡܢ ܐܪ̈ܥܘܣܐ[j] ܐܝܬܝܗ̇. ܘܗ̇ܕܝܢ ܢܦܠ ܬܘܩܠܗ̇ ܒܦܘܪܥܢܐ[k] ܕܪܘܡܐ ܠܗ̇. [l]ܘܐܢܕܝܢ ܢܬܚܛܐ ܡܫܟܢܐ[l] ܡܢ ܒܓܢܒܬܐ ܐܚܪܬܐ. ܡܫܠܡܝܢܗ ܐܢܬܘܢ ܡܫܟ̈ܢܐ ܒܡܬܦܠܓܘܬܐ ܒܦܘܪܥܢܗܘܢ. ܘܐܝܟ ܐܦܝܣܩܘܦܐ ܗܘ ܢܦܘܩ ܡܢ ܐܦܝܣܩܘܦܐ.

f. 46 a ܘܢܫܡܠܘܢ ܠܐܦܝܣܩܪ ܕܦܘܪܥܢܗ ܐܝܟ ܢܫܡܫ. ܘܐܡܪ[m] ܠܗ [n]ܐܦܝܣܩܘܦܐ ܕܢܬܪܟܡ ܠܚܕܝܗܘܢ[o]. ܒܚܘܫܒܢܐ[p] ܘܡܫܪܝܬܘܢܬܐ ܒܢܝܢ[q]

[a] ܘܐܝܟ ܠܝܬ ܕܝܢ [b] ܡܣܟܢܬܐ [c] ܘܢܗܘܐ [d] ܕܟܠܢܫ [e] + ܢܗܘܐ C
[f] om. ܕܒܗܝܡܢܘܬܐ C [g] ܕܒܐܦܝܣܩܘܦܐ C [h] + ܘܒܗܝܡܢܘܬܐ C [i] + ܡܢ
[j] ܐܪ̈ܥܘܣܐ [k] + ܐܝܕܐ [l] ܐܝܢܐ ܡܫܟܢܐ ܕܐܬܐ S. f. 44 a [m] ܘܐܡܪ
[n] + ܐܝܟ ܐܘ [o] ܠܚܕܝܢ [p] + ܡܢ [q] om. ܡܢ

[1] Cod. ܢܟܐܠ

ܬܪܘܢܘܣ ܕܐܦܝܣܩܘܦܐ ܒܝܬܗܘܢ. ܘܢܦܩܘܢ ܒܫܡܗ ܡܫܝܚܐ.
ܘܬܘܒ ܕܝܢ ܒܟܠܗ ܐܪܥܐ ܡܕܒܚܐ ܕܒܝܬܐ. ܢܦܩܘܢ ܠܒܪ̈ܐ
ܒܢ̈ܝ ܥܠܡܐ. ܗܟܢܐ ܠܒܪ ܡܬܩܪܒܐ ܒܟܠܗ[a] ܡܕܒܚܐ ܕܒܝܬܐ
ܢܗܘܘܢ ܡܬܩܪܒܝܢ ܡܫܝܚܐ. ܒܝܕ ܐܦܝܣܩܘܦܐ. ܘܡܢ ܟܬܪܝܢ ܠܒܪ̈ܐ
ܒܢ̈ܝ ܥܠܡܐ. ܘܗܕܝܢ ܢܫ̈ܐ. ܕܗܢܐ ܕܡܫܬܡܠܝܘܢ ܠܡܩܪܒܘ ܢܣܒܘܢ
ܡܕܒܚ̈ܐ ܡܕܝܢ̈ܬܐ. ܘܟܬܪܝܢ ܠܒܪ̈ܐ ܒܢ̈ܝ ܥܠܡܐ. ܘܗܕܝܢ
ܬܘܒ ܢܫ̈ܐ. ܠܡܩܪܒ ܡܕܒܚܐ ܠܒܪ ܡܬܩܪܒܐ ܠܗܘܢ ܕܬܬܩܢܘܢ
ܡܢܟܝܢ. ܐܝܟ ܕܐܡܪ ܐܠܗܐ ܕܟܬܝܒ. ܕܗܟܢܐ ܬܫܒܚܘܢܝܗ ܬܫܒܘܚܬܐ Ps. lxviii. 33
ܠܐܠܗܐ. ܕܐܡܪ[b] ܒܥܡ̈ܡܐ ܥܡܡܐ ܥܠ ܡܕܒܚܐ[c]. ܡܫܒܚܢܐ ܕܝܢ
ܢܗܘܐ ܐܡܝܢ. ܘܦܐܝܐ ܚܕ ܒܝܬܗܘܢ. ܥܠ ܡܘܪ̈ܒܢܐ ܕܐܘܪܫܠܡ[d].
ܘܐܬܪܐ ܕܝܢ. ܢܗܘܐ ܦܐܝܐ ܠܒܪ ܡܢ[e] ܬܪܥܐ. ܘܢܗܘܐ ܫܪܐ
ܠܐܢܫܝܢ ܕܟܐܠܝܢ. ܘܡܢ ܟܬܪܝܢ ܗܟܐ ܕܡܬܪܒܝܢ ܐܢܬܘܢ. ܢܗܘܘܢ
ܡܫܡܫܝܢ ܐܚܝ̈ܕܐ ܒܟܕܬܐ. ܘܐܦ ܗܘ ܕܢܫܬܡܫ ܐܝܟ ܕܐܬܒ.
ܕܠܐ ܒܡܘܒܕܗ ܢܦܐܐ ܒܗ ܡܫܡܫܢܐ ܗܘ ܕܐܝܬ ܠܟܠ.
ܘܡܫܝܡܝܢܘܗܝ, ܘܡܬܟܝܢܘܗܝ, ܒܡܘܒܕܬܐ ܐܝܟܐ ܕܐܡܪ ܠܗ. ܠܛܠܪܐ[f] ܠܒܪ cf. John x. 1
ܕܡܫܟܚ ܡܢ ܠܒܕܬܐ. ܐܝܟܢܐ ܠܒܪ ܕܐܝܟܢ ܠܫܘܬܐ ܕܠܐ ܡܬܬܠܝܢ.
ܐܟܪ̈ܝܢ ܬܘܪ̈ܐ ܘܚܘ̈ܠܐ ܘܟܘܪ̈ܐ[g] ܕܥܕ̈ܡܐ ܥܕ̈ܡ ܙ̈ܒܢ. ܘܡܬܡܟ. ܘܬ̈ܒܢ f. 45 b
ܘܡܬܟܒܪ̈ܢ[h]. ܘܚܕܐ ܡܢܗܝܢ ܡܢ ܒܬܪ ܠܒܫܗ ܠܐ ܦܪܥܐ. ܘܬܘܒ
ܕܝܢ[i] ܫܢܘܬܐ ܕܟܪ̈ܐ[j] ܟܠ[k] ܚܕܐ ܡܢܗܝܢ ܕܗܟ ܐܢܫܝܢ ܕܕܟܪ̈ܝܢ ܠܗܝܢ
ܡܗܠܟܝܢ ܒܠܒܪ̈ܐ. ܗܟܢܐ ܗܟܝܠ ܡܬܟܢܫܐ ܐܦ ܒܟܕܬܐ. ܕܐܝܠܝܢ
ܕܛܠܝܢ ܡܢܗܘܢ ܘܠܗܘܢ ܢܦܩܘܢ. ܐܝܟܢܐ ܕܐܝܬ ܕܒܟܬܐ. ܐܦ[l]
ܠܐ ܢܫܬܟܚܘܢ ܥܠ ܬ̈ܠܝܗܘܢ. ܘܐܝܠܝܢ ܕܠܒܠܝܢ ܒܥܠܝܐ ܢܦܩܘܢ

---

a ܕܟܠܗܘܢ b ܠܕܐܡܪ c [ܡܕܒܚܐ] d ܕܐܘܪܫܠܡ e ܥܠ
f ܠܛܠܪܐ + [ܠܛܠܪܐ] g ܘܟܘܪܐ S. f. 43 b. Lag. p. 57 h ܘܡܬܟܒܪ̈ܢ
i + ܐܦ j ܕܕܟܪ̈ܐ k ܟܠܚܕܐ l ܘܐܦ

ܩܘܡܬܗܘܢ ܡܫܚܢܝܢ ܚܕ ܡܢ ܚܕ. ܘܐܝܟ[a] ܡ̈ܢܐ ܫܒܝܚܬܐ ܐܬܒܣܬܗ[a] ܢܬܩܠܘܢ ܠܥܕܬܐ. ܘܠܐܢܫܝܢ ܕܕܒܪܐ ܐܝܟ ܢܬܩܢܘܢ ܘܬܬܥܒܕܘܢ ܘܬܬܠܘܢ ܠܟܘܠܗ. ܗܢܘ[b] ܐܝܟ ܕܐܒܐ ܪܢܐ ܕܡܠܒܝܢ ܡܢ ܐܠܗܐ. ܐܝܟܢܐ ܕܬܦܝܘܢ ܡܢ ܢܘܪܐ ܘܬܬܩܪܒܘܢ ܐܝܟ ܠܥܕܬܐ. ܒܗ ܡܫܪܪܝܢ ܘܡܬܩܝܡܝܢ..

Chap. XII ܡܛܠܗܘܢ ܕܐܬܪܚܡܢ. [c]ܡܦܩܕ ܠܐܦܝܣܩܘܦܐ ܕܢܗܘܘܢ ܢܟܝܦܝܢ ܘܡܟܝܟܝܢ. ܘܪܚܡܝܢ ܡܢ ܟܠܗ ܥܡܐ ܘܡܫܬܡܥܢܐ. ܘܡܛܠ ܠܗܘܢ ܡܛܠ ܡܫܡܫܢܘܬܐ ܕܒܝܬܐ ܕܐܠܗܐ. ܘܕܐܢܫܐ ܢܬܦܪܫܘܢ ܒܗ ܕܢܩܦܬܐ ܠܟܘܡܪܐ ܘܠܡܫܡܫܢܐ. ܠܟܠ ܚܕ ܡܢ ܬܫܡܫܬܐ ܐܝܟ ܕܙܕܩ. ܘܕܐܢ ܢܐܬܐ ܐܚܐ ܡܢ ܥܕܬܐ ܐܚܪܬܐ. ܢܗܘܐ ܠܗ ܐܟܣܢܝܐ ܐܝܟ ܕܙܕܩ. ܘܢܬܝܩܪ ܒܕܘܟܬܐ ܕܫܠܝܚܐ ܠܗ. ܘܠܐ ܢܬܥܒܠ ܒܗ. ܡܥܝܪܢܐ ܙܕܩ ܐܦܝܣܩܘܦܐ[c] ܐܝܬܘܗܝ ܕܝܢ. ܐܢ ܐܦܝܣܩܘܦܐ ܠܐ ܬܗܘܘܢ ܦܥܝܢ ܘܠܐ ܦܪ̈ܘܫܝܢ ܘܠܐ ܚܝܠܬܢܝܢ. ܘܠܐ ܬܗܘܘܢ ܙܒܢܝܢ ܥܠ ܥܕܬܐ ܕܐܠܗܐ ܕܡܥܠܝܢ ܒܐܝܕ̈ܝܟܘܢ

f. 45 a ܘܠܐ ܬܬܪܘܢ ܒܝܬܗ ܕܡܪܝܐ ܘܠܐ ܬܬܒܪܘܢ ܒܗܘܢ. ܐܠܐ ܐܝܟܢ[d] ܩܘܡܬܗܘܢ ܡܦܝܣܝܢ ܠܟܠܢ. ܕܬܗܘܘܢ ܡܕܒܪ̈ܢܐ ܒܗ ܐܠܗܐ ܘܗܘܘ ܡܦܝܣܝܢ[e] ܠܡܫܡ̈ܫܢܐ ܒܡܫܡܫܢܘܬܐ ܚܠܝܡܬܐ ܘܒܢܟܦܘܬ ܪܘܚܐ ܘܒܡܫܡܫܢܘܬܐ ܕܠܐ[f] ܪܘܓܙܐ. ܘܒܡܣܝܒܪܢܘܬܐ ܘܒܟܬܒ̈ܬܐ ܐܝܟ ܡܫ̈ܡܫܢܐ ܕܡܠܟܘܬܐ ܕܠܥܠܡ. ܒܡܘܩܪܬܐ[g] ܒܪ̈ܬܐ ܡܩܒܠܬܐ. ܒܟܠ ܐܦܝܣܩܘܦܐ ܥܡܝܪܐ ܩܘܡܬܗܘܢ ܒܟܕܝܢ ܒܢܦ̈ܫܗܘܢ. ܘܗܘܘ ܡܬܡܢܝܢ ܕܢܦܫܬܐ ܠܐܢܫܐ ܡܫܠܝܐܝܬ ܒܟܦܘܬܐ. ܠܡܫܝܚܐ ܕܝܢ ܬܬܦܪܫ ܕܒܥܬܐ ܒܟܠܗ[h] ܡܕܒܚܐ ܕܢܦܫܬܐ. ܘܢܗܘܐ ܗܟܢ

---

[a] ܘܐܬܒܣܬ ܐܝܟ ܡ̈ܢܐ ܫܒܝܚܬܐ [b] ܘܗܢܘ [c] [ܠܘܬ ܐܦܝܣܩܘܦܐ ܕܢܗܘܘܢ ܢܟܝܦܝܢ]

[d] om. ܐܝܟܢ S. f. 43 a [e] + ܠܗܘܢ [f] ܘܕܠܐ [g] ܒܡܘܩܪܬܗܘܢ ܕܝܢ

[h] ܒܟܠܗܘܢ + [ܒܡܫܝܚܘܬܐ]

ܕܟܠܗܘܢ ܒܢ̈ܝܢܫܐ ܢܬܩܕܫܘܢ ܘܢܐܡܢܘܢ. ܗ̇ܕܐ ܗ̇ܝ ܓܝܪ ܗ̇ܝ
ܕܐܠܦܢ. ܕܢܗܘܐ ܐܡܪܝܢ ܟܕ ܡܨܠܝܢ. ܕܢܗܘܐ ܨܒܝܢܟ ܒܐܪܥܐ Matt. vi. 10
ܐܝܟ ܕܒܫܡܝܐ. ܕܐܝܟ ܕܡ̈ܠܐܟܐ ܕܒܫܡܝܐ ܘܫܠܝܛܘܬܐ ܟܠܗܘܢ[a]
ܡܫܡܫܝܢ ܠܐܠܗܐ. ܗ̇ܟܢܐ ܐܦ ܥܠ ܐܪܥܐ[b] ܒܢ̈ܝܢܫܐ ܢܫܡܫܘܢ
ܠܐܠܗܐ. ܨܒܝܢܗ ܗܘ ܗ̇ܟܝܠ ܕܐܢܫܐ ܠܟܠܢܫ ܘܗ̇ܢܘ ܢܝܫܗ.
ܕܫ̈ܡܠܝܐ ܢܗܘܘܢ ܐܝܠܝܢ ܕܢܣܒܝܢ.[c] ܐܪܡܠܬܐ ܕܡܬܚܫܒܐ ܘܗ̇ܘܐ[d]
ܒܫܠܝܘܬܐ ܠܡܪܝܗ. ܡܛܠ ܠܡܕܒܚܐ ܕܐܠܗܐ.[e] ܘܡܫܡܫܢܐ ܠܐܠܗܐ
ܢܦܫܐ ܕܒܪ̈ܢܫܐ. ܐܢܬܬܐ ܕܝܠܗ ܗܟܘܬ ܐܘ[f] ܟܕ ܫܒܝܩܬܗ ܡܢܗ
ܘܬܕܪܐ ܢܦܫܗ ܡܢ ܒܝܬܐ. ܘܗ̇ܟܢܐ ܬܬܒ ܒܐܠܗܐ ܫܠܝܐ. ܐܠܗܐ
ܓܝܪ ܦܪܘܩܢ ܐܡܪ ܗ̇ܕܐ. ܕܟܠ ܕܠܐ ܗܘܐ ܥܡܝ ܐܝܬܘܗܝ، Matt. xii. 30
ܠܩܘܒܠܝ[g] ܗܘ. ܘܟܠ ܕܠܐ ܟܢܫ ܥܡܝ ܡܒܕܪܘ ܡܒܕܪ. ܠܐ ܗ̇ܟܝܠ Luke xi. 23
ܗܘܝܬ ܡܒܕܪܢܝܬܐ ܒܥܡ ܐܠܗܐ. ܐܝܟ ܕܬܒܥܐ ܒܥܡܐ. ܡܛܠ f. 44 b
ܕܢܦܩܬܐ ܐܝܬܝܟܝ ܘܡܒܕܪܢܝܬܐ ܕܡܪܥܝܬܐ. ܘܡܣܩܒܠܢܝܬܐ[h] ܕܐܠܗܐ.
ܠܐ ܗ̇ܟܝܠ ܬܗܘܐ ܐܪܡܠܬܐ ܐܡܝܢ ܘܦܬܐ ܒܫܐܠܬܐ. ܐܘ ܒܡܬܩܢܘܬܐ ܐܘ
ܒܦܪܘܩܘܬܐ ܐܘ ܒܡܒܠܒܠܘܬܐ ܐܘ ܒܕ̈ܝܢܐ. ܕܠܐ ܬܬܒܪ ܠܐܢܫ
ܡܢ ܒܪܬܐ. ܡܛܠ ܕܐܝܟ ܒܝܠܗ ܕܡܪܝܐ ܐܠܗܐ ܕܒܢܫܝܢ[i] ܡܢ
ܟܠܗܘܢ ܒܝ̈ܫܬܐ. ܘܡܢ ܟܠܗܘܢ ܠ̈ܒܝܫܐ ܘܐܬܬܒܝܢ ܠܒܪܬܐ
ܒܡܠܐ ܫܓܝܐܐ ܘܒܠܐܦܬܐ. ܘܒܡܫܕܪܘܢܘܬܐ ܕܟܠܗܘܢ. ܕܢܦܩܝ
ܨܒܝܢܗ ܕܐܠܗܐ. ܘܢܦܠܐ ܒܝܬܐ ܣܓܝܐܐ. ܗ̇ܢܘ ܕܝܢ ܒܪܬܐ[j]
ܡܐܬܘܠܝܗܝ[k]. ܕܢܗܘܘܢ ܢܟܦܢ ܘܢܟܦܢ ܘܡܟܝܟܢ ܘܡܫܬܡܥܢܝܢ ܠܐܠܗܐ.
ܗ̇ܘ ܕܒܥܐ ܐܢܘܢ ܠܫܝܢܐ. ܘܐܝܬܘܢ[l] ܗ̇ܟܝܠ ܐܘ̈ ܒܢ̈ܝ ܟܠܒܐ.

---

[a] ܘܟܠܗܘܢ ܡܫܡ̈ܫܢܐ   [b] + ܟܠܗܘܢ   [c] B ܕܢ̈ܣܒܢ   [d] ܐܘ ܗܘܐ

[e] + ܐܘ ܓܝܪ ܠܗ̇ܘ ܕܡܫܦܠܓ ܢܟܣܐ ܡܢ ܒܪܬܐ. ܘܢܬܒܪ ܠܗ̇   S. f. 42 b

[f] + ܗܘ   [g] ܠܩܘܒܠ   [h] ܘܡܒܠܒܠܢܝܬܐ + ܘܡܣܩܒܠܢܝܬܐ   [i] ܒܥܫܝܢ   [j] ܠܒܪܬܗ

[k] ܡܫܡܥܬܐ ܡܐܬܘܠܝܬܐ   Lag. p. 56   [l] ܐܝܬܘܢ

ܘܐܦ ܡܛܠ ܕܐܦܢܝܟ ܠܗ ܒܪܗ ܐܒܘܗ. ܘܐܬܡܫܚ[a] ܘܚܒܒ[b] ܡܛܠ
ܢܦܫܟ. ܘܫܒܘܩ ܠܡܪܕܝܟ. ܐܢܬܘܢ ܕܡܫܬܡܥܝܢ. ܒܗ ܡܚܝܠܐ ܐܒܘܗ.
ܘܡܦܪܢܣܐ ܡܫܡܠܝܐ ܬܘܒ ܠܡܪܢܐ.. ܡܛܠܗܢܐ ܗܟܝܠ
ܐܦ ܐܢ̈ܬ ܐܦܝܣܩܘܦܐ ܐܢܬܘܢ ܕܢܗܘܘܢ[c] ܡܬܡܠܟܝܢ ܘܡܦܪ̈ܢܣܝܢ
ܘܡܬܬܠܡܕܝܢ. ܘܗܟܐ[d] ܕܡܢܚܝܢ ܐܢܬܘܢ ܒܡܕܝܢܬܐ ܠܡܝܠܝܗ. ܢܗܘܐ
ܐܡܪ ܡܫܒܚ̄ ܒܟܠܐ ܙܒܢܐ. ܕܠܡܢܐ ܐܝܟ ܐܢܐ ܕܐܣܝܒ ܚܠ ܣܒܪܗ
ܐܚܬܐ[e] ܡܕܡ. ܕܐܦ[f] ܢܬܡܚܣܘܢ ܐܢܫܝܢ ܕܐܝܟ ܠܗܘܢ ܐܝܬ ܕܒܢܝܐ
ܘܣܪܝܐ ܣܝ ܒܡ ܣܝ. ܬܦܝܣ ܘܬܒܒܝ ܫܠܡܐ ܒܝܬܗܘܢ. ܒܒܝܬܐ
f. 44 a ܕܚܐܠܝܢ ܘܐܚܪܢܝܢ ܫܠܡܐ ܒܒܝܬܐ ܗܢܝܐ. [g]ܐܦ ܡܣܟܢ̈ܐ[g] ܐܝܟ
ܕܫܠܡܐ. ܘܫܠܡܐ ܡܢܬܗܝܢ. ܐܢ ܗܟܝܠ ܠܐܚܪ̈ܢܐ ܡܚܝܪ ܐܝܬ
ܫܠܡܐ. ܬܬܪܐܝܬ ܠܝ ܕܠܝ ܡܬܒܥܐ ܠܝ. ܕܢܗܘܐ ܠܝ ܫܠܡܐ
ܒܡ ܐܚ̈ܝ. ܐܝܟ ܒܪܐ[h] ܕܢܗܘܪܐ ܘܕܫܠܡܐ. ܗܘܝ ܠܟܠܝܢ ܢܗܘܪܐ
ܘܫܠܡܐ. ܘܒܡ ܐܢܐ ܠܐ ܬܬܒܥܘܢ. ܐܠܐ ܗܘܝ ܠܗܘܢ ܟܠܝܢ
ܒܢܝܫܐ ܘܒܫܠܡܐ. ܘܗܘܝ ܡܒܕܪ̈ܢܐ ܒܡ ܐܠܗܐ[i]. ܗܢܘ ܓܝܪ
ܝܕܥܝܢ ܕܡܕܪ̈ܢܐ ܐܠܗܐ. ܐܝܠܝܢ[j] ܕܡܠܟܘܬܐ[k] ܘܫܪ̈ܒܐ[l] ܪ̈ܚܡܝܢ.
ܗܠܝܢ ܒܠܒ̈ܒܐ ܕܐܠܗܐ ܐܝܬܝܗܘܢ. ܡܛܠ ܕܡܕܪܢܐ ܓܝܪ
ܪ̈ܚܝܩܐ ܒܟܠ[m] ܕܪ ܘܕܪ. ܒܝܕ ܢܒ̈ܝܐ ܘܙܕܝ̈ܩܐ ܦܪܐ ܠܡܪܢܘܬܐ
ܘܠܫܝܢܐ. ܘܣܢܝ ܬܘܒ ܫܠܝܚܐ ܕܐܫܬܘܕܝܢ ܕܢܗܘܐ ܗܕ̈ܪܐ
ܕܡܬܟܢܢܘܬܐ. ܕܝܠܗ ܒܝܕܒܘܬܐ[n] ܕܡܠܟܘܬܐ[o] ܐܠܗܝܬܐ ܓܝܪ ܦܘܩܕܗ
ܕܡܪܢܐ ܢܣܒ ܡܫܝܚܐ ܫܒܚܝܢ[p]. ܘܫܪܝܪܐܝܬ ܢܒܒܝܢ ܘܐܚܪ̈ܢܝܢ.
ܕܡܪ̈ܢܐ[q] ܗܢܘ ܝܕܥܝܢ ܘܝܕܥܝܢܐ[r] ܕܐܒܘܗܝ, ܕܐܝܟ ܠܐ ܢܐܒܕ. ܐܠܐ

---

[a] om. ܘ [b] + ܐܦ [c] ܕܢܗܘ[ܘ]ܢ [d] ܡܟܐ C [e] om. ܐܚܬܐ S. f. 42 a.
Lag. p. 55 [f] C ܐܢ [g] ܘܡܣܟܢ̈ܐ [h] + ܡܫܠ [i] + ܕܣܡ ܐܠܝܢ ܕܢܗܘܘܢ ܐܚܝܢܐ
[j] + ܕܡ [k] + ܡܠܟܘ̈ܬܐ [l] + ܘܕܒܝܐ [m] ܠܟܠ [n] ܘܒܕ̈ܘܪܐ [o] ܕܡܠܟܘܬܗ
[p] ܫܒܚܝܢ [q] B ܕܡܪܢܐ [r] ܘܝܕܥܝܢܗ

ܘܬܠ ܠܡܘܪܝ ܐܬܪܒܝ ܒܗ ܐܢܫ. ܘܐܝܢܐ ܗܘ ܡܪܟ ܡܘܪܒܢܝ.
ܡܘܪܒܢܐ ܕܝܢ ܕܐܠܗܐ ܐܢܬܘܢ، ܢܛܪܘܬ ܘܐܦܪܘܫܘܬܐ ܕܝܠܗ.
ܐܢܫܘ ܗܟܝܠ ܕܐܚܝܕ ܐܢܬ ܟܠ ܐܢܫ ܐܚܪܢܐ ܡܕܡ. ܐܦ ܗܘ
ܐܚܝܕ ܠܟܘܢ. ܠܐ ܢܛܪܘܬܟܘܢ ܡܫܬܡܥܢܐ. ܘܠܐ ܐܘܪܒܢܘܬܐ[a] ܕܝܠܟܘܢ
ܡܬܡܠܟܐ. [b]ܐܠܐ ܡܫܬܡܥܝܢ[b] ܐܢܬ ܟܠܝܠ ܡܢ ܢܛܪܘܬܐ. ܘܡܢ
ܐܘܪܒܢܘܬܐ[a]. ܡܛܠ ܕܦܓܪܐ ܕܐܚܝܕ ܐܢܬ. ܘܡܫܬܡܥܢܐ ܕܢܦܫܐ f. 43 b
ܡܬܠܐ[c] [d]ܡܫܝܠܐܝܬ ܒܡܠܟܐ[d]. ܐܠܐ ܠܐܢܫܝܢ ܕܒܘܪܓܐ ܘܒܟܐܬܐ[e]
ܐܬܦܢܝܬܘܢ ܠܗܘܢ ܐܢܫܝܢ. ܐܠܗܐ ܠܐ ܥܒܕ ܠܟܘܢ. ܐܢܫܝܢ
ܬܠܐ ܬܠܬ[f] ܝܘܡܝܢ ܒܥܒܕܐ. ܠܐ ܡܕܡ ܬܒܐܪ ܠܐ ܠܒܪ ܡܫܬܡܥ
ܐܢܬ. ܡܛܠ ܒܠܒܘܒܟܘܬܐ[g] ܕܠܘܬ ܐܢܫܝܢ.. ܡܛܠܗܢܐ ܐܦ
ܟܠܝܠ ܠܝ ܘܡܫܬܡܥ ܐܢܬ ܕܬܗܘܐ ܒܪܫܝܢܐ. ܡܢ ܠܬܚܬܝܐ[h]
ܕܡܪܢܐ ܕܐܡܪ[i]. ܫܪܝ ܟܠ ܩܛܪ̈ܐ ܕܥܘܠܐ ܘܦܫܘܪ ܡܥܩ̈ܢܘܬܐ[j] Is. lviii. 6
ܕܢܝܪ̈ܐ ܘܕܚܠܘܡܘܬܐ[k]. ܟܠܝܠ ܗܘ ܓܒܪ ܗܘ ܦܘܡܗ [l]ܡܠܦܢܐ
ܗܢܐ[l]. ܕܬܬܒܥܘܢ ܠܐܢܫܝܢ[m] ܕܐܚܝܕ ܠܝ. ܒܝܕܥܐ ܠܥܒܕܝܢ ܕܒܝܫ
ܟܠ[n] ܥܒܕ ܥܒܕ. ܗܢܘ ܕܝܢ ܐܪ̈ܡܠܬܐ ܘܝܬ̈ܡܐ ܕܒܝܫ[o]. ܒܥܒܕܐ
ܗܟܝܠ[p] ܥܒܕܬ ܠܗ ܠܐܢܫܝܢ. ܕܠܐ ܬܗܘܐ ܢܟܝܐ ܐܢܬ ܕܬܒܥܘܢ
ܠܗ. ܐܠܐ ܐܚܝܕ ܐܢܬ ܐܚܪܬܐ ܘܢܦܠ ܐܢܬ ܒܠܒܘܒܟܘܬܐ ܘܠܒܝܫܐ
ܢܟܝܐ ܐܢܬ ܠܡܟܬܒܬܐ[1]. ܢܛܪܘܬܟ ܩܒܠ ܡܬܡܠܟܐ ܠܗ. ܐܠܐ ܐܦ
ܡܠܝܬ ܐܪ̈ܡܠܬܐ ܘܝܬ̈ܡܐ ܕܒܝܫ ܕܥܒܕܬ ܠܗ[q]. ܐܝܟܢܐ ܬܗܘܐ
ܡܛܠܬܟ ܕܝܠܟ ܘܒܫܬܡܥܘܬܟ[r] ܕܠܐ ܢܦܓܪܐ ܥܒܕܬ ܠܗ ܠܐܢܫܝܢ.

S. f. 41 b [a] ܐܘܪܒܢܘܬܐ C [b] ܘܡܫܬܡܥܝܢ C [c] + ܐܢܫ C
[d] ܡܫܝܠܐܝܬ ܒܡܠܟܐ [e] ܘܒܟܐܬܐ [f] [ܬܠܬ] [g] ܒܠܒܘܒܟܘܬܟ
[h] ܠܬܚܬܝܗܘܢ [i] ܕܐܡܪ [j] ܡܥܩܢܘܬܐ [k] ܕܚܠܘܒܘܬܐ [l] ܗܢܐ ܕܡܠܦܢܐ
[m] + ܠܗܘܢ ܐܢܫܐ [n] om. ܟܠ [o] om. ܕܒܝܫ [p] + ܕܒܝܫ [q] [ܠܗ] [r] ܘܒܫܬܡܥܘܬܟ

[1] Cod. ܡܟܬܒܬܐ

ܒܟܠ. ܕܠܡܐ ܬܬܐܠܨܘܢ[a] ܘܬܬܚܝܒܘܢ: ܠܕܝܢܐ. ܐܠܐ ܐܦ ܡܕܡ
ܕܝܗܒܬܘܢ ܘܢܣܒܬܘܢ: ܒܕܝܢܐ ܐܢܫܐ[b] ܐܝܟ: ܘܡܕܡ ܫܠܡܐ
ܒܝܢܬܗܘܢ: ܘܐܪܥܘ ܐܢܘܢ: ܠܬܪܝܗܘܢ: ܕܢܗܘܐ ܠܗܘܢ ܫܝܢܐ: ܕܒܝܢܐ [c]ܐܦ
ܫܝܢܐ[c] ܚܕ ܥܡ ܚܕ. ܘܐܠܦܘ ܐܢܘܢ: ܠܡܗܘܐ ܕܐܠܐ ܦܠܐ ܐܠܐ ܠܗ
Matt. v. 22 ܠܐܚܘܗܝ ܕܢܪܓܙ. ܡܛܠ ܕܐܡܪ ܡܪܢ. ܕܟܠܡܢ ܕܢܪܓܙ ܥܠ ܐܚܘܗܝ،
ܐܝܩܐ[d] ܡܚܝܒ ܗܘ ܠܕܝܢܐ. ܘܕܗܘܝܬܘܢ ܐܢܫܘܗ ܕܢܬܥܒܕ ܘܢܫܡܐ
ܪܘܓܙܐ[e] ܦܢ ܡܫܡܫܢܘܬܐ ܕܡܫܠܡܢܐ. ܒܪ ܫܒܬܗ ܒܗ ܒܝܘܡܐ
ܡܬܚܒܐ ܠܗܘܢ ܕܢܬܪܒܘܢ: ܘܢܬܒܝܢܘܢ:. ܘܢܗܘܘܢ: ܒܫܠܡܐ ܚܕ
Eph. iv. 26 *sic* ܥܡ ܚܕ. ܟܬܝܒ ܓܝܪ ܕܠܐ ܢܥܪܒ ܫܡܫܐ ܥܠ ܪܘܓܙܟ[f] ܕܟܠ
Ps. iv. 4. ܐܢܫ. ܘܕܘܝܕ[g] ܬܘܒ ܐܡܪ[h] ܪܓܙܘ ܘܠܐ ܬܚܛܘܢ:. ܗܢܘ ܕܝܢ،
ܕܒܟܠ ܬܬܪܥܘܢ:. ܕܠܡܐ ܒܪ ܢܟܬ ܪܘܓܙܐ ܬܗܘܐ ܠܟ
Prov. xix. 16. ܐܟܬܐ ܘܬܘܠܕ[i] ܚܛܝܬܐ. ܐܡܪ ܓܝܪ ܒܡܬܠܐ. [j]ܕܐܢܕܐ ܢܦܫܐ
Matt. v. 23 ܕܐܝܢܐ[j] ܐܟܬܐ ܬܡܘܬ،[k]. [l]ܬܘܒ ܐܦ[l] ܦܘܡܗ ܐܡܪ. ܕܐܢ
ܡܩܪܒ ܐܢܬ ܩܘܪܒܢܟ ܥܠ ܡܕܒܚܐ. ܘܬܡܢ ܬܬܕܟܪ [m]ܕܐܚܘܟ
24 ܐܚܝܕ[m] [n]ܐܟܬܐ ܡܕܡ ܥܠܝܟ[n]. ܫܒܘܩ ܩܘܪܒܢܟ ܩܕܡ ܡܕܒܚܐ.

ܕܒܥܐ ܕܢܦܪ ܕܬܬܚܫܒܐ ⁘ ܡܛܠ ܡܬܚܫܒܢܘܬܐ ܒܡܫܪܝܬܐ ܕܠܝܠܝܐ ܒܟܗܢܐ
ܕܢܬܘܢ ܕܐܢܫ ܐܢܫܐ. ܒܪܢܫܐ ܠܗ ܐܠܗܐ ܦܠܐ. ܘܐܢ ܗܘ ܕܐܢܫܐ ܐܝܬ ܐܢܬܘܢ:
ܒܦܪܘܫܘܬܐ ܕܐܢܘܬܐ ܬܦܠܘܢ ܡܢ ܐܠܗܐ. ܘܐܦ ܗܫܐ ܘܐܦ ܒܫܠܡ
ܕܬܗܘܘܢ. ܘܐܢܬܘܢ ܒܦܠܐܝܬ ܕܢܬܘܢ. ܗܟܢܐ ܬܗܘܘܢ ܬܦܠܘܢ ܒܦܪܘܫܘܬܐ ܡܢ
ܐܠܗܐ. ܐܬܒܩܠܘ ܗܟܝܠ ܐܚܝ: ܕܬܫܬܡܥܘܢ ܬܫܬܥܘܢ ܠܡܦܠܘ ܡܢ
ܐܠܗܐ: S. f. 41 a ܘܠܐ ܪܥܝܐ. ܡܛܠ ܕܬܫܬܡܥܘܢ ܕܡܢ ܐܠܗܐ: ܗܢܐ ܐܝܟ
ܕܠܠܝܢ ܠܚܝܘܬܐ. ܪܥܝܐ ܕܝܢ ܕܡܢ ܐܠܗܐ: ܗܘܢܐ ܗܘ ܕܠܠܝܢ ܠܚܝܘܬܐ.

[a] ܬܬܐܠܨܘܢ [b] ܐܬܪܘ [c] ܘܫܝܢܐ [d] om. ܐܝܩܐ [e] + ܡܕܡ [f] ܪܘܓܙܟ
[g] ܘܕܘܝܕ [h] ܐܡܪ Lag. p. 54 [i] B ܘܬܘܠܕ [j] ܕܢܦܫܐ ܐܢܫܐ ܕܐܢܫܐ
[k] ܬܡܘܬ [l] ܘ (C ܦܘܡܗ) ܬܘܒ ܐܦ ܡܪܢ [m] C ܐܚܘܟ ܥܠܝܟ ܕܐܚܝܕ
[n] ܡܕܡ ܐܟܬܐ ܥܠܝܟ C om. ܥܠܝܟ

ܐܘ̈ ܐܦܝܣܩܘܦܐ ܕܠܐ ܬܬܦܝܣܘܢ ܀ ܡܫܬܪܗܒܝܢ ܠܡܬܒܥ ܒܕܝܢܐ

ܐܝܟܢ ܗܘ ܀ ܐܝܟܢ ܬܫܡܥܘܢ ܠܚܕ ܦܪܨܘܦܐ ܒܠܥܕܘܗܝ: ܒܗ ܠܐ ܬܣܐܡ
ܗܘ ܐܚܪܢܐ: ܘܠܐ ܢܟܣ ܪܘܚܐ ܥܠ ܐܝ̈ܟ ܡܪܫܥܘܬܐ ܕܐܬܚܝܒ ܒܠܥܕܘܗܝ:
ܘܐܝܬܘܗܝ ܕܝܢ ܡܫܪܗܒܐܝܬ ܕܠܐ ܡܠܦܐ ܘܕܠܐ ܒܘܚܢܐ ܬܦܣܩܘܢ ܒܪ
ܕܝܢܐ: ܘܬܬܚܝܒܘܢ ܠܥܘܬ ܡ̈ܠܟܐ ܕ̈ܚܠܬܐ ܕܡܫܝܚܘܬܢ: ܒܪ ܠܐ ܬܣܐܡ
ܘܠܐ ܢܟܣ ܪܘܚܐ ܥܠ ܐܝ̈ܟ ܢܟܣܗ. ܘܢܬܚܬܘܢܘܗܝ: ܫܘܬܦܐ ܬܗܘܘܢ ܥܡܗ
ܐܠܗܐ: ܠܗܘ ܐܝܟܐ ܕܐܡܝܪ ܣܗܕܘܬܐ ܕܓܠܝܬܐ: ܘܡܥܡܗ ܬܫܬܟܚܘܢ ܥܡ
ܐܠܗܐ ܀ ܐܡܪ ܓܝܪ ܡܪܝܐ ܒܟܬܒܐ: ܕܗܘ ܕܡܬܚܠܛ ܒܕܝܢܐ ܕܠܐ ܕܝܠܗ. Prov. xxvi. 17
ܐܝܟ ܗܘ ܕܐܚܝܕ ܒܕܘܢܒܗ ܕܟܠܒܐ. ܘܡܕܘܒܠܘܬܐ ܬܗܘܐ ܐܣܪܬܐ ܐܡܪ.
ܕܘܢܘ ܕܝܢܐ ܬܪܝܨܐ. ܘܬܗܘܘܢ ܐܡܪ. ܕܘܢܘ ܝܬܡ̈ܐ ܘܙܟܘ ܐܪ̈ܡܠܬܐ. John vii. 24 Is. i. 17 Is. lviii. 6
ܘܬܗܘܘܢ ܐܡܪ. ܦܪ̈ܘ ܠܛܠܘ̈ܡܐ. ܘܫܪܘ ܟܠ ܐܣܘܪܐ ܕܥܘܠܐ. ܐܦ ܗܘ
ܕܝܢ ܕܐܬܬܟܠܘ ܠܩ̈ܫܝܫܐ ܗܢܘܢ ܕܐܝܬ ܗܘܘ ܒܒܒܠ: ܗܢܘܢ ܕܐܣܗܕܘ
ܣܗܕܘܬܐ ܕܓܠܝܬܐ ܥܠ ܫܘܫܢ. ܘܢܒܥܬ ܙܟܝܬܐ ܠܙܟܘܬܐ: ܐܝܟ ܐܝܬܘܗܝ
ܬܗܘܘܢ ܫܘܬܦܐ ܠܕܝܢܘܗܝ ܘܠܫܪܒܬܗܘܢ ܕܗܢܘܢ. ܠܫܡܥ ܓܝܪ ܦܘܡܗ ܕܡܪܝܐ
ܒܗ ܕܐܝܟܐ ܕܡܢ ܐܡܪܗ ܕܥܘܠܐ. S. f. 40b ܘܠܗܢܘܢ ܕܝܢ ܣ̈ܒܐ: ܕܗܘܘ ܫܒܝܐ
ܕܒܒܠ: ܢܦܩ ܐܢܘܢ ܠܡܘܬܐ ܀ ܢܟܣ ܕܝܢ ܫܦܝܪ. Lag. p. 53 ܐܝܠܝܢ ܕ[ܕ]ܡܘܕܥܐ
ܐܢܫ̈ ܡܢ ܕܝܢܐ. ܒܪܡ ܕܝܢ ܐܚܪ̈ܢܐ ܕܠܝܬ ܐܝܬܘܗܝ ܐܝܟ ܕܒܝܬ ܕܡܬܦܪܫܝܢ
ܩ̈ܛܠܐ ܥܡܗ ܥܘܠܐ: ܕܐܡܝܢܐ ܡܥܩܠܝܢ ܠܗܘܢ ܕܝ̈ܢܐ ܒܠܒܠܐܝܬ
ܠܐܝܠܝܢ ܕܡܬܦܪܫܝܢ ܠܗܘܢ. ܘܠܘܩܒܠ ܡܢܗܘܢ ܕܝܢܐ ܓܒܪ ܠܗܘܢ: ܘܗܢܘܢ
ܬܗܘܘܢ ܐܢܬܘܢ ܠܗܘܢ ܚܒܪ̈ܐ ܒܨܒܝܢܐ. ܕܐܦ ܗܠܝܢ ܗܟܢܐ ܐܬܢܗܝܘ. ܘܟܕ
ܢܬܬܕܝܢܐ ܐܦ ܗܘ ܘܢܐܡܪ ܕܐܝܢ. ܠܐ ܗܘܐ ܒܪܫܥܘܬܗ ܡܬܕܪܝܢ ܠܗ
ܕܢܬܚܝܒ. ܐܠܐ ܬܗܘܘܢ ܡܫܐܠܝܢ ܠܗ ܒܩܘܫܬܐ ܦ̈ܬܓܡܐ. ܘܪ̈ܕܝܢ ܐܝܟ
ܬܐܪ̈ܒܐ. ܘܡܬܢܫܒܝܢ ܘܡܬܡܠܠܝܢ ܥܡ ܐܚܝ̈ܗ: ܘܗܕܝܢ ܠܐܣܛܪܛܐ
ܦܣܩܝܢ ܒܠܥܕܘܗܝ ܒܪ ܕܝܢܐ ܕܚܘܒܬܐ. ܘܡܬܪܢܝܢ ܐܝܟܘܬܗܘܢ ܠܫܡܝܐ.
ܘܦܣܩܘܗܝ ܕܡܬܚܝܒ ܡܢ ܕܝܢܐ ܕܥܕܬܐ. ܗܟܝܠ ܚܝܪ ܒܪܢܫ: ܒܪ ܚܛܝܐ
ܐܬܘܗܝ ܘܠܐܠܗܐ ܠܐ ܢܕܥܝܢ. ܐܟܘܬܐ ܠܡܪܓܝܐ ܡܦܩܝܢ ܡܢ ܐܠܗܐ.
ܢܦܩ ܐܝܠܝܢ ܕܕܝܢܝܢ ܘܡܚܝܒܝܢ ܒܠܥܕܝܗ. ܐܝܬܘܗܝ ܕܝܢ ܒܪ ܢܗܝܪ ܐܝܬܘܗܝ
ܕܟܝܬ ܐܠܗܐ: ܘܐܝܬܝܗ ܐܝܬܝ ܕܝܗܒܘܗܝ: ܡܬܒܪܝܢ ܐܝܬܘܗܝ ܕܬܬܦܫܩܘܢ
ܒܪܬܕܝܢܐ ܥܠ ܐܢܫܐ ܕܠܐ ܚܛܐ. ܚܝ ܗܘܐ ܟܠܚܝܢ ܠܟܘܢ. ܕܬܗܘܘܢ

ܘܐܦ ܠܐ ܒܒܢ̈ܝܟܘܢ ܠܗ ܒܢ̈ܫܬܐ[a] ܕܐܝܟ ܒܥܠܡܐ. ܐܝܟܢ ܡܫܪ̈ܪ
ܗ̣ܘ[b] ܐܢܫܐ ܕܡܫܬܠܛ. ܒܗ ܓܝܪ ܗ̇ܠܝܢ ܟܠܗܝܢ[c] ܢܬܒܛܠ ܠܟܘܢ ܡ̇ܢܝܢ

---

[a] + [ܒܟ̈ܪܐ ܘܕܘܘܬܐ ܘܟܠܗܝ ܕܫܒ̈ܪܬܐ] [b] + ܗ̇ܘ

[c] + ܡܢ ܒܬܪ ܕܢܬܒܥܐ ܗ̣ܝ ܘܥܠܬܐ. ܕܡܫܒܚܝܢ ܗܘ ܘܥܒܕܐ ܗ̣ܝ ܕܡܫܠܛܢܘܬܗ.
ܐܝܟܢ ܐܬܝܗܒ ܕܡܟܬܒܬܐ ܗܘ S. f. 39 b ܘܚܪܝܢܐ ܘܠܐ ܬܪ̈ܝܢ ܟܬ̈ܒܘܗܝ.
ܢܬܒܥܐ ܗ̣ܝ ܡܢܗ. ܕܡܫܬܘܕܥܘܬܐ ܗܘ ܕܥܠܬܐ ܩܕܡܝܬܐ ܥܠ ܐܢܫܘܬܢ. ܒܗ ܡܬܠ
ܢܬܒܥ ܘܢܬܝܗܒ ܕܫܠܡܘܬܐ ܗܘ: ܓܐܘ ܒܗ ܘܐܬܚܫܒܘܗܝ ܠܒܪ ܡܢܐ: ܒܥܕܬܐ
ܕܬܘܒ ܘܬܬܒܥܐ ܘܢܓܒܐ. ܕܫܠܡܐ ܗܘܐ ܢܬܒܥ ܥܠ ܐܝܟ ܐܝܟܢ ܕܡܬܕܒܪ
ܥܒܪ ܡܢ ܐܚ̈ܪܢܐ. ܐܦ ܕܫܠܡܐ ܐܝܬܝܐ ܕܕܢܚܐ ܠܗ̇. ܒܗ ܢܬܒ ܒܟܘܫܒܘܬܗܘܢ
ܘܚܘܫܒܘܗܝ ܕܠܐ ܐܬܓܒܝ ܒܗ. ܢܬܒܪ ܐܦ ܗܘ ܘܢܓܒܐ ܠܗ ܡܢ ܐܚ̈ܪܢ
ܡܚܝܠܐ. ܘܢܐܒܕ ܡܢ ܡܕܡ ܐܠܗܐ. ܟܠ ܕܝܢ ܬܓܒܝܐ ܒܗ ܘܬܬܪܥܐ ܗ̇ܘ
ܕܒܥܠܐ. ܘܢܓܘܪ ܠܒܪ ܒܗ ܙܓܢܐ. ܐܦ ܗ̇ܘ ܐܝܢܐ ܕܒܬܪ ܗܘܐ ܕܬܬܕܟܐ
ܒܗ ܘܢܓܒܐ ܐܒܘܬܗ: ܒܟܐ ܕܚܛܘܗܝ ܕܢܦܫ ܢܬܒܠ ܐܦ ܗܘ: ܕܥܠܬܐ
ܢܬܥܒܘܗܝ ܡܒܘܬ. ܘܢܬܬܒܒ ܘܢܐܒܕ ܡܕܡ ܐܠܗܐ. Lag. p. 52 ܘܒܥܬ ܒܢܝܫܐ
ܠܐ ܢܓܘܬ ܒܒܕܡ. ܘܬܗܘܐ ܐܦ ܥܠ ܗ̇ܘ ܐܝܢܐ ܕܬܬܕܝܢ: ܗܘ ܡܚܝܠܐ
ܐܬܬܒܠܒܘ ܘܐܬܪܢܝܒܘ ܒܫܬܒܘܢ: ܘܚܝܘ ܡܘܟܒܘܗܝ. ܘܕܘܒܪ̈ܘܗܝ ܕܒܠܥܐ:
ܕܠܥܐ ܡܟܪ ܒܪ̈ܢܫܘܬܐ ܥܬ̈ܝܕܝܢ ܠܟܘܢ ܒܠܘܗܝ. ܐܦ ܕܠܥܐ ܒܢܓ̈ܬܐ
ܡܫ̈ܟܚܬܐ ܒܓ̈ܒܝܢ ܠܗ. ܐܝܟܢ ܢܬܒܥ ܕܡܟܝܢܝܢ ܐܢܘܢ ܠܗ ܒܚܕܐ ܒܢ̈ܓܐ.
ܕܚܘܝܐ ܗ̣ܝ ܕܐܦ ܡܕܐ ܒܪ̈ܫܘܬܐ ܕܚܝܬܝܢ ܒܠܘܗܝ ܥܙܝܙܐ ܗ̣ܝ. ܬܘܒ
ܕܝܢ ܒܕܫܐ ܗ̣ܝ ܡܕܐ. ܕܟܢ ܡܕܡ ܒܓܒܗ ܗܘܐ ܠܗ ܫܠܡܐ ܡܕܡ: ܡܢ
ܡܕܐ ܕܝܢ ܡܪ̈ܫܘܬܐ ܕܡܓܒܐ ܙܕܩ ܗܘ. ܡܠܠܗܢܐ ܒܠܝܠܝܬܐ ܗܘܬܗܘܢ
ܡܟ̈ܗܢܝܢ ܒܠܗܘܢ ܕܟܠܝܢ: ܕܒܗܫܪ̈ܘܬܐ ܙܟܘܬܐ ܘܡܥܪ̈ܪܐ ܬܗܘܘܢ ܦܩܘܕܝܢ
ܦܬܓܡܐ ܕܒܪܙܢܝܐ. ܘܟܠ ܗ̇ܘ ܐܝܢܐ ܕܒܥܬܕܒܘ ܕܗܘܝܘ ܚܒܪܐ: ܕܗܘܝܘ
ܬܪ̈ܝܨܐܝܬ. ܘܡܫܘܫܘ ܒܠܘܗܝ ܕܝܒܐ. S. f. 40 a ܘܐܝܢܐ ܕܝܢ ܡܢܗܘܢ ܕܠܐ ܡܟܝܢ
ܥܠ ܕܝܢܗܘܢ ܢܬܓܒܐ ܒܗ. ܘܢܦܘܩ ܡܢ ܒܘܫܬܐ: ܒܕܡܐ ܕܢܬܘܒ ܘܢܓܒܐ
ܡܢ ܐܦܣܩܘܦܐ ܐܦ ܡܢ ܒܕܬܐ: ܘܢܬܬܘܕܐ ܕܚܛܐ ܘܬܐܪܒ. ܘܡܡܟܢܐ
ܗ̇ܘܐ ܒܡܕܢܐ ܠܦܓܥܐܐ. ܕܒܠܥܐ ܡܟܬܒܘܢ ܒܗ ܢܚܝܘܗܝ ܐܝܟ ܐܝܬܝܐ
ܕܢܬܒ ܒܒܕܬܐ. ܒܗ ܠܐ ܐܬܒܥܘܢ ܘܠܐ ܐܬܪ̈ܕܝ. ܢܟܪܘܢ ܐܦ ܗܘ
ܘܢܓܒܐ ܐܟܘܬܗ. ܒܗ ܦܓܪ ܕܒܥܬ ܒܢ̈ܝܫܐ ܕܢܝܫܐ ܗܘ. ܐܠܐ ܠܘܬ ܐܠܗܐ

ܐܠܐ ܐܦ ܡܝܬܪܐܝܬ ܢܬܪܝܬܗܘܢ. ܡܛܠ ܕܡܠܝܟ ܘܕܝܢܐ [a]ܐܬܬܕܝܢܘ
ܡܢ ܕܝܢܐ ܒܥܠܐܝܬ.[a][b] ܡܛܠܗܢܐ ܗܟܢܐ ܬܗܘܘܢ ܦܪܘܫܐ
ܡܢ ܐܠܗܐ. ܘܬܬܒܥܘܢ ܡܢ ܒܕܬܐ ܡܐܬܩܠܝܢ[c] ܕܐܠܗܐ.
ܘܬܬܢܛܪܘܢ[d] ܒܠܚܘܕ ܗܢ ܕܒܕܝܢܐ ܕܕܝܢܝܬܘܢ[e] ܬܬܕܝܢܘܢ. ܡܛܠܗܢܐ Matt. vii. 2
ܒܗ ܬܬܕܝܢܘܢ ܠܗܢ. ܐܠܐ[f] ܢܬܪܝܢ ܘܢܦܩܘܢ ܬܪܝܨܘܢ
ܦܬܓܡܐ ܐܚܪܢܐ. ܠܐ ܓܝܪ ܡܢܝܢ ܠܗܘܢ ܐܢܫܐ. ܒܕܝܢܐ
ܕܢܦܩܐ ܫܠܝܡܐ ܒܫܬܗܘܢ. ܘܒܡܩܒ ܒܡܦܪܩܬܐ ܕܠܐ ܠܬܝܬ.
ܒܫܬܗܘܢ ܕܗܠܝܢ[g] ܕܐܝܬ ܠܗܘܢ ܕܝܢܐ ܘܣܪܝܩܐ ܣܐ. ܒܡ ܣܐ.
ܘܝܠܦܘ ܠܡܣܒ ܒܠ ܗܘ ܐܢܫܐ ܕܡܛܠܥܐ[h] ܕܐܢ ܐܝܬ[h] ܒܠܘܗܝ
ܒܠ ܗܢܐ ܡܦܪܣܘܬܐ.[i] ܐܘ ܕܠܡܐ ܐܦ ܒܠ ܐܚܪܢܐ ܐܝܬ
ܡܬܥܒܕܬܐ.[j] ܘܬܦܩ[k] ܡܢ ܒܠܒܒܗܘܬܐ ܡܕܡ ܡܕܡܘܬܐ. ܐܘ ܡܢ
ܣܪܝܩܐ ܐܘ ܡܢ ܣܦܩܐ. ܐܝܬܝܗ ܡܦܪܣܘܬܐ.[l] ܘܕܐܪܒܥܐ
ܐܢܘܢ[m] ܕܦܪܘܗܝ.. ܘܐܢ[n] ܐܝܬܘܗܝ ܡܚܒܒܐ ܘܕܠܐ ܪܘܓܙܐ.[o]
ܘܐܢ ܪܢܝܢ ܐܪܡܠܬܐ ܘܡܚܦܢܐ. ܘܠܐ ܪܢܝܢ ܡܬܪܝܢܐ
ܠܬܘܪܐ. ܘܐܢ ܐܝܬܘܗܝ ܫܠܝܐ ܘܡܐܣܝܢܐ[p] ܕܫܠܡܝܢ. ܘܪܚܡܐ
ܕܫܠܡܝܢ. ܘܐܢ[n] ܐܝܬܘܗܝ ܡܪܚܡܢܐ. ܘܡܫܝܚܐ ܐܝܟܢ ܠܡܬܠ. ܘܠܐ
ܐܝܬܘ ܐܒܘܠܐ[q] ܘܠܐ ܡܕܢܐ.[q] ܘܠܐ ܚܠܘܦܐ. ܘܠܐ ܪܘܫܐ.[r] ܡܛܠ Prov. vi. 14
ܕܠܒܐ ܡܗܦܟܢܐ ܡܬܦܫܩ ܒܝܫܬܐ. ܗܘ ܕܝܢ ܗܢܐ ܡܕܒܪܬܐ ܫܠܝܐ.[s] f. 43 a

---

a ܐܬܕܝܢ ܒܥܠܐܝܬ ܡܢ ܕܝܢܐ

b + ܡܢ ܒܬܪ ܕܝܢ ܒܡܘܡܐ Lag. p. 51 ܕܕܝܢܐ: ܒܠ ܕܐܬܚܝܒ ܒܥܠܐܝܬ. ܗܘ S. f. 39 a ܢܡܘܣܐ ܕܢܝܐ ܕܕܝܢܐ ܕܚܘܠܐ. ܬܠܬܬܐ [ܗ̅ ܡܫܟܚܐ] ܒܢܝ ܗܘܝܬܘܢ ܕܕܝܢܝ ܕܚܘܠܐ.

c ܡܬܬܠܝܢܐ d ܘܬܬܥܒܕ e ܕܕܝܢܝܢ ܐܝܬܘܢ f om. ܐܠܐ g ܕܗܘܢ
h ܐܢ ܐܦ i ܐܝܬ ܡܦܪܣܘܬܐ j ܡܬܥܒܕܬܐ k + ܕܠܡܐ
l ܡܦܪܣܘܬܗ m + ܬܘܒ n ܐܢ o + ܐܝܟܢܐ ܕܐܠܗܐ ܘܕܠܐ
p ܘܡܫܝܢܐ q ܘܡܕܢܐ r + ܘܠܐ ܐܣܛܪܐ ܘܠܐ ܚܕܢܐ s + ܒܥܠܡ

Col. iii. 13 ܘܢܫܒܩܘܢ ܐܚܕܕܐ[a] ܒܕܝܢܐ ܐܝܟ ܕܐܡܪ ܒܟܬܒܐ. ܗܘܘ ܕܝܢ ܕܐܝܬ
ܠܟܘܢ ܕܝܢ ܫܠܡܐ[b] ܘܕܝܢܐ[b] ܚܕ ܥܡ ܚܕ. ܘܟܕܐ[c] ܕܡܫܬܡܥܝܢ ܕܝܢ ܐܢܘܢ
ܬܪܝܢܐܝܬ ܗܟܢ ܒܬܚܘܡܐ ܕܓܒܪ ܕܝܢܐ. ܘܐܬܦܢܝܘ ܕܬܬܪܥܘܢ ܕܝܢ
ܐܢܘܢ ܒܪܥܝܘܬܐ. ܡܢ ܩܕܡ ܕܢܦܩܘܢ ܠܘܬܗܘܢ ܕܝܢ ܓܒܪ ܕܝܢܐ.[d] ܐܝܟܢܐ
ܕܐܦ ܗܘ ܒܕܝܢܐ [e]ܫܘ̈ܬܦܐ[1] ܒܪ ܡܠܟܐ ܘܒܪ ܡܠܟܘܬܐ[e] ܘܫܠܡܐ ܕܕܝܢܐ[f]
f. 42 b ܐܝܬ ܠܟܘܢ ܡܫܝܚܐ. ܐܟܙܢ ܐܝܬ ܐܚܪ̈ܢܝܢ[g] ܕܡܬܦܠܓܝܢ ܒܠܒܗܘܢ
ܕܠܐ ܫܦܝܪ ܡܬܕܒܪܝܢ ܒܐܘܪܚܗ ܕܡܪܝܐ. ܘܟܕ[h] ܡܫܬܡܥܝܢ ܠܬܪ̈ܝܢ[i]
ܦܬ̈ܓܡܐ ܚܡܝܪܐ ܒܠܠܐܝܬ. ܐܝܟ ܐܢܫܐ ܕܦܣܩܝܢ ܓܒܪ ܕܝܢܐ
ܥܠ ܐܦ̈ܝ ܚܛܝܐ ܕܠܥܠܡ. ܐܦ ܥܠ ܡܘܬܐ ܩܫܝܐ ܘܡܪܝܪܐ.
ܘܐܦ[j] ܢܬܚܝܒܘܢ[k] ܘܢܦܩܘܢ ܡܢ ܥܕܬܐ. ܡܢ ܚܛܗܐ ܘܡܢ ܡܬܚܝܒܢܘܬܐ
ܕܠܥܠܡ ܐܬܩܪܝ. ܘܗܘܐ ܠܗ ܥܒܕܐ[l] ܒܝܫܬܐ ܡܫܠܡܐ[m] ܘܡܛܪܡ
ܐܠܗܐ ܡܬܚܫܒܐ.[m][n] ܘܦܘܩܕܢܐ ܕܝܢ ܡܢܝܚܝܢ ܡܛܠ ܐܝܟ ܕܐܬܐܡܪ ܕܝܢ
ܕܠܐ ܡܫܟܚܢ[o] ܒܐܦ̈ܐ[p]. ܐܟܙܢ ܐܝܬ ܐܢܫ ܕܥܒܕ ܗܘ ܘܢܬܚܝܒ ܡܢ
ܕܝ̈ܢܐ ܒܡܫܟܚܢ[q] ܒܐܦ̈ܐ ܠܐ ܢܣܬܪܩܘܢ. ܡܢ[r] ܠܘܬ ܐܠܗܐ.[s]

---

[a] ܬܪ̈ܝܗܘܢ ܐܝܟ ܚܕܐ S. f. 38 b [b] ܕܝܢܐ ܘܫܠܡܐ [c] ܟܕ
ܕܠܟܐ ܠܘܬ ܡܢܗܘܢ ܒܗ ܐܬܘܗܝ ܐܢܫܐ: ܢܦܩܘܢ ܠܘܬܗܝ ܡܢ ܠܘܬܟܘܢ + [d]
ܫܠܡܐ ܕܗܠܝܢ ܐܚܝ̈ܢܐ. ܡܛܠܐ ܕܡܢ ܗܘܝܬܘܢ ܕܢܝܢ. ܐܝܟ ܕܐܦ ܐܢܬܘܢ
ܡܬܕܘܢ ܡܬܕܝܢܝܢ ܐܢܬܘܢ.
ܫܘܬܦܐ ܘܒܪ ܡܠܟܘܬܐ ܘܒܪ ܡܠܟܐ: [e] ܘܕܝܢܐ [f] ܕܡܬܚܫܒܝܢ ܡܢ ܐܚܐ + [g]
ܘܗܘܒ ܒܗ [h] ܠܬܪ̈ܝܗܘܢ [i] ܐܝܟܢ ܒܥܕܬܐ [j] ܐܚܐ ܘܢܬܚܝܒܘܢ + [k]
ܒܝܫܬ [l] ܘܡܚܫܒܐ ܡܢܡ ܐܠܗܐ [m]
ܗܘܝܬܘܢ ܡܛܠ ܕܝܢܐ: ܐܝܟ ܕܟܠܗ ܕܡܬܚܫܒܬܐ ܐܚܪܐ ܕܗܘܝ. + [n]
ܒܡܪܚܡܢܘܬܐ ܡܬܚܫܒܬܐ.
ܡܫܟܚ [o] ܬܘܒ ܡܢ ܕܬܘܒܗܘܢ ܒܗ ܢܬܚܝܒܘܢ ܠܥܠܡ ܕܠܥܠܡܝܢ + [p]
ܒܡܫܟܚ [q] ܡܢܡ [r] ܕܝܢܐ ܕܕ̈ܝܢܐ ܕܒܫܠܡܐ: + [s]

---

[1] Cod. om. ܫܘ̈ܬܦܐ

ܘܪܚܡܝܢ ܚܕ ܥܠ ܚܕ.[a] ܐܝܟܢܐ ܐܢܘܢ[b] ܘܚܒܪܘ ܫܠܡܐ ܒܝܬܗܘܢ.
ܐܝܟ[c] ܕܐܡܝܪ[c] ܕܛܘܒܝܗܘܢ ܠܥܒ̈ܕܝ ܫܝܢܐ. ܘܗܘܝܬ ܢܗܘܐ Matt. v. 9
ܕܡܬܒܥܐ ܠܗ ܠܐܦܝܣܩܘܦܐ ܕܡܢ[1] ܡܫܪܝܐ ܠܗܕܐ ܘܡܬܪܐܝܬ.
ܐܝܟ ܕܐܡܪ ܦܛܪܘܣ ܟܕ ܫܐܠܗ[d] ܠܡܪܢ. ܕܟܡܐ ܙܒܢܝܢ ܐܢ Matt. xviii. 21
ܢܣܟܠ ܒܝ ܐܚܝ ܐܫܒܘܩ ܠܗ. ܥܕܡܐ ܠܫܒܥ ܙܒܢܝܢ. ܗܘ ܕܝܢ
ܐܡܪ ܡܪܢ[e] ܕܠܐ ܗܘܐ ܥܕܡܐ[f] ܠܫܒܥ[g] ܙܒܢܝܢ[h]. ܐܠܐ ܥܕܡܐ[i]
ܠܫܒܥܝܢ ܥܠ ܫܒܥ. ܫܒܥ. ܫܡܥܐ ܚܒܪܐ ܢܗܪܐ ܡܪܢܐ. ܕܐܢܫ
ܕܐܒܠܗ ܐܝܬܝܟ ܒܚܘܪܐ. ܕܠܐ ܡܬܦܩܕ[j] ܢܗܘܐ ܠܗܘܢ[k] ܡܕܡ ܥܠ
ܐܚܐ. ܘܠܐ ܕܢܬܪܚܩܘܢ[l] ܥܠ ܐܚܐ[m]. ܐܚܪܝܢ ܢܛܪܘ ܘܢܗܘܐ ܡܕܡ
ܡܢ ܡܥܒܕܢܘܬܐ ܕܒܥܠܕܒܒܐ. [n]ܢܗܘܘܢ ܡܕܡܟܘ ܡܬܬܕܒܪܝܢ.[n]
ܒܬܪܝܢ[o] ܒܫܒܥܐ ܢܗܘܘܢ ܗܘܝܢ. ܕܠܡܐ ܢܛܪܝܢ [p]ܘܐܚܕ ܢܦܩܕ[p]
ܠܡܩܒܠ ܡܐܡܪܐ ܕܕܝܢܘܗܝ[q]. ܕܢܗܘܐ ܐܝܟ ܠܗܘܢ ܐܬܪܐ
ܥܕܡܐ ܠܫܒܬܐ. ܐܝܟ ܕܬܬܦܢܝܢܗ[2] ܠܡܦܩܬܐ ܘܬܬܒܪܘܢ ܫܠܡܐ[r].
ܘܬܫܡܥܘܢ ܐܝܟܢ ܒܝܫ ܒܫܒܥܐ + ܢܗܘܘܢ ܗܘܝܢ ܐܡܝܢܝܢ
ܐܦܝܣܩܘܦܐ[s] ܒܟܠ ܕܝܢܐ ܕܡܢ[s] ܡܫܪܝܐ ܘܡܫܝܚܐ. ܘܗܘܝܬܘܢ[t] ܕܝܢܝܢ
ܕܠܐ ܡܣܒܐ ܒܐܦܐ[u] ܟܕ ܢܐܬܘܢ ܩܕܡ ܬܪܥܝܗܘܢ ܦܪܨܘܦܐ

a + ܘܡܒܝܢܝܢ ܒܟܠܗܘܢ̈
b + ܐܢܬܘܢ ܘܐܬܪܬܘ ܐܢܘܢ
c ܡܛܠ ܕܐܡܪ ܡܪܢܐ:
d ܫܐܠܗܘܗܝ
e ܡܪܢ ܐܠܗܢ ܘܐܡܪ ܠܗ
f om. ܥܕܡܐ
g ܫܒ̈ܥܐ
h + ܐܡܪ ܐܢܐ ܠܟܘܢ
i ܘܥܕܡܐ
Lag. p. 50
j ܡܬܬܦܩܕ
k ܠܗܘܢ ܐܦܠܐ
l ܢܬܪܚܩܘܢ
m + ܚܕ ܠܘܬ ܚܕ ܐܠܐ ܢܪܕܐ ܕܢܗܘܘܢ ܠܗܘܢ. + ܚܕ ܥܡ ܚܕ ܐܝܟ ܐܚܐ ܕܫܒܝܩܐ ܥܡ ܚܕ
n .ܡܕܡܟܘ ܡܬܬܕܒܪܝܢ ܗܘܢܐ
o + ܐܝܟ ܕܐܦ ܐܢܬܘܢ ܡܬܬܕܒܪܝܢ ܐܝܟ ܐܢܬܘܢ ܠܡܦܩ ܕܝܢ ܕܢܬܒܥܘܢ +
p ܘܢܦܩܕ ܐܚܕ
q ܕܕܝܢܘܗܝ
r + ܚܕ ܥܠ ܚܕ ܐܝܟ ܐܚܝܢ ܕܗܘܝܬܘܢ ܒܝܬ ܥܡܗ
s ܒܟܠ ܕܝܢܐ ܕܡܢ ܐܦܝܣܩܘܦܐ
t ܘܗܘܝܬܘܢ
u ܡܣܒܐ

1 Cod. om. ܕܡܢ
2 Cod. ܬܬܦܢܝܢܗ

ܥܡ ܚܕܕܐ ܡܫܝܢܝܢ[a]. ܠܐ ܓܝܪ ܢܗܘܘܢ ܢܛܪܝܢ ܚܣܡܐ
ܒܠܒܗܘܢ. ܘܠܐ ܬܗܘܘܢ ܒܝܫܝܢ [b]ܡܣܕܘܬܐ ܠܒܗܘܢ[b]. ܘܠܐ
Luke xx. 25 ܬܬܕܒܪܘܢ ܡܕܡܝܢܘܢ. ܐܝܟ ܕܐܦ ܒܐܘܢܓܠܝܘܢ ܐܡܪ[c] ܕܗܒܘ[d]
ܕܩܣܪ ܠܩܣܪ. ܘܕܐܠܗܐ ܠܐܠܗܐ. ܗܘܝܬ ܗܟܝܠ ܢܟܦܐ ܠܡܫܡܥ
ܘܡܫܬܡܥܢ ܠܡܠܟܘܬܐ ܕܡܠܟܐ ܫܠܝܛܐ ܒܗ ܓܝܪ ܬܫܡܫܘܢ ܡܪܢ
ܒܕܚܠܬܐ ܡܛܠ ܫܠܝܛܐ. ܠܘܬ ܐܠܗܐ ܡܬܝܪܢܐ ܢܗܘܐ ܠܟ.
ܡܛܠ ܕܕܚܠ ܐܢܬ ܡܢ ܐܠܗܐ. ܘܡܫܬܥܒܕ ܐܢܬ ܐܝܟ ܦܘܩܕܢܐ[e].
ܐܢܫ ܐܢܬ ܐܢܫܐ ܕܐܝܬ ܠܗܘܢ ܚܝܠܐ[1] ܚܕ ܒܡ ܚܕ. ܗܘ ܕܢܣܒ
ܠܐ[f] ܬܗܘܐ. ܒܪ ܚܐܪܘܬܗ ܡܬܦܠܓܐ ܠܗܘܢ [g]ܕܬܬܟܒܪܘܢ ܫܠܡܐ[g].
ܕܬܟܒܪܘܢ ܐܢܬܘܢ ܡܬܟܬܒܝܢܐ ܕܠܐ ܗܘܐ ܒܚܪܕܐ ܕܐܣܘܬܐ[h]
ܒܩܪܒܐ ܡܫܡܠܝܢ ܐܢܘܢ ܕܐܩܪܒܘ ܠܡܦܩܕ ܡܢܢܐ. ܐܢܫܝܢ
ܕܬܟܫ ܚܕ ܡܢܝܗܘܢ ܕܡܢ ܒܢܝܐ ܗܘ ܕܐܠܗܐ ܐܢܫܐ ܕܡܚܒܝܢ
ܡܬܟܠܒ[i] ܡܢܐ ܒܪܗ ܗܘ ܕܢܦܩܪܐ. ܐܢܫܐ ܕܝܢ ܕܡܫܐ ܘܡܪܢܝ ܘܫܠܘܦ
ܘܡܟܪܟܝܢ. ܡܢܐ ܢܦܩ ܒܐܩܠܐ ܗܘ[j]. ܒܐܘ ܒܗ ܡܟܝܠ ܘܒܐܪܘܚܝܗܘܢ[k]
f. 42 a [2]ܘܡܟܪܘܚܝܗܘܢ ܘܐܦܣܘܢܝܗܘܢ[2] [1]ܡܢ ܒܕܬܐ[1] ܐܝܟ ܕܠܡܟܪܘܕܐ[m].
ܘܡܬܪܦܝܢ[o][n] ܡܠܘܗܝ ܕܠܐ ܢܐܒܕ ܠܗ ܒܡܒܪܐܝܬ. ܒܪ ܓܝܪ ܢܗܘܘܢ
ܡܬܪܕܝܢ ܘܡܬܟܒܫܝܢ ܐܢܫܝܢ ܕܡܫܒܚܐ ܐܢܘܢ[p]. ܠܐ ܢܗܘܘܢ[q] ܠܗܘܢ
ܬܒܥܐ ܫܒܩܢܐ. [r]ܐܢܫܝܢ ܠܐ[r] ܢܛܪܝܢ ܦܬܓܡܐ ܕܐܡܪ ܡܢ ܡܪܢ
Matt. xviii. 21 ܒܐܘܢܓܠܝܘܢ[s]. ܕܡܚܐ ܕܟܬܝܒ ܐܢ ܢܣܟܠ ܒܟ ܐܚܘܟ ܐܚܡܘܗܝ ܠܗ.

---

[a] ܡܫܝܢܝܢ   [b] ܠܒܗܘܢ ܡܣܡܘܬܐ   [c] ܐܡܪ   [d] ܕܗܒ   [e] ܦܘܩܕܢܗ
[f] ܘܠܐ   [g] om. ܕܬܬܟܒܪܘܢ ܫܠܡܐ   [h] [ܕ]ܐܣܘܬܐ   [i] ܘܡܬܟܠܒ
[j] + ܘܡܟܠܟܒܟܐ ܗܘ ܟܟܒܐ ܒܗ   [k] ܘܒܐ[ܘ]ܪܘܚܝܗܘܢ   [l] om. ܡܢ ܒܕܬܐ
[m] ܕܠܡܟܪܘܕܘܬܐ   [n] ܘܡܢ ܒܬܪܗ   [o] + ܐܝܟ ܕܦܩܕ ܐܡܪܝܢ   [p] ܐܢܬܘܢ
[q] ܗܘܝܢ   [r] ܐܢܫܝ ܕܝܢ ܕܠܐ   S. f. 38 a   [s] + ܕܐܡܪ

---

[1] Cod. om. ܚܝܠܐ   [2] Cod. ܘܡܟܪܘܚܝܗܘܢ ܘܐܦܣܘܢܝܗܘܢ

ܐܦ ܐܢܐ ܐܬܠܝܟ[a] ܒܡܪܘܚܘܬܐ. ܐܡܪ ܡܪܝܐ ܕܚܝܠܬܢܐ. ܗܘܘ
ܗܟܝܠ ܬܪܝܨܝܢ ܕܬܬܒܥܘܢ[b] ܠܡܫܡܠܝܘ ܬܫܒܘܚܬܐ ܡܢ ܡܪܝܐ.[c]
ܢܗܘܘܢ ܗܟܝܠ ܐܦ[d] ܐܦܝܣܩܘܦܐ ܘܡܫܡܫܢܐ ܒܚܕ ܪܥܝܢܐ.
ܘܒܬܫܡܫܬܐ ܗܘܘ ܪܥܝܢ ܚܕܐ ܒܚܕ ܪܥܝܢܐ ܬܪܥܝܬܐ. ܡܛܠ
ܕܬܪܘܢ ܗܟܝܠ ܚܕ ܦܓܪ ܡܬܒܥܐ ܠܟܘܢ ܠܡܗܘܐ. ܐܒܐ ܘܒܪܐ.
ܡܛܠ ܕܒܕܡܘܬܐ ܕܡܪܘܬܐ[e] ܐܝܬܝܟܘܢ.. ܘܢܗܘܐ ܡܕܡ ܡܕܡ ܡܗܘܕܥ
ܦܠܚܝܢ ܠܐܦܝܣܩܘܦܐ. ܐܝܟܢܐ ܕܡܫܝܚܐ ܠܐܒܘܗܝ.. ܡܫܡܫ
ܕܝܢ ܐܝܠܝܢ ܕܡܫܡܫ. ܡܕܡ ܢܗܘܐ ܡܬܡ. ܘܫܪܟܐ ܕܐܫܬܝܬܐ[f]
ܕܐܦ ܗܟܝܠ ܐܦܝܣܩܘܦܐ[g]. ܒܪܡ ܕܝܢ ܢܗܘܐ ܡܕܡ ܡܫܬܡܥܢܘܬܗ f. 41 b
ܕܐܦܝܣܩܘܦܐ ܘܡܫܡܫܢܗ ܘܠܟܠܗ [h]ܐܦ ܢܦܫܗ[h]. ܡܛܠ ܕܟܕ
ܐܝܬܝܟܘܢ ܬܪܝܢ ܒܚܕ ܪܥܝܢܐ [i]ܘܒܚܕ ܬܫܡܫܬܟܘܢ[i]
ܕܒܠܟܘܢ ܗܘܐ ܫܠܝܐ[j] ܒܥܕܬܐ.. ܠܬܫܡܫܬܐ ܕܝܢ ܡܥܒܕܐ ܗܝ
ܠܗ ܗܕܐ ܬܫܡܫܘܬܐ. ܕܟܡ ܐܢܫ ܠܐ ܢܗܘܐ[k] ܠܗ ܡܠܬܐ
ܒܥܕܬܐ.. ܐܝܢܝ ܬܬܒܥ[l] ܡܢ ܡܫܡܫܢܘܬܗ ܕܒܠܚܘܕܝܐ [m]ܡܕܡ
ܢܫܡܘܥ[m] ܠܐܢܫ. ܘܢܗܘܐ ܠܗ ܕܝܢܐ. ܢܬܦܢܐ ܕܢܦܘܩ ܡܢܗ
ܘܐܦ[n] ܢܗܘܐ ܠܗ ܠܡܫܡܥ ܡܕܡ ܒܠܚܘܕ[o] ܠܕܝܢܐ ܕܢܬܦܐ ܠܐ
ܢܬܬܐ. ܘܠܐ ܬܗܘܘܢ ܡܡܠܠܝܢ ܦܬܓܡܬܐ ܕܢܬܦܐ[p] ܥܠ ܐܢܫ
ܡܢ ܕܝܠܟ. ܟܕ ܢܬܦܐ ܠܒܪ ܡܬܚܫܒ ܒܠܚܘܕܝܐ. ܥܠ ܥܒܕܘܗܝ
ܕܐܠܗܐ. [q]ܡܛܠ ܕܡܢ ܫܦܝܠܐ ܥܒܕܝܢ ܢܬܦܐ ܠܡܪܝܐ. ܫܦܝܠܐ
ܦܘܫ ܐܢܬ. ܐܡܪ ܠܝ ܒܪ ܦܪܘܩ ܗܘܝܢܐ. ܕܠܐ ܬܕܥ ܣܡܠܟ[r] Matt. vi. 3

---

[a] + ܒܒܝܬܐ [b] ܘܬܬܒܥܘܢ [c] + ܘܠܐ ܡܬܫܬܐ ܕܬܠܡܝܕܘܬܐ ܕܫܠܡ +
[d] om. ܐܦ [e] ܕܡܪܘܬܐ [f] + ܢܗܘܐ [g] [ܠܐ]ܦܝܣܩܘܦܐ [h] ܘܢܦܫܗ
[i] ܒܫܠܡܘܬܟܘܢ [j] + ܐܦ [k] ܬܗܘܐ [l] ܢܬܒܥ [m] ܢܫܡܘܥ ܡܕܡ
Lag. p. 49 [n] ܐܦ [o] ܘܒܠܚܘܕ S. f. 37 b [p] ܡܢ ܢܬܦܐ
[q] + ܡܛܠ ܗܢܐ + [r] ܣܡܠܟ

ܒܝܫܬܐ ܕܥܒܕܬܐ[a]. ܘܥܠ ܢܦܫܗܘܢ ܐܝܬܝܘܗܝ. ܡܢ ܕܡܘܬܢܐ ܕܩܕܡܬܐ
ܕܐܬܓܠܝܬܘܢ ܡܢ ܫܢܝܐ ܕܠܥܠ. ܡܛܠ ܕܐܬܦܢܝܬܘܢ[b] ܠܒܝܬܐ
ܐܚܝܐ[b]. ܘܡܢ ܬܪܝܢ ܕܐܠܗܐ ܗܦܟܬܘܢ. ܡܛܠ ܡܣܟܢ[c] ܒܐܦܐ.
ܘܡܛܠ ܡܘܥܠܢܐ[d] ܕܡܘܪ̈ܕܢܐ ܗܪ̈ܝܣܐ. ܘܒܕܪܬܘܢ ܒܕܬܐ
f. 41 a ܘܐܬܦܠܓܘ[e] ܒܬܪܗ ܘܫܒܩܬܘܗ[f] ܕܟܪܝܐ ܐܠܗܐ ܀ ܀ ܀
Chap. XI ܘܟܠܗܘܢ ܕܐܡ̈ܢܝܢ ܀ ܫܘܦܠܐ ܬܘܒ[g] ܠܘܬ ܐܦܝܣܩܘܦܐ ܘܡ̈ܠܟܐ
[h]ܕܐܬܒܪܘܢ ܒܐܪܥܐ: ܘܕܢܚܘܢ ܒܗ ܫ̈ܪܝܪܐ ܒܐܘܟܘܬܐ
ܘܚܘܒܐ. ܘܕܠܐ ܢܦܠܘܢ ܒܣܪܗܘܬܐ ܡܢ ܫܘܦܐ ܒܠ ܐܚܪ
ܡܫܝܚܝܐ. ܘܕܠܐ ܢܬܠܘܢ ܘܢܕܘܢ ܒܪܘܫܥܢܐ ܒܗ ܫܒܪܗ.
ܘܐܦܢ ܚܣܝܐ ܘܗܘܐ ܠܗܘܢ ܕܢܚܐ ܠܐ ܘܡܢ ܫܘܦܐ. ܢܐܡܪܘܢ
ܕܒܠܗܘܢ ܐܠܐ ܘܡܢ ܒܕܬܐ. ܘܢܬܝܐܒܘܢ. ܐܝܟ ܫܡܥܢ ܗܘ
ܡܢܗܘܢ ܡܢ ܦܪܘܢܝܬܐ: ܘܗܘܘ ܕܦܫܩܝ ܘܡܬܠܚܡܐ ܠܘܬ
ܥܢܝܐ ܢܬܦܠܛ ܡܢ ܒܕܬܐ ܒܡܕܝܢܬܐ ܕܐܬܐ. ܘܗܘܐ ܦܪܩܢ ܬܪ̈ܝܗܘܢ
ܦܪ̈ܘܩܐ ܢܗܘܘܢ ܕܢܚܘܢ ܩܕܡ ܕܐܢܫ ܕܠܐ ܡܣܟܢ ܒܐܦܐ.
ܗܘ ܒܝܘܡܬܐ ܣܓܝܐܬܐ. ܒܬܪ ܕܒܢܝܐ ܗܘ ܡܡܠܟܢ ܕܦܩܕܗ
ܕܗܘ ܕܡܫܬܪܐ. ܘܬܐܪܬܗ ܘܚܠܬܐ ܕܕܝܢܗ ܘܢܘܪܗ. ܘܐܦ ܗܘ
ܕܡܬܦܬܪܐ ܒܗ ܒܕܡܘܬܐ. ܘܦܩܕܢ ܒܙܒܢܐ ܒܐܪܥܐ. ܕܗܘ
ܕܡܬܒܥܐ ܡܢܝܢܐ. ܘܬܘܒ ܡܛܠ ܗܠܝܢ ܕܐܡܪܝܢ. ܘܕܘܪܫ ܕܢܦܫܗ
ܦܘܠܚܐ ܠܫܪ̈ܝܪܐ. ܐܝܟܘ ܕܡܢ ܐܠܗܐ ܚܙܝܢ ܥܘܒܕܢܐ[h]: ܐܬܬܢܝܚܘ
ܗܟܢܐ ܐܦ ܐܦܝܣܩܘܦܐ ܒܗ ܡܬܚܙܝܢܐ. ܕܬܬܒܝܢܘܢ ܬܬܒܝܢ ܠܘܬ
2 Sam. xxii. 26 *sic* Ps. xviii. 26 *sic* ܡܪܝܐ ܡܛܠ ܕܐܡܪ ܡܪܝܐ. ܕܐܢ ܬܬܒܘܢ ܬܬܒܝܢ ܒܗ.
ܐܦ ܐܢܐ ܐܬܦܢܐ ܒܟܘܢ. ܘܐܢ ܬܬܗܦܟܘܢ ܒܗ ܡܪܢܐܝܬ[i].

[a] + ܡܠܟ ܒܗ ܕܥܒܕܘܗܝ ܬܒܥܬܐ ܘܡܫܬܘܕܥܐ [b] ܠܚܝܝܐ

S. f. 37 a [c] ܡܣܟܢ [d] + ܡܦܠܣܐ [e] ܘܐܬܦܠܓܐ [f] ܫܒܩܬܐ

[g] om. ܬܘܒ [h] om. ܕܐܬܒܪܘܢ .... ܥܘܒܕܢܐ [i] ܡܪܢܐܝܬ

ܠܡܪ̈ܕܘܬܗ. ܘܐܡܪ. ܒܐ̈ܠܝܢܐ· [a]ܐܝܟ ܡܪ̈ܕܘܬܐ ܕܒܥܠܕܒ̈ܒܐ[a]. ܗܘܐ ܕܝܢ ܥܠܘ̈ܒܝܐ[b]. ܘܡܓ̈ܪܘܬܐ ܘܡܣܐܒܠܢ̈ܝܐ[c]. ܘܪ̈ܦܘܣܢܐ ܘܣܪ̈ܝܩܐ ܘܐܪܦܣ̈ܛܐ[d] [e]ܘܡܬܦܠ̈ܓܢܘܬܐ. ܘܥܫ̈ܘܩܝܐ ܘܡܪ̈ܝܕܘܬܐ[e]. ܗܘ ܐܝܢܐ ܕܗܠܝܢ ܪܫܡ ܘܟܬܒ. ܒܪܡ ܕܝܢ ܗ̤ܘ ܒܥܠܕܒܒܐ ܡܥܒܕ ܒܗ. ܘܡܟܬܪ ܠܟܠ ܒܕܘܬܐ ܢܘܟܪܝܐ ܗܘ[f] ܠܕܘܬܐ[g] ܘܒܝܫܘܬܐ[h] ܠܒܥܠܕܒܒܐ. ܠܗ̇ܘ ܕܝܢ ܟܕ ܡܫܡܫ ܕܝܘܐ ܡܥܒܕ ܒܗ. ܘܡܩܒܠ[i] ܘܚܫܒ ܠܗ ܠܕܘܬܐ. ܗ̤ܘ ܗܢܐ ܚܝܠ ܐܝܬܘܗܝ ܕܝܘܐ ܠܗ ܝܗܒ ܗܘ ܠܗ ܠܕܘܬܐ ܟܕ ܒܦܘ̈ܩܕܢܘܗܝ[j]. ܠܗܢܐ ܗ̇ܝܠ ܒܟܬܒܐ ܒܗ[k] ܐܝܟ ܕܟܬܝܒ ܒܣܦܪܬܐ. ܕܐܦܩܘ[l] ܠܒܝܫܐ ܡܢ ܟܢܘܫܬܐ ܘܢܦܘܩ ܥܡܗ ܚܪܝܢܗ. ܡܛܠ[m] (Prov. xxii. 10) ܕܒܝܫܐ ܘܡܪܕܐ ܕܠܐ ܐܢ ܢܦܩ ܒܟܢܘܫܬܐ ܠܟܠܗܘܢ[n] ܡܚܒܠ. ܗܢܐ ܟܝܬ ܟܕ ܢܦܩܘ ܬܪ̈ܬܝܢ ܐܟܚܕܐ ܡܢ ܒܕܘܬܐ ܘܐܬܬܐ ܒܐܢܫܝܬ ܐܬܦܫܩ. ܘܐܬܒܪܐܝܬ ܥܦܪܬ ܒܕܘܬܐ[o]. ܡܛܠ ܕܗܘܐ ܒܗ ܥܠܡܐ..[p] ܐܢܫ ܠܐ ܕܝܢܐ ܕܢܚܫܘܢ ܐܘ ܡܛܠ ܡܫܐܒ[q] ܒܐܦ̈ܐ. ܐܘ ܡܛܠ ܡܘܗܒܬܐ ܕܢܘܬܪܢܐ ܠܦ̈ܪܨܐ ܕܢܦܩܝܢ ܐܢܬܘܢ[r]. ܘܬܦܩܘܢ[s] ܡܢ ܒܕܘܬܐ ܠܐܢܠܝܢ ܕܥܦܝܪ ܡܬܒܕܪܝܢ. ܘܬܪܒܘܢ ܒܝܫܐ[t] ܫܘܚ̈ܠܦܐ ܚ̈ܪܝܢܐ [u]ܘܡܬܟܬܪ̈ܢܐ ܐܣܦܪ̈ܝܐ[u] ܒܢܝܬܟܘܢ. ܠܦܘܪܩܢܐ ܬܬܬܒܘܢ ܟܠ

---

a ܘܡܪ̈ܕܘܬܐ ܕܒܥܠܕܒ̈ܒܐ b ܥܠܘ̈ܒܝܐ c ܘܡܣܐܒܠܢ̈ܝܐ

S. f. 36 b d ܘܐܪܦܣ̈ܛܐ e ܘܡܬܦܠ̈ܓܢܘܬܐ ܘܡܪ̈ܝܕܘܬܐ ܘܥܫ̈ܘܩܝܐ f + ܠܗ

g + ܗܘ ܗܢܐ h + ܗܘ i ܘܡܩܪܒܠ

j + ܕܐܬܬܒܪ ܐܝܟ ܗܘ ܟܝܬ ܟܪܒܐ ܟܕ ܚܒܪ ܠܗ ܩܘܠܘܢܝܐ. ܒܦܘܠܘܣ ܕܫܠܝܚܘܬܗ. ܘܩܠܝܠܐ ܒܕܘܬܐ ܕܐܠܗܐ

k ܠܗ l ܕܐܦܩ m ܘܡܛܠ Lag. p. 48 n ܠܟܠܗܘܢ o + ܒܡܪܝܐ ܕܗܘܝܬ ܗ̇ܘ

p + ܫܡܥ ܗܘܐ ܒܗ ܟܕ. ܡܛܠ ܕܗܝ ܗܘ ܥܠܬܐ ܕܠܐ ܠܦܘܪܩܢܐ ܘܕܠܐ ܥܠܘܒܝܐ ܡܗܘܐ ܒܕܘܬܐ

q ܡܫܐܒ r + ܘܬܦܣܝܢ ܕܢܦܩܐ ܒܢܝܫܐ ܒܢܝܬܟܘܢ: ܐܘ ܕܬܬܕܘܢܘܢ

s + ܬܬܘܒ t ܠܒ̈ܝܫܐ u ܘܡܬܟܬܪ̈ܢܐ ܘܐܣܦܪ̈ܝܐ

ܒܐܬܪܐ ܪܒܐ ܐܝܟ ܕܠܦܠܛܘܢ ܐܦܝܩܘܪܘܣ، ܡܢ ܒܪܬܐ. ܘܡܢ
ܒܬܪ ܕܒܠܐ ܐܝܟܘ ܕܡܫܬܘܕܐ ܕܬܐܒ. ܘܫܪܝܘܗܝ، ܘܐܡܪܘ ܥܠܘܗܝ،
ܡܪܕܘܬܐ. ܘܗܕܡܝܢ ܫܒܩܘ[a] ܐܒܕܐ ܘܥܠܡܝܗܘܢ، ܒܒܪܬܐ. ܘܦܘܫܬܗܘܢ
ܘܗܒܪܝܢ ܘܢܛܪܝܢ[b] ܠܐܢܫܐ ܕܡܕܒܪܐ ܐܝܬܘܗܝ. ܕܠܡܢܐ ܬܘܒ ܢܬܒܥܘܢ[c]
ܠܐܢܫ ܐܚܪܝܢ[d]. ܘܐܦ ܬܚܘܒܝܗܘܢ، ܡܬܚܬܪ ܕܒܟܠ ܠܒܪܬܐ[e] ܕܬܘܒ.
ܡܬܚܪܐ ܘܢܓܕܐ ܕܢܦܠܘܢ ܐܦ ܠܐܚܪ̈ܢܐ. ܘܦܪܩ ܘܡܬܢܓܕ
ܘܡܚܝܬܐ ܥܠ ܫܘ̈ܚܠܦܐ ܒܒ̈ܢܝܐ ܒܕܠܘܬܐ. ܐܦܝܩܘܪܘܣ، ܕܠܐ
ܢܗܘܐ ܬܘܒ[f] ܥܢܝܐ ܘܡܒܠܒܠ. ܠܗ ܠܒܪܬܐ. ܐܢܫܐ ܓܝܪ ܕܗܘܒܐ
ܐܝܬܘܗܝ، ܐܦ ܠܝܬ ܗܘ. ܡܛܠ ܕܠܐ ܢܐܐ[g] ܠܗ ܠܒܪܬܐ ܡܕܡ[h]
ܕܢܬܬܪܝܐ[h] ܠܝܬ ܒܗ.. ܫܡܥܝܢ ܓܝܪ ܕܐܝܬ ܒܒܢ̈ܝܐ ܕܡܬܠܬܝܢ. ܘܐܝܬ
ܗܘ[i] ܒܦܠܓܘܬܗܘܢ[j] ܚܬܝܪܐ. ܐܚܪܢܝܢ ܕܝܢ ܢܒܟܘܬܐ ܐܘ ܡܕܡ
ܐܚܪܝܢ[k] ܒܚܝܪܐ ܚܬܝܪܐ. ܗܢܘܢ ܕܝܢ ܗܠܝܢ ܒܗ ܐܝܬܝܗܘܢ ܡܢܗ
ܡܢ ܦܠܓܐ. ܢܓܒܪܐ ܐܢܘܢ ܘܒܘܐܪܐ[l]. ܐܦ ܠܦܠܓܪܐ[m] ܐܦ ܠܒܪܢܫܐ.
ܡܛܠ ܕܚܬܝܪܐ ܐܢܘܢ ܠܗ. ܒܗ ܕܝܢ ܢܬܢܣܒܘܢ ܡܢ ܐܘܡܢܐ.
ܡܛܠ ܒܪܢܫܐ ܗܘ ܢܐܣܘܪܗ ܘܫܘܦܪܗ ܕܦܓܪܐ[n]. ܘܡܕܡ ܠܐ ܢܫܟܪ[o]
ܒܗ. ܡܛܠ ܗܘ ܡܕܡ ܚܬܝܪܐ ܕܐܬܝܗܒ ܒܗ. ܐܠܐ ܐܦ
ܚܬܝܪܐܝܬ ܐܬܚܙܝ ܒܫܦܝܪܘܬܗ ܒܗ ܗܘܝܐ ܒܕܡܘܬܐ ܐܦ
f. 40 b ܐܢܬܘܢ ܐܘ ܕܒܘܬܐ ܗܘܝܘܬܢ ܡܬܕܒܪܝܢ. ܡܛܠ ܓܝܪ ܕܐܝܬܝܗ
ܒܪܬܐ ܦܠܓܐ. ܗܕܡܐ ܕܝܢ ܚܕ ܐܢܝܢ ܕܡܫܡܫܝܢ ܒܐܠܗܐ.
ܘܐܢܬܝܢ ܒܢܘܟܐ ܒܕܝܠܝܬܗ ܕܦܓܪܐ ܐܝܟ ܦܘܡܒܐ ܕܡܥܠܡܢܘܬܐ
ܕܡܒܠܝܢ[p]. ܡܛܠܗܢܐ ܠܐܢܫܐ ܕܡܦܪܢܣܐ ܒܝܬܐ ܥܠ ܒܪܬܐ. ܘܡܕܒܪ

Lag. p. 47. S. f. 36 a   [a] + ܥܠܘܗܝ   [b] + ܠܗ   [c] ܢܬܒܥܘܢ
[d] ܐܚܪ[ܝܢ]   [e] om. ܠܒܪܬܐ   [f] ܬܘܒ ܢܗܘܐ   [g] ܢܐܐ
[h] ܚܬܝܪܐ ܗܘ ܠܗ: ܘܡܕܡ ܕܢܬܬܪܝܐ   [i] om. ܗܘ   [j] + ܗܕܟܢܐ   [k] ܐܚܪܢ
[l] ܘܒܘܐܪܐ   [m] ܠܦܠܓܪܐ   [n] ܕܦܓܪܗ   [o] ܢܫܟܪ   [p] ܡܒܠܝܢ

ܘܟܕ ܐܬܟܠܬܐ. ܘܕܘܢ ܕܒܢܝܐ ܬܘܒܝܐ ܒܡܬܪܒܐ. ܘܐܙܕܗܪܘ[a] ܗܟܝܠ
ܕܠܐ ܬܬܕܘܢ ܢܦܫܟܘܢ ܒܐܦܐ. ܘܬܣܬܒܪܘܢ ܕܒܢܝܐ ܕܡܠܟܘܬܗ
ܕܡܪܝܪܐ ܕܐܡܪ ܗܟܢܐ. ܘܠܗܘܢ[b] ܠܐܝܠܝܢ ܕܐܡܪܝܢ ܠܡܪܝܪܐ Is. v. 20 *sic*
ܚܠܝܐ. ܘܠܚܠܝܐ ܡܪܝܪܐ. ܘܥܒܕܝܢ[c] ܢܘܗܪܐ ܠܚܫܘܟܐ[c]. ܘܠܚܫܘܟܐ
ܢܘܗܪܐ[d]. ܘܡܪܚܡܝܢ ܠܪܫܝܥܐ ܡܛܠ ܫܘܚܕܗ. ܘܚܣܝܘܬܗ ܕܙܕܝܩܐ 23
ܡܥܒܪܝܢ. ܐܠܐ ܗܘܝܬܘܢ ܙܗܝܪܝܢ ܕܠܐ ܬܬܚܝܒܘܢ ܠܐܢܫ
ܒܟܠܐܝܬ. ܘܬܬܒܥܘܢ ܠܕܝܢܐ. ܡܛܠ ܕܒܗ ܕܕܢܝܢܬܘܢ[e] ܠܐܚܪܢܐ
ܢܕܘܢܘܢ ܗܘ ܕܕܢܝܢ ܐܢܬܘܢ. ܐܝܟ ܕܐܡܪ ܡܪܢ. ܕܒܕܝܢܐ Matt. vii. 2
ܕܕܢܝܢ ܐܢܬܘܢ ܬܬܕܝܢܘܢ. ܘܒܟܝܠܬܐ[f] ܕܡܟܝܠܝܢ ܐܢܬܘܢ
ܬܬܟܝܠܘܢ. ܡܛܠ ܗܢܐ ܗܘܝܬܘܢ ܒܪܚܡܝܢ ܘܡܬܪܚܡܝܢ ܠܟܘܢ
ܗܢܐ ܦܬܓܡܐ. ܕܫܒܘܩ[g] ܘܢܫܬܒܩ ܠܟܘܢ. ܘܠܐ ܬܚܝܒܘܢ Luke vi. 37 *sic*
ܕܠܐ ܬܬܚܝܒܘܢ. ܐܝܢܐ ܕܠܐ ܡܫܟܐܚ[h] ܒܐܦܐ ܐܝܬܘܗܝ،
ܕܢܕܘܢ ܐܢ̃ ܐܦܝܣܩܘܦܐ. ܐܦ ܠܐܢܫܐ[i] ܕܐܟܠܩܪܝܐ ܕܐܟܘܬܗ،
ܕܐܝܟ ܐܢܫܐ ܗܘ ܕܟܠܗ. ܡܛܠ[j] ܫܘܦܪܐ ܐܘ ܠܒܝܫܐ ܐܘ[k]
ܡܐܟܠܦܪܝܐ ܐܝܬܝ[l] ܥܒܘܕܐ[m] ܠܕܚܠܬܐ ܕܐܠܗܐ. ܘܢܛܠܘܗ، ܠܗܘ
ܐܢܫܐ[n] ܕܡܬܦܠܛ ܡܢܗ. ܒܗ ܢܦܩ ܡܢ ܒܕܘܬܐ ܘܢܬܦܠܛ ܠܫܪܒܐ f. 40 a
ܕܢܘܪܐ. ܕܢܦܫܗ، ܗܟܝܠ ܐܝܟ ܡܫܟܚܬܐ. ܡܛܠ ܕܐܝܬܝ ܒܝܫܬܐ
ܥܠ ܐܚܘܗܝ.. ܐܝܟ ܕܡܢ ܬܪܥܝܬܗ ܒܪܐ ܕܝܠܗ. ܐܠܐ ܐܫܬܚܫ
ܕܢܗܘܐ ܠܡܬܡܟܟܘܬܗ[o]. ܒܢܘܪܐ ܦܠܛ ܗܘܐ ܠܗ ܠܐܚܘܗܝ.. ܒܠܒܗ.
ܒܢܝ[p] ܕܟܠ ܕܐܫܕ[q] ܕܡܐ ܕܒܪܢܫܐ ܕܒܨܡ ܕܝܠܗ ܢܬܐܫܕ ܕܠܗ. Gen. ix. 6 *sic*
ܕܡܐ ܕܐܚܘܗ. ܒܗ ܕܐܝܢ ܕܡܬܒܥܐ ܗܘ ܗܢܐ ܕܗܟܢܐ ܐܝܬܘܗܝ،

---

a ܐܙܕܗܪܘ b ܘܝ c ܠܢܘܗܪܐ ܚܫܘܟܐ d ܢܘܗܪܐ e ܕܕܢܝܢ ܐܢܬܘܢ
f ܘܐܝܟ g ܕܫܒܘܩܘ h ܡܫܟܚ i ܠܗܘ ܐܢܫܐ j ܘܡܛܠ k ܐܝܬܝ
l om. ܐܝܬܝ m ܐܝܟ ܕܥܒܕܝܢ n om. ܐܢܫܐ o + ܕܕܝܢܐ p om. ܒܢܝ
q [ܕ]ܐܫܕ

ܦܣܘܩ[a] ܣܪܗܒܘܬܗ ܕܡܫܝܚܐ. ܘܐܝܟܢ ܬܬܒܥ ܬܚܒܠ[b] ܘܬܪܥܝܬܐ ܐܝܟ
ܫܠܝܛܬܐ. ܐܦ ܠܒܥܠܐ ܕܝܢܘ[c] ܘܐܝܢܐ ܣܗܕܐ ܕܐܬܩܪܒ ܠܗ.
ܩܕܡ ܒܥܠܕܝܢܐ[d1] ܣܛܢܐܝܬ ܥܡ ܐܦܘܬܐ ܐܚܪܢܐ ܦܣܘܩܘܗܝ,
ܠܗܕܒܪܐ ܗܘ ܕܐܬܩܪܒ. ܕܠܐ ܢܫܠܛܘܢ, ܠܟܠܗ ܦܠܓܐ. ܠܐ
ܕܝܢ ܬܗܘܐ ܡܠܝܒ ܠܡܦܩ ܘܠܐܠܝܬܟ. ܘܠܐ ܬܗܘܐ ܡܣܬܪܗܒ.
ܒܟܠ ܙܒܢ ܠܡܫܡܥ ܕܡܬܒܥܐ ܒܬܘܗܝ. ܐܠܐ ܗܘ[e] ܠܩܘܕܡ
ܐܬܚܫܚ ܒܡܟܝܟܘܬܐ. ܘܒܡܟܝܟܘܬܗ, ܠܡܫܝܚܐ ܕܬܬܚܫܐ ܠܒܢܝܐܝܬ[f].
ܘܬܬܒܝܢ[g] ܒܠܬܗ ܕܒܝܬܐ. ܕܡܠܟ ܓܝܪ ܠܟܘܢ ܕܐܝܢܐ ܗܘ.
ܐܢܫܐ ܕܬܦܪܫ ܠܗܘܢ ܦܠܓܐ ܕܠܐ ܒܣܘܬܐ. ܐܝܟܢ ܬܬܦܢܐ ܠܐܝܢ
ܕܠܐ ܢܦܠܐ ܕܝܘܒܐ. ܐܠܐ ܡܠܝܐܝܬ ܦܣܘܩ ܣܒܪܐ ܕܕܝܢܐ.
ܩܕܡ ܒܥܘܬܐ ܘܒܐܝܠܐ. ܦܣܘܩ ܘܬܬܒܥܘܢ,[h] ܓܝܪ ܒܥܕܬܐ. ܐܝܟܢ
f. 39 b ܬܬܒܥܘܢ ܕܕܝܢܐ[i] ܗܘ, ܡܦܠܓܢܘܬܐ ܕܡܫܬܡܠܝܐ. ܘܐܝܟܢܐ
ܬܗܘܐ ܥܡ ܡܫܝܚܐ ܬܫܠܡܘܢ ܠܟܠܝܘܬܐ ܐܝܟ ܫܪܪܐ[j].
ܡܛܠ ܡܣܒܪ[k] ܒܐܦܐ. ܐܦ ܡܛܠ ܡܘܗܒܬܐ ܕܢܣܒܝܢ ܐܢܫܝܢ.
ܘܬܫܠܡܘܢ ܕܝܢܐ[l]. ܡܛܠ ܕܢܦܩܝܢ ܐܢܫܝܢ ܕܬܒܥܝܢ ܥܒܕܘܗܝ
ܕܒܝܫܐ. ܘܠܗܘ ܐܝܢܐ ܕܡܬܦܪܫ ܒܗ ܒܝܫ ܗܘ ܓܝܪ ܡܘܢܐ
ܡܫܝܚܬܐ. ܬܒܥܘܢ ܘܬܬܒܥܘܢܗܝ, ܓܝܪ ܒܥܕܬܐ. ܦܬܓܡܐ ܬܬܠܘܢ
Deut. i. 17 ܒܢܘܡܘܗ ܕܡܪܝܐ. ܕܐܡܪ ܠܐ ܕܠܐ ܬܣܒ ܒܐܦܐ ܒܕܝܢܐ.
Ex. xxiii. 8 ܘܬܘܒ ܐܡܪ[m] ܒܐܘܪܝܬܐ. ܕܫܘܚܕܐ ܡܥܘܪ ܥܝܢܐ ܕܚܟܝܡܐ[n]. ܘܡܗܦܟ
Is. i. 17 ܡ̈ܠܐ ܬܪܝܨܬܐ[o]. ܘܬܘܒ ܐܡܪ ܦܪܘܩܘ ܠܕܠܝܛܝܐ ܕܝܢܘ[p] ܠܝܬܡܐ

[a] + ܘܢܛܪ [b] ܬܬܒܥ [c] ܕܝܢ [d] + ܘܒܣܘܥܪܢܐ Lag. p. 46 [e] om. ܗܘ
[f] ܠܒܢܝܐ[ܝܬ] [g] ܘܬܬܒܝܢ [h] ܘܬܬܒܥܘܢ [i] ܕܕܝܢܐ [j] + ܐܘ
[k] ܡܣܒܪ [l] ܕܝܢܐ S. f. 35 b [m] ܐܡܪ [n] + [ܕܚܟܝܡܐ] [o] ܬܪܝܨܬܐ
[p] ܕܝܢܘ

[1] Cod. ܒܥܠܕܒܒܐ

ܡܫܠܡܢܐ ܠܐܢܫܝܢ ܕܐܬܟܒܫܘ[1] ܒܫܘܠܡܗܘܢ ܘܡܫܝܢܝܢ ܒܫܝܢܐܝܬ. ܐܬܬܣܝܡ[a] ܒܓܫܡܗܘܢ ܘܐܝܟ[b] ܐܝܠܝܢ ܠܗܘܢ ܘܝܪܟ[c] ܕܝܠܗܘܢ. ܘܡܠܠܘ ܒܓܫܡܗܘܢ ܘܒܢܝܐܘ ܐܝܠܝܢ. ܘܐܝܟܢܐ[2] ܐܝܠܝܢ ܘܐܟܘܬܗ ܐܝܠܝܢ. ܘܟܕ ܚܙܝܢ ܗܘܐ ܒܫܘܒܚ ܚܠܦ ܓܫܡܗܘܢ ܘܢܦܫܗ ܦܐܝܐ ܕܬܫܒܘܚܬܐ. ܗܝܕܝܢ ܡܫܠܡܢܗ ܒܝܠܕܘܬܐ ܐܝܟ ܕܠܫܝܢܐ[d]. ܐܡܪܐ ܗܒܠ ܕܠܫܡܫܐ ܡܫܡܫܢ ܐܢܬ ܠܗ. ܘܗܝܕܝܢ ܡܫܡܠ ܐܢܬ ܠܗ. ܗܒܢܐ ܐܦ. ܒܠ ܗܢܐ ܫܡܥ ܟܠܗܘܢ ܐܡܪܐ ܕܝܢ ܚܠܦ ܡܢܠܐ ܟܠܗܘܢ. ܗܝܕܝܢ[e] ܬܐܒܠ[f] ܘܬܫܒܘܚܬܗܘܢ[g] ܒܚܕܘܬܐ. ܢܗܘܐ ܠܗ ܚܝܐ ܗܘ ܫܡܥ ܐܡܪܐ ܚܠܦ ܡܫܡܫܢܐ. ܐܝܟܢܐ ܒܫܡܥ ܐܡܪܐ ܘܒܡܫܡܫܢܘܬܐ[h] ܫܘܦܪܬܐ ܕܪܘܚܐ ܡܕܝܢܐ ܡܫܠܡ.. ܡܫܠܡܢܐ f. 39 a
ܐܝܟ ܐܦܝܐ ܢܦܫܬܐ[i] ܡܫܘܬܦ ܒܢܫܐ. ܐܝܟܐ ܠܟܠ ܐܢܫܝܢ ܕܢܫܡܝܢ. ܘܗܘܝܬ ܡܬܦܪܫ ܒܟܠ ܣܓܝܐܐ. ܘܡܣܒܪ ܐܢܬ ܐܦܣܩܬܐ ܠܣܘܪܢܐ ܕܫܡܫܗܘܢ. ܘܠܐ ܬܗܘܐ ܡܫܠܡ ܠܡܫܡܫ ܠܡܫܪܝܢܗ[j] ܕܒܪܬܐ. ܐܠܐ ܐܬܦܫܚ ܒܡܠܬܐ ܕܚܝܘܬܐ. [k]ܐܦ ܒܡܫܬܥܝܢܘܬܐ ܕܫܘܒܚܐ[k]. ܘܒܐܘܢܓܠܝܘܢ ܕܒܪܘܬܐ[l]. ܐܝܟܢ ܫܦܝܪܐ ܐܢܬ ܘܒܝܫܬ ܒܫܘܪܗ. ܒܪ ܡܫܡܫܢܐ ܡܐܡܘܢܐ ܙܒܢܐ ܘܐܫܬܘܝܬ. ܘܐܝܕܝܢ ܬܗܘܐ ܒܗ ܫܪܝܬܐ. ܒܫܡܫܐ ܕܫܪܒ. ܗܘ ܕܝܢ ܒܡܠܬܐ ܕܚܐܬܐ ܕܓܫܡܗ. ܘܐܝܕܝܢ ܒܪܘܚ ܕܝܠܗ ܢܫܒܚܐ[m]. ܒܫܡܫܐ ܕܫܪܝܐ. ܗܘ ܕܝܢ ܒܠܘܫܡܐ ܕܐܒܘܗܝ ܠܒܪܗ ܘܐܫܬܘܝ. ܘܐܦ ܬܗܘܐ ܠܗ ܫܘܒܚܐ. ܒܚܕܝܐ ܒܗܘܢ[n]. ܗܘ ܕܝܢ ܒܠܚܘܕ[o] ܕܡܫܡܫܐ ܡܫܠܡܐ.

---

a ܐܬܬܣܝܡܘ b ܘܐܝܟܢܐ c ܘܝܪܟܘ d ܕܠܫܝܢܐ e ܘܗܝܕܝܢ
f ܬܐܒܠ g ܘܬܫܒܘܚܬܗܘܢ h ܘܐܦ ܒܡܫܡܫܢܘܬܐ i om. ܢܦܫܬܐ
j ܘܡܫܪܝܢܗ k ܘܒܡܫܬܥܝܢܘܬܐ ܕܫܘܒܚܐ l + [ܕܫܘܒܚܐ] S. f. 35 a
m ܢܫܒܚܐ n ܒܗܘܢ o ܒܠܚܘܕ

---

[1] Cod. ܕܐܬܟܒܫܘ [2] Cod. ܘܐܝܟܢܐ

ܗܘ ܕܟܠ ܚܛܝܐ ܕܒܢܝܫܐ ܘܟܠ ܕܓܠܝܬܐ ܐܬܟܣܝ. ܘܡܢ ܚܛܝܗܘܢ
ܐܢܫܘ ܕܡܬܚܫܒܢܐ ܕܗܘܐ ܐܢܫܐ ܕܠܫܡܝܐ ܐܒܘܗ، ܕܗܢܘܢ
ܘܡܬܚܫܒܝܢ ܕܗܘܢܢ[a] ܘܐܡܪܝܢ ܕܡܣܬܒܪܝܢ. ܡܡܠܠܝܢ ܠܗܘܢ ܒܒܢܝܫܐ.
ܐܝܟ ܕܢܝܫܐ ܥܡܗܘܢ ܡܠܬܐ. ܠܐ ܕܝܢ ܡܫܬܘܕܝܢ[b] ܠܗܘܢ ܒܕܡܘܐ
ܕܢܝܫܐ ܫܪܝܪܐ ܘܫܬܡܠܘܢ. ܡܢܗܘܢ ܐܦ ܠܡܐܠܝܢ ܠܐ
ܡܫܬܘܕܝܢ[b] ܠܗܘܢ. ܒܕܡܘܐ ܕܢܫܘܢ ܦܐܪܐ ܕܗܝܡܢܘܬܐ.
ܡܐܡܠ[c] ܕܝܢ ܢܗܘܘܢ ܚܐܠܝܢ. ܐܢܫܘ ܕܗܢܘܢ ܕܡܬܒܥܘܢ ܡܠܬܐ.
ܕܠܐ ܡܠܐܟܬ ܢܐܒܕܘܢ ܠܗܘܢ. ܒܝܠܬܐ ܕܝܢ ܠܐ ܢܫܬܘܕܘܢ.
f. 38b ܐܠܐ ܢܗܘܘܢ ܢܦܩܝܢ ܠܒܪ. ܡܛܠ ܕܐܦ ܗܢܘܢ ܡܢܐ ܕܒܝܬܗ
ܕܠܐ ܡܫܬܘܬܦܝܢ ܒܕܝܬܐ. ܡܬܒܥܝܢ ܢܦܫܗܘܢ. ܘܗܝܡܢܝܢ ܡܢ
ܚܛܝܗܘܢ ܘܫܬܝܐ ܘܡܬܚܫܒܝܢ ܕܢܬܡܠܘܢ ܒܕܝܬܐ ܒܝܠܬܐ.
ܘܬܘܒ[d] ܐܝܠܝܢ ܕܢܕܝܢ ܠܗܘܢ ܘܥܡܝܢ. ܕܐܡܪܐ ܕܚܕܡܫܐ[e] ܢܦܩܝܢ
ܢܕܠܘܢ ܘܢܐܙܠܘܢ[1] ܒܦܫܩܗܘܢ ܕܠܐ ܢܫܠܘܢ ܕܠܡܐ ܢܒܥܐ
ܐܦ ܠܗܘܢ ܡܢܗܘܢ. ܘܢܦܩܘܢ ܡܢ ܒܝܬܐ. ܒܪ ܢܬܟܢܫܘܢ ܒܠ
ܫܠܝܬܐ ܐܘ ܒܠ ܕܓܠܝܬܐ. ܡܟܠܐ[2] ܕܝܢ ܠܐ ܗܓܠܐ ܡܢ[f] ܕܢܒܠܘܢ
ܠܒܝܬܐ. ܘܢܫܡܥܘܢ ܡܠܬܐ ܕܐܦܝܣܩܘܦܐ[g]. ܐܦܠܐ ܒܪ ܡܢ
ܘܦܪܘܩ ܡܠܐܟܬ ܕܢܫܒ ܘܦܪܐ ܐܢܘܢ ܠܚܛܝܐ ܘܠܡܚܝܠܐ. ܐܠܐ
ܐܦ[h] ܐܟܠ ܗܘܐ ܒܡܝܗܘܢ. ܐܦ[i] ܡܛܠܢܐ ܓܒܝܢ ܗܘܘ ܒܠܘܗܝ،
Mark ii. 16 ܦܪܝܫܐ ܘܐܡܪܝܢ. ܕܥܡ ܡܚܛܝܐ ܘܡܚܝܠܐ. ܐܟܠ ܘܫܬܐ[j]. ܫܡܥ
17 ܒܝܐ ܦܪܘܩ ܘܐܡܪ ܠܗܘܢ ܡܫܒܚܬܗܘܢ ܘܓܒܝܢܗܘܢ. ܕܠܐ
ܣܢܝܩܝܢ ܚܠܝܡܐ ܠܐܣܝܐ. ܐܠܐ ܠܐܝܠܝܢ[k] ܕܒܝܫ ܒܝܫ ܒܒܝܫܝܢ.

---

[a] ܕܗܘܝܢ [b] ܡܫܬܘܬܦܝܢ [c] ܡܓܠ [d] + ܐܦ [e] ܕܐܝܟ ܫܒܚܐ ܘܚܕܡܫܐ
Lag. p. 45. S. f. 34 b [f] ܐܢܘܢ [g] ܐܘ ܐܦܝܣܩܘܦܐ [h] + ܡܟܝܠ
[i] om. ܐܦ [j] om. ܘܫܬܐ [k] ܐܝܠܝܢ

---

[1] Cod. ܘܢܐܙܠܘܢ [2] Cod. ܡܓܠܐ

ܒܪ̈ܬܐ. ܐܝܟܢܐ[a] ܕܝܢ ܕܐܦܠܐ[b] ܠܒܪ̈ܬܐ ܢܥܒܕ[c]. ܢܗܘܐ ܚܕ ܠܟ
ܐܝܟ ܚܕܐ ܘܐܝܟ ܟܢܫܐ.. ܡܛܠ ܕܐܡܪ ܠܗܘܢ ܡܪܢܐ[d]
ܐ̄ܘ ܐܦܝܣܩܘܦܐ. ܕܠܐ ܡܚܝܠ ܬܘܟܠܢܗܘܢ, ܠܗܢܐ ܒܒܪ̈ܬܐ ܐܝܟ
ܒܥܘܠܝܢܐ[e]. ܘܠܐ ܬܬܒܬܬܒܘܢ ܒܚܒܘܢ. ܐܦܠܐ ܚܢܢ ܠܝܬܘܢ
ܐܘ ܠܡܟ̈ܫܐ ܒܝ̈ܫܐ ܡܫܒܠ ܐܢܬ ܒܒܪ̈ܬܐ ܘܡܬܒܬܬܒ ܐܢܬ f. 38 a
ܒܥܡܗܘܢ. ܐܠܐ ܐܢ ܢܬܦܫܘܢ ܠܦܘܩܕܢ. ܟܕ ܢܬܦܩܕܘܢ
ܐܝܟܢܐ[f] ܕܢܬܚܙܘܢ[f]. ܘܠܐ ܬܦܘܫ ܡܚܝܠ ܟܕ ܚܒܫܝܢ ܚܒܪ̈ܐ ܒܝ̈ܫܐ.
ܡܛܠܗܕܐ[g] ܚܢܢ ܢܗܘܐ ܡܢܝ ܘܦܪܘܩ ܐܬܐ ܠܬܝܒܘܬܐ ܠܐܢܫܝܢ
ܕܒܝܫܐ. ܐܦ ܐܢܐ ܚܢܢ ܡܛܠ. ܕܚܕ ܡܢ ܬܪ̈ܥܡܐ ܚܛܝܬܐ
ܐܢܬ. ܗܠܝܢ ܕܡܬܚܠܦܝܢ ܠܗܘܢ ܒܢܘܗܪܐ ܕܗܝܡܢܘܬܐ. ܐܝܢܐ[h] ܟܢܫܐ
ܐܢܬ, ܗܘܝܬ ܡܢ ܥܕܡܐ. ܘܡܛܠ[i] ܕܗܝܡܢܬ ܗܘܐ ܒܠܗ ܪ̈ܘܫܥܐ.
ܘܬܒܬ ܡܢ ܒܝ̈ܫܬܟ, ܥܕܡܐ. ܘܐܬܬܘܬܒܬ ܬܘܒ ܕܐܗܘܐ ܬܠܡܝܕܐ
ܘܡܪܘܐ ܕܡܫܠܡܢܘܬܐ ܕܐܠܗܐ[j].. ܘܬܘܒ ܐܦ ܡܫܝܚ[k]ܡܟܪܙܢܐ.
ܕܢܒܥܐ[k] ܐܡܪ ܒܐܘܢܓܠܝܘܢ. ܠܡܟ̈ܫܐ. ܘܠܐ ܕܦܩܕ[l] ܡܦܪܫܘܢ.
ܐܠܐ ܐܠܦ ܐܢܘܢ ܕܐܝܟܢܐ ܬܘܒ ܢܬܕܒܪܘܢ. ܘܟܕ ܢܐܠܦܘܗܝ[l]
ܦܬܓܡܐ ܐܡܪ ܠܗܘܢ. ܕܠܐ ܬܬܒܥܘܢ ܡܕܡ ܝܬܝܪ ܥܠ ܡܕܡ Luke iii. 13
ܕܦܩܝܕ[n]ܠܗܘܢ ܘܦܩܝܕ[n].. ܘܬܘܒ ܐܦ ܠܢܝܢ ܒܬܪܒܘܬܐ ܡܒܝܢ
ܡܪܢܐ ܟܕ ܒܟܠ ܡܢܗ. ܐܦܠܐ ܬܘܒ ܡܢ ܚܛ̈ܗܐ ܚܠܝܢ ܩܢܐ.
ܐܝܟܘ ܕܬܬܘܒܘܢ ܘܕܢܝܚܘܢ[o] ܘܕܢܗܘܘܢ ܡܢܗܘܢ ܠܬܝܒܘܬܗܘܢ.
ܐܝܟ ܚܕܐ ܗܘܝܠ ܘܐܝܟ ܟܢܫܐ ܢܗܘܐ ܚܕܒ ܠܗܘܢ. ܗܘ

Lag. p. 44 [a] ܘܐܦ ܗܘ [b] ܐܦܠܐ[ܕ] [c] ܢܬܦܩܕ [d] [ܡܪܢܐ]
[e] ܒܪܫܠܝܢܐ [f] ܕܢܬܚܙܘܢ [g] + ܗܘ [h] om. ܐܝܢܐ [i] ܘܡܫܟܚ ܕܝܢ ܡܛܠ
S. f. 34 a [j] om. ܕܐܠܗܐ [k] ܢܒܥܐ [l] ܦܩܕ [m] om. ܬܘܒ
[n] ܘܦܩܝܕ ܠܗܘܢ [o] ܘܢܬܪܘܚܘܢ

[1] Cod. ܢܐܠܦܘܗܝ

ܘܦܬܢܐ ܕܡܒܒܕ ܒܫܡܝܢ. ܢܝܬܘܢ ܥܠ ܐܢܫ ܕܝܢ ܐܢܫܐ ܡܐܠܦܢܝܐ ܒܚܕܘܬܐ. ܐܦ ܐܢ ܒܫܡܝܐ ܢܕܒܘܢ ܠܗܘܢ. ܕܟܠ ܕܠܬܝܒܝܢ[a] ܡܒܡܒ. ܐܝܟ ܕܗܘܐ ܡܬܦܢܐ ܠܐܢܫ ܐܘ f. 37 b ܡܬܒܒ ܥܠ ܐܢܫ. ܗܢܐ ܒܪܗ ܗܘ ܕܪܘܓܙܐ. ܘܐܢܒܐ ܕܪܘܓܙܐ ܐܝܬ ܠܝܬ ܐܠܗܐ. ܪܘܓܙܐ ܒܪ ܕܦܬܢܐ ܗܘ ܕܒܢܝ[b] ܗܠܝܢ ܐܢܫܐ ܕܟܠܐ. ܠܐ ܡܬܓܒܘܢ ܥܒܡ ܕܢܗܘܐ ܫܠܡܐ ܒܕܒܬܐ. ܡܛܠ ܗܢܐ ܡܢܐ ܕܢܒܥܬܘܢ ܐܝܢܘܢ. ܠܐܢܠܝܢ ܕܗܒܢܐ ܐܝܬܝܗܘܢ ܣܦܝܪ ܪܚܝܢܐ. ܠܒܘܫܘܢ ܠܐ ܬܗܘܘܢ ܡܬܡܡܚܝܢ ܠܗܘܢ. ܘܕܬܪܬܝܢ ܐܦܝܣܩܘܦܐ ܘܡܫܡܫܢܐ ܗܘܝܬܘܢ ܘܡܝܬܪܝܢ ܡܢܗܘܢ ܕܗܠܝܢ. ܒܕ[c] ܬܫܡܥܘܢ ܡܠܝܗܘܢ ܕܐܡܪܝܢ ܡܕܡ ܥܠ ܚܕ ܡܢ ܐܢܫܐ. ܗܘܝܬܘܢ ܡܫܬܠܝܢ. ܒܗܘ ܕܡܢܬܝܢ ܥܠܘܗܝ ܡܐܠܦܢܝܐ. ܘܡܒܡܒܝܢ ܢܒܝܐܝܬ ܘܡܦܫܡܝܢ ܕܦܪܘܩܗܘܢ. ܘܐܢܗܘ ܕܢܬܒܥ ܕܢܝܪ ܗܘ ܡܪܫܘܬܐ. ܐܝܟ ܢܦܠܘܢ ܕܡܪ ܕܐܡܪ[d] ܒܐܘܢܓܠܝܘܢ.[e]

Matt. xviii.15–17

ܐܚܘܟ ܒܚܝܟ[f] ܘܠܗ. ܘܒܕ[g] ܬܦܩ ܘܬܒܥܝܢܐ ܐܝܢܗ[h]. ܘܐܢܗܘ ܕܝܢ ܕܠܐ ܡܬܬܒܝܥ[i]. ܐܚܘܟ ܒܝܬ ܬܪܝܢ ܐܘ ܬܠܬܐ. ܕܬܬܩܝܡ ܗܝ ܕܐܡܝܢܐ ܕܥܠ ܦܘܡ ܬܪܝܢ ܐܘ ܬܠܬܐ ܣܗܕܝܢ ܬܩܘܡ[j] ܟܠ ܡܠܐ. ܡܬܠܬܠܐ ܕܝܢ ܐܢܫܝܢ. ܡܬܒܥܐ ܠܗ ܠܦܫܪܘܬܐ ܕܥܠ ܦܘܡ ܬܪܝܢ ܐܘ[k] ܬܠܬܐ[k] ܣܗܕܝܢ ܬܩܘܡ. ܡܛܠ ܕܐܒܢܐ ܘܒܪܐ ܘܪܘܚܐ ܘܕܝܢܐ ܣܗܕܝܢ ܥܠ ܒܪܢܫܐ ܕܒܝܢܬܐ. ܐܢܒܐ ܒܪ ܕܐܝܬ ܡܬܪܢܝܘܬܐ ܕܢܦܠܒܢܐ. ܬܠܬ ܐܝܬ ܐܦ ܡܬܕܘܪܬܐ ܘܦܘܢܐ ܕܐܢܠܝܢ ܕܬܠܬ. ܡܛܠ ܗܢܐ ܥܠ ܦܘܡ ܬܪܝܢ ܘܬܠܬܐ ܣܗܕܝܢ ܬܩܘܡ[j] ܟܠ ܡܠܬܐ. ܘܐܢܕܝܢ ܠܐ ܢܫܬܡܥ ܐܚܘܟ ܘܡܡ ܟܠܗ

---

a ܕܗܠܝܢ   b ܘܒܢܝ   c ܘܒܕ   S. f. 33 b   d ܕܡܬܒܥܐ   e + ܓܒܪܘ
f ܒܝܢܝ   g ܘܐܚܪܢܐ ܒܕ   h om. ܐܝܢܗ   i ܡܬܬܒܥܘ   j ܬܩܘܡ
k ܘܬܠܬܐ

ܗܘ ܓܝܪ ܫܠܝܛ ܠܡܕܢ. ܡܛܠ ܕܠܗܘܢ ܐܡܝܪ. ܕܗܘܘ ܡܦܪ̈ܫܢܐ f. 37 a 2 Tim. ii. 15
ܚܣܝ̈ܢܐ. ܡܬܒܥܝܐ ܠܗ ܗܟܝܠ ܠܐܦܝܣܩܘܦܐ ܐܝܟ ܚܣܘܪܐ
ܕܡܫܩܠܐ [a]ܢܗܘܐ ܦܪܫ[a] ܒܝ̈ܫܐ ܡܢ ܛܒ̈ܐ. ܘܠܐܢܫܝܢ ܕܡܬܒܥܪܐܝܬ
ܒܝ̈ܫܐ ܐܝܬܝܗܘܢ. ܢܫܠܐ ܘܢܕܘܢ ܐܢܘܢ. [b]ܘܠܐܢܫܝܢ ܕܝܢ ܕܛܒܝܢ[1]
ܘܚܣܝ̈ܪܝܢ ܒܐܘܪܚܐ ܕܗ̇، ܚܠܝܬܐ. ܐܝܟ ܕܠܐܢܫܝܢ [c]ܕܠܐ ܚܣܝ̈ܪܝܢ[c]
ܢܒܥܘܢ ܐܢܘܢ ܒܗ̇ ܒܢܝܚܘܬܐ[2]. ܠܒܪ ܚܠܡܐ ܕܝܢ ܠܐ ܫܠܝܛ
ܠܗ ܠܡܕܢ ܠܡܢܕܡ. ܘܐܦܠܐ[d] ܕܢܦܩ ܥܠ ܢܦܫܗ ܡܕܡ ܕܠܐ
ܕܝܠܗ. ܗ̇ܢܐ ܓܝܪ ܢܘܦܪܐ ܕܡܕܡ ܗ̇ܘܐ. ܠܐ ܗܘܐ ܕܒܢܝ̈
ܚܠܡܐ ܗ̇ܘ. ܐܠܐ ܕܐܦܝܣܩܘܦܐ[e]. ܡܛܠܗܢܐ ܕܗ ܓܝܪ ܚܠܡܐ
ܐܝܬܝܟ. ܠܐ ܬܗܘܐ ܪܚܡܐ ܠܟ ܡܣܒܒܐܦܐ ܐܠܐ ܥܒܘܕܝܗ̇،
ܠܕܝܢܐ ܒܐܝܕܐ ܕܐܢܫܝܢ ܕܢܗܘܘܢ ܒܠܗܘܢ، ܦܬܓܡܐ ܠܡܕܢܐ[f]. ܐܝܬ
ܕܝܢ ܐܬܦܩܕܬ ܕܬܕܒܪ ܫܠܡܐ ܥܡ ܟܠܢܫ. ܘܬܚܒ[g] ܟܡ[h] ܠܗܕܝ̈ܢ
ܠܟܠ ܒܢ̈ܝܢ. ܡܛܠ ܕܐܡܝܪ[i] ܡܪܢܐ ܕܐܚܒ[j] ܠܩܪܝܒܟ ܐܝܟ ܢܦܫܟ ܀ Matt. xix. 19
ܡܬܠܐܘܢ ܕܬܫܥܝܬܐ. [k]ܘܦܘܩܕܢܐ ܕܒܝܬ ܐܢ̈ܫܐ ܕܬܠܝ̈ܐ. ܘܡܫܘܚܐ Chap. X
ܕܡܛܠ ܐܢܫܝܢ ܕܗܘܘ ܡܬܦܠܓ̈ܝܢܐ. ܐܘ ܡܫ̈ܪܝܢܐ ܥܠ ܐܚܐ.
ܘܦܩܘܕܐ ܕܓܒܪ ܕܝܢܐ ܥܠ ܐܢܫܝܢ ܕܡܬܟܫܦܝܢ ܒܫܠܝܛܘܬܐ.
ܘܒܘܪܝܐ ܘܡܘܟܠܐ ܕܒܕ̈ܝܢܬܐ. ܐܝܟܢܐ ܕܡܬܢܚܘܢ ܬܪܒܘܬܐ.
ܘܡܘܩܪܐ ܕܠܦܬ ܐܦܝܣܩܘܦܐ. ܕܢܬܠܘܢ ܐܝܕܐ ܘܢܬܪܥܘܢ
ܠܐܢܫܝܢ ܕܢܬܠܝܢ ܐܢ ܬܪܥܝܢ. ܘܕܠܐ ܢܕܘܢܘܢ ܒܡܣܒܐܦ̈ܐ ܒܐ̈ܦܐ.
ܘܢܬܚܫܒܘܢ ܩܕܡ ܐܠܗܐ. ܘܕܢܚܫܒܘܢ ܠܗܘ ܕܡܬܦܠܓ ܕܠܐܝܬ.
ܒܗ ܒܡܚܫܒ ܒܪ̈ܢܫܐ ܕܪܕܡ ܗܘܐ ܠܗܘ ܕܐܬܦܠܓ[k] ܐܢܫܝܢ
ܐܝܬ ܐܢ̈ܫܐ ܕܕܠܝܘܬܐ. ܡܛܠ[l] ܣܦܩܘܬܐ ܐܘ ܠܒܝܫܐ ܕܕܠܝܕ̈ܒܐ[m]

S. f. 33 a. Lag. p. 43 [a] ܕܢܗܘܐ ܡܦܪܫ [b] om. ܘ [c] ܕܚܣܝܪܝܢ [d] ܐܦܠܐ
[e] ܕܐܦܝܣܩܘܦܐ [f] om. ܠܡܕܢܐ [g] ܘܐܚܒ [h] om. ܟܡ [i] ܕܐܡܪ
[j] ܐܚܒ [k] ܥܠ ܐܢ̈ܫܐ ܕܬܠܝܐ [l] ܕܡܛܠ [m] ܕܕܠܝܕ̈ܒܐ

[1] Cod. ܕܛܒܢ [2] Cod. ܒܢܝܚܬܐ

ܢܛܪܐ ܐܢܬ. ܐܠܐ ܡܫܬܟܚܬ ܗܘܝܬ ܟܠܟ ܘܟܠܟ ܒܥܠܬܗ
ܕܐܠܗܐ. ܘܒܟܠܗܝܢ ܢܗܘܐ ܥܡܟ. ܘܣܝܡ ܒܠܒܟ. ܘܒܗܝܢ.
ܐܢܬ ܟܠܗ ܕܦܘܩܕܢܐ ܕܝܕܥܬܗ ܕܢܡܘܣܐ. ܐܝܟ ܕܐܡܪ ܡܪܢܐ.
Deut. vi. 5 ܕܬܪܚܡ ܠܡܪܝܐ ܐܠܗܟ [a]ܡܢ ܟܠܗ ܠܒܟ [a]ܘܡܢ ܟܠܗ ܢܦܫܟ ܘܡܢ
ܟܠܗ ܚܝܠܟ.. ܚܝܠܗܘܢ ܕܟܠ ܡܢܝܢܐ ܗܘ ܕܟܠܗܝܢ. ܘܠܐ ܒܦܘܩܕܢܐ
ܒܠܚܘܕ ܬܪܝܨܘܬܗܘܢ ܠܡܪܝܐ. ܐܝܟ ܗܘ ܒܥܡܐ ܠܗܘ ܕܒܗ ܪܓܐ
Is. xxix. 13 Mark vii. 6 ܐܡܪ ܠܗܘܢ. ܕܥܡܐ ܗܢܐ ܒܣܦܘܬܗ ܗܘ ܡܝܩܪ ܠܝ. ܠܒܗ
ܕܝܢ ܣܓܝ ܪܚܝܩ ܡܢܝ. ܐܠܐ[b] ܡܢ ܟܠܗ ܚܝܠܟ ܐܝܟ ܘܡܪ
ܠܡܪܝܐ. ܘܦܘܩܕܢܘܗܝ ܒܟܠܗܝܢ ܗܘܝܬ[c] ܡܛܪ. ܘܠܐ ܬܗܘܐ
ܡܪܝܫ ܡܢ ܒܪܬܐ. ܘܡܢܐ ܕܢܦܩܬ ܐܘܪܫܠܡܐ[d] ܕܦܘܩܕܢܐ. ܡܕܡ
ܕܢܦܠ ܒܐܒܕܢ[e] ܗܘܝܬ ܪܒܐ. ܐܢܟܝܐ[f] ܕܬܫܬܘܬܦ[1] ܠܐܒܕܢܐ.
ܗܢܐ ܓܝܪ ܠܐܦܝܣܩܘܦܐ ܡܬܒܥܐ. ܐܝܟ ܕܠܡܘܒܠܐ ܕܟܠܗܘܢ
ܐܚܪܢܐ. ܡܬܠܗܝܢܐ ܒܗܢܐ ܕܡܒܥܐ ܐܢܬ [g]ܦܐܫ ܘܢܛܪ ܠܟ.
Ex. xxiii. 15 ܡܛܠ ܕܐܡܪ ܡܪܝܐ ܒܢܡܘܣܐ. ܕܠܐ ܬܬܚܙܐ ܩܕܡܝ ܣܪܝܩܐܝܬ..
Matt. vi. 20 *sic* ܗܘܝܬ ܚܝܠ ܚܕܐ ܒܕܪ̈ܐ ܠܓܒ̈ܐ. ܦܐܫ[h] ܐܢܬ ܠܟ ܣܝܡܬܐ ܕܠܥܠ[i]
ܒܫܡܝܐ ܐܝܟܐ ܕܠܐ ܣܣܐ ܡܚܒܠ. ܐܝܟܐ ܓܢܒܐ ܚܦܪܝܢ.
ܘܒܗ ܚܕܐ ܐܢܬ ܡܚܒܠ ܠܟ ܬܘܒ ܠܐܦܝܣܩܘܦܘܬܐ[j] ܐܦܠܐ ܠܒܪ
Matt. vii. 1 ܚܠܦܐ[k]. ܡܛܠ ܕܠܟܘܢ ܗܘ ܓܝܪ ܠܒܢܝ ܚܠܦܐ ܐܚܪܢܐ. ܕܠܐ
ܬܕܘܢܘܢ ܕܠܐ ܬܬܕܝܢܘܢ. ܐܠ ܓܝܪ ܬܕܘܢ ܐܢܬ ܠܐܚܘܟ
Rom. ii. 1 ܬܬܚܝܒܘܢ. ܫܒܩܬܗ. ܠܐܚܘܟ ܡܚܝܒܐ. ܗܘܝܘ ܕܝܢ ܠܢܦܫܟ
ܗܘ ܡܚܝܒ. ܗܘܐ ܐܢܬ ܓܝܪ ܡܬܬܕܝܢ[l] ܐܢܬ ܥܡ ܚܛܗܐ. ܠܐܦܝܣܩ̄

S. f. 32 b [a] om. ܘ ܡܢ ܟܠܗ ܠܒܟ [b] + ܐܢܬ [c] + ܘ ܐܡܪܢ
[d] ܐܘܪܫܠܡܝܐ [e] ܒܐܒܕܢܟ [f] om. ܐܢܟܝܐ [g] + ܗܘܝܬ [h] ܘܦܐܫ
[i] ܕܠܥܠ [j] ܠܐܦܝܣܩܘܦܘܬܟ [k] ܚܠܦܝܟ [l] ܡܬܬܕܝܢ

[1] Cod. ܕܬܫܘܬܦ

ܘܡܣܟ̈ܢܐ ܘܐܪ̈ܡܠܬܐ ܘܡܦܪ̈ܢܣܢܐ[a]. ܗܠܝܢ[b] ܟܠܗܘܢ
ܐܝܟ ܕܐܡܝܢ[c] ܗܝܕ ܗܘܐ ܟܠܗܘܢ ܕܢܬܠܘܢ ܐܢܘܢ. ܐܢܬܘܢ
ܕܝܢ ܟܕ ܗܠܝܢ ܠܐ ܡܬܦܪܣܬܘܢ. ܡܬܒܥܐ ܠܟܘܢ ܓܝܪ[d] ܕܬܕܟܘܢ
ܦܬܓܡܗ ܕܡܪܢܐ ܕܐܡܪ. ܕܐܢ ܠܐ ܬܬܝܬܪ[e] ܙܕܝܩܘܬܟܘܢ. Matt. v. 20
ܡܢ ܕܣܦܪ̈ܐ ܘܕܦܪ̈ܝܫܐ. ܠܐ ܬܥܠܘܢ ܠܡܠܟܘܬܐ ܕܫܡܝܐ..
ܗܟܢܐ ܗܘܬ ܡܬܝܬܪܐ [f]ܙܕܝܩܘܬܐ ܕܝܠܟܘܢ[f]. ܝܬܝܪ ܡܢ ܡܟܣ̈ܢܐ
ܘܥܣܪ̈ܬܐ ܘܦܘܪ̈ܫܢܐ ܕܗܢܘܢ. ܟܕ ܬܬܟܒܪܘܢ ܐܝܟ ܕܟܬܝܒ.
ܕܙܒܢܘ[g] ܟܠܡܕܡ ܕܐܝܬ [h]ܠܟܘܢ. ܘܗܒܘ[h] ܠܡܣܟ̈ܢܐ. ܡܛܠܗܢܐ Mark x. 21 *sic*
ܗܟܢܐ ܥܒܕܘ[i]. ܘܐܦ ܦܘܪܫܢܐ ܟܕ ܐܦܝܣܩܘܦܐ ܘܟܗ̈ܢܐ.
ܘܬܠܬܝܢ[j] ܕܠܘܬ ܡܪܝܐ ܐܠܗܐ. ܠܟ ܓܝܪ ܕܬܬܠ [k]ܦܩܝܕ ܗܘ[k]
ܠܟ. [l]ܠܗܠܝܢ ܓܝܪ[l] ܠܡܣܟ̈ܢܘܗܝ. ܘܠܐ ܬܬܟܒܕ ܐܢܬ ܣܘܥܕܢܐ
ܠܐܦܝܣܩܘܦܐ. ܘܠܐ ܬܗܘܐ ܢܛܪ ܠܗ ܕܐܝܟܢܐ ܡܦܪܢܣ ܘܡܫܠܡ
ܦܪܥ ܒܬܘܬܒܬܗ. ܐܘ ܐܝܟܢܐ, ܢܗܒ. ܐܘ ܠܡܢܘ ܐܘ ܐܝܟܐ. ܐܘ
[m]ܝܬܝܪܐܝܬ ܐܘ[m] ܒܝܫܐܝܬ. ܐܘ ܐܢ ܫܦܝܪܐ ܢܗܒ. ܐܝܟ ܗܘ[n] ܓܝܪ
ܬܒܥܐ ܡܢܟ ܐܠܗܐ[o]. ܕܐܫܠܡ ܠܐܝܕܘܗܝ, ܦܪܥ ܒܬܘܬܒܬܗ ܗܕܐ.
ܘܐܝܟܢܗ ܠܡܫܬܘܬܐ ܕܗܕܐ ܟܠܗ ܕܒܥܬܐ. ܡܛܠ ܗܟܝܠ ܕܠܐ[p]
ܬܗܘܐ ܢܛܪ ܐܘ ܬܬܠ ܣܘܥܕܢܐ ܠܐܦܝܣܩܘ̄. ܐܘ ܡܫܠܠ ܥܠܘܗܝ,
ܒܝܫܬܐ. [q]ܟܕ ܦܐܡ[q] ܐܢܬ ܠܦܘܩܕܢ ܐܠܗܐ. ܐܘ ܡܬܬܟܠ ܐܢܬ
ܒܡܪܝܐ. ܬܗܘܐ ܫܒܝܩܐ ܡܢ ܚܛܗܝܟ. ܗܘ ܕܐܡܝܪ ܠܟ
ܒܐܫܥܝܐ. ܕܠܡܐ ܐܡܪ ܛܝܢܐ ܠܦܚܪܐ ܕܠܐ ܦܠܚ ܐܢܬ ܘܠܝܬ Isaiah xlv. 9, 10
ܠܟ ܐܝܕܝܐ. ܐܝܟ ܗܘ ܕܐܡܪ ܠܐܒܘܗܝ, ܘܠܐܡܗ ܕܠܡܢܐ[r] ܝܠܕܬ ܠܝ. f. 36 b

---

a + ܘܡܣܟ̈ܢܘܬܐ   b + ܓܝܪ   c ܕܒܐܝܡܢܐ   d om. ܓܝܪ   e ܬܬܝܬܪ

f ܙܕܝܩܘܬܟܘܢ   g ܙܒܢ   h ܠܟ ܘܗܒ   i ܥܒܕܘ   j + [ܗ̄ ܡܢ ܚܢܟܐ]

Lag. p. 42   k ܗܘ ܦܩܝܕ   l ܠܗ ܕܝܢ   m + ܐܢ   n ܠܗ   o + ܗܘ

p [ܕ]ܠܐ   q ܘܦܐܡ   r ܕܠܡܢܐ

ܘܡܫܡܫܢ̈ܘܬܗ ܘܕܘܒܪ̈ܘܗܝ ܘܡܦܪ̈ܢܣܢܘܬܗ ܘܫܘܠܛܢܗ ܢܗܘܐ ܠܗ.
ܡܢܗܘܢ̈ ܟܕ ܡܬܒܥܐ ܠܗ ܕܢܬܬܪܥܐ. ܘܕܢܦܪܘܣ ܬܘܒ
ܠܐܢܫܝܢ ܕܣܢܝܩ ܠܗܘܢ̈. ܠܟܠܢܫ ܐܝܟ ܕܘܠܐ ܠܗ. [a]ܗ̇ܝ ܕܒܥܐ ܬܗܘܐ[a]
ܡܦܪܢܣܝܢ. ܡܛܠ ܠܡܪܝܐ ܐܠܗܢ. ܠܥܢܝܐ ܕܢܣܒܐ ܒܡܪܘܬܐ[b]
ܕܡܫܟܢܐ. ܘܗܘ ܡܪܝܐ ܐܠܗܢ ܘܒܪܝܢ ܘܫܒܩܐ ܠܢ ܦܬܓܡܐ
ܕܡܠܟܘܬܗ. ܟܬܝܒ ܓܝܪ ܒܡܬܠܐ ܕܟܠ ܢܦܫܐ ܦܫܝܛܬܐ
Prov. xi. 26 ܬܬܒܪܟ[c] ܘܒܘܪܟܬܐ ܬܗܘܐ ܥܠ ܪܝܫܗ ܕܐܝܢܐ ܕܡܙܒܢ..
ܥܠܠܬܐ ܗܘܝܬ ܐܝܟ ܒܪ ܒܪܢܫܐ. ܘܠܐܝܠܐ ܘܡܙܒܢ ܡܦܪܢܣܐ.
ܥܠܠ ܕܡܪܝܐ ܐܝܟ ܥܒܕܘܗܝ ܢܘܡܪܐ. ܘܥܒܪܐ ܡܥܒܕܗ̈ ܫܪܟܐ
ܕܐܦܝܪܐ[d]. ܘܟܠ ܥܒܕܘܗܝ̈ ܥܒܪܐ ܕܓܒܪܐ. ܘܐܥܒܪ ܥܒܕܘܗܝ̈ ܬܘܒ
ܢܦܩܘܬܐ. ܐܝܟ ܡܬܐܡܪܬ[e]ܕܪܘܚܢܝܘܬܐ ܕܐܠܗܐ[e]. ܐܝܟ ܕܟܬܝܒ
Is. xlix. 9 ܒܐܫܥܝܐ. ܕܐܡܪ ܠܐܢܫܝܢ ܕܒܐܣܝܪ̈ܐ[f] ܐܢܘܢ̈ ܕܦܘܩܘ. ܘܬܘܒ
Is. xlii. 7 Ps. lxix. 33 ܠܡܦܩܘ ܠܐܣܝܪ̈ܐ ܡܢ ܐܣܝܪ̈ܐ.. ܘܒܕܘܝܕ ܐܡܪ[g] ܕܠܐ ܫܐܛ
Matt. xi. 28 ܠܐܣܝܪ̈ܘܗܝ[g]. ܘܒܐܘܢܓܠܝܘܢ̈ ܬܘܒ ܐܡܪ. ܬܘ ܠܘܬܝ ܟܠܟܘܢ̈
29 ܠܐܝܟܐ ܘܫܩܝܠܝ ܡܘܒܠܐ ܝܩܝܪܬܐ. ܘܐܢܐ ܐܢܝܚܟܘܢ̈ ܫܩܘܠܘ
ܢܝܪܐ ܕܝܠܝ ܥܠܝܟܘܢ̈. ܘܝܠܦܘ ܡܢܝ ܕܢܝܚ ܐܢܐ ܘܡܟܝܟ ܐܢܐ
30 ܒܠܒܝ. ܘܬܫܟܚܘܢ̈ ܢܝܚܐ ܠܢܦܫܬܟܘܢ̈ ܢܝܪܝ, ܓܝܪ ܒܣܝܡ ܗܘ
ܘܡܘܒܠܝ ܩܠܝܠܐ ܗ̇ܘ.. ܐܢ ܗ̇ܟܝܠ ܡܪܝܐ. ܒܡܘܗܒܬܐ ܕܛܝܒܘܬܗ.
ܦܪܐ ܘܐܢܝܚܟܘܢ̈ ܘܐܦܩ ܢܦܫܬܟܘܢ̈ ܠܚܐܪܘܬܐ[h]. ܕܠܐ ܬܘܒ
ܬܬܐܣܪܘܢ̈ [i]ܒܕܒܝܫܐ[j] ܘܒܫܘܠܛܢܐ ܘܒܕܘܒܪ̈ܐ ܘܒܥܒܕ̈ܐ ܘܒܡܫܡܫܢܘܬܐ.
ܘܒܟܠܗܝܢ ܘܒܢܩ̈ܕܐ ܟܠܗܝܢ[k] ܐܦ̈ܐ ܘܒܚܛܝܬܐ[l] ܕܕܒܝܫܐ. ܬܘܒ[m]

[a] ܘܗܟܢܐ ܢܗܘܐ [b] ܒܡܪ̈ܘܒܝܐ [c] ܬܬܒܪܟܢ [d] ܕܐܣܝܪ̈ܐ
[e] ܡܪܢܘܚܡܬܗ [f] ܕܒܐܣܝܪ̈ܐ [g] ܕܠܐܣܝܪ̈ܘܗܝ ܠܐ ܫܛ
[h] ܘܐܦܩܢ ܠܚܐܪܘܬܐ [i] ܬܬܐܣܪܘܢ [j] + ܘܒܫܘܪܒܐ S. f. 32 a
[k] ܘܒܟܠܗܝܢ : ܘܒܟܠܗܝܢ [l] ܘܒܚܛܝܬܐ [m] + ܗܟܝܠ

ܕܒܢܘ̈ܗܝ. ܘܫܒܩܘܢ ܕܣܡܪ. ܘܐܢܬܘܢ ܬܗܘܘܢ ܬܘܒ ܠܗ ܒܢ̈ܝܐ[a]. 17
ܗܘ ܫܒܩ [b]ܒܢ̈ܝܐ ܕܡܠܟܘܬܐ[b] ܐܚܝܕ ܐܦ ܐܦܣܩܘܣܐ. ܐܝܠܝܢ
ܐܦ[c] ܡܠܟܐ[d] ܕܡܫܠܝܢ ܗܘܐ ܥܠ ܗܘ ܟܠܗ ܥܡܐ ܣܓܝܐܐ. ܐܝܟ
ܕܟܬܝܒ ܒܗܘܫܥ. ܕܢܗܘܐ ܗܘܐ ܥܡܐ ܕܒܢ̈ܝ ܐܝܣܪܐܝܠ. ܐܝܟ Hos. i. 10
ܚܠܐ ܕܥܠ [e]ܝܕ ܝܡܐ[e] ܕܠܐ ܡܬܬܟܝܠ ܘܠܐ ܡܬܡܢܝܢܐ. ܘܠܦܘܬ
[f]ܣܘܓܐܗ ܕܥܡܐ ܗܘ[f] ܐܦ ܬܫܒܘܚܬܗ[g] ܕܡܬܒ̈ܥܝܢ ܗܘ̈ܘ، ܠܗ ܢܣܒ
ܗܘܐ ܡܢܗ ܡܢ ܥܡܐ. ܗܘܢܐ ܗܘܝܐ ܐܦ ܐܦܣܩܘܣܐ ܕܒܪ
ܠܗ ܡܢܗ ܡܢ ܥܡܐ. ܐܝܠܝܢ ܕܡܬܬܚܫܒ ܘܥܒܕ. ܕܚܘܝܢ ܠܗ
ܘܠܪܘܚܘܬܗ. ܘܡܣܝܒ ܠܗ ܡܫܝܚܐ ܒܢ̈ܝ ܡܠܟܘܬܗ. ܘܒܢ̈ܝ ܡܘܬܒܗ.
ܘܡܫܝ̈ܚܝܐ ܘܐܦܪ̈ܝܩܝܘܗ[h] ܥܠ ܥܡܐ ܕܡܬܒܥܝܢ ܠܗ. ܠܦܘܬ
ܬܫܒܘܚܬܗ ܕܥܡܬܐ. ܘܡܬܒܢܐ ܒܢܝܢ ܡܬܒܪܐ[i] ܐܝܟ ܠܗ ܕܐܡܪܝܢ.
ܡܠܟܐ ܒܪ ܗܘܢܐ ܕܩܛܝܪ ܬܫܒܘܚܬܐ[j]. ܥܠ ܡܢܘܬܐ[k] ܕܠܣܘܪ. ܡܫܬܝܢ
ܘܐܬܩܪܗ ܘܩܪܗ ܥܠ ܐܪܥܐ ܗܘ ܕܠܣܘܪ. ܐܦܝܣܩܘܦܐ ܕܡܢ ܥܠ
ܢܦܫܐ ܘܥܠ[1] ܡܢܘܬܐ ܡܫܬܝܢ ܕܡܬܢܝܐ[m] ܥܠ ܐܪܥܐ. [n]ܘܢܐܣܘܪ f. 35 b
ܒܚܫܟܐ[n] ܒܥܒܕ̈ܝܢܐ ܚܫܘܟܐ. ܒܥܒܕ̈ܝܢܐ ܒܪ ܕܟܝܐ ܕܚܫܘܟܐ ܗܘ
ܕܐܚܝܕ ܥܠ[1] ܢܦܫܐ. ܠܗ. ܐܠܐ ܗܘܝܬܘܢ ܡܣܒܝܢ[o] ܠܐܦܝܣܩܘܦܐ
ܐܝܟ ܕܠܐܬܐ. ܘܕܫܠܝܢ ܡܢܗ ܐܝܟ ܕܡܢ ܡܠܟܐ ܘܡܫܡܠܝܢ
ܠܗ ܐܝܟ ܕܠܐܠܗܐ. [p]ܘܦܐܪ̈ܘܗܝ ܘܡܒܪܟܐ[q] ܕܐܒ̈ܪܟܐ ܕܠܟܘܢ[q]
ܗܘܝܬܘܢ ܡܡܠܟܝܢ[r] ܠܗ. ܐܝܟ ܕܬܬܒܪܟܘܢ ܕܪ̈ܚܡܘܢ

---

a ܠܒܢ̈ܝܐ   b ܒܡܠܟܘܬܐ   c om. ܐܦ   d ܡ̈ܠܟܐ   e ܡܬܘܗ ܕܝܡܐ
f ܥܡܐ ܗܘ ܕܗܘ ܣܘܓܐܗ   g ܬܫܒܘܚܬܐ   h ܘܐܦܪ̈ܝܩܝܐ   i ܬܒܪ
j ܬܫܒܘܚܬܐ   k + ܗܘ   l ܘ[ܥܠ]   m ܕܐܬܘܪܐ ܐܦ ܢܦܫܐ   S. f. 31 b
n om. ܘܢܐܣܘܪ ܒܚܫܟܐ   Lag. p. 41   o + ܠܗ   p om. ܘ
q ܘܡܒܪܟܐ ܕܐܒܪ̈ܟܐ ܕܠܟܘܢ   r ܡܡܠܟܝܢ

---

¹ Cod. om. ܥܠ

ܠܗܘܢ ᵃܕܟܢܘܫܝܢ ܚܝܐᵃ ܡܬܘܢܕܝܢ[1]. ܠܗܘܢ ܕܡܬܢܟܦܝܢܘܬܐ ܫܪ̈ܝܪܝܢ[2]. ᵇܐܦ ܒܐܘܪܚܬܐ ܕܡܫܬܘܕܥܢܘܬܐᵇ ܡܕܝܢܬܐ ܕܐܠܗܐ ܥܡܘܪ̈ܝܢ[3]. ܘܠܡܬܠܒܫܘ ܕܐܠܗܐ ܒܟܪܘܒܘܬܗܘܢ ܫܬܐܣܬܐ ܘܟܬ̈ܒܐ ܢܬܪܣܘܢ. ܡܢ ܚܠܝܡ ܐܬܚܫܒܘ. ܘܡܛܠ ܐܢܘܢ ܒܟܠ ܐܦܢܝ. ܗܢܘܢ ܟܕ ܢܦܩܘ ܫܘܠܛܢܐ ܡܢ ܐܠܗܐ. ܕܫܡܝܐ ܘܕܐܪܥܬܐ[c]. ܠܘ ܟܕ ܕܐܢܫ ܠܐܢܫܝܢ ܕܫܠܝܢ. ܘܡܢܝܢܝܢ ܠܡܘܬܐ ܒܢܘܪܐ ܕܠܥܠܡ. ܟܕ ܢܦܩܘܢ ܘܢܦܪܘܢ ܠܐܢܫܝܢ ܕܡܬܛܪܕܝܢ ܗܢܘ ܕܢܦܩ ܘܠܐ ܬܗܘܐ. ܐܠܐ ܕܢܫܠܡܘܢ ܘܢܐܣܘܢ[d] ܠܐܢܫܝܢ ܕܡܬܛܦܝܢ ܘܬܪܝܢ. ܗܢܘܢ ܗܟܝܠ ܢܦܩܘܢ ܠܗܘܢ ܪ̈ܫܝܐ. ܘܐܝܟ ܗܠܝܢ ܢܦܩܘܢ ܫܒܝܩܝܢ ܠܗܘܢ. ܘܐܝܬܝܐ ܒܟܬ̈ܒܐ ܩܘܫܬܐ ܘܩܕܡܝܢ ܠܗܘܢ ܐܝܟ ܕܠܡܠܟܐ. ܡܒܝܢ ܟܕ ܡܬܟܒܐ ܠܗܘܢ ܘܠܐܢܫܝܢ ܕܟܢܫܘܢ ܕܢܬܬܪܣܘܢ.

f. 35 a ܟܬܒܐ ܟܕ ܒܫܦܝܪܐ ܡܕܝܢܐ ܕܡܫܠܡܘܬܐ ܥܒܕܢܐ. ܕܐܡܪ ܫܡܘܐܝܠ ᵉܢܒܝܐ ܒܝܕ ܦܬ̈ܓܡܐᵉ ܕܡܪܝܐ ܠܥܡܐ. ܠܗܘܢ

1 Sam. viii. 11 ܕܐܡܠܟ ܥܠܝܗܘܢ ܡܠܟܐ ܘܐܡܪ ܠܗܘܢ. ܗܢܘ ᶠܢܡܘܣܗ ܕܡܠܟܐ
ܕܢܡܠܟ ܥܠܝܟܘܢ. ܠܒܢܝܟܘܢ[4] ܢܕܒܪ ܘܢܥܒܕ ܐܢܘܢ ܥܠ ܡܪ̈ܟܒܬܗ.

12 ܘܢܥܒܕ ܐܢܘܢ[g] ܪ̈ܗܛܐ ܩܕܡܘܗܝ. ܘܢܥܒܕ ܠܗ ܪ̈ܒܝ ܐܠ̈ܦܐ ܘܪ̈ܒܝ
ܡܐ̈ܘܬܐ. ܘܢܟܪܒܘܢ ܟܪܒܗ. ܘܢܚܨܕܘܢ ܚܨܕܗ. ܘܢܥܒܕܘܢ

13 ܡܐܢܐ ܕܡܪ̈ܟܒܬܗ. ܘܠܒܢ̈ܬܟܘܢ ܢܕܒܪ ܐܢܝܢ ܠܡܪ̈ܩܚܬܐ.

14 ܘܠܡܥ̈ܛܦܢܝܬܐ ܕܒܝܬܗ. ܘܚܩܠ̈ܬܟܘܢ ܘܟܪ̈ܡܝܟܘܢ ܘܙܝ̈ܬܝܟܘܢ
ܫܦ̈ܝܪܐ ܢܣܒ. ܘܢܬܠ ܠܥܒ̈ܕܘܗܝ[h] ܘܠܡܫܡ̈ܫܢܐ[i] ܘܐܡܗ̈ܬܟܘܢ[j]

16 ܘܥܒ̈ܕܝܟܘܢ[j] ܘܚܡܪ̈ܝܟܘܢ[k] ܘܐܬܢ̈ܝܟܘܢ ܢܕܒܪ ܘܢܥܒܕ ܠܦܘܠܚܢܐ

---

[a] ܕܟܢܘܫܝܐ [b] ܘܠܐܘܪܚܬܐ ܕܡܫܬܘܕܥܢܘܬܐ Lag. p. 40 [c] ܘܕܐܪ̈ܥܬܐ [d] ܘܐܣܘܢ
[e] ܒܠܗܘܢ ܦܬܓܡܘܗܝ [f] ܕܢܡܘܣ S. f. 31 a [g] ܠܗܘܢ
[h] ܘܠܚܕܡܘ ܘܠܡܫܡܫܢܐ ܢܬܠ ܘܢܬܠ ܠܥܒ̈ܕܘܗܝ + [i] ܘܠܡܫܡ̈ܫܢܘܗܝ
[j] ܘܥܒ̈ܕܝܟܘܢ ܘܐܡܗ̈ܬܟܘܢ [k] + ܫܦ̈ܝܪܐ

---

[1] Cod. ܡܬܘܢܕܝܢ [2] Cod. ܫܪ̈ܝܪܝܢ [3] Cod. ܥܡܘܪ̈ܝܢ

[4] Cod. om. ܠܒܢܝܟܘܢ

ܠܬܘܒܥܬܐ. ܐܝܟ ܚܕ ܡܢ ܗܠܝܢ ܕܡܢܟܝܢ ܠܬܒܠ ܡܫܝܚܐ.
ܡܛܠ ܕܫܒܝܩܐ ܦܘܪܐ ܠܐܚܘܗܝ، ܗܘ ܕܡܫܪܐ ܒܗ ܡܫܝܚܐ. ܕܠܐ
ܐܝܬܘܗܝ، ܫܒܝܩܐ ܐܠܐ ܡܫܬܠܛܐ. ܐܘ ܫܠܝܐ ܠܐܢܫܐ [a]ܕܒܗ
ܫܪܝܪܐ[a] ܢܦܫܐ ܡܢ ܕܐܠܗܐ ܡܫܬܠܛܬܐ ܒܟܠ ܚܒܪܐ. ܐܝܟ ܗܘ[b]
ܕܡܝܬ ܡܢ ܢܦܫܐ ܕܫܪܝܐ ܒܗ ܗܘܐ[c] ܫܠܝܐ. ܐܢ ܗܘܝܠ
ܠܒܪ ܫܠܡܐ ܕܢܣܒܪ ܐܢܫ ܚܕܐ ܡܢ ܗܠܝܢ. ܒܗܕܐ ܫܠܡ
ܚܝܒܘܬܐ ܡܫܬܠܚܝܢ ܕܢܦܠ. ܚܕ ܒܠܚܘܕ ܐܢ ܢܚܫܘܒ ܕܢܣܒܪ ܡܕܡ f. 34 b
ܥܠ [d]ܐܦܝܣܩܘܦܐ. ܐܘ ܥܠ ܡܫܝܚܐ[d]. ܗܘ ܕܐܝܬܘܗܝ ܢܣܒ ܠܒܢܝ̈ܢ
ܡܫܚܐ ܢܦܫܐ ܡܕܝܢܐ. ܘܒܐܝܬܘܗܝ ܝܠܕܬܘܢ[e] ܡܛܠܬܐ ܘܝܕܥܬܘܢ
ܠܐܠܗܐ ܘܒܐܝܬܘܗܝ ܐܬܝܕܥܬܘܢ ܡܢ ܐܠܗܐ. ܘܒܐܝܬܘܗܝ
ܐܬܦܬܚܬܘܢ. ܘܒܐܝܬܘܗܝ ܩܘܡܬܘܢ ܒܒܢܝܐ ܕܢܘܗܪܐ. ܘܒܐܝܬܘܗܝ
ܡܫܚܐ ܒܡܫܡܫܢܘܬܐ ܫܡܝܐ ܐܝܬܘܗܝ ܕܐܦܝܣܩܘܦܐ[f] ܐܫܡܥ ܥܠ
ܚܕ ܚܕ ܡܢܟܘܢ. ܘܐܫܬܒܚ ܦܠܗ ܡܕܝܢܐ ܘܐܡܪ[g] ܕܒܪܝ، ܐܢܬ ܐܢܐ Ps. ii. 7
ܝܘܡ[h] ܝܠܕܬܟ.. ܡܛܠܗܢܐ ܐܘ̈ ܒܢܝ[i] ܗܘܝܬ ܪܫܡ[j] ܠܐܦܝܣܩܘܦܝ[1].
ܠܗܘܢ ܕܒܐܝܬܝܗܘܢ ܗܘܝܬ ܒܢܐ ܠܐܠܗܐ. ܘܠܡܫܝܚܐ ܝܠܕܬ[k].
ܘܐܫܟ ܠܗܘ ܕܡܢ ܩܕܡ ܐܠܗܐ ܗܘ ܗܘܐ ܐܒܘܟ ܘܐܡܟ. ܟܠ
ܓܒܪ ܕܡܨܥܪ[l] ܠܐܒܘܗܝ، ܐܘ ܠܐܡܗ. ܡܡܬ ܢܡܘܬ.. ܐܝܟܢܐ Ex. xxi. 17 Matt. xv. 4
ܕܝܢ ܢܚܙܘ ܠܐܦܝܣܩܘܦܐ [m]ܕܡܨܥܪܝܢ ܕܢܬܪܘܢܢ[m] ܡܢ ܚܝܠܗܐ.
ܠܗܠܝܢ ܕܒܚܕ ܫܥܬܐ ܐܘܠܕܘܢ[2][n] ܡܢ[o] ܕܘܝܐ[o]. ܠܗܠܝܢ ܕܡܠܐܘܢ
ܢܦܫܐ ܡܕܝܢܐ. ܠܗܠܝܢ ܕܡܛܠܬܐ ܐܝܟ ܕܚܣܠܒܐ ܢܦܫܢܢ.

a ܕܫܪܝܐ ܒܗ b ܗܘ c ܗܘܐ d ܡܫܝܚܐ ܐܘ ܥܠ ܐܦܝܣܩܘܦܐ
e ܐܝܠܕܬܘܢ S. f. 30 b f ܕܐܦܝܣܩܘܦܐ g ܕܐܡܪ h ܝܘܡܢܐ
i ܒܢܝܐ j ܪܫܡ k ܐܡܟ l ܕܡܨܥܪ m ܠܗܠܝܢ ܕܡܫܪܝܢ
n ܐܘܠܕ[ܘ]ܢ o ܡܕܘܝܐ

[1] Cod. ܠܐܦܝܣܩܘܦܝ [2] Cod. ܐܘܠܕܢ

f. 34 a ܗܘ. ܘܡܫܒܚܐ ܐܦܝܣܩܘܦܐ.[a] ܐܝܟ ܐܠܗܐ ܢܗܘܐ ܡܝܩܪ ܠܟܘܢ.
ܘܡܫܝܚܐ ܐܝܟ ܢܒܝܐ. ܡܛܠܗܢܐ ܐܝܟ ܕܠܐܝܩܪܗ ܕܐܦܝܣܩܘܦܐ
ܩܘܪܒܢܝܟܘܢ ܕܝܗܒܝܢ ܐܢܬܘܢ ܩܘܪܒܢܝܟܘܢ ܡܩܪܒܝܢ ܠܗ. [b]ܐܦ ܒܐܝܕܗ[b]
ܢܗܘܘܢ ܢܬܬܪܥܘܢ.[c] ܘܐܝܟܢܐ ܕܝܕܥ. ܐܢܬ ܕܐܝܬ[d] ܐܠܝܨ[d] ܦܠܓ.
ܐܦܝܣܩܘܦܐ[e] ܕܝܢ ܠܐ ܢܗܘܐ ܒܗ. ܐܘܕܝܥܘܗܝ, ܐܢܬ ܒܠܚܘܕܘܗܝ, ܕܝܢ
ܐܝܟ ܕܠܡܥܕܪܗ ܡܕܡ ܠܐ ܬܚܒܪ. ܕܠܐ ܬܗܘܐ ܠܘܩܒܠܗ, ܚܛܝܐ.
ܐܝܟ ܕܥܠ ܡܫܡܫܢܐ ܕܡܫܬܒܚܢܐ. ܗܘ ܓܝܪ ܕܡܫܡܫ ܠܐܠܗܐ[f] ܒܥܕܬܐ
ܥܠ ܐܦܝܣܩܘܦܐ ܐܘ ܒܥܠܬܐ ܐܘ ܒܥܒܕܐ. ܒܐܠܗܐ ܐܚܝܕ ܟܠ
ܡܕܡ. ܬܘܒ[g] ܕܝܢ[h] ܥܠ ܡܫܝܚܐ ܐܢ[i] ܢܡܠܠ ܐܢܫ ܒܝܫܬܐ.
[j]ܒܥܠܬܐ ܐܘ ܒܥܒܕܐ. ܒܡܫܝܚܐ ܡܬܬܠܠ. ܡܛܠܗܢܐ ܐܦ
Ex. xxii. 28 ܒܢܡܘܣܐ ܟܬܝܒ. ܕܠܐ ܬܨܚܪ ܠܐܠܗܝܢ. ܘܠܐ ܬܡܠܠ ܒܝܫܬܐ
ܥܠ ܪ̈ܫܐ[k] ܕܥܡܟ. ܠܐ ܗܘܐ ܐܢܫ ܢܨܚܪ ܕܥܠ ܦܬܘܪܐ[l] ܕܒܐܝܩܐ
ܐܡܪ[l] ܡܪܝܐ. ܐܠܐ ܥܠ ܐܠܗܐ ܦܪܐ ܠܐܝܠܝܢ ܕܡܨܝܢ[m] ܒܪܝܫܐ
ܕܝܠܟܘܢ[m]. ܐܦ ܡܘܫܐ ܬܘܒ ܐܡܪ[n] ܒܡܦܪܐ[1] ܕܡܢܝܢܐ ܟܕ ܪܛܢܘ
Ex. xvi. 8 ܥܡܐ ܥܠܘܗܝ, ܘܥܠ ܐܗܪܘܢ. ܕܠܐ ܗܘܐ ܥܠܝܢ ܪܛܢܝܢ ܐܢܬܘܢ
Luke x. 16 ܐܠܐ ܥܠ ܡܪܝܐ ܐܠܗܐ. ܐܦ ܦܪܘܩ ܐܡܪ ܕܟܠ ܕܠܟܘܢ ܛܠܡ
ܠܝ[o] ܛܠܡ. ܘܠܡܢ ܕܫܠܚܢ. ܐܝܢܐ ܓܝܪ ܥܒܕܐ ܐܝܬ ܠܗ ܐܦܢ
ܡܠܝܠ ܠܡܢ ܕܡܡܠܠ ܒܝܫܬܐ ܥܠ ܐܦܝܣܩܘܦܐ. ܐܘ ܥܠ ܡܫܝܚܐ.
Matt. v. 22 ܐܡܪ ܠܗܪ ܡܪܢ ܐܢܫ ܢܐܡܪ ܫܝܛܐ[p] ܐܘ ܪܩܐ. ܚܝܒ ܗܘ

[a] + ܐܦܝܣܩܘܦܐ ܠܟܘܢ ܐܦ. ܐܠܗܐ ܡܫܝܚܐ ܐܬܝܕ ܡܪܝܐ ܡܢ ܓܝܪ ܐܝ

[b] ܘܒܐܝܕܗ [c] ܢܬܬܪܥܘܢ [d] ܐܢܫ ܕܐܠܝܨ [e] ܘܐܦܝܣܩܘܦܐ

[f] ܠܐܠܗܐ S. f. 30 a [g] ܘܬܘܒ [h] + ܐܢ [i] om. ܐܢ Lag. p. 39

[j] + ܐܘ [k] ܪܫܐ [l] ܕܒܐܝܩܐ ܐܡܪ [m] ܒܪܝܫܟܘܢ [n] ܐܡܪ

[o] + ܗܘ [p] + [ܐܠܐ ܡܠܝܠ ܪܩܐ ܫܝܛܐ]

[1] Cod. ܒܡܦܪܐ

ܗܘ ܕܒܡܕܢܐ ܠܡܨܪܝܐ. ܘܡܫܦܟܝܢ ܕܗܕܝܐ ܦܩܕ ܠܗܘܢ ܕܢܟܣܘܢ. ܘܦܠܚܘܗܝ ܡܬܘܣܟܝܢ[a] ܠܡܫܡܫܘ. ܒܗ ܒܡܫܡܫܢܘܬܗܘܢ ܠܡܨܪܝܐ ܡܬܦܠܚܝܢ. ܘܒܠܒܕܘܗܝ، ܡܕܡ ܠܐ ܥܒܕܝܢ ܡܛܠ[b] ܕܗܢܘܢ ܕܡܬܦܠܚ ܗܘ ܗܘ ܡܕܡ ܚܢܢ[c] ܕܥܒܕܝܢ ܘܡܢܨܚܝܢ[d] ܠܗ ܘܦܠܚܝܢ ܠܗ. ܐܝܟ ܕܠܐܝܩܪܗܘܢ ܕܒܐܦܐ ܣܓܝܐܬܐ. ܗܠܝܢ ܕܡܥܝܢ ܒܐܦܐ[e]. ܘܐܝܟ ܕܠܦܘܠܚܢܐ ܕܣܓܕܐ ܠܚܘܫܐ[f] ܘܡܥܒܕܢܐ. ܐܦ ܗܢܘܢ ܗܟܝܠ ܕܡܬܒܥܝܢ ܐܢܘܢ ܘܒܥܕܐ ܐܢܘܢ ܕܢܬܠܐ ܘܡܫܪܐ ܠܗܬ ܠܗܘܢ ܐܠܐ ܒܡܫܪܐ ܫܦܝܪܐ ܠܚܝܝ. ܫܪܝܢ ܘܪܚܡܝܢ ܕܢܬܕܟܪܘܢ ܠܒܝܬ ܡܕܒܪܐ[g]. ܘܠܗܢܘܢ ܕܡܢܟܝܢ ܒܝܬ[h] ܦܬܟܪܐ ܕܐܠܘܣܩܘܢ[1] ܒܟܠ ܐܝܟ ܡܢܗܘܢ. ܠܡܨܪܝܐ ܗܟܝܠ ܐܠܗܘܬܐ ܕܝܕܥܐ ܘܦܠܚܐ ܕܒܥܝܪܐ[i] ܡܗܝܡܢܝܢ ܐܠܗܘܬܐ. ܘܒܡܫܪܐ ܕܠܐ ܡܬܦܪܓܠ ܐܫܬܕܝܢ ܐܠܗܘܬܐ. ܘܠܚܠܦܐ ܕܬܫܒܘܚܬܐ ܕܠܚܠܦ ܕܠܐ[j] ܥܒܕ ܘܠܐ ܡܬܒܥܐ. ܡܫܡܫܝܢ ܐܠܗܘܬܐ. ܠܐ ܡܬܬܪܐܝܬ ܬܡܝܪܘ ܠܡܨܪܝܐ ܐܠܗܐ. ܒܝܕ ܐܝܠܝܢ ܕܡܢܟܝܢ ܒܢܝܫܗܘܢ ܗܘܝܘܬܐ ܗܟܝܠ ܫܩܝܠ ܠܐܦܝܣܩܘܦܐ ܦܘܡܗ ܕܐܠܗܐ. ܐܝܠܝܢ ܐܡܪܘܢ ܡܛܠ ܕܡܬܦܪܓܠ ܗܘܐ ܠܦܪܥܘܢ ܦܬܟܪܐ ܕܐܬܒܣܡܘ ܒܝܕ ܡܨܪܝܐ. ܢܒܝܐ ܐܬܦܪܝ[k]
ܕܐܡܪ ܡܪܝܐ ܠܡܘܫܐ. ܗܐ ܝܗܒܬܟ ܐܠܗܐ[l] ܠܦܪܥܘܢ. Ex. vii. 1
ܘܐܗܪܘܢ ܐܚܘܟ ܢܗܘܐ ܠܟ ܢܒܝܐ. ܠܡܨܪܝܐ ܗܟܝܠ ܐܦ ܐܢܘܢ ܠܐܝܠܝܢ ܕܐܬܚܙܝܘ ܠܗܘܢ ܬܡܝܗܬܐ[m] ܕܡܠܬܐ. ܠܐ ܢܚܝܡܝܢ ܐܢܘܢ ܠܗܘܢ[n] ܐܝܟ ܕܠܐܠܗܐ. ܗܟܢܐ ܕܝܢ ܠܝ ܕܒܠܝ. ܐܗܪܘܢ ܡܫܡܫܢܐ

---

[a] ܕܡܬܢܨܚܝܢ [b] ܘܡܛܠ [c] om. ܚܢܢ [d] ܡܢܨܚܝܢ [e] ܒܐܦ̈ܐ
[f] + ܘܒܛ̈ܠܐ [g] ܡܫܪ̈ܝܐ [h] ܡܕܡ S. f. 29 b [i] ܘܒܥܝܪܐ
[j] ܠܐ [k] + ܐܝܟ [l] ܐܠܗܐ [m] + [ܗ̄ ܕܝܢ ܚ̈ܕܐ]
[n] + ܢܒ̈ܝܐ: ܘܦܠܚܝܢ ܐܢܘܢ ܠܗܘܢ

---

[1] Cod. ܕܐܠܘܣܩܘܢ

ܕܠܡܫܡ̄ܫ. ܡܬܒܥܐ ܠܗܘܢ ܓܝܪ ܕܢܬܦܪܫܘܢ ܐܝܟ ܢ̈ܟܝܦܐ. ܘܐܦ[a]
ܒܢ̈ܝ ܡܠܟܗ ܕܐܦܝܣܩܘܦܐ. ܘܐܝܟ ܟܠܝܠܗ ܕܥܕܬܐ. ܐܢܬܘܢ
ܓܝܪ ܡܬܩܪܝܢܐ[b] ܘܟ̈ܠܝܠܗ ܕܥܕܬܐ. ܐܢܕܝܢ ܐܦ ܪܥܘܝܐ ܐܢܬ ܢܦܫܟ.
ܐܦ ܗܘ ܒܡ ܡܥܢܝܢܐ.. ܠܟܠ ܕܘܟܐ ܣܓܝܠ ܟܠܝܪ[c] ܡܢ ܒܢ̈ܝ
ܟܠܝܐ ܐܝܟ ܕܐܪܐ ܠܗ ܢܗܘܐ ܡܣܬܪ ܒܡܗܝܡܢܘܬܐ. ܘܒܐܝܬܪܐ[d]
ܘܒܡܫܝܢܐ ܕܟܠܝܐ. ܒܐܪ̈ܝܫܐ[e] ܕܝܢ ܦܠܚ[f]. ܠܟܠ[1] ܡܟ̈ܝܢ̄ ܬܗܘܐ
ܠܗܘܢ. ܘܠܐ ܢܗܘܘܢ ܒܟܠ ܥܕܢ ܡܗܝܪܝܢ ܠܢܟܝܐ. ܐܠܐ ܡܟܝܟ
ܕܟܕܝܢ ܢܗܘܘܢ[g] ܡܗܕܝܢ ܒܝܕ ܗܘܦ̈ܟܠܐ[h] ܗܘܠ ܕܝܢ ܒܝܕ ܡܬܦ̈ܢܝܢܐ.
ܐܦܠܐ ܓܝܪ ܠܡܢܝܢܐ ܐܠܗܐ ܐܚܝܕ ܟܠ. ܡܬܒܥܝ ܐܢܐ ܡܬܦܪܫ.
ܐܠܐ ܐܢ ܒܝܕ ܡܥܒܕܢܐ. ܟܠܡܕܡ ܗܟܝܠ ܕܢܬܒܥܝܢ ܕܢܗܘܘܢ ܟܕܝܢ
ܒܝܕ ܡܟ̈ܝܢ ܢܗܘܕܘܢ ܠܐܦܝܣܩܘܦܐ. ܘܗܕܝܢ ܢܬܒܕܪܘܢ. ܐܦܠܐ[i]
ܡܢ ܡܕܝܢ ܒܡܗܠܟܐ ܕܟܠܗ ܥܕܬܐ. ܡܬܦܪܫ. ܗܘܐ ܡܟܝܟ ܐܘ
ܗܘܐ ܗܘܐ ܟܠܒܝ ܡܢ ܟܠܗܘܢ. ܘܬܗܘܐ ܕܝܢ ܐܦ ܟܠܗ ܦܬܟܪ̈ܐ
ܕܣܓܕܐ ܠܦܬ̈ܟܪܐ ܘܢ̈ܟܝܐ ܘܡܫܠܡܢܐ. ܕܥܒܕܐ ܠܗܘܢܝܐ. ܠܟܠܗ
f. 33 b ܡܗܕܝܢܐ ܡܬܦܪܫܝܢ. ܒܦܘܫܩܐ ܕܝܢ ܕܢܗܘܐ[j] ܙܕܩ ܦܠܚ ܟܠܗ
ܠܦܘܬܐ ܡܢ ܟܠܗ ܡܗܕܝܢܐ. ܒܪܡ ܕܝܢ ܟܡ ܒܟܢ̈ܫܐ[k] ܕܦܘܩܕܢܝܗܘܢ.
[mg.] ܒܢܘܡܘܣܐ ܐܚܪܢܐ ܕܦܘܩܕܢܝܗܘܢ.[k] ܒܠܒܕ ܡܢ ܦܘܩܕ̈ܢܝܗܘܢ.
ܠܦ̈ܬܟܪܐ[l] ܠܐ ܡܬܪܓܡܝܢ ܐܘ ܟܕܝܢ ܡܟܝܟ. ܐܠܐ ܗܟܢܐ ܦܩܕܝܢ
[m]ܕܦܩ̈ܘܕܝܗܘܢ ܕܟܐܦܐ[m] [mg.] ܗܢܘ[n] ܠܦܬܟ̈ܪܐ ܡܪܐ ܒܐܦ̈ܐ:] ܗܘ[n]

a ܘܐܝܟ b ܡܬܩܪ̈ܝܢܗ c ܠܟܠܝܪ S. f. 29 a d ܘܒܐܝܬܪܐ
e ܦܪ̈ܝܫܐ f ܦܠܚܐܝܬ g om. ܢܗܘܘܢ h ܗܘܦ̈ܟܠܐ i + ܓܝܪ
j ܢܗܘܐ Lag. p. 38 k ܕܦܘܩܕܢܝܗܘܢ l ܠܦ̈ܬܟܪܐ m ܕܦܘܩܕܝܢ ܕܟܐܦ̈ܐ
n [ܗܘ ܗܘ̇ ܠ̄ܐ] ܗܘ :[ܒܐܦ̈ܐ ܠܦܬܟ̈ܪܐ ܡܪܐ]

[1] Cod. ܠܗ

ܠܘܝܐ ܕܡܫܡܫܝܢ. ܠܗܘܢ ܡܕܒܚܐ ܐܘ ܕܬܩܪܒܘܢ[a] ܠܡܕܡ[b] ܟܠܕܒ ܡܢ ܪܒ ܟܗ̈ܢܐ. ܗܟܢܐ[c] ܐܢܬܘܢ ܟܠܕܒ ܡܢ ܐܦܝܣܩܘܦܐ ܡܕܡ ܠܐ ܬܥܒܕܘܢ. ܐܚܪܝܢ ܐܢܫ ܢܥܒܕ ܡܕܡ ܟܠܕܒ ܡܢ ܐܦܝܣܩܘܦܐ ܗܢܐ ܠܣܪܝܩܘܬܐ ܗܘ ܥܒܕ ܠܗ ܠܐ ܓܝܪ ܡܬܚܫܒ ܠܗ ܠܥܘܕܪܐ. ܠܐ ܓܝܪ ܙܕܩܐ ܕܠܒܪ ܡܢ ܪܒ ܟܗܢܐ ܢܥܒܕ ܐܢܫ ܡܕܡ. ܩܘܪ̈ܒܢܝܟܘܢ ܗܒܘ ܠܐܦܝܣܩܘܦܐ ܗܘܝܬܘܢ ܡܩܪ̈ܒܝܢ. ܐܘ ܐܢܬܘܢ ܒܝܕ ܡܫܡܫܢܝܟܘܢ[d]. ܐܘ ܒܝܕ ܡܫ̈ܡܫܢܐ. ܘܗܢܐ ܕܢܣܒ. ܗܘ ܡܦܠܓ ܠܗܘܢ[e] ܒܐܢܫܝܬ. ܡܛܠ ܕܐܦܝܣܩܘܦܐ ܗܘ ܝܕܥ[f] ܠܗܘܢ ܠܐܝܠܝܢ ܕܐܠܝܨܝܢ. ܘܠܟܠܢܫ ܕܝܢ[g] ܡܦܠܓ ܘܝܗܒ ܐܝܟ ܕܘܙܩ ܠܗ. ܕܕܠܡܐ ܐܢܫ ܒܗ ܒܝܘܡܐ ܐܘ ܒܗ ܒܫܒܬܐ. ܢܣܒ. ܘܟܢܘܬܗ ܡܚܣܪܐ ܘܐܚܪܢܐ ܕܝܢ ܐܦܠܐ ܩܠܝܠ ܢܣܒ. ܠܐܢܫܐ ܕܝܢ[h] ܕܢܕܪ. ܫܡܗܐ ܘܪܒ. ܒܝܬܐ f. 33 a
ܕܐܠܗܐ. ܕܐܠܝܨ ܦܠܚ. ܥܒܕ ܒܥܗ ܝܕܥ. ܐܝܟ ܕܡܬܒܥܐ ܠܗ. ܘܠܐܝܠܝܢ ܕܫܐܠܝܢ ܐܪ̈ܡܠܬܐ ܠܝ̈ܬܡܐ ܠܐܢܫܐ ܕܢܕܪ ܕܡܬܝܕܥܐ[i] ܐܠܝܨܐ. ܠܗ̇ ܢܦܠܓܐ ܕܢܣܒ. ܘܬܗܘܐ ܕܝܢ ܐܦ ܗܘ ܕܡܗܝ̈ܡܢܘܬܐ ܐܢܫ ܢܣܒ ܠܐܪ̈ܡܠܬܐ ܠܐܢܫܐ ܕܝܗܒ ܠܗ̇. ܠܗ̇ ܡܬܝܗܒ[j] ܕܢܕܪ. ܡܢܬܐ[k] ܕܝܢ ܕܪܥܝܐ ܬܬܝܗܒ [l]ܦܪܢܣܐ ܘܡܕܒܪܢܐ[l] ܠܗ ܐܝܟ ܢܡܘܣܐ [m]ܕܡܕܝܢ ܦܪܢܣ. ܘܐܦ[m] ܠܐ ܡܫܬܐܠܠ[n] ܠܐ ܬܬܟܪܗܘܢ[n] ܕܐܠܗܐ ܐܝܟ ܟܠ. ܒܗܢܐ ܕܝܢ ܕܡܬܝܗܒ. [o]ܠܗܘܢ ܐܘ[o] ܡܢ ܐܪ̈ܡܠܬܐ. ܐܝܟܢܐ ܢܗܘܐ ܡܬܝܗܒ ܠܟܠ ܚܕ[p] ܡܢ ܡܫܡ̈ܫܢܐ ܠܐܝܩܪܗ ܕܡܫܝܚܐ. ܬܪܝܢ ܐܦܝ̈ܢ ܠܡܕܒܪܢܐ ܠܬܫܒܘܚܬܗ [q]ܕܐܠܗܐ ܐܝܟ[q] ܟܠ. ܐܚܪܝܢ ܐܢܫ ܢܣܒܐ ܕܐܦ ܠܩܫܝ̈ܫܐ ܢܦܪܫ ܐܦ[r] ܢܦܠ ܠܗܘܢ ܐܝܟ

---

[a] ܕܬܩܪܒ [b] ܡܕܡ [c] + ܐܦ S. f. 28 b. Lag. p. 37 [d] ܒܡܫܡܫܢܐ
[e] ܠܗܘܢ [f] Lag. ܝܕܥ *sic* [g] om. ܕܝܢ [h] ܓܝܪ [i] ܕܡܬܝܕܥܬܐ [j] ܡܬܝܗܒܐ
[k] ܡܢܬܗ [l] ܡܬܦܪܢܣܐ ܘܡܬܡܠܠܐ [m] ܐܦ ܐܝܟ ܡܬܦܪܢܣܢܘܬܐ ܘܡܬܡܠܠܢܘܬܐ
[n] ܠܐܚܪܢܐ [o] ܠܚܕܐ [p] + ܚܕ [q] ܕܐܝܟ [r] ܐܝܟܢܐ

ܘܫܪܝܬܐ ܠܡܫܝܚܐ ܐܝܟ[a][1] ܒܗܢܐ ܫܢܝܢܐ. ܐܦ[b] ܠܡܫܬܟܚܢܘܗܝ[h] ܡܫܪܝܐ ܕܫܢܝܐ. ܘܗܘ ܪܝܫܐ[c] ܕܢܒܝܗ ܐܬܝܗ ܒܫܦܝܪܘܬܐ. ܥܒܕ ܐܬܬܐ ܡܛܠܬܘܠܝܗ[d] ܗܘ[e] ܕܐܠܗܐ. ܗܘ ܕܥܒܕ ܒܫܡܝܐ ܡܢܗܘܢ ܐܬܦܪܫܬ. ܘܒܫܡܝܐ ܦܬܓܡܝܢ ܡܠܝܢ ܘܢܡܘܣܐ ܠܓܘ ܘܡܬܢܒܝܘܬܐ ܐܫܬܘ ܘܒܢܘܗܝ ܗܢܘܢ ܡܫܝܚܐ ܕܢܒܝܗܘܢ ܘܒܝܘܡܠܝܐ ܕܢܘܟܪܝܐ ܡܫܪܪܐ. ܫܠܡ ܕܒܢܝܐ ܗܢܘܢ[f]. ܗܢܐ ܓܠܝܢ ܐܬܠܐ ܘܒܟܠܗܘܢ ܘܬܫܪܝܬܐ ܡܢܟ[2]. ܗܢܘܢ ܕܥܒܕܬܐ ܘܡܫܡܫܢܐ ܘܦܘܪܥܢܐ ܘܡܘܬܢܘܬܐ.

f. 32 b ܗܡܢܐ[g] ܡܦܪܥܢܐ ܕܬܫܡܫܬܐ ܒܢ ܐܦܝܣܩܘܦܐ ܠܡܪܝܐ ܐܠܗܐ. ܗܘܢ ܟܝܢ ܚܒܪ ܐܦ ܒܗܢܝܢ.. ܒܗܢܐ[g] ܘܠܝܐ. ܗܢܐ ܡܫܝܚܐ ܡܫܝܚ ܘܬܠܡܝܕܐ ܘܐܬܪܚܡܘ. ܠܗܢܐ ܕܝܢ ܘܐܦ ܒܗܢܐ ܐܝܬܘܗܝ ܐܦܝܣܩܘܦܐ. ܗܢܐ ܐܝܬܘ̄ ܡܫܡܫܢܐ ܕܡܠܬܐ ܐܠܗܐ[h] ܘܬܠܝܬܝܐ. ܠܗܘܢ ܕܝܢ ܡܠܦܢܐ ܘܐܟܦܪܘܢ[i] ܕܥܡ ܟܠܗ ܐܠܗܐ ܕܐܘܠܕܗܘܢ ܒܢ ܗܢܐ. ܗܢܐ ܐܝܬܘ̄ ܪܫܝܡܢ ܘܡܕܒܪܢܘܢ. ܘܡܠܟܐ ܗܘ ܠܗܘܢ ܫܠܝܛܐ. ܗܢܐ ܒܪܘܚܬܐ ܕܐܚܝܕ ܟܠ ܡܕܒܪ. ܐܠܐ ܢܗܘܐ ܡܫܡܪ ܠܗܘܢ ܐܚܝܕ ܐܠܗܐ. ܡܛܠ ܕܐܦܝܣܩܘܦܐ ܒܪܘܚܬܐ ܕܐܠܗܐ ܐܚܝܕ ܟܠ ܡܕܡ ܠܗܘܢ. ܡܫܡܫܢܐ ܕܝܢ ܒܪܘܚܬܐ ܕܡܫܝܚܐ ܦܐܪ ܘܦܘܩܕܢܘܗܝ ܕܐܬܚܝܢ[j] ܠܗ. ܡܫܡܫܢܝܬܐ ܕܝܢ ܒܡܕܒܪܢܘܬܐ[k] ܕܪܘܚܐ ܕܩܘܕܫܐ. ܬܗܘܐ ܡܫܡܪܐ ܠܗܘܢ. ܡܫܝܚܐ ܕܝܢ ܒܡܕܒܪܢܘܬܐ ܕܢܡܘܣܐ ܢܗܘܘܢ ܠܗܘܢ. ܫܪܪܐ ܕܝܢ ܘܐܬܪܚܡܘܬܐ ܒܡܕܒܪܢܘܬܐ ܕܡܫܝܚܐ ܠܬܠܡܝܕܘܗܝ[l] ܢܬܚܫܒܘܢ[m]. ܐܢܫܝܢ ܕܝܢ ܕܠܐ ܥܠܝܟ ܗܘܐ. ܠܬܘܒܬܐ. ܗܢܘ ܕܝܢ ܠܐܢܫܐ ܕܠܐ ܐܝܬܘ̄ ܗܘܐ

[a] ܐܝܟ [b] ܘܠܡܫܬܟܚܢܘܗܝ [c] ܕܪܝܫܗ [d] ܡܛܠܬܘܠܝܐ [e] om. ܗܘ

S. f. 28 a [f] ܗܘܝܢ [g] + ܕܝܢ [h] om. ܐܠܗܐ [i] ܘܐܟܦܪܘܢ *sic*

[j] ܐܚܝܢ [k] ܒܡܕܒܪܢܘܬܐ [l] om. ܠܬܠܡܝܕܘܗܝ [m] + ܠܗܘܢ

[1] Cod. ܐܝܟ [2] Cod. ܡܢܟ

ܕܦܪܫܬܘܢ ܪ̈ܫܝܬܐ[a] ܡܢܗܘܢ ܢܬܝܗܒ ܠܠܘܝܐ. ܐܝܟ ܕܠܠܘܝܐ
ܕܐܕܪ̈ܐ ܘܐܝܟ ܕܠܠܘܝܐ ܕܡܥܣܪ̈ܬܐ. ܘܐܘܠܦܢܗܘܢ، ܒܟܠ ܐܬܪ. 31
ܐܢܬܘܢ[b] ܘܐܢܫ̈ܐ ܒܬ̈ܪܝܢ ܡܛܠ ܕܐܬܒ̈ܪܝܬܘܢ ܗܘ ܚܠܦ
ܬܫܬܥܒܕܘܢ ܕܡܫܡܫܢܐ ܕܦܘܠܚܢܘܬܐ. ܘܠܐ ܡܣܬܟܠܝܢ ܐܢܬܘܢ 32
ܢܣܒܐ ܡܛܠܬܗ. ܒܪ ܬܦܪܫܘܢ ܪ̈ܫܝܬܐ[a] ܡܢܗ. ܘܡܥܣܪ̈ܢܐ[c] f. 32 a
ܕܒ̈ܢܝ ܐܢܫܐ ܠܐ ܬܦܠܚܘܢ ܕܠܐ ܬܬܡܣܟܢܘܢ..
ܘܟܠܐܘܢ[d] ܕܬܚܒܐ. ܚܘܝܠܐ ܠܘܬ ܚܟܡܐ [e]ܕܢܦܫܟܘܢ ܦܘܪ̈ܥܢܐ Chap. IX
ܕܡܬܠܐ ܘܬܪ̈ܥܝܬܐ ܠܘܬ ܐܠܗܐ. ܘܕܢܦܫܟܘܢ ܠܐܦܝܣܩܘܦܐ
ܐܝܟ ܕܠܐܠܗܐ: ܘܕܢܦܠܘܢ ܡܢܗ. ܘܕܠܐ ܡܕܡ ܗܘ ܢܟܕܘܢ
ܠܒܪ ܡܢ ܡܫܡܫܢܘܬܗ: ܐܦܠܐ ܕܡܘܬܐ ܢܛܠܘܢ ܠܐܝܠܝܢ ܕܫܒܩܝܢ
ܡܢ ܒܠܥܕܘܗܝ. ܐܠܐ ܟܕ ܡܕܡ ܢܬܒܥܘܢ، ܥܠܡܕܡ ܘܗܘ ܢܦܪܘܫ
ܐܝܠܝܢ ܕܡܬܬܣܝܡܝܢ. ܘܕܥܠܝܗ ܡܢ ܠܡܩܒܠܗ ܕܒܕܬܐ ܐܝܟ ܕܕܘܗ.
ܕܦܬܚܗ ܢܦܩ ܘܢܛܘܪ ܘܢܘܚܐ ܘܡܪܘܚܐ ܒܠ ܐܝܠܝܢ ܕܐܝܬܝܢ
ܒܝܫܐܝܬ ܠܡܣܟܢܐ ܐܘ ܡܫܝܢܝܢ ܠܗܘܢ. ܘܟܕ ܐܝܟ ܬܠܡܝܕܘܢ
ܫܡܥܝܢ ܠܗܘܢ. ܢܦܩܘܢ ܢܫܡܥܝܢ ܠܗܘܢ ܒܡܘܗܒܬܐ ܡܢ
ܦܠܚܝܗܘܢ ܐܝܟ ܕܠܡܫܠܡܐ ܕܫܘܢܝܐ. ܕܡܩܒܠܢܐ ܘܢܘܟܪ̈ܝܐ
ܘܐܪ̈ܡܠܬܐ. ܒܪ ܠܐ ܚܒܝܒܝܢ ܫܘܚܠܦܐ ܒܥܡܗܘܢ. ܕܐܝܟ ܢܗܘܝܢ
ܐܘ ܠܐ ܢܗܘܝܢ[e]: ܫܡܥܘ ܗܟܝܠ ܗܠܝܢ. ܐܦ ܐܢܬܘܢ ܒܢ̈ܝ ܥܕܬܐ.
ܥܕܬܐ ܓܒܝܬܐ ܕܐܠܗܐ. ܡܛܠ ܕܐܦ ܒܥܡܐ ܩܕܡܝܐ ܥܕܬܐ
ܐܬܩܪܝ. ܐܢܬܘܢ ܕܝܢ ܥܕܬܐ ܩܬܘܠܝܩܝ[f] ܘܩܕܝܫܬܐ ܘܡܫܡ̈ܠܝܬܐ.
ܒܡܘܗܒܬܐ ܡܠܟܝܬܐ. ܟܗܢܐ ܩܕܝܫܐ ܥܡܐ ܠܝܪܘܬܘܬܐ. ܥܕܬܐ
ܪܒܬܐ ܟܠܬܐ ܕܡܨܒܬܬܐ ܠܡܪܝܐ ܐܠܗܐ. ܐܝܠܝܢ ܗܟܝܠ ܕܐܬܩܪܝܬܘܢ،
ܡܢ ܡܟܝܠ. ܫܡܥܘ[1] ܐܦ[g] ܗܫܐ. ܦܘܫܘ[2] ܦܘܪ̈ܥܢܐ ܘܡܥܣܪ̈ܐ

[a] ܪ̈ܫܝܬܗ [b] [ܐܢܬܘܢ] [c] ܘܡܥܣ̈ܪܬܐ Lag. p. 36 [d] Lag. ܘܟܠܐܘܢ *sic*
[e] ܕܢܦܫܟܘܢ ܠܐܦܝܣܩܘܦܐ [f] ܩܬܘܠܝܩܐ [g] + ܐܢܬܘܢ

[1] Cod. ܫܡܥ [2] Cod. ܦܘܫ

20 ܠܟ ܘܠܒܢܝܟ ܡܢ ܒܬܪܟ. ܘܡܠܠ ܡܪܝܐ[a] ܐܗܪܘܢ ܘܐܡܪ.
f. 31 b ܕܒܐܪܥܗܘܢ ܠܐ ܬܐܪܬ ܐܦ[b] ܡܢܬܐ[b] ܠܐ ܬܗܘܐ ܠܟ
ܒܝܢܬܗܘܢ ܡܛܠ ܕܐܢܐ ܐܢܐ ܡܢܬܟ ܘܝܪܬܘܬܟ. ܒܝܢܬ ܒܢܝ
21 ܐܝܣܪܐܝܠ. ܘܠܒܢܝ ܠܘܝ ܗܐ ܝܗܒܬ ܟܠܗܘܢ ܡܥܣܪܐ ܕܒܢܝ
ܐܝܣܪܐܝܠ ܠܝܪܬܘܬܐ. ܚܠܦ ܬܫܡܫܬܗܘܢ ܕܡܫܡܫܝܢ[c] ܗܢܘܢ[c].
22 ܘܠܐ ܢܩܪܒܘܢ ܬܘܒ ܒܢܝ[d] ܐܝܣܪܐܝܠ ܠܡܫܟܢܐ ܕܣܗܕܘܬܐ. ܕܠܐ
23 ܢܩܒܠܘܢ ܚܛܝܐ ܕܡܘܬܐ. ܐܠܐ ܢܫܡܫܘܢ ܠܘ̈ܝܐ ܬܫܡܫܬܐ
ܕܡܫܟܢܐ ܕܣܗܕܘܬܐ. ܘܗܢܘܢ ܢܣܒܘܢ ܚܛܗ̈ܝܗܘܢ ܢܡܘܣܐ
ܕܠܥܠܡ ܠܕܪ̈ܝܗܘܢ. ܘܒܝܬ ܒܢܝ ܐܝܣܪܐܝܠ ܠܐ ܢܐܪܬܘܢ ܝܪ̈ܬܘܬܐ
24 ܡܛܠ ܕܡܥܣܪ̈ܐ ܕܒܢܝ ܐܝܣܪܐܝܠ ܐܪܝܡܐ[e] ܕܢܦܪܫܘܢ ܦܘܪܫܢܐ
ܠܡܪܝܐ. ܝܗܒܬ ܐܢܘܢ ܠܠܘ̈ܝܐ ܠܝܪ̈ܬܘܬܐ[f]. ܡܛܠܗܢܐ ܐܡܪܬ
ܠܗܘܢ ܘܒܝܬ[g] ܒܢܝ ܐܝܣܪܐܝܠ ܠܐ ܢܐܪܬܘܢ [h]ܝܪ̈ܬܘܬܐ ܠܥܠܡ[h]..
25, 26 [i]ܡܠܠ ܡܪܝܐ ܥܡ ܡܘܫܐ ܘܐܡܪ ܠܗ. ܡܠܠ ܥܡ ܠܘ̈ܝܐ ܘܐܡܪ
ܠܗܘܢ. ܡܐ ܕܢܣܒܝܢ ܐܢܬܘܢ ܡܢ ܒܢܝ ܐܝܣܪܐܝܠ ܡܥܣܪ̈ܐ
ܕܝܗܒܬ ܠܟܘܢ ܡܢܗܘܢ ܠܝܪܬܘܬܐ. ܦܪܫܘ ܡܢܗܘܢ ܐܦ
27 ܐܢܬܘܢ ܦܘܪܫܢܐ ܠܡܪܝܐ. ܘܡܥܣܪ̈ܐ[j] ܡܢ ܡܥܣܪ̈ܐ. ܘܢܬܚܫܒ
ܠܟܘܢ ܦܘܪܫܢܐ[k] ܐܝܟ ܥܒܘܪܐ ܡܢ ܐܕܪܐ. ܘܐܝܟ ܦܘܪܫܢܐ
28 ܡܢ ܡܥܨܪܬܐ. ܗܟܢܐ ܬܦܪܫܘܢ ܐܦ ܐܢܬܘܢ [l]ܠܡܪܝܐ ܦܘܪܫܢܐ[l].
ܡܢ ܟܠ ܡܥܣܪ̈ܝܟܘܢ ܕܢܣܒܝܢ ܐܢܬܘܢ ܡܢ ܟܠܗܘܢ ܒܢܝ
ܐܝܣܪܐܝܠ. ܘܬܬܠܘܢ ܡܢܗܘܢ ܦܘܪܫܢܐ ܠܡܪܝܐ ܠܐܗܪܘܢ
29 ܟܗܢܐ ܡܢ ܟܠܗܘܢ ܡܘܗܒ̈ܬܟܘܢ ܬܦܪܫܘܢ ܦܘܪܫܢܐ ܠܡܪܝܐ.
30 ܡܢ ܪ̈ܝܫܝܬܐ ܕܡܥܣܪ ܠܗܘܢ[m] ܡܢܗܘܢ. ܘܐܡܪ ܠܗܘܢ ܕܗܟܢܐ[n]

---

[a] + ܥܡ [b] ܘܡܢܬܐ [c] ܕܡܫܡܫܝܢ ܒܡܫܟܢܐ ܕܣܗܕܘܬܐ [d] [ܒܢܝ]
[e] ܟܠ [f] ܠܝܪܬܘܬܐ [g] ܕܒܝܬ [h] ܝܪ̈ܬܘܬܐ [i] + ܘ [j] ܡܥܣܪܐ
[k] ܦܘܪܫܢܟܘܢ [l] ܦܘܪܫܢܐ ܠܡܪܝܐ S. f. 27 b [m] ܠܗ [n] ܗܟܢ

ܡܫܠܡܘܬܗܘܢ. ܘܡܢ ܟܠܗܘܢ ܣܘܟܠܗܘܢ. ܟܠ ܕܡܩܪܒܝܢ ܠܝ
10 ܡܢ ܟܠ[a] ܩܘܕܫܝܐ. ܠܟ ܢܗܘܐ ܘܠܒܢܝܟ ܒܝܬ[b] ܡܩܕܫܐ ܬܐܟܠܘܢܝܗܝ[c].
ܘܟܠ[d] ܕܟܪܐ ܬܐܟܠܘܢܝܗܝ ܐܢܬ ܘܒܢܝܟ. ܩܘܕܫܐ ܢܗܘܐ ܠܟ..
11 ܘܗܠܝܢ ܢܗܘܘܢ ܠܟܘܢ[e] ܦܪܝܫܘܬܐ ܕܡܘܗܒܬܗܘܢ. ܡܢ ܟܠ
ܩܘܪܒܢܐ ܕܒܢܝ ܐܝܣܪܐܝܠ[f]. ܠܟ ܝܗܒܬ ܐܢܘܢ[g]. ܘܠܒܢܝܟ ܘܠܒܢܬܟ
ܥܡܟ ܢܡܘܣܐ ܕܠܥܠܡ[h]. ܟܠ ܕܕܟܐ ܒܒܝܬܟ. ܗܘ ܢܐܟܘܠ ܐܢܘܢ.
12 ܟܠ ܦܪܝܫܘܬܐ ܕܡܫܚܐ ܘܟܠ ܦܪܝܫܘܬܐ ܕܚܡܪܐ ܘܪܝܫܝܬܐ[i] ܕܥܒܘܪܐ
13b ܟܠ ܕܢܬܠܘܢ ܠܡܪܝܐ ܠܟ ܢܗܘܘܢ. ܟܠ ܕܕܟܐ ܒܒܝܬܟ ܗܘ
14, 1 ܢܐܟܘܠ ܡܢܗܘܢ[j]. ܘܟܠ [k]ܚܪܡܐ ܕܦܐܫ[k] ܠܟ ܢܗܘܐ. ܘܟܠ
[l]ܕܦܬܚ ܦܪܥܘܬܗ[l] ܡܢ ܟܠ ܒܣܪ. ܟܠ ܕܡܩܪܒܝܢ ܠܡܪܝܐ ܡܢ
ܒܢܝܢܫܐ ܘܒܥܝܪܐ ܠܒܥܝܪܐ ܕܠܝܟ[m] ܢܗܘܐ. ܒܪܡ ܕܝܢ ܡܦܪܩܘ
ܬܦܪܘܩ. ܒܘܟܪܐ ܕܒܢܝܢܫܐ ܘܒܘܟܪܐ ܕܒܥܝܪܐ ܐܝܠܝܢ ܕܠܐ
16 ܕܟܝܢ ܕܬܦܪܘܩ ܘܦܘܪܩܢܗܘܢ. ܡܢ ܒܪ ܝܪܚܐ ܘܠܥܠ ܬܦܪܘܩ
ܒܟܣܦܐ. ܚܡܫܐ ܡܬܩܠܝܢ ܒܡܬܩܠܐ ܕܩܘܕܫܐ. [n]ܕܗܘܝܢ ܥܣܪܝܢ[n]
17 ܡܬܩܠܝܢ ܕܟܣܦܐ. ܒܪܡ ܕܝܢ ܒܘܟܪܐ ܕܬܘܪܐ [o]ܐܘ ܒܘܟܪܐ[o] ܕܥܢܐ
ܘܕܥܙܐ ܠܐ ܬܦܪܘܩ. ܩܘܕܫܐ ܐܢܘܢ. ܕܡܗܘܢ ܬܙܠܘܦ[p] ܩܕܡ
ܡܕܒܚܐ. ܘܬܪܒܗܘܢ ܬܣܩ ܩܘܪܒܢܐ ܠܪܝܚ ܢܝܚܘܬܐ[q] ܠܡܪܝܐ.
18 ܘܒܣܪܗܘܢ ܢܗܘܐ ܕܝܠܟ. ܘܐܝܟ ܚܕܝܐ ܕܡܘܗܒܬܐ. ܘܐܝܟܢܐ
19 ܕܝܡܝܢܐ ܠܟ ܢܗܘܐ[r]. ܟܠ ܩܘܪܒܢܐ[s] ܕܡܘܗܒܬܐ ܕܢܦܪܫܘܢ ܒܢܝ
ܐܝܣܪܐܝܠ[t] ܠܡܪܝܐ. ܠܟ ܝܗܒܬ ܐܢܘܢ. ܘܠܒܢܝܟ [u]ܐܦ ܠܒܢܬܟ[u]
ܥܡܟ. ܢܡܘܣܐ ܕܠܥܠܡ. ܘܩܝܡܐ ܕܠܥܠܡ ܐܝܬܘܗܝ ܩܕܡ ܡܪܝܐ.

---

a om. ܟܠ   b ܒܒܝܬ   c ܬܐܟܠܘܢܝܗ   d ܟܠ   e ܠܟ   f ܐܝܣܪܝܠ
g ܐܢܬܝ   h ܠܥܠܡ   i ܘܪܫܝܬܐ   j ܡܢܗܘܢ   k ܫܪܟܐ [ܕܦܐܫ] ܕܒܢܝ ܐܝܣܪܐܝܠ
l ܕܦܬܚ ܡܪܒܥܐ   m ܠܟ   n ܕܗܘܝܢ ܥܣܪܝܢ   S. f. 27 a.   Lag. p. 35
o ܘܒܘܟܪܐ   p ܬܐܙܠܘܦ   q ܢܝܚܐ   r ܢܗܘܘܢ   s ܩܘܪܒܢܐ   t ܐܝܣܪܝܠ
u ܘܠܒܢܬܟ

2 ܘܐܢܬ ܘܟܗ̈ܢܝܟ ܬܣܒܘܢ ܣܠܗ̈ܐ[1] ܕܟܗܢܘܬܐ[a]. ܘܠܐܚ̈ܝܢ
ܒܢ̈ܝ ܐܟܦܢ ܥܒܕܬܐ ܕܠܗܘܢ. ܡܢܝ ܠܟܬܢ. ܘܬܬܦܪܢܣܘܢ[b]
ܚܠܝܢ ܘܢܬܦܪܢܣܘܢ.. ܘܐܢܬ ܘܟܗ̈ܢܝܟ ܒܗܘܢ ܬܬܦܪܢܣܘܢ ܡܢ ܗܘ
3 ܡܫܒܚܐ ܗܢܐ ܕܦܘܪܫܢܘܬܐ. ܒܪܡ ܕܝܢ ܠܦܬ ܡ̈ܘܬܪܐ ܕܡܘܕܝܢܐ
ܘܠܦܬ ܡܣܟܢܐ ܠܐ ܢܦܘܩܘܢ ܒܢ̈ܝ ܠܗܘܢ. ܕܠܐ ܢܚܛܘܢ
4 ܦܘܢ ܘܐܢܬܘܢ. ܐܠܐ ܢܬܦܣܩܘܢ ܚܠܝܢ. ܘܢܬܪܒܘܢ
ܢܛܘܪܘܬܗ[c] ܕܡܣܟܢܐ ܕܦܘܪܫܢܘܬܐ. ܐܝܟ ܕܥܠܗ ܬܫܡܫܬܗ ܕܡܣܟܢܐ
5 ܘܢܦܪܫܐ ܠܐ ܢܬܦܪܫ ܠܗܬܢ. ܘܬܬܦܪܫܘܢ ܢܛܘܪܘܬܐ[d] ܗܘܢ[e]
ܕܦܘܪܫܐ ܘܢܛܘܪܘܬܗ[f] ܕܡܣܟܢܐ. ܘܠܐ ܢܗܘܐ ܪܘܓܙܐ ܥܠ ܒܢ̈ܝ
6 ܐܝܣܪܐܝܠ. ܘܐܢܐ ܗܐ ܢܦܩܬ ܠܐܚ̈ܝܟܘܢ ܠܒܢ̈ܝ ܠܘܝ.. ܡܢ ܒܝܬ
ܒܢ̈ܝ ܐܝܣܪܝܠ[g]. ܡܗܝܡܢܘܬܐ ܢܗܒܝܢ[h] ܠܡܪܝܐ ܕܢܫܡܫܘܢ ܬܫܡܫܬܗ
7 ܕܡܫܟܢܐ ܕܦܘܪܫܢܘܬܐ. ܘܐܢܬ ܘܟܗ̈ܢܝܟ ܒܗܘܢ ܬܛܪܘ[2] ܒܟܗܢܘܬܟܘܢ
ܐܝܟ ܕܥܠܗ ܬܫܡܫܬܗ ܕܡܫܟܢܐ. ܘܐܠܗܐ ܕܝܢ ܐܦ ܬܪܥܐ
[i]ܬܫܡܫܘ ܬܫܡܫܬܐ ܕܒܠܥܘܢ[i]. ܐܝܟ ܡܢ ܕܢܡܝܢ ܠܗ ܠܟܗܢܘܬܟܘܢ.
8 ܘܐܢܬܐ[j] ܢܦܪܘܫܐ[j] ܕܡܬܦܪܫ ܡܫܒܚ ܢܡܘܣܐ.. ܘܡܠܠ ܡܢܬܐ ܪܒܐ ܗܘ
[k]ܡܥܫܪܐ ܘܗܘ[k] ܐܦܪܘܢ ܘܐܡܪ. ܗܐ ܝܗܒܬ ܠܟܘܢ ܢܛܘܪܘܬܐ[l]
ܘܬܫܡܫܬܐ[m]. ܡܢ ܟܠܗܘܢ ܕܡܬܦܪܫ ܠܝ ܡܢ ܒܢ̈ܝ ܐܝܣܪܐܝܠ. ܠܟ
ܝܗܒܬ ܐܢܘܢ[n] ܠܡܫܚܬܐ ܘܠܒܢ̈ܝܟ ܡܢ ܒܬܪܟ ܢܡܘܣܐ ܕܠܥܠܡ.
f. 31 a 9 ܘܗܢܐ ܢܗܘܐ ܠܟܘܢ ܡܢ ܟܠ ܩܘܪܒܢܐ ܕܡܬܦܪܫ ܡܢ ܦܐܪ̈ܝܗܘܢ
ܘܡܢ ܩܘܪ̈ܒܢܝܗܘܢ ܘܡܢ ܟܠܗܘܢ ܕܒܢ̈ܝܗܘܢ. ܘܡܢ ܟܠܗܝܢ

---

a ܕܟܗܢܘܬܟܘܢ b ܘܬܬܦܪܢܣܘܢ c ܢܛܘܪ̈ܘܬܗ d ܢܛܘܪ̈ܬܐ e om. ܗܘܢ
f ܘܢܛܘܪ̈ܬܗ g ܐܝܣܪܐܝܠ h ܢܗܒܝܢ S. f. 26 b i ܘܬܫܡܫܘ ܬܫܡܫܬܟܘܢ
j ܘܢܦܪܫܘܢ ܐܢܘܢ k om. ܡܥܫܪܐ ܘܗܘ l ܢܛܘܪ̈ܬܐ m ܕܬܫܡܫܬܐ
n ܐܢܘܢ

---

¹ Cod. om. ܣܠܗ̈ܐ ² Cod. ܛܪ

4 ܗܘܐ ܦܪܨܘܦܗ ܐܬܬܥܝܒ[a]. ܘܠܐ ܐܬܚܫܒ ܒܒ̈ܢܝܢ. ܗܘ ܕܝܢ ܚܛ̈ܗܝܗ
ܥܒܕ[b]. ܘܡܛܠܬܗ ܐܬܬܚܝܒ[c]. ܘܥܠ ܡܫܒܝܢܘܗܝ، ܒܡܚܘܫܐ ܘܡܟܐܒܐ
5 ܘܡܬܕܟܐ. ܗܘ ܕܝܢ ܡܬܡܚܣܢܐ ܡܛܠ ܚܛ̈ܗܝܢ. ܘܡܬܟܪܗ ܡܛܠ
12 ܚܛ̈ܗܝܢ[d]. ܘܡܫܬܘܬܗ ܦܠܝ ܐܬܬܪܫܝܡ[e]. ܘܐܬܩܒ ܐܚܪܢ ܕܢܬܦܠܓܗܐ
ܕܡܫܬܟܚܐ ܗܘ ܥܒܕ. ܘܡܛܠ ܒܗܠܝܢ ܐܬܒܠܠܬ.. ܘܒܕܘܒܪ
ܘܒܟܠܗܘܢ ܒܢ̈ܝܐ ܘܐܦ ܒܐܘܪܚܬܗܘܢ ܒܗܝܢ ܦܪܘܩ ܟܠ ܐܦܝ.
ܚܛ̈ܗܝܢ. ܒܕ ܗܘ ܕܠܐ ܚܛܗܝܢ ܐܢܬܘܢ.. ܡܛܠܬܗܐ ܐܢܫܐ
ܕܐܢܬ ܠܗܘܢ ܕܡܬܟܬܐ ܕܡܫܝܚܐ[f]. ܗܟܢܐ ܐܦ ܐܢܬܘܢ ܗܘܘ
ܕܡܬܟܬܐ ܠܥܡܐ ܕܐܬܝܬ ܐܝܪ̈ܕܢܐ. ܕܐܝܟ[g] ܕܗܘ ܢܥܒܕ ܚܛ̈ܗܝܢ[h][i].
ܠܐ ܚܝܪ ܬܬܒܥܘܢ ܠܗܘܢ ܕܠܒܠܐ ܗܝ، ܘܦܫܝܩܐ[j] ܗܝ،[k] ܡܫܘܕܥܐ
ܕܐܦܝܣܩܘܦܘܬܐ[l]. ܡܛܠܬܗܐ ܐܢܫܐ ܕܠܒܫܐ ܕܟܠܝܢ ܡܓܠܬܗܘܢ.
ܗܟܢܐ ܐܦ ܦܐܪܐ ܕܥܡܠܝܢ ܐܢܬܘܢ ܡܢ ܟܠܗ ܒܟܐ. ܢܗܘܘܢ
f. 30 b ܠܗܘܢ ܠܟܠܗܘܢ ܝܘܡܬܐ. ܐܝܠܝܢ ܕܡܬܟܪܟܝܢ ܠܗܘܢ. ܘܬܪܝܨܘ
ܠܐܝܠܝܢ ܕܢܩܒܪ ܠܗܘܢ ܥܩܒܪ. ܐܝܟ ܐܝܢܐ ܕܢܗܘܝܢ ܡܥܒܕܢܐ
ܠܬܚܘܒܐ. ܗܘ ܕܠܐ ܠܓܒܪܐ ܘܠܐ ܡܬܒܥܪ. ܐܢܫܐ[m] ܕܠܕܘܒܪܬܐ
ܕܐܦܝܣܩܘܦܘܬܐ ܡܬܩܪܒܝܢ ܐܢܬܘܢ. ܘܗܟܢܐ[n] [o] ܡܢ ܕܘܒܪܬܐ
ܕܐܦܝܣܩܘܦܘܬܐ ܘܠܐ ܠܗܘܢ ܕܬܬܪܫܘܢ. ܐܝܟ ܒܗܢܐ
ܘܠܘܝܐ ܘܡܫܡܫܢܐ ܕܦܠܚܝܢ ܩܕܡ ܐܠܗܐ. ܐܝܟ ܕܟܬܝܒ
ܒܩܘܪܒܐ ܕܡܫܟܢܐ. ܕܡܠܠ ܡܪܝܐ ܥܡ ܐܗܪܘܢ ܘܐܡܪ.
ܐܢܬ ܘܒܢܝܟ ܘܒܝܬ ܐܒܘܟ ܬܩܒܠܘܢ ܚܛܗܐ ܕܡܩܕ̈ܫܐ[p]. Numbers xviii. 1

---

a ܐܬܥܝܒ b ܥܒܕܘ c ܡܬܬܚܝܒ d ܚܛܗܝܢ e ܐܬܪܫܝܡ

f ܡܫܝܚܐ g ܘܐܝܟ h ܚܛܗܐ

i + ܗܟܢܐ ܐܦ ܐܢܬܘܢ ܗܘܘ ܢܥܒܕ ܚܛܗܐ ܕܥܡܐ S. f. 26 a

j ܐܘ ܦܫܝܩܐ k om. ܗܝ، l ܕܐܦܝܣܩܘܦܘܬܐ m + ܚܝܪ n om. ܘ

o + ܗܟܢܐ Lag. p. 34 p ܕܡܩܕܫܐ

ܗܢܘܢ ܕܡܫܬܡܠܝܢ ܕܐܢܫܘܬܐ ܡܬܝܕܥܢ ܒܠܚܘܕܝܗܘܢ ܗܘ[a] ܡܬܝܕܥܐ
ܡܫܝܚܐܝܬ. ܐܝܟܢܐ ܕܬܫܡܫܘܢ ܘܠܐ ܬܒܪܘܢ ܢܒܝܗ ܕܐܠܗܐ
ܗܢܘܢ ܕܡܝܬܘܬܗ ܡܫܝܚܐ ܕܐܒܕܢܐ ܐܝܬ ܠܗܘܢ. ܐܝܟܢܐ
ܕܬܫܡܫܘܢ ܒܒܟܝܘܢ. ܐܝܬܝܗܘܢ ܐܢܘܢ ܬܘܒ[b] ܕܡܠܝܢ ܠܗܘܢ
ܡܢ ܐܠܗܐ. ܐܚܪܢܐ ܓܒܐ ܕܠܐ ܡܬܓܫܦ ܘܠܐ ܡܬܚܫܚܐ.
ܘܡܬܓܫܦܢܘܬܐ ܕܠܐ ܡܬܚܫܚܢܐ. ܒܗܘ ܕܡܚܫܢܐ ܓܒܐ. ܒܗ ܬܫܡܫܘܢ
ܥܒܕܝܢ ܠܡܫܝܚܐ ܕܐܠܗܐ. ܠܒܪܬܐ[c] ܡܐܬܘܠܝܩܝ[c]. ܐܝܟܢܐ ܗܟܝܠ
ܕܚܝܐ ܕܟܠܢܫ ܐܝܬܝܗܘܢ ܥܒܝܕܝܢ ܐܝܬܝܗܘܢ. ܗܟܢܐ ܐܦ ܬܫܡܫܬܐ
f. 30a ܕܡܝܬܘܬܐ ܘܕܠܒܘܫܐ ܘܕܐܘܪܚܘܬܐ ܐܢܫܝܬܐ. ܐܝܠܝܢ ܕܡܬܚܫܚܝܢ
ܘܡܬܒܥܝܢܐ[d] ܠܗܘܢ ܕܬܘܩܦܘܢ ܢܦܫܝܢ ܡܢ ܟܠ ܕܒܥܝܢܢ.
ܘܗܟܢܐ ܬܘܒ ܡܚܝܢ ܡܢ ܡܘܗܒܬܐ ܗܠܝܢ ܕܡܬܝܗܒܢ ܠܗܘܢ.
ܡܢ ܚܕܐ ܕܬܫܒܘܚܬܐ ܐܒܪܗܘܢ ܦܘܫܩܘܢ ܡܬܬܪܝܡ ܠܡܫܝܚܝܐ
ܘܠܐܪܡܠܘܬܐ ܘܠܝܬܡܐ. ܘܠܐܝܠܝܢ ܕܣܢܝܩ ܠܗܘܢ[e]. ܡܬܚܙܝܐ ܠܝ
ܓܝܪ[f] ܐܦܝܣܩܘܦܐ ܕܐܝܟܢ ܙܒ ܒܙܒܬܐ ܡܗܝܡܢܐ ܥܠ ܟܠܢܫ
ܢܬܟܠܠ ܠܝ. ܐܝܟܢܐ ܓܝܪ ܕܝܘܩܪܐ[g] ܕܟܠܗܘܢ ܕܬܫܒܘܚܬܐ ܐܝܬܝܟ[h]
ܐܝܬ ܠܟܝܢ ܐܝܬ. ܗܟܢܐ ܘܬܘܒ[i] ܕܒܟܠ ܐܢܫ[j]. ܘܬܘܩܠ[i] ܬܫܡܫܬܐ
ܕܡܬܚܪܘܬܐ[k] ܡܢ ܐܠܗܐ. ܡܬܪܚܡ[l] ܓܝܪ ܐܝܬ ܕܡܥܒܕܢܐ. ܘܐܝܟܢܐ
ܕܗܘ ܣܓܝܐܐ ܕܟܠܢ ܥܒܕ. ܗܟܢܐ ܡܬܚܙܝܐ ܠܝ ܐܦ ܠܝ ܕܣܓܝܐܐ
ܕܟܠܗܘܢ ܐܝܠܝܢ ܕܬܫܒܘܚܬܐ ܐܝܬܝܟ[m] ܬܠܝܢ. ܒܬܘܒ ܓܝܪ ܒܐܝܕܝܐ
Is. liii. 2 ܥܠ ܦܪܘܨܘܦ ܗܟܢܐ. ܕܚܙܝܢܗܝ، ܕܠܝܬ ܗܘܐ ܠܗ ܙܝܘܐ. ܘܠܐ
Is. lii. 14 ܫܘܦܪܐ. ܐܠܐ ܕܡܟܐܪ ܗܘܐ ܚܙܘܗ. ܘܡܡܟܟܢ ܡܢ ܕܒܢܝܢܫܐ.
Is. liii. 3 ܘܕܟܘܪܐ ܗܘ ܕܟܐܒܐ[n]. ܘܝܕܥ ܕܢܣܝܒܠ[o] ܟܘܪܗܢܐ. ܡܛܠ ܕܡܟܝܟ

---

a om. ܗܘ b + ܗܢܘܢ c ܠܒܪܬܗ ܡܐܬܘܠܝܩܐ Lag. p. 33 d ܡܬܒܥܝܢܐ
S. f. 25 b e + ܘܠܐܟܣܢܝܐ f + ܐܘ̄ g ܕܝܘܩܪܐ h ܐܝܬܝܟ i om. ܘ
j ܡܢ ܟܠܢܫ k ܡܬܚܪܘܬܐ l ܡܬܪܚܡܝܢ m + ܐܝܟ n ܕܟܐܒܐ o ܕܢܣܝܒܠ

ܐܝܟܢܐ ܗܟܝܠ ܕܬܘܪܬܐ ܕܦܠܚ ܒܐܪܙܐ ܕܠܐ ܒܠܒܐ. ܐܦܠ ܗܘ ܡܬܒܛܠ. ܐܠܐ ܠܗ ܟܠܗ ܡܬܓܡܪ. ܗܟܢܐ ܐܦ. ܐܢܬܘܢ ܕܦܠܚܝܢ ܐܢܬܘܢ ܒܐܪܙܐ. ܗܢܘ ܕܐܝܬܝܗ̇ ܥܕܬܐ ܕܐܠܗܐ. ܒܝܕܗ̇ ܕܝܢ ܥܕܬܐ ܗܘܝܬܘܢ ܡܬܬܪܣܝܢ. ܐܝܟܢܐ ܕܐܦ ܠܘܝܐ ܗܢܘܢ ܕܡܫܡܫܝܢ ܗܘܘ ܒܡܫܟܢܐ ܕܣܗܕܘܬܐ. ܗܘ ܕܐܝܬܘܗܝ، ܗܘܐ ܕܡܘܬܐ ܕܥܕܬܐ[a]. ܡܛܠ ܕܝܢ ܐܦ[b] ܫܡܗ. ܡܫܟܢܐ ܕܝܢ f. 29 b ܕܣܗܕܘܬܐ ܠܥܕܬܐ ܡܛܠܠ ܗܘܐ ܘܡܨܝܪ[c]. ܠܘܝܐ ܗܟܝܠ ܐܝܠܝܢ ܕܡܫܡܫܝܢ ܗܘܘ[d] ܒܗ. ܒܝܕ ܐܝܠܝܢ ܕܡܬܚܫܒܝܢ ܗܘܘ، ܠܩܘܪܒܢܐ ܕܐܠܗܐ ܡܢ ܟܠܗ ܥܡܐ. ܡܩܘܪܒܢܘܬܐ ܘܦܘܪ̈ܢܣܐ ܘܪ̈ܫܢܘܬܐ ܘܡܣܒ̈ܠܢܐ ܘܕܝ̈ܢܐ ܘܦܘܪ̈ܢܣܐ ܘܡܣ̈ܩܬܐ ܥ̈ܠܡܝܐ. ܒܝܢܝܗܘܢ ܡܬܬܪܣܝܢ ܗܘܘ ܕܠܐ ܚܘܠܛܢܐ. ܗܢܘܢ ܘܢܫܝܗܘܢ ܘܒܢܝܗܘܢ ܘܒܢܬܗܘܢ ܡܛܠ ܕܒܪܕܘܬܗܘܢ ܬܫܡܫܬܐ ܗܘܬ ܕܡܫܟܢܐ ܒܠܚܘܕ. ܡܛܠܗܕܐ[e] ܝܪܬܘܬܐ ܕܐܪܥܐ ܠܐ ܢܣܒܘ ܒܝܬ ܒ̈ܢܝ ܐܝܣܪܝܠ. ܡܛܠ ܕܝܪܬܘܬܗ ܕܠܘܝ ܘܕܫܒܛܗ ܝܪܬܘܬܗ[f] ܐܝܬܝܗ̇ ܕܥܡܐ.. ܐܦ ܐܢܬܘܢ ܗܟܝܠ ܝܘܡܢܐ ܐܘ̈ ܐܦܝܣܩܘܦܐ ܟܗ̈ܢܐ ܐܝܬܝܟܘܢ ܠܥܡܟܘܢ. ܘܠܘܝܐ ܕܡܫܡܫܝܢ ܒܡܫܟܢܗ[g] ܕܐܠܗܐ. ܠܥܕܬܐ ܩܕܝܫܬܐ ܩܐܬܘܠܝܩܝ[h] ܗܢܘܢ ܕܐܡܝܢܝܢ ܩܐܡܝܢ[i] ܩܕܡ ܡܪܝܐ ܐܠܗܐ. ܐܢܬܘܢ ܗܟܝܠ ܐܝܬܝܟܘܢ ܠܥܡܟܘܢ ܟܗ̈ܢܐ ܘܢܒ̈ܝܐ ܘܪ̈ܫܢܐ ܘܡܕܒܪ̈ܢܐ ܘܡ̈ܠܟܐ[j]. ܘܡܨܥ̈ܝܐ ܒܝܬ[k] ܐܠܗܐ ܘܠܡܗܝܡ̈ܢܐ[l]. ܘܡܣܟ̈ܠܢܝܗ ܕܡܠܬܐ. ܘܡܕܪ̈ܫܢܝܗ ܘܟܪ̈ܘܙܐ ܕܟܬ̈ܒܐ ܘܕܦܬ̈ܓܡܘܗܝ ܕܐܠܗܐ. ܘܣܗ̈ܕܐ ܕܨܒܝܢܗ. ܗ̇ܢܘܢ ܕܛܥܢܝܢ ܚܛܗ̈ܐ ܕܟܠܢܫ ܘܡܬܒܥܝܢ ܐܢܬܘܢ. ܘܡܬܒܥܝܢ ܚܠܦ [m]ܟܠ ܐܢܫ[m] ܢܦܫܗ ܐܢܬܘܢ. ܐܢܬܘܢ

[a] + ܒܟܠܡܕܡ [b] + ܗܝ [c] om. ܘ [d] om. ܗܘܘ S. f. 25 a
[e] ܘܡܛܠܗܕܐ [f] ܝܪ̈ܬܘܬܗ [g] ܠܡܫܟܢܐ [h] ܩܬܘܠܝܩܐ [i] ܘܩܝܡܝܢ
[j] ܘܡ̈ܠܟܐ [k] ܒܝܬ [l] ܘܠܡܗܝܡ̈ܢܘܗܝ [m] ܟܠܢܫ

ܕܬܬܒܥ ܕܢܬܒܥ ܒܐܦܝܣܩܘܦܐ[a] ܕܝܠܟܘܢ[b] ܫܘܥܒܕܢܐ ܕܡܕܒܪܢܘܬܐ
f. 29a ܕܪܒܬ ܒܬܘܦܬܐ ܕܐܬܦܩܕܬܘܢ. ܢܗܘܐ ܩܕܝܠ ܗܘܘ ܠܟܘܢ
ܡܬܒܩܝܢ. ܗܝܟܢܐ ܘܠܒܘܫܐ. ܘܡܕܡ ܕܐܠܨܐ ܘܠܐ ܠܒܪ
ܡܢ ܕܗܘܐ ܬܗܘܘܢ ܡܬܦܪܣܝܢ. ܡܢ ܐܝܠܝܢ ܕܐܟܠܝܢ ܐܝܟ ܕܡܢ
ܢܘܟܪܝܘܬܐ. ܐܠܐ ܒܡܫܘܚܬܐ. ܘܠܐ ܬܗܘܘܢ ܚܫܝܡܝܢ ܘܡܬܦܠܓܝܢ
ܡܢ ܐܝܠܝܢ ܕܐܟܠܝܢ ܠܟܘܬܐ. ܗܘܐ ܠܗ ܓܒܪ ܠܦܥܠܐ ܠܡܫܩܠ
ܘܣܟܘܪܬܗ. ܐܝܟ ܕܒ ܟܬܐ ܩܕܝܠ ܠܦܬܐ ܕܐܠܗܐ. ܐܝܠܝܢ
ܕܡܬܦܠܓܝܢ ܘܐܟܠܝܢ ܠܟܘܬܐ. ܫܦܝܪ ܗܘܝܬܘܢ ܡܦܪܢܣܝܢ ܠܗܘܢ ܐܝܟ
ܦܘܩܕܢܐ. ܠܝܬܡܐ ܘܠܐܪܡܠܬܐ ܘܠܐܝܠܝܢ ܕܐܠܝܨܝܢ ܘܠܐܟܣܢܝܐ.
ܐܝܟ ܐܢܫܐ ܕܡܕܒܪܢܘܬܐ[c]. ܕܐܠܗܐ ܐܝܬ ܠܟܘܢ ܕܬܗܒ
ܒܐܦܝܣܩܘܦܝܟܘܢ ܗܘ[d] ܫܘܥܒܕܢܐ[e] ܕܐܫܠܡ ܠܟܘܢ. ܪܒܬ ܒܬܘܦܬܐ ܗܕܐ
ܗܘܝܬܘܢ ܩܕܝܠ ܡܦܠܓܝܢ ܘܝܗܒܝܢ ܠܟܠܗܘܢ ܐܝܠܝܢ ܕܡܣܬܢܩܝܢ
ܠܗܘܢ. ܐܦ ܐܢܬܘܢ ܕܝܢ ܗܘܝܬܘܢ ܡܬܬܪܣܝܢ ܘܚܝܝܢ ܡܢܗܝܢ.
ܡܢ ܐܝܠܝܢ ܕܐܟܠܝܢ ܠܟܘܬܐ. ܘܠܐ ܬܒܠܥܘܢ ܐܢܬܘܢ ܒܠܚܘܕܝܟܘܢ
ܐܠܐ ܫܘܬܦܘ ܒܗܝܢ ܠܐܝܠܝܢ ܕܡܣܬܢܩܝܢ ܠܗܘܢ. ܘܬܗܘܘܢ
ܕܠܐ ܬܘܠܡܬܐ ܠܘܬ ܐܠܗܐ. ܡܛܠ ܕܪܥܝܐ ܠܗܘܢ ܐܠܗܐ
ܠܐܦܝܣܩܘܦܐ ܐܝܠܝܢ ܕܒܠܥܝܢ ܒܠܚܘܕܝܗܘܢ[f] ܘܠܐ ܡܬܦܪܣܝܢ
ܡܢ ܐܝܠܝܢ ܕܐܟܠܝܢ ܠܟܘܬܐ. ܘܠܐ ܡܫܘܬܦܝܢ ܒܗܝܢ ܠܡܣܟܢܐ.
Ezek. xxxiv. 3 ܐܡܪ[g] ܡܪܝܐ[h] ܗܟܢܐ ܠܪܥܘܬܐ ܕܐܟܠܝܢ[i] ܐܟܠܝܢ ܐܢܬܘܢ. ܘܡܢ ܥܡܪܐ
ܠܒܫܝܢ ܐܢܬܘܢ. ܡܬܒܥܐ ܗܘ ܠܟܘܢ[j] ܓܒܪ ܠܐܦܝܣܩܘܦܐ
ܕܢܗܘܘܢ ܒܗ[k] ܡܬܬܪܣܝܢ. ܡܢ ܐܝܠܝܢ ܕܐܟܠܝܢ ܠܟܘܬܐ. ܐܠܐ ܠܐ
Deut. xxv. 4 ܕܬܒܠܥܘܢ ܐܢܬܘܢ. ܟܬܝܒ ܓܝܪ ܕܠܐ ܬܒܠܘܡ ܬܘܪܐ ܕܕܝܫ..

---

[a] ܒܐܦܝܣܩܘܦܝܟܘܢ [b] om. ܕܝܠܟܘܢ [c] ܕܗܢܘܢ ܐܢܬܘܢ S. f. 24 b

[d] om. ܗܘ [e] + ܗܘ [f] + [ܕܒܠܚܘܕܝܗܘܢ] Lag. p. 32 [g] ܘܐܡܪ

[h] om. ܡܪܝܐ [i] om. ܕܐܟܠܝܢ [j] ܠܟܘܢ [k] om. ܒܗ

ܕܦܠܚܝܢ ܢܗܘܘܢ ܐܦܪܥܝܢ ܐܦ ܡܬܦܪܥܝܢ. ܐܦ[a] ܦܪܥܝܢ ܕܡܫܝܚ ܗܘ ܡܢܗܘܢ. ܡܛܠ ܫܘܠܛܢܐ ܕܐܝܬܝܗܘܢ. ܐܠܐ ܢܗܘܘܢ ܢܕܥܝܢ ܕܦܠܚܝܢ ܐܢܘܢ[b] ܕܡܫܝܚܗ ܕܐܠܗܐ. ܕܒܡܫܡܫܢܘܬܐ ܘܒܬܪܥܝܬܐ ܦܬܘܪܐ ܐܦܬܘܕܝ. ܫܘܒܚܐ ܠܐܝܠܝܢ ܕܫܠܡܝܢ. ܐܢܫ ܐܢܫ ܢܒܝܐ ܘܠܐ ܢܕܒܪ ܠܬܪܥܐ. ܘܒܬܪܥܝܬܐ ܕܦܪܫ ܘܒܡܫܡܫܢܘܬܗ ܕܐܠܗܐ ܠܐ ܡܫܡܫ. ܘܬܫܡܫܬܐ ܕܫܘܒܚܐ ܘܬܫܒܘܚܬܐ ܠܐ ܢܕܒܪ. ܒܗ ܒܗܕܐ ܕܠܐ ܢܕܒܪ ܐܚܪ ܠܗ. ܐܝܬ ܗܘܝܠ [c]ܐܦ ܐܦܝܣܩܘܦܐ[c] ܐܝܟ ܕܒܢܝܐ[d] ܡܫܡܫ. ܒܡܫܐ ܕܒܠܐ ܣܘܟܐ ܘܕܫܘܚܐ ܘܡܫܝܚܐ ܒܡܪܥܝܬܐ[e] ܗܘܝܬ ܦܪܩ[f]. ܘܡܕܒܪܐ ܡܪܥܝܬܟ[g]. ܘܠܐܢܫܐ ܕܠܒܝܬܐ ܒܟܠ.[h] ܕܐܡܪ ܡܪܝܐ ܐܠܗܐ ܡܫܠܡ ܡܫܝܚܐ ܡܠܟܝܢ ܘܦܪܘܩ ܠܟܠܐ ܀

Chap. VIII

ܡܠܐܟܘܢ ܕܬܫܒܚܬܐ. [i]ܡܠܟ ܠܗ ܒܪ ܠܗ ܠܐܦܝܣܩܘܦܐ. ܕܠܐ ܢܗܘܐ ܡܬܦܠܫ ܘܡܢ ܟܠܡ ܕܢܐܠܝ ܠܒܪܬܐ. ܐܝܟ ܕܬܦܪܫܐ ܕܡܩܒܠܐ. ܐܠܐ ܒܟܐܢܘܬܐ ܢܬܪܣ ܐܢܝܢ ܠܐܝܠܝܢ ܕܡܣܟܢܝܢ. ܐܝܟ ܪܒ ܒܝܬܐ ܟܐܢܐ ܕܐܠܗܐ. ܘܕܐܦ ܗܘ ܡܩܒܠ ܢܦܠܐ ܡܣܟܢܐ ܕܠܐ ܒܕܠ. ܘܕܢܗܘܐ ܡܢܦܩ ܐܦ ܠܟܠܗܐ. ܕܟܠܢܫ ܐܝܟ ܣܢܩ ܗܘ ܢܬܬܠܘܢ. ܘܢܫܠܡܘܢ ܡܣܟܢܐ ܕܒܪܬܐ. ܡܛܠ ܬܦܪܫܐ ܕܡܩܒܠܐ ܘܡܪܥܝܬܐ ܘܐܪܡܠܬܐ[i]. ܠܐ ܬܗܘܘܢ ܪܫܡܝܢ ܚܡܪܐ ܘܠܐ ܪܘܝܢ[j]. ܘܠܐ ܬܗܘܘܢ ܕܚܝܢ ܦܠܚ. ܘܠܐ ܬܗܘܘܢ ܡܬܦܠܓܝܢ. ܘܠܐ ܡܚܫܒܝܢ ܢܟܠܬܐ ܕܠܐ ܒܕܘܠܐ. [k]ܐܒܚܪ ܕܠܐ ܕܝܠܟܘܢ ܐܠܐ[k] ܐܝܟ ܕܟܝ[l] ܕܝܠܟܘܢ ܬܗܘܘܢ ܡܬܚܫܒܝܢ. ܒܡ ܡܗܝܡܢܘܬܐ ܕܐܠܗܐ. ܐܝܟ ܟܡ[m] ܕܡܢ ܟܠܬܐ ܦܠܓܐ ܕܐܠܗܐ ܡܫܒܚܝܢ ܐܢܬܘܢ. ܗܘ

---

a [ܘܠܐ ܢܗܘܘܢ]   b om. ܐܢܘܢ   c om. ܐܦ ܐܦܝܣܩܘܦܐ   d + ܫܡܫܐ

S. f. 20 a   e ܡܪܥܝܬܗ   f ܦܩܪ   g ܡܪܥܝܬܗ[ܝ]   h + ܐܝܟ

S. f. 24 a.   Lag. p. 31, l. 10

i ܘܗܪܟܐ ܠܬܗܘܢ ܕܐܦܝܣܩܘܦܐ: ܕܐܝܟ ܐܡܝܢܐ ܙܕܩ ܕܬܬܪܥܘܢ

j ܪܘܝܢ   k om. ܐܒܚܪ ܕܠܐ ܕܝܠܟܘܢ ܐܠܐ   l + ܠܐ   m om. ܟܡ

ܘܠܐܘܪܚܐ ܕܬܝܒܘܬܐ ܢܪܕܐ. ܗܘ ܕܝܢ ܠܗܘ ܕܡܠܟ ܐܘ ܕܡܕܡ[a]
ܐܘ ܬܒܥ ܒܥܘܠܗܘܢ، ܘܫܒܩ ܡܢ ܐܘܪܚܐ ܕܟܐܢܘܬܐ ܢܪܕܝܗܘܢ.
ܗܘ ܕܝܢ ܟܕ ܚܛܗܬܐ ܕܡܬܪܢܝܘܬܐ ܐܩܝܡ، ܘܐܚܕ ܠܗ ܡܢ
ܥܝܪܘܬܗ ܘܠܟܠܝܗ، ܐܝܟ ܣܘܥܗ،[b] ܕܐܝܬ ܗܘ ܠܗ ܣܒܪܐ.
ܘܚܘܒܟ ܘܐܬܠܒܟܝܗ،[c] ܐܝܟ ܐܟܠܝܗ،[d] ܠܕܘܬܐ. ܘܠܐܘܪܚܐ ܕܠܒܢܐ
ܐܦܝܗ. ܗܘ ܕܝܢ ܠܗܘ ܕܐܬܚܠܡ ܒܥܘܠܐ. ܘܢܦܫ[e] ܠܒܪ ܐܝܟ
ܕܠܟܐܬܐ. ܠܐ ܬܬܟܢܫ،[f] ܠܒܪ. ܐܠܐ ܐܠܦ ܘܐܪܬܝܗ، ܘܐܦܝܗ[g]
ܘܡܠܝܗ، ܒܡܪܚܒܬܟ[h]. ܗܘ ܕܝܢ ܠܗܘ[i][1] ܕܒܣܘܟܠܐ ܕܥܝܪܘܬܗ
ܦܫܡ ܣܒܪܗ ܘܐܪܦܝ ܢܦܫܗ ܠܐܒܕܢܐ. ܠܐ ܬܬܟܢܫ، ܕܡܠܐܟܬ
ܢܗܘܐ. ܕܠܗܠܐ ܟܕ ܒܫܢܝܐ[j] ܐܘ ܡܗܡܝܢܘܬܐ ܫܠܐܬܐ ܢܕܡܟ
ܘܡܢ[k] ܢܦܘܩ ܕܢܒܥܘܗ ܢܠܒܫ ܚܝܘܗ، ܘܢܬܪܘܡ ܘܢܚܐ ܡܢ
ܡܪܚܒܬܐ[l]. ܗܘ ܕܝܢ ܡܢ ܟܕܘܬܐ. ܘܢܦܩܐ ܠܗ ܒܐܒܕܢܐ. ܟܕ ܠܒܪ
ܢܦܘܩ ܠܗ ܠܒܪ ܡܢ ܕܒܪܐ[m] ܘܢܪܡ ܡܢ ܡܪܚܒܬܐ. [n]ܕܐܒܕܐ
ܢܬܟܠܝܗ،[n] ܟܕ ܠܒܪܐ. ܘܠܡܥܒܪܐܝܬ ܢܬܟܒ ܠܗ. ܐܠܐ ܐܝܟ
ܦܫܕܝܗ،[o] ܘܐܪܬܐ ܘܐܠܦܝܗ، ܘܐܦܝܗ، ܘܦܩܕ ܠܗ ܘܠܟܝܗ،.
f. 28b ܕܢܬܬܚܒܪ ܘܐܘܕܥܝܗ، ܕܐܝܬ ܗܘ[p] ܣܒܪܐ ܘܦܘܩܕ ܗܕܐ ܡܢ
Ezekiel xxxiii. 10 ܬܪܚܡܬܗܘܢ. ܕܠܐ ܢܗܘܘܢ ܐܡܪܝܢ ܐܘ ܦܓܪܝܢ ܗܢ ܕܐܡܪܬܐ ܡܢ
ܡܕܡ ܕܪܘܫܥܢ ܘܚܛܗܝܢ ܥܠܝܢ ܐܝܬܝܗܝܢ ܘܒܗܝܢ ܡܬܡܣܝܢܢ.
ܐܝܟܢܐ ܗܟܝܠ ܡܫܟܚܝܢ ܠܡܚܝܐ. ܠܐ ܓܝܪ ܡܬܨܒܐ ܠܝ[q]

---

[a] ܡܕܡ [b] ܘܢܘܣܝܗ [c] ܘܐܫܠܒܟܝܗ [d] ܘܐܟܠܝܗ S. f. 19b
[e] ܘܢܦܫ [f] ܬܬܟܢܫܘܢ [g] ܘܐܦܝܗ
[h] + ܗܘ ܕܝܢ ܒܟܠܗ ܕܒܕܘܬܐ. ܘܠܐܘܪܚܐ ܕܐܒܕܢܐ ܦܫܕܝܗ [i] ܕܠܗܘ
[j] ܒܗܡܢܘܬܐ [k] ܘܡܠܠ [l] ܡܪܚܒܬܗ [m] + [ܠܒܪܐ ܟܕܘܬܐ]
[n] ܕܐܒܕܐ ܢܬܟܠܝܗ، [o] ܦܫܕܝܗ، [p] + ܠܗ [q] ܠܗܘܢ

---

[1] Cod. ܠܗܘܢ

ܐܕܘܢ[a] ܟܝܬ ܕܒܪܐ ܠܕܒܪܐ ܘܟܝܬ ܢܒܝܐ ܠܢܒܝܐ. ܗܢܘ ܕܝܢ. ܟܝܬ[b] ܐܦܝܣܩܘܦܐ ܠܐܦܝܣܩܘܦܐ. ܘܟܝܬ[c] ܒܪ ܥܠܡܐ ܠܒܪ ܥܠܡܐ[d]. ܕܐܢ ܡܚܐܒ ܒܪ ܥܠܡܐ ܠܒܪ ܥܠܡܐ. ܘܐܢ ܬܘܒ ܡܚܐܒ ܒܪ ܥܠܡܐ ܠܐܦܝܣܩܘܦܐ ܘܡܚܣܕ ܠܗ. ܘܕܚܠ ܦܓܥܗ ܐܝܟ ܕܒܗ ܐܒܐ ܘܡܕܒܪܐ ܘܐܠܗܐ ܟܦܪ ܐܡܝܪ ܥܠ. ܠܐܦܝܣܩܘܦܐ
ܗܘ ܓܝܪ ܐܬܐܡܪ ܒܝܕ ܡܫܝܚܐ. ܕܟܠ ܕܠܟܘܢ ܫܡܥ ܠܝ[e] ܫܡܥ. Luke x. 16 *sic*
ܘܟܠ ܕܠܟܘܢ ܛܠܡ ܠܝ[e] ܛܠܡ. ܘܠܡܢ ܕܫܕܪܢܝ. ܘܬܘܒ ܕܝܢ ܐܝܬܘܗܝ ܕܐܦܝܣܩܘܦܐ ܡܫܚ ܠܒܢ̈ܝ ܥܠܡܐ ܐܝܟ ܕܠ̈ܟܗܢܐ ܘܡܕܒܪܢܐ ܘܡܕܒܪܢܘܬܗ[1] ܠܟܘܢ ܒܡܫܒܚܘܬܐ ܕܫܘܒܚܗ. ܐܝܟ ܕܠܐ̈ܠܗܐ[f] ܕܢܗܘܘܢ ܡܒܝܢܘܢ[g] ܦܘܪ̈ܫܢܐ. ܐܦ ܐܝܟ ܕܠܦܘܪ̈ܫܢܐ ܡܩܒܠ ܘܡܩܪܒܢܐ ܐܝܟ ܕܠܡܪܒܝܬܐ ܕܦܪܝܫܬܐ ܕܓܒܐ. [h]ܐܘ̈ ܐܦܝܣܩܘܦܐ[h] ܠܟܠܢܫ[i] ܦܩܘܕ
ܡܠܟ ܘܡܕܒܪܬܐ. ܘܠܐܢܫܝܢ ܕܫܐܠܘܢ ܠܫܐܠܬܐ ܦܩܘܕ ܫܐܠܐ ܒܗܘܢ f. 28 a
ܘܦܩܘܕ ܡܣܪܒ ܠܗܘܢ[j]. ܐܝܟ ܕܠܦܘܠܚܢܐ ܕܝܢ ܘܠܐ ܐܝܟ ܕܠܐܟ̈ܪܝܐ. ܘܦܩܘܕ ܡܕܒܪܬܐ ܐܝܟ ܕܠܡܕܒܪܢܘܬܐ ܘܡܫܡܫܘܢ ܠܗܘܢ. ܐܝܟ ܕܬܬܦܪܢܣܘܢ ܘܬܫܡܫܐ ܠܗܘܢ[j]. ܐܦܪܢܣܘܬܗܘܢ. ܘܬܬܬܡܘܢ ܕܡܕܒܪܢܐ ܕܢܦ̈ܫܗܘܢ[k]. ܘܠܐܢ̈ܫܐ[l] ܕܝܠܝܕܐ ܕܟܪ. ܗܢܘ ܕܝܢ ܠܐܢܫܐ ܕܡܫܪܪ ܒܡܫܡܫܢܘܬܐ ܘܡܗܝܡܢܐܝܬ ܕܟܪ. ܘܠܡܫܡܫܐ ܟܠܗ ܒܫܠܡܐ ܬܗܘܐ ܪܒܐ. ܘܠܐܢ̈ܫܐ ܕܡܫܡܠܝܐ ܬܗܘܐ ܡܫܝܚ. ܗܢܘ ܕܝܢ ܠܗܘ ܕܡܬܝܩܐ. ܥܪ̈ܩܗ ܒܝܕ ܡܬܪܢܝܘܬܐ. ܘܠܐܢ̈ܫܐ ܕܒܪܝܫܗ ܐܫܠܡ. ܗܢܘ ܕܝܢ ܠܗܘ[m] ܕܒܪܝܫܗ ܒܫܠܡܘܬܐ ܕܗܝܡ̅[n] ܒܝܕ ܫܘܠܛܢܐ ܐܫܠܡܗ.

[a] ܕܐܕܘܢ [b] ܟܝܬ [c] ܘܟܝܬ [d] + [ܒܠܚܘܕܝܐ] S. f. 19 a [e] + ܗܘ
[f] ܕܠܐ̈ܠܗܐ [g] ܡܒܝܢܝܢ [h] om. ܐܘ̈ ܐܦܝܣܩܘܦܐ [i] + ܡܟܝܠ
[j] om. ܠܗܘܢ [k] + ܕܒܟܠܡܐ [l] ܠܐܢܫܐ Lag. p. 25 [m] ܘܠܗܘ
[n] ܕܗܝܡܢܘܬܗ

[1] Cod. ܘܡܕܒܪܢܘܬܐ

ܕܡܫܬܥܒܕܝܢ ܗܘܝܬܘܢ ܠܗܘܢ ܒܥܒ̈ܕܝܗܘܢ ܘܒܫܘܥ̈ܒܕܝܗܘܢ.
ܘܒܡܪ̈ܕܘܬܗܘܢ ܡܕܘܪܝܢ ܗܘܝܬܘܢ ܠܗܘܢ. ܠܟܠܗܘܢ ܒܘ̈ܟܪܝܬܐ ܕܡܨܪܝܐ
22 ܕܒܥ̈ܝܪܘܬܗܘܢ ܐܢܬܝܢ ܠܒܪ. ܘܐܦܪܩܢܟܘܢ ܠܟܘܢ[a]. ܘܠܐ ܬܘܒ ܬܗܘܐ
f. 27 b 23 ܠܓܒܬܐ. ܘܐܚܪܘܢ ܒܝܬ ܢܦܫܐ ܠܢܦܫܐ. ܘܐܘܒܕ ܟܠܗܘܢ ܒܝܡܐ.
24 ܘܐܘܒܕ[b] ܚܝܠܗ، ܕܦܪܥܘܢ[c] ܘܪܟܫܐ ܒܡܝ̈ܬܘܗܝ. ܐܢܐ ܡܪܝܐ ܐܦܪܩܬ.
25 ܘܐܘܒܕ ܠܗܘܢ ܡܢܗܘܢ ܕܥܠܡܐ. ܘܐܦܠܠ ܫܘܬܐ ܕܒܝ̈ܫܬܐ ܥܡ
ܐܪܥܐ. ܘܢܦܩܬܘܢ ܒܡܕܒܪܐ ܬܡܠܐܟܬ. ܘܥܒܪܬܘܢ ܒܝܒܫܐ[d].
26 ܘܐܬܠ ܠܗܘܢ ܣܬܪ ܠܦܬܝ[e] ܒܦܪ̈ܚܬܐ. ܘܐܝܟ ܓܠܐܝܐ ܕܢܩܫܗ
27 ܘܢܘܗܪܐ ܓܠܝܐ ܕܒܦܪ̈ܚܬܐ[f]. ܘܢܛܠܠ ܐܢܫܐ ܕܒܪܐ[g] ܘܐܪ̈ܚܝܗܘܢ.
ܘܐܪܒܐ ܬܛܠܠ ܛܠܠܬܗ. ܘܢܦܩܬܘܢ ܒܐܪܚܗܘܢ ܬܡܠܐܟܬ.
ܘܝܗܒ ܕܐܢܐ ܐܢܐ ܡܪܝܐ. ܕܐ ܐܦܩܬܟ[h] ܫܒܩܐ ܕܢܦܪܘܢ.
28 ܘܐܦܪܩ ܐܢܘܢ. ܥܡ ܐܢܫܐ ܕܡܫܬܒܕܝܢ ܗܘܘ. ܘܠܐ ܬܘܒ
ܢܗܘܘܢ ܠܓܒܬܐ[i]. ܘܡܠܐ[j] ܬܐܟܘܠ ܐܢܘܢ ܫܒܥܬ ܒܪܐ[j]. ܐܠܐ[l]
29 ܕܢܦܪܘܢ ܬܡܠܐܟܬ. ܘܠܝܬ ܕܡܚܝܠ ܠܗܘܢ ܘܐܘܒܕ ܠܗܘܢ
ܢܦܩܬܐ ܠܥܡܠܐ[k]. ܕܠܐ[l] ܬܘܒ ܢܡܠܘܢ ܒܗܘܬܬܐ ܕܡܬܥܒܕܐ.
30 ܘܝܗܒ ܕܐܢܐ ܐܢܐ ܡܪܝܐ ܐܠܗܘܢ[2] ܒܡܨܥܬܗܘܢ. ܘܗܘܝܘܢ[m]
ܒܡܕܐ ܕܠܐ ܕܒܝܬ ܐܝܣܪܝܠ. ܐܡܪ ܡܪܝܐ ܐܠܗܘܢ[n].. ܥܒܕܘ
ܗܢܘܢ ܐܦܩܘܦܐ ܘܥܒܕܘ ܒܢܝ ܟܠܗܘܢ ܕܐܝܟܢܐ ܐܡܪ[o] ܡܪܝܐ.

---

[a] ܠܒܪ̈ܝ

S. f. 18 b. Lag. p. 24 [b] + ܫܢ. ܘܢܦܩܬܘܢ ܐܝܟ ܗܘܐ ܢܗܘܐ ܠܗܘܢ ܪܒܥܐ.

[c] + ܠܗܘܢ [d] ܒܝܒܫܐ [e] ܠܦܬܝ [f] ܕܒܦܪ̈ܚܬܐ [g] ܕܒܪܐ [h] ܐܦܩܬܟ

[i] + ܠܥܒܕܘܬܐ [j] ܘܢܦܩܬܘܢ ܕܒܪܐ ܠܐ ܬܘܒ ܬܐܟܘܠ ܐܝܟ

[k] + ܒܥܒܕܐ ܘܒܡܩܝܡܐ ܕܡܪܝܐ ܢܗܘܘܢ ܬܘܒ ܠܐ ܕܠܐ [l] ܘܠܐ [m] + ܐܝܟ

[n] + ܐܡܪ ܐܠܗܘܢ ܐܝܟܢܐ. ܒܢܝܫܐ ܐܝܟܢ. ܒܢܝ ܟܠܗ ܕܐܝܟܢܐ ܘܐܦܩܬܝ

[o] ܐܡܪ ܡܪܝܐ ܐܠܗܘܢ ܀

---

[1] Cod. ܘܠܐ [2] Cod. ܐܠܗܘܢ

ܘܠܐ ܬܗܘܢ ܪܥܝܢ ܪ̈ܥܘܬܐ ܢܦܫܗܘܢ. ܐܠܐ ܐܦܪܘܩ ܥܢܝ
11 ܡܢ ܦܘܡܗܘܢ[a]. ܘܠܐ[b] ܬܗܘܐ ܠܗܘܢ ܠܡܐܟܘܠܬܐ[c]. ܡܛܠ
ܕܗܟܢܐ ܐܡܪ ܡܪܝܐ ܐܕܘܢܝ. ܡܛܠܗܢܐ ܗܐ ܐܢܐ ܐܦܩܘܕ
12 ܥܢܝ[d] ܘܐܦܩܕܝܢܘܢ[e]. ܐܝܟ ܕܡܦܩܕ ܪܥܝܐ ܠܥܢܗ ܒܝܘܡܐ ܕܐܒܕܐ. ܒܓ
ܐܝܬܘ̄ ܒܝܢܬܗܘܢ. ܗܟܢܐ ܐܣܥܘܪ ܥܢܝ ܘܐܦܨܝܢܘܢ[f]. ܡܢ ܟܠ
13 ܐܬܪ̈ܘܬܐ ܕܐܬܒܕܪܘ[g] ܬܡܢ. ܒܝܘܡܐ ܕܥܢܢܐ ܘܕܥܪܦܠܐ. ܘܐܦܩ
ܐܢܘܢ ܡܢ ܥܡ̈ܡܝܐ. ܘܐܟܢܫ ܐܢܘܢ ܡܢ ܐܪ̈ܥܬܐ ܘܐܥܠ
ܐܢܘܢ ܠܐܪܥܗܘܢ. ܘܐܪܥܐ ܐܢܘܢ ܒܛܘܪ̈ܝܐ ܕܐܝܣܪܐܝܠ.
14 ܘܒܟܠ ܫܘܟܬܐ ܕܐܪܥܐ. ܒܪܥܝܐ[h] ܛܒܐ ܘܡܫܡܢܐ ܐܪܥܐ
ܐܢܘܢ. [i]ܘܥܠ ܛܘܪ̈ܐ[i] ܕܡܪܘܡܗ ܕܐܝܣܪܐܝܠ. ܬܗܘܐ ܬܫܒܘܚܬܐ
ܕܐܢܝܚܘܬܗܘܢ. ܘܬܡܢ[j] ܢܫܬܪܘܢ[k] ܒܡܫܪܝܐ ܛܒܐ. ܘܒܪܥܝܐ
15 ܡܫܡܢܐ ܢܪܥܘܢ ܒܛܘܪ̈ܝܐ ܕܐܝܣܪܐܝܠ. ܐܢܐ ܐܪܥܐ ܥܢܝ[d].
16 ܘܐܢܐ ܐܪ̈ܒܥ[l] ܐܢܘܢ ܐܡܪ ܡܪܝܐ ܐܕܘܢܝ. ܕܐܒܝܕܐ ܐܦܩܘܕ.
ܘܕܛܠܝܥܐ ܐܦܢܐ. [m]ܘܗܘܢ ܕܬܒܝܪܐ[m] ܐܚܒܘܫ.. ܘܕܟܪܝܗܐ ܐܚܝܠ.
17 ܘܕܫܡܝܢܐ ܘܥܫܝܢܐ ܐܢܛܪ[n]. ܘܐܪܥܐ ܐܢܘܢ ܒܕܝܢܐ.. ܘܐܢܬܘܢ ܥܢܝ[d]
ܥ̈ܢܐ[o] ܕܡܪܥܝܬܝ. ܗܟܢܐ ܐܡܪ ܡܪܝܐ ܐܕܘܢܝ. ܗܐ[p] ܕܐܢ ܐܢܐ
18 ܒܝܬ ܢܩܝܐ ܠܢܩܝܐ. ܘܒܝܬ ܕܟܪܐ ܠܕܟܪܐ. ܕܠܡܐ ܙܥܘܪܐ ܗܘ
ܠܟܘܢ ܗܕܐ ܕܪܥܝܢܐ ܠܛܒܐ ܘܡܫܡܢܐ ܪܥܝܬܘܢ[q]. ܘܫܪܟܐ
19 ܕܪܥܝܟܘܢ ܕܪܦܣܬܘܢ[r] ܒܪ[s] ܪ̈ܓܠܝܟܘܢ[s]. ܘܡܝ̈ܐ[t] ܨܠܝܠܝܢ ܫܬܘ. ܕܘܫܐ
20 ܕܪ̈ܓܠܝܟܘܢ.. ܡܛܠܗܢܐ ܗܟܢܐ ܐܡܪ ܡܪܝܐ ܐܕܘܢܝ. ܗܐ ܐܢܐ
21 ܕܐܢ ܐܢܐ ܒܝܬ ܢܩܝܐ ܠܢܩܝܐ. ܘܒܝܬ ܐܢܠܝܢ ܕܡܬܒܫܝܢ. ܡܛܠ

---

[a] ܐܡܪ̈ܥܝܗܘܢ [b] + ܬܘܒ [c] ܠܡܐܟܘܠܬܐ [d] ܥ̈ܢܝ S. f. 18a

[e] ܘܐܣܥܘܪ ܐܢܘܢ [f] ܘܐܦܨܝ ܐܢܘܢ [g] ܕܐܬܒܕܪܘ [h] ܘܒܪܥܝܐ [i] ܘܠܛܘܪ̈ܐ

[j] ܬܡܢ [k] [ܢܫܬܪܘܢ] [l] ܐܪ̈ܒܥ [m] ܘܕܬܒܝܪܐ [n] ܐܢܛܪ [o] ܥܢܐ

[p] + ܐܢܐ [q] ܪܥܝܬܘܢ ܐܢܬܘܢ [r] ܕܫܠܝܬܘܢ ܐܢܬܘܢ [s] ܒܪ̈ܓܠܝܟܘܢ [t] ܘܡܝ̈ܐ

ܘܫܒܩ ܠܗܘܢ. ܗܘ ܕܝܢ ܩܐܡ ܠܘܬܗ̇. ܫܐܠܗ̇ ܘܐܡܪ ܠܗ̇
ܚܝܒܘܟܝ ܩܫܝܫܐ ܒܪܬܝ. ܐܡܪܐ ܠܗ ܗܝ ܠܐ ܡܪܝܐ. ܘܐܡܪ ܦܘܩܝ[a].
(John viii. 11) ܐܦ [b]ܠܐ ܬܘܒ ܬܗܘܝܢ ܠܚܛܗܐ ܗܢܐ[b]. ܘܐܦܠܐ[c] ܐܢܐ ܡܚܝܒ
ܐܢܐ ܠܟܝ.. ܒܗܢܐ ܗܟܝܠ ܦܘܩܝ ܘܡܠܟܝ ܘܐܠܗܘܢ̈. ܢܗܘܐ ܠܟܘܢ̈
ܢܒܥܐ ܐܘ̄ ܐܦܝܣܩܘܦܐ [d]ܘܐܬܕܒܪܘ ܒܗ[d]. ܕܬܗܘܘܢ ܢܝܚܐ[e] ܘܡܟܝܟܐ
ܘܡܪ̈ܚܡܢܐ ܘܡܪ̈ܚܡܢܐ. ܘܥܒܕ̈ܝ ܫܠܡܐ ܘܕܠܐ ܪܘܓܙܐ. ܘܡ̈ܠܦܢܐ
ܘܡܬܒ̈ܝܢܐ. ܘܡܬܟܫ̈ܦܢܐ ܘܡܦܝ̈ܣܢܐ. ܘܠܐ ܬܗܘܘܢ ܚܬ̈ܝܪܝܢ. ܘܠܐ
ܬܗܘܘܢ[f] ܪ̈ܛܘܢܝܢ[g]. ܘܠܐ[h] ܡܚܪ̈ܝܢܝܢ ܘܠܐ ܪ̈ܡܝܢ ܘܠܐ ܥܫ̈ܝܢܝܢ:
(Chap. VII) [i]ܡܫܠܐܘܢ ܕܫܒܚܐ. ܬܗܘܘܢ ܡܠܦܢܘܬܐ ܦܬܝܟܬܐ ܠܘܬܗ ܕܝܠܗ
ܕܐܦܝܣܩܘܦܐ. ܕܢܣܒܠܬܐ ܦܫܝܩܬܐ ܢܐܦܟ ܕܡܕܒܪܢܘܬܗ.
ܘܢܬܪܐ ܐܢܘܢ ܘܢܠܦ. ܘܢܠܦ ܐܢܘܢ ܕܠܐ ܢܫܡܥܘܢ ܗܕܪܐ
ܟܠ ܢܦܫܗܘܢ ܒܗ ܢܬܠܝܢ. ܘܠܡܚܒܐ ܪܒܐ ܠܐܝܠܝܢ ܕܐܢܚܝܢ ܘܩܢܝܢ
ܬܢܚܝܢ. ܘܣܘܢܩܐ ܪܒܐ ܟܠ ܐܦܝܣܩܘܦܐ. ܕܠܐ ܡܗܡܠ ܠܐܝܠܝܢ
ܕܬܢܚܝܢ. ܘܡܘܣܪܐ ܬܘܒ ܠܘܬܗ ܕܢܗܘܐ ܐܝܬܘܗܝ. ܢܝܚܐ ܘܡܟܝܟܐ
(Ezek. xxxiv. 7) ܠܘܬ ܟܠ ܒܢ̈ܝ ܥܡܗ. ܘܠܐ ܗܘܐ ܩܫܝܐ ܘܣܒܬܢܐ[i]: ܡܛܠܗܢܐ ܪ̈ܥܘܬܐ
ܫܡܥܘ[1] ܡܠܬܗ ܕܡܪܝܐ ܐܠܗܐ. ܚܠܦ ܕܗܘܬ ܥܢܝ ܠܒܙܬܐ 8
ܘܠܡܐܟܘܠܬܐ. ܠܟܠܗ̇ ܚܝܘܬܐ ܕܕܒܪܐ ܡܢ ܕܠܝܬ ܪܥܝܐ. ܘܠܐ
ܒܥܘ ܪ̈ܥܘܬܐ ܠܥܢܝ[k]. ܐܠܐ ܪܥܘ ܪ̈ܥܘܬܐ ܢܦ̈ܫܗܘܢ[l]. ܘܥܢܝ[m] ܠܐ
(f. 27 a) ܪܥܘ ܪ̈ܥܘܬܐ. ܡܛܠ ܗܢܐ ܪ̈ܥܘܬܐ ܫܡܥܘ[1] ܡܠܬܗ ܕܡܪܝܐ. 9
ܗܟܢܐ ܐܡܪ ܡܪܝܐ ܐܠܗܐ. ܗܐ ܐܢܐ ܥܠ ܪ̈ܥܘܬܐ ܘܐܦܩܘܕ 10
ܥܢܝ[j] ܡܐܝܕܝܗܘܢ[n]. ܘܐܒܛܠ ܐܢܘܢ ܕܠܐ ܢܪܥܘܢ ܠܥܢܝ.

---

[a] ܠܗ̇ [b] om. ܠܐ .... ܗܢܐ [c] ܐܦܠܐ [d] ܘܒܗ ܐܬܕܒܪܘ [e] ܢܝ̈ܚܐ [f] om. ܬܗܘܘܢ [g] ܪܛܘܢܝܢ [h] + ܬܗܘܘܢ [i] om. ܡܫܠܐܘܢ..... ܘܣܒܬܢܐ Lag. p. 23, l 5 [j] ܥܢ̈ܝ [k] ܠܥܢ̈ܝ [l] ܢܦ̈ܫܗܘܢ [m] ܘܥܢ̈ܝ [n] ܡܐܝ̈ܕܝܗܘܢ

---

[1] Cod. ܫܡܥܘ

ܫܡܫܬܘܢ ܒܢ̈ܝܐ ܚܠܝ̈ܡܐ. ܐܢܝܢܐ[a] ܦܠܝܣ ܡܪܝܐ ܠܬܘ̈ܒܬܐ
ܒܥ̈ܬܐ[b] ܘܡܢܝ̈ܐܬ. ܘܡܛܠ ܕܕܝܢܐ. ܘܗܕܐ ܗ̇ܝ ܥܒܕ ܠܗ ܐܠܗܐ.
ܘܗܕܐ ܗ̇ܝ ܠܗ ܣܓܝܐܐ ܕܒܢܝ ܡܢ ܕܣܝܡܬ ܒܬܘ̈ܒܬܐ. ܡܢܕܡ ܐܬܘܪܐ
ܠܬܘܒܬܐ ܢܨܒܬ ܗܘ. ܒܠ ܐܢܫܐ ܕܝܢ ܕܐܡܪ. ܕܠܝܬ ܬܘܒܬܐ ܢܦܩܘܢ
ܠܒ. ܗܕܐ ܐܡܠܝܢ ܒܝܢܝܗ ܗܦܟܐ[c] ܕܠܒܐ. ܫܒܩܐ ܐܡܪ ܡܪܝܐ.
ܕܐܦܩܘܬ ܐܝܟ ܒܠܗܘܢ. ܘܢܗܘܐ ܠܬܘܒܐ ܘܠܚܬܠܐ. ܡܛܠ[d]
ܐܡܪ ܗܘ ܒܢ ܡܪܝܐ ܗܕܐ ܐܬܒܥܝ ܗܘܐ ܬܘܒܬܐ ܕܚܛܝ̈[e] ܢܥܒܕܘܢ
ܘܐܡܪ. ܕܐܝܟ ܡܢ ܠܠܘܬܗ ܦܬܝܚ ܐܘܪܚܐ ܗܘܐ. ܘܒܥܒܘܕܘܬܗ ܗ̇ܝ.
ܘܐܦ ܐܢܐ ܫܡܥܐ ܡܬܘܒܐ ܐܝܟܐ ܒܢ̈ܝ ܬܘܒܬܐ[f] ܕܠܘܩܒ. ܘܠܚܛܝܬܐ
ܬܐܡܪ ܐܝܟܐ ܠܗܘܢ ܡܪܝܐ. ܘܗܟܢ ܕܝܢ ܗܘܐ ܡܪܝܐ. ܘܐܡܛܠ[g]
ܬܬܘܒܘܢ ܥܡܝ ܒܠܒܟܘܢ. [h]ܡܬܟܢܫܝܢ ܐܦܩܘܗ[h] ܡܪܝܐ ܐܠܗܐ[i]
ܡܢ ܐܘܪܚܐ ܠܬܘܒܬܐ.. ܐܙܕܗܪܘ ܫܡܥܘ ܐܢܫܝܢ ܕܗܠܝܢ ܗܝܡܢܘܬܐ
ܐܢܫܝܢ. ܕܗܠܝܢ ܐܝܟ ܡܢܝܢ ܢܣܒܘܢ ܒܠܒܗ ܡܫܝܚܘܬܗ
ܕܐܡܪܝܢ [j]ܒܢ ܡܪܝܐ[j]. ܘܐܝܟ ܕܒܟܠ ܘܠܐܬܝܐܬ[k]. ܡܬܟܢܫܝܢ[l] f. 26 b
ܐܦ ܐܦܝܣܩܘܦܐ ܗܘܝܬ ܡܛܠ ܗܢܐ ܕܡܫܝܚܐ ܐܝܬ ܒܫܠܝܐ
ܠܐܢܫܝܢ ܕܠܐ ܝܕܥܘ. ܕܢܗܘܘܢ ܕܠܐ [1]ܢܚܛܘܢ. ܘܠܐܢܫܝܢ
ܕܬܢܝܢ ܡܢ[1] ܚܛܗܐ. ܗܘܝܬ ܡܐܣܝܐ ܘܡܩܒܠ. ܐܝܟܢ
ܠܐܢܫܐ ܕܬܐܡܪ ܠܐ ܬܩܒܠ. ܡܛܠ ܕܐܝܬܝܟ ܕܠܐ ܕܝܢܐ.
ܬܚܛܐ ܒܡܪܝܐ ܐܠܗܐ ܡܛܠ ܕܠܐ ܡܬܬܦܝܣ[m] ܐܝܬ ܠܦܪܘܩ
ܘܐܠܗܢ. ܕܬܗܘܐ ܐܝܟ ܕܗܕܐ ܕܐܦ[n] ܗܘ ܠܗܢ ܐܝܬܘܬܐ[o] ܕܚܛܝܬ.
ܗܢ ܕܐܦܝܣܩܘܦܐ[p] ܡܫܝܚܐ ܡܕܡܘܗܝ، ܘܫܡܥܘܗܝ، ܠܕܝܢܐ ܒܐܝ̈ܕܘܗܝ،

---

a ܕܐܡܢܐ b ܒܥܐܬܐ c ܗܦܟܐ d + ܕܐܦ e ܕܚܛܝ̈
f ܒܟܠ ܬܘ̈ܒܬܐ g ܐܡܛܠ h ܡܛܠ ܕܐܦܩܘܗ i + ܒܟܠ
j om. ܒܢ ܡܪܝܐ k ܘܠܐܬܝܐܬ l + ܗܟܠ Lag. p. 31 m ܡܬܬܦܝܣ
S. f. 24 a n ܐܦ o om. ܐܝܬܘܬܐ p ܕܐܦܝܣܩܘܦܐ

---

[1] Cod. om.

ܐܝܟ ܡܬܦܪܫ ܐܝܟܐ. ܕܗܘܐ ܐܫܟܚ ܐܝܟܐ ܘܡܚܒܒ ܐܝܟܐ ܒܫܘܦܪܐ ܕܐܫܘ̈ܪܐ ܕܦܬܘܠܐ ܐܝܟ ܕܠܐ ܐܝܬ ܢܝܚ ܠܟܠ. ܐܦܠܐ ܠܒܪ ܓܘܐ ܐܝܟܐ ܕܐܝܬ ܚܝ̈ܠܐ ܘܐܫܘܢܐ ܙܘܥܐ ܗܘ ܕܡܚܒܠܐ. ܡܛܠ ܦܓܪܐܘܬ[a] ܙܘܓܐ[a]. ܡܛܠ ܕܚܒܝܒܬ ܒܝ̈ܫܬܐ ܡܢܟܝܢ. ܘܐܪܓܪܬ ܠܣܒܬܢ. ܘܐܘܚܕܬ ܒܬܪܐ ܘܐܦܠܓܬ ܠܦܩ̈ܕܬܐ. ܘܗܝܕܝܢ ܗܘܐ ܚܐܦ[b] ܒܦܪ̈ܕܗ، ܕܠܓܪ ܡܢܟܝܢ. ܘܟܠܐ ܐܝܟܐ ܡܢ ܒܫܡܚܬܢ. ܫܦܪܬ ܡܢܝܐ܀ ܫܦܪܬ. ܡܛܠ[c] ܕܡܢ ܐܝܟܐ ܫܦܪ̈ܗ، ܡܬܚܒܒ ܐܝܟܐ ܡܢܟܝܢ. ܢܚܘܡ ܠܝ ܡܢܝܐ܀. ܘܠܐ ܬܘܕܝܢ[d] ܒܡ ܣܘܠܬ̈ܐ. ܘܠܐ ܠܟܠܡ ܬܪܓܝ ܒܠܝ. ܘܫܦܪ ܠܝ ܒܝ̈ܫܬܐ. ܘܠܐ ܬܣܒܝ ܘܬܦܢܝ

f. 26 a

ܒܬܫܬܘܬܗ ܕܐܪܒܐ. ܐܝܬ ܗܘ ܓܒܪ ܐܠܗܐ ܕܬܒ̈ܥܐ. ܐܦ ܒܝ ܗܒܠ [e]ܥܘܐ ܡܢܪ[e] ܠܦܩܘܕܬܢ. ܕܒܪ ܠܐ ܓܘܐ ܐܝܟܐ ܦܪܘ ܐܝܬ ܠܝ. ܐܝܟ[f] ܕܫܒܩܢ. ܘܡܫܠܡܢܐ ܐܓܥܠܢ ܒܟܠܒܡ܀ ܘܒܟܠܗܘܢ ܡܥܬ̈ܐ ܕܫܢܝ. ܡܛܠ ܕܠܝ ܡܓܥܠܢ ܟܠ[g] ܫܠܘܬܐ ܕܚܒܠܐ. ܘܠܝ ܡܢܒܥܡ ܠܟܠܡܟܠܡܝܢ܀ ܘܡܚܒܪ ܡܢܝܐ ܒܟܠܗ ܕܡܢܝܐ ܘܐܬܦܫܩ ܒܠܗ، ܘܗܘܬ ܒܠܗ، ܫܠܡܘܬܐ ܕܦܘܪܐ ܘܐܬܦܫܪܘ ܘܐܬܦܪܩܘ ܟܠܗܘܢ ܦܬܘ̈ܠܐ [h]ܕܒܗܘܢ ܐܫܟܚ ܗܘܐ[h]. ܘܦܩܕ[i]، ܡܢܝܐ ܠܡܢܝܐ ܡܢ ܐܦܝܢܘܗ، ܘܐܬܦܫܩܘ ܠܐܘܪܚܐ ܒܠ ܡܠܒܘܬܗ. ܘܒܥܕ ܡܢܝܐ ܠܡܢܝܐ ܘܐܡܪ ܕܗܘܘ[j] ܐܠܗܐ ܒܠܫܘܢܗܘܢ،[k] ܡܢ ܟܠܗ ܠܒܗ ܘܡܢ ܟܠܗ ܢܦܫܗ ܟܠܗܘܢ ܡܥܬ̈ܐ ܕܫܢܝܗܘܢ، ܘܐܬܦܫܩ ܘܙܒܢܐ ܘܥܒܕ ܒܡ ܐܒ̈ܗܘܗܝ، ܘܐܬܓܠܝ ܐܝܟܢ[l][1] ܒܢܘܗ ܟܬܪܗ܀

a ܣܘܡܟܐܐ ܕܚܕܒܫܒܬܐ ܕܪ̈ܘܫܡܐ   b + ܐܝܟܐ   Lag. p. 30

c ܘܡܛܠ   d ܬܘܕܝܢ   e ܡܢܪ ܒܢܘܐ   f + ܣܘܡܟܐܐ   g ܒܠܗܘܢ

h ܫܝܘܢ ܕܐܝܬ ܗܘܘ ܒܠܗܘܢ   i ܘܦܩܕܘܗ   S. f. 23 b   j + ܡܢܝܐ

k + ܘܒܠܒ ܠܡܢܝܐ ܒܠܫܘܢܗܘܢ.   l om. ܐܝܟܢ

[1] Cod. ܐܝܟܢ

ܘܡܬܝܗܒ ܗܘܐ ܠܗ ܠܚܡܐ ܕܦ̈ܬܐ ܒܡܬܘܡܠܐ. ܘܡ̈ܝܐ ܒܗ
ܚܠܝܛܝܢ ܒܚܠܐ ܡܠܒܕ. ܐܝܟ ܕܢܗܘܐ ܚܝ ܘܐܠܝܨ ܘܡܬܫܢܩ
ܡܥܩܐܝܬ. ܘܟܕ ܐܬܐܠܨ[a] ܛܒ[b] ܒܥܐ ܐܦ̈ܘܗܝ ܕܡܪܝܐ ܐܠܗܗ 2 Chron. xxxiii. 12
ܘܐܬܡܟܟ ܪܘܪܒܐܝܬ ܩܕܡ ܐܠܗܐ ܕܐܒܗ̈ܘܗܝ.. ܘܨܠܝ[c] ܡܪܝܐ
ܐܠܗܐ ܘܐܚܝܕ ܟܠܘܬܐ ܕܡܗܝܡ̈ܢܐ ܡܪܝܐ ܐܠܗܐ ܕܐܒܗ̈ܝ.. ܐܠܗܗ f. 25b
ܕܐܒܪܗܡ ܘܕܐܝܣܚܩ ܘܕܝܥܩܘܒ ܘܕܙܪܥܗܘܢ ܙܕܝܩܐ. ܗܘ ܕܥܒܕ
ܫܡܝ̈ܐ[d] ܥܡ ܟܠܗ ܨܒܬܗܘܢ ܗܘ ܕܐܣܪ ܝܡܐ ܘܐܘܩܡܗ
ܒܦܘܩܕܢܐ ܕܡܠܬܗ. ܗܘ ܕܐܚܕ ܬܗܘܡܐ ܘܚܬܡܗ ܒܫܡܗ
ܕܚܝܠܐ ܘܡܫܒܚܐ. ܗܘ ܕܟܠܡܕܡ ܕܚܠ ܘܙܐܥ ܡܢ ܩܕܡ ܚܝܠܟ
ܡܛܠ ܕܠܐ ܡܣܬܝܒܪܢܐ ܪܒܘܬ ܐܝܩܪܐ ܕܬܫܒܘܚܬܟ. ܘܠܐ ܐܝܬ
ܡܟܒܫ ܡܫܟܚ ܕܢܩܘܡ ܩܕܡ [e]ܚܡܬܐ ܕܪܘܓܙܟ[e] ܕܥܠ ܚܛ̈ܝܐ.
ܘܕܠܐ[f] ܣܟܐ ܘܕܠܐ ܡܢܝܢܐ ܐܝܬܝܗܘܢ ܪ̈ܚܡܐ ܕܝܠܟ[g]. ܡܛܠ
ܕܐܢܬ ܗܘ ܡܪܝܐ ܥܠܝܐ ܪܚܡܢܐ. ܘܡܓܪܪܘܚܐ ܘܣܓܝ ܚܢܢܐ
ܘܬܐܒ ܐܢܬ ܥܠ ܒܝ̈ܫܬܗܘܢ ܕܒܢ̈ܝܢܫܐ. ܐܢܬ[h] ܡܪܝܐ ܐܝܟ
ܒܣܘܓܐܐ ܕܛܝܒܘܬܟ. ܐܫܬܘܕܝܬ ܫܘܒܩܢܐ ܠܐܝܠܝܢ ܕܬܝܒܝܢ
ܡܢ ܚܛ̈ܗܝܗܘܢ. ܘܒܣܘܓܐܐ ܕܪ̈ܚܡܝܟ ܣܡܬ ܬܝܒܘܬܐ ܐܝܟ
ܕܠܚ̈ܝܝܗܘܢ ܕܚܛ̈ܝܐ ܐܢܬ[i] ܗܟܝܠ ܡܪܝܐ ܐܠܗܐ ܕܙܕ̈ܝܩܐ. ܠܐ
ܗܘܐ ܠܙܕ̈ܝܩܐ ܣܡܬ ܬܝܒܘܬܐ [j]ܠܗܘܢ ܐܒܪܗܡ[j] ܘܐܝܣܚܩ[k]
ܘܝܥܩܘܒ[k]. ܘܠܗܘܢ[l] ܕܠܐ ܚܛܘ ܠܟ. ܐܠܐ ܣܡܬ ܬܝܒܘܬܐ
ܠܝ ܕܝܠܝ[m] ܚܛܝܐ. ܡܛܠ ܕܚܛܝܬ ܝܬܝܪ ܡܢ ܚܠܐ ܕܝܡܐ ܣܓܝܘ ܚܛ̈ܗܝ.
ܘܠܝܬ ܠܝ ܢܦܫܐ ܕܐܚܘܪ ܐܦܠܐ ܡܢ ܣܘܓܐܐ ܕܚܘ̈ܒܝ. ܘܗܫܐ
ܡܪܝܐ ܐܠܗܐ[n] ܒܐܣܝܪܘܬܐ ܗܐ ܡܬܟܦܦ ܐܢܐ. ܘܐܝܟ ܕܢܘܪܐ

---

[a] + ܠܗ [b] + ܪܘܪܒܐܝܬ [c] + ܘܐܡܪ [d] + ܘܐܪܥܐ [e] ܪܘܓܙܟ ܘܚܡܬܟ
[f] ܕܠܐ [g] ܕܡܠܟ̈ܝܢ [h] ܘܐܢܬ [i] ܐܢܬܘ S. f. 23 a [j] ܠܐܒܪܗܡ
[k] ܘܠܐܝܣܚܩ ܘܠܝܥܩܘܒ [l] ܠܗܘܢ [m] ܕܝܠܝ [n] om. ܐܠܗܐ

ܕܥܒܕ ܩܕܡ ܡܪܝܐ[a]. ܐܝܟ ܒܥܒ̈ܕܐ ܕܥܡ̈ܡܐ ܗܢܘܢ ܕܐܘܒܕ
2 Kings xxi. 10 ܡܪܝܐ. ܡܢ ܩܕܡ ܒܢ̈ܝ ܐܝܣܪܝܠ. ܘܡܠܠ ܡܪܝܐ ܒܝܕ[b] ܢܒܝ̈ܐ
f. 25 a 11 ܘܥܠ ܒܥܒܕܗ ܒܐܝܕܐ ܕܥܒ̈ܕܘܗܝ، ܢܒܝ̈ܐ ܘܐܡܪ. ܥܠ ܕܥܒܕ ܡܢܫܐ
ܡܠܟܐ ܕܝܗܘܕܐ ܛܢ̈ܦܘܬܐ ܗܠܝܢ ܒܐܘܪܫܠܡ[c]. ܐܝܟ ܕܥܒܕܘ
ܐܡܘܪ̈ܝܐ ܕܩܕܡ ܡܢܗܘܢ، ܘܐܚܛܝ ܐܦ ܠܝܗܘܕܐ ܒܦܬܟܪ̈ܘܗܝ.
12 ܡܛܠܗܢܐ ܗܟܢܐ ܐܡܪ ܡܪܝܐ ܐܠܗܐ ܕܐܝܣܪܝܠ. ܗܐ ܡܝܬܐ[d]
ܒܝܫܬܐ ܥܠ ܐܘܪܫܠܡ ܘܥܠ ܝܗܘܕܐ. ܕܟܠܡܢ[e] ܕܫܡܥ ܐܢܝܢ
13 ܬܨܠ̈ܝܢ ܬܪ̈ܬܝܗܝܢ ܐܕ̈ܢܘܗܝ ܘܐܡܬܚ ܥܠ ܐܘܪܫܠܡ ܚܘܛ ܡܫܘܚܬܐ[f]
ܕܫܡܪܝܢ. ܘܡܬܩܠܬܐ ܕܒܝܬ ܐܚܐܒ. ܘܐܫܝܓܝܗ̇ ܠܐܘܪܫܠܡ ܐܝܟ
ܕܡܬܫܝܓܐ ܦܝܠܐ ܕܫܝ̈ܓܐ ܡܢܗ ܕܡܬܗܦܟܐ[g] ܥܠ ܐܦ̈ܘܗܝ.
14 ܘܐܫܒܘܩ ܫܪܟܐ ܕܝܪܬܘܬܝ، ܠܝܗܘܕܐ ܘܐܘܪܫܠܡ ܐܢܘܢ ܒܐܝܕܐ
ܕܒܥܠܕܒ̈ܒܝܗܘܢ. ܘܢܗܘܘܢ ܠܡܫܚܦܢܐ ܘܠܓܙܬܐ ܠܟܠܗܘܢ
15 ܦܠܚܝܗܘܢ. ܥܠ ܕܥܒܕܘ ܒܝܫܬܐ ܩܕܡ ܥܝܢܝ. ܡܛܠ ܕܡܪܓܙܝܢܐ
ܐܢܘܢ. ܡܢ ܝܘܡܐ ܗܘ[h] ܕܐܦܩܬ ܠܐܒܗ̈ܝܗܘܢ ܡܢ ܡܨܪܝܢ
16 ܘܥܕܡܐ ܠܝܘܡܢܐ.. ܐܦ ܕܡܐ[i] ܕܟܝܐ ܐܫܕ ܗܘܐ ܡܢܫܐ.
ܥܕܡܐ ܕܡܠܝܗ̇ ܠܐܘܪܫܠܡ ܦܘܡܐ ܠܦܘܡܐ. ܡܛܠ ܚܛܗ̈ܐ[j]
ܕܐܚܛܝܗ̇[j]. ܘܐܚܛܝ ܬܘܒ[k] ܠܝܗܘܕܐ ܠܡܥܒܕ ܕܒܝܫ ܩܕܡ ܡܪܝܐ..
2 Chron. xxxiii. 11 ܘܐܝܬܝ ܥܠܝܗܘܢ[l] ܠܪ̈ܘܪܒܢܐ ܕܐܬܘܪ. ܘܐܚܕܘܗܝ، ܠܡܢܫܐ ܘܚܒܫܘܗܝ،
ܘܐܣܪܘܗܝ ܒܗ ܒܫܫܠ̈ܬܐ ܘܐܘܒܠܘܗܝ، ܠܒܒܝܠ [m]ܒܙܘܓ̈ܝܢ ܕܢܚܫܐ[m].
ܘܫܥܒܕܘܗܝ، ܒܒܝܬ ܐܣܝܪ̈ܐ[1]. ܟܕ ܐܣܝܪ ܘܡܫܥܒܕ ܦܠܚ ܒܟܪܝܘܬܐ.

---

[a] ܒܥܝܢܘܗܝ ܕܡܪܝܐ [b] ܥܠ [c] ܒܫܩ̈ܬܐ [d] + ܐܢܐ [e] ܕܟܠ
[f] ܡܫܚܘܬܐ [g] + ܘܢܦܠ [h] om. ܗܘ Lag. p. 29 [i] + ܬܘܒ
[j] ܚܛܗ̈ܘܗܝ ܕܐܚܛܝܗ̇ [k] + ܐܦ S. f. 22 b [l] + ܡܪܝܐ
[m] om. ܒܙܘܓ̈ܝܢ ܕܢܚܫܐ

---

[1] Cod. ܐܣܝܪ̈ܐ

ܕܒܫܢܝܗܘܢ ܘܫܒܩܬܐ. ܐܡܠܟ ܡܢܫܐ ܒܪ ܬܪܬܥܣܪܐ ܫܢܝܢ. ܘܚܡܫܝܢ f. 24 b 2 Kings xxi. 1
ܫܢܝܢ[1] ܚܕ[a] ܐܡܠܟ ܒܐܘܪܫܠܡ. ܘܫܡܗ ܕܐܡܗ ܐܦܣܒܐ. ܘܥܒܕ (2 Chron. xxxiii. 1)
ܕܒܝܫ ܩܕܡ ܡܪܝܐ. ܐܝܟ ܡܣܐܒܘܬܐ[b] ܕܥܡܡܝܐ. ܗܠܝܢ ܕܐܘܒܕ
ܡܪܝܐ ܡܢ ܩܕܡ ܒܢܝ ܐܝܣܪܐܝܠ. ܘܗܦܟ ܒܢܐ ܘܥܒܕܐ ܒܠܘܬܐ[c] 3
ܠܕܒܥܠܐ[d]. ܟܠܡ ܕܣܬܪ ܗܘܐ ܚܙܩܝܐ ܐܒܘܗܝ. ܘܐܩܝܡ ܡܕܒ̈ܚܬܐ
ܠܒܥܠܐ. ܘܥܒܕ ܐܣܛܘܢܬܐ[2] ܐܝܟ ܕܥܒܕ ܐܚܒ ܡܠܟܐ ܕܐܝܣܪܐܝܠ.
ܘܥܒܕ ܡܕܒ̈ܚܐ ܠܟܠ ܚܝܠܗ ܫܡܝܐ. ܘܣܓܕ ܠܟܠ ܚܝܠܗ ܫܡܝܐ.
ܘܒܢܐ ܡܕܒ̈ܚܐ[e] ܠܥܒ̈ܕܐ ܒܒܝܬܗ ܕܡܪܝܐ. ܐܝܟ[f] ܕܐܡܪ ܡܪܝܐ 4
ܕܒܐܘܪܫܠܡ ܒܝܬ[g] ܐܫܪܐ ܫܡܝ ܬܡܢ ܠܥܠܡ[h]. ܘܒܢܐ ܡܕܒܚܐ
ܠܚܝ̈ܠܬܐ ܘܐܡܪ ܕܠܥܠܡ ܢܗܘܐ ܫܡܝ. ܘܒܢܐ ܡܕܒ̈ܚܐ[e] ܠܟܠ
ܚܝܠܗ ܫܡܝܐ ܒܬܪ̈ܬܝܢ ܕܪ̈ܬܐ ܕܒܝܬܗ ܕܡܪܝܐ. ܘܡܥܒܪ ܗܘܐ 2 Chron. xxxiii. 6
ܒܢ̈ܘܗܝ ܒܢܘܪܐ ܒܢܚܠܐ ܕܒܪ ܗܢܘܡ. ܘܡܢܚܫ ܗܘܐ ܘܡܚܪܫ
ܘܥܒܕ ܗܘܐ ܙܒܘܪܐ ܘܐܫܦ̈ܐ ܘܡܛ̈ܒܥܐ ܘܐܣܓܝ. ܠܡܥܒܕ ܒܝ̈ܫܬܐ
ܩܕܡ ܒܢ̈ܘܗܝ ܕܡܪܝܐ ܐܝܟ ܕܠܡܪܓܙܘܬܗ. ܘܣܡ ܨܠܡܐ 7
ܕܣܡܟܐ ܘܨܠܡܐ ܕܐܣܛܘܢܬܐ ܕܥܒܕ ܒܒܝܬܗ ܕܡܪܝܐ. ܐܬܪܐ
ܕܐܡܪ ܡܪܝܐ ܠܕܘܝܕ ܘܠܫܠܝܡܘܢ ܒܪܗ.. ܕܒܫܢܝܐ ܒܝܬܐ
ܘܒܐܘܪܫܠܡ ܕܓܒܝܬ ܡܢ ܟܠܗܘܢ ܫܒܛ̈ܝܐ ܕܐܝܣܪܐܝܠ. ܐܣܝܡ
ܫܡܝ ܠܥܠܡ. ܘܠܐ ܐܘܣܦ ܬܘܒ ܠܡܛܠܠܐ ܪ̈ܓܠܝ ܡܢ ܐܪܥܗ 8
ܕܐܝܣܪܐܝܠ ܗܝ ܕܝܗܒܬ ܐܢܐ[i] ܠܐܒܗ̈ܝܗܘܢ[j]. ܒܠܚܘܕ ܕܝܢ ܐܢܘܢ
ܕܢܛܪܘܢ ܟܠ ܕܦܩܕܬ ܐܢܘܢ. ܐܝܟ ܟܠܗܘܢ ܦܘܩ̈ܕܢܐ ܕܦܩܕܬ[k]
ܥܒܕܝ ܡܫܐ. ܘܠܐ ܫܡܥܘ. ܘܐܛܥܝ ܐܢܘܢ ܡܢܫܐ ܠܡܥܒܕ 9

Lag. p. 28 [a] om. ܚܕ [b] ܠܡܣܐܒܘܬܐ [c] ܒ̈ܠܠܬܐ [d] om. ܠܕܒܥܠܐ
[e] ܡܕܒ̈ܚܐ [f] ܐܝܟܐ [g] [ܕ]ܒܒܝܬܗ ܕܡܪܝܐ ܒܐܘܪܫܠܡ [h] om. ܠܥܠܡ
S. f. 22 a [i] om. ܐܢܐ [j] ܠܐܒܗ̈ܬܗܘܢ [k] ܕܦܩܕ ܐܢܘܢ

---

[1] Cod. ܫܒܝܢ [2] Cod. ܐܣܛܘܬܐ

ܕܫܠܡ. ܐܝܟܢܐ ܐܝܬ ܗܟܝܠ ܫܘܒܩܢܐ. ܠܐ ܗܘ ܩܘܝܐ ܠܗ ܦܘܩܕܢܝ ܫܘܒܩܠܐ[a]. ܘܡܫܝܚ[b] ܐܝܬ ܢܦܫܝ ܕܐܬܒܪܝܬ. ܫܟܝܚܬ[c] ܒܗ. ܠܐ ܫܟܝܚܬ. ܐܠܐ ܡܛܠ ܣܟܠܘܬ. ܗܘ ܓܝܪ ܕܡܟܝܠ ܠܐܝܟ ܡܢ ܒܪܬܐ ܕܠܐ ܒܬܘܟ̈ܝܐ. ܡܢܘ ܐܢܫ ܚܕܪ ܐܠܐ ܐܢ ܕܣܟܠ[d] ܡܪܢܝܐܝܬ. ܘܐܡܪ[e] ܕܡܢܐ ܕܠܐ ܣܘܟܠ. ܐܢ ܗܘ ܓܝܪ ܘܢܬܟܠ[f] ܘܕܝܢܐ ܡܢ ܐܝܟ ܒܚܠܐܝܬ ܒܡܛܠܐ ܕܣܘܟܐ. ܠܘܬ ܐܠܗܐ ܒܪܢܫܐ ܢܬܟܠ. ܗܘ ܕܝܢ ܕܡܟܝܠ ܐܝܟ[g] ܡܢ ܒܪܬܐ ܘܠܐ ܬܘܒ. ܡܟܝܠ ܠܗ. ܡܛܠܐ ܕܠܟܠܗ ܡܛܠ ܒܝܫܐܝܬ ܘܡܪܢܝܐܝܬ. ܘܠܢܘܪܐ ܡܫܝܬܐ ܕܠܟܠܗ ܢܗܒ ܠܗ ܐܠܗܐ ܡܐܟܘܠܬܐ. ܠܗܘ ܕܡܟܝܠ ܡܢ ܒܪܬܐ. ܘܠܐ ܫܐܪ ܒܢ̈ܘܟܝܗܝ ܕܐܠܗܐ. ܘܠܐ ܡܬܒܪܪ ܠܡܘܬܗ ܕܟܠ ܗܬ̈ܒܐ. ܘܠܐ ܥܡܠ ܕܡܘܬܗ[h] ܕܡܫܝܚܐ. ܘܫܐܪ ܒܐܢ̈ܫܐ[1] ܐܝܠܝܢ ܕܗܒܐ [2]ܡܢ ܡܠܟܐܐ[2] ܕܥ̈ܒܕܘܗܘܢ[i] ܕܡܟܠ ܡܢܗ ܫܘܒܩܢܐ.. ܡܬܒܟܝܐ ܠܝ ܓܝܪ ܐܢܐ ܐܦܣܩܘܦܐ. ܕܗܘ ܫܒܝܚ ܡܢ ܒܢ̈ܝܢ. ܐܝܠܝܢ ܕܟܕ̈ܒܝ ܡܢܗܘܢ. ܕܓܢܒܘܗܝ ܗܘܢ ܘܬܐܠܦ ܐܦܣܩܘܦܘܬܐ ܕܢܩ̈ܦܬܐ ܘܡܬܒܪܝܢܘܬܐ[j]. ܘܡܩܐܪܬܐ ܘܡܬܠܝܬܐ[k] ܘܡܢܐ ܕܕܐ ܐܢ ܐܝܬ ܠܐܝܟ[l]. ܘܗܝܡܢܘܬܐ. ܘܡܟܝܘܢܐ[3] ܫܟܝܚܐ ܩܘܫܬ ܡܘܟܝܢ. ܘܢܦܩ ܠܒܝܬܗ ܕܐܠܗܐ. ܘܐܝܟܢ ܕܗܘ ܥܒܕ. ܗܟܢܐ ܐܦ ܠܟܘܢ ܗܠܝܢ ܠܟܘܢ ܕܬܗܘܘܢ ܚܕܪܝܢ ܒܕܝܢܝܟܘܢ.. ܫܒܩܘ ܗܟܝܠ ܐܢ̄ܐ ܐܦܣܩܘܦܐ ܠܡܟܠ ܗܠܝܢ. ܗܘܝܬܐ ܗܝ ܕܠܫܡܟܐ[m] ܐܦ ܡܟܕܪܐ[m]. ܒܬܪܟ. ܒܫܢܬ ܕܐܪܒܥܐ ܕܬܠܬܡܐܐ. ܘܒܫܢܬܐ[n] ܕܬܪܝܢ[o] ܕܡܘܬܒܬܐ ܗܘܢܐ.

[a] ܫܘܒܩܠܝ [b] ܘܐܝܬ ܡܫܝܚ [c] ܕܫܟܝܚܬ [d] ܕܣܟܠ [e] ܘܐ̈ܡܪ
[f] ܢܬܟܠ [g] ܠܐܝܟ [h] ܕܡܘܬܐ [i] ܕܥܘ̈ܒܕܘܗܘܢ [j] ܘܡܬܒܪܝܢܘܬܐ
[k] + ܕܐܝܠܝܢ ܕܬܢܝܢ: ܘܡܬܒܟܝܢܐ ܠܗܘܢ ܒܡܘܬܐ [l] ܠܐܢ̈ܫܐ S. f. 21 b
[m] ܘܡܟܕܪܐ [n] ܘܐܦ ܒܫܢܬܐ [o] + ܕܬ̈ܠܬܐ

[1] Cod. ܒܐܢܫ [2] Cod. ܘܫܘܠܟܐܐ [3] Cod. ܘܡܟܝܘܡܟܐ

ܕܬܪܥܘܬܐ. ܗܢܝ[a] ܐܝܬܝܗ̇ܝ ܠܒܪ ܡܢ ܕܡܠܦܢܘܬܐ ܘܡܕܒܪܢܘܬܐ ܡܫܡܫܢܝܢ
ܩܝܡܘܬܗܘܢ ܠܗܝܢ. ܐܢܫܘ ܕܡܫܬܐܠܬ ܬܦܢܐ ܡܢ ܟܠܗ ܚܕܝ.
ܘܡܠܦܢܘܬܐ ܬܪܬܐ ܐܢܝ̈ܢ. ܘܬܪܬܝܗܝܢ ܬܬܩܢܢ ܘܠܐ ܬܫܡܠ ܠܐܢܫܝܢ
ܕܫܠܡ. ܐܠܐ ܡܫܬܐܠܬ ܘܕܠܐ ܙܒܢܐ ܬܦܢܐ ܡܢܗܘܢ ܬܪܥܘܬܐ.
ܐܦ[b] ܡܕܒܪܢܐ[b] ܬܗܘܐ ܠܡܬܦܪܢܣܢܘܬܐ ܕܥܢܝܘܬܐ ܘܠܡܕܒܪܢܐ[c]
ܕܟܢܫܐ ܠܡܬܐܡܢܘܬܐ ܕܫܡܘܬܐ ܕܕܝܢܐ. ܗܢܘ ܕܝܢ [d]ܠܒܢܝ ܐܢܫܐ[d]
ܒܢܫܐ ܕܟܠܗܘܢ ܗܢܐ. ܒܪܡ ܕܝܢ ܠܐ ܗܘܐ ܠܒܢܝ̈ܢܫܐ ܒܫܪܪܐ.
ܐܠܐ ܠܫܘܝܘܬܐ. ܠܫܘܝܐ ܠܐܦܘܣܛܠܐ[e]. ܠܗܘ ܠܒܪ ܕܒܥܝܢ[f] ܡܢ
ܕܝܢܐ. ܒܪ ܥܡܗ ܢܦܩ ܠܗ. ܐܝܟ[g] ܫܘܝܘܬܐ ܕܒܥܝܢܬܐ ܠܡܗܝܡܢܘܬܐ
ܢܦܩ ܠܗ. ܘܡܛܠ ܡܫܬܐܠܬܟ ܕܝܠܟ. ܗܘ ܕܝܢ[h] ܕܒܥܝܢ[f] ܡܢ ܕܝܢܐ.
ܐܘ ܠܒܪܬ ܫܘܝܐ ܢܐܙܠ ܢܕܘܢ. ܐܘ ܒܐܪܣܛܘ[i] ܢܬܢܟܪ. ܘܡܬܠܐܝܬ
ܢܗܘܐ ܠܗ ܢܬܪܥܐ ܘܢܫܬܐ ܡܢ ܕܝܢܐ. ܘܡܢ ܗܟܢܐ ܕܐܠܗܐ.
ܘܕܐܟܪܝܗ ܕܗܘ ܐܝܬ ܬܗܘܐ ܚܝܒܐ. ܡܛܠ ܕܡܬܠܝܬ ܐܝܬ ܠܐܢܫܝܢ[j]
ܕܫܠܡ ܬܦܘܩ ܘܬܥܒܕܐ. ܘܡܢܐ ܕܬܦܘܩ ܘܐܬܦܩܝܕܘ. ܘܠܐ[k] ܢܕܒܪ ܐܢܬ
ܕܬܫܡܠ[l] ܐܢܘܢ ܗ̇ܝ[m] ܢܦܠܬ[m] ܠܟ ܬܫܬܡܥ ܫܘܦܪܐ ܕܡܬܠܬܐ[n] ܗܢ
ܕܐܡܪ[o] ܕܪ̈ܓܠܝܗܘܢ[p] ܡܬܠܝܢ ܠܒܝܫܬܐ[q]. ܘܡܣܬܪܗܒܝܢ[r] ܠܡܐܫܕ ܕܡܐ. Romans iii. 15
ܬܒܪܐ ܘܕܘܘܢܐ ܒܐܘܪܚܬܗܘܢ ܘܐܘܪܚܐ ܕܫܠܡܐ ܠܐ ܝܕܥܘ. 16, 17
ܐܘܪܚܐ[s] ܕܫܠܡܐ ܐܝܬܘܗܝ، ܗܘ ܦܘܡܢ. ܐܝܟ ܕܐܡܪ ܕܬܕܘܢܘ Luke vi. 37
ܫܘܒܩܢܐ ܕܐܢܫܝܢ[t] ܕܫܠܡ. ܕܢܫܬܒܩܘܢ[u] ܐܦ ܠܟܘܢ ܚܛܗܝܟܘܢ.
ܗܟܢܐ ܘܬܬܒܥܘܢ ܠܟܘܢ. ܗܢ ܕܐܝܬܘܗܝ ܗܟܢܐ ܫܘܒܩܢܐ ܕܚܛܗܐ 38 f. 24 a
ܕܐܦ ܐܢܬܘܢ ܬܫܒܩܘܢ ܫܘܒܩܢܐ. ܘܬܦܫ ܐܠܗܐ ܠܢ ܕܫܘܒܩܢ[v]
ܐܡܒܠܢ ܒܨܠܘܬܐ ܟܠܝܘܡ. ܘܐܡܪܝܢ ܕܫܒܘܩ ܠܢ ܚܘܒܝܢ ܘܚܛܗܝܢ[w]. Matt. vi. 12
ܐܝܟ ܕܐܦ ܚܢܢ ܫܒܩܢ ܠܚܝܒܝܢ.. ܐܢܫܝܢ ܠܐ ܬܫܒܘܩ ܠܐܢܫܝܢ

---

a ܗܕܐ b ܘܡܕܒܪܢܐ c ܘܕܡܕܒܪܢܐ d ܠܟܢܫܐ e ܘܠܐܦܣܛܠܐ
f ܕܢܕܘܢ g ܘܐܝܟ h om. ܕܝܢ i ܒܐܪܣܛܘ Lag. p. 27. j ܕܠܐܢܫܝܢ
k ܠܐ l ܕܬܘܒ ܬܫܡܠ m ܘܢܦܠܬ n ܕܡܬܠܬܐ ܕܐܡܪܐ o ܕܐܡܪ
p ܕܪ̈ܓܠܝܗܘܢ q ܠܒܝܫܬܐ r ܘܡܣܬܪܗܒܝܢ s + ܕܝܢ t ܠܐܢܫܝܢ
u + ܠܟܘܢ S. f. 21 a v ܕܫܘܒܩܢ w om. ܘܚܛܗܝܢ

Matt. xviii. 12 ܘܥܠ ܟܠ ܐܦܝܗ ܕܐܪܥܐ.[a] ܡܢ ܬܬܒܥܘܢ ܠܬܬܒܥܝܢ[b] ܘܬܫܟܚ
ܥܠ ܛܘܪܝܐ[c] ܘܐܢ ܟܕ ܠܗܘܢ ܐܢܫܐ[d] ܕܛܥܐ. ܘܡܐ ܕܐܫܟܚܬܗ
ܛܥܝܬܗ[e] ܥܠ ܚܕܘܬܟ ܡܢ ܬܫܥܐ ܐܢܘܢ. ܡܛܠ ܕܐܫܟܚܬܗ ܠܗܘܢ
ܕܛܥܬ. ܘܐܡܪܬ ܘܫܠܛܢܗ[f] ܒܡܪܢܝܬܐ. ܗܟܢܐ ܐܬܩܛܒ ܐܦ ܐܢܬ
ܐܢܬ ܐܒܝܣܩܘܦܐ. ܘܗܘܝܬ ܦܩܕ ܠܐܢܫܐ ܕܐܟܕ. ܘܗܘܝܬ ܚܒܐ
ܠܐܢܫܐ ܕܛܥܐ. ܘܗܘܝܬ ܡܦܢܐ ܠܐܢܫܐ ܕܡܪܚܩ. ܡܛܠ ܕܐܝܬ[g]
ܠܟ ܫܘܠܛܢܐ ܕܬܫܒܘܩ ܚܛܗܝܐ[1] ܕܐܢܫܐ[h] ܕܡܫܬܘܕܐ.. ܦܪܘܩ[i] ܒܪܝ
ܕܡܫܝܚܐ ܠܡܚܕ ܐܢܬ. ܡܛܠܬܗܘܢ ܐܦ. ܦܪܘܩ ܐܡܪ ܠܗܘ ܕܫܪܝܐ.
Matt. ix. 2 *sic* ܫܒܩܝܢ[j] ܠܟ ܚܛܗܝܟ. ܘܡܫܒܩܬܟ ܐܫܪܬܟ ܐܢ ܒܥܠܡܐ. ܥܠܡܐ
ܕܝܢ ܐܝܬܘܗܝ ܒܕܘܬܐ ܕܫܒܩܐ ܘܕܢܫܝܐ. ܗܘ ܕܠܐܢܫܝܢ ܕܛܥܝܐ ܗܘܐ
ܡܢ ܚܛܗܐ. ܡܫܒܩ ܗܘܐ ܠܗܘܢ ܟܕ ܡܢ ܫܠܝܚܝܢ ܕܠܐ ܡܕܡ.
ܡܢ ܐܝܬ ܠܗܘܢ ܗܡܢܐ ܛܒܐ ܘܫܒܩܝܢ ܒܫܘܠܚܢܐ[k] ܕܒܟܠܗܐ
ܘܕܐܘܠܝܢܐ. ܐܝܟ ܐܣܝܐ ܛܒ ܫܒܩܬܐ ܘܐܣܘܬܐ ܠܟܠܢܫ[l]
ܡܫܠܡ ܗܘܐ. ܘܡܬܦܪܐܝܬ ܠܐܢܫܝܢ ܕܛܥܝܢ ܗܘܘ ܒܚܛܗܝܗܘܢ ܕܠܐ[m]
Mark ii. 17 ܠܡ ܒܪܝ ܗܒܝܒܝܢ ܫܠܝܚܐ ܥܠ ܐܣܝܐ. ܐܠܐ ܠܐܢܫܝܢ[n] ܕܟܪܝܗ
ܟܪܝܗ ܒܟܪܝܗܝܢ. ܘܐܦ ܐܢܬ ܐܘ ܐܒܝܣܩܘܦܐ. ܐܣܝܐ ܕܒܪܬܗ[o]
ܒܟܪܝܗ ܐܢܬ. ܠܐ ܗܒܠ ܬܠܘܐ ܐܣܝܘܬܐ ܕܬܫܠܡ[p] ܠܐܢܫܝܢ ܕܒܨܝܪܝܢ[q]
ܒܚܛܗܝܗܘܢ[r]. ܐܠܐ ܒܟܠ ܦܘܪܣܝܢ ܐܣܝܐ ܘܐܫܠܡ ܘܐܣܝܡ
f. 23 b ܐܝܟܢ ܡܢ ܡܪܝܪܝܢ ܒܒܪܬܐ ܕܠܐ[s] ܬܬܚܫ ܒܡܪܐ ܡܠܬܐ ܕܐܡܪ
Ezekiel xxxiv. 4 ܡܪܝܐ. ܕܒܡܛܪܝܐ ܘܒܒܘܪܫܐ ܠܗܘܢ[t] ܡܫܒܒܝܢ ܗܘܝܬܘܢ[u]. ܠܐ
ܗܒܠ ܗܘܝܬܐ ܕܒܪ ܒܡܛܪܝܐ. ܘܠܐ ܗܘܝܬܐ ܚܒܝܫ ܘܠܐ ܗܘܝܬܐ
ܒܪ ܫܪܝܦܬܐ ܘܠܐ ܗܘܝܬܐ ܕܠܐ ܐܣܝܬܐ[v]. ܘܠܐ ܗܘܝܬܐ ܡܚܒܫ
ܒܟܒܐ ܕܬܫܒܘܩ ܐܝܟܢ[w]. ܘܡܛܠܥܐ ܐܢܬ ܓܒܪܗܘܢ ܓܒܠܐ

[a] + ܘܟܣܪ. ܘܠܡܬ ܕܗܒܟܒ ܐܬܡܢܝܐ ܒܟܪ. Lag. p. 26   [b] ܕܫܒܩܘ ܬܬܒܥܝܢ
[c] ܛܘܪܝܐ   [d] ܗܘ ܫܒܐ   [e] ܛܥܝܢܗ   [f] ܘܫܠܛܢܗ   [g] + ܗܘ   [h] ܠܐܢܫܐ
[i] ܦܪܘܩܘܗ   [j] ܕܫܒܩܝܢ   [k] ܒܫܘܠܚܢܐ   [l] ܘܠܟܠ ܐܢܫ   [m] ܠܐ   [n] ܐܢܫܝܢ
[o] ܕܒܪܬܐ   [p] + ܒܗ   [q] + ܐܝܟܢ   [r] ܒܚܛܗܝܐ   [s] ܘܠܐ   S. f. 20b
[t] om. ܠܗܘܢ   [u] + ܠܗܘܢ   [v] ܐܣܝܬܘܢ   [w] ܐܝܟܢܟ

[1] Cod. om. ܚܛܗܝܐ

ܕܢܠܒܟܝܢ ܬܘܠܗ. ܘܠܐܢܫܝܢ ܕܢܦܠܘ ܐܪܬܝܒ[a] ܘܗܘܢ[b] ܘܬܐܒ ܘܐܦܪܘܩ.
ܘܐܡܠ ܠܗܘܢ ܒܝܕ [c]ܬܪܒܘܬܐ [c]ܘܫܘܒܚܐ. ܘܗܟܐ ܕܬܒ ܘܟܚܐ
ܗܘ ܕܫܟܠܐ ܡܟܝܢܘܗܝ. ܘܟܕ ܡܝܟܠܐ ܟܠܗܘܢ[d] ܒܗܟܐ ܣܒܪ ܟܠܗܘܢ[e].
ܘܫܒܘܩܘܗܝ ܡܟܝܠ ܕܢܗܘܐ ܒܟܕܬܐ. ܠܐܢܫܝܢ ܕܝܢ ܕܕܡܒܟܝܢ ܘܡܪܦܝܢ
ܗܘܝܬ ܡܚܘܝܐ ܘܡܟܒܪ ܘܡܟܫܪ. ܘܩܕܡܐ ܟܠܗܘܢ[f] ܘܡܫܠܡ ܠܗܘܢ.
ܕܢܗܕ ܐܝܬ ܕܐܢܫܐ[g] ܐܠܦܐ ܐܝܟ ܠܝ. ܐܝܟܢܐ ܕܬܠܡܝܕܐ ܗܕܝܢܐ.
ܐܢܫܝܢ[h] ܬܗܘܝܐ ܡܒܕܘܠܘܬ ܕܟܝܐ[i] ܢܒܬܐ ܟܠܝܢ. ✤ ܐܡܪ ܓܝܪ
ܡܪܝܐ ܒܚܙܩܝܐܝܠ ܥܠ ܐܦܝܣܩܘܦܐ ܐܝܠܝܢ ܕܫܒܩܝܢ ܒܥܒܕܗܘܢ
ܗܕܝܢܐ. ܘܗܘܐ ܥܠܝ ܦܬܓܡܗ ܕܡܪܝܐ ܠܡܐܡܪ. [j]ܒܪ ܐܢܫܐ[j]
ܐܬܢܒܐ ܥܠ ܪ̈ܥܘܬܐ ܕܐܝܣܪܐܝܠ ܘܐܡܪ ܠܗܘܢ. ܗܕܝܢܐ ܐܡܪ
ܡܪܝܐ ܐܠܗܐ. ܘܝ ܠܪ̈ܥܘܬܐ ܕܐܝܣܪܐܝܠ[k] ܕܪܥܝܢ ܠܢܦܫܗܘܢ.
3 ܘܚܠܒܐ ܠܐ ܪܥܘ ܪ̈ܥܘܬܐ. ܚܠܒܐ ܐܟܠܝܢ ܐܢܬܘܢ ܘܥܡܪܐ
f. 23 a ܠܒܫܝܢ ܐܢܬܘܢ. ܘܠܐܡܪܐ ܕܫܡܝܢܐ ܢܟܣܝܢ ܐܢܬܘܢ.
4 ܘܥܢܐ ܠܐ ܪܥܝܬܘܢ. ܘܠܐܡܪܐ[l] ܕܟܪܝܗܐ ܠܐ [m]ܡܚܠܡܝܢ
ܐܢܬܘܢ[m]. ܘܠܐܡܪܐ ܕܡܚܒܠܐ ܠܐ [n]ܡܚܒܫܝܢ ܐܢܬܘܢ[n].
ܘܠܐܡܪܐ ܕܬܒܝܪܐ ܠܐ [o]ܡܥܒܕܝܢ ܐܢܬܘܢ[o]. ܘܠܐܡܪܐ ܕܝܢ[p]
ܕܛܥܝܐ ܠܐ ܐܦܢܝܬܘܢ. ܘܠܐܡܪܐ ܕܐܒܝܕܐ ܠܐ [q]ܡܒܥܝܢ
ܐܢܬܘܢ[q]. ܐܠܐ ܒܩܛܝܪܐ ܘܒܫܘܥܒܕܐ[r] ܫܥܒܕܬܘܢ ܐܢܝܢ.
5 ܘܐܬܒܕܪ̈ܝ[s] ܥܢܝ ܡܢ ܕܠܐ ܪܥܝܐ. ܘܗܘܝ[t] ܡܐܟܘܠܬܐ ܠܚܝܘܬܐ[u]
ܕܕܒܪܐ. [v]ܘܐܬܒܕܪ̈ܘ ܥܢܝ ܕܠܐ[v]. ܥܠ ܟܠ ܛܘܪܐ ܪܡܐ[w]..

a ܐܪܬܝܬܐ b om. ܘܗܘܢ c om. ܘ ܬܪܒܘܬܐ d + ܟܠܗ e + ܐܝܟܢܐ
f ܡܟܢܫܘܢ g ܕܐܢܫܐ S. f. 17 b h ܘܐܢܫܝܢ i om. ܕܟܝܐ j ܒܪܢܫܐ
k ܕܐܝܣܪܐܝܠ l ܠܐܢܫܐ m ܐܣܠܚܬܘܢ. n ܢܚܠܬܘܢ o ܥܒܕܬܘܢ
p om. ܕܝܢ Lag. p. 23 q ܒܥܝܬܘܢ r om. ܘܒܫܘܥܒܕܐ
s ܘܐܬܒܕܪ̈ܝ t ܘܗܘ̈ܝ u ܠܟܠܗ ܚܝܘܬܐ v ܘܐܬܒܕܪ̈ܝ ܘܛܥܝ ܥܢܝ
w + ܘܥܠ ܟܠ ܪ̈ܡܬܐ ܕܪ̈ܡܢ +

ܢܗܘܐ ܐܦܝܪ ܒܥܒ̈ܕܝܢܐ. ܘܟܠ ܕܡܬܩܪܒܘܢ ܢܗܘܐ ܫܪܝܪ. ܐܡܥܢܐ
ܗܒܝܠ ܕܐܝܬ ܠܢ ܫܘܠܛܢܐ ܠܡܕܝܢܐ. ܗܘܘܬ ܦܪܕ. ܢܦܫܢ.
ܘܗܘܩܕܫܢ ܘܗܘܒ̈ܕܢ. ܕܒܡܪܐ ܒܡܣܪܐ ܕܢܗܘܘܢ[a] ܠܡܘܒܕܢ.
Ps. xiv. 3 ܕܠܐ ܫܠܛܘܗܐ ܕܡܢ ܠܝܬ ܐܢܫ ܡܢ ܒܢܝܢܫܐ. ܡܛܠ ܕܟܬܝܒ. ܕܠܝܬ
ܐܢܫ ܕܕܟܐ ܡܢ ܙܐܬܐ ܕܚܛܝܬܐ[b]. ܐܦܠܐ ܐܢ ܚܕ ܝܘܡܐ
ܢܗܘܘܢ ܚܝܘܗܝ ܒܥܠܡܐ. ܡܛܠ ܗܢܐ ܒܡܪܢܗ ܢܗܘܘܢ ܘܗܘܦܟܐ
ܕܕܘܟ̈ܝܗܘܢ ܕܙ̈ܒܝܢܐ. ܘܕܐܒܗܬܐ. ܡܕܡܝܐ ܐܬܦܬܚ. ܕܟܬܝܒ
f. 22 b ܕܐܦ ܠܝܫ ܚܕ ܡܢܗܘܢ. ܐܬܬܚܫ ܐܦܢ[c] ܫܠܛܘܐ ܠܡܘܒܪܐ. ܕܬܬܝܒܕ[1]
ܕܠܐ[d] ܫܠܛܗܢ ܡܪܝܐ ܗܘ ܐܠܗܐ ܒܠܚܘܕ. ܐܝܟ ܕܐܡܪ ܕܘܝܕ[e].
Ps. li. 4 ܡܛܠ ܕܬܙܕܕܩ ܒܡ̈ܠܝܟ ܘܬܙܟܐ ܒܕ̈ܝܢܝܟ. ܙܐܬܗܘܢ ܒܪ[f] ܕܙ̈ܒܝܢܐ
ܠܢ ܕܝܠܢ [g]ܪܘܫܬܐ ܗܘ[g] ܘܡܘܢܐܐ ܘܫܒܪܐ ܠܒܢܐ[h]. ܕܐܦ ܫܡ ܐܢ
ܢܠܒܢ ܐܦܢ ܘܠܝܠ ܐܝܬ ܗܘ ܠܢ ܫܒܪܐ ܕܗܘܐ ܠܢ ܥܘܒܕܢܐ. ܠܝܬ
[i]ܐܢܫ ܗܒܝܠ[i] ܕܠܐ ܫܠܛܘܐ. ܐܠܐ ܐܢܫ ܐܝܟ ܫܠܢ ܐܬܦܫܛ
ܕܟܕܘܡ ܠܐ ܬܬܦܫ. ܘܢܗܘܐ ܒܠܒܠ ܠܢ ܒܠ ܚܠܒܫ. ܕܠܡܢܐ ܐܢܫ
ܢܬܦܫܠ. ܘܢܐܡܪ. ܡܛܠܬܢ ܡܛܠ ܕܒܪ ܚܠܒܢܐ[j] ܕܢܦܫܗ ܗܘ
ܒܠܚܘܕ ܢܦܫ. ܐܝܬ ܕܡܢ ܠܒܢܐ ܕܚܠܒܫ ܥܒܝܠ ܐܝܬ. ܘܩܪܒ ܪܒܐ
Luke xii. 48 ܡܘܒܠܐ ܕܠܒܢܝܢ ܐܝܬ. ܠܟܢ ܒܪ ܕܝܗܒ ܠܗ ܡܪܝܐ ܩܪܒ ܐܦ
ܩܪܒ ܢܬܬܒܥ[k] ܒܐܝܕܗ. ܐܡܥܢܐ ܗܒܝܠ ܕܠܒܢܐ ܕܚܠܒܫ ܥܒܝܠ
Numbers xviii. 1 *sic* ܐܝܬ. ܗܘܘܬ ܒܝܪܐ[l] ✤ ܒܟܬܝܒ. ܒܪ ܕܐܡܪ ܡܪܝܐ ܠܡܘܫܐ ܐܝܬ
ܘܐܗܪܘܢ ܬܫܒܩܘܢ ܫܠܛܗܐ ܕܩܘܕܫܬܐ. ܐܡܥܢܐ ܒܪ ܕܬܬܒܥܐ
ܫܠܒ. ܡܛܠܐܐ ܦܩܘ[m] ܐܝܬ. ܩܒܝܠ ܕܚܠܒܫ ܗܘܘܬ ܢܦܫ.. ܕܠܐܢܫܝܢ

Lag. p. 22 [a] + ܚܡܘܢ [b] om. ܕܚܛܝܬܐ S. f. 17 a [c] ܐܦ ܐܢ
[d] ܠܐ ܕܕܠܐ [e] ܕܘܝܕ [f] + ܕܙܒܝܢܬܐ [g] ܪܘܫܬܐ ܗܘ [h] om. ܠܒܢܐ
[i] ܗܒܝܠ ܐܢܫ [j] ܚܠܒܢܐ or [ܚܠܒܢܝܢܐ] [k] ܢܬܒܥ [l] ܒܝܪ [m] ܦܩܘ

---

[1] Cod. ܕܬܬܝܒܕܢ

ܒܟܠܢܫ ܫܘܝܐ ܗܘܐ ܡܩܪܒܘܬܐ ܕܨܠܘܬܐ. ܘܡܬܩܒܠܢܐ ܗܘܐ
ܕܐܡܝܪܐ. ܕܒܝܬܝ ܒܝܬ ܨܠܘܬܐ ܡܬܩܪܐ [a]ܠܟܠܗܘܢ ܥܡ̈ܡܐ[a]. Isaiah lvi. 7
ܐܢܬܘܢ ܕܝܢ ܒܒܝܫܘܬܟܘܢ، ܡܥܪܬܐ ܕܠܣܛ̈ܝܐ[b]. ܐܝܟܢ ܠܐ ܢܬܥܝܩ Matt. xxi. 13
ܐܦܝܣܩܘܦܐ ܟܕ ܐܡܝܪ ܕܫܡܥܝܢ ܐܠܐ ܢܒܝܐ [c]ܘܐܚܘܐ ܐܢܘܢ[c]. f. 22 a
ܘܢܚܙܘܢ ܘܢܛܪܬܐ ܘܢܙܗܪ ܠܐܢܫܐ ܕܣܛܐ. ܘܐܦܠܐ[d] ܥܠ ܐܚܪ̈ܢܐ[e]
ܘܕܢܛܠܬܐ ܢܝܡܐ. ܡܬܚܫܒܐ ܠܗ ܓܝܪ ܠܐܦܝܣܩܘܦܐ ܕܒܢ̈ܝ
ܡܠܦܢܘܬܗ ܢܗܘܐ ܟܠܗܘܢ ܕܚܛ̈ܗܐ ܕܡܘܬܐ[f]. ܘܡܫܠܡܢܘܬܐ ܕܕܝܢܘܬܐ
ܘܒܡܪܬܝܢܘܬܐ ܕܡܠܦܢܗ ܡܬܒܪܝܢܐ ܕܚ̈ܒܝܐ ܚ̈ܕܬܐ. ܘܡܚܒܫܢܐ[1]
ܘܡܘܪܒܢܐ ܕܚ̈ܛܝܐ. ܕܡܬܒܪ̈ܝܢ ܘܩܠܝܠ ܡܢ ܐܠܗܐ ܒܐܬܪܐ
ܕܫܝܐ ܕܠܥܠܡ. ܘܟܕܘܪܐ ܛܘܒ ܕܘܟܬܐ ܕܚܛܝܬ ܒܕܝܢܐ ܕܐܠܗܐ.
ܠܡܫܝܚܐ ܕܢܘܪܐ ܡܥܝܬܐ ܕܠܐ ܕܥܟܐ ܘܠܐ ܡܫܬܒܩܢܐ. ܘܢܗܘܐ
ܢܟܕ ܗܘ ܡܫܬܟܚܢܐ ܕܫܒܝܚܘܬܗ ܕܐܠܗܐ. ܕܠܐ ܢܗܘܐ ܚܛܝܐ ܒܐܝܕܗ. ܡܛܠ
ܕܐܡܪ ܦܘܡܝ. ܚܙܘ ܠܐ ܬܒܣܘܢ ܒܚܕ ܡܢ ܗܠܝܢ ܙܥܘܪ̈ܐ Matt. xviii. 10
ܕܡܗܝܡܢܝܢ ܒܝ. ܢܗܘܐ ܗܟܝܠ ܐܦ ܐܦܝܣܩܘܦܐ ܕܟܠܢܫ. ܘܕܐܝܠܝܢ
ܕܠܐ ܚܛܘ ܢܛܪܘܢ[g] ܐܝܟ ܕܐܝܬܝܗܘܢ ܕܠܐ ܚܛܗܐ. [h]ܐܦ
ܕܐܝܠܝܢ[h] ܕܚܛܘ ܢܬܬܘܒܘܢ. ܘܢܩܒܠ ܠܗܘܢ ܒܬܝܒܘܬ ܚܛܗܐ. ܐܝܟ
ܕܟܬܝܒ ܒܐܫܥܝܐ ܕܐܡܪ[i] ܡܪܝܐ. ܫܪܝ ܟܠ ܚܒܠ̈ܐ ܕܥܘܠܐ Isaiah lviii. 6
ܘܦܣܩܘ[j] ܟܠ ܡܐܣܘܪ̈ܬܐ ܕܥܘܠܐ[k] ܘܟܠ ܡܘܒܠܬܐ ✤ ܗܘܝܬ[1] ܗܟܝܠ ܐܦ Chap. VII
ܐܦܝܣܩܘܦܐ ܡܛܠ ܗܠܝܢ ܘܡܛܠ ܕܫܒܩܢܐ ܘܥܕ [m]ܕܕܘܒܪܟ
ܕܐܠܗܐ[m] ܗܘ ܐܚܝܕ ܟܠ. ܘܫܒܘܩ ܫܘܠܛܢܐ ܠܡܫܒܩ ܚܛܗ̈ܐ.
ܠܟܘܢ[n] ܓܝܪ ܠܐܦܝܣܩܘ̈ܦܐ ܐܬܐܡܪ. ܕܟܠ ܕܬܐܣܪܘܢ[o] ܒܐܪܥܐ Matt. xviii. 18

---

[a] om. ܠܟܠܗܘܢ ܥܡ̈ܡܐ [b] ܕܓܝ̈ܣܐ [c] ܘܢܚܘܐ S. f. 16 b [d] ܐܦ
[e] + ܘܠܡܚܬܐ [f] ܘܕܚܒܘܬܐ [g] ܕܢܛܪܘܢ [h] ܘܕܐܝܠܝܢ [i] ܕܐܡܪ
[j] ܘܦܣܩܘ [k] ܕܥܘܠܐ [l] + ܘܡܠܐܟܐ ܕܚܕܒܐ ܠܘܬ ܐܦܝܣܩܘܦܐ
[m] ܕܕܘܒܪܟ ܕܐܠܗܐ [n] + ܗܘ [o] ܕܬܐܣܪܘܢ

---

[1] Cod. ܘܡܚܒܫܢܐ

f. 21 b ᵃܐܝܟ ܡܪܚܡܢܐᵃ. ܐܝܢܐ ܕܝܢ ܗܘ ܐܦܝܣܩܘܦܐ ᵇܡܢܘܚܗ ܒܬܘܩܠܬܐᵇ
ܐܒܘܗܝ. ܐܝܟܢܐ ܡܫܟܚ ܕܢܩܘܡ ܘܢܬܒܥ. ܫܠܡܘܬܐᶜ ܕܐܚܐ. ܐܘ
ܕܢܟܐ ܒܗ ܘܢܩܘܡ ܒܐܒܕܘܗܝ ᵈܓܒܪ ܕܝܢܐᵈ. ܡܛܠ ܡܫܐܒᵉ
ܒܐܦܐ ܓܝܪ ܐܘ ܡܛܠ ܡܘܗܒܬܐ ܕܢܣܒܝܢ. ܐܘ ܗܘ ܐܘ ܡܣܬܒܪܢܐ
ܕܝܠܗᶠ. ܕܠܐ ܕܝܢ ܕܝܢܝܗܘܢ. ܠܐ ܡܫܬܟܚܝܢ ܕܢܬܒܬܥܘܢ
ܒܡܕܪܫܗ ܕܐܦܝܣܩܘܦܐ. ܕܟܠܢ ܓܝܪ ܐܝܟᵍ ܕܠܐ ܢܫܬܒܩܘܢ ܐܝܟ
ܕܒܢ ܓܒܪܐ ܡܝܬܐ. ܡܛܠܬܐ ܗ̇ܝ ܕܡܬܒܥܐ ܒܐܘܢܓܠܝܘܢ.
Matt. vii. 3 ܕܡܚܙܐ ܓܠܐ ܕܒܥܝܢܗ ܕܐܚܘܟ ܚܙܐ ܐܢܬ. ʰܩܪܝܬܐ ܕܒܥܝܢܟʰ
5 ܕܝܠܟ ܠܐ ܚܙܐ ܐܢܬ. ܢܣܒ ܒܐܦܐ ܐܦܩ ܠܘܩܕܡ ܩܪܝܬܐ ܡܢ
ܥܝܢܟ. ܘܗܝܕܝܢ ܬܬܚܙܐ ܠܟ ܠܡܦܩܘ ܓܠܐ ܡܢ ܥܝܢܗ ܕܐܚܘܟ.
ܡܛܠ. ܗܟܝܠ ܕܕܘܠ ܐܦܝܣܩܘܦܐ ⁱܡܢ ܡܣܬܒܪܢܐⁱ ܕܠܐ ܢܫܬܒܩܘܢ
ܬܬܠܚܡܗ ܕܡܕܝܢܐ ܡܢ ܗܘ ܕܫܠܝܐ. ܐܝܟ ܕܒܢ ܓܒܪܐ ܡܝܬܐ.
ܠܐ ܓܝܪ ܥܒܕ ܕܡܫܬܘܕܥ ܗܘ ܕܐܚܝ ܢܐܡܪ ܠܘܩܒܠ ܐܦܝܣܩܘܦܐ
ܘܒܗܝ ܕܡܟܬܐ ܚܠܦ ܢܬܬܩܠ. ܗܘ ܓܝܪ ܕܫܠܝܐ ܗܘܐ ܠܗ ܣܗܕܐ
ܪܒܝܢܐ ܘܠܐ ܬܩܒ. ܫܐܘ ܒܠ ܢܦܫܗ. ܡܛܠܗܕܐ ܗܟܝܠ ܒܟܠ
ܙܒܢ ܡܢ ܩܠܝܠ ܕܕܘܠ ܐܦܝܣܩܘܦܐ ܥܒܕ ܢܦܫܗ ܐܝܟ ܗܘ ܕܠܐ
ܢܒܒ ܠܗ ܠܗܘ ܕܫܠܝܐ. ܘܥܒܪ ܠܗ ܡܢ ܒܝܬܗ. ܘܠܐ ܥܒܐ ܒܗ
ܘܡܟܘܝܢ ܠܗ. ܘܡܛܠ ܗܘܝܐ ܦܠܓܘܬܐ ܒܗ ܕܐܫܟܚ ܠܗ ܐܬܪܐ.
ܒܙ ܣܝܕ ܐܦ ܒܐܚܪܢܐ ܡܬܬܠܝܠ. ܗܢ ܕܝܢ ܕܗܘܝܐ ܗܕܪܐ.
ܘܗܟܢܐ ܥܒܕ. ܘܗܘܝܐ ܡܪܚܒܬܐ ܕܬܩܒ. ܠܐ ܡܫܟܚܐ ܕܬܗܘܐʲ
ܕܒ ܓܝܪ ܢܬܚܪܒܘܢ ܡܬܟܢܫܐ ܕܫܠܝܐ ܚܙܝܢܐ ܠܗ ܒܝܫܬܐ. ܡܛܠᵏ
ܕܠܐ ܡܬܚܪܒܝܢ ܘܡܬܦܪܫܝܢ ܐܢܫܝܢ ܕܫܠܝܐ ܐܝܟ ܕܬܘܩܠܬܐ.

ᵃ ܐܟܚܕܐ ܡܪܚܡܢܐ   ᵇ ܒܡܘܢܗ ܬܘܩܠܬܐ   ᶜ ܫܠܡܘܬܐ
ᵈ om. ܓܒܪ ܕܝܢܐ   ᵉ ܡܫܡܛ   S. f. 16 a   ᶠ ܬܘܒ   ᵍ om. ܐܝܟ
ʰ ܘܩܪܝܬܐ ܕܒܥܝܢܟ   ⁱ ܡܢ ܡܣܬܒܪܢܘܬܗ   Lag. p. 21   ʲ ܕܬܬܗܘܐ   ᵏ ܘܡܛܠ

ܠܗܘܢ ܕܢܦܠܐ. ܐܬܚܫܒܬ ܥܠܘܗܝ، ܘܥܒܕܐ ܕܥܒܕܝܗܝ، ܠܒܪ. ܘܡܢܐ
ܕܢܓܡ ܠܒܪ [a]ܠܐ ܬܬܚܫܒܬܘܢ[a] ܥܠܘܗܝ، ܘܕܝܢܘܢ ܠܥܠܡ. [b]ܐܦ
ܢܬܕܝܢܘܢ،[b] ܠܒܪ ܡܢ ܒܪܬܐ. ܘܗܝܕܝܢ[c] ܢܓܠܘܢ ܘܢܦܫܩܘܢ ܥܠܘܗܝ،
ܡܛܠ ܕܐܦ ܗܘ[d] ܦܪܘܩܢ. ܥܠ ܐܝܠܝܢ ܕܨܠܒܘܗܝ ܗܘ ܡܦܝܣ[e] ܠܐܒܐ[f]
[g]ܕܢܫܒܘܩ ܠܗܘܢ[g]. ܐܝܟ ܕܟܬܝܒ ܒܐܘܢܓܠܝܘܢ ܕܐܒܐ[h] ܠܐ ܝܕܥܝܢ. Luke xxiii. 34 *sic*
ܠܐ ܕܡܕܡ[i] ܥܒܕܝܢ[j] ܐܦܠܐ[k] ܕܡܬܚܠܠܝܢ. ܐܠܐ ܐܦ ܡܢ ܡܫܒܚܢܐ
ܫܒܘܩ ܠܗܘܢ. ܘܗܫܐ ܥܒܕ ܠܗ ܐܢܬ ܐܘ̄ ܐܦܣܩܘܦܐ ܕܢܓܠ.
[l]ܘܐܢܬ ܥܐܠܝܢܗ،[l] ܐܝܟܢܐ ܕܬܐܒ. [m]ܦܩܘܕ ܗܘ ܕܢܬܩܒܠ ܒܥܕܬܐ·
ܒܪܘܪ ܥܠܘܗܝ، ܘܡܫܬܐ ܕܪܘܚܐ ܐܝܟ ܫܠܝܚܘܬܗ. ܬܪܬܝܢ ܥܒܕܝܢ
ܐܘ ܬܠܬ ܐܘ ܫܬܐ ܥܐܕܢ. ܘܗܘܢܐ ܥܐܕܘܗܝ، ܕܢܐܙܠ. ܟܕ
ܬܐܡܪ ܠܗ ܟܠܡܕܡ ܕܪܙܐ. ܠܡܬܬܘܝܘܬܐ ܘܠܡܠܟܘܬܐ. ܘܟܐܒ ܒܗ
ܘܐܡܪ ܠܗ. ܕܢܗܘܐ ܠܘܬܟ ܢܦܫܗ ܒܬܘܒܬܐ. ܘܢܓܒܐ ܘܢܬܒܥܐ
ܒܡܘܗܒܬܐ ܕܝܘܡܐ[n]. ܕܢܬܘܬܐ ܠܫܘܒܚܐ ܕܚܘܒܝܗ. ܐܝܟ ܕܟܬܝܒ
ܒܒܪܝܬܐ. ܚܛܝܬ ܫܠܘ. ܠܘܬܟ ܬܗܦܟ ܬܘܒܬܟ ܘܐܢܬ ܬܫܬܠܛ Gen. iv. 7
ܒܗ. ܬܘܒ[o] ܐܦ ܠܡܪܝܡ ܚܬܗ ܕܡܘܫܐ. ܟܕ ܡܠܠܬ ܥܠ ܡܘܫܐ.
ܘܡܢ ܒܬܪ ܕܬܒܬ ܐܬܢܟܦܬ[p] ܠܫܘܒܚܐ. ܐܬܐܡܪܬ ܡܢ ܡܪܝܐ.
ܕܐܠܘ ܐܒܘܗ̇[1]. ܡܪܩ ܪܩ ܠܗ̇[q] ܒܐܦܝܗ̇. ܦܠܐ ܗܘܐ ܠܗ̇ ܕܬܬܟܢܫ[2r] Numbers xii. 14
ܘܬܬܟܪܙ[s] ܫܒܥܐ ܝܘܡܝܢ ܠܒܪ ܡܢ ܡܫܪܝܬܐ. ܘܗܫܐ ܬܬܒܥܠ..
ܗܟܢܐ ܐܦ ܠܟܘܢ ܡܬܒܥܐ ܠܟܘܢ ܕܬܗܘܘܢ ܥܒܕܝܢ. ܠܐܝܠܝܢ
ܕܡܬܟܪܙܝܢ ܕܬܒܥܝܢ ܡܢ ܚܛܗܝܗܘܢ ܐܝܟ ܕܐܝܬ ܕܐܠܘܢܘܗܝ ܕܬܐܒܘܬܗܘܢ.
ܬܦܩܘܢ[t] ܐܢܘܢ ܡܢ ܒܥܕܬܐ. ܘܡܢ ܒܬܪ ܕܡ ܡܠ[u] ܐܢܘܢ. ܐܝܟ

Lag. p. 20 [a] ܬܬܚܫܒܘܢ S. f. 15 b [b] ܘܬܐܕܝܢܘܢ [c] ܘܗܕܝܢ
[d] om. ܗܘ [e] + [ܗܘܐ] [f] ܠܐܒܘܗܝ [g] om. [h] ܐܒܝ [i] ܡܕܡ
[j] ܕܥܒܕܝܢ [k] + ܡܕܡ [l] ܘܦܓܥ ܐܠܝܢܗ [m] + ܘܐܦ [n] ܕܝܘܡܗ [o] om. ܬܘܒ
[p] ܘܐܬܢܟܦܬ [q] ܗܘܐ [r] ܕܬܬܟܢܫ [s] ܘܬܬܟܪܙ [t] ܕܬܦܩܘܢ [u] ܡܠܠ

[1] Cod. ܐܒܘܗܝ [2] Cod. ܕܬܬܟܢܫ

ܕܡܪܢ. ܘܠܡܠܦܢܘܬܗ[a] ܕܫܠܝܚܐ ܠܐ ܬܫܬܪܝܘܢ، ܒܝܘܡܐ ܕܐܬܐ
ܓܝܪ ܒܥܠܡ. ܘܙܕܝܩܐ ܠܐ ܡܫܬܟܚ ܠܡܬܚܙܝܐ ܒܝܘܡܐ ܕܕܝܢܐ.
ܘܟܕ ܐܡܪ[b] ܠܙܕܝܩܐ ܕܡܐܚܝܐ ܢܐܚܐ. [c]ܘܥܠ ܙܕܝܩܘܬܗ ܢܬܬܟܠ[c] 13
ܘܢܥܒܕ ܥܘܠܐ. ܟܠܗ̇ ܙܕܝܩܘܬܗ ܕܥܒܕ[d] ܠܐ ܬܬܕܟܪ ܠܗ. ܐܠܐ
ܒܥܘܠܐ ܕܥܒܕ ܒܗ ܢܡܘܬ. ܟܕ[e] ܐܡܪ[b] ܠܥܘܠܐ ܕܡܘܬ ܬܡܘܬ. 14
ܘܢܗܦܘܟ ܡܢ ܚܛܝܬܗ ܘܢܥܒܕ [f]ܙܕܝܩܘܬܗ. ܡܫܟܢܐ[f] ܕܢܣܒ ܢܦܢܐ. 15
ܘܓܙܠܬܐ ܕܓܙܠ ܢܦܪܘܥ. ܘܒܦܘܩܕܢܐ ܘܒܢܡܘܣܐ ܕܚܝ̈ܐ ܢܗܠܟ.
ܕܠܐ ܢܥܒܕ ܥܘܠܐ. ܡܐܚܝܐ ܢܐܚܐ ܘܠܐ ܢܡܘܬ. ܘܟܠܗܘܢ 16
ܚܛ̈ܗܘܗܝ ܕܚܛܐ ܠܐ ܢܬܕܟܪܘܢ ܠܗ. ܕܝܢܐ ܘܙܕܝܩܘܬܐ ܥܒܕ.
ܡܐܚܝܐ[g] ܢܐܚܐ. ܘܐܡܪܝܢ ܒܢ̈ܝ ܥܡܟ[h]. ܡܬܬܩܢܐ ܠܟܘܢ[i] ܐܘ̈
ܐܦܝܣܩܘܦܐ ܕܐܝܟ ܒܥܕܬܐ ܬܗܘܘܢ ܕܗܕܡ ܠܐܢܫܝܢ ܕܚܛܝܢ.
ܒܚܝ̈ܐ[j] ܘܒܕ̈ܝܢܐ. ܐܝܟܢܐ ܠܟܘ ܕܬܗܠܟܘܢ ܥܠ[k] ܩܛܠܗ ܕܢܗܪܐ
ܘܢܦܩ. ܟܕ ܐܢܬ[l] ܡܥܡܕܝܢܘܗܝ ܒܢܗܪܐ. ܐܢܬ[l] ܩܛܠܬ ܘܐܡܪܬܠܗ،[m]
f. 21 a [n]ܘܡܥܕܢܬ ܩܛܠܐ[n]. ܐܘ[o] ܟܕ ܢܦܪܘܥ ܐܢܫ ܥܠ ܓܒܝ ܩܛܠܗ ܕܢܗܪܐ
ܘܡܪܒܝ ܕܢܐܡܪ. ܐܢܬ ܒܟܠ ܐܘܪܚ[p] ܠܗ ܐܝܟܢܐ ܘܕܠܠܗ،[q] ܕܠܐ[r]
ܢܐܡܪ ܠܗ.. ܡܥܠܬܐ ܗ̇ܝ ܩܘܫܬ ܟܢܝ. ܕܢܐܠܦ ܘܢܬܚܟܡ[s] ܒܢܝ..
ܘܗܘ ܬܘܒ ܕܚܛܐ ܕܠܐ ܢܐܡܪ ܠܗ ܠܡܦܢܝܘܬܐ. ܐܠܐ[t] ܕܢܚܝܐ

---

a ܘܡܠܘܬܗ S. f. 15 a b ܐܡܪܬ c ܘܬܬܟܠ ܥܠ ܙܕܝܩܘܬܗ
d om. ܕܥܒܕ e ܘܟܕ f ܕܢܣܒ ܘܙܕܝܩܘܬܐ. ܘܡܫܟܢܐ g ܡܚܝܐ
h + ܕܠܐ ܥܡܪܐ ܐܘܪܚܐ ܕܡܪܝܐ ܐܡܪܝܢ. ܐܡܪ ܠܗܘܢ. ܐܘܪܫܠܡ ܗܘ
ܕܠܗܘܢ ܠܐ ܥܡܪܝܢ. ܕܐܝܟ ܢܗܦܘܟ ܕܪܫܥܐ ܡܢ ܪܫܝܥܘܬܗ ܘܢܥܒܕ ܦܘܠܚܐ:
ܡܕܝܢ ܢܚܐ ܒܚܝܘܗܝ. ܘܐܝܟ ܢܗܦܘܟ ܥܘܠܐ ܡܢ ܥܘܠܘܬܗ. ܘܢܥܒܕ ܕܝܢܐ
ܘܙܕܝܩܘܬܐ ܒܗܘܢ ܢܐܚܐ.
i + ܩܛܠ j ܒܚܝܐ k + ܓܒܝ l om. ܐܢܬ m ܐܡܪܬܠܗ.
n ܘܩܛܠܐ ܡܥܕܢܬ o ܐܠܐ p ܐܘܪܚܬ q ܘܕܠܝܠܘܬܗ r + ܡܠܐܟܬ
s + ܐܦ t + ܡܢܐ

ܐܦܨܚ[a] ܥܒܪܐ ܗ̇ܘ، ܕܒܝܬ ܐܝܣܪܝܠ. ܐܠܐ ܐܦܨܚܬܟܘܢ[b] ܕܝܠܟܘܢ
30 ܠܐ ܥܒܝܕ.. ܡܛܠܗܢܐ ܠܟܠܢܫ ܡܒܕܘܢ ܐܝܟ ܐܦܨܚܬܗܘܢ
ܐܕܘܢܝܗ̇ܘܢ، ܐܡܪ ܡܪܝܐ ܐܠܗܐ.. ܬܘܒܘ ܘܐܬܦܢܘ ܡܢ ܟܠܗ
ܚܘܠܗܘܢ ܘܪܘܫܥܝܗܘܢ. ܘܠܐ[c] ܢܗܘܐ ܠܟܘܢ ܗܠܝܢ ܠܬܘܩܠܬܐ
31 ܕܚܛܝܬܐ. ܘܒܙܘ ܘܐܪܡܘ[d] ܡܢܟܘܢ ܟܠܗ ܪܘܫܥܟܘܢ ܕܐܪܫܥܬܘܢ.
ܘܚܕܬܘ ܠܟܘܢ ܠܒܐ ܚܕܬܐ. ܘܪܘܚܐ[1] ܚܕܬܐ. ܘܠܐ ܬܡܘܬܘܢ
32 ܕܒܝܬ ܐܝܣܪܝܠ. ܡܛܠ ܕܠܐ ܨܒܐ ܐܢܐ ܒܡܘܬܗ ܕܚܛܝܐ ܐܡܪ
ܡܪܝܐ ܐܠܗܐ. ܐܠܐ ܬܘܒܘ ܘܚܝܘ ✤ ܚܙܝܢ ܐܢܬܘܢ ܒܢܝ[e] ܚܒܝܒܐ
ܘܪܚܡܝܐ[2] ܕܟܠܗܝܢ ܡܫܬܘܕܝܢ ܢܒܝܘܗܝ، ܕܡܪܝܐ ܐܠܗܢ[f]. ܘܡܠܟܘܬܗ
ܘܡܪܚܡܢܘܬܗ ܥܠܝܢ. ܘܨܒܐ ܡܢ ܐܢܫܝܢ ܕܢܗܦܟܘܢ ܕܢܬܘܒܘܢ. f. 20b
ܘܒܕܘܟܝܬܐ ܣܓܝܐܬܐ ܐܡܪ ܥܠܝܗܝܢ ܕܗܠܝܢ. ܘܠܐ ܝܗܒ ܐܬܪܐ
ܠܚܛܝܗܘܢ ܕܐܢܫܝܢ ܕܢܥܘܠ ܠܒܘܬܗ. ܘܥܠܝܗ̇ܝܢ ܕܒܝܬ ܕܠܐ ܬܘܒܐ[g]
ܢܦܩܝܢ ܕܡܬܘܒܝܢ. ܘܢܬܒܘܢ ܐܢܝܢ ܡܠܐܟܘܬܐ ܠܐܢܫܝܢ ܕܢܦܩܘ.
ܐܝܟ ܗܘ ܕܠܐ ܐܝܬ ܠܗܘܢ ܬܝܒܘܬܐ. ܐܠܗܐ ܕܝܢ ܠܐ[3] ܗܘܐ
ܗܟܢܐ. ܐܠܐ ܐܦ ܠܡܛܝܐ ܦܪܐ ܠܬܝܒܘܬܐ ܘܡܗܒ ܠܗܘܢ[h]
ܚܒܪܐ. ܘܠܐܢܫܝܢ[4] ܕܝܢ ܕܠܐ ܡܛܠ ܕܠܐ ܡܠܟ ܘܐܡܪ ܠܗܘܢ. ܕܠܐ
ܢܗܘܘܢ ܦܩܕܝܢ ܕܐܦܟܝܢ[i] ܐܘ ܡܣܬܘܬܝܢ[j] ܒܡܫܪܝܐ ܕܐܢܫܝܢܐ.
ܦܨܝܚܐܝܬ ܗܘܐ ܡܠܘܗ[5] ܠܐܢܫܝܢ ܕܬܝܒܝܢ. ܟܕ [k]ܠܐ ܡܬܦܠܓܝܢ[k]
ܐܝܬܘܗܝ ✤ ܐܡܪ[l] ܓܝܪ[m] ܗܘ ܒܢܒܝܐ[n] ܚܙܩܝܐܝܠ. ܘܐܢܬ ܒܪܢܫܐ Ezek. xxxiii. 12
ܐܡܪ ܠܒܢܝ ܥܡܟ ܕܙܕܝܩܘܬܗ[o] ܕܙܕܝܩܐ ܠܐ ܬܦܨܝܘܗܝ[p] ܒܝܘܡܐ

---

a + ܕܝܠܢ b + ܗܘ c ܕܠܐ d ܘܐܪܡܘ Lag. p. 19 e ܒܢܝ
f ܐܠܗܐ ܕܝܠܢ g ܬܘܒܝܢ h om. ܠܗܘܢ i ܕܐܦܟܝܢ j ܡܣܬܘܬܝܢ k ܚܕܝܢ
l ܐܡܪ m + ܬܘܒ n + ܥܠ ܬܝܒܘܬܐ o ܙܕܝܩܘܬܗ p ܬܦܨܝܘܗܝ

---

[1] Cod. ܘܪܘܚܐ [2] Cod. ܘܪܚܡܐ [3] Cod. om. ܠܐ [4] Cod ܘܠܐ
[5] Cod. ܡܠܠ

18 ܕܐܒܘܗܝ. ܐܠܐ ܒܟܐܢܘܬܐ ܢܚܝܐ. ܐܒܘܗܝ ܕܝܢ ܟܠ ܕܐܬܠܚܨ
ܠܠܘܚܨܝܐ. ܘܒܙܙ ܚܛܘܦܝܐ. ܘܒܝܫܬܐ ܠܐ ܥܒܕ ܠܥܡܗ. ܝܡܘܬ
19 ܒܚܘܒܗ. ܘܐܡܪܝܢ ܐܢܬܘܢ ܠܡ ܡܢܐ ܠܐ[1] ܡܬܦܪܥ ܒܪܐ ܒܚܘܒܗ
ܕܐܒܘܗܝ. ܡܛܠ ܕܥܒܕ ܒܪܐ ܕܝܢܐ ܘܙܕܝܩܘܬܐ. ܘܟܠܗܘܢ
20 ܦܘܩܕܝ ܢܛܪ ܘܥܒܕ ܐܢܘܢ. ܒܟܐܢܘܬܐ ܢܚܝܐ. ܘܢܦܫܐ[a] ܕܚܛܝܐ
ܗܝ ܬܡܘܬ ✤ ܒܪܐ ܠܐ ܢܬܦܪܥ ܚܘܒܗ ܕܐܒܘܗܝ. ܘܐܒܐ ܠܐ
ܢܬܦܪܥ ܚܘܒܗ ܕܒܪܗ. ܙܕܝܩܘܬܗ ܕܙܕܝܩܐ ܥܠܘܗܝ ܬܗܘܐ. f. 20a
21 [b]ܘܥܘܠܐ ܐܢ ܢܬܦܢܐ ܡܢ ܟܠܗ ܚܘܒܘܗܝ ܕܥܒܕ ܗܘܐ.. ܘܢܛܪ
ܟܠܗܘܢ ܦܘܩܕܝ ܘܥܒܕ ܕܝܢܐ ܘܙܕܝܩܘܬܐ. ܡܐܚܐ ܢܚܝܐ
22 ܘܠܐ ܝܡܘܬ. ܘܟܠܗ ܥܘܠܐ ܕܥܒܕ ܠܐ ܢܬܕܟܪ ܠܗ. ܐܠܐ
23 ܒܙܕܝܩܘܬܐ ܕܥܒܕ ܒܗ ܢܚܝܐ. ܡܛܠ ܕܠܐ ܨܒܝܢ ܐܢܐ ܒܡܘܬܗ
ܕܚܛܝܐ. ܐܡܪ ܡܪܝܐ ܐܠܗܐ. ܐܠܐ ܟܠܘ ܕܢܬܦܢܐ ܡܢ ܐܘܪܚܗ
24 ܒܝܫܬܐ ܘܢܚܐ.. ܘܐܢ ܢܬܦܢܐ ܙܕܝܩܐ ܡܢ ܙܕܝܩܘܬܗ. ܘܢܥܒܕ
ܥܘܠܐ. ܐܝܟ ܟܠܗ ܥܘܠܐ ܕܥܒܕ[c] ܗܘܐ ܥܘܠܐ. ܟܠܗ ܙܕܝܩܘܬܗ
ܕܥܒܕ ܠܐ ܬܬܕܟܪ ܠܗ. ܐܠܐ ܒܥܘܠܐ ܕܥܒܕ ܘܒܚܛܝܬܗ ܕܚܛܐ
25 ܒܗܘܢ ܝܡܘܬ. ܘܐܡܪܬܘܢ ܕܠܐ ܬܪܝܨܐ ܐܘܪܚܗ[d]. ܫܡܥܘ[e] ܕܒܝܬ
ܐܝܣܪܐܝܠ ܐܘܪܚܝ ܕܝܠܝ ܬܪܝܨܐ ܗܝ. ܐܠܐ ܐܘܪܚܬܟܘܢ[f] ܕܝܠܟܘܢ
26 ܠܐ ܬܪܝܨܢ. ܘܐܢ ܢܬܦܢܐ ܙܕܝܩܐ ܡܢ ܙܕܝܩܘܬܗ.[g] ܘܐܢ ܢܥܒܕ[g]
27 ܥܘܠܐ. ܒܥܘܠܐ ܕܥܒܕ ܢܡܘܬ. ܘܐܢ ܢܬܦܢܐ ܥܘܠܐ ܡܢ
ܥܘܠܗ ܕܥܒܕ ܗܘܐ. ܘܢܥܒܕ ܕܝܢܐ ܘܙܕܝܩܘܬܐ. ܗܘܐ ܡܚܝ
28 ܢܦܫܗ. ܡܛܠ ܕܚܙܐ ܡܢ ܟܠܗ ܥܘܠܘܗܝ[ih]. ܡܐܚܐ ܢܚܝܐ ܘܠܐ
29 ܢܡܘܬ.. ܘܐܡܪܝܢ ܕܒܝܬ ܐܝܣܪܐܝܠ ܕܠܐ[j] ܬܪܝܨܐ ܐܘܪܚܗ ܕܡܪܝܐ.

---

a ܢܦܫܐ b + ܘܥܘܠܬܗ ܕܥܘܠܐ ܥܠܘܗܝ ܬܗܘܐ c ܕܥܒܕ
d + ܕܡܪܝܐ e ܫܡܥܘܢ f + ܗܘ g ܘܢܥܒܕ S. f. 14 b h ܥܘܠܗ
i + ܕܥܒܕ ܗܘܐ j ܠܐ

---

[1] Cod. om. ܠܐ

6 ܘܕܪܝܫܘܬܐ. ܘܥܠ ܦܬܘܪܐ ܠܐ ܢܬܕܒܩ. ܘܚܝܠܘܗܝ ܠܐ ܢܓܝܪ
ܠܥܬܝܪܐ ܕܒܝܬ ܐܝܣܪܐܝܠ. ܘܠܐܢܫܘܬܗ ܚܒܪܗ ܠܐ ܢܗܠܨ.
7 ܘܠܐܢܫܘܬܐ [a]ܥܠ ܥܣܩܘܬ[a] ܠܐ ܢܬܟܪܒ. ܘܠܐܢܫ ܠܐ ܢܕܒܪ ܒܩܛܝܪܐ.
f. 19b [b]ܐܦ ܡܥܕܢܐ ܕܢܝܚ[b] ܕܢܥܒܕ ܢܟܝܐ. ܘܠܒܪܢܫܐ ܢܠܒܫ ܬܘܥܡܬܐ.
8 ܘܥܘܩܒܗ ܒܪܝܬܐ ܠܐ ܢܛܠ. ܘܒܚܠܡܘܬܐ ܠܐ ܢܥܒܕ[c]. ܘܡܢ
ܒܥܠܐ ܢܗܘܐ ܐܝܕܗ. ܘܕܝܢܐ ܬܪܝܨܐ ܢܕܘܢ ܒܝܬ ܒܢܝܐ ܠܚܒܪܗ.
9 ܘܒܬܪܥܘܗܝ ܢܗܠܟ ܘܕܝܢܐ [d]ܢܥܒܕ ܘܢܦܪܘܫ[d] ܐܢܘܢ. ܡܢܐ ܐܢܫܐ ܕܕܝܢܐ ܗܘ.
10 ܘܡܣܐܢܐ[e] ܢܣܝܒܐ ܐܡܪ ܡܪܝܐ ܐܠܗܘܢ. ܘܐܢ ܢܦܠ ܒܪܐ
ܒܝܫܐ ܕܐܚܪ ܕܥܒܐ ܘܢܥܒܕ [f]ܥܘܠܐ[f]. ܐܦ ܒܐܘܪܚܐ[f] ܕܐܒܗܘܗܝ
11 ܕܕܝܢܐ ܠܐ ܢܗܠܟ. ܘܥܠ ܦܬܘܪܐ ܢܬܕܒܩ. ܘܠܐܢܫܘܬܗ ܚܒܪܗ ܢܗܠܨ.
12 ܘܠܡܣܟܢܐ ܘܠܝܬܡܐ ܢܐܟܠ[g]. ܘܫܘܦܪܐ ܢܫܦܘܪ. ܘܡܥܒܕܢܐ
ܕܢܥܒܕ ܠܐ ܢܗܘܐ. ܘܚܝܠܘܗܝ ܢܓܝܪ ܠܥܬܝܪܐ. ܘܒܥܠܐ[h] ܢܥܒܕ.
13 ܘܥܘܩܒܗ [i]ܒܪܝܬܐ ܢܛܠ[i]. ܘܒܚܠܡܘܬܐ ܢܥܒܕ. ܡܢܐ ܠܐ ܢܣܝܒܐ.
ܡܛܠ ܕܡܢܐ ܐܠܗ ܒܥܠܐ ܒܥܕ. ܡܥܒܕ ܢܥܒܕ. ܘܕܝܢܗ ܒܠܘܗܝ
14 ܢܗܘܐ. ܐܢܫܝܢ ܢܦܠ ܒܪܐ. ܘܢܣܝܒܐ ܐܠܗܘܢ [j]ܫܘܦܪܗ ܕܕܝܢܐ
15 ܐܒܗܘܗܝ. ܘܢܕܒܪ ܘܠܐ ܢܥܒܕ ܐܒܗܘܬܗ[k]. ܘܥܠ ܦܬܘܪܐ ܠܐ ܢܬܕܒܩ.
ܘܚܝܠܘܗܝ ܠܐ ܢܓܝܪ ܠܥܬܝܪܐ ܕܒܝܬ ܐܝܣܪܐܝܠ. ܘܠܐܢܫܘܬܗ ܚܒܪܗ
16 ܠܐ ܢܗܠܨ. ܘܠܐܢܫ ܠܐ ܢܐܟܠ[g]. ܘܡܥܒܕܢܐ ܠܐ ܢܥܒܕ. ܘܫܘܦܪܐ
ܠܐ ܢܫܦܘܪ. ܘܠܚܒܪܗ ܢܛܠ ܠܥܒܕܐ. ܘܠܒܪܢܫܐ ܢܠܒܫ ܬܘܥܡܬܐ.
17 ܘܡܢ ܒܥܠܐ ܢܗܘܐ ܐܝܕܗ. ܘܒܪܝܬܐ ܘܒܚܠܡܘܬܐ ܠܐ ܢܥܒܕ.
[l]ܘܢܥܒܕ ܕܕܝܢܘܬܐ[l] ܘܒܬܪܥܘܗܝ ܢܗܠܟ. ܡܢܐ ܠܐ ܢܥܒܕ ܠܐ ܢܥܒܕ ܒܥܠܐ[m]

---

[a] ܒܥܣܩܘܬ [b] ܘܡܥܕܢܐ ܕܢܝܚܗ [c] ܢܥܒܕ [d] ܢܦܪܘܫ ܘܢܥܒܕ [e] ܡܣܐܢܐ
[f] ܥܘܠܐ; ܘܒܐܘܪܚܗ [g] ܢܐܟܠ [h] ܘܒܥܠܐ [i] ܢܛܠ ܒܪܝܬܐ
[j] ܠܫܘܦܪܗ [k] ܐܒܗܘܬܗܘܢ S. f. 14a. Lag. p. 18 [l] ܘܕܝܢܘܬܐ ܢܥܒܕ
[m] ܒܥܠܘܗܝ

ܡܠܟܐ ܗܘܐ ܒܒܒܝܠ. ܐܠܐ ܗܘ ܒܠܚܘܕܘܗܝ, ܐܡܪ: ܘܐܦ[a]
ܒܡܐܡܒܘܬܐ ܢܦܫ ܘܬܪܝܢ ܒܢܘܗܝ, ܕܝܚܘ. ܗܘܢ ܐܬܒܪܘ. ܐܟ
ܕܡ[b] ܗܘ ܐܣܝܪܐ ܠܐ ܐܬܒܪܝܟ. ܐܠܐ ܐܬܬܠܒܟ ܙܪܒܗ[c] ܒܠ
ܕܐܠܝܦܪ, ܒܐܡܒܘܗܝ, ܕܒܠ[c] ܣܘܘܬܐ ܢܓܡ[d]. ܠܐ ܢܥܒܠ ܚܝܠܝ[e] ܠܗܘܢ
ܕܐܬܐܬܩܠܘܢ[f]. ܠܐܦܠܝܢ ܕܐܝܒܝܢ ܒܡܡܘܬܐ ܘܢܦܫܝܢ ܠܐܫܬܘܗܘܢ
ܘܫܢܝܢ ܡܚܙܘܬܐ. ܕܒܐܢܕܐ[g] ܕܗܝ, ܚܠܬܐ ܡܠܝܢ ܠܓܡܠܠ.
ܐܠܐ ܗܘܡܬܘܢ ܡܕܒܪܝܢ ܠܐܦܠܝܢ ܕܦܠܓ ܕܢܒܗܝܢ. ܘܡܢܕܘܢܘܗܝ[h]
ܚܕܕܝܢ ܘܫܠܝܢ. ܕܬܦܝܪܘܢ ܐܢܘܢ ܡܢ ܡܘܬܐ. ܘܠܐ ܐܝܟ ܡܥܦܬ
ܠܓܗܘܢ ܘܡܠܬܗܘܢ ܘܬܪܒܝܬܗܘܢ[i]. ܠܐ ܒܪ ܡܬܒܥܐ ܠܝ
ܐܢܐ ܐܦܝܡܡܘܦܐ ܕܒܕ ܐܝܬܝܟ ܙܒܢܐ ܬܗܘܐ ܡܥܬܒܕ ܠܓܘܒܡܬܐ.
ܗܘ ܕܝܢ ܠܒܪ ܚܠܡܐ. ܠܒܪܢܫܐ ܚܝܝܐ ܕܐܝܟܐ ܒܐܡܒܘܗܝ ܕܐܚܪܢܐ.
ܐܠܐ ܐܢܬ ܗܘܝܬ ܢܐܪ ܒܠܚܘܕ ܒܬܠܡܝܕܘܗܝ ܕܡܪܢܐ ܐܠܗܐ.
ܘܒܠܗܘܕܐ ܕܠܐ ܢܗܘܘܢ ܦܒܕܝܢ ܕܐܚܪܢܝܢ. ܐܘ ܡܬܠܡܕܝܢ[j]
ܒܢܡܘܣܐ ܕܐܚܪܢܐ. ܦܣܩ ܬܘܒ ܬܪܒܝܬܗܘܢ ܒܝܫܬܐ. ܘܐܦ[k]
Ezek. xviii. 1 ܒܚܙܩܐܝܠ ܡܪܢܐ ܐܡܪ ܠܗܘܢ ܐܡܪ[l] ܢܒܝܐ. ܘܗܘܐ ܒܠ ܦܬܓܡܗ
2 ܕܡܪܢܐ ܠܡܐܡܪ. ܒܪܢܫܐ ܠܟܢܐ ܡܡܬܠܝܢ ܐܢܬܘܢ[m] ܒܐܪܥܐ
ܕܐܝܣܪܐܝܠ. ܘܐܡܪܝܢ ܐܢܬܘܢ. ܐܒܗܬܐ ܐܟܠܘ[n] ܒܣܪܐ ܘܫܢܝܐ
3 [o]ܕܒܢܝܐ ܩܗܝܢ[o]. ܚܝ ܐܢܐ ܐܡܪ ܡܪܝܐ ܐܠܗܐ. ܐܢ[p] ܬܗܘܐ ܡܡܬܠ[q]
4 ܡܬܠܐ ܗܢܐ ܒܟܘܢ ܒܐܝܣܪܐܝܠ. ܡܛܠ ܕܟܠܗܝܢ ܢܦܫܬܐ ܕܝܠܝ ܐܢܝܢ.
[r]ܢܦܫܐ ܕܐܒܐ ܕܝܠܝ[s]. ܗܟܢܐ ܐܦ ܢܦܫܐ ܕܒܪܐ ܕܝܠܝ ܗܝ. ܢܦܫܐ
5 ܕܚܛܝܐ ܗܝ ܬܡܘܬ[1]. ܘܒܪܢܫܐ ܐܢ ܢܗܘܐ ܙܕܝܩ. ܘܢܥܒܕ ܕܝܢܐ

---

a ܐܦ b + ܒܪܗ Lag. p. 17 c ܐܦ ܣܘܘܬܐ ܕܟܠ d ܢܩܡ
e ܡܬܒܥܐ f ܕܐܬܥܬܩܒܘܢ g ܘܒܐܢܕܐ h ܘܡܢܕܘܢܘܗܐ
i ܘܬܪܒܝܬܗܘܢ ܕܒܢܝ ܐܢܫܐ j ܡܬܠܡܕܐܝܢ k ܐܦ l ܐܡܪ
m + ܡܬܠܐ ܗܢܐ S. f. 13 b n ܐܟܠܘ o ܕܒܢܝܗܘܢ ܩܗܝ p + ܬܗܘܐ
q ܕܡܡܬܠ r + ܕ ܐܝܟܢܐ s + ܗܝ

---

[1] Cod. ܬܡܘܬܝ

ܘܐܬܬܦܝܣܘ[a] ܠܗ. ܡܛܠ ܡܠܬܐ ܕܐܡܝܪܐ ܒܕܘܝܕ ܗܟܢܐ. ܠܐ Psalm lxxiv. 18
ܬܫܠܡ[b] ܢܦܫܐ ܕܡܘܕܝܐ ܠܟ. ܘܒܐܪܡܝܐ ܬܘܒ ܐܡܪ ܗܟܢܐ.
ܥܠ ܬܦܢܝܬܐ ܕܐܢܫ ܕܢܦܠ. ܕܠܡܐ ܗܘ [c]ܕܢܦܠ ܘܠܐ[c] ܩܐܡ. Jer. viii. 4
ܐܘ ܗܘ ܕܗܦܟ[d] ܠܐ ܡܬܦܢܐ. ܡܛܠܗܢܐ ܗܦܟ ܥܡܐ
ܡܬܗܦܟܢܘܬܐ[e] ܣܪܝܒܬܐ ܘܐܬܬܚܝܕܘ ܒܬܪ̈ܥܝܬܗܘܢ. ܘܠܐ ܨܒܘ
ܠܡܬܒ ܘܠܡܬܦܢܝܘ.. ܡܛܠܗܢܐ ܗܘܐ ܡܟܝܠ ܠܗܘ ܕܬܐܒ. ܒܪ.
ܠܐ ܡܬܦܠܓ ܐܢܫ ܐܦܠܐ ܡܠܝܠ. ܘܠܐ ܬܬܦܠܐ ܡܢ ܐܢܫ ܕܕܠܐ
ܕܣ̈ܓܝܐ. ܐܝܟܢ ܕܐܡܪܢ. ܕܠܐ ܦܠܐ ܠܐ ܕܢܬܦܠܓܐܐ[f] ܥܡ ܗܠܝܢ.
ܐܡܪ ܓܝܪ ܡܪܝܐ ܐܠܗܐ. ܕܠܐ ܢܡܘܬܘܢ ܐܒܗ̈ܐ ܚܠܦ ܒ̈ܢܝܐ. 2 Chron. xxv. 4
ܘܐܦܠܐ ܒ̈ܢܝܐ ܚܠܦ ܐܒܗ̈ܐ ✤ ܘܬܘܒ. ܒܚܙܩܝܐܝܠ ܐܡܪ ܗܟܢܐ.
ܘܗܘܐ ܥܠ ܦܬܓܡܗ ܕܡܪܝܐ ܠܡܐܡܪ. ܒܪܢܫܐ ܐܪܥܐ ܐܢ Ezek. xiv. 13
ܬܚܛܐ ܠܝ. ܘܬܫܕܪ ܥܘܠܐ ܡܢܗ̇. ܐܦܣܘܩ ܐܝܕܝ ܥܠܝܗ̇.
ܘܐܘܒܕ ܡܢܗ̇ ܣܡܟܐ ܕܠܚܡܐ. ܘܐܫܕܪ ܥܠܝܗ̇ ܟܦܢܐ. ܘܐܘܒܕ
ܡܢܗ̇ ܒܢ̈ܝܢܫܐ ܘܒܥܝܪܐ. ܘܐܢ ܢܗܘܘܢ ܒܗ̇ ܗܠܝܢ ܬܠܬܐ
ܓܒܪ̈ܝܢ. ܢܘܚ ܘܕܢܝܐܝܠ ܘܐܝܘܒ.. ܗܢܘܢ ܒܙܕܝܩܘܬܗܘܢ ܢܦܨܘܢ
ܢܦ̈ܫܬܗܘܢ. ܐܡܪ ܡܪܝܐ ܐܠܗܐ ✤ ܚܠܝܐܝܬ ܗܘܐ ܣܓܝ
ܬܘܒܐ ܕܐܢ ܢܬܦܢܘܢ ܕܕܝܢܐ ܥܡ ܒܥܠܐ. ܠܐ ܐܒܕ ܒܗܘܢ.
ܐܠܐ ܚܠܦ ܒܙܕܝܩܘܬܗ ܫܢܐ. ܘܐܢ ܡܬܦܠܐ ܡܛܠ ܚܛܗ̈ܘܗܝ
ܗܘ ܕܢܦܫܗ ܡܬܦܠܐ. ܘܒܡܬ̈ܠܐ ܬܘܒ ܐܡܪ. ܕܚܠܦ ܒܚܒܠܐ Prov. v. 22
ܕܚܛܗ̈ܘܗܝ ܡܬܦܟܪ[g].. ܚܠܦ ܚܕ ܗܘܐ ܡܢ ܒܢܝ ܥܠܡܐ ܥܠ
ܚܛܗܐ[h] ܗܘ ܕܢܦܫܗ ܢܗܒ ܦܬܓܡܐ. ܘܠܐ ܡܬܒܥܐ ܐܢܫ ܡܛܠ
ܚܛܗ̈ܐ ܕܒ̈ܢܝܐ[i] ܕܐܒ̈ܗܬܐ. ܘܐܦܠܐ[j] ܒܗܘܕܝܐ[k] ܐܚܣܢ ܡܕܡ ܒܪ. f. 19 a

---

[a] ܘܐܬܬܦܝܣܘ + [ܘܐܬܟܫܦ]   [b] + [ܠܚܝܘܬܐ]   [c] ܕܢܦܠ ܠܐ   [d] ܕܗܦܟ
[e] ܡܬܗܦܟܢܘܬܐ *sic*   [f] ܕܢܬܦܠܓܐ S. f. 13 a   [g] + [ܡܬܬܦܟܪ]   [h] ܚܛܗ̈ܐ
[i] om.   [j] ܐܦ ܠܐ   [k] + ܓܝܪ

ܐܡܪ ܠܒܝܬ ܐܝܣܪܐܝܠ. ܕܗܟܢܐ ܐܡܪܬܘܢ. ܕܝ̈ܒܫܝܢ ܘܓܪ̈ܡܝܢ
ܚܠܝܢ ܐܒܕ ܘܣܒܪܢ ܡܬܦܣܩܝܢ. ܐܢܫܐ ܗܟܝܠ ܡܬܚܝܝܢ
11 ܠܡܚܝܢܐ[a]. ܐܡܪ ܠܗܘܢ ܚܝ ܐܢܐ ܐܡܪ ܡܪܝܐ ܐܕܘܢܝ. ܕܠܐ
ܨܒܐ ܐܢܐ ܒܡܘܬܗ ܕܚܛܝܐ. ܐܠܐ ܕܢܬܘܒ. ܘܢܚܐ ܡܢ ܐܘܪܚܗ
ܒܝܫܬܐ[b] ܘܢܚܐ. ܬܘܒܘ[c] ܗܟܝܠ ܘܐܬܦܢܘ ܡܢ ܒܝ̈ܫܬܟܘܢ[d].
ܘܠܐ ܬܬܩܠܘܢ ܕܒܝܬ ܐܝܣܪܐܝܠ.. ܗܪܟܐ ܗܟܝܠ ܢܗܒ
ܣܗܕܐ ܠܐܢܫܝܢ ܕܫ̈ܠܡܘ ܡܟܐ ܕܬܒܘ. ܕܢܗܘܐ ܠܗܘܢ ܦܘܪܥܢܐ
ܒܬܢܝܬܗܘܢ. ܘܠܐ ܢܦܫܘܢ ܡܣܪܝܗܘܢ[e]. ܘܢܗܘܘܢ
ܒܚܛ̈ܗܝܗܘܢ. [f]ܘܬܘܒ ܢܦܩܘܢ[f] ܚܠܝܡܝܢ. ܐܠܐ ܕܢܬܘܒܘܢ[g].
ܘܢܚܝܘܢ ܥܠ ܚܛ̈ܗܝܗܘܢ. ܘܢܬܦܢܘܢ ܡܢ ܟܠܗ ܠܒܗܘܢ.
ܘܐܢܫܝܢ[h] ܕܡܢ ܕܠܐ ܝܕܥܘ ܢܗܘܘܢ ܕܠܐ ܚܛ̈ܗܐ. ܕܠܐ ܐܦ ܗܢܘܢ
ܢܗܘܘܢ ܡܬܢܝܚܝܢ ܥܠ ܟܦܬܐ ܘܥܠ ܬܪܥܝ̈ܬܐ[i] ܘܥܠ[j] ܥܘܒܕܐ.
ܡܢ ܐܢܫܐ[k] ܢܗܒ ܐܢܬ ܐܦ ܒܪܢܫܐ ܕܫܠܝܐ ܐܢܬ. ܕܗܟܢܐ ܐܝܟ
ܘܫ̈ܪܬܐ ܕܣܢܝ ܒܟܠܗܘܢ ܗܢܐ ܐܝܟ ܕܬܬܘܒ. ܡܛܠ ܕܠܐ
ܢܗܒ ܐܢܬ ܡܘܡܐ ܕܡܢ ܟܠܗܘܢ ܗܢܐ[b]. ܕܠܗܘܐ ܬܬܘܒ ܒܫܠܡܝ.
Psalm vi. 6 ܘܠܝܬ ܠܝ[l] ܬܘܕܝܬܐ ܐܝܟ ܕܐܡܪ ܕܘܝܕ. ܕܒܫܝܘܠ ܡܢܘ ܡܘܕܐ
ܠܝ. ܡܛܠ ܗܢܐ ܕܠܐ ܡܬܬܘܒܝܢ ܗܘܘ ܟܠܗܘܢ ܕܢܦܩܘ[m] ܥܠ ܢܦܫܗ.
ܘܡܘܬܐ ܕܠܐ ܫܠܡܐ. ܐܢܫܐ ܬܘܒ[n] ܕܒܬܘܬܐ ܕܐܦ ܘܕܝܢ
f. 18 b ܒܡܕܢܐ ܗܘܬ ܠܗ ܬܘܒܬܐ ܠܗ ※ ܐܝܬ ܗܟܝܠ ܐܦ ܐܦܝܣܩܘܦܐ
ܗܟܢܐ ܗܘܬ ܕܐܦ. ܠܒܪܝܐ ܠܐܪܝܬܐ. ܘܚܛܗܐ[o] ܡܢ ܥܠ ܒܪ̈ܝܬܐ
ܘܡܬܪܥܝܢܐ. ܒܗ ܡܬܝܕܥܢܐ ܕܐܬܐ. ܘܡܠܟ ܒܗ ܘܐܝܟܢ ܠܗ

---

a ܠܡܚܝܢܐ b om. c ܘܬܘܒܘ d ܐܘܪ̈ܚܬܗܘܢ ܒܝ̈ܫܬܐ
e ܡܣܪܢܐ ܕܠܗܘܢ f ܘܢܦܩܘܢ ܬܘܒ g + ܘܢܬܬܝܒܘܢ h ܐܢܫܝܢ
Lag. p. 16 i ܬܪܥܝܬܐ j + ܘܥܠ ܟܦܬܐ k + ܒܪ S. f. 12 b l + ܬܘܒ
m ܕܢܦܩܘ n + ܕܐܦ o ܘܡܢ ܚܛ̈ܗܐ

ܫܠܡܗ ܘܢܒܥܐ ܘܢܬܬܢܝܚ[a] ܠܘܬ[b] ܐܠܗܐ. ܕܢܗܘܐ[c] ܠܗ ܦܘܪܩܢܐ.
ܬܘܒ ܕܝܢ[d] ܗܘ̇ ܡܪܕܝܬܐ ܟܠܗ̇. ܟܕ ܬܝܒܐ ܒܓܢܗ[e] ܐܝܟ[f] ܕܚܒܪܘܗܝ[f]
ܕܗܘܐ ܬܕܝܠ. ܟܕ ܢܕܥܐ ܘܡܣܬܟܠܐ ܕܟܠ ܟܡ ܕܫܠܛܐ ܐܚܕ ܠܗ..
ܡܛܠ ܗܢܐ ܗ̇ܟܝܠ ܐܘ̄ ܐܦܝܣܩܘܦܐ ܐܬܚܫܚ ܕܬܬܩܘܐ ܕܒܢܝܐ[g]
ܒܒܢ̈ܝܟ ܘܦܩܘܕ ܢܛܪ ܕܦܘܩܕܢܝܟ. ܘܕܒܪܒܘܬܗ[h] ܕܐܠܗܐ ܐܚܝܕ
ܟܠ ܫܒܘܩ ܐܢܬ. ܘܕܦܩܘܕܬܗ ܕܐܠܗܐ ܐܚܝܕ ܟܠ ܐܢܬ. ܘܗܟܢܐ
ܦܘܩܕ ܢܛܪ ܒܟܪܝܘܬܐ ܘܡܠܟ. ܐܚܟܡ[i] ܕܐܝܬ ܠܟ ܫܘܠܛܢܐ ܠܡܫܪܐ
ܠܐܝܠܝܢ ܕܚܛܝܢ. ܫܠܛ ܐܠܗܐ ܐܚܝܕ ܟܠ. ܠܟܘܢ ܗܘ ܠܒܢ̈
ܠܐܦܝܣܩܘܦܐ ܐܡܪ ܒܐܘܢܓܠܝܘܢ̈. ܕܟܠܡ ܕܬܐܣܪܘܢ[j] ܒܐܪܥܐ Matt. xviii. 18
ܢܗܘܐ ܐܣܝܪ ܒܫܡܝܐ ܀

ܡܠܐܘܢ ܕܐܪܒܥܬܐ[k] ܀ [l]ܬܘܒ ܡܛܠ ܠܐܦܝܣܩܘܦܐ. ܕܢܗܘܘܢ ܠܐܢܫܐ Chap. VI
ܕܡܫܡܠ: ܐܝܟ ܐܠܗܐ. ܘܠܐ ܢܒܣܐ ܟܠܗܘܢ. ܘܕܢܩܒܠ ܒܬܝܒܘܬܐ
ܠܐܢܫܐ ܕܬܐܒ ܘܢܥܒܕܘܢ ܠܗ. ܘܕܠܐ ܢܦܩ ܠܡܫ̈ܬܘܬܗܘܢ ܕܚܠ̈ܝܚܐ. f. 18a
ܘܢܐܒܕܘܢ ܬܘܪܥܐ ܒܐܝܩ̈ܪ ܐܢܫܝܢ ܕܬܐܒܝܢ. ܐܠܐ ܐܝܟ ܪܥܝܬ
ܒܝܡܢܗ. ܢܛܪ ܡܢܘܬܐ ܘܫܠܡܘܬܐ ܕܟܠܗܝ. ܒܗ ܬܘܒ ܬܘܕܝܬܐ ܘܚܘܒܐ
ܕܒܝܕ ܚܙܩܝܐܝܠ. ܕܟܠ ܐܦܝܣܩܘܦܐ ܕܒܟܠܗܝܢ ܒܡܕ̈ܝܢܬܗܘܢ.
ܐܦ ܟܠ ܟ̈ܠܡܝܢܐ ܕܡܫܬܠܡܝܢ ܠܐܦܝܣܩܘܦܐ[l] ܀ ܕܗܘ̈ܢ ܗ̇ܟܝܠ ܐܘ̄
ܐܦܝܣܩܘܦܐ ܠܒܪܐܝܬ. ܐܝܟ ܐܠܗܐ ܐܚܝܕ ܟܠ. ܘܠܐܢܫܝܢ ܕܬܐܒܝܢ
[m]ܒܬܝܒܘܬܐ ܡܩܒܠ[m] ܐܝܟ ܐܠܗܐ[n]. ܘܗܘܦܘܬ ܚܛܝܐ ܘܥܒܪܐ ܘܡܠܟ.
ܡܛܠ ܕܐܦ ܡܪܝܐ ܐܠܗܐ ܒܡܫܘܚܬܐ ܐܬܢܒܝ. ܥܠ ܡܥܠܢܐ
ܠܐܢܫܝܢ ܕܚܛܘ. ܐܝܟ ܕܐܡܪ[o] ܚܙܩܝܐܝܠ ܢܒܝܐ[o]. ܘܐܢܬ ܒܪܐܢܫܐ[p] Ezek. xxxiii. 10

---

[a] ܘܢܬܬܢܝܚ [b] ܡܕܡ [c] ܘܢܗܘܐ [d] + ܐܦ [e] ܒܒܝܬܗ [f] ܘܕܚܒ̈ܪܘܗܝ
[g] ܕܒܢܐ [h] ܕܒܪܒܘܬܗ S. f. 12 a [i] ܐܚܟܡܐ [j] ܕܬܐܣܪܘܢ [k] ܕܫ̈ܬܬܐ
[l] ܡܛܠ ܡܫܡܠܝܬܐ: ܘܡܛܠ ܐܝܠܝܢ ܕܬܐܒܝܢ [m] ܩܒܠ ܒܬܝܒܘܬܐ [n] + ܐܚܝܕ ܟܠ
[o] ܒܚܙܩܝܐܝܠ [p] ܒܪܢܫܐ

ܒܥܪܪܐ ܚܠܐܝܬ. ܢܬܬܠ[a] ܡܢܗܘܢ ܐܦܝܣܩܘܦܐ. ܗܘ ܐܝܢܐ ܕܐܝܬܘܗ̄ܝ ܕܠܐ ܬܘܩܠܬܐ ܘܕܠܐ ܡܘܡܐ[b] ܒ̈ܐܦܐ. ܐܝܟܢ ܐܦ ܗܘ[c] ܠܐ ܕܚܒ ܙܟܝܗ. [d]ܟܕ ܢܥܒܕ[d] ܟܐܦܐ ܡܛܠ ܡܬܬܪܢܐ ܠܥܡܐ. ܐܘ ܡܛܠ ܡܘܗܒܬܐ ܕܢܣܒ. ܘܢܗܘܐ ܟܠ ܐܝܢܐ ܕܟܗܢܐܝܬ ܒܝܫܐ. ܢܬܟܣܘܢ[e] ܕܒܬܪ ܒܪܬܐ. ܐܦܝܣܩܘܦܐ ܐܝܢܐ ܕܗܕܝܢܐ ܗܘ. ܡܣܒܗ ܠܡܫܬܥܬܐ[f] ܠܘܬ ܐܠܗܐ. ܬܘܒ ܕܝܢ[g] ܠܘܬ ܒܢܝ̈ܫܐ. ܘܠܘܬ ܡܫ̈ܡܫܢܐ[h] ܐܝܠܝܢ ܕܐܟ̈ܠܝܢ ܒܩܘܪ̈ܒܢܘܗܝ[i] [j]ܡܢ ܢܩܘܒܐ.[j] ܐܘ

f. 17 b ܠܘܬ ܥܒܕܘ̈ܒܐ. ܬܘܒ ܕܝܢ ܐܚܠܐ[k] ܠܐܝܠܝܢ ܕܐܟ̈ܠܝܢ[l] ܡܢܟܒ ܒܢܗ. ܡܛܠ ܟܪ ܥܘܢܝܬܐ ܕܒܠܐ. ܡܢܐ ܕܝܗܒܘܗܝ، ܠܗܢܐ ܒܒܬܘܗܝ. ܢܬܦܠܓܘܢ ܐܦ ܗܢܘܢ ܒܥܦܬܘܗܘܢ[m] [n]ܘܡܢ ܢܬܬܕܒܪܘܢ[n]. ܘܢܬܒܥܠܘܢ ܐܦ ܗܢܘܢ. ܘܢܬܬܚܙܘܢ[o] ܒܝܫܐ ܗܢܐ ܘܐܟܒܪܘܢ ܒܢܝܗ.. ܐܝܟܢܐ ܕܢܗܘܐ ܗܘ ܐܝܢܐ ܕܫܠܝܛ[p] ܠܐܦܝܣܩܘܦܐ ܘܠܡ̈ܟܣܢ ܕܕܒܢ ܡܢ ܡܬܪܥܝܢܬܐ ܘܠܟܠܗ ܡܬܪܒܝܬܐ ܕܒ ܕܒܝܐ. ܠܘܩܕܡ ܡܢ ܠܐ ܡܡܪܚ ܠܡܓܠ ܠܡܫܬܥܬܐ. ܡܛܠ ܕܡܬܒܥܝܢ ܡܢ ܙܟܝܗ. ܘܐܝܟܢ[q] ܢܓܕܫ ܘܐܢܫܘܗܝ، ܡܪܝܐ. ܘܢܟܬܐ ܠܒܪܬܐ ܒܢܝ̈ܫܘܬܗ. ܢܬܟܘܢ[r] ܘܢܬܟܫܫ ܡܢ ܐܦܝܣܩܘܦܐ. ܘܢܗܘܐ ܗܘ[s] ܒܫܠܡܘܢ. ܘܠܐ ܢܥܒܕ ܒܝܫ ܡܢܗܘܢ ܬܘܩܠܬܐ. ܘܠܐ[t] ܒܐܦܝܣܩܘܦܐ. ܘܠܐ ܒܐܝܠܝܢ ܕܒܢܝܗ. ܢܬܚܫܒܘܢ ܗܕܝܢ ܘܡܒܢܝܘܬܐ ܦܠܓܐܝܬܐ ܢܦܘܩ ܥܠܐܝܬ. ܟܕ ܚܙܐ ܘܐܢܫܘܗܝ، ܒܬܪܬ ܢܦܫܐ. ܘܗܘܝܢܐ ܬܟܬܪ ܡܬܪܥܝܬܐ ܕܒ ܕܒܝܐ. ܐܦ ܗܘ[s] ܕܝܢ ܡܢܐ ܕܢܣܒ ܢܬܝܗܒ ܡܢ

---

a or ܢܬܟܒ b ܡܘܡܐ c + ܐܦܝܣܩܘܦܐ S. f. 11 b d ܘܢܥܒܕ

e ܘܢܬܟܣܘܢ f ܠܡܫܬܥܝܘܬܗ g + ܐܦ h + [ܡܫܡܫܢܘ̈ܬܐ] ܡܢ ܩܘܪܒܢܐ

i ܒܩܘ̈ܪܒܢܘܗܝ j om. ܡܢ ܢܩܘܒܐ k ܐܦ l + ܘܠܐܝܠܝܢ ܕܐܟܠܝܢ

m ܒܥܦܬܘܗܝ n ܘܢܬܕܒܪܘܢ ܒܗ o + ܒܗ p + ܠܗ Lag. p. 15

q ܐܝܟܢ r ܘܢܬܟܘܢ s om. t ܠܐ

ܘܬܘܒ[a] ܒܐܘܢܓܠܝܘܢ ܦܩܕ ܡܪܢ[b] ܘܐܡܪ. ܕܟܠ ܕܐܝܬ ܠܗ f. 17a Matt. xi. 15
ܐܕܢܐ. ܕܢܫܡܥ ܢܫܡܥ. ܘܠܐ ܫܡܥܘ. ܘܐܦܠܐ[c] ܐܢܫ ܕܫܡܥܝܢ
ܗܘܘ ܕܫܡܥܘ. ܡܛܠ ܕܠܐܒܕܢܐ ܒܢܝܐ ܕܐܢܛ̈ܝܘܟܘܣ[d] ܐܫܬܠܡܘ[e][f].
ܗܢܘܢ ܕܥܒܕܘ ܕܢܩܘܡ ܒܠܒܗܘܢ ܦܬܟܪܐ ܕܨܒܪ ܕܒܝܫܐ.
ܠܐ ܡܢ ܡܫܡܫܢܝܢ[g] ܐܢܘܢ. ܕܗܟܢܐ ܕܢܝܬܐ ܐܢܫ ܠܬܚܒܐ. ܢܦܩ
ܬܘܒ ܒܒܪ̈ܐ ܢܘܟܪܝܐ ܘܠܐܠܗ̈ܐ[h] ܕܚܛܝܐ ܘܒܛ̈ܠܐ[i]. ܡܛܠ ܕܒܠܗܐ
ܗܘ ܗܕܐ ܘܐܒܕܒܗ ܠܟܠ ܐܢܫ[j]. ܕܟܠܗܘܢ ܕܢܣܒܘ ܒܪ̈ܫܥܬܐ[k] ܒܫܘܒܚܗ
ܡܫܡܫܢܝܬܐ ܕܨܠܡܐ[l]. ܗܢܐ ܕܝܢ ܒܪܗ ܐܬܦܢܝ ܠܗ ܠܫܘܠܛܢܐ[m] ܕܢܘܪܐ.
ܘܦܪܩܢܢ ܕܝܢ ܕܐܦ ܚܛ̈ܝܐ ܗܢܘܢ ܡܚܒܝܢ ܒܫܠܛܢܗܘܢ[n] ܕܗܠܝܢ.
ܡܛܠ ܕܠܐ ܡܫܬܠܛܝܢ ܒܢܦܫܗܘܢ. ܐܦܠܐ ܡܫܬܘܬܦܝܢ ܠܗܘܢ.
ܘܒܝܕ ܕܒܠܗܬܐ ܕܚܛܝܐ. ܡܬܥܪܐܝܬ ܥܡܗ ܐܢܫ ܥܕܪܐ. ܐܡܪ[o] ܠܢ
ܒܐܘܢܓܠܝܘܢ ܗܟܢܐ. ܛܘܒܝܟܘܢ[p] ܟܕ ܢܗܘܘܢ ܡܥܫܢܝܢ ܠܟܘܢ[q]. Matt. v. 11, 12
ܘܐܡܪܝܢ ܥܠܝܟܘܢ ܟܠ ܡܠܐ ܒܝܫܐ ܡܛܠܬܝ، ܒܕܓܠܘܬܐ. ܐܬܦܨܘܢ
ܕܝܢ ܚܕܘ ܘܪܘܙܘ[r] ܕܐܓܪܟܘܢ ܣܓܝ ܒܫܡܝܐ. ܗܟܢܐ ܓܝܪ ܪܕܦܘ
ܗܘܘ ܐܒܗ̈ܝܟܘܢ[s] ܠܢܒܝ̈ܐ. ܐܦ ܐܢܐ ܗܟܝܠ ܢܥܒܕܘܢ ܒܟܘܢ،
ܒܕܓܠܘܬܐ ܛܘܒܝܗܘܢ. ܡܛܠ ܕܡܬܪܕܦܝܢ ܡܬܪܕܦܢܐ ܐܡܪ[t] ܡܪܢܐ..
ܘܐܡܪ[t] ܒܬܒܐ ܠܒܢܝܐ ܕܠܐ ܡܢܗܘܢ ܘܐܦܠܐ[u] ܒܗܘܢ. ܐܦ ܐܢܐ ܕܝܢ
ܢܦܫܝ ܕܟܒܪ ܒܢ̈ܝܐ ܕܒܗܠܝܐ. ܗܢܐ ܠܐ ܐܝܬܘܗܝ، ܒܪܫܠܝܢܐ.
ܐܠܐ ܕܟܠܐ ܗܘ. ܘܒܡܫܡܫܐ[v] ܒܐܦ̈ܐ[w] ܐܚܝܕ ܠܗ ܠܕܘܝܬܗ
ܕܡܪܝܐ. ܡܛܠܗܢܐ ܡܢܗܘܢ ܕܗܠܝܢ ܗܢܐ ܕܐܬܦܪܫܘ ܘܐܬܦܠܣܘ

---

a + ܐܦ   b ܡܪܢܢ   c ܐܦܠܐ   d ܕܐܢܛܝܟܘܣ   e + ܒܒܒܠ   f ܐܫܬܕܪܘ
g + [ܠܐ ܡܫܡܫܝܢ ܗܘܘ ܠܗ]   h ܘܠܐܠܗ̈ܐ   i ܒܛ̈ܠܐ   j ܠܟܠܢܫ
k ܒܪܫܥܬܐ   l om. ܕܨܠܡ   m ܠܫܘܠܛܢܐ   n or ܡܫܠܛܢܘܬܗܘܢ   o ܐܡܪ
p ܕܛܘܒܝܟܘܢ   q + ܘܪܕܦܝܢ ܠܟܘܢ   r + ܡܛܠ   s ܐܒܗ̈ܬܗܘܢ
t ܐܡܪ ܠܢ   u ܐܦܠܐ   v ܘܒܡܫܡܫ   w + ܗܘ

ܕܕܘܢܐ ܐܬܩܪܒ.. ܣܪܒܐ ܗ̇ܘ ܚܝܠ ܐܚܘܗܝ ܕܝܢܐ. ܘܦܪܫܐ ܐܚܘܗܝ،
ܐܘܢܟܠܝܘܢ. ܕܢܗܘܐ[a] ܐܚܘܗܝ، ܐܦܝܣܩܘܦܐ. ܕܐܬܬܩܝܡ[b] ܥܠ ܥܕܬܐ..
Chap. V ܡܩܠܘܢ ܕܫܡܥܐ. ܡܠܦܢܘܬܐ ܘܦܘܪܫܢܐ[c] ܠܘܬ ܐܦܝܣܩܘܦܐ.
ܕܢܗܘܐ ܡܩܒܠ ܥܠ ܕܝܢܐ ܘܡܙܗܪ ܠܥܡܐ. ܘܕܢܚܘܡ ܡܢ ܠܐ
ܡܬܬܦܝܣܢܐ. ܘܕܢܐܦܘܢ ܠܐܢܠܝܢ ܕܡܫܬܠܝܢ ܐܝܟ ܐܠܗܐ.
ܘܠܐ ܢܚܘܣ ܥܠ ܐܢܠܝܢ ܕܡܚܝܒܝܢ ܘܡܬܝܒܠܝܢ ܠܥܡܐ.[c] ܡܬܒܥܐ
ܠܟ ܗܟܝܠ ܐܘ̄ ܐܦܝܣܩܘܦܐ. ܕܗܟܢܐ ܕܡܟܕܪ ܐܢܬ ܬܗܘܐ
ܡܫܡܫ ܘܡܙܗܪ ܥܠ ܕܝܢܐ. ܐܝܟ ܕܟܐܘܢܟܠܝܘܢ ܡܠܠ ܕܐܦ
Ezek. xxxiii. 7 ܠܟ ܐܡܪ[d] ܡܪܝܐ. ܘܐܢܬ ܐܘ̄[e] ܒܪܢܫܐ ܕܢܘܩܐ ܗܘ ܝܗܒܬܟ
ܠܕܒܝܬ[f] ܐܝܣܪܝܠ ܕܬܫܡܥ ܡܢ ܦܘܡܝ ܦܬܓܡܐ ܘܬܙܗܪ.
ܘܬܙܗܪܝܘܗܝ،[g] ܐܝܟ ܕܡܢ ܠܘܬܝ.. ܟܕ[h] ܐܡܪ ܠܚܛܝܐ ܕܡܡܬ ܬܡܘܬ
ܢܡܘܬ. ܘܠܐ ܐܙܗܪܬ ܘܐܡܪܬ. ܐܝܟ ܕܢܬܦܢܐ ܚܛܝܐ ܡܢ ܐܘܪܚܗ.
ܚܛܝܐ ܒܚܘܒܗ ܢܡܘܬ. ܘܕܡܗ ܡܢ ܐܝܕܝܟ ܐܬܒܥܐ. ܐܢܬ ܕܝܢ
ܐܢ ܬܙܗܪܝܘܗܝ،[i] ܠܚܛܝܐ[j] ܡܢ ܐܘܪܚܗ ܘܠܐ ܢܬܦܢܐ. ܚܛܝܐ ܒܚܘܒܗ
ܢܡܘܬ. ܘܐܢܬ ܢܦܫܟ ܬܦܨܐ.. ܡܛܠ ܗܕܐ ܐܦ ܐܢܬܘܢ. ܡܛܠ
ܕܬܬܪܥܘܢ ܐܬܐ ܒܪܢܫܐ ܕܐܢܠܝܢ ܕܢܬܚܝܢ ܟܕ ܠܐ ܢܕܥܝܢ. ܗܦܟܘܢ
ܡܢܗܘܢ ܘܡܫܡܫܝܢ. ܘܠܐܢܠܝܢ ܕܡܬܒܥܝܢ ܕܠܐ ܡܕܪܫܬܐ. ܗܦܟܘܢ
ܡܢܬܘܢ ܘܡܫܡܫܝܢ ܠܗܘܢ ܒܠܐܝܬ.. ܒܠܚܘܕ ܗܟܝܠ ܥܠ ܗܠܝܢ.
ܟܕ ܦܩܕ ܢܐܡܪ ܘܢܬܠܐ ܐܢܫ[k] ܠܐ ܒܕܒܠܝܢ. ܡܢ ܫܘܠܛܢܐ
ܚܪ ܕܡܠܟܘܬܐ ܘܕܫܡܝܐ ܫܠܝܛܐ. ܟܕ ܗܘ ܘܡܬܒܥܐ. ܗܘܐ[l] ܐܢܫ.
ܘܟܕ ܥܒܕ̈ܬܐ ܘܡܬܪܝܡ ܡܢ ܒܝܫܬܐ. ܡܛܠ ܕܐܦ ܡܪܝܐ ܐܡܪ[m]
Deut. vi. 4 ܒܢܒܝܘܬܐ. ܫܡܥ ܐܝܣܪܝܠ[n] ܘܒܕܡܘܬܐ ܠܥܡܡܐ ܠܐ ܫܡܥܬ.[o]

---

[a] + ܕܝܢ [b] ܕܡܬܬܩܝܡ [c] ܕܡܛܠ ܕܝܢܐ. [d] + ܠܝ [e] om. [f] ܠܒܝܬ
[g] ܘܬܐ.. S. [h] ܘܟܕ [i] ܬܙܗܪܝܘܗܝ [j] ܠܚܛܝܐ [k] ܐܢܫ S. f. 11a
[l] ܘܗ [m] ܐܡܪ [n] ܐܝܣܪܝܠ Lag. p. 14 [o] ܫܡܥܘ

ܪ̈ܚܡܘܗܝ. ܘܢܗܘܐ ܪܚܝܡ ܐܦ ܟܠܗܘܢ ܝܬ̈ܡܐ[a] ܒܝ̈ܫܬܐ[b] ܕܣܢ̈ܝܩܐ.
ܘܢܗܘܐ ܚܒܝܒ ܪ̈ܚܡܘܗܝ ܠܡܫܡܫܘ ܐܟܣ̈ܢܝܐ ܕܢܗܘܐ[c] ܡܣܝܒܪ ܘܢܛܪ
ܠܝܬ̈ܡܐ. ܘܡܗܝܡܢܘܬܗܘܢ ܢܠܦ̈ܢ ܐܝܬܝܗܘܢ ܢܫܡܥܘܢ ܡܗܝܡܢܘܢ ܪ̈ܥܝܐ
ܕܡܢ ܕܟܠܗ ܢܗܘܐ. ܗܘ ܐܝܬܘܗܝ، ܕܪܥܝܐ ܛܒܐ. ܘܟܠܡܕܡ ܕܐܝܬ
ܕܥܒܪ ܡܬܟܬܫ[d] ܒܒܢ̈ܝܢܫܐ. ܫܠܝܡ ܒܐܦܝܣܩܘܦܐ ܢܗܘܐ. ܡܛܠ
ܕܟܕ[e] ܪܚܝܡ ܪܚܡܐ ܐܦ ܥܠ ܟܠܗܘܢ[f]. ܢܕܥ ܕܢܠܦ ܐܦ ܠܬܠܡܝܕܘܗܝ.
ܘܢܠܒܒ ܐܢܘܢ ܒܟܠ ܦܘܩܕ̈ܢܘܗܝ، ܥܒ̈ܕܐ. ܕܡܫܡ̈ܫܢܐ ܢܗܘܘܢ
ܠܡܪ̈ܘܗܝ، ܥܒ̈ܕܐ[g]. ܐܝܟ ܕܐܡܪ ܡܪܝܐ ܒܗܘܫܥ ܢܒܝܐ. ܕܢܗܘܐ Hosea iv. 9
ܟܥܡܐ ܐܝܟ ܟܗܢܐ. ܕܡܘܬܐ ܓܝܪ ܡܬܒܥܐ ܠܟܘܢ ܕܬܗܘܘܢ
ܠܥܡܐ. ܡܛܠ ܕܐܦ ܠܟܘܢ ܐܝܬ ܠܟܘܢ ܕܡܘܬܐ ܕܡܫܝܚܐ[h].
ܗܘܘ ܕܝܢ[i] ܗܟܝܠ ܐܦ ܐܢܬܘܢ ܕܡܘܬܐ ܫܦܝܪܬܐ ܠܥܡܟܘܢ.
ܐܡܪ ܓܝܪ ܡܪܝܐ ܒܚܙܩܝܐܝܠ ܢܒܝܐ[i]. ܘܗܘܐ ܥܠܝ ܦܬܓܡܗ Ezek. xxxiii. 1
ܕܡܪܝܐ ܠܡܐܡܪ ܒܪܢܫܐ ܡܠܠ ܥܡ ܒܢܝ ܥܡܟ ܘܐܡܪ ܠܗܘܢ.
ܐܪܥܐ ܡܐ ܕܡܝܬܐ ܐܢܐ ܥܠܝܗ ܚܪܒܐ[j] ܘܢܣܒܘܢܐ ܟܠ[j] ܥܡܐ
ܕܐܪܥܐ ܗܘ، ܠܓܒܪܐ ܚܕ ܡܢ ܒܝܬܗܘܢ[k] ܢܩܝܡܘܢܝܗܝ[i] ܘܢܩܝܡܘܢܝܗܝ
ܠܗ[l] ܕܘܩܐ. ܘܢܚܙܐ ܚܪܒܐ ܕܐܬܝܐ ܥܠ ܐܪܥܐ. ܘܢܩܪܐ ܒܩܪܢܐ
ܘܢܙܗܪ ܠܥܡܐ. ܘܢܫܡܥ ܟܠ ܕܫܡܥ ܒܩܠܐ[m] ܕܩܪܢܐ. ܘܐܢ ܠܐ f. 16b
ܢܙܕܗܪ ܘܬܐܬܐ ܚܪܒܐ ܘܬܫܩܠܝܘܗܝ، ܕܡܗ ܒܪܫܗ ܢܗܘܐ. ܡܛܠ
ܕܫܡܥ ܩܠܐ ܕܩܪܢܐ ܘܠܐ ܐܙܕܗܪ. ܕܡܗ ܒܪܫܗ ܢܗܘܐ. ܘܗܘ
ܕܐܙܕܗܪ ܦܪܩ ܢܦܫܗ.. ܘܕܘܩܐ ܕܝܢ ܐܢ ܢܚܙܐ ܚܪܒܐ ܕܐܬܝܐ
ܘܠܐ ܢܩܪܐ ܒܩܪܢܐ ܘܥܡܐ ܠܐ ܢܙܗܪ[n]. ܘܬܐܬܐ ܚܪܒܐ ܘܬܫܩܘܠ
ܡܢܗܘܢ ܢܦܫܐ. ܗܘ ܒܚܛ̈ܗܝܗܘܢ ܐܬܢܣܒ. ܘܕܡܗ ܡܢ ܐܝ̈ܕܘܗܝ

---

a ܝ̈ܬܡܘܗܝ b + ܕܚܠܬܐ ܡܢܗ. ܘܟܡ ܟܠܗ ܪܒܬܐ ܟܢܫܬܐ c ܕܢܗܘܐ
d ܘܡܬܟܬܫ e + ܢܗܘܐ f ܟܢܘ̈ܫܬܐ g ܦܠܚ̈ܐ Lag. p. 13 h ܡܫܝܚܐ
i om. j ܢܣܒܘܢ k ܒܝܢܬܗܘܢ l ܠܗܘܢ m ܩܠܐ S. f. 10 b n ܢܙܗܪ

ܗܘܐ ܡܬܦܪܢܣܢܐ ܠܟܠ ܕܡܬܦܢܝܐ. ܘܕܐܬܝܢ ܡܬܦܢܝܐ: ܐܟܣܢܝܐ
ܕܗܘܐ ܡܬܦܪܢܣ ܘܡܣܬܝܒܪ ܕܟܠܗ[a] ܡܬܦܢܝܐ ܕܡܣ̈ܟܢܐ. ܘܟܢܫܐ
ܐܝܟ ܐܦܛܪܘܦܐ ܕܐܝܠܝܢ ܕܠܐ ܡܬܦܪܢܣܝܢ. ܕܕܠܡܐ ܐܝܟ ܕܐܦ ܐܝܠܝܢ
ܕܬܡܢ ܐܢܫܝܢ. ܒܐܘܪܗܝ ܐܝܟ ܠܐܦܛܪܘܦܐ ܐܝܟ ܡܬܦܢܝܐ.
ܘܢܣܒ ܥܠ ܢܦܫܗ ܡܬܓܠܝܐ ܡܫܪ̈ܝܬܐ. ܘܗܘܐ ܒܝܬܗ ܕܐܟܣܢܝܐ.
f. 16a ܗܘܝܬ ܩܕܡ ܚܒܝܒ ܘܡܬܠ ܠܝ ܥܠ ܡܛܠܬܐ ܐܢ̄ܐ ܐܦܝܣܩܘܦܐ.
ܐܟܣܢܝܐ ܕܠܐ[b] ܡܬܦܢܝܢ ܐܝܟ ܠܟܠ ܦܘܠܚܢܐ ܗܘܝܬ ܡܦܩܕ ܠܗ.
ܐܟܣܢܝܐ ܕܒܝܡܪܣܬܐ[c].

ܠܐ[d] ܗܘܐ ܗܘܐ ܙܒܢ

ܒܐܪܥܐ[e] ܕܣܘܪܝܐ. ܘܡܬܕܒܪ ܒܦܠܚܘܬܐ ܫܪܝܪܬܐ. ܘܠܐ ܗܘܐ ܗܘܐ
ܙܒܢ. ܘܠܐ ܗܘܐ ܙܒܢ ܒܟܦܢܐ. ܡܛܠ ܕܟܠܗܘܢ ܫܠܡ ܗܘ
ܡܬܕܒܪܢܘܬܐ ܐܝܟ ܕܒ̈ܐܪܥܐ. ܫܠܡ ܕܝܢ ܟܠܗܘܢ ܗܘܐ ܐܦܝܣܩܘܦܐ
ܡܦܩܕ ܘܡܕܒܪ ܠܗ ܠܟܠܢܫܐ[f] ܟܠܗ. ܘܗܘܐ ܚܒܝܒ ܘܟܠܗ. ܘܗܘܐ
ܡܬܝܩܪ ܘܡܫܒܚ ܒܦܠܚܘܬܗ ܘܒܡܕܒܪܢܘܬܐ[g] ܕܐܠܗܐ. ܘܗܘܐ ܥܦܪ[h]

---

a ܕܟܠܗ ܗܘ   b ܕܐܠܐ

c + ܡܛܠ ܕܗܘ̈ܝ ܕܬܪܝܢ. ܠܬܪܝܢ ܘܬܫܡܫܬܐ ܬܪ̈ܥܐ ܒܬܪܥܝܬ. ܡܣܟܢܐ
ܒܡܫܡܫܢܘܬܐ. ܕܬܬܓܠܐ ܠܝ ܥܠ ܚܡܫܐ ܕܫܠܝܐ ܕܬܚܘܬ ܒܝܬܝ. ܘܩܪܒ ܒܟܢܫܐ
ܕܫܠܝܐ ܕܗܘܘ ܠܝ ܚܪ̈ܫܐ ܠܠܡܫܡܫܘ. ܬܬܓܠܐ ܠܝ ܘܒܪܟ ܕܡܬܒܪܟܬܝ.
ܐܟܣܢܝܐ ܕܗܘܘ ܠܝ ܐܚ̈ܝܐ. ܠܐ ܗܘܐ ܡܬܠ ܐܦܝܣܩܘܦܐ ܙܒܢ ܘܬܪ̈ܬܝܢ
ܦܬܟܐ. ܘܬܪܝܢܝܬ ܡܢ ܚܕܐ. ܗܘܐ ܡܬܦܠܓ ܘܠܐ ܦܠܓ. ܘܠܐ ܗܘܐ
ܙܒܢ ܒܡܬܪܐ. ܘܠܐ ܗܘܐ ܙܢܐ ܒܐܝܕܐ. ܘܠܐ ܗܘܐ ܡܟܝܟܐ ܕ̈ܚܠܬܐ.
ܘܠܐ ܗܘܐ ܚܒܝܒܐ. ܘܠܐ ܗܘܐ ܙܒܢ ܒܫ̈ܪܬܐ. ܘܠܐ ܗܘܐ ܙܒܢ
ܙܒܢܘܬܐ. ܘܠܐ ܗܘܘ ܠܗ ܬܪ̈ܝܢ ܕ̈ܚܝܠܝܢ. ܘܠܐ ܬܪ̈ܝܢ ܠܚ̈ܝܠܝܢ ܘܠܐ ܗܘܐ
ܙܒܢ ܠܚܝܠܐ ܐܚܝܕ ܠܟܠܗ ܕܐܟܠܡܝܪܐ ܘܕܪ̈ܬܝܚܐ. ܘܠܐ ܗܘܐ
ܢܫܒ ܒܐܪ̈ܥܐ.

d ܘܠܐ   S. f. 10a   e ܒܐܪ̈ܥܐ   f ܠܟܢܫܐ   g ܘܡܕܒܪܢܘܬܗ   h ܥܦܪ

ܪܚܡ ܐܪ̈ܡܠܬܐ. ܘܢܗܘܐ ܪܚܡ ܡܣ̈ܟܢܐ ܘܐܦ[a] ܐܟܣ̈ܢܝܐ. ܘܢܗܘܐ ܙܗܝܪ ܒܬܫܡܫܬܗ. ܘܢܗܘܐ ܐܡܝܢ ܠܬܫܡܫܬܐ. ܘܢܗܘܐ ܡܟܝܟ ܢܦܫܗ. ܘܠܐ ܢܗܘܐ ܡܬܚܫܡܢ. ܘܢܗܘܐ ܢ̇ܕܥ ܕܡܢܘ ܡܝܬܪܐܝܬ ܢܣܒ ܕܢܦܩܕ. ܐܝܢܘ ܓܝܪ ܕܐܝܬ ܐܪܡܠܬܐ ܕܐܝܬ ܠܗ̇. ܐܘ f. 15b
ܡܫܟܚܐ ܕܬܬܪ̈ܣܐ ܢܦܫܗ̇ ܒܡܕܡ ܕܡܬܒܥܐ ܠܗ̇. ܒܡܣܟܢ̈ܬܐ[b] ܕܦܓܪܐ. ܘܐܝܬ ܕܡܢ ܐܚܪܝܬܐ ܕܟܕ ܠܐ ܗܘܐ ܐܪܡܠܬܐ ܗܝ ܘܣܢܝܩ ܠܗ̇. ܐܘ ܡܛܠ ܒܨܘܪܢܐ ܐܘ ܡܛܠ ܬܪܒܝܬܐ ܕܒ̈ܢܝܐ. ܐܘ ܡܛܠ ܡܣܝܒܘܬܐ ܕܦܓܪܐ. ܠܗܕܐ ܡܝܬܪܐܝܬ ܢܦܫܛ ܐܝܕܗ. ܐܢܫܝܢ ܐܝܬ ܐܢܫ: ܕܐܫܬܒܩ ܗܘ ܐܘ ܪ̈ܘܢ ܐܘ ܣܒܠ. ܘܡܬܒܐܠܝ ܒܬܪܣܝܬܐ ܕܦܓܪܐ. ܗ̇ܢܐ ܠܐ ܓܒܐ ܠܝܕܘܬܐ ܐܦܠܐ ܠܚܕܐ. ܢܗܘܐ ܗ̇ܝܠ ܐܦܝܣܩܘܦܐ. ܐܦ ܕܠܐ ܡܐܣܒ[c] ܒ̈ܐܦܐ. ܘܠܐ ܢܗܘܐ ܡܬܚܣܕ ܡܢ ܚܬܝܪܐ. ܘܠܐ ܢܗܘܐ ܥܕܪ ܠܗܘܢ ܠܒܪ ܡܢ ܙܕܩܐ ܘܠܐ ܢܗܘܐ ܚ̇ܣܐ ܐܘ ܡܣܡܟܐ ܡܢ ܡܫܟ̈ܢܐ. ܘܠܐ ܢܗܘܐ ܡܬܬܪܝܡ ܚܠܦܘܗܝ. ܘܢܗܘܐ ܒܡܝܪ ܘܡܫܡܫܝܢ ܒܡܐܟܠܗ ܘܒܡܫܬܝܗ. ܐܝܟ ܕܢܫܟܚ ܕܢܬܬܠܒܪ[d] ܠܡܪܥܝܬܗܘܢ ܘܠܡܟܪ̈ܗܐ. ܠܐܝܠܝܢ ܕܕܠܐ ܡܪܕܘܬܐ ܐܢܘܢ. ܘܠܐ ܢܗܘܐ ܡܪܕ ܘܥܠܝܒ ܦܚܙ. ܘܠܐ ܢܗܘܐ ܡܬܦܢܩ. ܘܠܐ ܢܗܘܐ ܪܚܡ ܬ̈ܦܢܩܬܐ. ܘܠܐ ܢܗܘܐ ܪܚܡ ܡܐܟ̈ܠܬܐ ܒܣܒܝܥܘܬܐ. ܘܠܐ ܢܗܘܐ ܐܟܘܠ. ܐܠܐ ܬܗܘܐ ܠܒܝܪܐ ܪܘܚܗ ܒܡܪܕܘܬܗ. ܘܢܗܘܐ ܚܟܝܡ ܦܚܙ ܒܡܠܟܗ. ܘܢܗܘܐ ܐܡܝܢ ܒܬܪܥܝܬܐ ܕܟܬ̈ܒܐ ܕܐܠܗܘܬܐ ܚܦܝܛܐܝܬ. ܐܦܢ ܕܢܗܘܐ ܡܬܪܓܡ ܘܡܦܫܩ ܟܬ̈ܒܐ ܬܡܝܡܐܝܬ. ܘܢܗܘܐ ܡܦܝܣ ܢܡ̈ܘܣܐ ܘܢܒ̈ܝܐ ܠܐܘܢܓܠܝܘܢ. ܐܝܟܢܐ ܕܢܗܘܘܢ ܫ̈ܠܡܝܢ ܬܚ̈ܘܡܐ[e] ܕܢܡܘܣܐ ܘܕܢܒ̈ܝܐ ܠܐܘܢܓܠܝܘܢ. ܘܡܢ ܫܠܡܘܬܐ ܕܝܢ.

[a] ܐܦ [b] ܒܡܣܟܢܘܬܐ [c] ܡܣܒ [d] ܢܬܬܠܒܪ

S. f. 9b Lag. p. 12 [e] ܬܚܘܡܐ

Matt. v. 8 ܒܝ̈ܫܬܐ. ܘܛܠܘܡܝܐ ܘܥܘܠܐ. ܡܛܠ ܕܐܡܝܪ[a] [b]ܕܛܘܒܝܗܘܢ ܠܐܝܠܝܢ
ܕܕܟܝܢ ܒܠܒܗܘܢ. ܕܗܢܘܢ ܢܚܙܘܢܝܗܝ ܠܐܠܗܐ.. ܘܢܗܘܐ ܕܝܢ
ܘܢܟܦ ܘܫܦܝܐ ܘܡܟܝܟ. ܘܠܐ ܢܗܘܐ ܥܫܝܢ. ܘܠܐ ܢܗܘܐ ܚܡܝܪ
ܚܠ ܣܡܝܪܐ. ܘܠܐ ܢܗܘܐ ܪܓܙܢ[c]. ܘܠܐ ܢܗܘܐ ܢܩܘ. ܘܠܐ ܢܗܘܐ
ܪܚܡ ܟܣܦܐ. ܘܠܐ ܢܗܘܐ ܩܠܝܠ ܒܪܥܝܢܗ ܘܠܐ[d] ܢܬܬܪܝܡ ܘܢܦܠ
Luke xiv. 11 ܒܕܝܢܐ ܕܣܛܢܐ. [e]ܕܐܡܝܪ ܕܟܠ ܕܡܬܪܝܡ ܢܬܡܟܟ[e]. ܗܟܢܐ[f]
ܡܬܒܥܐ ܕܢܗܘܐ ܐܦܝܣܩܘܦܐ. ܓܒܪܐ ܕܢܣܒ ܚܕܐ ܐܢܬܬܐ.
ܕܕܒܪ[g] ܒܝܬܗ ܫܦܝܪ. ܘܗܟܢܐ ܡܬܒܩܐ[h] ܐܢܫ, ܕܡܩܒܠ ܣܝܡ
ܐܝܕܐ. ܕܢܣܒ ܒܟܘܪܝܬܐ ܕܐܦܝܣܩܘܦܘܬܐ[i]. ܐܢ ܐܝܬܘܗܝ, ܢܟܦܐ.
ܘܐܢ ܐܦ ܐܢܬܬܗ ܡܗܝܡܢܬܐ ܗ̇ܝ, ܘܢܟܦܬܐ. ܘܐܢ ܪܒܝ ܒܢ̈ܘܗܝ,
ܒܕܚܠܬ ܐܠܗܐ. ܘܐܪܬܝ ܘܐܠܦ. ܘܐܢ ܕܚܠܝܢ ܘܡܫܬܡܥܝܢ ܡܢܗ[j]
ܒܝܬܗ. ܘܡܝܩܪܝܢ ܠܗ ܟܠܗܘܢ. ܐܢ ܓܝܪ ܒܢ̈ܝ ܒܝܬܗ ܕܒܦܓܪ
ܡܢܟܝܢ ܠܗܘܒܠܗ ܘܠܐ ܡܫܬܡܥܝܢ ܠܗ. ܐܝܟܢܐ ܗ̇ܢܘܢ ܕܠܒܪ[k] ܐܢܘܢ
ܢܗܘܘܢ ܕܒܝܬܗ ܘܢܫܬܡܥܘܢ ܠܗ. ܘܢܬܒܩܐ ܐܢܫ ܕܐܝܬܘܗܝ,
ܕܠܐ ܡܘܡ ܒܨ̈ܒܘܬܐ ܕܥܠܡܐ. ܘܒܦܓܪܗ[l]. ܡܛܠ ܕܟܬܝܒ.
Lev. xxi. 17 ܕܗܘܘܬܢ ܫܪܝܪ ܕܠܡܐ ܐܝܬ ܒܗ ܡܘܡܐ. ܒܗܘ ܕܦܐܡ
Prov. xiv. 35 ܕܢܗܘܐ ܒܗܘܢܐ. ܢܗܘܐ ܕܝܢ ܐܦ ܕܠܐ[1] ܪܘܓܙܐ. ܡܛܠ ܕܐܡܝܪ[m]
ܡܪܝܐ. ܕܕܪܘܓܙܐ ܐܦ ܠܚܟܝܡܐ ܡܘܒܕ. ܘܢܗܘܐ ܡܪܚܡܢ ܘܚܢܢ[n]
1 Pet. iv. 8 ܘܡܠܐ ܚܘܒܐ. ܡܛܠ ܕܐܡܝܪ[m] ܡܪܝܐ. ܕܚܘܒܐ ܡܟܣܐ ܣܘܓܐܐ
ܕܚܛܗ̈ܐ. ܘܬܗܘܐ ܦܫܝܛܐ ܐܝܕܗ ܠܡܬܠ. ܘܢܗܘܐ ܪܚܡ ܝܬ̈ܡܐ

a ܕܐܡܪ   b + ܬܘܒ   c + ܐܠܐ ܢܗܘܐ ܢܝܚ   Lag. p. 11   d ܕܠܐ
e ܟܠ ܓܝܪ ܕܡܬܬܪܝܡ ܡܬܡܟܟ   f + ܕܝܢ   g ܕܕܒܪ   h ܢܬܒܩܐ
i ܕܐܦܝܣܩܘܦܘܬܐ   j + ܒܢ̈ܝ   S. f. 9 a   k + ܡܢ ܒܝܬܗ   l ܐܦ ܒܦܓܪܗ
m ܕܐܡܪ   n ܘܚܢܢ

1 Cod. om. ܕܠܐ

ܒܪ ܬܪܬܝܢ. ܘܡܢ ܬܠܬܝܢ ܬܬܢܣܒ. ܐܢ ܡܒܥܝܐ ܕܐܢ[a] ܢܗܘܐ[b]
ܡܠܦ. ܘܐܢܫܝܢ ܠܐ ܢܗܒ ܫܦܝܪܐ ܢܗܘܐ ܡܢܗ ܘܣܒܝܪ ܒܥܠܬܐ.
ܘܢܗܘܐ ܚܠܝܠ ܒܥܝܢܝܐ.. ܐܢܫܝܢ ܒܐܪܡܠܘܬܐ ܗܝ ܕܒܬܘܠܘܬܐ. ܘܠܐ
ܡܬܬܚܝܢ ܠܒܪܐ ܕܚܠܝܠ ܒܥܝܢܝܐ. [c]ܘܢܗܘܐ ܡܫܡܫܝܢ[c] ܠܟܠܗܝ,
ܕܢܚܒܝܫ ܘܢܫܡܫ ܕܢܣܒܘܢ ܐܦܝܣܩܘܦܐ[d]. ܒܪ[e] ܢܬܒܥܐ ܐܝܟܢܐ[f] ܕܐܠܗܐ
[e]ܐܢܫܝܢ ܕܡܫܡܫܝܢ ܠܟܠܗܝ, [g]ܚܕܪܘܗܝ, [g]ܘܐܢܫܝܢ ܕܒܥܡܗ. ܕܚܙܐ ܗܘ
ܕܢܣܒܘܢ ܒܐܦܝܣܩܘܦܘܬܐ. ܘܕܒܪ[h] [i]ܛܠܝܐ ܗܘ[i] ܒܡܫܒܚܘܬܐ
ܘܒܫܠܝܡܘܬܐ ܕܕܘܒܪܐ ܕܫܦܝܪܘܬܐ ܡܫܘܐ. [j]ܘܐܢ ܚܠܝܡ ܗܘܝܕ[j]
ܠܟܠܗܝ, [k]ܒܪ ܢܬܒܥܐ ܡܢ ܟܠܗ ܒܥܡܐ[k]. ܗܒܝܐ[l] ܢܬܒ. ܒܫܠܡܐ.
ܡܛܠ ܕܐܦ [m]ܡܠܟܐ ܫܠܝܡܐ[m] ܒܪ ܬܪܥܝܢ[n] ܥܝܢ ܐܚܝܠܝ ܒܠ
ܐܝܣܪܐܝܠ. ܘܫܘܥܝܐ ܒܕܒܫܘܬܐ ܒܪ ܬܡܢܝܐ ܥܝܢ ܐܚܝܠܝ.
ܘܬܘܒ ܐܦ ܝܘܐܫ ܒܪ ܫܒܥ. ܥܝܢ ܐܚܝܠܝ [o]ܒܠ ܐܝܣܪܐܝܠ[o].
ܡܛܠ ܗܢܐ ܐܦ ܛܠܝܐ[p] ܗܘ. ܐܠܐ ܢܗܘܐ ܡܟܝܟ ܘܕܚܝܠ
ܘܢܝܚ. ܡܛܠ ܕܐܡܪ ܡܪܝܐ ܐܠܗܐ ܒܐܫܥܝܐ. ܕܥܠ ܡܢܘ ܐܚܘܪ Isaiah lxvi. 2, sic
ܘܐܬܬܢܝܚ. ܐܠܐ ܒܢܝܚܐ ܘܡܟܝܟܐ[q] ܕܪܐܕ ܡܢ ܡܠܝ.. ܐܦ
ܒܐܘܢܓܠܝܘܢ ܐܡܪ[r] ܗܟܢܐ. ܛܘܒܝܗܘܢ[s] ܠܡܟܝܟܐ ܕܗܢܘܢ Matt. v. 5
[t]ܢܐܪܬܘܢ ܐܪܥܐ[t]. ܘܢܗܘܐ ܡܪܚܡܢ. ܡܛܠ. ܕܐܡܪ[u] ܒܐܘܢܓܠܝܘܢ[v]
ܕܛܘܒܝܗܘܢ ܠܡܪܚܡܢܐ ܕܥܠܝܗܘܢ ܢܗܘܘܢ ܪ̈ܚܡܐ. ܘܬܘܒ Matt. v. 7 f. 15 a
ܢܗܘܐ ܥܒܕ ܫܠܡܐ. ܡܛܠ ܕܐܡܪ[w] ܕܛܘܒܝܗܘܢ ܠܥܒܕ̈ܝ Matt. v. 9
ܫܠܡܐ ܕܒܢܘܗܝ, ܕܐܠܗܐ ܢܬܩܪܘܢ.. ܘܢܗܘܐ ܕܟܐ ܡܢ ܟܠ

---

a ܕܐܢ b + ܘ ܪܗܛܐ c ܕܡܫܡܫܝܢ d ܒܐܦܝܣܩܘܦܘܬܐ e om.
f ܕܐܢ ܬܒܥܝܢ ܐܢܫܐ g om. ܘ ܚܕܪܘܗܝ h ܘܒܪ i ܛܠܝܐ
j ܘܢܬܒܥܐ ܐܢ ܚܠܝܡ ܗܘܝܕ k om. ܒܪ ܢܬܒܥܐ ܡܢ ܟܠܗ ܒܥܡܐ
l ܘܗܒܝܐ m ܫܠܝܡܐ n ܬܪܬܥܣܪܐ S. f. 8 b o om. ܒܠ ܐܝܣܪܐܝܠ
p ܛܠܝܐ q ܘܡܟܝܟܐ r ܐܡܪ s ܕܛܘܒܝܗܘܢ t ܢܐܪܬܘܢ ܠܐܪܥܐ
u + ܬܘܒ v + ܗܟܢܐ w ܕܐܡܪ

ܘܠܐ ܕܢܚܙܐ ܦܪܨܘܦܗ ܒܕܝܢܐ ܕܡܫܬܥܠܐ ܠܗ ܗܠܝܢ ܐܝܠܝܢ
ܕܡܬܬܚܝܒܝܢ ܠܡܦܩܐ ܕܬܪܝܨܘܬܐ ܘܬܓܠܐ[1] ܠܠܝܬܐ ܠܒܢܝܗ̇:
ܡܢ ܘܕܠܐ ܥܠܝܟ ܠܬܪܝܨܘܬܐ ܕܢܦܠ ܐܢܬܬܐ ܒܪܝܐ ܕܙܘܕܩܐ
ܠܡܫܠܡܢܘܬܐ ܐܘ ܠܒܝܬܐ ܕܠܒܪ ܡܢ ܕܪܬܐ. ܘܠܐ ܠܐܪܣܘܦܐ
ܐܘ ܠܗܘܢ ܕܢܘܟܪܝܐ ܠܝ ܒܗܝܡܢܘܬܐ. ܗܠܝܢ ܗܟܝܠ ܬܣܓܝܢ ܘܦܩܕܢ
ܠܟܘܢ ܐܝܟ ܕܐܠܗܝܐ ܘܡܫܬܡܗܬܢܐ. ܒܗ ܕܝܢ ܠܗܠܝܢ ܬܬܚܪܘܢ
ܘܒܗܘܢ ܬܬܗܠܟܘܢ. ܐܦ ܒܦܘܩܕܢܐ ܐܚܪ̈ܢܐ، ܒܪܘܚܐ ܬܬܕܗܪܘܢ
ܘܒܗܘܢ ܬܬܢܛܪܘܢ. ܘܒܟܠܗܝܢ ܗܠܝܢ ܬܬܒܪܟܘܢ. ܘܒܗܘܢ
ܕܒܪܝܬ ܬܬܦܨܘܢ. *ܠܡܠܟܘܬܐ[a] ܕܒܪܝ ܘܬܬܒܝܚܘܢ. ܒܗ ܬܬܢܝܚܘܢ
ܠܗ ܒܥܠܡܐ ܥܠܡܐ..

Chap. IV ܡܦܩܐ ܕܐܪܒܥܐ. ܡܛܠ ܕܐܝܟ ܐܢܫܐ [b]ܓܒܪܐ ܕܝܢ ܕܢܗܘܐ[b]
ܐܝܬܘܗܝ، ܗܘ ܕܡܬܒܥܐ ܠܐܦܝܣܩܘܦܘܬܐ. [c]ܕܐܝܟ ܐܠܝܢ[c]
ܢܗܘܘܢ ܐܝܬܝܗܘܢ[b] ܕܢܣܒܘܢܗ، ܥܠ ܐܦܝܣܩܘܦܘܬܐ[d] ܗܢܘܢ[e] ܥܝܢܘ.
f. 14 b ܢܗܝܐ ܐܢܫܐ ܕܦܐܝܐ ܐܦܝܣܩܘܦܐ ܘܪܝܫܐ. ܒܡܫܝܚܘܬܐ
ܒܕܝܬܐ ܒܟܠ ܒܢܝ̈ܬܐ[f]. ܡܬܒܥܐ ܠܗ ܕܢܗܘܐ ܕܠܐ ܪܫܡ:
ܕܒܕܝܢ ܠܐ ܢܬܚܝܒ. ܕܪܚܝܩ ܡܢ ܟܠ ܒܝܫܬܐ. ܓܒܪܐ ܕܠܐ ܒܨܪ
ܡܢ[g] ܚܡܫܝܢ ܫܢܝܢ ܕܡܫܠܡ ܢܗܘܐ ܗܘ ܡܢ ܗܘܦܟܐ[h] ܬܐܘ̈ܬܐ[b] ܕܛܠܝܘܬܐ.
ܡܢ[i] ܪܓܝܓܬܗ ܕܒܠܝܢܘܬܐ. ܘܡܢ ܡܫܬܐܠܢܘܬܐ. ܘܠܥܘܕܠܐ ܕܐܚܐ
ܕܚܠܐ ܕܡܚܬܝܢ ܥܠ ܗܝܡܢܘܬܐ. ܡܛܠ ܕܠܐ ܡܫܬܟܚܢ ܡܠܬܐ
Matt. xii. 36 ܗܝ ܕܐܡܝܪܐ ܒܐܘܢܓܠܝܘܢ. ܕܟܠܗܝܢ ܕܐܡܪܝܢ ܡܠܬܐ ܒܛܠܬܐ
ܦܬܓܡܐ ܢܬܠ[j] ܠܡܪܝܐ ܒܝܘܡܐ ܕܕܝܢܐ. ܡܢ ܡܠܝܟ

* Lag. p. 9, l. 27 — [a] ܠܡܠܟܘܬܗ — Lag. p. 10 — [b] om.
[c] ܘܕܐܝܟ ܐܢܫܐ — [d] ܐܦܝܣܩܘܦܘܬܐ — [e] ܕܝܢ — [f] ܒܢܝܬܐ — [g] + ܒܪ
[h] ܗܘܦܟܐ — [i] ܘܡܢ — [j] + ܚܠܦܘܗܝ

[1] Cod. ܘܬܓܠ

ܐܬܒܢܝܬ ܡܬܬܘܬܒܝܢ. ܢܛܪ̈ܝ، ܒܡܢܝܢܐ ܐܡܝܢܐܝܬ ܐܡܝܢ.. ܡܛܠ
ܗܢܠ ܐܘ̄ ܣܡܝܟ ܕܡ̈ܢܝܢܐ ܣܓܝ ܘܦ̈ܪܘܬܐ ܕܢܡ̈ܘܣܐ ܕܟ̈ܝܢܐ
ܘܫ̈ܠܝܚܐ. ܗܠܝܢ ܕܦܩܕܢ ܠܢ ܘܡܙܗܪܝܢ. ܕܐܡܝܢܐܝܬ ܘܡܫܠܡܝܢ
ܕܢܐܠܦ ܠܐܦܝܣܐ ܗܘ، ܕܬܘܪ̈ܣܝܐ ܘܡܥܒܪܐ. ܘܒܗ ܢܣܠܩ. ܬܣܒܝܢ
ܠܗܘܢ ܡܢܘ̈ܢܐ ܒܫ̈ܢܝܢ ܘܐܬܬܣܝܡܘܢ ܗܠܝܢ. ܦܬܘ̈ܠܐ ܐ̄ ܕܠܐ
ܢܣܒ ܒܪܐ ܐܢܬܬܐ. ܘܒܪܗ ܒܪܬܗ. ܒ̄ ܐܡܠܐ ܒܪܐ ܠܛܠܝܬܐ
ܘܒܪܗ ܐܚܘܗ ܕܛܠܝܬܐ. ܓ̄ ܐܡܠܐ ܒܪܐ. ܘܒܪܗ ܬܪ̈ܬܝܢ ܐܚܘ̈ܬܐ.
ܐܘ ܬܪ̈ܬܝܢ ܒܢܬ ܕܕܐ. ܕ̄ ܘܐܡܠܐ ܬܪܬܝܢ ܐܚ̈ܐ ܐܢܬܬܐ ܘܒܪܬܗ
ܗ̄ ܘܐܦ ܠܐ ܒܪܐ ܢܣܒ ܐܢܬܬܐ. ܘܢܦܠ ܒܪܬܗ ܠܒܪܗ.
ܘ̄ ܘܐܡܠܐ ܒܪܐ ܐܢܬܬܐ. ܘܢܦܠ ܒܪܬܗ ܠܐܚܘܗ. ܙ̄ ܘܐܡܠܐ f. 14a
ܒܪܐ ܐܢܬܬܐ ܘܢܦܠ ܒܪܬܗ ܠܐܒܘܗ. ܚ̄ ܘܐܡܠܐ ܒܪܐ
ܢܣܒ ܚܬܗ ܕܐܢܬܬܗ ܐܘ ܒܪܬ ܚܬܗ. ܛ̄ ܘܐܡܠܐ ܒܪܐ
ܐܢܬܬ ܐܚܘܗ ܕܐܢܬܬܗ. ܝ̄ ܐܡܠܐ ܐܢܬܬ ܐܚܐ ܐܘ ܐܢܬܬ ܒܪܗ[1]
ܝܐ̄ ܘܐܡܠܐ ܒܪܐ ܐܢܬܬ ܕܕܗ ܒܝܬܐ. ܝܒ̄ ܘܐܡܠܐ ܐܢܬܬܗ
ܗܠܐ ܘܕܝܢܐ. ܝܓ̄ ܘܐܡܠܐ ܒܪܐ ܢܣܒ ܒܪܬ ܐܚܘܗ ܕܐܢܬܬܗ
ܝܕ̄ ܘܐܡܠܐ ܕܢܣܒ ܐܢܫ ܫܘܫܒܝܢܘܬܗ ܕܓܡ ܒܪ̈ܬܐ ܥܠ ܬܠܬܐ
ܕܪ̈ܡܝ. ܛܘ̄ ܘܐܡܠܐ ܐܢܫܘܗܝ، ܕܗܢܐ ܥܠ ܬܪܝܢ ܕܪ̈ܡܝ. ܝܘ̄ ܐܡܠܐ
ܕܢܣܒ ܐܢܫ ܫܘܫܒܝܢܬܐ ܕܓܡ ܡܥܡܘܕܝܬܐ. ܘܐܡܠܐ ܐܢܫ ܕܡܪܒ.
ܠܗ. ܒܥܒܕܐ. ܥܠ ܫܬܫܐ ܕܪ̈ܐ. ܝܙ̄ ܘܐܡܠܐ ܕܢܗܘܐ ܡܫܒܫܐ
ܡܡܡ̈ܠ ܠܒܪܗ ܦܠܚܢܐ. ܐܠܐ ܐ̄ ܒܠܬܐ ܕܡܡܘܬܐ ܬܓ̈ܪܐ[2]
ܠܗܘ ܡܠܦܢܐ. ܘܠܐܬ ܡܫܒܫܐ ܢܦܪܘܫ ܕܒܥܡܕܘܗܝ،. ܝܚ̄ ܘܕܠܐ
ܢܗܘܐ ܐܢܫ ܡܫܟܪ ܡܦܘܪܫܐ ܕܐܢܬܬܐ ܐܠܐ ܡܢܡ ܡܫܒܪܐ
ܘܡܫ̈ܡܫܢܐ ܘܡܢܡ ܐܢ̈ܫܝܢ ܚܐܪ̈ܐ ܕܢܗܘܘܢ ܥܡܝܢ ܠܓܘܬܗܡܫܢܘ.
ܝܛ̄ ܘܕܠܐ ܢܗܘܐ ܡܥܠܛ ܗܘ ܕܡܒܪ ܡܟܝܪܬܐ ܠܒܢܗ ܕܛܠܝܬܐ.

[1] Cod. ܒܪܬ

[2] Cod. ܬܓܪܐ

ܟܪ̈ܝܗܘܢ[a] ܘܡܬܚܠܦܝܢ ܒܫܘܬܦܘܬܐ ܕܡܕܒܪܢܘܬܐ. ܠܐ ܡܬܦܪܥܢ[b]
Luke xvi. 15b ܠܗܒܝܡ̄. ܡܛܠ ܗܢܐ ܕܐܝܟܢܐ ܕܪܡ ܒܝܬ ܒܢ̈ܝܢܫܐ. ܩܕܡ ܐܠܗܐ
Psalm xxxi. 23 ܛܢܦ ܗܘ. ܡܛܠܬܗܘܢ ܕܐܦ. ܐܡܝܪܐ ܕܐܫܦܝ ܦܘܪ̈ܥܢܐ ܠܟܠ
ܐܢܫ ܕܡܬܪܘܪܒܝܢ. ܒܪ̄ ܫܢ̈ܝܢ ܗܘܘ ܬܘܒ ܥܠܝܡܐ. ܕܢܗܘܘܢ
ܠܗ[c] ܦܘܩܕܢܘܗܝ ܕܐܦܝܣܩܘܦܐ[c] ܥܠ ܡܕܝ̈ܢܬܐ ܕܐܬܪ̈ܐ ܕܐܝܬ
ܒܦܘܪ̈ܢܣܗ[d] ܟܠܗܘܢ[d]. ܕܢܬܝܕܥ. ܪܝܫܐ ܕܟܠܗܘܢ ܕܒܐܝܕܗ[e] ܡܬܬܕܒܪܝܢ
ܟܠܗܘܢ. ܐܦ. ܒܪ ܫܡܥܐܠ ܗܢܢܐ ܦܩܕ ܗܘܐ ܡܢ ܕܘܟܐ
f. 13 b ܠܕܘܟܐ ܘܦܢܐ ܗܘܐ. ܟܕ̄ ܗܟܢܐ ܗܘܘ ܬܘܒ ܥܠܝܡܐ. ܕܡܠܟܐ
ܐܢܫ ܕܡܬܝܕܥ ܕܢܬܡܟܢܘܢ ܗܘܘ[f] ܒܡܕܒܪܐ. ܢܗܘܐ[g] ܥܠܝܡܐ
ܠܗܘܢ ܕܢܫܬܡܥܘܢ ܘܢܬܘܟܠܘܢ ܩܕܡ ܡܕܒܪܐ. ܟܕ ܡܕܒܪܢܐ[h]
ܕܒܬܐ[i]. ܡܛܠ ܕܐܦ ܕܘܝܕ ܘܐܢܫ ܕܐܟܘܬܗ ܗܘܘ ܦܠܚܝܢ ܗܘܘ
ܘܡܢܟܝܢ ܗܘܘ ܩܕܡ ܡܕܒܪܐ ܕܡܕܝܢܬܐ[f]. ܒܗ̄ ܗܟܢܐ ܗܘܘ ܬܘܒ
ܥܠܝܡܐ. ܕܠܐ ܐܢܫ ܢܚܙܐ ܘܢܫܟܘܪ ܩܕܡ ܒܫܘܠܛܢܐ ܕܡܠܟܘܬܐ.
ܕܠܐ ܒܕܘܟܐ ܠܐ[j] ܒܦܠܚܘܬܐ[j] ܐܠܐ ܒܡܐܢܘܬܐ ܕܠܐ ܙܢܝܢܐ
ܕܡܐܫܟ[k] ܒܐܦ̈ܐ. ܒܪ̄ ܫܢܝܢ ܗܘܘ ܬܘܒ ܥܠܝܡܐ. ܕܠܫܢܐ
ܕܦܘܪ̈ܥܢܐ ܒܝܘܡܢܐ ܗܘ ܕܒܗ ܡܬܐܦܐ ܒܗ[f] ܢܫܫ ܠܝܡܢܐ[l]. ܘܠܐ
ܚܬܪ ܘܡܬ̈ܘܬܐ ܗܘ ܡܢܐ ܕܠܐ ܥܠܝܟ.. †

ܬܘܒ ܩܠܝܠ ܡܢ ܦܬܓܡܐ ܕܥܠܝܡܐ ܘܐܟܣܢܝܘܬܐ ܕܒܗܘܢ ܐܡܝܪܐ
ܒܕܬܐ ܕܡܫܝܚܐ ܫܪܝܪܬܐ ܠܗܘܢ ܕܒܟܠܝܘܡ ܫܒܩ ܠܝ
ܒܗܡܢܘܬܐ ܬܪܝܨܬ ܫܒܩ̄. ܘܒܝܬ ܩܘܫܬܐ ܥܠܝܡܐ. ܐܦܝܣܩܘܦܐ
ܣܩܘܠܐ ܒܗܝܢܐ ܘܡܬܬܟܝܢܐ ܕܟܢܐ. ܘܒܟܠܐ ܡܗܝܡܢܐ
ܘܐܝܟ ܠܡܫܝܚܐ. ܒܗ ܫܪܟܐ ܕܟܠܗ ܬܐܠܦܐ ܒܕܬܝܢܐ.
ܘܟܝ̈ܢܐ ܕܡܕܝܢܐ ܗܢܘܢ ܕܒܟܠ ܐܘܦܪ̈ܟܝܐ ܡܫܝܚܝܘܬܐ ܚܟܝܡ

---

[a] ܟܪ̈ܝܗܘܢ [b] ܡܬܦܠܓܢ [c] ܦܘܩܕܢܐ [d] ܒܦܘܪ̈ܣܐ [e] + ܗܘ
[f] om. [g] ܗܘܐ [h] ܡܕܒܪ̈ܢܐ [i] Rel. in marg. ܡܕܒܪ̈ܢܐ (*sic*) ܟ̈ܠܒܐ m. hominis europaei [j] ܘܠܐ ܒܦܠܚܘܬܐ [k] ܕܡܫܟܚ [l] ܠܡܕܝܢܬܐ

ܡܫܝܚܐ. ܕܠܐ ܢܗܘܐ[a] ܥܠܝܟ ܠܓܡܪܢܐ ܕܟܠܗ ܐܝܠܝܢ ܕܡܫܡܫܝܢ
ܒܗܘܢ. ܢܗܘܐ ܦܬܪ ܬܘܕܝܬܐ ܐܝܠܝܢ ܕܕܒܪܬܐ ܐܢܬܝ.. ܐܠܐ ܒܡܠܬܐ
ܕܐܠܗܘܬܟܝ ܗܘܐ ܦܬܪ ܘܡܫܬܡܠܐ. ܗܘ ܡܕܡ ܕܐܠܗܘܬܟܝ ܡܬܝܚܝܢ[b]
ܒܗ. ܘܠܐ ܫܢܝ ܡܢܝܚܝܢ[c]. ܫܢ ܗܟܝܠ ܗܘܐ ܠܘܬ ܡܫܝܚܐ. ܕܐܠܗܘܬܟܝ f. 13a
ܐܝܠܝܢ ܕܢܦܫܝ ܡܢ ܟܠܗܝܢ ܗܢܝܢ ܒܡܣܪܗܒܘܬܐ[d] ܕܡܫܡܠܝܘܬܗ ܕܡܫܝܚ
ܡܫܝܚܐ. ܘܒܐܠܗܝܘܬܐ ܕܟܠܗ ܥܡܗ. ܢܗܘܘܢ ܒܪܬܝ ܠܗܘܢ
ܕܦܪܘܩܐ ܒܡܘܬܐ ܕܡܫܝܚܘܬܟܝ[e]. ܟܠ ܗܟܝܠ ܗܘܐ ܠܘܬ ܡܫܝܚܐ.
ܕܡܢܐ ܕܢܘܚܡܝܢ ܒܬܫܒܚܬܐ ܕܕܒܪܬܐ. ܗܘܘ ܐܚܪܢܝܢ ܬܫܒܘܚܬܐ
ܕܕܘܝܕ[f] ܚܠܝܨܐ[g]. ܡܛܠ ܗܘ ܕܐܡܪܝܢ ܠܡܪܢܐ ܒܟܠܙܒܢ. ܘܒܟܠܙܒܢ Psalm xxxiv. 1
ܬܫܒܘܚܬܗ ܒܦܘܡܝ. ܘܒܠܠܝܐ ܐܦܪܐ ܘܐܡܪ ܘܐܫܬܒܚ ܦܠܐ
ܡܪܝܡܝܢ. ܟܠ ܗܟܝܠ ܗܘܐ ܠܘܬ ܡܫܝܚܐ. ܕܐܝܠܝܢ ܕܡܣܬܪܩܝܢ
ܡܢ ܡܫܡܫܢܐ[1] ܘܠܐ ܢܣܒܝܢ ܒܠܗ ܢܘܗܪܐ[h] ܕܒܫܘܒܚܐ. ܗܢܘܢ ܒܝܬ
ܢܘܓܪܐ ܘܢܦܪܫܘܢ ܐܦ ܠܬܫܒܘܚܬܐ ܗܘ[i] ܕܡܕܒܪܢܘܬܐ[i].
ܟܠ ܗܟܝܠ ܗܘܐ ܠܘܬ ܡܫܝܚܐ ܕܦܘܪܩܢܐ ܐܝܟܢܐ ܕܐܦܪ ܒܪܝܐܝܬ
ܕܠܐ ܒܪܘܚܐ. ܢܡܠܠ ܡܫܡܫ ܒܪܘܚܐ ܒܪܘܚܐ. ܗܘ ܕܡܢ ܕܐܬܚܙܝ
ܢܡܠܠܘܢ. ܠܐܘܪܚܐ ܐܝܟ ܗܘ ܕܒܡܠܬܐ ܐܬܚܙܝ. ܟܠ ܗܟܝܠ
ܗܘܐ ܠܘܬ ܡܫܝܚܐ. ܕܐܝܠܝܢ ܕܒܡܕܡ ܕܢܫܡܫܘܢ ܕܝܠܗ. ܐܝܟܢ[j]
ܐܬܚܙܝܬ ܕܢܛܠ ܒܐܘܪܚܐ. ܣܓܝ[k] ܠܪܘܚܐ. ܘܪܚܝܩ ܠܡܢܘܚܐ. ܠܐ
ܠܘܬ ܢܫܡܫܘܢ ܕܝܠܗ ܐܝܟܢܐ ܘܐܦ[l] ܡܫܠܡܝܢ ܙܕܝܩܐ ܕܡܫܡܫܢ[m]
ܒܐܦܝܗܘܢ. ܟܠ ܗܟܝܠ ܗܘܐ[n] ܠܘܬ ܡܫܝܚܐ. ܕܐܝܠܝܢ ܕܙܕܩܝܢ

---

[a] ܗܘܐ [b] ܡܬܚܝܢ [c] ܡܢܚܝܢ ܒܗ [d] + ܠܟܠܬܐ [e] Rel. in marg. ܡܫܝܚܘܬܐ m. europ. [f] ܕܕܘܝܕ [g] + ܒܦܘܡܝ [h] ܢܘܗܪܐ [i] ܕܡܕܒܪܢܘܬܐ [j] ܐܝܟ Rel. p. ܠܗ [k] ܘܣܓܝ [l] ܗܘ ܐܦ [m] ܕܡܫܡܫܢ [n] Cod. ܘ alterum ser. add.

---

[1] Cod. ܡܫܡܫܢܐ

ܡܫܡܫ. ܦܩܕ̇ܘܬܐ ܕܥܒܘܕܐ. ܐܘ [a]ܐܪܐܠ ܠܗ̇ܘܬ[a] ܫܪ̈ܟܐ ܘܡܬܦ̈ܘܣܐ
ܘܟܠ̈ܢܐ. ܘܡܫܪ ܠܫܠ̈ܡܐ ܘܠܟܢܬ ܟܠ̈ܗܝ. [b]ܐܘ ܠܡܥܒܕ[b] ܕܐܫܬܕܪ[c]
ܐܢܠܝܢ ܕܠܐ ܢܕܚܠ ܠܐܠܗܐ. ܐܦ[d] ܗܘ ܐܢ[e] ܟܒܪܐ ܕܠܐ ܢܕܒ[f]
ܠܐܠܗܐ. ܢܒܥܕܐ[g] ܡܢ ܬܫܥܒܕܘܬܗ[h] ܘܠܐ ܢܫܡܫ ܒܗ̇ ܬܘܒ.[i]
ܢܪ̄ ܫܦܝܪ ܗܘܘ ܬܘܒ ܥܠ̈ܝܡܐ. ܕܐܢ ܐܝܬ ܐܢܫ ܕܦܠܚ ܥܠ
ܬܫܥܒܕܘܬܗ ܘܠܐ ܥܒܪܐ ܠܗ. ܠܐ ܬܘܒ ܢܫܡܫ. ܡܛܠ ܕܠܐ
ܥܒܪ ܠܗ ܡܕܪܐ[j] ܕܬܫܥܒܕܘܬܐ. ܘܟܐܢܫܐ ܗܘ ܡܬܚܫܒ. ܘܠܐ ܗܘܐ
1 Sam. ii. 3[b] ܒܐܠܗܐ. ܗܘ ܕܠܐ ܬܩܢ ܨܒ̈ܝܢܐ ܡܪܕܘܬܗ. ܢܪ̄ ܫܦܝܪ ܗܘܘ
ܬܘܒ ܥܠ̈ܝܡܐ. ܕܐܢܫܐ ܕܡܗܘܦ ܘܫܠܡ ܙܒܢܬܐ. ܐܘ ܗܘ
ܕܡܬܚܫܒ ܒܟܐܒܝܪܘܬܐ ܕܡܠܘܬܐ. ܗܢܐ ܠܐ ܬܘܒ ܢܫܡܫ ܘܠܐ
ܢܗܘܐ ܒܬܫܥܒܕܘܬܗ. ܗܢ̄ ܫܦܝܪ ܗܘܘ ܬܘܒ ܥܠ̈ܝܡܐ. ܕܐܢܫܐ
ܕܢܫܡ ܠܡܪ̈ܢܐ[k] ܐܝܟ ܡܪܕܐ[l] ܫܒܝܪܘܬܐ ܗܘ ܕܢܫܡ ܐܢܘܢ. ܐܘ
ܠܚܛܝܐ ܗ̇ܢܘܢ ܕܦܠܓܝܢ ܠܒܢ̈ܝܬܐ ܚܠܦ ܒܢܘܗܝ. ܠܐ ܢܫܘܠ
ܒܚܝܠܗܘܢ ܘܢܫܡܫ. ܘܐܢܫܝܢ ܒܚܝܠܗܘܢ ܐܝܬܝܗܘܢ. ܠܐ ܢܫܬܘܕܥܘܢ.
ܐܠܐ ܢܬܦܪܫ ܡܢܗܘܢ ܘܠܐ ܢܫܡܫ ܒܗܘܢ. ܢܘ̄ ܫܦܝܪ
ܗܘܘ ܬܘܒ ܥܠ̈ܝܡܐ. ܕܐܢ ܐܢܫ ܡܢ ܡܪ̈ܕܐ[m] ܐܘ ܡܢ ܚܛܝܐ
ܐܝܬܝܗܘܢ ܘܡܬܦܠܓ ܒܗܘܢ. ܘܡܢܐ ܕܐܝܬܝܗ ܘܐܬܦܠܓ ܘܐܬܦܠܓ
ܒܗܘܢ. ܦܢܐ ܘܐܙܠ[n] ܬܘܒ ܠܟܢܫܐ ܕܦܐܝܫ ܗܘܐ ܒܗ. ܘܬܘܒ
ܐܝܬܝܗ[o] ܘܗܦܟ ܠܗ ܡܢ ܪ̈ܚܡܘܗܝ[o] ܕܬܪ̈ܬܝܢ ܘܒܢ̈ܝܢ. ܠܐ ܬܘܒ ܢܫܡܫ.
ܐܠܐ ܐܝܟ ܟܢܫܐ ܗܘ ܕܐܝܬܝܗܘܢ، ܗܘܐ ܒܗ ܡܢ ܡܕܝܢ. ܗܟܢܐ
ܗܘܘ ܚܙܝܢ[p] ܒܗ. ܐܢܠܝܢ ܕܢܕܚܠ ܠܗ. ܢܙ̄ ܫܦܝܪ ܗܘܘ ܬܘܒ.

a ܕܐܪܐܠ ܠܟܢܬ b ܘܠܟܢܬ c Rel. Cod. ܐܫܬܪ d ܘܐܦ e ܐܝܟ
f + ܠܗ g ܢܬܪܥܐ h ܬܫܥܒܕܬܐ i ܒܬܫܥܒܕܘܬܗ j ܡܕܪܗ
k ܠܡܗܘܪ̈ܢܐ Cod. ܠܡܗܘܪ̈ܢܐ l ܡܗܘܪܐ m ܡܗܘܪ̈ܐ Rel. p. ܠܐ n + ܠܗ
o ܗܦܟ ܐܝܬܝܗ ܡܢ ܪ̈ܚܡܘܗܝ p ܚܙܝܢ

ܘܡܕܒܪܢܐ ᵃܕܟܠܗܘܢ ܠܘܬܐ ܘܒܢ̈ܝܢܐ[a] ܘܕܟܠܗ ܡܫܒܚܬܐ. ܗ̄ ܗܟܢ
ܗܘܐ ܬܘܒ ܥܠܝܡܐ ܕܗܘܐ ܚܒܪܘܗܝ ܝܘܡܐ ܕܕܝܠܗ ܕܦܪܘܫ
ܕܐܒܘܗܝ، ܕܒܥܐ ܕܢܚܬܘܗܝ ܕܚܝܘܬܐ. ܒܐܒܕܬܐ[b] ܒܪܘܟܐ ܐܝܟ،
ܐܝܟ ܦܠܚܐ ܕܡܫܚܐ ܕܒܣܡܐ. ܝ̄ ܗܟܢ ܗܘܐ ܬܘܒ ܥܠܝܡܐ.
ܕܐܢ̈ܬܘܢ ܡܠܟܢ ܦܪܘܫ ܚܕ[c] ܕܦܪܘܫ ܗܘܐ ܢܟܣܝܢ. ܘܗܘܝܢ ܚܒܪܝܢ
ܠܗ ܠܝܘܡܐ ܘܠܝܘܡܐ ܕܫܒܬܗ. ܡܛܠ ܕܐܦ ܗܘ ܗܘܐ ܡܢ
ܡܢܗ ܕܒܐܪܐ. ܐܢ̈ܬܘܢ ܡܠܟܢ ܝܬܝܪ ܗܘܐ. ܘܡܫܝܬܐ[d] ܘܐܬܠܐ
ܕܠܒܝܫ ܗܘܐ ܙܐܪܐ ܚܕܢܐ ܐܢ̈ܬܘܢ ܡܠܟܢ ܝܬܝܪ ܗܘܘ[e] ܘܗܘܝܢ
ܐܘܪܚܝܗ. ܝ̄ܐ ܗܟܢ ܗܘܐ ܬܘܒ ܥܠܝܡܐ ܕܫܘܠܡܐ ܕܡ̈ܠܐ
ܟܠܗܘܢ ܢܛܪܐ ܐܘܟܠܝܗܘܢ. ܐܝܟ ܡܫܬܡܥܢܐ[f] ܕܡܠ̈ܐܐ ܟܠܗܘܢ[g].
ܘܒܪ ܦܐܡ ܒܡܢܐ ܟܠ ܬܠܘܗܝ، ܢܫܬܒܩܘܢ،. ܡܛܠ ܕܡܫܬܪܝܢܐ
ܗܘ ܕܡܫܪܝܢܐ ܕܟܠܗܘܢ ܒܝܫܬܐ. ܝ̄ܒ ܗܟܢ ܗܘܐ ܬܘܒ ܥܠܝܡܐ.
ܕܫܘܠܡܐ ܕܐܢ̈ܬܘܢ ܡܠܟܢ ܕܢܫ ܚܬܪ ܡܒܨܬܗ. ܗܘܘ ܚܒܪܝܢ
ܕܫܪܝܢܐ ܕܫܘܠܡܗ ܕܠܐܬ ܐܒܘܗܝ، ܡܫܒܚܐ. ܝ̄ܓ ܗܟܢ ܗܘܐ ܬܘܒ
ܥܠܝܡܐ. ܕܐܬܠܐ ܐ[h] ܒܬܚܬܝܬܐ ܘܢܦܫܐ ܘܐܘܪܚܠܝܘܢ ܘܡܫܒܚܢܐ
ܕܝܫܘܥܘܢ ܕܢܠܗܘܢ ܠܐ ܗܘܘ ܡܬܦܪܫܝܢ ܒܠ ܒܐܝܕ[i] ܒܕܪܬܐ.
ܝ̄ܕ ܗܟܢ ܗܘܐ ܬܘܒ ܥܠܝܡܐ. ܕܐܢܫܐ ܕܠܐ ܝܕܥ ܡܫܡܫܘܬܐ[j]
ܕܕܪܬܐ. ܘܡܦܩܝܢܐ ܘܡܬܩܢܐ ܗܢܘܢ[k] ܕܫܒܚܝܢ ܒܗ. ܠܐ ܢܗܘܐ
ܡܕܒܪܢܐ ܘܦܩܘܕܐ. ܘܐܢܫܐ ܕܢܕܥ ܠܗܘܢ ܘܢܚܒܪ ܡܢܗܘܢ ܠܐ
ܬܘܒ ܢܥܒܕ. ܡܛܠ ܕܠܐ ܫܒܝܪ ܒܬܫܒܚܬܗ ܐܠܐ ܕܟܠܗ ܗܘ. f. 12 b
ܝ̄ܗ ܗܟܢ ܗܘܐ ܬܘܒ ܥܠܝܡܐ. ܕܐܢܫܐ ܕܢܦܫܐ ܘܡܕܒܪܢ ܐܘ

---

[a] ܕܟܠܗܘܢ ܒܢ̈ܝܢܐ ܘܠܘ̈ܬܐ [b] ܒܫܒܬܐ [c] ܘܡܢܐ ܕܢܫܡܗ
[d] ܘܐܦ ܡܫܝܬܐ [e] + ܗܘܝܢ ܐܦ [f] ܡܫܬܡܥܢܐ [g] ܡܠܬܐ ܕܡܠܐ̈ܐ in marg. m. europ. Rel. p. ܠܗ [h] ܕܐܬܚܬܝܐ [i] ܒܝܬ [j] ܡܫܡܫܘܬܗ
[k] om.

ܦܘܩ̈ܕܢܐ ܕܝܢ ܡܢ ܡܫܠܡܢܘܬܐ ܕܐܝ̈ܕܝ ܫܠܝܚܐ: ܐ. †ܣܡܘ ܗܘܘ ܗܟܝܠ[a] ܫܠܝ̈ܚܐ ܩܕܝ̈ܫܐ[b]. ܡܩܕܡܐܝܬ. ܕܠܡܕܢܚܐ ܗܘܘ ܡܨܠܝܢ. ܡܛܠ ܕܐܝܟ ܒܪܩܐ ܕܕܢܚ ܡܢ ܡܕܢܚܐ ܘܡܬܚܙܐ ܥܕܡܐ ܠܡܥܪܒܐ[c]. ܗܟܢܐ ܬܗܘܐ ܡܐܬܝܬܗ[d] ܕܒܪܗ ܕܐܢܫܐ. ܘܒܗܕܐ ܢܕܥ. ܘܢܬܒܝܢ ܟܕ ܡܨܠܝܢ. ܕܡܢ ܡܕܢܚܐ ܡܬܚܙܐ[e] ܘܠܗܘ̇ ܡܣܟܝܢ ܠܗ. ܘܠܗ ܣܓܕܝܢ[e]. ܒ̅. ܣܡܘ ܗܘܘ ܬܘܒ ܫܠܝܚܐ[b] ܕܒܚܕ ܒܫܒܐ ܬܗܘܐ ܬܫܡܫܬܐ ܘܩܪܝܢܐ ܕܟܬܒ̈ܐ ܩܕܝ̈ܫܐ ܘܩܘܪܒܢܐ. ܡܛܠ ܕܒܚܕ ܒܫܒܐ ܩܡ[f] ܡܫܝܚܐ ܡܢ ܒܝܬ ܡܝ̈ܬܐ. ܘܒܚܕ ܒܫܒܐ ܕܢܚ ܗܘܐ ܠܥܠܡܐ. ܘܒܚܕ ܒܫܒܐ ܬܘܒ. ܡܬܚܙܐ ܠܣܘܪܬܐ ܥܡ ܡܠܐ̈ܟܘܗܝ ܩܕܝ̈ܫܐ. ܓ̅. ܣܡܘ ܗܘܘ ܬܘܒ ܫܠܝܚܐ[b] ܕܒܐܪܒܥܐ ܒܫܒܐ ܬܗܘܐ ܬܫܡܫܬܐ ܕܐܡ̇ܪܬ[b] ܡܘܪܒܐ[b]. ܡܛܠ ܕܒܗ ܗܘ ܓܠܐ[g] ܡܪܢ ܠܬܠܡܝܕܘܗܝ[b] ܥܠ ܕܝܠܗ ܘܚܫܘܗܝ[h] ܘܙܩܝܦܘܬܗ ܘܡܘܬܗ[i]. ܘܩܝܡܬܗ. ܘܗܘܐ ܬܠܡܝܕܐ ܡܬܥܠܬܗ[j] ܒܬܘܕܝܬܐ. ܕ̅. ܣܡܘ ܗܘܘ ܬܘܒ ܫܠܝܚܐ. ܕܐܦ ܒܥܪܘܒܬܐ[k] ܒܬܫܥ ܫܥ̈ܝܢ ܬܗܘܐ ܬܫܡܫܬܐ. ܡܛܠ ܕܗܘ ܡܕܡ[l] ܕܐܬܚܫܒ ܗܘܐ ܒܐܪܒܥܐ ܒܫܒܐ ܡܛܠ ܚܫܗ f. 12a ܕܦܪܘܩܢ. ܒܥܪܘܒܬܐ ܐܫܬܠܡ ܗܘܐ. ܒܗ̇ ܕܝܢ ܗܘܐ ܫܠܡܐ ܘܫܠܡܝܢ ܪ̈ܘܚܬܐ ܫܒ̈ܝܐ[b]. ܘܢܦܩܘ ܗܘܘ ܢܦ̈ܫܬܐ ܒܫܝܘܠܐ. ܗ̅. ܣܡܘ ܗܘܘ ܬܘܒ ܫܠܝܚܐ ܕܢܗܘܘܢ[m] ܡܫܝ̈ܚܐ ܒܪ̈ܚܬܐ[b] ܐܝܟ ܒܣܝܡܐ ܩܕܝܫܐ[b] ܒܝܬ ܐܠܗܐ. ܘܡܫܡ̈ܫܢܐ ܐܝܟ ܠܘܝ̈ܐ. ܘܐܦܘܕܝܩ̈ܢܐ[n] ܐܝܟ ܟܗ̈ܢܐ ܕܚܫܝܢ[o] ܗܘܘ ܡܐܢܐ ܕܬܪܬܐ ܕܒܝܬ ܩܘܕܫܐ[p] ܕܡܫܪܝܐ. ܘܕܘܟܐ ܕܗܘܝܢ ܡܕܒܪܢܐ ܕܟܠܗ ܥܡܐ. ܐܝܟ ܐܗܪܘܢ ܪܝܫ ܟܗ̈ܢܐ. ܪܝܫܐ

† Lag. Rel. p. ܠܒ, l. 14 [a] + ܗܘܢ [b] om. [c] ܠܡܥܪܒܐ. [d] ܡܐܬܝܬܗ [e] ܡܢ ܥܠ [f] + ܗܘܐ [g] + ܗܘܐ ܠܗܘܢ [h] ܘܚܫܗ [i] ܘܥܠ ܡܘܬܗ [j] ܡܛܠ ܗܕܐ Rel. p. ܠܓ [k] ܕܥܪܘܒܬܐ [l] Rel. Cod. ܕܡܕܡ [m] + ܗܘܘ [n] ܘܗܘܦܘܕܝܩ̈ܢܐ [o] ܕܚܫܝܢ [p] ܡܩܕܫܐ

ܐܘܡܦܠܐ ܕܝܢ ܠܬܫܒܘܚܬܐ. ܕܢܗܘܐ ܕܕܘܟܬܐ ܚܕܐ ܕܐܘܣܛܠܝܣܛܐ.
ܬܗܒܐ ܢܦܫܗ ܠܗܘܢ ܐܠܗܐ ܫܠܝܚܐ ܕܩܘܠܠܝܗ ܡܛܠ ܒܙܢܝܐ
ܕܩܠܘܬܐ* ܩܠܘܬܐ ܫܩܠܗ[a] ܒܪܦܘܪܐ.. [b]ܘܒܬܠܬܫܥܝܢ.. ܘܒܫܬܫܥܝܢ..
ܘܒܬܫܥܣܪܝܢ.. ܘܒܙܡܪܐ.. ܘܒܗ ܕܗܟܝܢ ܐܝܬܘܗܝ ܗܘ ܕܗܦܟܬܐ..[b]
ܘܒܡܣܪܐ ܬܪܝܨܐ.. ܒܪܦܘܪܐ ܟܠ ܒܗ ܡܕܡ ܐܝܬܘܗܝ ܠܐܠܗܐ.[c]
ܕܐܢܫܝܢ ܠܗ[d] ܒܗ ܐܒܕܢ ܠܠܝܐ ܘܐܘܬܒ ܐܢܫܐ.. ܒܬܠܬܥܣܪܝܢ[e] ܕܝܢ
ܡܛܠ ܕܒܗ ܫܩܠ ܡܢܗ ܓܒܪ ܕܒܝܐ ܡܢ ܩܛܠܗܘܢ.. ܒܗܘ
ܕܫܬܥܣܪܝܢ[f] ܕܝܢ. ܡܛܠ ܕܒܗ ܐܬܝܠܕ ܡܫܝܚܐ[g]. ܟܠܗܝܢ ܒܪܘܬܐ
ܐܬܬܪܥܝܗ[h] ܗܘܝ ܒܗ ܕܐܬܐ ܡܢ ܡܪܘܡܬܐ[i] ܕܒܥܒܘ ܡܬܕܪܫܐ[i] ܕܫܒܥܐ. f. 11 b
[j]ܘܐܬܬܕܪܘ ܒܕܒܝܫ ܒܠܘܟܬܐ. ܘܐܬܬܕܝ ܕܒܟܐ ܘܡܫܝܚܐ.. ܒܗܘ
ܕܬܫܥܣܪܝܢ ܡܛܠ ܕܒܗ ܡܢܗ ܐܬܓܠܝ ܚܝܠ ܫܒܥܐ ܒܡܦܩܬܗ
ܠܣܘܪܐ ܘܡܢܗ ܡܢܝܬܐ ܡܢ ܡܕܝܢܬܗܘܢ ܘܒܢܬܐ ܠܐ ܗܘܝܢ ܗܘܘ,
ܕܢܬܒܢܝܢ ܒܪܘܗ ܕܡܪܢ. ܐܦ ܐܫܠܡ ܢܦܫܗ ܒܐܝܕܝ, ܐܒܘܗܝ..[j]
[k]ܒܗܘ ܕܙܡܪܐ[k] ܕܝܢ ܒܗ ܡܕܡ ܠܐܠܗܐ[l]. ܕܢܬܒ ܠܗ ܠܠܝܐ
ܠܢܫܐ[m]. ܡܢ ܬܫܥܐ[n] ܕܐܝܡܡܐ.. [o]ܒܗܘ ܕܗܦܟܬܐ ܕܝܢ ܕܒܗ
ܫܒܬܐ ܕܢܫܬܐ ܕܡܢ ܒܬܠܬܐ ܬܕܡܟܘܢ ܐܠܐ ܐܠܗ ܕܠܐ
ܠܫܒܬܐ ܘܠܢܫܐ ܕܡܢ ܒܠܚܘܕ ܗܘܐ ܬܫܪܘܢ. ܘܐܝܟ ܒܪܒܝܬ
ܗܘ ܐܠܗܬܐ ܕܐܠܒܫܘܢ ܬܒܪܘܟܘܢ ܒܐܘܪܚܐ ܕܠܚܠܡ..[o]
ܒܡܣܪܐ ܬܪܝܨܐ ܕܝܢ. ܡܛܠ ܕܗܘܐ ܫܒܬܐ ܠܫܒܬܬܐ[p]
ܕܐܒܕܢܐ ܡܫܬܪܐ ܠܗ[c]. ܘܠܦܘܠܚܢܐ[q] ܕܒܪܢܫܐ ܕܢܗܘܪܐ.*

* Lag. Rel. p. ܟܗ, l. 23 [a] ܫܩܠܗ [b] ܘܒܫܒܬܐ ܕܬܠܬ. ܘܕܫܒ ܘܕܬܫܥ ܘܒܙܡܪܐ
[c] om. [d] + ܡܪܢܐ [e] ܒܫܒܬܐ ܕܬܠܬ Rel. p. ܟܒ [f] ܕܫܒ
[g] + ܡܢ ܕܒܗ ܕܬܫܥ. ܒܗܘ ܕܝܢ ܕܙܡܪܐ ∴ ܘܡܫܝܚܐ ܕܒܟܐ ܐܬܕܝ ܒܕܒܝܫ: ܐܬܕܪܘ ܘܒܗ ܐܬܝܠܕ.
[h] ܐܬܬܪܥܝܗ [i] ܕܡܬܕܪܫܐ [j] ∴ ܕܡܪܢ ܒܪܘܗ ܗܘܝ ܡܬܒܢܝܢ ܘܠܐ
[k] ܒܙܡܪܐ [l] ܐܝܬܘܗܝ [m] ܢܫܐ [n] ܒܬܫܥܐ [o] om. ܒܗܘ.... ܕܠܚܠܡ
[p] ܠܫܒܬܬܐ [q] ܠܦܘܠܚܢܐ

ܒܪ[a] [b]ܡܕܡ ܡܢܗܘܢ[b] ܕܒܪܢܫܐ[a]. ܘܐܦܠܐ ܒܫܘܦܪܐ ܡܢܗܘܢ. ܐܠܐ
ܫܘܦܪܐ ܐܝܬܝܗ̇ ܠܘܬܗ ܕܟܠܗܝܢ. ܒܪ ܠܒܬܟ[c] ܠܐ ܬܬܦܠܓ.
ܕܐܢܬܐ ܡܫܒܚܐ ܬܗܘܐ ܐܝܟ ܐܢܬ ܠܗ. ܠܐ ܬܗܘܐ ܕܠܘܬܗ ܟܠ
f. 11 a ܗܢ[1] ܕܬܘܒ ܦܘܠܐ ܐܝܬ ܐܝܢܝܢ. ܠܘܬܗ [d]ܗܘ ܕܝܢ[d] ܕܬܟܠ ܦܘܡܐ ܐܢܬ.
ܐܢ ܐܝܬ ܠܟ ܒܐܝܕܝܟ ܗܢܐ[e] ܦܘܪܢܣܐ ܕܫܦܝܪܝܢ. ܘܠܐ ܬܬܦܠܓ
ܠܡܦܠܓ. ܘܐܦܠܐ ܒܪ ܬܬܠ ܬܘܪܦܐ ܘܬܘܕܝܐ[a]. ܕܟܕ ܒܪ ܡܢܗ ܐܝܬܘ̈
ܦܘܪܥܢܐ[f] ܠܟܠܐ ܕܐܚܪܢܝܢ. ܠܐ ܬܬܗܦܟ ܐܦܝܢ ܡܢ ܗܘ ܕܫܒܩ.
ܬܬܬܘܒܘܢ[g] ܕܝܢ ܠܐܢܫܘܬܟ ܒܟܠܗܝܢ. ܘܠܐ ܬܬܚܙܐ ܕܕܒܠܟ ܐܝܬܝܗܘܢ.
ܐܢܬܬ ܒܟܠܝܢ ܠܐ ܡܫܬܥܝܢܐ[h] ܐܝܬܝܗܝܢ. ܒܚܡܐ ܡܬܚܙܝܐ
ܝܓ ܒܟܠܝܢ ܡܬܢܟܦܢܘܬܐ ܒܬܘܠܡܐ ܐܡܪ[i] ܡܣܝܒܐ ܕܝܢ[a] ܠܗܝܢ.
ܐܦܢ[j] ܕܚܕ ܘܚܕܐ ܐܝܬ. ܘܐܝܬ ܠܗܝܢ ܒܒܝܬܗܝܢ ܡܕܡ[a] ܒܟܠܝܢ
ܕܒܗܝܢ ܦܠܛܝܢ ܐܢܬܝܢ. ܠܐ ܬܫܬܒܩܢ[k] ܐܦܠܐ ܒܡܕܡ. ܡܢ
ܗܘ ܡܢܐ ܕܐܝܬ ܠܗܝܢ. ܡܛܠ ܗܘ ܒܪ ܢܦܫܗ ܕܡܬܝܪܐ. ܗܘ
ܕܒܗ ܐܢ̈ܫܝܢ ܟܠܗܘܢ. ܐܚܪܝܢܐ ܒܗ ܒܢܝܐ. ܢܐܬܐ ܒܪ ܡܢ
ܘܐܠܒܘܗ̇[l] ܒܗܘܢ. ܕܢܬܬܒܥܘܢ. ܒܪ[a] ܗܘܘ ܗܢܘܢ ܢܒ̈ܝܐ. ܕܢܬܒܥܘܢ
ܗܘܘ ܬ̈ܠܡܝܕܐ ܠܟܠܐ. ܡ̈ܠܝܢ ܡܢ ܐܠܗܐ. ܠܒܪ ܒܟܠܝܢ ܕܢܫܒܚ.
ܕܠܐ ܡܢܗܘܢ ܐܝܬ ܕܠܡܗܘܢ[m]. ܘܐܦܠܐ ܡܚܝܪ ܐܝܬ ܡܢܗܘܢ[n]
ܝܕ ܡܐܬܝܐ ܐܡܪ ܡܠܟ ܦܘܠܘܣ: ܦܘܠܘܣ ܢܦܘܩ ܠܫܘܩܐ ܕܝܢ ܒܫܘܩܐ
ܦܟܝܗܐ ܚܟܡ. ܠܐ ܠܒܢܝܐ. ܠܐ ܙܘܢܐ. ܠܐ ܕܡܫܠܠ ܒܫܘܚܬܐ.
ܥܒܕ ܙܢܝܐ. ܥܒܕ ܙܒܢܐ. ܡܬܬܦܝܣܢܐ. ܥܒܕ ܚܒܪܢܐ. ܕܟܠܗ̈ܘܢܐ
ܡܬܐܢܝܢܐ. ܕܚܙܝ ܒܥܒ̈ܕܐ ܗܘ ܪܘܚܐ ܘܡܚܝܢܐ. ܥܒܕ ܡܬܬܟܫܦܢܘܬܐ.

[a] om. [b] Cod. Rel. ܡܢܗܘܢ ܡ̈ܕܡܕܡ [c] ܒܪܠܒܬܟ [d] ܕܝܢ ܗܘ̣ Rel. p. ܟܠ [e] ܗ.. [f] ܒܘܪܥܢܐ [g] ܬܬܫܘܬܦ [h] ܡ̈ܫܬܥܝܢܐ [i] ܐܡܪ [j] ܐܝܢܝ [k] gl. ܬܬܡܪܘܢ m. p. [l] ܘܐܠܒܘܗ̇ [m] ܠܡܗܘܢ [n] ܡܢܗܘܢ

[1] Cod. ܗܘ̇

ܘܡܚܝܣܢܐ.[a] ܠܟܠܐ ܕܢܦܪܘܫ ܐܢܬ ܘܬܚܠ ܐܢܬ[a] ܡܢ ܡ̈ܠܐ ܗ̇ܠܝܢ ܕܟܬܝܒܢ.
ܠܐ ܬܗܘܐ ܐܢܬ ܠܟ. ܘܐܦܠܐ ܬܬܠ ܢܦܫܟ ܥܡ ܕ̈ܘܝܐ. ܐܠܐ ܥܡ
ܙܕܝ̈ܩܐ [b]ܘܐܬܗܦܟ ܥܡ ܡܫܒ̈ܚܐ. ܘܡܟܝ̈ܟܘܬܐ[b] ܐܝܠܝܢ ܕܡܬܒ̈ܥܝܢ
ܠܟ.[a] ܐܝܟ ܠܦܬܓܡܐ ܡܛܠ ܐܢܫ. ܕܗ ܢܓܕ ܐܢܬ. [c]ܕܡܢ ܟܠܗܝܢ ܐܠܗܐ
ܠܐ ܗܘܐ ܡܕܡ.[c] ܬܐܘܡܢܐ ܐܡܪ ܒܪ, ܠܗܘ ܕܡܫܬܠܠ[d] ܡܠܬܐ
ܕܐܠܗܐ [e]ܐܦ ܗܘܐ[e] ܠܟ ܡܠܬܐ ܕܚܝ̈ܐ. ܘܢܗܘܐ ܠܟ ܫܘܠܡܐ
ܕܡܡܫܝܚܐ. ܐܝܟܢ[f] ܐܝܟ ܟܬܒܐ ܕܚܝܝܐ[g]. ܐܬܒܥܝܬ ܕܝܠܗ[h] ܕܡܢ
ܟܠܠܐ ܘܟܐܢܘܬܐ. ܬܬܪܝܡܘܢ, ܕܡܢ ܐܝܟ ܕܐܠܗܐ. ܐܝܢܐ ܟܪ
ܕܡܫܪܬܐ ܡܬܡܠܠܐ. ܬܟܡ ܐܝܬ̄ܘ ܡܪܢܐ. ܬܟܬܒ ܕܡܢ ܐܦܩܘܗ̇,
ܒܟܠܗ̇ܘܢ. [i]ܐܦ ܠܡܣ̈ܟܢܐ[i] ܗ̇ܘܝܢ ܕܡܢܗܘܢ. ܐܝܢܘܢ ܕܬܬܒܥ
ܒܟܠܗܘܢ. ܕܗ ܟܪ ܡܬܒܥܐ ܐܢܬ ܠܡܣ̈ܟܢܐ ܬܬܒܥܐ. ܬܬܪܝܡܘܢ,
ܕܡܢ ܐܝܟ ܡܕܡ ܕܡܚܝܐ ܐܢܬ. ܡܢ ܕܒܟܠܗ. ܘܡܢ ܒܟܠܐ ܕܐܝܬܝܟ.
ܐܠܐ ܒܐܝ̈ܕܘܗܝ, ܐܫܟܚ ܡܪܢܐ ܠܡܬܠ ܠܟ. ܬܦܪܘܣܝܐ ܪ̈ܘܚܢܐ.
ܘܡܫܟܢܐ ܕܚܝ̈ܐ[j] ܕܠܟܠܗ. ܗܟܢ ܡܬܒܪܐܝܬ ܐܢܬ ܚܙܝ ܐܢܬ ܕܬܦܪܢܣܐ
ܡܬܦܣܠܢܐ ܘܕܡܥܠܐ ܙܟܝܐ ܬܬܪܒ ܠܗ. ܥܘܐ ܗܘ ܟܪ ܦܥܠܐ Luke x. 7 Deut. xxv. 4
ܐܓܪܗ.[k] ܘܬܘܪܐ ܕܕܐܫ ܠܐ ܬܚܒܘܫ. ܘܠܐ ܐܢܫ ܢܨܒ ܟܪܡܐ 1 Cor. ix. 7[b]
ܘܡܢ [l]ܦܐܪ̈ܐ ܕܟܪܡܗ[l] ܠܐ ܐܟܠ. [m]ܢܗܘܐ ܒܪ ܢܫܡܥ ܐܡܪ ܒܪ,[m]
ܠܐ ܬܚܒܘܫ[n] ܫܘܩܐ. ܬܫܡܥ ܕܝܢ ܠܗܘܢ ܕܢܝܢܝ. ܘܬܗܘܐ ܒܐܢܐܝܬ.[o]
ܠܐ ܬܫܒܘܩ ܒܟܐܦܐ[p] ܠܡܚܫܘܒ ܠܐܢܫ ܕܐܝܬܘܗܝ, ܒܫܘܪܒܬܐ.
ܠܐ ܟܪ [q]ܡܚܝܐ ܫܠܡܐ[q] ܒܫܘܪܬܐ ܠܘܬ ܡܪܢܐ. ܘܐܦܠܐ ܠܫܘܠܛܢܐ

Rel. p. ܟܕ [a] om. [b] ܘܡܢ ܡܣܟܢ̈ܐ ܐܬܗܦܟ. ܡܟܝܟܘܬܐ ܕܡܢ [c] ܗܘܐ ܡܕܡ ܘܠܐ ܐܠܗܐ. ܡܢ ܟܠܗ ܕ [d] + ܠܟ [e] ܘܗܘܐ [f] ܬܫܒ [g] ܕܚܝܝܢ [h] ܐܬܒܥܝܬܘܢ [i] ܘܠܡܣ̈ܟܢܐ [j] ܘܚ̈ܝܐ [k] ܠܐܓܪܗ [l] ܦܐܪ̈ܘܗܝ [m] ܦܐܦܐ ܐܡܪ [n] + ܟܡ [o] ܒܐܢܐܝܬ [p] ܒܟܐܦܐ sic [q] ܡܚܝܐ ܫܠܡܐ, ܡܚܣܢ manu prima

ܘܗܘܝܢ ܕܐܬܝܢ ܙܘܥܝܢ. ܘܡܫܬܟܚ ܠܗ ܠܘܬ ܟܢܘܫܐ ܕܟܠܗ.
ܗ ܐܦ ܒܢܝܢ[a] ܟܠܗܘܢ، ܘܡܬܩܢܝܢ ܒܐܟܣܢܝܐ ܕܒܪܢܫܐ ܥܡܟܘܢ ܡܫܝܚܐ[b]
ܐܡܪ ܓܝܪ، ܠܐ ܬܗܘܐ [c]ܡܫܬܡܥܢܐ. ܡܛܠ ܕܠܘܬ ܕܫܠܝܛ ܦܬܓܡܐ
ܡܫܬܠܡܐ ܠܟ ܗܕܐ. ܐܝܟܢܐ ܠܫܘܥܐ. ܐܝܟܢܐ ܕܟܠܗ ܣܘܠܩܢܐ
ܒܙܢܐ ܘܫܩܠܐ. ܐܝܟܢܐ ܐܦܣܩܐ ܐܝܟܢܐ ܬܪܥܐ ܠܡܥܒܕ ܐܢܫ.
ܝܐ ܡܢ ܗܠܝܢ ܓܝܪ ܟܠܗܘܢ ܗܘ̈ܝ ܕܫܠܝܛ ܦܬܓܡܐ[c]. ܡܫܘܕܥ ܐܡܪ ܓܝܪ،
ܠܐ ܬܗܘܐ [d]ܡܫܬܠܠ ܡܠܐ ܥܡܝܪܬܐ ܘܡܩܝܡܘܬܐ. ܗܠܝܢ ܕܝܢ
ܡܪ̈ܚܩܢ ܡܢ ܐܠܗܐ. ܘܐܝܟܢܐ ܬܗܘܐ ܙܥܪ ܒܢ̈ܝܐ. ܡܛܠ ܕܟܠ ܕܪܚܡ
ܒܢ̈ܝܗܘܢ، ܢܦܠ ܡܢ ܐܠܗܐ. ܠܐ ܬܬܪܥܐ ܐܝܬܝܟ ܫܒܪܐ. ܠܐ
ܬܪܥܡ ܫܘܡܠܝܘܬܐ. ܡܢ ܗܠܝܢ ܗܘܝܢ ܒܢ̈ܝܐ ܙܥܘܪܐ ܐܠܗܐ[d]
ܝܒ ܫܬܐܠ[e] ܐܡܪ ܓܝܪ، ܠܐ ܬܗܘܐ ܕܓܠܐ. ܡܛܠ ܕܡܗܕܝܐ ܕܓܠܝܘܬܐ
ܠܘܬ ܓܢܒܘܬܐ ܐܝܟܢܐ ܬܗܘܐ[b] ܙܥܪ ܒܓܘܦܐ. ܐܝܟܢܐ[f] ܗܘܝܘ ܥܒ̈ܕܐ.
ܡܢ ܗܠܝܢ ܓܝܪ ܟܠܗܘܢ ܗܘܝܢ ܓܢܒܘܬܐ. ܓܝܪ، ܠܐ ܬܗܘܐ ܡܪܛܢܢܐ.
f. 10b ܡܛܠ[g] ܕܪܘܓܙܐ ܡܫܬܐ ܙܪܛܢܐ: ܘܠܐ ܬܗܘܐ[b] ܫܬܝܪܐ ܘܡܫܬܒܠܢܐ[h].
ܘܐܝܟܢܐ ܡܬܡܪܡܐ ܒܢܫܬܐ. ܡܢ ܗܠܝܢ ܓܝܪ ܟܠܗܘܢ ܗܘܝܢ ܒܪ̈ܓܙܐ.
ܗܘܝ ܕܝܢ ܐܝܬܝܟ. ܢܝܚܐ. ܡܟܝܟܐ[i]. ܡܛܠ[j] ܕܢܝ̈ܚܐ ܘܡܟܝ̈ܟܐ
ܢܐܬܘܢ ܡܠܟܘܬܐ ܕܫܡܝܐ. ܐܠܐ[b] ܗܘܝ[k] ܢܓܝܪ ܪܘܚܐ ܘܡܪܚܡܢܐ[l].
ܟܕ ܝܠܕܐ. ܕܚܝܐ ܟܠܒܐ ܡܢ ܟܠܗ[m] ܒܝܫܬܐ. ܬܡܝܡܐ ܘܫܠܡܐ

---

a ܘܒܢܝܟ b om.

c ܡܫܬܠܠ ܥܡܝܪܬܐ. ܘܐܝܟܢܐ ܙܥܪ ܒܢܝܐ. ܡܢ ܗܠܝܢ ܓܝܪ ܗܘܝܢ ܒܙܪܥܐ ܀

d ܡܫܬܡܥܢܐ (m. p.) ܗܝܐ ܒܫܡܥܐ). ܡܛܠ ܕܠܘܬ ܕܫܠܝܛ ܦܬܓܡܐ ܡܫܬܠܡܐ ܠܟ ܗܕܐ. ܐܦ ܠܐ ܠܚܘܫܒܐ (m. p.) ܐܫܘܦܐ (gl. ܐܝܟܢܐ ܕܟܠܗ ܣܘܠܩܢܐ ܒܙܢܐ ܘܫܩܠܐ. ܐܦ ܠܐ ܡܡܫܘܢܐ. ܐܝܟܢܐ ܬܪܥܐ ܠܡܥܒܕ ܐܢܫ. ܘܐܦ ܠܐ ܠܡܫܒܚ ܐܢܫ. ܡܢ ܗܠܝܢ ܓܝܪ ܟܠܗܘܢ ܗܘܝܢ ܕܫܠܝܛ ܦܬܓܡܐ.

e ܫܬܐܐܠ f ܘܐܝܟܢܐ g + ܕܠܘܬ h ܘܡܫܬܒܠܢ i ܘܡܟܝܟ

j ܡܛܠ k + ܐܝܬܝܟ l ܡܪܚܡܢܐ m ܟܠ

ܐܦܠܐ[a] ܟܕ ܙܒܢܐ. ܐܦܠܐ ܥܡܘܪܐ. ܠܐ ܫܒܩ[b] ܟܢܫܐ ܟܠ
ܡܙܒܢܝܢ. ܘܐܦܠܐ ܫܒܩܝܢ ܠܐܢܫ[c]. ܐܠܐ ܠܟܠܗܘܢ ܡܢ ܬܡܢ. ܟܠ
ܗܘܢ ܕܝܢ ܬܬܪܝܨ[d]. ܡܠܠ ܗܘܢ ܕܝܢ ܬܫܠܝܐ. ܠܟܠܗܘܢ ܕܝܢ
ܬܥܒܕ ܡܬܒܪ ܡܢ ܢܦܫܝ. ܐܢܕܪܐܘܣ[e] ܐܡܪ ܟܪ، ܟܪܘܡ ܡܢ ܟܠ ܗ̄
ܟܢܫܐ. ܘܡܬܟܠ ܕܕܝܢܐ ܠܗ. ܘܠܐ[f] ܬܗܘܐ ܬܪܥܘܬܐ. ܡܚܕܬܐ[g] f. 10a
ܟܕ ܬܪܥܢܐ ܠܘܬ ܡܠܠܐ. ܫܐܕܐ ܟܕ ܕܟܪܝܢܐ[h] ܐܝܬܘܗܝ ܣܓܝܐܬܐ[i].
ܠܐ ܬܗܘܐ ܡܠܝܐ. [j]ܐܠܐ ܡܥܝܢܐ[j]. ܐܦܠܐ ܠܡܐ. ܐܦܠܐ
ܣܒܪܬܐ. ܡܢ ܗܠܝܢ ܟܕ ܗܘܐ ܠܡ[j] ܡܠܠܐ. ܦܝܠܝܦܘܣ[k] ܐܡܪ ܘ̄
ܟܪ، ܠܐ ܬܗܘܐ ܪܢܝܢܐ. ܡܫܪܪܐ[l] ܟܕ ܪܢܬܐ ܠܘܬ ܪܘܚܬܐ.
ܘܬܗܘܐ ܠܡܫܡܫܐ ܠܘܬܗ. ܫܐܕܐ ܟܕ ܢܡܣܬܝܐ ܐܝܬܘܗܝ ܪܢܬܐ.
ܗܘ[m] ܡܢ ܟܕ ܪܢܝܢܐ. ܗܘ ܕܝܢ ܟܕ ܡܫܝܚܬܐ[n]. ܡܢܟܕܝܢ ܠܟܠܢ[o]
ܕܐܟܠܝܢ ܟܡܘܢ. ܐܦܪܝܫܐ ܕܝܢ ܕܦܪܝܫܐ ܟܢܫܬܐ ܣܓܝܐܬܐ ܕܢܦܫܐ
ܐܝܬܘܗܝ. ܘܐܡܪܬ، ܕܡܟܠܬܐ ܘܦܪܝܫܬܐ ܬܗܘܐ ܠܗ. ܡܫܬܐ ܠܗ
ܐܝܟ ܕܠܢܦܫܗ. ܘܡܢܬܐ[p] ܠܗ ܠܢܦܫܐ ܗܢ ܠܘܬ ܟܠܗܝܢ ܟܝܢܬܐ ܘܠܐ
ܓܝܣܐ ܠܗ ܠܕܝܢܐ ܕܢܦܫ ܘܢܦܫܘܗ، ܠܟܪܐ. ܠܣܓܝܬܐ ܕܠܟܘܢ
ܡܫܘܚܬܐ ܬܗܘܐ ܠܗ. ܘܟܠܦܪܐ[q] ܘܦܪܝܫܐ ܡܦܝܣܝܢ ܡܕܟܪܝܢ
ܘܬܚܫܒ ܠܗ. ܐܝܟܢܐ ܕܠܐ ܬܬܪܟܢܘܢ [r]ܟܟܪܐ ܟܢܫܐ[r]. ܣܓܝܬܐ
ܟܕ ܡܫܘܚܬܐ[s] ܟܢܫܬܐ. ܟܕ ܦܫܛ ܡܢܬܐ ܠܘܬ ܐܝܟ ܟܡܬܝܢܘܬܐ.
ܬܐܪܐ ܗܘܝܢ. ܘܐܡܪܬ، ܕܢܦܫ ܠܗܝܢ ܟܝܢܐ ܡܬܚܪܝܢ[t] ܟܢܦܫܗ

a ܘܐܦܠܐ b + ܡܠܟܐ c ܠܟܠ ܟܪܝܗܐ d ܬܪܝܨ
e ܐܢܕܪܐܐܘܣ f ܠܐ g glossa ܡܫܘܕܐ manu prima h ܕܫܪܝܐ
i ܡܬܘܪܝܐ ܕܟܪܝܐܬ ܘܢܐܬ ܣܓܝܐܬܐ m. p. j om. k ܦܝܠܝܦܘܣ
l gl. ܢܟܕܐ m. p. m ܘܗܘ n ܡܫܝܚܘܬܐ. o ܠܟܠܢ
p ܘܡܢܬܐ Rel. p. ܟܐ q gl. ܟܪܟܐ m. p. r ܟܟܪ̈ܐ ܟܢ̈ܫܐ
s ܘܡܫܝܚܘܬܐ t ܡܬܚܪܝܢ gl. ܡܬܚܟܡܝܢ m. p.

*ܘܗܝܕܝܢ ܐܡܪ ܠܒܢ̈ܝܐ ܐܝܟ ܟܕ ܢܕܟܝܢ ܕܡܠܬܐ ܕܐܬܝܕܝܢ ܠܡܬܠ ܡܛܠ ܐܝܠܝܢ ܕܐܬܦܩܕ ܠܝ. ܠܐ ܢܚܡܕ ܬ̈ܐܘܒܐ ܚܕ ܕܚܕ. ܐܠܐ ܐܝܢܘ ܕܐܢܫ ܢܫܬܥܪ ܕܐܡܪ. ܡܕܡ ܕܠܐ ܠܟ[a]. ܢܬܐܡܪ ܕܝܢ[b] ܠܡܫܠܡ. ܫܘܡܠܝܐܝܬ. ܥܣܪܬ ܕܝܢ ܠܟܠܗܘܢ ܕܡܕܡܐܝܬ ܘܡܚܝܢ ܢܐܡܪ ܘܗܝܕܝܢ ܐ̄ ܐܡܪ ܐܘܪܝܬܐ ܬܪ̈ܬܝܢ ܐܝܬܝܗܝܢ ܚܕܐ ܕܥܣܪ̈ܐ ܡܠܝܢ ܘܚܕܐ ܕܕܡܘܬܐ. ܐܠܐ[b] ܥܘܠܦܢܐ ܕܝܢ ܡܫܢܝܐܐ ܐܝܬ. ܒܝܢ ܗܠܝܢ ܬܪ̈ܬܝܢ ܐܘܪ̈ܝܬܐ. ܐܘܪܝܬܐ[c] ܓܝܪ ܕܥܣܪ̈ܐ ܐܝܬܝܗ ܗܕܐ. ܘܕܝܢܐ[d] ܕܐܬܝܗܒ. ܠܐܠܗܐ ܗܘ ܕܟܕܝܢ ܡܢ ܟܠܗ ܠܒܢܝ ܘܐܬܥܒܕ ܠܗܘ ܕܦܪܘܩܢ ܡܢ ܒܝܬܐ. ܗܘ ܟܝܬ ܕܐܝܬܘ̄ ܦܘܩܕܢܐ ܡܕܡܐ. ܕܬܪܝܢ ܕܝܢ ܕܐܬܝܗܒ ܠܡܪܝܢܘܟ ܐܝܟ ܢܥܥܝ. ܗܘ ܟܝܬ ܕܐܝܬܘ̄ ܦܘܩܕܢܐ ܬܢܝܢܐ. ܠܐܝܠܝܢ[e] ܕܟܡܘ ܝ ܬܠܐ ܟܠܗ ܢܬܥܗܕ ܘܢܬܟܠ. ܡܛܠ ܐܡܪ ܘܟܠܗܝܢ[f] ܐܝܠܝܢ ܕܠܐ ܒ̄ ܢܟܐ ܐܝܬ ܕܢܗܘܘܢ ܠܟ. ܐܦܠܐ ܐܝܬ ܠܐܚܪ̈ܢܐ ܬܚܒܠ. ܗܘ[g] ܕܝܢ ܗܘ ܡܢܐ ܕܥܒܕܐ ܐܝܬ. ܗܢܐ ܠܐܚܪܢܐ ܠܐ ܬܥܒܕ. ܡܠܦܘܬܐ ܕܝܢ ܕܬܠܬܐ ܗܠܝܢ ܐܡܪ ܐܝܬ ܐܘ̄ ܐܢܫ ܦܬܓܡܐ ܦܬܓܡܘ ܐܡܪ ܓ̄ ܠܐ ܬܩܛܘܠ. ܠܐ ܬܓܘܪ. ܠܐ ܬܙܢܐ. ܠܐ ܬܚܒܠ ܛܠܝܐ. ܠܐ ܬܓܢܘܒ. ܠܐ ܬܩܣܘܡ. ܠܐ ܬܚܪܫ. ܠܐ ܬܩܛܘܠ ܒܪܐ ܒܚܒܠܐ[1]. ܘܐܦܠܐ ܡܢ ܒܬܪ ܕܢܬܝܠܕ ܬܩܛܠܝܘܗܝ. ܠܐ ܬܐܪܓ ܡܕܡ ܕܩܪܝܒܟ. ܠܐ ܬܥܒܪ ܥܠ ܡܘܡ̈ܬܐ[h]. ܠܐ ܬܣܗܕ ܕܓܠܐܝܬ. ܠܐ ܬܐܡܪ ܡܕܡ[b] ܒܒܝܫܐܝܬ. ܠܐ ܬܛܪ ܐܟܬܐ ܠܒܟ[b]. ܠܐ ܬܗܘܐ ܬܪܝܢ ܬܪܥܝܬܐ. ܘܐܦܠܐ ܬܪܝܢ ܠܫܢܐ. ܦܚܐ ܓܝܪ ܕܡܘܬܐ ܐܝܬܝܗ̇ ܬܪܝܢܘܬ ܠܫܢܐ. ܠܐ ܬܗܘܐ ܡܠܬܟ ܣܪܝܩܬܐ. ܐܦܠܐ[i] ܕܓܠܬܐ. ܠܐ ܬܗܘܐ ܚܠܘܒܐ ܐܦܠܐ ܢܟܠܢܐ. ܠܐ[j] ܬܗܘܐ[j] ܢܣܒ ܒܐ̈ܦܐ.

* Lag. Rel. p. ܝܛ, l. 11 [a] ܠܚܒܪܟ [b] om. [c] + ܕܝܢ [d] ܘܡܕܡܐܝܬ [e] ܗܠܝܢ [f] ܟܠܗܘܢ [g] ܗܘ Rel. p. ܟ [h] ܡܘܡ̈ܬܟ [i] ܘܐܦܠܐ [j] ܘܐܦܠܐ

[1] Cod. ܒܚܠܒܐ

ܘܒܬܪ ܬܠܬܡܐܐ[a] ܡܢ ܡܫܬܥܒܕܢܐ ܕܐܝܬ ܗܘܐ ܕܡܫܬܟܚܢ ܒܗܘܢ̈
ܕܐܝܬܘܗܝ، ܬܒܪ ܫܒܝܠܐ. ܘܬܒܪ ܡܕܒܪܢܐ. ܗܘ ܢܬܓܠܐ ܕܢܗܘܐ
ܡܫܡܠܝܢܐ ܕܐܚܫܝܢܐ. ܒܚܝܠܐ ܗܘ ܕ[b]ܒܚܝܬ ܫܘܒܠܐ ܕܒܪܬܐ.
ܘܢܗܘܐ[b] ܐܝܬܘ̄ ܒܟܠܗܝܢ. ܟܕ ܠܒܝܫ ܬ̈ܟܐܢܐ ܚܘܪܐ. ܟܕ ܐܘܪܪܐ[c]
ܚܠܫܘܕ ܥܠ ܒܬܪܗ ܐܝܬ ܠܗ. ܘܐܝܬܘ̄[d] ܒܟܠܗܝܢ ܐܝܟ ܒܢܝܐ
ܕܒܪܬܐ. ܟܕ ܟܡ ܕܫܠܬܐ ܡܘܕܒ. ܐܢܫܝܢܐ ܕܠܦܘܫܐ ܢܗܘܐ
ܐܝܬܘ̄ ܕܒܥܡܐ ܕܡܫܬܪܘܬ ܕܫܠܬܐ† ܡܠܘܐܬܐ ܕܬܪ̈ܥܣܪ ܫܪ̈ܒܝܢܐ
ܒܝܘ ܒ̈ܢܝܐ ܘܒ̈ܢܬܐ ܕܒܪܬܐ. ܒܥܒܕܗ ܕܡܪܢ ܡܫܘܪ ܡܫܝܚܐ.
ܘܫܪܝ ܡܢܗ، ܦܪ̈ܩܘܗ. ܘܦܠܠܝܦܘܗ ܘܐܣܪܘܗ. ܘܥܒܕܘܢ ܘܡܚܘܗ.
ܘܒܣܪܐ ܒܪ ܡܫܘܐ. ܟܡ ܢܬܐܠ. ܘܬܐܘܡܐ. ܘܒܪ ܬܘܠܡܝ.
ܘܡܐܬܝܐ.. ܟܕ ܒܦܘܩܕܢܐ ܕܡܪܢ ܡܫܘܐ ܡܫܝܚܐ ܦܪܘܩܢ. ܐܚܪܢܐ
ܐܬܦܢܝܘ ܟܠܗ. ܐܢܫܝܢܐ ܕܟܢܫ ܠܗ. ܕܡܢ ܕܒܬܪܗ ܐܝܬܝܗܘܢ ܐܝܟ
ܕܟܢܫܐ ܡܢܢ ܬܦܠܠܘܗ ܠܐܦ̈ܝܗܘܢ. ܬܒܝܥܘܗ ܕܦܫܝܛܬܐ
ܕܫܒ̈ܝܐ. ܫܘܠܛܢܐ ܕܐܦܝܣܩܘܦܐ. ܡܬܠܬܐ ܕܡܣ̈ܟܢܐ. ܐܡܝܢܘܬܐ
ܕܡܫܬ̈ܥܒܕܢܐ. ܡܬ̈ܬܝܡܢܘܬܐ ܕܩܪ̈ܘܝܐ ܠܐ ܒܕܝ̈ܠܘܬܐ ܕܐܬܪ̈ܘܬܐ.
ܘܟܠܗܘܢ ܕܪ̈ܘܚܝ ܠܗܘܢ ܡܬܬܣܥܪܢܘܬܐ ܘܥܘܕܪܢܐ ܕܒܪܬܐ. ܐܢܫܝܢܐ
ܕܟܕ ܠܦܘܫܐ ܢܕܚܩ ܕܩܕܡ ܫܡ̈ܫܝܢܘܬܐ.. ܢܕܗܪܘܢ ܘܢܦܪܘܢ
ܦܘܢ ܠܗܘܢ ܡܢܦܠ ܦܘܪܐ. ܟܕ ܢܕܚܩ ܕܡܠܬܐ ܐܝܬ ܠܗܘܢ
ܠܡܬܠ ܒܗܘܡܐ ܗܘ ܙܒܢܐ ܕܕܒܝܐ· ܡܛܠ ܫܠܡ ܕܟܕ ܥܒܕܘ ܠܐ
ܢܦܪܘ ܐܬܡ. ܘܥܒܕܘ ܠܝ ܠܡܬܪܙܩ ܬ̈ܠܝܬܗ، ܒܟܠ ܐܬܪܘܬܐ. ܐܣܦܪܝܬ
ܠܝ ܡܟܝܠ ܠܗܘ ܕܝܢ ܡܬܚܙܝܢܘܬܐ ܘܡܬܪܓܡܢܘܬܐ ܗܢ ܕܠܗܘܬ f. 9b
ܐܣܘܬܐ. ܕܐܚܝܕܐ ܕܠܟܠܗܝ ܡܢ ܗܘ ܡܢ ܚܠܝܐ ܐܝܟ ܟܢ̈ܝܢܐ
ܕܐܠܗܐ. ܟܕ ܙܘܢܐ ܦܪܝܫܐ. ܬ̈ܠܝܐ ܫܠܡ ܕܟܘܕܢܝܐ. ܢܦܩܘܢ.

---

a ܬܠܬܬ b ܕܚܝܬ ܫܘܒܠܐ ܕܒܪܬܐ ܢܗܘܐ c ܐܘܪܘܪܐ

d ܢܗܘܐ ܐܝܬܘܗܝ

ܕܢܓܠܣܘܢ ܥܩܒܪܬܗ[a] ܕܒܝܠܬܐ. ܘܕܢܣܥܘܢ ܕܟܠ ܐܢܫܐ ܕܢܣܥܘܢ[b]
ܕܫܦܝܪ ܠܒܝܬܐ ܘܦܢܝܢܐ[c] ܕܡܫܡܫܢܘܬܐ. ܬܐܡܪ ܕܝܢ ܕܠܡܘܢ[d]
ܒܝܬܐ ܐܢܫܐ ܕܡܢܘܢ[e] ܟܕ ܢܬܐܡܪܘܢ ܒܢܡܘܣܐ ܘܡܫܠܡܝܢ
ܡܫܡܫܢܘܬܐ ܠܗ[f] ܕܝܢ ܕܢܫܡܫܐ ܒܒܝܬܐ ܡܠܝܢ ܕܪܘܚ. ܬܫܡܫܐ
ܕܝܢ ܡܫܡܫܢܘܬܐ ܕܐܝܟ ܗܕܐ ܡܬܟܢܫܐ[g] ܟܕ ܕܗܘܝܢ[h] ܕܟܝܢ
ܐܟܣܢܝܐ[i] ܡܬܦܩܕܝܢ. ܐܝܟ ܕܠܡܫܪܬܐ[j] ܢܗܘܐ ܟܒܪ ܟܠܗ.
ܘܕܟܠ ܡܠܝܢ ܟܠܗܘܢ ܫܠܘܡܐ[k] ܢܗܘܐ ܘܢܐܬܐ[l] ܕܒܝܬܐ. ܗܘ[m] ܕܡܫܡܫ
ܠܡܕܝܢܬܐ. ܐܢܫܐ[m] ܕܡܫܡܫ ܐܡܗܢܘܬܐ[n]. ܕܡܫܡܫ ܠܐܪܡܠܬܐ.[o]
f. 9a ܘܡܬܦܪܢܝܢ[p] ܒܟܠܗܘܢ ܟܠܬܐ ܕܗܢܘܢ ܕܫܒܝܩܝܢ. ܕܠܡܐ ܐܝܬ ܐܢܫ
ܒܐܘܠܨܢܐ. ܐܘ ܒܡܪܥܐ. ܐܘ ܒܕܘܘܢܐ ܒܟܠܗ ܐܝܬܐ ܢܬܦܪܢܝܢ[q].
ܕܡܬܬܦܬܚܢܐ[q]. ܐܢܫܐ ܕܢܬܪ ܠܗܢܘܢ ܕܫܠܝܚܝܢ. ܘܢܐܠܦ[r] ܠܗܢܘܢ
ܕܐܝܬ[s] ܠܗܘܢ[s] ܡܬܬܦܠܐ. ܠܡܬܪܐ ܗܢܘܢ ܕܢܚܬܝܢ[t] ܢܠܒܫ ܒܗ
ܡܣܟܢܬ. ܒܗ ܦܩܪ[u] ܐܡܗܢܘܬܐ[n]. ܒܗ ܡܫܘܕܐ ܠܗܢܘܢ[v] ܕܟܝܢ
ܬܬܬܒܥܘܢ ܚܒܪܝܢ ܐܘ ܡܫܠܡܝܢ. ܘܡܫܠܛ[w] ܠܒܪܕܝܐ[x] ܕܫܒܝܩܐ[y]
[z]ܦܠܚ ܢܗܘܐ ܒܫܠܛ ܠܗ[z] ܘܢܘܕܥ[aa] ܠܒܝܬܐ*. ܕܡܫܡܫܐ ܕܝܢ ܕܢܣܥܘܢ
ܟܠ ܒܝܬܐ. †ܢܬܒܛܠܘܢ ܒܒܝܬܐ ܡܫܬܪܐ ܬܪܥܘܬ.. ܡܫܡܫܢܐ
ܥܡܠܐ.. ܘܐܦܪܝܣܘܢ[bb] ܐܪܟܬܒܘܬ[bb]. ܐܪܡܠܬܐ ܕܝܢ ܗܢܝܢ[cc] ܕܫܡܪܝܢ

---

[a] M. B. ܥܩܒܪܐܬ [b] ܕܢܣܥܘܢ ܐܝܬܝܗܘܢ Rel. ܕܢܣܥܘܢ ܐܝܬܝܗܘܢ R. p. 80 [c] ܠܦܢܝܢܐ Rel. [d] ܕܢܠܦܘܢ Rel. [e] Rel. ܕܢܣܥܘܢ
[f] ܗܘ Rel. [g] ܡܬܟܢܫܐ Rel. [h] ܕܗܘܝܢ Rel. [i] Rel. ܐܟܣܢܝܐ
[j] Rel. ܠܡܫܪܬܐ [k] gl. ܒܪܐ ܫܠܘܡܐ ܕܡܫܡܫ m. p. [l] ܘܐܬܪܐ
Lag. Rel. p. ܐ [m] om. Rel. [n] ܠܐܡܗܢܘܬܐ Rel.
[o] + .ܐܪܡܠܬܐ ܐܝܟ ܕܐܝܬܝܗܝܢ Rel. [p] ܕܡܬܦܪܢܝܢ Rel.
[q] ܢܬܦܪܢܝܢ ܕܡܬܬܦܬܚܢܐ Rel. [r] ܘܢܠܦ Rel. [s] ܕܐܝܬܝܗܘܢ Rel.
[t] ܕܥܠܝܗ Rel. ܕܡܬܠܝܢ gl. ܕܡܢܚܬܝܢ m. p. [u] Rel. ܦܩܪ
[v] Rel. fuerat ܠܗܘܢ sed ܢ p. m. inter versus additum [w] ܡܫܠܛ Rel.
[x] M. B. ܒܪܕܝܐ [y] ܕܗܢܘܢ ܕܫܒܝܩܝܢ Rel. [z] om. ܦܠܚ...ܠܗ Rel.
[aa] ܢܘܕܥ Rel. † Rahm. p. 82, l. 8 [bb] ܘܦܪܝܣܘܢ ܐܪܟܬܒܐ [cc] ܗܠܝܢ

ܢܦܘܬܐ† ܕܐܢܫܘܬܐ ܗܠܐ ܠܡܫܝܚܐ ܕܢܐܬܠ ܐܦ ܠܟܝܢܘ ܘܟܡ ܟܘܢܫܐ f. 8b ܡܠܟܘܬܐ ܕܝܢ ܕܡܫܝܚܐ ܬܗܘܐ ܠܫܡܝܐ ܘܚܕܘܬܐ. ܢܝܫܐ ܐܦ ܡܡܫܚܐ. ܕܒܝܠܬܐ ܘܟܢܫܐ ܡܡܠܟܐ. ܟܕ ܒܡܠܟܘܬܐ ܐܦ ܗܢ ܕܐܦܝܣܩܘܦܐ ܘܟܕ ܒܡܠܟܘܬܐ ܠܐ ܢܫܠܠܘܢ ܕܠܒܠܬܐ. ܐܠܐ ܟܠܗܘܢ ܕܫܩܠܘܒܐ. ܟܕ ܢܫܡܥܘܢ ܒܐܪܥ ܐܢܫ. ܕܢܐܡܪ ܡܫܝܚܐ ܟܠܗܘܢ ܗܠܝܢ ܕܡܠܟ ܢܗܘܐ ܟܗܢܐ ܠܗܘܢ ܒܗܘܢܗ ܟܢܪ ܕܡܢܝܢܐ ܡܠܬܐ ܡܬܬܟܒ. ܕܢܗܘܐ ܠܟܢܫܐ ܐܢܫܢܐ ܕܢܬܟܬܒܘܢ ܗܢܘܢ ܕܠܐ ܫܡܥܘ. ܕܢܗܘܐ ܠܒܢܝ ܟܕ ܬܫܒܘܚܬܗ ܕܐܟܢܐ. ܘܟܕ ܡܡܠܠ ܬܘܒ ܗܠܝܢ ܕܐܠܦ. ܗܟܢܐ ܗܝܠ ܠܟ. ܐܢܫܢܐ ܕܠܐ ܢܐܟܠ. ܘܡܛܠ ܗܢܘܢ ܕܫܡܥܝܢ ܚܝܠܐ. ܐܢܫܢܐ ܕܢܛܠ ܠܗܘܢ ܡܢܝܢܐ ܦܘܠܚܢܐ ܕܙܘܓܐ ܕܝܕܥܬܐ. ܕܫܪܪܐ. ܕܠܐ ܢܟܕܐ ܕܠܒܠܐܝܬ ܡܢ ܚܝܘܬܐ ܡܛܠ ܚܝܒܐ. ܐܠܐ ܢܟܠܐ ܕܫܘܡ ܗܢܘܢ ܕܫܡܥܘ ܘܟܟܠܘ ܕܠܗܟܐ ܟܕ ܠܐ ܟܟܕܬ ܒܗܘܢ ܡܠܬܐ ܦܐܪܐ. ܐܠܐ ܐܟܕܬ ܡܠܬܐ ܢܛܠ ܕܐܒܕܢܗ ܡܛܠ ܟܢܘܬܐ ܕܡܫܒܚܢܐ. *ܡܫܒܚܢܐ ܕܝܢ ܢܬܬܦܪܩܘܢ[a]. ܟܕ ܐܬܟܢܒ ܐܝܟ ܗܠܝܢ [b]ܕܡܩܪܒܝܢ ܐܬܐܡܪܝܢ[b]. ܐܝܟ ܐܢܬܘܢ, ܫܦܝܪ ܕܡܩܪܐ[c]. ܐܝܟ [d]ܕܟܢܐ ܗܘ[d]. ܐܝܟ ܡܛܠ ܕܟܝܢܗ ܐܬܟܢܒ. ܘܡܛܠ ܕܢܫܝܩܘܬܐ ܕܡܢ ܢܦܫܗ. ܐܢܫܝܢ ܠܐ. ܐܦ ܕܐܢܬܘ ܡܢ ܪܘܚܐ ܕܣܓܝܐ ܐܢܬܬܐ. ܐܢܫܐ[e] ܕܡܬܦܬܚܝܢ[f] ܡܢ ܟܠܗܘܢ ܡܫܡܫܢܐ. ܕܠܐ ܡܟܪܙܝܢ[g] [h]ܟܕ ܬܐܟܠܢܬܐ[h] ܕܟܠܗܘܢ. ܕܠܐ ܢܟܢ[i] ܐܦܘܣܛܘܠܘܬܐ ܕܐܦܝܣܩܘܦܘܬܐ[j] ܕܠܝܬ ܠܗ ܒܘܬܪܐ. ܠܐ ܟܢܫܐ[k]. ܘܐܦ[l] ܐܝܬ ܠܗ ܟܢܫܐ. [m]ܘܗܘ ܬܘܒ[m] ܟܢܫܗ܆

---

* Rahm. Test. p. 78, l. 17; Lagarde, Reliquiae Juris Eccles. Antiq. p. ܢ, l. 13

a ܡܬܬܦܪܫܝܢ   b Rel. ܕܡܩܪܒܝܢ ܐܬܐܡܪܝܢ   c ܕܡܩܪܐ

d ܐܝܬܘܗܝ ܕܟܢܐ Rel.   e om. ܐܢܫܐ Rel.   f Rel. ܘܡܫܬܡܗܝܢ

g Rel. ܡܬ[ܢ]ܟܠ   h ܡܬܐܟܠܢܬܐ Rel.   i Rel. ܢܟܢ   j om. Rel.

k + ܐܢܫ ܡܢ ܐܢܬܬܐ ܐܝܬܘܗܝ Rel.   l ܐܘ   m ܬܬܠܟܠ Rel.

ܠܓ̈ܚܟܬܐ[a] ܢܗܡ ܡܫܒܚܢܐ. ܕܡܢܗܘܢ ܒܪ̈ܐܙܐ[b]. ܕܠܐ ܡܬܦܠܫܐ[c] ܘܦܘܡܐ ܐܘܟܝܬ ܥܡ [d]ܟܠܡܕܐ. ܗܢܐ ܐܝܬܘܗܝ[d] ܡܥܝܢܐ ܕܒܟܠܗܘܢ ܠܓ̈ܚܟܬܐ ܡܫܡܠܐ. ܐܝܟܢ ܕܠܦܫܩܐ ܘܕܒܪܬܐ[e] ܕܐܠܗܐ ܡܗܝܡܢ. ܥܒܝܪܐ ܗܘ ܕܐܦ[f] ܕܠܐ ܐܢܬܬܐ ܢܗܘܐ ܘܐܝܬܘ̄[g] ܘܐܢܫ̈ܝܢ ܠܐ ܕܕܚܫܐ[1] ܐܢܬܬܐ ܗܘܐ ܠܒܪܬܐ ܠܡܫܘܕ. ܐܝܟܢܐ ܕܥܡ ܡܫܠܡܘܬܐ ܕܐܪ̈ܡܠܬܐ ܐܡܫܕܐ ܚܝܕ. ܒܗ ܐܝܬܘ̄ ܕܡܘܡܬܐ ܡܫܝܚܘܬܐ ܢܬܬܦܫܪ ܠܐ ܠܠܝܐ. ܒܗ ܕܐܝܟ ܗܢܐ ܢܗܘܐ ܐܝܬܘܗܝ. ܘܒܘܡܡܐ[h] ܕܚܕ ܒܫܒܐ ܢܡܠܠ ܥܠܝܡ ܐܝܕܐ ܒܗ ܟܠܗܘܢ ܥܠܡܝܢ ܠܢܦܬܬܘܪܝܢܘܬܗ. ܘܦܩܕܝܢ ܠܟܠܗ، ܥܡ ܟܠܗܘܢ ܡܥܝܪܐ[i] ܘܥܡ ܟܠܗܘܢ ܐܦܝܣܩܘܦܐ[i] ܕܡܪܝܡ* ܡܓܠܝ ܒܒܢܘܬܐ ܕܡܥܝܪܐ[†]ܡܥܝܪܐ ܒܝܪܘܦܠܝܢܝܬܐ[j] ܢܗܘܐ ܒܗ ܡܫܡܠܐܗ ܡܢ ܟܠܗ ܒܒܥܐ. ܐܝܟ ܗܠܝܢ [k]ܕܡܪܝܡ ܐܦ[k] ܐܬܐܡܪܝܢ [l]ܥܠ ܐܦܝܣܩܘܦܐ[l]. ܘܡܫܡܠܐ ܒܡܪܝܢܐ[m] ܡܫܡܠܐ ܢܫܝܐ[f] ܡܫܡܠܐ. ܠܐ ܢܗܡ ܒܫܡܐ. ܕܡܬܢܐܬܐ ܟܕܠ[n] ܠܗ ܗܘ ܒܬܡܪ̈ܢܬܐ ܕܡܫܝܚܐ. ܕܡܬܦܫܪ ܕܒܝܐ ܕܠܐ ܡܫܡܠܐ. ܐ݂ ܗܘܐ ܐܝܟ ܐܡܐ ܠܬ̈ܠܡܐ. ܐ݂ ܠܐ ܠܡܩܒܠܢܐ ܥܒܕ. ܐ݂ ܠܐ ܡܗܘܐ[o] ܡܢ ܒܪܬܐ. ܕܒܟܠܗܘܢ ܐܝܬܘܗܝ، ܥܒܝܪ ܕܝܠܬܐ[p]. ܐܝܟܢܐ ܕܒܗ ܗܘܐ ܒܟܠܗܘܢ ܐܝܬܘ ܕܥܘܐ[q]. ܢܬܟܠܡ ܠܗ[r] ܡܢ ܐܠܗܐ. ܗܠܝܢ ܕܦܩܝܕ ܘܗܠܝܢ ܕܠܝܬܡ. ܐܝܟܢܐ[s] ܕܐܦ [t]ܠܡܩܒܠܢܐ ܗܘ ܐ݂ ܕܐܣܦܝܪܘܬܐ[t]

[a] + ܢܗܡ ܒܟܠܟܐ. ܢܗܡ ܐܪ̈ܡܠܬܐ. ܢܗܡ ܡܬܓܚܟܐ
[b] ܒܐܪ̈ܐ
[c] ܡܬܬܗܦܟܐ Mos. Borg. ܡܬܦܠܫܐ
[d] ܟܠܡܕܐ ܗܢܐ. ܕܐܝܬܘܗܝ
[e] M. ܘܐ ܕܡܒܪܬܐ
[f] om.
[g] ܐܝܬܘܗܝ
[h] ܒܘܡܡܐ
[i] ܘܐܦܝܣܩܘܦܐ ܗܠܝܢ
† Rah. Test. p. 66, l. 20
[j] ܒܪܘܦܠܝܢܝܬܐ
[k] ܕܡܪ̈ܝܡ
[l] om. ܥܠ ܐܦܝܣܩܘܦܐ
[m] ܒܡܪܝܢܐ
[n] ܒܟܕܠ
[o] ܒܡܪܝ ܠܗ B ܟܡܪܝ (?) ܠܗ
[p] + ܢܫܝܐ
[q] ܕܗܘܐ ܥܘܐ
[r] ܕܢܬܟܠܡ ܠܗ
[s] + ܕܝܢ
[t] ܠܡܩܒܠܢܐ ܕܐܣܦܝܪܘܬܐ

[1] Cod. ܕܕܚܫܐ

ܕܒܟܠ ܦܘܪ̈ܣܝܢ ܬܗܘܐ ܚܘܒܐ ܐܝܠܝܢ, ܡܢ ܗܝܡܢܘܬܐ ܫܪܝܪܬܐ
ܫܝܢܬܐ. ܕܢܗܘܐ ܬܗܘܐ ܚܝܠܐ ܕܢܘܗܪܐ ܒܟܠܐܢܫ[a]. ܡܪܬܒܐ ܕܝܢ ܕܠܬܬ
[b]ܒܟܠ ܐܢܫ[b]. ܘܡܬܝܪܐܝܬ ܕܠܬܬ ܒܟܠܗ. ܦܫܘܩܝܢ[1] ܘܟܠܗ ܐܝܟ ܐܢܬܬܐ
ܡܬܬܡܟܢܬܐ. ܕܠܟܠܐ ܒܟܠܗ. ܐܝܟ ܕܢܗܘܐ ܗܘ. ܡܬܠܬܬܒ ܢܦܓܠ
ܘܢܬܕܥ ܒܠ ܐܠܗܐ. ܘܬܬܩܒܠܝܢ ܦܘܐ ܡܢ ܐܠܗܐ. ܘܠܗܘܢ ܒܪ
ܠܐܢܫ ܕܡܬܠܬܬܗܘܢ ܡܬܬܕܥ ܢܦܫܗ ܕܐܠܗܐ ܒܢܬ ܒܬܒܪܐ.
ܘܐܢ ܕܝܢ ܬܗܘܐ ܒܟܠܗ ܡܬܬܕܒܪܢܐ ܗܘ. ܢܬܐܠܨ ܐܝܟ ܕܙܘܥܐ
ܕܒܬܪܟܐ. ܘܢܐܡܪ ܠܗ ܦܬܓܡܐ ܡܢ ܚܟܡܬܐ ܕܦܩܕ ܠܡܬܒ Prov. xxv. 24
ܥܠ ܩܪܢܐ[c] ܕܐܓܪܐ. ܛܒ ܡܢ ܕܠܡܬܒ ܥܡ ܐܢܬܬܐ ܠܚܝܢܬܐ
ܘܢܟܦܬܐ ܒܒܝܬܐ ܒܝܬܐ.. ܡܬܒܥܐ ܠܗܘܢ ܒܪ ܠܢܫܐ ܕܒܢܝ ܬܘܕܝܬܐ
ܕܢܬܒܬܐ ܘܡܬܒܝܢܘܬܐ ܢܗܘܘܢ ܕܢܚܬ ܐܠܗܐ. ܠܡܘܢܐ ܘܠܬܪܒܝܬܐ
ܕܗܝܡܢܘܬܐ ܕܒܢܝܐ. ܕܟܢܫܐ. ܘܕܢܦܫܐ. ܘܐܢܫܘ ܕܢܚܝ ܒܟܠܝܠ f. 8 a
ܐܬܬܝܕܝܢ ܘܕܒܝܢ ܐܢܘܬܐ ܘܡܢܬܗ ܘܗܪܓܝܢ ܐܢܫܝܢ ܐܝܟ
ܡܬܬܡܬܬܐ [d]ܒܚܝܢ ܘܡܢܚܝܢ[d] ܠܒܢ ܐܢܫ ܕܡܬܦܢܝܢ ܘܡܢܝܢ. ܘܕܠܐ
ܢܦܫܬܐ ܐܝܬܝܗܘܢ ܒܡܘܡܬܐ ܕܚܠܡܐ. ܘܐܬܠܐܝܢ ܘܕܢܝܢ ܐܢܫ
ܕܒܗܘܢ ܡܬܒܥܝܢ ܐܢܬܘܢ. ܕܬܬܠܝܢ ܠܡܠܦܢܘܬܐ[e] ܕܣܪܝܢ ܘܬܬܢܝܢ[f].
ܒܪ ܬܦܬܝܢ ܠܗ ܒܝܬܪܐ ܛܥܝܐ.[g]ܡܛܠ ܡܬܦܢܝܬܐ ܕܐܦܝܣܩܘܦܐ
*ܢܬܬܦܪܫ ܐܦܝܣܩܘܦܐ ܒܪ ܡܢ ܟܠܗ ܒܡܟܐ ܡܬܬܒܥܐ. ܐܝܟ
ܡܘܢܠܐ ܕܐܘܠܦܢܐ ܡܢܝܐ. ܒܪ ܐܢܬܘܢ, ܕܠܐ ܒܠܐ. ܢܡܘܣܐ ܢܬܒܥܐ
ܡܬܒܥܐ. ܕܠܐ ܡܬܬܐ ܒܢܝܐ. ܘܠܐ[h] ܕܢܥ ܒܡܘܣܐ ܕܠܐ ܡܪܫܬܐ.
ܠܐ ܢܦܠ. ܣܘܦܬܐ[i]. [j]ܠܐ ܕܡܬܡܟܐ[j] ܡܬܠܠ ܬܪܬܐ. ܕܢܥ

a ܒܒܠܢܫܐ b ܒܠܢܫ c ܩܪܢܐ S. f. 8 a. d ܒܚܝܢ ܘܡܢܚܝܢ
e ܠܡܠܦܢܘܬܗ f ܘܬܬܢܝܢ g om. from ܡܛܠ to end of chapter III.
* Rahmani, Test. D. N. J. X. page 26, line 9. h ܠܐ i + ܡܠܦܢܐ.
j ܕܠܐ ܢܬܡܟܐ

[1] Cod. ܦܫܘܩܝܢ

14 ܝܬܒܐ ܠܒܪ ܒܫܘܩܐ ܥܠ ܬܪܥܐ ܕܒܝܬܗ ܥܠ ܟܘܪܣܝܐ ܪܡܐ:
15 ܘܩܪܝܐ ܠܥܒܪ̈ܝ، ܐܘܪܚܐ ܘܠܐܝܠܝܢ ܕܡܬܩܢܝܢ ܒܫܒܝ̈ܠܗ ܘܐܡܪܐ
16 ܡܢܘ ܒܝܢܬܟܘܢ ܕܣܟܠ ܢܬܦܢܐ ܠܗܪܟܐ. ܘܕܚܣܝܪ ܠܒܗ ܘܐܡܪܐ ܠܗ.
17 ܡܝ̈ܐ ܓܢܝܒܐܝܬ ܠܠܥܣܐ ܚܠܝ̈ܐ: ܘܠܚ̈ܡܐ ܓܢܝ̈ܒܐ ܕܒܣܝܡ.
18 ܘܠܐ ܝܕܥ ܕܓܢܒܪ̈ܐ ܠܘܬܗ ܐܒܕܝܢ. ܘܠܥܘܡܩܐ ܕܫܝܘܠ ܡܬܩܠܝܢ.
ܐܠܐ ܥܪܘܩ ܘܠܐ ܬܬܥܘܟܪ ܒܐܬܪܐ ܗܘ. ܘܠܐ ܬܪܡܐ ܥܝܢܝܟ
Prov. xxv. 24 ܘܬܚܘܪ ܒܗ̇.. ܘܬܥܒܪ. ܦܫܘܚ ܠܓܒܗ. ܥܠ ܡܛܠ ܕܐܡܪ. ܛܒ
ܓܝܪ ܕܠܡܥܡܪ ܥܡ ܐܢܬܬܐ ܠܝܫܢܬܐ ܘܡܨܝܢܬܐ ܟܠܗ ܒܝܬܐ.. ܐܢܬܝ،
ܗܟܝܠ ܕܡܗܝܡܢ̈ܝܬܐ ܐܢܬܝܢ. ܠܐ ܬܗܘܝܢ[a] ܒܢ̈ܫܐ ܐܝܠܝܢ ܕܐܝܟ
ܗܟܢܐ ܐܝܬܝܢ. ܐܠܐ ܐܦ ܢܟܦܐ ܐܢܬܝ، ܕܬܗܘܝܢ. ܡܫܬܡܥܢܝܬܐ.
ܠܒܥܠܟܝ ܒܠܚܘܕ ܣܘܦܟܝ، ܓܒܪ̈ܐ. ܘܡܢܐ ܕܡܫܬܠܛܐ ܐܢܬܝ، ܒܫܘܦܪܐ:
ܕܫܦܪ ܪܒܘܬܟܝ ܠܒܥܠܟܝ. ܕܡܛܠ ܬܡܝܡܘܬܟܝ ܢܬܒܥܐ ܫܘܒܚܐ
f. 7b ܕܥܒܕܟܝ. ܘܠܐ ܫܘܦܪܟܝ، ܡܬܚܙܝܐ ܦܪܨܘܦܐ ܕܒܢ̈ܝܢܫܐ. ܐܠܐ ܠܒܥܠܟܝ
ܫܘܦܪܟܝ، ܫܦܝܪܐ ܘܡܫܬܠܡܢܐ. ܟܕ ܡܗܝܡܢܐ ܐܢܬܝ، ܘܫܘܦܪܟܝ، ܘܣܒܪܐ
ܕܠܐ ܬܣܚܝܝܢ[b] ܒܒܠܐܢܝ[c] ܥܡ ܓܒܪ̈ܐ ܟܕ ܐܝܬ ܠܒܪ ܒܠܐܢܝ[d] ܕܢ̈ܫܐ
ܒܡܕܝܢܬܐ ܐܘ ܒܩܪܝܬܐ. ܐܢܬܬܐ ܡܗܝܡܢܬܐ ܒܒܠܐܢܝ[c] ܥܡ
ܓܒܪ̈ܐ ܠܐ ܬܣܚܐ. ܐܢ ܓܝܪ ܐܦܝ̈ܟܝ ܡܟܣܝܐ ܐܢܬܝ، ܡܢ
ܓܒܪ̈ܐ ܢܘܟܪ̈ܝܐ ܒܬܚܦܝܬܐ ܕܢܟܦܘܬܐ. ܐܝܟܢܐ ܗܟܝܠ. ܥܡ
ܓܒܪ̈ܐ ܢܘܟܪ̈ܝܐ ܥܐܠܐ ܐܢܬܝ، ܠܒܠܐܢܝ[e]. ܐܢܕܝܢ ܠܝܬ ܒܠܐܢܝ[d]
ܕܢ̈ܫܐ. ܘܡܬܐܠܨܐ ܐܢܬܝ، ܕܬܣܚܝܢ ܒܒܠܐܢܝ[c] ܕܓܒܪ̈ܐ ܘܕܢ̈ܫܐ.
ܘܗܕܐ ܠܒܪ[f] ܡܠܝܬܐ. ܒܢܟܦܘܬܐ ܘܒܢܟܦܘܬܐ ܣܘܦܟܝ، ܦܫܘܚܐ.
ܘܒܡܘܣܕܐ ܘܒܡܫܘܚܬܐ. ܘܠܐ ܒܟܠܝܘܡ ܘܠܐ ܒܦܠܓܗ
ܕܝܘܡܐ. ܐܠܐ ܢܗܘܐ ܝܕܝܥ ܠܟܝ ܫܥܬܐ ܕܣܚܝܐ ܐܢܬܝ، ܒܗ̇.
ܒܫܥܐ ܥܣܪ. ܡܬܒܥܝܐ ܠܟܝ ܠܒܪ ܐܦ̃[g] ܐܢܬܬܐ[g] ܡܗܝܡܢܬܐ.

Lag. p. 9. [a] ܬܬܗܘܝܢ S. f. 7 b. [b] ܬܣܚܝܢ [c] ܒܒܠܢܐ [d] ܒܠܢܐ
[e] ܠܒܠܢܐ [f] + ܡܢ [g] ܠܐܢܬܬܐ

ܡܡܠܠܐ ܕܝܢ ܡܢܗܪܐ ܐܠܗܝܐ ܕܐܬܚܒܫܬ ܡܢ ܡܪܘܡܘܬܐ. ܘܢܗܪܐ ܕܬܫܒܘܪ̈[a] ܠܐܠܗܐ. ܐܢܬܝ[b] ܗܟܝܠ ܐܦ ܐܢܬܬܐ ܢܟܦܬܐ[c] ܠܐ ܬܬܚܠܛܝܢ ܐܝܟ ܕܬܫܒܘܪܝܢ ܠܓܒ̈ܪܐ ܐܚܪ̈ܢܐ. ܘܠܐ ܬܬܓܠܝܢ[d] ܒܪ̈ܓܠܐ ܕܙܢܝܘܬܐ. ܘܠܐ ܠܒ̈ܘܫܐ ܕܙܠܝܠܘܬܐ[e] ܬܬܠܒܫܝܢ. ܘܠܐ f. 7a ܫܐܘܠܐ[f] ܕܕܗܒܐ[g] ܬܫܐܠܝܢ. ܐܝܟ ܕܬܬܕܡܝܢ[h] ܠܐܢܫܝܢ ܕܗܘܢܐ ܐܬܡܣܝܢ. ܕܠܐ ܬܗܘܝܢ ܠܘܬܗ ܠܐܢܫܝܢ ܕܡܬܬܟܝܠܝܢ ܒܗܠܝܢ. ܐܦ ܐܢܬܝ ܠܐ ܬܬܠܛܝܢ ܒܒܢ̈ܬܐ ܗܢܐ ܕܠܐܡܬܘܢܝܬܐ[i]. ܒܪܬ ܕܝܢ ܒܗܕܐ ܫܠܝܛܘܬ, ܕܐܠܝܗ, ܘܒܝܬܗ, ܠܗܘ ܕܢܣܒܗ. ܐܦ ܕܝܢ ܬܫܬܠܛܝܢ ܐܦ ܐܢܬܝ, ܐܘܒܕܬܝ, ܫܘܒ̈ܚܐ ܕܝܢ ܐܠܗܐ. ܘܗܘܢܬܝ, ܫܢܝܬܐ ܬܗܘܐ[j] ܕܢܦܫܗ ܕܗܘ. ܘܬܗܘܐ ܕܝܢ ܡܢܐ ܕܫܠܝܛܬ, ܒܫܡ. ܡܢܦܫܐ ܐܢܬܝ,[1] ܢܦܫܐ ܘܐܙܠܐ ܐܢܬܝ, ܐܦ ܥܠ ܐܚܪ̈ܢܐ. ܐܝܟ ܕܐܡܪ[k] ܒܫܒܝܠܬܐ. ܕܡܐ Prov. xviii. 3 ܕܐܬܐ ܪܫܝܥܐ ܠܥܘܡܩܐ ܕܚܛܝܬܐ[l] ܒܣܪܐ ܘܡܬܪܦܐ ܢܦܫܗ. ܘܐܬܐ ܥܠܘܗܝ, ܫܒܝܪܐ ܘܚܣܕܐ. ܐܡܪܐ ܓܝܪ ܕܗܟܢܐ ܗܝ: ܕܥܠܬܐ ܠܗ ܡܠܐܟܝܬ ܒܢܦܫܗ ܘܐܬܬܚܝܕܬ ܒܪܓܬܐ ܚܛܝܬܐ ܢܦܫܬܗܘܢ ܕܣܟ̈ܠܐ, ܪ̈ܚܡܝܐ[m]. ܢܠܦ[n] ܕܝܢ ܐܦ ܥܠ ܗܠܝܢ. ܕܐܪܚܡܐ ܡܦܪܫܐ ܠܗܘܢ ܦܬܓܡܐ ܡܕܝܢܐ ܒܫܒܝܠܬܐ. ܐܡܪ ܓܝܪ ܗܟܢܐ.. ܐܝܟ Prov. xi. 22 ܩܕܫܐ ܕܕܗܒܐ ܒܢܚܝܪܗ ܕܚܙܝܪܬܐ. ܗܟܢܐ ܫܘܦܪܐ ܠܐܢܬܬܐ ܚܒܝܒܬ ܒܥܠܬܐ.. ܘܬܘܒ ܐܝܟ ܟܠܝܠܬܐ ܒܩܝܣܐ. ܗܟܢܐ ܡܘܒܕܐ Prov. xii. 4b ܠܓܒܪܐ ܐܢܬܬܐ ܒܝܫܬܐ[n]. ܘܬܘܒ ܐܢܬܬܐ ܣܟܠܬܐ ܘܚܪܝܢܐ Prov. ix. 13 ܘܡܫܬܒܗܪܢܝܬܐ. ܗܘܝܐ ܡܣܟܢܐ ܠܠܚܡܐ ܘܠܐ ܝܕܥܐ ܒܗܬܬܐ.

---

a ܕܬܫܒܘܪ b ܐܢܬ c om. ܢܟܦܬܐ S. f. 7 a. d ܬܬܚܠܛܝܢ
e ܠܒܘܫܐ ܕܙܢܝܘܬܐ f ܫܘܠܐ g om. ܕܕܗܒܐ h ܕܬܬܕܡܝܢ
i ܕܠܐܡܬܘܢܝܬܐ j + ܐܦ k ܕܐܡܪ l ܕܚܛܝܬܐ m ܪܚܡܝܐ
n om. ܢܠܦ . . . . ܒܝܫܬܐ

---

[1] Cod. ܐܢܬ

17 ܘܡܢ ܦܐܪܐ ܕܐܝܕ̈ܝܗ ܢܨܒܬ ܡܒܢܝܐ[a]. ܐܣܪܬ ܚܨ̈ܝܗ ܒܚܝܠܐ.
18 ܘܫܪܪܬ ܕܪ̈ܥܝܗ. ܘܛܥܡܬ ܕܛܒ ܗܘ ܠܡܬܬܓܪܘ. ܘܠܐ ܕܥܟ ܫܪܓܗ
19 ܠܠܝܐ ܟܠܗ. [b]ܕܪ̈ܥܝܗ ܐܘܫܛܬ ܒܟܫܝܪܘܬܐ. ܘܐܝܕ̈ܝܗ ܠܡܥܙܠܐ.
20, 21 ܘܡܟܝܢܗ[c] ܦܫܛܬ ܠܡܣܟܢܐ. ܘܡܢ ܦܐܪ̈ܝܗ ܝܗܒܬ ܠܚܫܝܟܐ. ܘܠܐ ܕܚܠܐ
ܒܥܠܗ ܕܒܝܬܐ. ܡܛܠ ܕܟܠܗܘܢ ܒܢ̈ܝ ܒܝܬܗ ܠܒܝܫܝܢ ܗܘܘ [d]ܒܙܪܩܐ
22 ܥܠ ܠܒܘܫܝܗܘܢ[d]. ܥܒܕܬ ܠܒܥܠܗ ܠܒܘܫܐ ܕܒܘܨܐ ܘܐܪ̈ܓܘܢܐ[e]
23, 24 ܝܕܝܥ ܗܘܐ[f] ܒܥܠܗ ܒܬܪ̈ܥܐ. ܟܕ ܝܬܒ ܒܡܘܬܒܐ ܕܣܒ̈ܐ. ܥܒܕܬ[g]
25 ܒܒܝܬܗ ܣ̈ܕܝܢܐ ܘܐܙܒܢܬ ܚܙ̈ܩܐ ܘܝܗܒܬ[h] ܠܟܢ̈ܥܢܝܐ.. ܥܘܫܢܐ ܘܗܕܪܐ
26 ܠܒܘܫܗ[i]. ܘܦܬܚܬ ܒܚܟܡܬܐ ܦܘܡܗ ܐܘܪܚܬܐ ܒܬܫܒܘܚܬܐ.
27 ܬܡܝܢܐܝܬ[j] ܘܒܥܩܒܬܐ ܘܒܛܥܡܐ ܡܛܠܠ ܠܒܝܬܗ. ܗ̈ܠܟܝ ܐܘܪ̈ܚܬܗ
ܕܒܝܬܗ. ܠܚܡܐ[k] ܕܥܛܠܘܬܐ ܠܐ ܐܟܠܬ. ܘܦܘܡܗ[l] ܦܬܝܚ
28 ܠܚܟܡܬܐ[m]. [n]ܘܢܡܘܣܐ ܕܚܣܕܐ ܥܠ ܠܫܢܗ ܩܡܘ ܒܢ̈ܝܗ ܘܛܘܒܘܗ
ܘܡܫܒܚܘܗ. ܘܬܘܕܝܬܐ ܒܦܘܡܗ ܕܒܢ̈ܝܗ ܐܚܪ̈ܢܐ. ܘܐܦ[o] ܒܥܠܗ
29 ܫܒܚ ܠܗ[1p] ܛܒܐܝܬ. ܘܣܓ̈ܝܐܢ ܕܒܢ̈ܬܗ ܡܢ ܥܒܘܪܐ ܥܒܕܝ ܚܝܠܐ[q].
ܥܒܕܬ ܕܘܪ̈ܫܬܐ ܘܐܬܝܬܪܬ ܥܠ ܟܠܗܝܢ ܒܢ̈ܬܐ. ܐܢܬܬܐ ܓܝܪ
30 ܕܕܚܠܐ ܡܢ ܐܠܗܐ ܬܬܒܪܟ[r]. ܕܚܠܬܗ[s] ܕܡܪܝܐ ܬܫܒܘܚܬܗ[t] ܗܝ[2] ܠܗ
ܡܢ ܦܐܪ̈ܝ ܕܥܡܠ ܠܡܫܒܚܘܬܗ. ܘܬܫܬܒܚ[u] ܒܬܪ̈ܥܐ ܘܒܟܠ ܐܬܪ
Prov. xii. 4 ܢܫܬܒܚ ܒܥܠܗ. ܘܬܗܘܐ ܐܢܬܬܐ ܓܒܪܬܐ ܟܠܝܠܐ ܗ̇ܝ ܕܒܥܠܗ ..
ܬܠܬܝܢ ܗܟܝܠ ܕܐܢܬܬܐ ܢܟܦܬܐ ܘܪܚܡܬ ܒܥܠܗ ܒܟܐ ܬܫܒܚܬܐ[v]

---

a ܚ̈ܝܠܐ b + [ܘ] c ܐܝ̈ܕܝܗ d ܠܒܘܫܐ ܐܟܘܬܐ e ܘܐܪ̈ܓܘܢܐ

f ܗܘ g ܘܥܒܕܬ h ܘܙܒܢܬ Lag. p. 8. i ܠܒܘܫܗ j om. ܬܡܝܢܐܝܬ

k ܘܠܚܡܐ l ܦܘܡܗ. m ܒܚܟܡܬܐ n + ܬܡܝܢܐܝܬ o ܐܦ

p ܠܗ q ܘܣܓܝܐܬܐ r ܬܬܒܪܟܝܢ s ܘܕܚܠܬܗ t ܬܫܒܘܚܬܗ

u ܘܬܫܬܒܚܢ v ܬܫܒܘܚܬܐ

---

[1] Cod. ܫܒܚܠܗ [2] Cod. ܗܘܬ

ܘܬܙܕܕܩܘܢ ܘܬܫܬܪܪܘܢ ܡܒܝܢܘܢ ܟܠܗܘܢ ܒܢ̈ܫܬܐ. ܘܬܫܬܒܚܘܢ
ܕܠܐ ܪܚܡ ܒܢ̈ܫܐ ܕܠܟܠܗ ܠܘܬ ܐܠܗܐ ܀ ܫܠܡܘܢ ܕܬܠܬܐ Chap. III
ܡܠܦܢܘܬܐ ܕܠܘܬ ܢܫ̈ܐ ܕܠܚܒܪ̈ܬܗܝܢ ܒܠܚܘܕ ܢܟܦ̈ܢ ܘܢܟܦ̈ܢ[a] ܕܗ̇ ܡܢ̈ܝܢ
ܒܫܦܝܪܐܝܬ ܘܡܫܡܠܝܐܝܬ ܕܒܚܒܪܐ ܕܟܬ̈ܝܗܘܢ ܒܫܦܝܪܘܬܐ. ܘܕܠܐ
ܢܣܒ̈ܢ ܡܢ ܓܒܪܐ: ܘܕܠܐ ܢܬܠܒܟܢ ܘܢܬܩܘܡܢ ܒܠܒܬܐ ܕܬܘܠܘܬܐ
ܠܓܒܪܐ ܘܢܦ̈ܩܕܢ ܐܢܘܢ: ܘܕܢܦ̈ܩܘܢ ܢܟܦܢ ܘܢܝ̈ܚܢ ܘܠܐ ܢܬܪ̈ܝܡܢ: ܡܢ
ܓܒܪ̈ܝܗܝܢ ܀ ܐܢܬܬܐ ܕܝܢ ܬܗܘܐ. ܬܫܬܥܒܕ ܠܒܥܠܗ̇. ܡܛܠ ܕܪܝܫܗ̇
ܕܐܢܬܬܐ. ܓܒܪܐ ܗܘ. ܘܪܝܫܗ ܕܓܒܪܐ ܐܢܫܐ ܕܡܫܝܚܐ ܒܐܦܪܘܫܐ
ܕܐܢܬܬܐ ܡܫܒܚܐ ܗܘ. ܡܢܗܪܢܗ̇ ܓܒܪܐ ܐܚܝܕ ܟܠ ܐܠܗܐ ܕܝܠܗ̇
ܘܐܒܐ ܕܟܠܡܕܡ. ܕܗܢܐ ܕܦܐܫ ܘܕܗܘ ܕܟܬܒ. ܡܓܒܪܐ[b] ܕܟܠ
ܢܦܫܐ ܘܕܟܠ ܚܝܠܐ. ܘܪܘܚܗ ܚܝܐ ܘܡܕܒܪܢܐ. ܕܠܗ[c] ܬܫܬܥܒܕܘܬܐ
ܘܐܝܩܪܐ ܠܟܠܗ ܟܠܡܕܡ ܐܡܝܢ.. ܐܢܬܬܐ ܕܝܠܗ ܓܝܪ ܒܟܠܗ̇
ܘܐܬܟܢܫܘ ܡܢܗ. ܘܠܗ ܒܠܚܘܕܘܗܝ[d] ܬܗܘܐ ܥܒܕܐ. ܘܡܫܡܫܬܐ
ܡܠܝܟܐ ܠܡܫܥܒܕܘܬܗ[1]. ܘܐܝܩܪܗ̇ ܐܘܟܝ[e] ܠܓܒܪܐ. ܘܪܚܡܬܗ ܟܠ
ܡܕܡܐ ܢܗܘܐ. ܐܝܟܢܐ ܕܐܡܪ ܒܚܟܡܬܐ. ܕܐܢܬܬܐ ܚܝܠܬܢܝܬܐ Prov. xxxi. 10
ܡܢܘ ܡܫܟܚ. ܡܝܩܪܐ ܗ̇ܝ ܓܝܪ ܡܢ ܟ̈ܐܦܐ ܛܒ̈ܬܐ ܕܡܝܩܪ̈ܢ[f]
ܕܡܝ̈ܬܝܢ. ܘܬܬܟܠ ܥܠܝܗ̇ ܠܒܗ ܕܒܥܠܗ̇. ܘܐܡܘܢܐ ܠܐ ܢܚܣܪ ܠܗ̇[g]. 11
ܡܥܕܪܢܝܬܐ ܗ̇ܝ ܓܝܪ ܕܒܥܠܗ̇ ܒܟܠܡܕܡ. ܘܡܕܡ ܠܐ ܡܚܣܪܐ 12
ܠܗ ܒܡܦܩܢܘܬܗ[h]. ܒܕܝܠܗ̇ ܒܥܡܪܐ ܘܒܟܬܢܐ ܒܐܝ̈ܕܝܗ̇ ܦܠܚܬܐ. ܗܘܬ 13 f. 6b
ܡܦܪܢܣܢܝܬܐ ܦܠܚܬܐ ܘܐܝܟ[i] ܐܠܦܐ ܕܬܐܓܪܬܐ ܕܡܢ[j] ܪܘܚܩܐ 14
ܡܝܬܝܐ ܟܠܗ ܒܡܘܬܪܗ̇. ܘܩܝܡܬ[k] ܒܠܠܝܐ ܘܝܗܒܬ ܛܪܦܐ ܠܒ̈ܢܝ 15
ܒܝܬܗ̇. ܘܡܢܬܐ ܠܐܡܗ̈ܬܗ̇. ܘܚܙܬ ܒܚܩܠܬܗ̇[l] ܘܐܝܟ[m] ܕܙܒܢܬܗ[m]. 16

III. [a] ܘܢܟܦ̈ܢ [b] ܡܓܒܪܢܐ [c] ܕܠܗܘܢ [d] ܒܠܚܘܕܘܗܝ
[e] om. ܐܘܟܝ [f] ܕܝܩܝܪ̈ܢ [g] ܠܗ [h] ܒܡܦܩܢܘܬܗ̇ [i] ܐܝܟ [j] ܕܡܢ
S. f. 6b. [k] ܩܝܡܐ [l] ܒܚܩܠܬܐ [m] ܘܙܒܢܬܗ

[1] Cod. ܠܡܫܥܒܕܘܬܗ

Prov. v. 1 ܕܡܫܝܚܢ[1] ܠܬܘܕܝܐ ܕܚܘܬܐ.. ܒܪܝ ܨܘܬ ܠܚܟܡܬܝ. ܘܠܣܘܟܠܝ
2 ܐܪܟ ܡܕܢܟ. ܕܬܛܪ ܬܪܥܝܬܐ ܘܒܪܥܘܬܐ ܕܣܦܘܬܝ ܕܡܦܩܕ[a]
3 ܐܢܐ ܠܟ. ܡܛܠ ܕܕܒܫܐ ܡܛܦܝܢ ܣܦܘܬܗ ܕܐܢܬܬܐ ܙܢܝܬܐ.
4 ܘܡܦܩܬܠܝܗ[b] ܡܫܠܝܐ ܠܚܟܐ[c]. ܘܐܚܪܝܬܗܝܢ[d] ܕܝܢ [e]ܡܪܝܪ̈ܢ ܡܢ
5 ܡܪܪܐ[e]. ܘܚܪܝܦܐ[f] ܡܢ ܣܝܦܐ ܕܬܪܝܢ ܦܘܡܝܗ. ܪ̈ܓܠܝܗ ܡܚܬ
f. 6a ܕܫܠܡܘܬܐ[g] ܡܫܚܬ[2] ܠܬܘܕܝܐ ܕܫܝܘܠ. ܠܐܬܪܝܢ ܕܠܐ ܡܬܒܨܝܢ[h] ܠܗ.
6 ܠܝܬ ܓܝܪ ܡܕܡ[i] ܕܦܩܕܢ[i] ܠܚܝܬܗ. ܘܠܐ ܕܝܕܥܐ ܒܐܘܪܚܐ ܕܚܝܐ.
7 ܗܘܝܬ ܐܢܘܢ ܒܢܝ ܫܡܥܘܢܝ ܘܠܐ ܬܒܛܠܘܢ ܡܠܝ. ܡܪܚܩ ܥܒܕ
8 ܘܠܐ ܬܬܩܪܒ ܡܢ ܬܪܥܝܗ. ܕܠܐ ܬܬܠ ܠܐܚܪܢܐ ܚܝܠܟ.
9 ܘܚܝܝܟ ܠܐܢܫܝܢ ܕܠܝܬ ܠܗܘܢ ܪܚܡܐ ܘܠܐ ܢܣܒܥܘܢ
10 ܢܘܟܪ̈ܝܐ ܚܝܠܟ ܘܡܪ̈ܥܬܟ[k] ܠܒ̈ܬܐ ܕܐܚܪ̈ܢܐ. ܘܒܣܘܦܟ
11 ܬܬܘܒ[l] ܢܦܫܟ. ܘܡܢܐ[m] ܕܒܣܪܐ ܕܦܓܪܟ. ܘܬܐܡܪ
12 ܕܠܡܢܐ[n] ܣܢܝܬ ܡܪܕܘܬ[o]. ܘܡܟܣܢܘܬܐ ܐܣܠܝ ܠܒܝ. ܘܠܐ ܫܡܥܬ
13 ܠܩܠܐ ܕܡܠܦܢ ܘܠܡܪ̈ܕܝܢ ܠܐ ܐܪܟܢܬ ܐܕܢܝ. ܘܒܪ[p] ܩܠܝܠ ܗܘܐ
14 ܗܘܝܬ ܠܝ ܒܟܠ ܒܝܫ.. ܘܕܠܐ ܕܝܢ ܒܡܟܢܫܘܬܐ ܢܘܪܝܟ[q] ܘܢܦܬܚܘ
ܡܪܬܥܘܬܐ ܕܡܥܠܝܢ ܐܢܫܐ ܕܥܒܕܝܢ ܡܕܡ. ܐܫܬܝ ܐܢܝܢ
ܚܝܠܘܬܐ ܡܢ ܡܢܐ ܠܗܘܢ [r]ܡܢ ܐܢܫܝܢ ܕܒܥܝܢ ܠܗܘܢ[r] ܡܢ ܡܫܥܬܐ
ܡܪܝܚܐ. ܘܡܢ ܐܘܪܚܬܗܘܢ ܕܐܠܗܐ. ܐܝܬܝܐ ܕܬܫܬܪܪܘܢ

---

a ܕܡܦܩܕܐ b ܘܡܦܩܬܠܝܗ c ܚܟܝܢ d ܐܚܪܝܬܗܝܢ
e ܡܢ ܡܪܪܐ ܡܪܝܪ̈ܢ f ܘܚܪܝܦ g ܕܫܠܡܘܬܐ h ܕܡܬܒܨܝܢ
i ܡܕܡܐ j ܡܢܗ ܐܪܘܚܢ k + ܒܚܝܠܟ l ܬܬܘܒܢ
m ܡܢܐ n + ܓܝܪ o ܡܪܕܘܬܐ p ܒܪ q ܢܘܪܝܟ

S. f. 6a. Lag. p. 7. r ܠܐܢܫܝܢ ܕܒܥܝܢ

---

[1] Cod. ܕܡܫܝܚܢ [2] Cod. ܡܫܚܬܢ

8 f. 5 b ܪ̈ܒܢܝܗܘܢ. ܕܚܙܝܢ ܒܫܘܩܐ[a] ܥܠ ܚܢܝܒ ܘܥ̈ܠܬܐ ܕܥܒܕܬ ܒܗܿ.
9, 10 ܘܕܡܬܦܠܠܝܢ[b] ܒܫܘܒܚܐ ܒܪܡܫܐ ܘܒܡܬܦܠܓܐ ܕܥܠܡܐ ܕܠܠܝܐ. ܘܢܦܩܬ
ܐܢܬܬܐ ܘܐܪܒܥܬܗ [c]ܕܡܢ ܠܒܠܝܡܐ[c] ܒܐܣܟܡܐ[d] ܕܪ̈ܥܝܬܐ ܕܡܦܪܕܐ
11 ܠܓܘܗ̇ ܕܚܠܝܡܐ. ܘܡܪܓܘܢܐ ܘܡܪܓܢܐ ܘܐܣܦܠܝܐ. ܘܒܒܝܬܗ̇
12 ܕ̈ܗܠܝܢ ܠܗ ܬ̈ܓܪ. ܐܠܐ ܒܗܘܢ ܠܒܪ ܦܘܠܣܐ. ܘܒܗܘܢ ܒܫܘ̈ܩܐ ܘܚܙܬ
13 ܘܢ̈ܣܒܬܐ ܚܦܝܢܐ. ܘܐܚܝܕܬܗ [e]ܠܒܪ ܪ̈ܒܢܝܗ̇[e] ܘܫܡܥܬܗ. ܘܐܬܢܚܒܬ
14 ܐ̈ܟܢܗ̇ ܘܐܬܩܪܒܬ ܠܗ. ܕܒܝܫܐ ܐܝܟ[f] ܬ̈ܠܡܐ. ܘܡܢܝܢܐ ܦܪܢܐ
15 ܐܢܫ ܢܬܪ. ܡܬܠܗܝܐ ܢܦܩܬ ܠܐܦܪ̈ܝܢ. ܕܡܫܡܫܢܐ ܗܘܬ
16 ܠܡܒܥܝܢ. ܘܐܫܬܒܩܬ. ܒܐܬܪܐ ܫܒܝܬ ܒܪܫܐ ܘܒܓܘ̈ܫܡܐ ܡܛ̈ܪܐ
17 ܡܪ̈ܚܬܗ. ܘܪܫܬ ܥܠ ܒܪܫܐ ܒܦܪܓܡܐ. ܘܒܒܝܬܗ ܗܢܐ[g] ܡܦܢܝܐ.
18 ܬܐ ܢܦܩܘܢ ܒܪܝܬܗ ܒܓܘܐ ܠܡܕܝܢܬܐ. ܘܒܟܘܢ ܚܕ ܠܚܕ.
19 ܒܪܬܐ. ܠܐ ܗܘܐ ܒܪ [h]ܒܟܠ ܒܒܝܬܐ[h]. ܐܝܟ ܠܗ ܒܐܦܪܝܐ
20 ܫܢܬܐ. ܘܬ̈ܪܬܐ ܕܫܡܝܐ ܢܦܠ ܒܐܝܕܗ. ܘܠܗܘܬܬܐ[i] ܡܫܝܚܐ
21 ܐܬܬܐ ܠܒܝܬܗ. ܘܐܦܠܝܬܗ ܒܫܡܥܐܐ ܕܬ̈ܠܡܝܗ̇ ܘܒܫܘܒܠܐ
22 ܕܡܩܒܬܗ. [j]ܘܒܪܝܬܐ ܘܒܠܝܐ ܕܒܢ̈ܝܗ̇[j]. ܠܬܗ̇ ܢܦܬܗ. ܘܗܘ ܐܝܟ[k]
ܚܬܪܗ̇ ܐܝܟ ܥܒܪܐ ܘܐܝܟ ܬܘܪܐ ܕܐܝܟ ܠܡܫܬܐ. ܘܐܝܟ ܒܠܒܐ
23 ܠܐܦܘܪܝܐ[l]. ܘܐܝܟ ܐܝܠܐ ܕܟܠܒ[m] ܒܚܐܪܐ ܘܡܫܬܡܪܢ. ܘܐܝܟ
ܦܪܚܬܐ ܠܦܫܐ ܘܠܐ ܢܒܥ. ܗܘܐ ܕܠܡܘܬܐ ܗܘ ܕܒܥܝܢ ܐܝܟ
24, 25 ܗܘܐ. ܡܒܠ ܥܡܝܪܐ ܒܪܢ. ܘܦܘܬ ܬ̈ܠܡܗ ܕܡܘܒܪܢ. ܠܐ ܢܦܠܓܐ
ܠܒܝ ܠܐܦܪܝܬܗ̇ ܘܠܐ ܬܬܩܢܪ ܠܬܪܥܐ ܕܒܝܬܗ ܘܠܐ ܬܦܠܓܐ
26 ܒܥܒ̈ܠܝܗ̇. ܡܬܠ ܕܫܘܒܚܐܐ ܕܡܬܒ̈ܠܐ ܐܪܒܥܬ: ܘܠܝܬ ܠܓܘܗ̇
27 ܡܢܝܢܐ ܠܡܬ̈ܒܠܝܗ̇. ܐܦܪ̈ܝܬܗ ܕܒܝܬܗ[n] ܐܦܪ̈ܝܬܐ ܐܝܟ ܕܥܝܢܐ

---

[a] ܒܫܘܩܐ [b] ܘܡܬܦܠܠܝܢ [c] om. ܕܡܢ ܠܒܠܝܡܐ Lag. p. 6. [d] ܒܐܣܟܡܐ
[e] om. ܠܒܪ ܪ̈ܒܢܝܗ̇ [f] + ܠܝ [g] om. ܗܢܐ [h] ܒܒܝܬܐ ܒܟܠ [i] + ܘܗ
S. f. 5 b. [j] om. ܘܒܪܝܬܐ ܘܒܠܝܐ ܕܒܢ̈ܝܗ̇ [k] + ܗܘܐ [l] ܠܐܦܘܪܝܐ [m] ܕܟܠܒ
[n] ܐܦܪ̈ܝܬܐ

ܐܚܝܕܘܗܝ. ܐܝܬ ܗ̈ܢܝܢ ܕܠܐ ܡܦܩܢܐ ܕܡܫܬܡܠܝܐ ܗ̈ܠܝܢ ܗܘܝܬ
ܦܪܐ ܢܨܚܢܐ ܥܒܝܕܐ. ܕܫܠܡ ܠܐܘܢܓܠܝܘܢ. ܘܬܘܒ ܒܗ
ܒܐܘܢܓܠܝܘܢ ܘܒܢܒܝ̈ܐ. ܐܦ ܒܦܘܫ ܡ̈ܠܝܐ ܕܝܢ. ܡܛܠ ܕܬܕܥ.
ܕܒܗܝܢ ܡ̈ܠܐ ܕܪܘܚܐ ܗܘܘ. ܘܐܬܝܕܥ[a] ܡܢ ܡܪܝܐ ܐܠܗܐ
ܒܟܠܗܝܢ ܗܠܝܢ. ܐܦ[b] ܒܡܫܘܠܡܢܐ[b] ܕܫܪܝܐ ܕܠܟܠܗ ܒܚܕܐ. ܐܝܠܝܢ
ܕܝܢ ܡ̈ܠܐ ܕܢܦܩܘ ܡܢ ܐܠܗܐ. ܘܩܒܠܘ ܠܬܘܒܪܐ ܒܐܝܠܝܢ
ܕܒܝܬ ܚܝܪܐ ܘܡܝܬܐ ܐܟܘܬܗ. ܘܡܢ ܡܠܘܬܗ[c] ܕܐܠܗܐ ܐܬܓܠܝܘ.
ܘܢܠܦ ܚܝܐ ܡܬܬܩܢܝܢ.. ܘܟܕ[d] ܡ̈ܠܝܢ ܡܠܝܠ ܬܘܒܐ ܦܪܐ.
ܡܬܝܐܬ ܬܪܒܐ ܒܗܝܡܢܘܬܐ ܘܬܬܬܪ[e]. ܘܡܢ ܟܬܪ ܡ̈ܠܝܢ ܩܘܡ
ܘܩܘܡ ܠܥܘܡܩܐ. ܘܚܙܝ ܒܟܠܐܝܢ[f] ܕܒܢ̈ܝܐ ܘܠܐ ܗܘܐ ܒܕܝ̈ܢܐ.
ܕܠܗܕܐ ܡܢܐ ܕܥܠܝܗ ܘܥܒܝܬ ܒܪܥܠܝܘܬܗ ܘܡܦܪܣܝܗ[g] ܕܒܪܝܢ. ܐܘ
ܐܢܬ[h] ܬܬܚܝܡ ܐܘ ܐܢܬ[i] ܬܐܠܦܝ. ܘܬܬܪܒ ܕܬܬܚܝܡ ܒܝ. ܘܗܘܝܬ[j]
ܡܠܝܠ ܘܗܕܪ ܡܢ ܡ̈ܠܝܢ ܘܬܬܝܚܐ ܠܐܠܗܐ. ܒܠܦ[k] ܡܠܝܠ ܕܚܟܝܡܐ
Prov. vii. 1 ܐܡܪ ܦܬܓܡܐ ܡܕܝܢܐ ܒܚܟܡܬܐ. ܒܪܝ ܛܪ ܡ̈ܠܝ ܦܘܩܕܢܝ[l] ܐܛܡܪܐ
ܒܓܘܟ. ܒܪܝ ܝܩܪ ܠܡܪܝܐ ܘܐܬܚܝܠ. ܘܠܒܪ ܡܢܗ ܠܐ ܬܕܚܠ
2 ܠܐܢܫܐ[m]. ܛܪ ܦܘܩܕܢܝ ܘܚܝܝ ܥܡܝ. ܘܢܡܘܣܝ ܐܝܟ ܒ̈ܒܬܐ
3 ܕܥܝܢܝܟ[n]. ܘܩܛܘܪ ܐܢܘܢ ܥܠ ܨ̈ܒܥܬܟ ܘܟܬܘܒ ܐܢܘܢ ܥܠ
4 ܠܘܚܐ ܕܠܒܟ. ܘܐܡܪ ܠܚܟܡܬܐ ܚܬܝ ܐܢܬܝ[o]. ܐܦ[p] ܠܡܣܬܟܠܢܘܬܐ[p]
5 ܐܘܕܥ ܒܢܦܫܟ[q]. ܕܬܛܪܟ ܡܢ ܐܢܬܬܐ ܢܘܟܪܝܬܐ ܘܡܢ ܢܘܟܪܝܬܐ
6 ܕܡܫܦܠܐ ܡ̈ܠܝܗ̇. ܡܛܠ ܕܡܢ ܟܘܬܐ ܕܒܝܬܗ̇ ܘܡܢ ܒܟܘܫܛܪܘܢ[r]
7 ܐܕܝܩܬ ܒܥܘܡܩܐ[s]. ܘܚܙܝܬ ܕܒܝܬ ܡܢ ܚ̈ܠܝܡܐ ܐܝܠܝܢ ܕܒܢ̈ܝܢ ܘܣܟܝܪ

---

[a] ܘܐܬܝܕܥܘ [b] ܘܒܡܫܘܠܡܢܐ ܕܐܠܗܐ [c] ܡܠܘܬܐ [d] ܟܕ
[e] ܘܬܬܬܪ [f] ܒܟܠܐܝܢ [g] ܕܡܦܪܣܝܗ [h] om. ܐܢܬ
S. f. 5a. [i] ܠܚܬܐ [j] ܗܘܝܬ [k] ܘܒܠܦ [l] ܘܦܘܩܕܢܝ [m] ܠܐܢ̈ܫܐ
[n] ܕܥܝܢܝܟ [o] ܕܝܠܟ [p] ܘܠܡܣܬܟܠܢܘܬܐ [q] ܠܢܦܫܟ [r] ܒܟܘܫܛܪܘܢ
[s] ܒܥܘܡܩܐ

ܠܝ ܡܢܗܘܪܐ ܕܕܘܝܕ. ܘܐܝܕܝܢ ܥܒܕܝܗ ܕܚܠܡܐ. ܐܝܬ ܠܝ
ܒܪܬܐ ܕܡܦܢܝܐ ܪܒܐ· ܘܐܦ ܢܡܘܣܐ ܘܦܘܩܕܢܐ. ܐܝܬ ܠܝ
ܣܦܪܐ[a] ܕܡܟܣܢܐ ܕܡܪܢܐ ܐܠܗܝ[b]. ܘܟܕ[c] ܚܠܝܢ ܣܓܝܠ ܢܒܪܝܬܐ
ܐܢܠܝܢ ܕܗܘܟܠܐ ܐܝܢ ܡܠܐܟܝܬ ܐܬܪܝܗ.. ܒܪܡ ܕܝܢ ܡܢܐ ܕܦܪܐ
ܐܝܬ ܒܢܡܘܣܐ ܟܕ ܬܘܢܝܢ ܢܡܘܣܐ ܗܘܝ ܘܗܝܪ. ܕܟܠܝܘܢ ܡܦܪܐ
ܬܗܘܐ ܦܪܐ ܒܗ ܡܥܝܠܐܝܬ. ܟܕ ܦܘܩܕܢܐ[d] ܘܟܕ ܘܗܘܪܐ ܕܐܝܬ
ܒܗ ܦܠܝܒ ܐܬܪܝܗ. ܕܠܐ ܬܬܠܟܐ ܢܦܫܝ. ܘܒܐܣܘܪܐ ܕܠܐ
ܡܬܪܝܢ ܕܡܟܠܠܐ ܡܝܬܪܬܐ ܬܐܣܘܪ ܐܝܬ ܠܝ. ܟܬܠܢܫܐ ܣܓܝܠ
ܐܦ ܦܪܐ ܐܝܬ ܒܬܘܝܢ ܢܡܘܣܐ ܒܡܕܪܐ ܟܠܝܘܢ ܐܣܬܟܠ ܕܬܕܒ
ܘܬܥܟܝܕ ܠܐܠܗܐ. ܕܟܕ ܣܠܝܢ ܚܠܡܘܢ ܐܣܘܪܐ ܦܘܡܝ. ܘܣܕܪܐ
ܬܗܘܐ ܣܝܡܐ ܡܢܗ ܒܢܝܫܝ. ܕܬܟܪܘܟ ܘܬܕܒ[e] ܒܝܢܘ ܢܡܘܣܐ.
ܘܡܢܝܐ ܐܝܢܘܢ ܐܣܘܪܐ ܕܟܬܝܢ ܢܡܘܣܐ. ܕܟܕ ܚܬܪ ܢܡܘܣܐ
ܐܬܝܗܒ[f] ܠܣܝܢܘܢ ܕܒܢܝܡܘܣܐ ܘܟܬܝܢ ܢܡܘܣܐ ܝܬܠܘ ܣܠܝܢ
ܚܠܡܘܢ ܝܬܠܗܐ ܒܡܕܒܪܐ. ܢܡܘܣܐ ܓܝܪ ܡܕܡܝܬ[g] ܐܝܬܘܗܝ.. ܣܘ
ܕܡܠܠ ܡܪܢܐ ܐܠܗܐ ܟܕ ܡܕܡ ܕܢܦܩ ܒܡܐܐ ܒܟܠܐ. ܘܟܠܦܝ f. 5a
ܦܘܐ ܠܕܝܢܐ[h] ܕܬܚܪܐ[h]. ܕܐܝܬܝܗܘܢ ܒܦܪܐ ܦܬܟܡܐ[i] ܘܕܝܢܐ.
ܘܟܕ ܚܬܪ ܕܦܠܝܣ ܠܗܘܢ ܠܬܚܪܐ ܒܐܝܢܐܝܬ ܦܡ ܒܠܝܗܘܢ
ܐܣܘܪܐ ܐܝܟ ܕܣܘܡ. ܐܝܬ[j] ܣܓܝܠ ܠܐ ܬܦܝܡ ܐܝܢܘܢ ܒܠܒܟ[k].
ܦܪܘܩ ܓܝܪ ܠܐ ܗܘܐ ܡܬܠܟܕܡ ܐܝܢܫ ܐܬܪܐ. ܐܠܐ ܕܡܠܟܐ
ܢܡܘܣܐ. ܘܟܕ ܐܣܘܪܐ ܕܬܝܢ ܢܡܘܣܐ ܢܦܪܐ ܠܝ. ܦܪܐ ܓܝܪ ܟܕ
ܣܝܢܘܢ ܐܣܘܪܐ. ܘܦܪܐ ܣܓܠܐ ܠܐܢܠܝܢ ܕܡܗܝܡܢܝܢ ܒܗ ܘܐܡܪ.
ܕܬܐܬܘܢ ܠܘܬܝ ܟܠܟܘܢ ܠܐܝܢܐ ܘܥܡܝܠܝ ܡܘܒܠܐ ܝܩܝܪܬܐ ܘܐܢܐ Matt. xi. 28

---

[a] + .ܢܡܘܣܐ [b] ܐܠܗܐ [c] ܟܕ [d] + ܕܝܢ
S. f. 4 b. Lag. p. 5. [e] + ܕ ܒܢܝܡܘܣܐ [f] ܐܬܝܗܒܘ [g] ܡܕܡܝܐ
[h] ܠܬܚܪܐ [i] ܦܬܟܡܝܢ [j] + ܕܝܢ [k] ܒܠܒܟ

ܚܝܐ. ܘܗܘܐ ܐܢܬ ܠܝ ܡܗܝܡܢܐ ܡܢ ܩܕܡ ܡܪܝܐ ܐܠܗܐ.. ܐܝܟ
ܒܪܢܫܐ ܡܚܝܠ ܕܓܪܡܐ ܐܢܬ ܠܡܣܒܪ ܠܐܠܗܐ. ܗܘܝܬ ܘܡܢ ܕܠܐ
ܬܚܙܐ ܕܐܝܟ ܚܝܠܝ. ܘܐܪܝܡ ܡܢ ܟܠܗܘܢ ܐܝܠܝܢ ܕܥܒܕܐ ܡܪܝܐ.
ܘܠܐ ܬܗܘܐ ܦܘܡܐ ܘܡܬܬܒܪܢ [a]ܒܥܩܬܐ ܒܠܒܠܐܝܬ[a]. ܘܬܗܘܐ
ܚܝܐ ܒܝܬܐ ܡܪܝܡܬܐ ܕܐܝܠܝܢ ܕܒܫܝܢܐܝܬ ܡܬܕܒܪܝܢ. ܐܠܐ
ܒܐܘܡܢܘܬܟ ܘܒܟܬܒܝܟ ܗܘܝܬ ܐܟܚܕܐ ܘܫܪܪ. ܘܗܘܝܬ ܢܝܪܐ
ܠܡܬܒܪ ܐܝܠܝܢ ܕܫܒܝܚ ܠܗ[b] ܠܐܠܗܐ. ܘܒܬܫܡܫܬܗ ܕܡܪܝܐ
f. 4b ܬܗܘܐ ܡܬܗܠܟܐ ܐܡܝܢܐܝܬ. ܘܐܢ ܕܝܢ ܐܬܬܘܝܬ ܠܬܪܥܐ.
ܘܠܐ ܗܝܡ ܐܢܬ ܥܠ ܐܘܡܢܘܬܐ ܐܝܟ ܕܬܓܪܐ ܡܢܝ.. ܘܠܐ[c]
ܬܗܘܐ ܦܘܡܐ ܘܡܬܬܒܪܢ ܡܪܝܡܐܝܬ. ܐܠܐ ܗܘܝܬ ܐܝܟ ܒܟܠܗܘܢ.
ܘܡܬܦܪܢ ܠܡܫܡܫܢܐ ܘܠܒܢܝ ܐܢܫܐ. ܘܗܘܝܬ[d] ܡܬܦܠܓ [e]ܒܫܠܐ
ܫܬܩܐ ܒܡܕܡܝܢ[e]. ܘܐܢ ܕܝܢ ܠܐ. ܗܘܐ ܠܒܟ ܒܫܬܩܐ[f] ܘܡܪܝ
ܒܢܟܦܘܬܐ ܘܒܡܣܪ ܩܠܝܠܐ ܘܒܢܝܚܐ ܘܒܐܘܪܟܐܪܘܚܝܢ ܡܫܠܡܐ
ܕܟܠܝܢ. ܡܢ ܟܠܗܘܢ ܕܝܢ ܚܛܗܐ ܕܫܬܩܐ ܐܪܝܡ. ܡܟܐ ܠܝ ܚܙܝ
ܘܠܬܫܡܫܬܐ ܢܦܫܢܐ. ܐܦ ܠܢܟܦܘܬܐ ܐܦ ܠܡܫܝܢܘܬܐ ܕܫܠܝܘܬܐ.
ܗܠܝܢ ܕܐܟܦ ܡܫܦܪܝܢ ܡܢ ܗܝܡܢܘܬܐ ܠܐܝܠܝܢ ܕܫܠܝܢ.
ܗܢܐ ܓܝܪ ܫܦܝܪ ܠܝ ܒܩܠܬܗ ܕܐܠܗܐ. ܕܟܠ ܗܠܝܢ ܥܒܕܝܬܐ
ܕܫܬܩܐ ܬܬܒܕܪܐ. ܐܢ ܕܝܢ ܬܘܒܢܐ ܕܐܒܗܘܬܐ[g] ܢܝܪܐ ܐܢܬ ܠܡܣܒܪ
ܐܝܬ ܠܟ ܣܦܪ ܡܠܝܐ. ܘܐܢ ܕܝܢ ܫܒܝܚܐ ܘܦܝܠܘܣܘܦܐ[h].
ܐܝܬ ܠܟ ܢܦܫܐ ܕܒܗܘܢ ܡܫܬܡܥ ܐܢܬ ܫܒܝܚܬܐ ܘܣܦܪܐ[i] ܬܘܒ
ܡܢ ܫܒܝܚܐ ܘܦܝܠܘܣܘܦܐ[h] ܡܛܠ ܕܩܠܝܠܗ, ܐܝܟ ܕܐܠܗܐ[j]. ܕܝܢ
ܐܠܗܐ ܫܒܝܚܐ ܒܠܚܘܕܘܗܝ. ܘܐܢ ܕܝܢ ܪܫܝܬܐ ܬܪܬܝܢ ܐܢܬ. ܐܝܬ

[a] ܒܚܠܠܐܝܬ ܒܥܘܩܐ [b] om. ܠܗ [c] ܠܐ S. f. 4a. [d] + ܘ ܡܬܒܚܪܐ
[e] ܒܡܕܡܝܢ ܒܟܠܗܝܢ ܫܬܩܐ. [f] ܒܫܬܩܐ [g] ܕܬܫܡܫܬܐ [h] ܘܦܝܠܘܣܘܦܐ
[i] ܘܣܘܦܠܐ [j] om. ܕܐܠܗܐ

ܡܚܝܒ ܐܢܬ ܚܢܦܐ. [a]ܕܢܝܚܘܬ ܠܒܟ[a]. ܕܡܛܠ ܬܪܥܝܬܟ ܒܒܫܬܗ ܗܒܠܐ. ܐܠܐ ܟܕ ܡܢ ܡܪܝܐ ܐܠܗܐ. ܕܠܐ ܬܬܒܛܠ[b] ܠܟ ܣܝܒܪܬܐ ܡܛܠܬܗ ܕܗܕܐ.. ܘܐܦ ܙܕܩܐ ܐܢܬ ܕܬܫܦܪ ܠܐܠܗܐ ܘܠܐ [c]ܠܟܠ ܐܢܫܐ[c]. [d]ܘܡܫܦܪ ܐܢܬ ܠܢܫ̈ܐ ܘܠܒܢܝܢܫܐ ܕܠܥܠܡ. ܫܦܝܪܐ ܕܒܢܝܟ [e]ܗܘ ܕܐܬܝܗܒ ܠܟ ܡܢ ܐܠܗܐ. ܠܐ ܬܬܪܥܝܘܗܝ. ܐܠܐ ܒܡܘܒܠܐ ܕܒܣܝܡܘܬܐ ܡܫܒܚܝܘܗܝ. ܡܛܠ ܒܢܝܢܫܐ. ܗܒܠܐ ܬܘܒ ܐܦ ܣܥܪܐ ܕܪܝܫܟ ܠܐ ܬܪܒܐ[f] ܘܠܐ ܬܗܘܐ ܦܐܪ ܐܢܬ ܘܡܣܪܩܬ[g] ܠܗ. [h]ܐܠܐ ܩܘܨ ܡܩܦܪ ܐܢܬ ܠܗ. ܘܠܐ ܬܗܘܐ ܐܦ[h] [i]ܡܒܣܡ ܐܢܬ ܠܗ. ܕܠܐ ܬܬܚܙܐ ܟܠܗܝܢ ܠܢܫ̈ܐ ܐܝܟܢ ܕܗܒܠܐ ܐܬܒܣܡ. ܕܪ̈ܬܚܝܢ ܐܘ ܡܬܬܪܓܪ̈ܓܝܢ ܒܪܬܗܐ. ܐܦ ܠܐ ܠܒܘܫܐ ܫܦܝܪܐ ܬܠܒܫ. ܐܦܠܐ[j] ܒܪ̈ܓܠܝܟ [k]ܬܐܣܘܪ ܣܐܢܐ[k] ܕܐܣܛܘܡܘܬܐ ܕܪܓܬܐ ܕܙܢܝܘܬܐ[l]. ܘܐܦܠܐ ܒܥ̈ܙܩܬܐ ܕܣܓ̈ܝܐܬܐ ܕܕܗܒܐ ܬܣܝܡ ܒܨ̈ܒܥܬܟ. ܡܛܠ ܕܗܠܝܢ ܟܠܗܝܢ ܪ̈ܡܙܬܐ[m] ܕܙܢܝܘܬܐ. ܘܟܠܡܕܡ ܕܠܒܪ ܡܢ ܟܝܢܐ ܥܒܕ ܐܢܬ. ܡܛܠ ܕܠܟ ܠܥܒܪܐ[n] ܡܣܡܥܢܐ ܕܐܠܗܐ ܠܐ ܫܦܝܪ[o] ܕܬܪܥܐ ܗܒܪܐ ܕܪܚܡܟ. ܘܬܬܦܪܣܝܘܗܝ، ܘܬܫܬܐܠܘܗܝ، ܕܐܝܬܘ̄ ܗܢܐ ܦܘܩܕܢܐ ܕܪܓܬܐ. ܘܠܐ ܬܗܘܐ ܦܐܪ ܘܡܣܪܩܬ ܠܗ. ܘܠܐ ܬܗܘܐ ܡܬܚܡܡ ܠܗ ܐܝܟ ܕܢܗܘܐ ܫܦܝܪ. ܘܠܐ ܬܣܒܠ ܫܘܦܪܬܗ ܕܕܡܘܬܟ. ܘܠܐ ܬܣܒܠ[p] ܕܡܘܬܐ ܕܒܢܝܗ ܕܦܪܨܘܦܟ. ܘܬܫܬܚܠܦܝܘܗܝ، ܠܒܪ ܡܢ ܒܪܝܬܗ ܕܐܠܗܐ. ܡܛܠ ܕܙܕܩܐ ܐܢܬ ܕܬܫܦܪ ܠܒܢܝܢܫܐ. ܘܐܦ ܗܠܝܢ ܬܥܒܕ ܕܢܥܝܢ ܬܬܒܣܪ ܡܢ

---

a ܕܢܝܚܘܬܗ ܕܗܘ   b ܬܬܒܛܠ   c ܠܒܢܝܢܫܐ   d + ܘܡܫܦܪܐ ܐܢܬ

e om. ܗܘ   f + ܐܠܐ ܩܘܨ ܡܩܦܪ ܐܢܬ ܠܗ.   g + ܐܢܬ

h om. ܐܠܐ ...... ܐܦ   i + ܐܘ   S. f. 3 b.   j ܘܐܦܠܐ

k ܬܐܣܘܪ ܣܐܢܐ   l ܕܙܢܝܘܬܐ   m + ܐܢܝܢ   n ܥܒܪܐ   o + ܠܟ

Lag. p. 4.   p ܬܣܒܠ

ܢܦܘܫܐ: ܘܕܟܒܠܒ[a] ܒܗ ܬܒܐ ܠܐ ܢܫܡܥܐ: ܘܕܠܐ ܢܦܠ ܢܩܪܒܘܗ ܠܚܒܫܘܬܐ ܕܪ̈ܘܚܐ ܕܫܝܢܐ ܀ ܢܗܒܪܝ[b] ܫܪ ܠܫܪ. ܐܦ ܒܢ̈ܘܗܝ، ܘܒܢ̈ܬܗ، ܕܐܠܗܐ. ܟܒܪܐ ܠܐܢܬܬܗ ܠܐ ܢܥܒܕ. ܘܠܐ ܢܬܩܫܪ ܘܠܐ ܢܬܦܪܫ ܒܠܒܗ. ܐܠܐ ܢܗܘܐ ܡܬܚܡܨ ܘܬܩܘܢܐ[c] ܐܝܟ ܕܗܘ ܫܒܝܠܐ ܠܓܒܝܠ[c]. ܘܠܐܢܬܬܗ ܒܠܚܘܕ ܢܗܘܐ ܫܦܝܪ. ܘܠܗ̇ ܢܗܘܐ ܡܚܒܒ ܒܐܝܩܪܐ. ܘܢܬܚܫܒ ܕܒܗ̇ ܒܠܚܘܕ ܢܬܪܥܐ. ܘܠܐ ܥܡ ܐܚܪܬܐ. ܠܐ ܬܬܠܒܒ ܐܚܪܢܐ [d]ܕܬܬܦܢܐ ܠܐܢܬܬܐ[d] ܢܦܪܘܫܬܐ ܘܬܪܓܢ. ܘܐܢ ܡܢ ܬܬܒܠܓ[e] ܕܝܢܗ ܘܬܒܝܠܐ ܒܗ· ܡܫܘܬܐ ܒܥܒܪܐ ܥܪܝܬܐ ܒܠܗܝܢ ܡܢ ܐܠܗܐ ܒܐܪܐܪܬ ܗܘ ܕܡܫܡܐ ܠܟܠܡ. ܕܐܝܟܘ ܒܥܒܪܐ ܬܘ̄ܒ ܐܪܐ ܡܥܒܬܐ ܘܡܫܒܪܬܐ. ܘܬܩܘܢܐ ܢܛܪ ܘܡܫܬܡܠ ܒܗ ܡܥܒܕܢ ܐܝܬ ܡܥܐܒܬ. ܐܝܟ ܠܐ ܬܬܒܪ ܠܐܬܬܩܘܬܐ[f] ܗ̇ܕܐ ܐܠܐ ܬܪܚܡܝܗ ܕܝܢ ܘܬܬܒܪ ܒܗ. ܒܗܕܐ ܒܠܚܘܕ ܬܬܠܬ ܕܟܝܕ ܬܬܒܝܬܝܢ ܒܒܪܬ ܕܬܬܦܢܐ ܐܢܬܬܐ ܒܪܟܬܢ. ܒܒܪܬܗ ܟܕ ܠܗܕܐ ܗܢ[g] ܕܗܒܠܐ ܒܪܫܗ ܡܬܠܬܢ. ܕܟܝܕ ܪܒܬܗ ܬܒܥܐ. ܐܠܐ ܠܐ ܗܒܠܐ ܐܬܬܢ ܬܫܒܬ ܣܦܝܬܐ. ܡܛܠ ܕܠܐ ܗܘܐ ܐܝܬ ܪܒܬܗ. ܢܗܘܘܢ[h] ܒܠܗܝܢ ܕܫܒܐ ܡܢ ܡܪܝܐ. ܡܛܠ ܕܠܐ ܐܫܬܠܡܬ ܠܗ ܢܦܫܢ. ܘܠܐ ܐܬܬܦܩܕܬ[i] ܠܗ ܒܗ ܫܪܪܬ ܠܦܬܢ. ܘܐܦܠܐ ܒܪܒܝܢ[j] ܐܬܬܦܩܕܬ ܠܦܬ ܗ، ܐܝܬܬܐ ܕܐܬܦܩܕܬ ܒܪܒܬܢ. ܐܠܐ ܗܘ، ܡܢ ܫܠܝܐ ܦܠܓܬ ܒܢ ܘܐܬܦܠܓܬ ܒܪܒܝܗ. ܘܫܪܪܬ ܠܦܬܢ. ܐܝܬ ܕܝܢ ܐܝܢ ܒܪܢܫܐ ܕܢܦܠܐ ܕܐܠܗܐ. ܒܦܪܬ ܒܗ ܘܐܬܦܪܫܬ ܡܢܗ ܘܠܐ ܢܦܠܬ

f. 4a ܒܗ. ܗܘ ܕܝܢ ܐܬܦܠܓܬ ܒܠܒܗ ܡܛܠ ܕܦܠܓܐ ܐܝܬ ܘܦܓܥܐ[k] ܐܝܬ ܘܡܥܒܪ ܐܝܬ[k]. ܘܐܬܦܠܓܬ ܘܒܪܬܗ ܠܝ[l] ܕܐܬܪܓܢ[l]. ܘܐܝܬ

[a Rubric ܘܕܟܒܠܒܠܐ] [b] ܘܢܒܪܗ [c] ܘܬܩܘܢ ܐܠܦܐ ܐܝܟ ܕܗܘ ܠܓܒܐܝܠ

Lag. p. 3. [d] ܕܬܬܦܢܝܢ ܐܢܬܬܐ [e] ܬܬܒܠܓ S. f. 3 a. [f] ܠܬܩܘܬܐ

[g] om. ܗܢ [h] + ܕܝܢ [i] ܐܬܬܦܩܕܬ sic [j] ܒܪܒܝܢܐ

[k] ܘܡܥܒܪ ܐܝܬ ܘܦܓܥܐ ܐܝܬ [l] ܠܗܕܐ ܕܐܬܪܓܢ

ܦܩܝܕܐ ܘܡܪܢܝܬܐ. [a]ܘܐܡܪ ܐܢܐ ܕܠܐ ܬܬܒܥܘܢ[a] ܘܐܠܨܢܐ[b] ܠܪܢܝܫܘܬܐ.
ܗܢܐ ܕܡܕܡ ܕܐܢܬ ܣܢܐ ܐܢܬ ܕܢܗܘܐ ܠܟ ܡܢ ܐܚܪܢܐ. ܐܢܬ
ܠܐܚܪܢ ܠܐ ܬܥܒܕ. ܠܐ ܪܓܐ ܐܢܬ ܕܐܢܫ ܢܚܘܪ ܒܐܢܬܬܟ ܡܢ[c]
ܒܝܫܐܝܬ ܐܝܟ ܕܠܡܣܛܠܘܬܗ. ܐܦܠܐ ܐܢܬ ܬܚܘܪ . ܒܐܢܬܬܗ
ܕܚܒܪܟ ܒܪܥܝܢܐ ܒܝܫܐ. ܠܐ ܪܓܐ ܐܢܬ ܕܐܢܫ ܢܣܒ ܡܐܢܝܟ[d]
ܠܒܘܫܟ. ܐܦܠܐ ܐܢܬ ܬܣܒ[e] ܠܒܘܫܐ[f] ܕܐܚܪܢܐ. ܠܐ ܪܓܐ ܐܢܬ
ܕܬܬܠܛܫ[g] ܐܘ ܕܬܬܡܚܐ. ܐܦܠܐ ܐܢܬ ܠܐܚܪܢܐ ܬܡܚܐ. ܚܙܐ ܡܢ
ܗܟܝܠ. ܐܠܐ [h]ܐܢ ܐܢܫ[h] ܡܒܪܟ ܠܟ. ܐܢܬ ܡܒܪܟ ܬܒܪܟܝܘܗܝ.
ܡܛܠ ܕܟܬܝܒ ܒܣܦܪܐ ܕܡܢܝܢܐ[i]. [j]ܕܡܒܪܟ ܠܟ ܒܪܝܟ ܗܘ. ܘܗܘ Num. xxiv. 9 *sic*
ܕܠܐܛ ܠܟ ܠܝܛ ܗܘ.. ܘܬܘܒ ܕܝܢ ܐܦ ܒܐܘܢܓܠܝܘܢ ܡܬܐܡܪ. ܕܒܪܟܘ f. 3b
ܠܐܝܠܝܢ ܕܠܛܝܢ ܠܟܘܢ. ܘܠܐܝܠܝܢ ܕܡܒܐܫܝܢ[k] ܠܟܘܢ ܠܐ Matt. v. 44 *sic*
ܬܒܐܫܘܢ. ܘܨܠܘ ܕܥܒܪ[l] ܠܐܝܠܝܢ ܕܣܢܝܢ ܠܟܘܢ. ܘܐܓܪܘ
ܪܘܚܟܘܢ ܘܣܝܒܪܘ. ܡܛܠ ܕܐܡܪ ܡܪܝܐ. ܕܠܐ ܬܬܒܥܘܢ ܕܐܬܦܪܥܘܢ.
ܠܒܥܠܕܒܒܝܟܘܢ ܒܝܫܬܐ ܐܝܟ ܕܟܬܒ ܠܝ. ܐܠܐ ܐܓܪ ܪܘܚܟ ܘܡܪܝܐ
ܢܗܘܐ ܠܟ ܡܥܕܪܢܐ. ܘܢܬܠ ܦܘܪܥܢܐ ܠܟܠ ܗܘ ܕܡܒܐܫ ܠܟ.
ܘܬܘܒ ܐܡܪ ܒܐܘܢܓܠܝܘܢ. ܐܚܒܘ ܠܐܝܠܝܢ ܕܣܢܝܢ ܠܟܘܢ. ܘܨܠܘ Matt. v. 44
ܥܠ ܐܝܠܝܢ ܕܠܛܝܢ ܠܟܘܢ. ܘܐܢܫ ܒܥܠܕܒܒܐ ܠܐ ܢܗܘܐ ܠܟܘܢ.
ܢܛܪ ܗܟܝܠ ܐܘ̃ ܚܒܝܒܝ ܘܢܫܬܡܥ ܠܦܘܩܕܢܐ ܗܠܝܢ ܘܢܛܪ ܐܢܘܢ.
ܐܢܫܐ ܕܒܥܐ ܕܢܗܘܐ ܢܗܘܐ. ܦܠܚܘܢ ܕܬܪܡ. ܡܛܠ ܠܟܠ Ch. II
ܠܚܒܪܗ[m]: ܕܠܐܢܬܬܗ ܒܠܚܘܕ ܢܗܘܐ ܢܦܪ: ܘܠܐ ܢܬܚܙܐ ܘܢܗܘܐ
ܬܘܠܬܐ ܠܢܦܫܐ: ܘܠܐ ܢܣܒ ܒܥܠܡܐ: ܘܕܢܬܩܢܐ ܒܟܬܒܐ
ܕܢܫܐ: ܘܢܪܒܐ ܡܢ ܟܬܒܐ ܕܫܠܡܘܬܐ: ܘܡܢ ܐܘܪܝܬܐ ܕܒܗܝܢ

[a] ܘܒܥܡܘܟܐ. ܕܠܐ [b] ܐܠܨܢܐ [c] om. ܡܢ [d] om. ܡܐܢܝܟ [e] ܬܬܢܣܒ
[f] om. ܠܒܘܫܐ [g] + ܘܬܬܢܟܦ [h] ܐܢܫܐ ܕܐܢܫ S. f. 2 b. [i] ܕܡܢܝܢܐ
[j] + ܕܗܘ [k] ܕܡܒܐܫܝܢ [l] ܥܒܪ II [m] ܚܒܪܗ

f. 3a ܚܠܦܘܬܐ ܘܡܫܡܫܢܘܬܐ[1]. ܘܡܕܡ[a] ܕܐܝܬ ܠܐ ܬܐܪܓܘܢ. ܕܟܬܝܒ
Ex. xx. 17 *sic* ܒܢܡܘܣܐ. ܕܠܐ ܬܐܪܓ ܡܕܡ ܡܢ ܩܪܝܒܟ[b]. ܠܐ ܩܪܝܬܗ
ܘܠܐ ܒܝܬܗ[c] ܘܠܐ ܚܡܪܗ ܘܠܐ ܐܡܬܗ. ܘܠܐ ܬܘܪܗ ܘܠܐ
ܥܒܕܗ. ܐܘܠܐ ܡܕܡ ܡܢ ܩܢܝܢܗ: ܡܛܠ ܕܗܠܝܢ ܟܠܗܝܢ ܕ̈ܡܫܟܚܬܐ
ܡܢ ܒܢܝܢܫܐ ܐܝܢ. ܗܘ ܓܝܪ ܕܐܪܓ ܐܢܬܬ ܥܒܕܗ. ܐܘ ܒܝܬܗ ܐܘ
ܐܡܬܗ· ܡܢ ܟܕܘ [d]ܒܥܒܕܐ ܗܘ ܘܓܢܒܐ.[d] ܘܡܫܝܚ ܗܘ ܒܠܡܘܬܐ.[e]
ܐܝܟ ܥܒܕ[f] ܟܡ ܕܟܬܒܐ. ܡܢ ܡܟܝܠ: ܘܡܠܦܝܢ ܢܫ̈ܒܘ ܡܫܒܚܐ.
ܗܘ ܕܠܗ ܬܫܒܘܚܬܐ ܘܐܝܩܪܐ ܠܥܠܡ ܥܠܡܝܢ ܐܡܝܢ.. ܐܝܟ ܕܐܦ
ܒܐܘܢܓܠܝܘܢ ܡܫܝܚܐ ܡܫܪܪ ܘܡܫܡܠܝܐ[g]. ܒܡܠܬܐ ܦܬܓ̈ܡܐ
ܕܢܡܘܣܐ.. ܡܛܠ ܕܟܬܝܒ ܒܢܡܘܣܐ ܕܠܐ ܬܓܘܪ. ܐܢܐ ܕܝܢ
ܐܡܪ ܐܢܐ ܠܟܘܢ ܗܕܐ. ܗܘ ܕܒܢܡܘܣܐ ܕܡܫܐܢ[h] ܡܫܠܡܬ..
Matt. v. 28 ܗܟܢܐ[i] ܕܝܢ ܐܢܐ ܡܦܩܕ ܐܡܪ ܐܢܐ ܠܟܘܢ. ܕܟܠܡܢ ܕܚܙܐ
ܒܐܢܬܬ ܚܒܪܗ[j] ܐܝܟ ܕܢܪܓܝܗ. ܡܢ ܟܕܘ ܓܡܪ ܒܠܒܗ ܗܟܢܐ[k]
ܐܬܚܫܒ ܗܘ ܕܐܪܓ[l] ܐܝܟ ܓܢܒܐ· ܐܦ ܗܘ ܕܐܪܓ ܬܘܪܗ
ܐܘ ܥܒܕܗ ܕܩܪܝܒܗ ܐܝܟ ܕܠܡܓܢܒܗ[m] ܘܠܡܚܛܦܗ[n] ܢܟܣܐ.. ܘܬܘܒ
[o]ܕܐܪܓ ܩܪܝܬܐ[p] ܕܚܒܪܗ ܠܐ ܗܘܐ[q] ܠܡܐܠܦܗ ܒܬܘܕܡܐ[r] ܢܟܣܐ.[s]
ܘܡܬܟܠܝܢ ܟܠܐ[t] ܡܕܡ ܕܚܒܪܗ[u] ܠܗ.. ܡܛܠܬܗܐ[v] ܡܬܠܠܐ[w] ܐܦ
ܡܬܗܬܐ[w] ܗܟܠ[x] ܘܫܬܩܘܬܐ ܐܝܬܝܢ ܒܠܒܗܘܢ ܕܗܠܝܢ ܡܢ ܐܠܗܐ..
ܠܒܢܝ̈ܫܐ ܕܝܢ ܐܝܠܝܢ ܕܡܫܬܡܥܝܢ ܠܐܠܗܐ. ܚܕ ܗܘ ܢܡܘܣܐ

---

[a] ܕܡܕܡ [b] ܕܩܪܝܒܟ [c] ܐܢܬܬܗ [d] ܥܒܕܐ ܗܘ. ܘܓܢܒܐ
S. f. 2 a. [e] ܠܡܠܡܘܬܐ [f] ܥܒܕ [g] ܘܡܫܡܠܝܐ [h] ܒܝܕ ܡܘܫܐ
[i] ܗܟܢܐ Lag. p. 2. [j] ܩܪܝܒܗ [k] ܗܟܢܐ [l] ܕܐܪܓ [m] + ܗܘ
[n] + ܗܘ [o] + ܗܘ ܐܝܟ [p] ܩܪܝܬܗ [q] ܗܘܐ [r] ܒܬܘܕܡܗ [s] + ܗܘ
[t] ܕܟܠܐ [u] ܕܢܦܫܗ [v] + ܡܛܠ [w] ܡܬܗܬܐ [x] om. ܡܛܠ

---

[1] Cod. ܘܡܫܡܫܢܘܬܐ

ܐܝܠܝܢ ܕܐܝܬܝܗܘܢ ܬܒܝܬ ܡܫܝܚܐ· ܕܬܠܡܝܕܘܗܝ ܒܐܡܝܢܘܬܐ
ܘܡܗܝܡܢܘܬܐ. ܘܗܢܘܢ ܕܫܡܥܝܢ ܘܢܛܪܝܢ ܠܦܘܩܕܢܐ ܗܠܝܢ ܕܡܬܝܗܒܝܢ
ܒܕܝܕܣܩܠܝܐ ܗܕܐ ܢܗܘܘܢ ܠܗ ܚܝܐ ܠܥܠܡܝܢ· ܘܦܪܪܗܣܝܐ
ܪܒܬܐ ܩܕܡ ܒܝܡ ܡܪܢ ܝܫܘܥ ܡܫܝܚܐ ܒܪܗ ܕܐܠܗܐ· ܗܢܐ
ܕܐܠܦ ܠܢ ܟܠ ܐܘܪܚܐ ܙܕܩܐ ܕܐܝܬ ܠܗ. ܘܐܡܪܐ ܕܡܬܦܫܪܐ ܘܠܐ
ܢܛܪ ܐܢܘܢ. ܢܦܩܘܢ ܐܝܟ ܕܠܫܘܠܡܐ ܘܫܪܝܐ· ܐܝܟ ܕܟܬܝܒ.
ܕܐܝܠܝܢ ܕܥܒܕܘ ܒܝܫܬܐ ܢܐܙܠܘܢ ܠܬܫܢܝܩܐ ܕܠܥܠܡ. ܘܐܝܠܝܢ f. 2 a Matt. xxv. 46 *sic*
ܕܥܒܕܘ ܛܒܬܐ: ܢܐܪܬܘܢ ܚܝܐ ܕܠܥܠܡ ܒܡܠܟܘܬܐ ܕܫܡܝܐ:
ܘܐܝܬ ܒܗ ܦܘܠܐܐ ܕܚܡܫܬܝܢ ܘܥܣܪܝܢ[a] ܀ ܦܘܠܐܗ ܩܕܡܝܐ: Chap. I
[b]ܡܛܠ ܓܘܢܝܬ ܠܟܠܢ[b] ܡܛܠ ܢܝܚܘܬܐ ܦܫܝܛܐ ܘܒܢܝܢܐ[c] ܕܗܘ
ܡܢ ܕܫܡܥ ܟܠܢ ܠܫܒܪܢ ܠܐ ܬܬܟܪܗ܀[c]

Codex Sangerman, Paris, fonds Syriaque 62, f. 1 b. Lagarde, p. 1. [a] ܕܝܕܣܩܠܝܐ ܐܘܟܝܬ ܡܠܦܢܘܬܐ ܩܬܘܠܝܩܝܬܐ ܕܬܪܥܣܪ ܫܠܝܚܐ ܘܬܠܡܝܕܐ ܩܕܝܫܐ ܕܦܪܘܩܢ I [b] om. ܡܛܠ . . . ܠܟܠܢ

[c] ܝܕܥܬܐ ܕܐܠܗܐ ܘܒܪܟܬܐ ܡܫܝܚܐ ܕܒܬܪܗ ܡܬܩܠܣܬܐ: ܬܒܥܐ ܕܬܒܠܝܢ ܥܠ ܦܫܝܛܘܬܐ ܕܝܠܬܗ ܕܟܪܝܙܐ. ܗܢܘܢ ܕܒܡܫܝܚܘܬܗܘܢ ܢܛܪܝܢ ܫܠܡܘܬܗ ܕܠܥܠܡ. ܗܢܘܢ ܕܟܠܗ ܢܦܩܐ ܘܡܬܬܦܬܬܐ ܕܪܘܚܗ ܡܫܝܚܐ: ܘܒܗ ܟܢܝܫܝܢ ܘܡܬܥܒܪܝܢ ܒܕܝܠܬܗ: ܗܢܘܢ ܕܗܘܘ ܫܘܬܦܐ ܠܪܘܚܗ ܕܒܗ ܕܒܗ ܘܡܢܗ ܒܢܝܢܐ ܕܐܠܗܐ ܪܒܐ ܫܡܥ ܡܫܝܚܐ: ܗܠܝܢ ܕܫܡܥܘ ܦܐܪܘܫܐ ܕܠܐܠܗܐ ܐܒܐ ܥܠ ܒܢܝܢ ܐܚܐ: ܐܝܟ ܟܬܒ ܢܦܫܬܐ ܘܡܬܦܩܕܐ ܕܒܪܗ [ܘ]ܚܝܒܘܗ: ܡܟܒܫ ܕܝܕܣܩܠܝܐ ܕܐܠܗܐ: ܐܝܟܘܢ ܐܝܠܝܢ ܕܡܦܩܕܝܢ ܘܡܦܩܚܝܢ ܠܡܠܦܢܘܬܗ: ܕܐܝܟ ܕܡܢ ܦܘܡܗ ܕܦܪܘܩ ܐܬܬܠܒܟ. ܘܫܠܚܐ ܠܬܪܥܣܪܗܘܢ ܫܠܝܚܐ. ܐܘܙܗܪܘ ܒܢܝܐ ܕܐܠܗܐ. ܘܠܟܠܗܘܢ ܐܝܟ ܕܬܫܬܡܫܘܢ ܠܐܠܗܐ ܗܘܝܬܘܢ ܫܦܝܪ ܒܟܠܗܘܢ ܠܒܢܝܐ ܐܠܗܝܢ: ܐܝܟܢܐ ܐܝܟ ܢܗܘܐ ܒܟܪ ܓܘܠܐ. ܘܡܡܘܟܟܐ ܠܡ ܚܝܘܗܝ ܕܐܠܗܐ ܢܘܗܪ. ܗܢܐ ܐܝܟ ܚܕܐ ܘܒܟܠܐ ܢܬܒܪܟ ܠܐܠܗܐ. ܒܪܘܟܘ ܗܒܠ ܘܐܬܪܢܝܚܘ ܡܢ ܟܠܗ[c]

ܕܝܕܣܩܠܝܐ

Cod. Harris f. 1 b

ܒܫܡ[a] ܐܒܐ ܐܚܝܕ ܟܠ ܘܡܠܬܐ ܐܝܬܝܬܐ. ܘܒܪܐ ܝܚܝܕܝܐ. ܘܪܘܚܐ ܩܕ̄: ܚܕ ܐܠܗܐ ܫܪܝܪܐ ∴ ܡܫܪܝܢ ܕܢܟܬܘܒ ܟܬܒܐ ܕܝܕܣܩܠܝܐ ܐܝܟ ܕܐܠܦܘ ܠܢ ܬ̈ܠܡܝܕܐ ܡܩ̈ܕܫܐ ܕܡܪܢ: ܡܛܠ ܩ̈ܢܘܢܐ ܕܥܕܬܐ ܡܩܕܫܬܐ ܘܦ̈ܘܠܚܢܐ ܘܢ̈ܡܘܣܐ ܠܡܫ̈ܡܫܢܐ: ܐܝܟ ܕܦܩܕܘ ܠܢ: ܚܢܢ ܕܝܢ ܬܪ̈ܥܣܪ ܬ̈ܠܡܝܕܐ ܕܒܪܐ ܝܚܝܕܝܐ: ܡܠܬܐ ܕܐܠܗܐ ܡܬܒܪܢܫܢܘܬܐ: ܡܪܢ ܘܐܠܗܢ ܘܦܪܘܩܢ ܝܫܘܥ ܡܫܝܚܐ. ܟܕ ܐܬܟܢܫܢ ܫܘܐܝܬ ܒܐܘܪܫܠܡ ܡܕܝܢܬܐ ܕܡܠܟܐ ܪܒܐ: ܘܥܡܢ ܐܚܘܢ ܦܘܠܘܣ ܫܠܝܚܐ ܕܥܡ̈ܡܐ: ܘܟܬܒܢ ܐܦܝܣܩܘܦܐ ܕܡܕܝܢܬܐ ܐܢܛܝܘܟܝܐ. ܘܫܕܪܢ ܗ̇ܕܐ ܕܝܕܣܩܠܝܐ ܕܫܠܝܚܐ ܠܗ̇ ܬܘܕܝܬܐ ܘܗܝܡܢܘܬܐ: ܘܫܕܪܢ ܠܥܕ̈ܬܐ ܟܠܗܝܢ ܐܝܟ ܠܥܕ̈ܬܐ ܕܥܡ̈ܡܐ. ܘܗܟܢܐ ܬܘܒ ܠܥܕ̈ܬܐ ܕܟܠܗ̇ ܡܕܝܢܬܐ. ܘܟܬܒܢ ܕܟܠܢܫ ܢܫܡܥ ܘܢܕܥ ܘܢܛܪ ܒܟܠܡ ܕܐܬܦܩܕ ܠܗ ܡܢ ܐܠܗܐ: ܐܦܢܝܬ ܐܦܝܣܩܘܦܐ ܐܝܟ ܪܝܫܐ. ܘܩܫܝ̈ܫܐ ܐܝܟ ܬ̈ܠܡܝܕܐ. ܘܡܫ̄ܡܫܢܐ ܐܝܟ ܫܡ̈ܫܐ. ܘܐܦܘܕܝܩܢܐ ܐܝܟ ܡܕܒܪ̈ܢܐ: ܘܐܢܓܢܘܣܛܐ ܐܝܟ ܦܘܡܐ: ܘܦܣܠܛܐ ܐܝܟ ܡܙܡܪ̈ܢܐ ܒܡܫܠܡܢܘܬܐ ܘܒܫܘܒܚܐ. ܘܫܪܟܐ ܕܥܡ̈ܡܐ ܢܗܘܘܢ ܫܡ̈ܘܥܐ ܟ̈ܠܗ ܕܐܘܢܓܠܝܘܢ ܒܡܫܪܘܬܐ. ܘܟܕ ܫܠܡܢ ܘܫܪܪܢ ܠܦܘܩܕ̈ܢܐ ܗܠܝܢ ܦܩܕܢ ܐܢܝܢ ܒܟܢܫܬܐ. ܘܗܢܐ ܟܬܒܐ ܗ̇ܢܐ ܐܚܪܢܐ ܕܡܫܠܡܢܐ ܕܟܬܒܢ ܠܟܠܗ̇ ܒܬܟܬܒܝܬܐ. ܒܬܒܝܢܘܗܝ ܘܫܪܪܝܢܘܗܝ ܒܐܝ̈ܕܝ ܐܩܠܝܡܝܛܘܣ ܫܘܬܦܢ. ܘܗ̇ܕܐ ܕܬܫܡܫܬܗܘܢ ܐܦ̄ ܢܛܪܐ ܡܫܝ̈ܚܝܐ

ܕܝܘܣܦܠܝܐ

ܕܐܬ̈ܒܣܪ ܫܠܝ̈ܢܐ

For EU product safety concerns, contact us at Calle de José Abascal, 56–1°, 28003 Madrid, Spain or eugpsr@cambridge.org.

www.ingramcontent.com/pod-product-compliance
Ingram Content Group UK Ltd.
Pitfield, Milton Keynes, MK11 3LW, UK
UKHW030900150625
459647UK00021B/2702

* 9 7 8 1 1 0 8 0 1 8 9 6 8 *